我国西部区域金融发展非均衡问题研究

Research on the Disequilibrium of Financial Development in Western China

徐云松 著

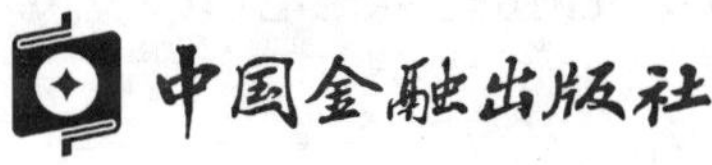

责任编辑：丁　芊
责任校对：张志文
责任印制：陈晓川

图书在版编目（CIP）数据

我国西部区域金融发展非均衡问题研究（Woguo Xibu Quyu Jinrong Fazhan Feijunheng Wenti Yanjiu）/徐云松著．—北京：中国金融出版社，2016.4
ISBN 978－7－5049－8436－4

Ⅰ．①我…　Ⅱ．①徐…　Ⅲ．①区域金融—经济发展—研究—中国
Ⅳ．①F832.7

中国版本图书馆CIP数据核字（2016）第052896号

出版发行　中国金融出版社
社址　北京市丰台区益泽路2号
市场开发部　(010)63266347，63805472，63439533（传真）
网上书店　http://www.chinafph.com
(010)63286832，63365686（传真）
读者服务部　(010)66070833，62568380
邮编　100071
经销　新华书店
印刷　北京市松源印刷有限公司
尺寸　169毫米×239毫米
印张　28.75
字数　511千
版次　2016年4月第1版
印次　2016年4月第1次印刷
定价　60.00元
ISBN 978－7－5049－8436－4/F.7996
如出现印装错误本社负责调换　联系电话(010)63263947

摘　要

中国作为一个发展中的大国，区域发展非均衡是我国国情的基本特征。1988 年邓小平立足于国民经济全局，明确提出“两个大局”的伟大战略构想，即东部沿海地区率先发展，加快对外开放，内地要支持东部率先发展，服从这个大局；当东部发展到一定阶段，再支援内地发展，沿海地区也要服从这个大局。“两个大局”的区域发展战略，就是一种区域非均衡发展模式。应该承认，我国改革开放以来国民经济总量的快速增加和经济高速增长很大程度上得益于区域非均衡发展战略，在此基础上国家获得了巨大的发展，并且经过改革开放三十多年，我国也确立了东部率先发展、中部崛起、西部大开发和东北振兴四大经济区域发展的总体战略，形成东部、西部、中部、东北地区四大板块的空间发展格局。

然而，我国区域发展的矛盾愈发显著，暴露出诸多深层次的问题，最突出的就是区域发展差距问题。尽管国家提出了要实现统筹区域发展，促进区域经济协调发展的总体战略，国家“十二五”规划还特别强调了我国促进区域协调发展的重要性和紧迫性，但是区域之间的差距仍然在不断拉大，区域增速格局的扭转也并未从根本上改变区域差距扩大的趋势。事实上，我国区域发展仍然处于非均衡的状态，并且区域发展过度非均衡的趋势还引致了一系列的负面影响。而我国区域非均衡发展中又以西部地区最为典型，作为土地面积 686.7 万平方公里，占全国土地面积 71.5% 的最大经济区域，西部内陆的普遍贫穷落后与东部沿海的发达富裕形成了鲜明的对比，如今西部的贫困落后与历史上西部曾成为世界中心地带的辉煌形成了鲜明对比。东部地区已成为我国经济增长的引擎，而广袤的欠发达西部地区业已成为我国经济社会实现整体飞跃的掣肘。中国最广大的经济区域仍然是欠发达地域，并且地理面积广阔、涵盖省份最多的西部地区自身也存在着发展差距。伴随着区域差距的扩大，贫富差距、收入差距的两极分化现象也日益明显，这显然有悖于社会主义的本质。可以说，只有实现面积最广、省份最多、最贫穷落后的西部地区“后发赶超”，促进西部区域协调发展，解决现实中区域非均衡发展的突出矛盾与问题，才能为整体国民经济的协调可持续发展奠定坚实的基础。

金融作为现代经济的核心与现代市场经济的主要驱动力，在现代经济增长因素中有翔实的理论支撑，在世界各国经济发展历程中也得到了实践的验证。区域金融作为金融发展的空间层次，着重于探讨一国内的地区中观层面金融结构与运行的分布状态与互动关系。经济发展决定金融发展，我国区域金融发展也具有显著的非均衡性，西部区域金融发展的水平与速度明显滞后于发达的东部地区，并有逐渐扩大的趋势。“十二五”时期进入第二个西部大开发十年以后，特别是“一带一路”中重建“丝绸之路经济带”的战略实施，我国对外开放格局正在发生变化，金融业开放程度会进一步提高，西部地区迎来前所未有的历史发展机遇。但是，如果区域过度非均衡发展的现象和态势不加以改变，协调机制不加以顶层设计和系统完善，金融全球化背景下我国金融业的整体竞争力就难以实现质的提升，难以实现和谐性与效率性统一的金融发展，也就不能以此促进经济、社会、文化的协调可持续发展。

本书对我国西部区域金融发展非均衡问题的研究，基于唯物辩证法普遍联系的基本哲学观点，矛盾普遍性与特殊性的辩证关系，以及均衡与非均衡辩证统一的思想。在方法论上本书坚持系统分析方法、矛盾分析法，运用发展与联系的思维方式剖析问题；树立全局与局部考察相结合，整体与部分分析相结合的观念。本书对西部区域金融发展非均衡的研究，立足于两个空间层面的分析视角，即主要矛盾——西部与东部之间的非均衡问题，以及矛盾的主要方面——西部各省份之间的非均衡问题；通过回顾、总结与分析区域经济理论、金融发展理论，系统梳理了各理论的发展脉络与前沿。在此基础上创新性地以金融发展非均衡的四个研究视角为切入点：一是金融发展非均衡的总量观，运用各项指标探究与测度西部区域金融总量非均衡的问题表现与发展态势；二是金融发展非均衡的结构观，从金融行业结构、融资结构、金融市场结构、金融资产结构和金融开放结构五个方面探究与测度西部区域金融结构非均衡的问题表现与发展态势；三是金融发展非均衡的功能观，从金融实现其功能的效率探究与测度西部区域金融功能非均衡的问题表现与发展态势；四是金融发展非均衡的系统观，将金融子系统放置到整体系统环境中，运用逻辑推理、统计描述、计量模型等分析方法，探究影响与导致西部区域金融发展非均衡的系统因素。从定性的角度分析由于西部区域金融发展非均衡而造成的对经济、社会、文化的负面影响；从定量的角度，构建动态的数理模型研究西部区域金融发展非均衡对区域经济增长的影响。系统观的分析要求涵盖经济因素与非经济因素，体现多学科交叉，涉及经济学科外的社会学、人类学（文化人类学）、宗教学、民族学、历史学、地理学、法学等理论与知识，使本书的论述与研究达到一定的历史厚度、思想高度、专业深度和学科广度。

基于本书系统的逻辑论述体系，以及多维度研究思路、多样化分析方法得出的观点与结论，从我国西部区域金融发展非均衡的客观实情与现状出发，针对缩小区域发展差距，加快推动西部区域金融从非均衡发展向实现均衡与非均衡内在统一的协调发展转变的第一个层面；以及促进金融系统实现和谐性与效率性协调统一，与经济转轨、社会转型、文化复兴等外部系统协调发展的第二个层面，本书提出了较为系统全面的构想、对策与建议。

本书逻辑体系下的中心内容主要有以下几个方面：

第一是导论部分。主要阐述选题背景和目的，提出研究问题，论述本书意义；对概念进行界定与辨析，对研究范畴进行阐述。对本书的研究思路与方法、技术路线与逻辑框架、主要的创新点、不足之处和未来进一步研究方向等内容进行概述。

第二是理论文献的回顾与分析。总结了国内外区域经济理论的发展进程与研究现状；按照金融发展理论萌芽——金融发展理论的形成——金融发展理论的新进展——金融发展理论研究视角的拓展的顺序进行了综述，并深入到金融发展理论的空间层面进行了回顾。基于区域金融发展非均衡研究的两个空间层面和四个金融发展非均衡维度与视角的结合，对其进行了文献综述，并阐述了该理论与本书研究问题的联系。

第三是分析西部区域金融发展非均衡的历史演进，研究其问题表现。从历史角度对 1949—1978 年区域经济发展均衡阶段进行详述，对同时期区域金融发展的均衡状况进行了研究。对 1978 年改革开放后区域经济发展的非均衡现状进行描述，基于两个层面（西部区域内与东西部区域间）金融发展非均衡角度，采用统计实证分析法、图表分析法、规范分析法等方法，从金融总量、金融结构、金融功能角度衡量西部区域金融发展非均衡的表现，阐明非均衡的时空特征与变动趋势。

第四是基于唯物辩证法普遍联系的基本哲学观点，从金融系统研究的系统观角度，对我国西部区域金融发展非均衡的原因进行剖析。运用定性分析法、统计描述法、对比分析法、实证检验法，从制度因素、经济条件因素、客观环境因素、非正式制度因素和不确定性冲击影响因素五个方面探究我国西部区域金融发展非均衡的形成机理，分析了西部区域金融发展非均衡影响因素的变化趋势。

第五是我国西部区域金融发展非均衡的负面影响分析。该部分主要是从定性的角度阐述了西部区域金融发展非均衡对经济的负面影响、对社会的负面影响和对文化的负面影响。

第六是我国西部区域金融发展非均衡对区域经济增长影响的实证分析。首先简要回顾了区域金融发展影响区域经济增长的内在机理，进行简要评述。其次从定量的角度运用面板数据的变系数模型，测度区域金融发展非均衡对区域经济增长的贡献效率差异；在阐述了面板数据动态与静态模型、计量检验方法的基础上，采用面板数据（Panel－Data）的单位根检验，面板数据协整检验，面板数据的误差修正模型（ECM）对东西部金融发展与经济增长的长期、短期动态效应进行了量化测度。该部分同时研究了金融发展理论的前沿，探讨了法律制度、法治效率与金融发展、经济增长的实证关系，从区域层面对“中国之谜”命题（低水平法治与高速经济增长并存）进行部分解释；分析了区域社会资本、金融发展与经济增长的实证关系，对法治（正式制度）与社会资本（非正式制度）在区域层面表现出的替代机理与耦合关系进行了阐释，指出制度（正式制度与非正式制度）建设，即健全法律制度环境、提升法治效率（正式制度），复兴西部内陆优秀文化（非正式制度）的重大意义。

第七是总结与建议。根据全书的逻辑体系，该部分对各章研究结论进行统一的归纳梳理，结合研究的主要观点与结论，提出西部区域金融由非均衡发展转变为协调发展必须注重顶层机制设计。在此基础上，以系统观的思维为指导，提出两个层面的针对性建议。一是西部区域金融协调发展的政策建议，包括：构建多元化的金融机构体系，优化西部银行业结构；建设西部资本市场，优化金融市场结构；培育西部区域性金融中心，发挥金融集聚与扩散功能；推动多层次区域金融合作；大力发展移动金融引领西部金融创新，提升金融效率；实施差异化与统一性相协调的区域金融调控政策。二是西部区域金融系统与外部系统协调发展的对策选择，包括：健全西部地区法律体系，提升法治效率；弘扬西部地区优秀社会资本，推动西部优秀传统文化复兴，重塑社会主义市场经济中现代金融发展的伦理体系。

关键词：西部　区域金融　金融发展非均衡　协调发展　系统分析法

ABSTRACT

As a vast developing country, Disequilibrium of regional development in China is a basic character and objective existence. Based on the national economy in 1998, Deng Xiaoping clearly posed the "two general situation" strategy thought. It means that the eastern costal areas take the lead in development and strengthen the opening to the outside world, therefore the mainland in China should support this strategy. The eastern area must support the mainland in China when developing to a certain stage which should be subject to the general situation. The regional developing strategy of "two general situation" is a kind of unbalanced regional pattern of development. There is no doubt that the rapid increase of our national economy and economic growth is largely due to the unbalanced regional strategy of development since the reform and opening in China. Based on the strategy, the country has achieved great development. Our country also established a overall strategy of four regional economic development, including the eastern area taking the lead in development, the rise of central China, the development of the western region and the revitalization of the northeast in China. Our country has formed the developing pattern of four regional space.

However, the contradiction of regional development which exposed many deep problems in China is increasingly significant. The most prominent problem is the disparity of regional development. Although the country has posed to achieve coordinated regional development and formulated the overall strategy of promoting the coordinated development of regional economy, and the program during the twelfth - five period also emphasized the importance and urgency of promoting coordinated regional development in China, yet the gap among regions is still widening. The regional growth pattern has not fundamentally changed the trend of the enlarging regional gap. In fact, the regional development in China is still extremely disequilibrium. The western region in China is the most typical unbalanced area. As the biggest economic area covering 686.7 square kilometers and accounting for 71.5% land area of China, there is a huge contrast between the poverty of western inland and the rich of eastern coastal area. Also there is a huge contrast between the poverty of the western inland today and the center of the world in the history of western China. The eastern region has become the engine of economic growth in China, but the vast underdeveloped western region has already become a restriction of the leap of economy and society in China. The vast economic region is still underdeveloped area and there are regional disparities in the broad region itself. The gap between rich and poor, the polarization of income gap is increasingly significant with the expansion of regional disparity, which is obviously contrary to the essence of socialism. Only to realize the objective of post – transcendence, promote coordinated development of western region, solve the prominent contradictions and problems in the process of regional imbalance development in western region which has the character of most provinces, largest and poorest area, it can lay a solid foundation of the overall coordinated and sustainable development of the national economy.

As the core of modern economy and the main driving force of modern market economy, there is a detailed theoretical support of finance in the factor of modern economic growth. It was also validated by the practice in the economic development of countries all over the world. As the spatial level of financial development, regional finance focuses on the discussion of the distribution and interactive relationship of financial structure in the medium level of region. Economic development decides the financial development, therefore regional financial development in China is significantly unbalanced. The level and speed of regional financial development in western area obviously lag behind the eastern region which show a widening trend. After entering the second decade of development of the western region during the twelfth – five period, especially the implementation of strategy of "the Silk road Economic Belt" in the "One Belt and One Road" project, the opening – up pattern in China is changing, the opening degree of financial industry will be enhanced. The western region is facing a rare historical opportunity of development. However, if the phenomenon and situation of excessive unbalanced development of regions has not changed, and the coordinated mechanism has not been top designed and systematically perfected, the competitiveness of financial industry in China is difficult to achieve a qualitative improvement under the background of financial globalization. Meanwhile, it is difficult to achieve a harmonious and efficient development of finance, and therefore it is hard to promote the coordinative and sustainable development of economy, society and culture.

In this paper, the research is based on the philosophical view of the universal relation of materialist dialectics, the dialectical relationship between universality and particularity of contradiction, the thought of dialectical unity of equilibrium and disequilibrium. In the methodology this paper insists on the method of contradiction analysis and system analysis, using the development and connection mode of thinking to analyze problems, setting up the combined idea of global and local investigation, whole and part analysis. From the perspective of two spatial levels, based on the main contradiction—the unbalanced problems between western and eastern development of regional finance and the main aspect of contradiction—the unbalanced problems among western provinces of regional financial development, this paper reviews, summarizes, analyzes the regional economic theory and the theory of financial development, systematically sorting out the context and frontier of theories. Meanwhile, this paper creatively uses four research views of disequilibrium of financial development as the breakthrough point. Firstly, it is the quantitative perspective of disequilibrium of financial development which uses indicators to measure the performance and situation of unbalanced problems of financial quantity in the western region. Secondly, it is the structural perspective of disequilibrium of financial development which uses indicators to measure the performance and situation of unbalanced problems of financial structure in the western region. Thirdly, it is the functional perspective of disequilibrium of financial development which uses indicators to measure the performance and situation of unbalanced problems of financial function in the western region. Fourthly, it is the systematical perspective of disequilibrium of financial development which places the financial system to the overall environment of system. It uses many methods of analysis such as logical reasoning, statistical description and econometric analysis, exploring the factors which lead to the unbalanced financial development in western region. It also analyzes the comprehensive effect of unbalanced financial development on economy, society and culture from the qualitative perspective, constructing a dynamic mathematical model to measure the influence of the unbalanced financial development on regional economic growth from the quantitative perspective. The perspective of systematic analysis includes economic and non - economic factors which reflects the interdisciplinary. It also includes theory and knowledge of non - economic departments, such as sociology, anthropology (Cultural anthropology), religion, ethnology, history, geography, law. The research of this paper makes every effort to reach a thickness of history, height of thought, depth of profession and breadth of disciplines.

This paper puts forward a comprehensive and systematic conception and suggestion, which is based on the views and conclusions of logical discourse system, multi - dimensional perspectives, diverse analysis methods. Firstly, it takes full account of the objective fact and the current situation of unbalanced financial development of western region, narrowing the gap in regional development, and the realization of transformation form disequilibrium to coordinated development. Secondly, it takes full account of the realization of combination of harmony and efficiency of financial system and the coordinated relationship between financial system and external system, such as economic transition, social transformation and cultural renaissance.

Based on the logical system in this paper, the core content includes the following several aspects:

The first part is introduction. This part describes the background purpose, proposing questions of research, discussing the significance, defining concepts and elaborating the category of research. It also elaborates the ideas and methods of research, techinal route, logical framework, the main contents of innovation, deficiency and the direction of further research.

The second part is the review and analysis of theory of literature. This part summarizes the development of regional economic theory and present situation of situation at home and broad, elaborating the germination of the theory of financial development—the formation of the theory of financial development—the new progress of the theory of financial development—the expansion of theoretical perspective of financial development according to the order of development, reviewing the theory of financial development from the dimension of space. Based on the combination of two geospatial levels and four dimensions, this part reviews the literature, expounding the relationship of the theory and this article.

The third part is to explain the historical evolution and study the problems. From a historical perspective this part describes the balanced phase of development of regional economy and regional finance from 1949 to 1978. Based on two levels of space, perspectives of financial quantity, financial structure, financial function, this part describes situation of development of unbalanced regional economy after 1978 and illustrates the spatial and temporal characteristics and the trend of disequilibrium with the methods of empirical statistical analysis, chart analysis and normative analysis.

The fourth part is to analyze the unbalanced reasons of financial development in the western area, which is based on the basic philosophical views of the universal relation of materialist dialectics and the systematical perspective of financial system. It also explores the formation mechanism and analyzes the trend of influential factors with the methods of qualitative analysis, descriptive statistics, comparative analysis and empirical test from the factors of institution, economic conditions, objective environment, informal institution and the impacts of uncertainty.

The fifth part is the analysis of the negative influence of disequilibrium of financial development in western China. It carefully analyzes the negative effects which are caused by the excessively unbalanced development of regional finance to economy, society and culture from the qualitative perspective.

The sixth part is the empirical analysis of influence of disequilibrium of financial development in western China on regional economic growth. This part briefly reviews the inner mechanism of impact of regional financial development on regional economic growth, measuring the efficient difference of contribution of regional financial development on regional economic growth with the variable coefficient model of panel – data. At the same time, it quantitatively measures the long – term and short – term dynamic effect of regional financial development on economic growth with the methods of unit root test, cointegration test and error correction model of panel – data. This part also analyzes the theoretical frontier of financial development, investigating the empirical relationship among the legal system, the rule of law, financial development and economic growth, partly explaining the the proposition of "Chinese puzzle" —the low level of law and economic growth of high speed. It also empirically analyzes the relationship among social capital, financial development and economic growth, illustrating the substitutional mechanism and coupling relationship between the rule of law (formal institution) and social capital (informal institution) at the regional level. Finally, this part points out the importance of the construction of institutional environment including perfecting the environment of legal system, improvement the rule of law (formal institution) and the renaissance of the excellent culture (informal institution) in western China.

The seventh part is the conclusion and political suggestions. According to the logical system of this article and the main points of research, this part summarizes research conclusion of each chapter, pointing out that we should pay more attention to the top mechanism design of the transition from unbalanced development of regional finance into coordinated development. On this basis, we put forward two levels of corresponding recommendations with the thought of systematic view. One is the political choices of the coordinated development of the regional finance in western China such as building a diversified system of financial institution and optimizing the banking structure, building the capital market of western China and optimizing the structure of financial market, cultivating the regional financial center in the west and exerting the influence of financial agglomeration and diffusion, promoting multi – level cooperation of regional finance, developing the mobile finance to lead financial innovation and improving the financial efficiency, implementing the regional financial policies of differentiation in harmony with the unity. The second aspect is the political choices of the regional financial system in western China in coordination with the external systems such as perfecting the law system and improving the efficiency of the rule of law, spreading the excellent social capital and promoting the renaissance of the excellent traditional culture in western China, reshaping the ethical system of modern financial development in the socialist market economy.

Key words: Western China　Regional finance　Disequilibrium of financial development　The coordinated development　The method of systematic analysis

目　录

第1章
导论

1.1 问题的提出

区域发展非均衡是中国国情的基本特征。我国幅员辽阔，地势复杂而多样，各地区的历史积淀、地理条件、自然资源、政策环境、人文习俗、文化形态等方面存在巨大的差异，因此区域非均衡“二元性”特征的最突出表现就是“沿海东部发达地区发展较快、内地以西部为主的欠发达地区发展滞后”。我国改革开放后30多年的高速发展创造了世界的经济奇迹，这在很大程度上源于邓小平1988年提出的“两个大局”的区域非均衡发展战略。东部地区经济发展取得了举世瞩目的成就，而西部欠发达地区却已成为我国促进经济协调可持续发展、实现经济社会整体飞跃的瓶颈。

中央政府于1999年提出实施第一轮西部大开发的伟大战略构想，2010年提出实施第二轮西部大开发的国家战略，旨在尽快实现西部区域经济发展格局的战略性调整和“后发赶超”，促进各个空间区域层面的协调发展，特别是对西部地区的城镇化、民生工程、基础设施建设，对外开放、生态环境保护治理，以及其他各项社会文化事业发展等给予财政倾斜和金融支持。我国也确立了东部率先发展、中部崛起、西部大开发和东北振兴四大经济区域总体发展战略，形成东部、中部、西部、东北联动的空间发展格局。尽管国家提出了要实现统筹区域发展，促进区域经济协调发展的总体战略，国家“十二五”规划还特别强调了我国促进区域协调发展的重要性和紧迫性，但是当前区域发展的矛盾愈发显著，暴露出诸多深层次的问题，最关键的就是区域发展差距问题。区域之间的差距仍然在不断扩大，在很大程度上表现出过度非均衡的态势，区域增速格局的扭转也并未从根本上改变区域差距扩大的趋势。

我国区域经济发展的非均衡决定了区域金融发展非均衡的客观状况。作为占全国面积71.5%，地理面积最为广阔的经济区域，西部地域范围内各省、市、区的经济社会非均衡发展问题同样突出，西部区域的非均衡发展典型的存在东西部之间、西部内部两个空间层面。新时期区域总体发展战略更加强调在整个区域统筹之下的区域自身协调发展和区域之间的合作与协调发展。在我国经济转轨，经济发展从财政主导向金融主导的转型过程中，作为现代经济核心的金融在推动西部区域协调发展、西部与其他经济区域协调发展，实现西部地区“后发赶超”的历史进程中，应该起到核心与先导的作用。

然而，不断拉大的区域发展差距已经成为严重制约我国和谐社会构建、实现现代化目标，影响中华民族伟大复兴历史进程的重要因素。社会主义的本质是要消除两极分化，最终达到共同富裕，共同富裕不是同时、同等、同步的平均主义，但也不是差距不断扩大的趋势与过度非均衡的状态。西部区域如何实现协调发展的问题更成为我国经济、社会和政治生活中的热点。人们普遍关心：

西部区域金融发展非均衡的问题表现在哪些方面?

西部区域金融发展不仅与东部存在巨大差距，西部区域内的非均衡发展状态又如何?

伴随着向社会主义市场经济的转轨，我国区域金融差距的变动趋势如何，是趋于收敛还是发散，会不会在很长的一段历史时期进一步扩大?

西部区域金融发展非均衡的形成机理是什么，复杂多样的经济、社会、文化、历史、自然、地理差异是如何影响了区域金融发展的非均衡态势?

西部区域金融发展非均衡对经济、社会、文化发展有何影响?

西部区域金融发展非均衡对区域经济增长有何动态影响?

西部经济金融实现协调发展既要吸纳东部发达地区自改革开放后率先发展的成功经验，又要吸取东部“摸着石头过河”的教训，如何统揽全局，进行顶层协调机制的设计?

西部地区应该怎样实现自身金融协调发展，以及与其他区域的协调发展?

如何实现西部地区金融系统与其经济、社会、文化等系统协调发展的内在统一?

西部大开发与西部区域的非均衡发展历史性地紧密联系在一起，应该怎样采取长远有效的措施，通过建立完善的协调和可持续发展动态机制，将区域差距扩大的幅度控制在合理的稳定范围内，并实现西部欠发达地区的后发赶超，促使区域差距朝着不断缩小的趋势和方向转变？

特别是，由于我国金融非均衡而导致的金融失调在很大程度上影响了区域经济发展、结构调整、社会分配、各民族共同进步，负面效应愈加明显，如果一味地追求效率而损害公平，整体经济最终也会受到掣肘，效率也难以体现。金融非均衡的系统影响问题是深远而广泛的。以上问题的提出与关注，是我国金融改革内在逻辑的体现，并演绎出的必然历史过程，也是一个大国在经济起飞特定阶段，在转轨时期所表现出来的一种典型的二元性特征和非均衡发展的客观形态。因此，实现西部金融的协调、和谐、可持续发展，对推动西部乃至整个国民经济良性发展、各民族团结、社会全面进步、优秀传统文化的全面复兴责任重大、意义深远。

1.2　选题的背景及意义

1.2.1　选题背景

1. 我国西部区域金融发展的地理、历史、文化、民族与宗教背景

要深入地研究西部区域金融发展的非均衡问题，首先要明确这是在一个欠发达的西部地区，不是经济发达的东部；其次，放在整个历史发展的长河中，这个论题不只涉及了西部的经济金融发展，中国的西部更是体现了人类文明、民族文化、经济交流、宗教精神的多维交融。因此，这就不仅是限制在一个经济学的分析或者金融学的分析框架之中了。

在历史上著名的古籍《山海经》各篇章中，特别是《山海经·海荒经》中，较为集中地描述了中国西部远古地理和历史的详细图说。《山海经·海荒经》中记录了西部的古代传说，在书籍的流传中内容不断增加，直到西汉刘秀校书都有涉及和资料的收罗。实际上除了《山海经》中反映的西部地理历史记录在上古时期就比较详细之外，《穆天子传》、《蛮书》、《益州方物略记》、《入蜀记》、《广志绎》、《徐霞客游记》等古籍对中国西部的地理描绘与区位叙述都非常详细，我国古代地理学一直有重视西部地理记述的悠久传统。

中国的西部不仅在地理历史上影响深远，西部文明更是世界文化版图上多维交汇的一个典型。根据考古界的科学研究和论证，现已证明中华民族文明的起源是多元融合的，如山东的大汶口文化，浙江的河姆渡文化，而“半坡文化”作为中华民族文明起源的一个重要源头，就在中国西部。历史上的中国西

部，大溪文化、马家窑文化、马厂文化、齐家文化、仰韶文化、大墩子——礼州文化等影响深远，西部文化的影响力大大超过了东部。秦汉三国时期，以成都平原和四川盆地为中心的西部关中平原曾一度为秦代和西汉的政治经济中心，美誉为“天府”。

“四大文明”中，只有中华文明一直延续至今，未曾断裂，而中国的西部则创造了历史上最为辉煌的古代文明，即内陆文明。当商王朝将中国文化集聚并发展成为亚洲最典型和灿烂的文明形态时，世界上其他文明形态正面临着断裂的危险与激烈的碰撞，无论是美索不达米亚、克里特岛，还是尼罗河两岸的文明国度都难以逃脱未知的动荡与变迁。只有中国在保持了主权无损和传统文化完整的基础上，大量地吸收、汇聚外来异质文化的精华，不断丰富与拓展本位文化的内涵，而中国西部则成了多元文化交汇与互动最为活跃的地域，这得益于举世闻名的陆上丝绸之路，承载了文化交流与经济往来的历史重任。古代的西域文化无论是通过经济社会交流的温和方式，还是战争侵略的残酷方式，都在西部实现了与中国本位文化的交汇，造就了大唐盛世。在著名历史学家费正清教授的《剑桥中国史》中就有对盛唐经济总量的测算数据，大约占世界GDP比重的近60%，是名副其实的世界经济中心区域。在现代，延安时期革命文艺运动的百花齐放，得益于苏俄无产阶级思想的传播，西方先进文明的引入与我国本土革命文化的结合，更加凸显了西部文化在多元中华文明中的重要意义，成为推动中华文明发展的重要动力。而且，我国西部历来是多个少数民族的聚居地，蒙古游牧文化、吐蕃文化等少数民族文化一直与汉文化共存，在中华多民族文化的构成中具有举足轻重的地位。

（1）多维交汇的西部文化深刻影响着西部历史进程中经济社会发展

中国西部多样的自然地理和生态环境，是西部文明的客观对象物，从而成为独特的精神载体，也是西部人民形成自己文化习俗、地域精神和心理结构的重要基础。屹立于欧亚大陆中心的帕米尔高原，无垠的大草原、戈壁、沙漠和黄土地，黄河、长江和塔里木河的发源地，中国西部支撑着地球最大的大陆板块，历史上也曾是世界的中心。

然而，中国西部艰难的生存条件、辽阔的幅员、恶劣的环境对人的精神提出了强大挑战，在西部生存意味着要与频发的自然灾害、复杂的气候条件和险恶的地理环境相斗争，锻炼了西部人民坚韧乐观的气质，内忍含蓄的性情，纯洁质朴的品格，忧患知足的心态，面对灾难与不幸更能以一种宗教哲学的观念来看待世界。同样，较为封闭的地域意识，狭隘的小农意识，稳态的宗教信仰，偏内向的民族心理比较浓重，而这些深刻影响着西部地区的发展与变迁。

（2）中国的西部在世界文化地理中的地位

20世纪初，美国地理学家麦金德就曾提出欧亚大陆是世界权力角逐的中心，是全球的心脏地带。而从世界文化地图上看，欧亚大陆板块形似一片葡萄叶，世界四大文明——中国中原文化、地中海文化、波斯文化、印度文化恰好位于葡萄叶的四个叶端。四种文化形态独立格局和体系的形成虽然主要由不同的历史传统、国家状况、社会发展等内因决定，但与位于欧亚大陆板块中心的中国西部密切相关。地理上的中国西部有高原山地，也有沙漠荒原，这些地域往往环境恶劣，人烟稀少。高原山地和沙漠荒原在文化与经济交流上形成了一种天然的隔离机制，一定程度上阻碍东西方的各种交融，使得各个独立的文化形态区在历史进程中有足够的时间实现自我文化的沉淀和封存，保持地域文化的特质性与稳定性。试想如果位于欧亚大陆中心的中国西部是一望无际的平原，河流纵横，交通便利，气候温润适宜，经济文化交流发达，四大文明还能否保持自身的独立性，形成当今的世界文化格局呢？

另一方面，中国西部正好是世界四大文化有机衔接的地理中心，由于多样化民族交互，多元宗教意识并存，地域普遍封闭贫瘠，自然生态条件复杂，历史上很难有充足的时间构建起坚固、自成一体的强势文化形态，使得西部大多数时候扮演着政治、文化与经济的过渡地带角色。这一特征的表现就是中国西部既有对世界四大文明的隔离与阻碍，又在此实现了融合与交汇。

（3）西部多维文化交汇的过程体现了宗教思想、民族文化的融合与发展过程

世界四大文明在中国西部实现了汇聚，而中国文明与外界的交流主要通过三条陆上丝绸之路，一条海上丝绸之路和一条古道衔接起来。其中，除了海上丝绸之路外，三条陆上丝绸之路与一条古道位于西部，反映了中国西部在文化交汇中的中心地位。具体来说，沟通了波斯文化与地中海文化的西北丝绸之路，是丝绸之路的主道，它的繁荣曾见证了汉唐盛世。草原游牧文化通过中国西北的草原丝绸之路与中原交融；唐蕃古道则将印度文化、雪域高原的苯教文化带入中原；中国西南的少数民族种类最多，分布广泛，各少数民族宗教信仰、文化习俗差异巨大，形成了多神崇拜的文化圈。

总体上看，中国西部是内陆文化典型的结合部；在地理环境方面，成为东亚与西亚文化的结合部；在社会组织方面，是以宗法等级和政治等级一致的宗法制度为主，又有中世纪时期西欧封建等级制度渗透的结合部。在生产方式方面，是农耕文化和游牧文化并存的主要区域；在宗教哲学方面，是佛教、伊斯兰教、儒教、道教的交汇区；从民族类别看，这里是汉族与其他少数民族不断

摩擦、融合，实现共存共荣之地。① 在我国西部，文化封闭、沉积的因素与文化交融、开放的因素并存，在历史演进过程中形成了多元交汇的有机整体，与中原文化，以及发端于西方工业革命并经海上丝绸之路舶来的海洋文化形成了中国文化结构上的稳态均衡和内容表现上的非稳态、非均衡，而这一历史客观现实，在很大程度上成为深刻影响我国区域经济、文化、社会非均衡发展与变迁的重要因素。

特别是改革开放以来，东部逐渐成为中国经济的领头羊，是中国与世界联系最紧密的地区，也是经济最发达的聚集区，东部沿海地区由于对外交流的便利，较早受到工业革命以及西方现代化潮流的影响，使其能够充分发挥增长极的集聚效应而得到迅速发展。相应地，东部地区的海洋文化也逐渐成为一种强势文化，得到更多的关注、认同、仿效；而西部地区的内陆文化，则更多地被贴上了封闭、呆滞、死板、落后的标签。中华文化中西部内陆文化的积极作用，特别是对促进西部经济社会全面跨越式发展积极影响的研究，还远远不够。

中国在世界文化地理版图中具有非常重要的地位。西部的问题不仅是中国，更是世界应该关注的重大问题。分析与解决西部发展进程中业已存在的掣肘、冲突与问题，就不仅仅是对中国全面协调可持续发展的贡献，也是人类文明进程中的巨大贡献，这也是本书以更深远的视角、更广阔的思维、更新的方法研究西部问题的目的所在。

2. 西部区域丰富与贫困的二元并存

在此，首先应该明确目前我国划分的经济区域。根据《中共中央、国务院关于促进中部地区崛起的若干意见》、《国务院关于西部大开发若干政策措施的实施意见》，以及党的十六大报告精神，我国经济区域包括东部、西部、中部、东北四大区域。我国东部地区包括：北京、天津、河北、上海、江苏、浙江、福建、山东、广东和海南。中部地区包括：山西、安徽、江西、河南、湖北和湖南。西部地区包括：内蒙古、广西、重庆、四川、贵州、云南、西藏、陕西、甘肃、青海、宁夏和新疆。东北地区包括：辽宁、吉林和黑龙江。国家统计局也按此划分方法进行数据统计与披露，本书的区域研究，特别是统计比较与计量分析参照该划分标准。

上文提到中国西部是人类文明、民族文化、经济交流、宗教精神多维交融

① 肖云儒. 多维交汇的西部文化与两极震荡的西部精神 [J]. 陕西师范大学学报（哲学社会科学版），1997 (2)：30.

的结合部，是世界四大文化的隔离、碰撞、融汇的地区，是文化繁荣的盆地，是人文资源的富饶之地。同时，我国西部地区地域辽阔，有丰富的矿产、能源、草地、森林水能等自然资源。西部土地面积为686.7万平方公里，是四大经济区域中面积最广阔的地区，占全国的71.5%，全国57.36%的林地、56.39%的森林分布在广袤的西部，森林蓄积量占全国的61.76%，耕地面积占全国的27.68%，湿地面积占全国的50.42%。全国82.5%的水能蕴藏在西部，而已开发水能资源占全国的近五分之四。西部还蕴藏着占全国78.75%的天然气和43.9%的石油资源，已探测的45种矿产资源潜在价值接近全国二分之一。2012年西部地区原油生产量为全国总体的39.06%，达到6341.4万吨；天然气生产量占全国的84.27%，为797.44亿立方米。我国西部地区总人口3.8亿，占全国的29%。同时根据2010年全国第六次人口普查的数据可知，西部地区众多省份是多元少数民族的聚居地，少数民族人口比重西藏为92%、新疆60%、青海47%、广西37%、贵州36%、宁夏35%、云南33%、内蒙古20%。然而，文化繁荣、民族多元与自然资源丰腴和富饶之地，却是我国四大经济区域中发展最为滞后和贫困的地区。

改革开放30多年来，我国以年均9%~10%的经济增长率被称为发展的“奇迹”，目前经济总量已位居世界第二。但是，我们也清楚地认识到，中国区域间的经济社会发展呈现出非均衡的态势，在一些方面甚至失衡严重，各区域之间的发展差距仍在逐渐拉大。从GDP总量来看，1978年全国为3461.9亿元，西部为580.7亿元，占全国的16.77%，东部为1811.61亿元，占全国的52.33%；2012年，全国GDP为518942.1亿元，其中东部地区为295892.0亿元，西部地区为113904.8亿元。东部、西部占全国GDP的比重分别为57.0%和21.9%，东部是西部的约2.6倍。2012年东部地区人均GDP为57722元，西部地区人均GDP为31357元，东部约为西部的1.84倍；同年东部地区城镇居民人均可支配收入为29622元，西部为20600元，东部农村居民人均纯收入为10817元，西部为6027元。无论是经济总量，还是如人均占有量等其他经济指标，西部都低于东部地区，并在全国总体经济比重中较低。

根据世界银行2009年基于中国贫困状况的调查报告显示[①]，西部地区是中国贫困发生率最高也最严重的地区，基于2003年的中国数据以及世界银行的贫困线，该研究报告测算出的收入贫困率标准，西部贫困人口百分比为

① 世界银行. 从贫困地区到贫困人群：中国扶贫议程的演进 中国贫困和不平等问题评估[M]. 世界银行，2009.

30.7%，占全国所有贫困人口总数的58.2%；按消费贫困率标准，西部贫困人口百分比为49.3%，占全国所有贫困人口总数的51%；而东部地区收入贫困率标准，东部贫困人口百分比为2.3%，占全国所有贫困人口总数的11.3%；消费贫困率标准，东部贫困人口百分比为6.3%，占全国所有贫困人口总数的16.8%。相关数据显示，无论是按照收入贫困率还是消费贫困率标准测算，贫困发生率从西至东逐次下降。西部省份的贫困人口占全国一半左右，这一比重远超过了西部占全国总人口29%的比例。此外，无论是贫困深度还是严重程度（用贫困差距指数和贫困差距指数的平方来衡量），西部省份的贫困人口均较其他地区遥遥领先，两项指标分别为总体的60%和66%。换句话说，如果贫困程度通过敏感的贫困人口贫困程度指标来衡量，那么中国约三分之二的贫困人口都散布在西部区域内。另外，山区和少数民族聚居区是西部的典型特征，根据报告显示，贫困最严重的是山区和少数民族地区，以贫困发生率指标来看，少数民族是非少数民族地区的2～3倍，山区是非山区的2～3倍。并且，我国连片特困区也主要在西部广泛分布，比如六盘山区、乌蒙山区、滇桂黔石漠化区、滇西边境山区、新疆南疆三地州、四省藏区和西藏区。[①] 因此，中国的贫困情况主要集中在西部省份，最严重的贫困情况也集中在西部省份。

众多学者的研究也表明，我国西部地区的经济发展存在“资源诅咒”的悖论。有的国家或地区自然资源丰富，而经济增长却比资源相对稀缺的国家或地区更缓慢，其丰富的自然资源可能是经济增长的诅咒而不是祝福，被称为“资源诅咒”。西部的资源富饶与经济贫困并存，西部区域省份、东西部之间发展非均衡，已经严重制约了我国区域经济协调可持续发展。

3. 西部大开发中金融支持的先导与核心作用

西部地区贫困落后的现状，与东部发达地区差距不断拉大的趋势引起了广泛关注，对我国经济发展、社会稳定、民族团结带来了严峻挑战。20世纪与21世纪之交，党中央提出实施西部大开发的宏伟战略，旨在把调整区域经济结构、缩小地区差距作为一项重要的战略任务提到了非常突出的地位。2010年，第一轮西部大开发结束，十年来西部地区经济实力显著提升，经济结构不断优化，社会事业得到了全面的发展进步。然而，实施西部大开发面临着严峻的资金约束，虽然第一轮西部大开发战略已经结束，十年来中央财政金融支持西部地区的比重不断提高，然而，还远远达不到西部开发的实际需求。为此，

① 资料来源于《中国农村扶贫开发纲要（2011—2020年）》。

2010年6月29日中共中央、国务院印发了《关于深入实施西部大开发战略的若干意见》，明确指出西部大开发承前启后的关键时期是今后十年。《国民经济和社会发展第十二五规划纲要》中也进一步提出我国区域发展总体战略的应该是优先推进西部大开发，并给予特殊政策支持。

如何实现西部区域从大开发迈向大开放；如何筹措开发资金、弥补资金缺口并提高资金的使用效率，就成为西部开发得以启动和持续推动的关键所在。西部地区为什么没有获得东部地区那样的高速增长？西部大开发是一项艰巨长期的系统工程，必须建立以财政、金融为主体的全方位、多层次的支持体系，特别是我国由过去的“强财政、弱金融”向金融是现代经济的核心转轨。西部金融支持首先突出的表现在资金稀缺与融通问题上，如何扩大西部资金总量、优化金融结构、提高金融效率就成为西部大开发面临的直接任务。其次，现代金融支持西部发展与我国建立和完善社会主义市场经济体制，发挥市场决定性作用的大方向相一致，是西部大开发长远战略规划与可持续发展的客观需要。因此，西部大开发系统体系中金融支持具有不可替代的核心地位，发挥着举足轻重的先导作用。西部大开发是资本形成、积累的发展过程，在此过程中金融制度不断完善，金融体系效率不断提升，金融系统环境不断优化，这些动态过程就体现在金融发展的进程中。探究金融支持西部大开发，以金融发展推动西部实现“后发赶超”也是本书的一个重要研究背景与目的。

4. 我国区域金融发展非均衡的客观性与复杂性

自20世纪70年代以来，经济货币化和经济金融化成为经济发展重要趋势，我国自改革开放后市场化程度不断增强，金融自我成长、自我完善的程度也不断增强。金融作为现代经济的核心，其发展程度与演进水平直接和首要的是由经济发展水平与经济结构所决定的。

新中国成立后我国区域经济发展经历了一条均衡—非均衡的发展路径。新中国成立初期，为了改变长期战争后千疮百孔的落后生产力，以及布局失衡的状况和国防安全的需要，毛泽东制定了优先发展落后内地的方针，力求生产力的均衡布局，重工业西迁和优先发展的战略，尽快建立强大的国防力量，同时实现共同富裕的目标。改革开放后，邓小平提出优先发展东部沿海地区，再逐步阶梯式西进的非均衡发展战略，经济总量得以迅速扩大。20世纪90年代末，江泽民提出实施西部大开发战略，并在继续保持对东部大力投入支持和良性循环的前提下，达到区域协调可持续的经济发展目的。此后，东部率先发展、中部崛起、东北振兴以及西部大开发四大经济区域总体发展战略逐步确立，然而区域发展过度非均衡的态势仍然非常严重，要实现从非均衡发展到协调发展，是一个长期的历史过程，受到的制约条件复杂多变，非均衡客观状况的影响因素依然存在。区域经济发展的非均衡客观现实决定了区域金融发展的非均衡性。

区域金融发展有明显的地域性和动态性。一般而言，区域金融发展态势是趋异的，但这种趋异只是说明金融要素在空间匹配上的不一致，这种差异往往代表着效率的提升，并非说明经济要素和金融要素的不匹配。然而，如果趋异性一直持续致使区域金融要素与经济要素的错配与失控，就易导致区域金融发展的失调与失衡，区域金融发展的非均衡性就会产生方方面面的负面效应。

因此，区域金融发展非均衡的复杂性不仅有区域金融发展非均衡表现出的各种问题，还有其复杂的影响因素，以及由于区域金融发展非均衡而造成的综合影响问题。不仅表现在时间维度层面，还表现在多层次的空间层面。一方面，要推动区域金融发展自身从非均衡性向协调性的转变。另一方面，要促进金融发展与经济发展的协调与适应，金融发展滞后于区域经济发展会带来一系列的负面效应，而金融自身发展过快，金融创新过度则一样会造成失控，比如东南亚金融危机，近年来席卷全球的美国次贷危机。金融发展也要与社会转型、文化发展相协调，国防安全、民族团结、社会稳定、文化繁荣等一系列问题都会直接或间接地受到金融发展的影响，并在一定程度上左右着区域金融变迁。

多层次的空间层面则表现在东西部之间的地理层级，以及西部十二个省、市、自治区的地理层级。我国区域金融发展非均衡从经济区域划分上，指东部、中部、西部和东北部的非均衡，四大经济区域中的金融发展差异又各不相同，而东部和西部是我国最具代表性、对比性、差异性和重要性的两大区域，体现了哲学矛盾论中的主要矛盾。东部、西部经济发展在总量与结构上的非均衡，必然也导致东西部金融发展总量与结构上的非均衡。而面积广阔的西部区域十二个省、市、自治区金融发展的非均衡性也非常突出。

我国区域金融发展非均衡的因素复杂而多样，特别是在中国西部，一系列制度因素，比如金融制度、开放水平、法治环境，市场化进程、技术水平等经济条件，地理区位、自然资源等客观条件，文化、宗教、民族传统等非正式制度因素都对区域金融发展非均衡产生直接或间接的影响，而这些也是深入剖析本书论题必须要涉及的客观现实与复杂背景。

1.2.2　研究意义

1. 理论意义

首先，本书基于系统的哲学理论指导，具有一定的哲学理论意义。

一是书中探讨的非均衡与均衡辩证思想体现了同一性与差异性的内在统一，协调发展包含了均衡发展与非均衡发展的辩证统一。经济学中定义的均衡，通常指系统或模型中相互关联的变量的运动、变动、调整均趋于平稳，并不存在内在变动趋势的状态。非均衡在西方微观经济理论中强调预期不确定性，该理论认为经济运行中存在的不完全竞争和垄断竞争是常态，研究的重点应该放在常态现象。

非均衡发展的对立面不只是西方经济学中的静态均衡，更应该是协调发展，协调意味着和谐一致、配合得当、统筹均衡。协调发展并不是机械地否定非均衡发展，而是注重在非均衡发展战略实施中的均衡，实现效率与公平的协调。最早在我国古代的《周易》中，协调中的和谐哲学思想就已提出，和谐思想和中庸思想成为中国古代哲学思想的精髓，人类几千年的社会实践，尤其是近百年的科学实践揭示了：和谐规律具有普遍性，这一规律也适应于人类的经济社会发展历程。在当今社会，协调发展更蕴含了多重含义，可持续发展、科学发展、和谐发展观等都丰富与充实了协调发展的内涵。只有通过均衡发展与非均衡发展的辩证统一，运用协调发展的观念指导区域发展，才能兼顾公平与效率，处理好公平与效率的辩证关系。

二是唯物辩证法的普遍联系观点贯穿全书。普遍联系的观点认为事物内部各要素之间，以及事物之间是相互影响、相互作用与相互制约的。联系是客观存在，具有普遍性与多样性的特点。普遍联系有两种基本形式，一种是互为中介、互相转化的事物自身矛盾双方的联系；另一种是该事物与其他事物的联系，决定事物静止或动态的存在形式，是空间维度的联系。

普遍联系的基本哲学观点，为本书提供了方法论指导，就是坚持系统观的分析方法，用综合的思维方式认识事物，树立整体全局与部分局部统一的观念。就区域发展而言，区域经济发展直接决定了区域金融发展，探索西部区域金融发展的非均衡与均衡的辩证统一，体现了实践、认识、再实践、再认识的认识规律，反映的是研究事物自身运动过程中的问题。探求西部区域金融发展与经济发展、社会转型、制度建设、文化繁荣的系统关联，实现金融子系统与其系统环境的协调发展，反映了事物与其他事物联系，相互作用、相互影响过程中的问题。

同时，坚持对立统一的唯物辩证法揭示矛盾的普遍性与特殊性关系，对西部与东部之间、西部省份之间两个空间层面金融发展非均衡问题研究就体现了抓住事物的主要矛盾、矛盾的主要方面的哲学思维。

本书的研究是站在一定的高度，具有深刻哲学理论意义的，而这种哲学观念也是本书研究西部区域金融发展非均衡问题的思想基石。

其次，全书对金融及相关理论的系统分析，具有一定的多专业、多学科交叉结合的理论意义。

一是全面梳理并充分借鉴金融发展经典理论，使得本书研究达到理论的高起点和深层次，在把握金融发展理论最新趋向的基础上，从一系列金融非均衡的现象与表现中探索金融非均衡的规律，力求本书实现较好的预期理论研究效果。其中，非均衡的思维是动态性与探索性的思维，从对非均衡具体表象的展示，背后本质的探索来思考金融问题，拓展与丰富了金融发展理论的研究视角、范式和内容。

二是实现了金融发展理论研究在空间层面的拓展，宏观国别层面与微观企业层面在国内外有比较丰富的研究成果，而中观区域层面金融发展理论与实践由于复杂性、差异性大，研究相对滞后。西部金融是中观层面金融的具体表现形式，本书不仅探讨我国东西部的金融发展非均衡，还具体深入到西部十二个省、市、自治区，研究西部区域内金融发展的非均衡性。本书的视角还突破行政区划和经济区划的限制，从金融功能区、金融合作区的理论高度分析金融现象并试图提出可行的政策建议。此外，我国东部沿海地区金融经济发达，国内大量研究集中在发达地区金融问题，相比之下，西部欠发达地区金融发展问题研究则滞后得多，再加上金融发展非均衡的原因和表象复杂多变，西部金融的发展方向还处于不断摸索的过程中。本书以西部金融发展非均衡问题为研究对象，追溯其根源，探究其形成机理，描述其现状，并系统地分析其影响，选题较新颖，能够站在理论的前沿，探讨金融发展的规律问题，具有开拓性以及重要的理论创新意义。

三是本书以马克思主义哲学、科学发展观为指导，从多维视角对金融发展总量、结构、功能、系统的非均衡问题进行深入探讨，力求实现金融学与区域经济学、经济地理学、制度经济学、产业经济学，以及历史学、社会学、宗教学、民族学、人类学等经济与非经济学科理论的交叉融合，使得本书的研究达到一定的理论高度、思想深度和学科广度。

2. 现实意义

总体上看，我国要构建和谐社会，实现经济协调发展，就应首要解决好金融协调发展、金融与经济协调发展问题。而幅员辽阔的中国地域具有极大的非均衡性，又严重制约着经济金融的协调发展；西部作为我国空间面积最大的经济区域，又是中国贫困的腹地，是中国连片特困区最多的地带，由于不平等及其加剧演化的趋势会成为对发展限制与阻碍的复合因素。①

一是加快区域非均衡发展向协调发展转变与我国和谐社会的构建相统一。从新中国成立到20世纪70年代末，我国区域经济的总体战略是均衡发展；改革开放后，我国以区域非均衡发展战略指导了中国经济发展实践，并逐步形成了四大经济区域共同发展的格局。然而，由于制度供给、区位条件、生态环境、资源禀赋、基础设施建设、人文历史沉淀等诸多因素的差异，区域经济发展呈现西部贫困落后与东部率先发展的巨大差距。同时，经济体制改革进程中暴露出的诸多矛盾与区域发展非均衡问题相互交织，进一步凸显了区域经济社会失衡的状况。西部区域尽快实现“后发赶超”，形成我国整体区域协调发展格局以及国民经济总体布局合理的结构，对解决温饱、脱贫致富、缩小东西部地区之间贫富差距和城乡差距，构筑和谐社会，走向共同富裕有重大的现实意义。

二是区域金融非均衡的空间分布状况与发展态势是当前我国金融发展实践中的突出矛盾，是亟待解决的热点问题。我国区域金融体系复杂性、开放度增大，区域之间的联动关系、区域自身特殊的运行方式和自我发展、自我增长的状态不同，金融发展层次的提升，金融结构的变迁要求区域金融体系自身必须实现协调。当前我国金融总量及其扩张速度已远远超过了商品市场的总量及增长速度，金融的流动性极强，无论国内金融还是国际金融，都超过了国内贸易与国际贸易成为国内经济和国外经济的主流。而企业、家庭个人持有的最主要资产中就包括多样化金融资产和创新性金融工具，金融对经济社会的高渗透带来了复杂的影响，区域金融发展的合理或不合理，对是否破坏金融系统稳定，并引发难以控制的经济危机有决定性作用。因此，加快实现西部区域金融协调发展，缩小西部区域金融发展的差距，维护区域金融稳定，又是从中央到地方、从政府到市场、从企业到个人都应积极参与的现实任务。

三是以西部区域金融协调发展促进经济社会协调发展，尽快实现西部地区“后发赶超”，重现西部历史辉煌，是实现中华民族伟大复兴的重要内容。正如上文所述，中国西部体现了人类文明、民族传统、经济贸易、宗教信仰的多维交融，这里承载着厚重深远的历史积淀，并且在历史上西部曾经是世界的经济中心区。然而，今天的西部已成为中国的欠发达区域，是分布最广的集中连片特困地区，被打上了贫困落后的经济烙印。当东部发达地区正不断接收世界上最新的思想，朝着高科技革命浪潮迈进的时候，西部广大的少数民族、贫困

① 缪尔达尔．世界贫困的挑战——世界反贫困大纲［M］．北京：北京经济学院出版社，1991.

的农民却仍被束缚在贫瘠的土地上，曾经造就了人类辉煌历史的西部农业文明注定成为一种追忆。

有学者曾提出工业革命引致的西方技术革新使得海上“丝绸之路”兴起，逐渐取代了陆上“丝绸之路”，也有很多声音认为海洋经济崛起引领的海洋文化将使得内陆文明逐渐衰落，在倡导多样化、全球多元文化并存的历史进程中这种海洋文明决定论的思路是武断的，但也触发了我们冷静反思，西部文明的衰落使中华文明有了内在的分化与撕裂，西部地区贫困与落后的现状与其在人类历史文明进程中的地位极其不符。

新的历史发展阶段，必须要改变思路，强调文明的多样性与整合性，而不是强调经济的霸权与文明的单一，这样人类才能进步。面对经济和文化的重新定位，西部的历史需要重写，文化需要重构，精神需要重振，而重建“丝绸之路经济带”不仅为西部大开发提供了新的历史契机，而且成为西部重塑历史辉煌的战略突破口，而这一切都要以西部经济金融协调发展为基础。以第二轮西部大开发开始实施的未来10年，是中国现代化进程最为关键的一步，也是实现西部由大开发向大开放转变，与世界紧密接轨的重要步骤。在财政主导型转变为金融主导型的经济发展支持模式下，通过金融协调发展提升西部地区内生增长能力，推动西部地区经济腾飞，并在金融支持西部大开发的过程中，全面提升与改善中国最为广大的西部少数民族地区经济社会发展水平，消解边疆恐怖主义、宗教极端主义、分离主义的负面影响，实现西部与现代化经济发展带来的物质文明融合一体，打造中国美丽而坚固的后花园，使其成为西部开发中的强国国策。因此，在突破历史所定义的文明命运时，以金融协调发展为核心推进西部大开发，实现“后发赶超”是21世纪中华民族伟大复兴中国梦的具体体现与重要内容，同时也是本书选题最为宏大的现实意义。

1.3　概念界定与研究范畴

1.3.1　区域金融的概念与研究范畴简述

1. 区域金融的概念

区域是区域经济学研究中的一个基础概念，具有多层次性、相对性、复杂性等特点，国别之间的区域（比如发达国家美国与发展中国家中国）异质性大，研究更偏向于世界经济学、国际经济学学科，而我们一般研究的区域则是一国范围内的经济区，是完整的国民经济组成部分。首先，一国区域内的经济地理划分，通常包括均质区，以某种因素为标准，按其相似程度划分，比如按各种经济总量和人均指标划分的发达与欠发达地区，按经济技术水平划分为东部、中部、西部、东北四大经济区域；其次，极化区域是功能上联系紧密，异质性和二元性突出，我国的城乡之间的二元性，大城市通过极强的辐射力将周边地带连接成为经济区，典型的区域就是长三角、珠三角、京津冀都市圈等；再次，政府规划区是政府按照实现特定的政策目标而构建的区域，比如经济特区、新区、开发区，截至2014年底我国已有的11个国家级新区就是由国务院统一规划审批、上升为国家战略的规划区。当然，区域应该还包括知识积累、人文习俗、历史沉淀等信息资源，无论是标准化信息还是非标准化信息，都在一定程度上安排了区域子系统的相互联系与差异状态。

本书的西部区域划分界定为我国四大经济区域中的西部区域，而研究对象主要是在对欠发达西部区域与发达东部典型区域对比基础上进行的，同时深入到幅员辽阔的西部内部十二个省、市、自治区，通过这两个地理层级的多重比较解剖问题。另一方面，由于区域之间和区域内部的二元性和异质性突出，还涉及城乡之间、中心城市（主要指省会）的研究，对国家区域规划战略的实践探讨也涉及了政府规划区。但本书省内各地市之间和县域层面不是主要研究对象，是考虑中央对区域经济调控与管理主要以省市区为单元，且统计资料数据比较全面齐备和易于搜集。各区域层面及研究对象是辩证统一于本书整体逻辑结构中的。

区域金融是指一国金融总量、金融结构与金融运行在地理层面上的空间分布状态，通常是若干区域不同层次、不同形态、不同关系金融活动的具体体现，而不同层次区域金融结构相对差异和相互关联则构成一国金融总体，形成区域金融体系。[①] 区域金融的概念涵盖了区域非均衡客观性的具体差异存在，因为没有差异就没有对不同区域相同问题进行分门别类比较研究的必要，正因为区域差异的存在，为区域金融本身状况，系统环境状况的研究提供了现实依据，对区域经济的差异影响也才会体现，不同层次区域的优劣势才会具体化表现。

随着金融改革的深入，区域金融的内涵与外延也是不断拓展的，表现具有空间差异、时间差异、水平差异、环境差异、禀赋差异、文化差异、功能差异等若干方面，其发展既是金融自身地域运动的动态结果，具有一定的独立性，

---

① 张军洲．中国区域金融分析［M］．北京：中国经济出版社，1995：3－12.

又与经济发展形成互动关联，具有一定的复杂性，是一国非均质地理分布及其金融经济发展差异性与区域性的关联体现，而各个区域金融子系统辩证的分割与关联则形成了一个国家的整体金融系统。

2. 区域金融的研究范畴

区域金融的研究范畴一般包括区域金融规模、区域金融运行、区域金融结构、区域金融市场、区域金融政策、区域金融风险、区域金融合作、区域金融与区域经济的关系等。其中，区域金融结构的静态存在形式指金融机构、金融市场、金融工具等金融要素在地理空间、行政区划、经济、政治和社会等领域的相对独立，根据其发展状态和趋势还可对其进行定性阐述与量化指标研究。而区域金融运行则涉及金融资源总量在空间上的流动与扩散，是区域金融空间的动态存在形式。区域金融的制度安排指正式制度形成的强制性行为规则、非正式制度形成的文化因素与金融系统的互动影响关系。区域金融风险的控制与监管则是国家宏观层面风险控制与监管的细化，区域金融监管如何协调好统一性与差异化的关系，是区域金融风险隔离、维护区域金融稳定的重要问题。与此相关的，区域金融合作是生产力发展到一定程度，金融资源生产要素突破区域限制跨区域流动与配置的客观要求，经济体内部区域之间经济联系的加强，也要求金融领域内打破人为分割、降低交易成本、改善资源配置的密切联系与合作，是市场在资源配置中起决定性作用的具体体现。

1.3.2　金融发展的概念简述

区域金融理论从根本上属于金融发展的理论范畴，是金融发展理论在空间层面的深化。金融发展理论本身是一个演化性、复杂性、系统性和变革性显著的理论，对金融发展理论的研究也是一个在不断拓展的动态过程中。

早在12世纪，西欧资本主义的兴起使得货币在经济中广泛使用，货币的成色、材质、重量等问题引起了关注，可以说早期金融发展理论的渊源是货币理论。但金融发展理论的系统形成则是在20世纪70年代，其中Goldsmith（1969）的金融结构论，Mckinnon和Shaw（1973）的金融深化和金融抑制理论成为当时金融发展理论的基石。在此基础上，信息经济学对各种金融安排的研究使得金融结构论不断深化，经济学家们对金融深化与金融抑制理论的肯定（如Basant、Kapur、Mathieson、Galbis、Frye等）和批评（如Tenenbaum、Taylor和Wifinbergen等）使其理论体系不断完善。经济学家们也将金融发展理论的系统形成称为“第一代金融发展理论”。

20世纪90年代后，基于内生增长理论的最新研究成果，众多经济学家通过将金融中介、金融市场引入经典的内生增长模型中，定量的测度金融发展影响经济增长的效应，模型的复杂程度与解释力得以不断提高，此阶段金融发展理论进展也被称为“第二代金融发展理论”。20 世纪 90 年代金融发展模型的拓展实现了金融发展理论质的飞跃，为计量经济学、统计学等学科的引入奠定了坚实的基础。金融发展理论与实践研究两次大的飞跃，金融发展对经济增长的影响与作用无论是理论还是实证都得到充分的阐释，这引发了金融发展理论研究视角的不断拓展。进一步探讨如何促进金融体系自身的发展，即影响金融发展的因素又是什么？由此产生了“第三代金融发展理论”。“第三代金融发展理论”研究的焦点集中于探寻影响金融发展的因素，涉及金融系统环境的问题。在既有研究文献中，对影响金融发展的因素和作用机制的研究包括法律、政治等正式制度，文化、宗教等非正式制度，以及自然禀赋、资源因素、信息技术等方面。

当然，金融发展的内涵与外延仍在不断扩展，本书就是在已有的国内外丰富、全面、系统的金融发展理论基础上进行科学与深入研究的。

1.3.3　非均衡概念简述

1. 非均衡概念

经济学意义中的非均衡本身是一个内涵丰富的概念。非均衡相对均衡而言，西方微观经济学中的均衡理论曾长期占据统治地位，出现过马歇尔局部均衡理论、瓦尔拉斯一般均衡、非瓦尔拉斯均衡等理论，但现实经济体经常表现出非均衡性，非均衡及其发展成为一种经济运行常态，当经济运行过程中出现非均衡或差异时，经济系统便处于不稳定和变动的状态，非均衡是一个历史维度的概念，是一定历史条件的必然产物，是一个辩证的螺旋式上升过程。

国内外众多著名经济学家对非均衡理论有各个流派的解释，最为典型的就是经济学家沿袭凯恩斯的《就业、利息、货币通论》中思想指出宏观非均衡现象必须与微观经济行为人在非均衡环境下的理性行为相一致，认为非均衡理论的基础来源于凯恩斯，是在寻找凯恩斯宏观经济学的微观经济学分析过程中产生的。而马克思在政治经济学中对资本主义再生产比例失衡现象进行深入研究和批判，指出比例失衡的根源在于生产社会化与资本主义私人占有之间的矛盾。科尔内全面系统地考察了计划经济体制，认为计划经济是典型的非均衡经济，他的思想和著作对从计划经济向社会主义市场经济转轨进程中的中国影响深远。厉以宁则较早的结合我国改革提出了经济的两类非均衡状态，指出社会主义经济总量和结构失衡问题。[①] 进一步地，国外区域非均衡发展理论的主要研究代表有佩鲁的“增长极”理论，赫希曼的“核心—边缘”理论，缪尔达尔的“循环累积因果”理论，弗里德曼的“中心—外围”理论，弗农德“梯度转移”理论等。虽然各学者研究角度有差异，但都指出区域经济具有非均衡发展的特性，强调市场的作用倾向于扩大而不是缩小区域差距。改革开放后，邓小平提出“两个大局”的区域非均衡发展战略，在此战略指导下我国经济总量得以迅猛增加。

2. 本书非均衡的借鉴及研究范畴

本书的非均衡问题研究集中在改革开放后，我国在区域非均衡发展总体战略指导下的区域非均衡发展问题。首先，我国区域发展的非均衡有其必然性、客观性、合理性与复杂性，在发展过程中也出现了不合理的失调与过度失衡状态，因此，对区域非均衡发展过程中凸显出来的各种问题的本质与表象深入探究属于本书核心研究范畴。其次，非均衡理论，特别是众多经济学家对我国经济非均衡的研究是本书研究过程中需要辩证参考的理论。同时，对于丰富的西方非均衡发展理论，如“增长极”理论、“循环积累因果”理论、“核心—边缘”理论等经典理论的分析，同样要辩证的借鉴，要与我国区域非均衡发展的实情相符。最后，对于区域非均衡的考察，在不同层面上体现了定性与定量分析方法的有机结合，注重研究的科学性、实践性。

1.3.4 西部区域金融发展非均衡的研究范畴

本书对于西部区域金融发展非均衡的研究，就是将相关金融理论运用到我国西部空间层面，从总量、结构、功能和系统四个角度对区域金融发展非均衡性进行阐释与剖析。需要指出的是，本书的研究对象是西部区域，但欠发达的西部区域研究首先是相较于发达东部地区而言，所以在书中对非均衡问题探讨要与同一经济区域层面的东部进行对比分析，不直接涉及四大经济区域中的其他两大区域——中部和东北，这源于马克思主义矛盾分析法中强调要抓住主要矛盾的哲学思维，是两大经济区域在我国的典型性、对比性所决定的，而研究四大经济区域就涉及我国区域金融总体层面而非特指西部区域金融层面。另一方面，广袤的西部十二个省、市、自治区也存在明显的区域金融发展非均衡性，要抓住矛盾的主要方面，进一步进行深入探讨，通过这两个区域空间层面的透彻分析，达到多维度剖析问题的目的。

① 厉以宁. 非均衡的中国经济［M］. 北京：中国大百科全书出版社，2009.

平衡与不平衡、差异与无差异是对现象的考察，着重区域不平衡或差异的表现与现状，以及运用各种经济金融指标的对比与比较。均衡与非均衡包括了对现象的分析，即采用定性或定量方法对平衡或不平衡具体表现进行分析；同时，更是对本质的考察，着重于探究均衡发展或非均衡发展的根源、影响、效应和作用，是一种普遍联系的系统观综合思维模式，更涉及多学科的交叉结合，多样化社会科学的分析手段。

因此，本书对西部区域金融发展非均衡的问题研究以唯物辩证法普遍联系的基本哲学思维为指导，基于两个空间区域层面（西部与东部，西部区域内）、四个金融发展非均衡维度（总量观、结构观、功能观、系统观）、采用多学科交叉、多样化分析方法，力图阐释清楚问题的现象与本质。

1.4 研究内容与研究方法

1.4.1 研究内容

本书的主要研究内容概括如下：

第1章是导论。首先详细阐述了本书的选题背景和意义，研究意义集中在理论意义和现实意义这两方面。对区域金融、金融发展、非均衡的概念进行界定与辨析，阐述西部区域金融发展非均衡的研究范畴。对本书的总体逻辑框架、技术路线、研究思路、研究内容、分析方法、主要的创新点、不足之处和未来进一步研究方向等进行总括与概述。

第2章是文献综述与理论分析。首先，系统地梳理了区域经济理论，从区域经济理论主线发展进程进行阐述，详细总结了传统、近代、最新区域经济发展理论，并对该理论与本书研究问题的联系与应用进行了评述。其次，参考国内外众多经典文献系统总结了金融发展理论，从金融发展理论的萌芽、形成、新进展，再到金融发展理论研究视角的拓展，对当前金融发展理论前沿进行了综述，金融发展理论的前沿主要是探讨影响金融发展的因素，以及这些影响因素与金融发展的关系，本书从正式制度、非正式制度、自然禀赋、信息技术与金融发展关系等方面进行了文献梳理，对金融发展理论进行了细致的评述。金融发展理论的研究视角深入到空间层面，就为区域金融理论奠定了理论基础，结合区域经济理论，对区域金融理论从四个方面进行了文献资料的归纳。最后，本文提出了区域金融发展非均衡研究四个视角维度的结合，即四个贯穿全文的金融发展非均衡维度为总量观、结构观、功能观和系统观，分别对金融总量、金融结构、金融功能、金融系统进行了文献回顾，评述了该四个理论视角与本书研究问题的联系。

第 3 章是我国西部区域金融发展非均衡的历史演进与问题表现分析。首先，对新中国成立后到改革开放前（1949—1978 年）西部区域经济均衡发展阶段状况进行详细的阐述，基于翔实客观的数据，运用比较分析法和图表分析法，直观清晰地展现沿海与内地、东部与西部、西部省份经济社会发展的整体面貌。其次，采取比较分析法、历史分析法对区域金融发展均衡阶段情况进行了分析。再次，对西部区域经济发展的非均衡现状进行描述。次之，对我国西部区域金融发展非均衡的具体表象、现状情况进行细致的研究，通过构建差异系数、变异系数、基尼系数指标体系进行统计测度。基于两个空间层面金融发展非均衡的角度，运用统计描述分析、图表分析、规范分析和比较分析等方法，从总量观的角度，运用总量指标衡量西部区域金融发展非均衡的状况；从结构观的角度，运用结构指标衡量西部区域金融发展非均衡的状况，西部区域金融发展非均衡尤其重要的一个方面就是结构非均衡，该部分从行业结构、融资结构、金融市场结构、金融资产结构、金融开放结构进行详细的非均衡分析；从功能观的角度，运用效率替代指标衡量西部区域金融发展非均衡的表现。最后，对西部区域金融发展非均衡的演进特征与变动趋势进行了描述统计分析。

第 4 章从系统观的角度，对我国西部区域金融发展非均衡的原因进行深入探析。运用定性分析法、统计描述法、对比分析法、实证检验法，从制度因素、经济条件因素、客观环境因素、非正式制度因素和不确定性冲击影响因素这五个方面分析了我国西部区域金融发展非均衡的形成机理，特别是基于西部多元化的宗教信仰、多样化民族传统、历史文化差异的背景，详细地阐述了非正式制度与西部区域金融发展非均衡的关系。

第 5 章是我国西部区域金融发展非均衡的负面影响分析。从定性的角度系统论述了在我国经济转轨过程中，由于区域发展差距不断拉大，西部区域金融发展长期非均衡而带来对经济的负面影响，还造成了社会转型、文化发展过程中的一系列负面效应。

第 6 章是我国西部区域金融发展非均衡对区域经济增长影响的实证分析。首先，通过阐述区域金融发展对区域经济增长影响的内在机理，对作用机制进行总结评述。其次，考察区域金融发展非均衡对区域经济增长的贡献效率差异。运用定性与定量相结合、动态分析与静态分析相结合的方法，根据国内外已有的理论总结与实践经验选取符合西部发展实情、科学可得的金融发展指标和经济增长指标，以及详细合理的控制变量系统，选择面板数据的计量分析方法和 TSLS 工具变量法，以经典的内生增长理论构建金融发展模型，对两个空间层面金融发展与经济增长的长短期动态关系进行实证检验。考察各变量是否同阶单整，对面板数据进行单位根检验，若各变量满足同阶单整的前提，则进一步验证协整关系，并运用面板数据协整检验，从整体上来考察西部金融发展与经济增长的长期均衡关系。最后通过误差修正模型检验反映变量间的短期因果关系。本章同时探讨了金融发展理论的前沿，通过法治、金融发展与经济增长的实证研究，从区域层面部分解释了“中国之谜”命题（低水平的法治与高速经济增长同时并存）；另一个是社会资本、金融发展与经济增长的实证关系，并对法律制度、法治建设（正式制度）与社会资本（非正式制度）表现出的替代机制与耦合关系进行了阐述，为我国这样一个转型国家区域金融发展的制度环境建设提供翔实的参考。

第 7 章是总结与建议。首先是基于本书的逻辑体系对各章研究结论进行统一的归纳梳理。其次，结合本书研究的主要观点与结论，指出西部区域由非均衡发展转变为协调发展的必然性，必须注重顶层机制的设计。在此基础上，以系统观的思维为指导，基于经济因素、非经济因素等多学科交叉的研究分析，从顶层设计的宏观层面，中观的区域协调机制，微观运作思路，就西部区域金融加快实现协调发展，并与外部系统协调发展等方面提出针对性建议。

1.4.2　研究方法

本书采取以中国西部实际问题为导向，以系统观为核心思维，以理论分析、统计比较、计量模型和实证检验为主体，多学科交叉综合研究的整体思路，在研究方法上，实现多样化分析方法相结合，以历史分析法、比较分析法、规范分析法、实证分析法为方法指导，力求本书在剖析本质和阐释现象的过程中展现出良好的科学性、全面性、系统性、先进性与前沿性。

单一研究方法：

第一，坚持马克思主义哲学的世界观与方法论指导。核心就是贯穿全书的唯物辩证法普遍联系的基本哲学观点，马克思主义哲学的矛盾观，协调发展基本内涵则体现了均衡发展与非均衡发展的辩证统一。在方法论上，用全面综合的思维方式认识问题、剖析矛盾，树立系统分析观念、整体全局与部分局部统一的观念。将所探讨的西部区域金融发展非均衡问题在“抽离”出系统环境，采用专业手段方法进行精确解剖的同时，还“嵌入”一个较为完整的经济、社会、制度、历史、文化系统中去考察分析，这种哲学观与方法论支撑着全书的总体逻辑体系。在此基础上借鉴西方经济学和金融学的经典理论，坚持理论与实践相结合，力求使全书达到一定的思想深度。

第二，历史分析法。新中国成立后区域金融变迁历程的回顾，区域金融发展的差异性时序变动趋势主要就采用了历史分析法。了解历史发展进程才可能站在历史的高度，将研究的问题置于西部复杂多样的历史背景、文化背景、人文背景下，系统地把握问题，才能更深入地揭示问题的本质，使全书具有一定的历史深度。

第三，比较分析法。金融发展在空间区域层面的非均衡表现最直接的就要通过比较分析进行描述，我国东西部之间、西部省份之间在金融总量、结构、功能等方面的金融发展非均衡，以及金融对经济社会贡献程度的差异，都广泛应用此方法。同时，本文还对非均衡趋势进行详细的对比分析，将空间层面对比与时间序列层面对比相结合，力求清晰全面地考察区域金融的时空演进历程。

第四，规范分析法。规范分析是提出经济政策的依据，规范分析法则主要体现在理论分析、实证结论解析和政策建议部分，包括金融发展理论脉络梳理，区域金融理论研究综述，区域金融发展非均衡性的评述，区域金融影响区域经济的机制，以及统计比较结果、计量实证结果分析等问题。

第五，实证分析法。本书第 3 章、第 4 章和第 6 章大量采用了实证分析法，包括统计比较分析和计量模型检验，统计比较主要是运用相关统计指标对区域金融发展非均衡进行测度与综合评价，计量模型检验应用于法与金融、社会资本与金融的研究，以及区域金融发展非均衡与区域经济增长的动态关系检验上。通过实证分析法能够更科学、精确地剖析问题，同时本书将实证分析法与规范分析法相结合，对问题的研究更加透彻。

第六，多学科交叉的综合分析法。本书的问题研究，既涉及了金融学科本身的研究方法，又以区域经济理论为基础，深入到金融的空间层面进行系统分析。同时，对西部金融发展非均衡问题的本质与表现探究又要与社会学、宗教学、民族学、人类学、历史学、地理学、法学中的理论思想、分析方法相互贯通交融，缕清众多非经济因素在差异环境下的隐性作用与影响，力求使本书达到一定的学科广度。

第七，逻辑推理论证法。区域金融发展的非均衡问题是我国当前的热点问题，对其分析也是一个复杂的系统工程，国内外研究资料非常丰富而庞杂，笔者难以全面地获取与掌握，而采用逻辑推理论证的方法，在表述上使用科学、明晰的逻辑推理性语言，并使用多样化图表的方式直观、清晰的阐述相关问题。

多重研究方法：

第一，理论归纳与实际分析相结合。基于透彻深入的经典文献梳理，理论分析与述评，对金融发展、区域金融、非均衡等相关概念进行辨析，系统归纳了金融发展萌芽、形成、新进展、拓展等各阶段的理论，从多重研究视角对区域金融理论进行了梳理，并提出了金融发展非均衡研究的四个维度——总量观、结构观、功能观和系统观，从这四个方面归纳了相关文献，理论归纳为本书研究奠定了坚实基础。通过对众多理论的梳理和文献总结，运用统计比较、计量检验等方法，构建金融发展内生增长模型进行实证研究。力求使本书研究建立在坚实的理论基础、科学的定量测度和大量的客观事实之上，达到理论性与实践性的统一。

第二，静态分析与动态分析相结合。静态分析通常指对事物在某一特定空间、截面、状态下的剖析，动态分析强调对事物发展过程、变化趋势、演进状况的分析。本书搜集整理了大量的时间序列数据与横截面数据支撑静态与动态分析。第3章对两个空间层面金融发展非均衡的表现特征进行了丰富翔实的截面静态研究，将时序数据与截面数据结合，静态与动态的考察各区域金融非均衡的变化趋势。第4章中对影响区域金融发展非均衡因素的探讨也大量运用了面板数据，以及面板数据的模型。第6章中则考察了西部区域金融发展与经济增长的长短期动态关系。本书将时间与空间、动态与静态分析相结合，体现了研究方法的系统性。

第三，具体研究与抽象分析相结合。本书非均衡发展的内涵及范畴包括了对差异性表现、不平衡性状况的分析，即从思想维度、专业深度、学科广度等方面全面、深入、系统地展现西部区域金融发展过程中非均衡性问题的具体表象，属于具体研究；同时还包括了对本质与规律的探究，基于西部特殊的背景、条件和环境，从非均衡问题的复杂表现中抽象出非均衡的一般规律与特殊规律，抽象出演进过程中的动力机制、路径特性等显性与隐性因素。

第四，描述性分析和计量分析相结合。在对西部区域金融发展非均衡的原因、影响实证分析过程中，本书以大量的统计年鉴、经济年鉴、发展年鉴、研究年鉴、统计摘要、发展报告等资料为基石，基于翔实可靠的科学统计数据，对西部区域金融发展非均衡的问题进行层层深入剖析，主要就是运用描述性统计的分析方法。同时，建立合理的计量经济学模型，利用 Eviews7.0 软件对贡献效率、相关性结果、动态效应进行了计量检验。根据描述性分析与计量分析的结论，有针对性地提出政策建议。

1.5 全书逻辑框架

根据研究内容和研究方法，将本书的总体逻辑框架总结如图 1－1 所示。

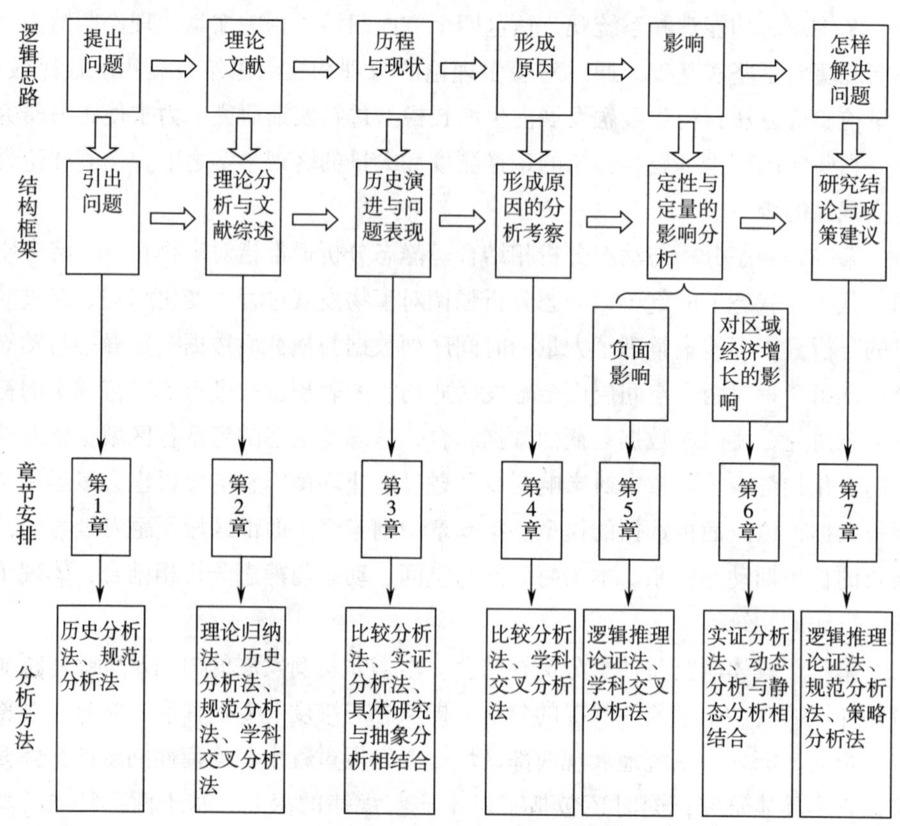

图 1－1 全书总体逻辑框架图

1.6 研究的创新点与不足

1.6.1 主要创新点

1. 思想架构方面

本书创新性地构建了我国西部区域金融发展非均衡问题研究的思想架构，

涉及两个地理层级，四个金融发展非均衡研究维度，多学科交叉与结合，并将其纳入宏观、中观、微观三个层面的体系中（见图1－2）。

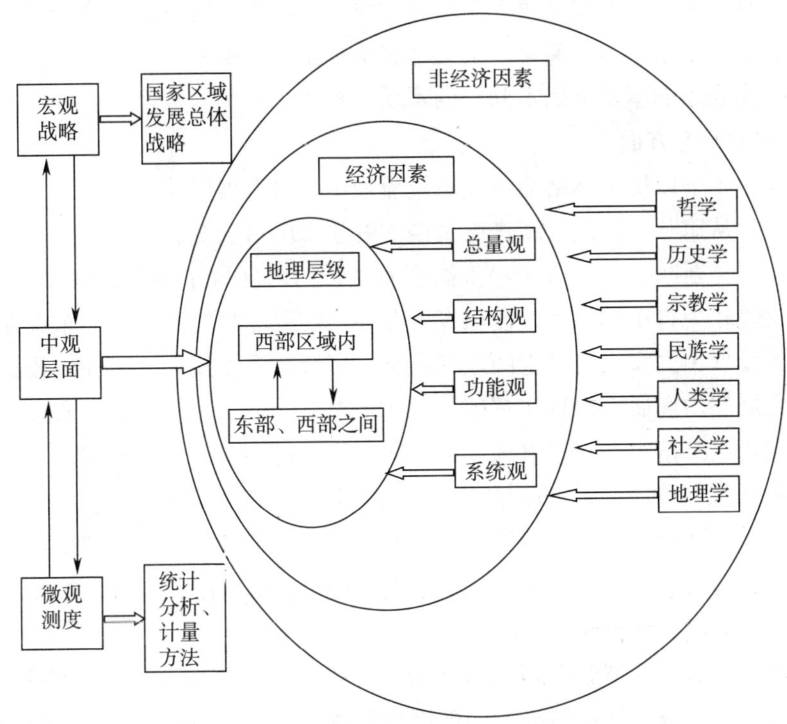

图1－2　论述思想架构

具体来说，全书的思想架构体现了多维性与系统性。

首先，本书涵盖了西部与东部之间、西部区域省份之间两个空间地理维度，体现了马克思主义哲学矛盾分析中抓住主要矛盾，以及矛盾主要方面的方法。对金融发展非均衡从总量观、结构观、功能观、系统观四个视角进行全面、细致、深入的考察。在时空维度，本书从西部区域、省域、城市、行业层层深入，对银行业、证券业、保险业的空间分布特征做了详细的刻画。因此，本书的数据庞大而繁杂，书中数据主要来源于国家层面、省域层面、核心城市等近六十类历年统计年鉴、统计摘要、发展年鉴、发展报告的系统搜集整理，确保了基础数据的真实性和科学性。

其次，本书还从历史观的角度，站在历史的高度将所研究的金融问题放置在历史的时间维度中，运用唯物辩证法普遍联系的观点与系统整体性的分析原理，实现对区域金融零散、无序与个别的分析考察过渡到科学客观、综合系统与整体结构的全面把握，既从整个区域范围抽取出西部放置在不同的历史阶段进行解剖，又将西部区域金融研究的不同阶段嵌回到中国这样一个典型的发展中大国。这就要求在研究视角上坚持多学科交叉的多维度分析，将经济学与哲学、社会学、宗教学、民族学、人类学、地理学、历史学等学科相结合，力求在分析事物表象的基础上揭示问题的本质与规律。

2. 理论研究方面

首先，本书以历史脉络为主线系统梳理了金融发展理论，对金融发展理论文献的整理从萌芽、形成、新进展到当前的学术前沿。金融发展理论产生于发达国家，比如西欧、美国市场经济高度发达，国内区域市场分割壁垒不明显，资源要素能较为自由的流动，区域发展存在一定程度的趋同性；而东南亚、拉丁美洲等发展中国家又由于空间地理狭小，区域差异不显著，国外比较缺乏区域金融发展非均衡研究的现实基础。因此，本书的一个创新点就是通过大量的国内外理论文献搜集与积累整理，试图建立多学科知识、多专业理论与金融发展理论的联系与交叉，比如创新性地从人类学（特别是文化人类学）、民族学、宗教学、社会学的角度探讨了民族传统、宗教信仰与金融发展的关系等，构建一个相对系统、完善、全面的金融发展理论分析框架，丰富并拓展金融发展理论的研究内容和范畴。

其次，本书以区域经济理论为基础，开拓了区域金融理论分析的新视野。尽管国内学者普遍关注区域金融的理论与实践，但国内外对区域金融理论的系统研究都相对滞后，仍处于探索阶段。区域经济理论作为区域金融理论的重要基础，大多数学者对区域经济发展的分析时常论及区域金融发展问题，但限于单一的经济现象和经济空间，理论分析是分割与零散的，难以形成独立的分析框架和相对完整的理论体系。本书在梳理国内外区域经济理论的基础上，将金融发展理论深入到空间层级，对区域金融理论进行系统整理，创新性地对区域金融理论四个研究视角进行总结评述，试图形成较为独立的分析框架和相对完整的理论体系。从理论文献归纳到定性分析、规范分析并贯穿全书，阐明理论文献与具体问题分析实践的联系，为本书奠定扎实的理论基础。

3. 实证研究方面

首先，第 3 章中从空间差异的角度，运用统计方法中的差异系数体系、变异系数、基尼（GINI）系数对两个地理层级的区域金融发展非均衡的静态表现与动态趋势进行比较分析。变异系数不仅用于衡量区域空间的非均衡程度，还可作为区域时空趋势特征描述的重要指标；基尼系数是国际上最流行的衡量收入分配差距的统计比较方法，本书借鉴该系数测度非均衡的具体差距表现。

其次，第6章中本书参考国内外大量文献专著，根据我国西部发展实情，采用定性与定量相结合、动态分析与静态分析相结合的实证方法。构建经典的内生增长理论金融发展模型，选取科学可得的金融发展指标、经济增长指标，以及详细合理的控制变量体系，深入到两个地理层级对西部区域金融发展非均衡与动态经济增长进行实证检验。考察各变量是否同阶单整，对面板数据进行单位根检验，并进一步验证协整关系，考察区域金融发展与经济增长的长期均衡关系，通过误差修正模型检验考察变量间的短期因果关系。

对西部区域法（正式制度）与金融、社会资本（非正式制度）与金融的关系进行了翔实的实证分析。对西部区域法律制度、法治建设与金融发展、经济增长的关系进行实证检验，测度法律制度、法治建设作为一种正式制度是如何导致了区域金融发展差异并影响区域经济增长的。对西部区域社会资本、金融发展与经济增长的关系进行实证检验，测度社会资本作为一种非正式制度是如何影响区域金融发展差异并影响经济增长的。上述实证检验既是创新性地对当前理论研究前沿的深入量化阐释，又是符合西部区域经济、社会、文化发展状况的重要因素，其结果能从空间区域层面上部分解释“中国之谜”的命题（低水平法治与高速经济增长并存），以及我国在经济社会转型时期，社会资本作为一种重要的非正式制度与法治正式制度之间的替代关系问题。

再次，在数理模型的构建方面，均采用的是面板数据分析模式。与截面数据模型相比，面板数据模型同时具有时间序列和截面数据的特征，它消除了截面数据中未观测到的国别影响和解释变量之间的相关性，因为它们会导致有偏估计；同时，面板数据解决了截面数据工具变量不能控制的变量内生性问题。

在计量经济方法上，全书不采用传统的OLS回归，而是创新性地选择TSLS工具变量法。TSLS的小样本性质，根据蒙特卡洛研究表明大多数方面优于其他估计量，并且较稳定；同时，TSLS能在很大程度上克服由于遗漏重要控制变量使得随机误差项中含有与解释变量相关的变量，从而导致解释变量与扰动项相关、OLS和WLS估计方法失效的情况出现。这样的计量方法选择使得实证检验结果在统计上更加可靠，更能反映客观现实。

最后，本书主要数据来自国家图书馆58类历年年鉴，以及大量的统计公报、统计资料汇编和发展报告，数据科学客观，翔实可信。

4. 政策建议方面

本书提出了西部区域金融发展的总体构想。按照一般自然的经济演进和路径依赖，希冀通过金融发展促进区域经济增长，缩小区域发展差距是一个漫长的过程，结果会是我国东西部非均衡状况、西部省份区域发展差距依然存在，甚至由于“马太效应”等复杂因素，非均衡状况会进一步扩大。西部区域金融发展既要实现金融体系自身的协调发展，又蕴含了金融系统与制度、经济、社会、文化系统之间的协调与和谐。本书通过构建初步的顶层协调机制设计的框架，提出了两个层面的系统性建议。

第一个层面是西部区域金融协调发展的政策建议。本书提出了建设西部资本市场、构建多层次资本市场结构的战略与对策；提出西部多层次区域性金融中心的建设路径与发展模式；提出加强“东西合作”，推进“向西开放”的区域金融合作对策，创新性地以重建“丝绸之路经济带”为视角，提出西部区域立体多维度的金融互动与合作建议。根据金融地理学理论，本书分析指出基于移动金融的信息技术普及，打破西部复杂空间地理（山区、牧区、草原、高原、沙漠）限制，用手机银行、手机支付等方式低成本、高效率地满足偏远西部区域的金融需求，引领西部金融创新。同时，阐述了差异性与统一性相协调的区域金融调控政策的运作原则与工具选择，指出政策搭配与适当给予地区自主调控权的必要性。

第二个层面是西部金融系统与外部系统协调发展的对策选择。本书对西部金融发展非均衡问题的研究基于金融学、经济学理论，与哲学、社会学、宗教学、民族学、人类学、历史学、法学、地理学等学科中的思想贯通交融，寻找众多非经济因素在差异环境下的隐性作用与影响。从西部多元宗教并存与金融发展结合的角度提出诸多可行性的发展意见，重视宗教信仰对区域金融发展的影响，比如伊斯兰金融就是宗教与金融结合的现实案例。从西部多样化民族传统、族群聚居与社会生态的角度对复兴西部优秀内陆文化，构建社会主义市场经济条件下现代金融发展的伦理价值观方面提出了政策建议。在此基础上，指出实现西部法律环境完善、法治建设（正式制度）与西部优秀文化传统（非正式制度）的良性互动与对接，促进金融系统与外部系统的协调与和谐的重要意义。基于事物普遍联系的系统性哲学思维，通过对非经济金融因素的深入研究，突破了传统研究较多着眼于经济因素本身建议的固定模式与视野局限，为通过顶层机制设计指导中观区域协调发展，促进微观主体共同富裕提供可行性参考。

1.6.2　不足之处和展望

由于笔者水平有限，以及论题篇幅与视角的限制，对于涉及西部区域金融发展非均衡的一些问题，本书没有进行充分的展开和论证，从而可能导致本书在理论研究、实证分析、政策建议等方面存在一些不足。主要表现在：

第一，西部金融发展的问题，内容丰富、涵盖广泛，本书从理论上做了探讨。而更多的内容，比如资金价格（利率、汇率）及其形成机制，西部区域金融行业中的信托业和基金业发展状况等内容在书中未得到具体体现，西部区域城乡金融发展问题并未深入的展开论述和研究，对于西部区域民间金融也有待深入分析。

第二，对区域金融结构的研究主要涉及金融行业结构等五个方面，由于省、市、区统计数据、统计资料所限，没有将问题延伸到金融结构中更加微观层面的指标体系。如果能够对西部区域金融结构的各个方面状况进行更为深入的统计比较与实证分析，将为我国区域金融发展的理论与实践提供更为重要的指导意义。

第三，对于金融资源的跨区流动还缺乏深入的理论和实证研究，包括中国四大经济区域金融资源、西部省域层面上甚至与国外区域的金融要素流动，以及由此带来的对区域金融发展非均衡性的影响等方面可以成为进一步的研究方向。

第四，从空间视角来看，本书涉及了国家层面、省域层面和中心城市（主要是省会）层面，并未进一步深入到地方（主要指县域）层面，而以县域金融为代表的地方金融同样是受到较多关注的热点，更加细微地理层级的金融发展状况，还有诸多现实问题值得未来进一步探究。

第五，对于多学科与金融学的交叉结合，笔者从理论上梳理总结宗教信仰与金融发展、民族传统与金融发展、族群意识与金融发展、社会资本与金融发展、法治与金融发展、空间地理与金融发展、信息技术与金融发展、自然禀赋与金融发展等的关系，并对西部地区的现状进行了客观分析。然而，研究较多停留在文献综述和现状分析的层面，尽管运用了一系列指标创新性的实证度量了法与金融，社会资本与金融，西部法律、金融发展与经济增长，社会资本、金融发展与经济增长的关系与效应，但限于数据的可获取性、科学计量问题，对于其他非经济因素与金融发展的关系，还未能将其总结归纳为一般规律，并构建一整套系统的量化指标将其纳入数理模型，运用先进的实证分析方法进行检验，这也是未来进一步深入研究的方向。

第六，本书涉及了人类学、民族学、宗教学、社会学、地理学等非经济学科与金融的关系研究，笔者进行了大量的理论文献总结与梳理，进一步的研究应该是深入西部贫困山区、少数民族村寨、偏远农村进行漫长艰苦的田野调查，掌握一手资料，这才更能体现社会学科学术研究的科学性和系统性，也是笔者正在努力的方向。

当然，书中的不足之处，将成为笔者进一步学术研究的重点，在今后学习与工作过程中将不懈努力、深入探索，力求进一步完善区域金融发展的理论框架，并对研究西部区域金融发展问题作出切实可行的贡献。

第2章 文献综述与理论分析

2.1 区域经济的理论分析

区域金融理论本质上是探讨金融发展问题，但区域经济直接决定了区域金融，区域经济理论构成区域金融理论重要基础。国内外有关区域经济理论的资料文献大多将研究视角放在我国整体宏观层面，对东西部区域间比较和区域层面内深层次分析尚不完整，各学者的实证研究结论有很大差异性，政策选择观点迥异。因此，缕清区域经济理论的发展脉络，对探讨西部区域金融问题十分必要。

空间经济学、发展经济学、经济地理学是区域经济学的基石，区域经济理论在此基础上演化发展而来。回顾区域经济理论的发展历程，大致经历了四个历史阶段：从第一阶段的区位理论研究，到第二阶段的传统区域发展理论，再到第三阶段的近代区域发展理论，第四阶段是区域经济理论的新进展。从研究内容和发展趋势来看，区域经济理论越来越呈现出综合化、具体化、微观化、模型化和计量化的特点，多学科交叉的系统观分析方法与更具特点的经验案例研究成为未来发展的主要方向。

区域经济理论的历史发展始终贯穿着两条研究主线：一是区位理论，二是区域经济发展理论。从微观层面上来看，经济主体理性的区位选择表现是产业集聚、城市中心带形成等；从宏观层面上来看，经济主体理性的区位选择使得区域经济非均衡发展，集聚与扩散效应影响了区域经济增长。一国区域间的关系大都通过经济要素的流动来体现，而跨国的区域经济关系则涉及区域贸易理论。西方区域经济理论始终沿着这两条线索不断演进和日益丰富。

2.1.1 区位理论

最早可以追溯到19世纪的区位理论是区域经济理论的起源。作为区域经济理论学科基础的奠定者，杜能（Tunen，1826）在《孤立国》中阐述了农业区位论。德国经济学家韦伯（Weber，1909）建立了工业区位论，这是资本主义进入垄断阶段后区位理论的新进展；胡佛（Hoover，1937，1948）在加入了更复杂的现实因素后对韦伯的理论进行了拓展。德国地理学家克里斯塔勒（Christaller，1933）提出了分析第三产业部门的中心地理论；勒施（Losch，1946）在克里斯塔勒研究基础上，扩展了工业区位论，形成基于第二产业部门的市场区位理论。以上区位理论都是基于新古典经济学静态局部均衡的分析方法，被称为古典区位论。

第二次世界大战后，区位理论获得迅速发展，得益于空间作用及规划模式、网络扩散理论、系统论、数理分析、运筹学等思想的引入，以及对区域经济系统性、总体性、动态性全方位考察的方法引用，地域空间结构理论、现代区位论逐渐形成。其中，萨缪尔森（Samuelson，1952）与柏克曼（Beckman，1968）的研究奠定了空间经济理论基础。美国经济学家对现代区位论贡献很大，艾萨尔德（Isard，1956，1975）则在剖析区域总体均衡及相关要素影响基础上，实现了古典区位静态均衡视角的综合拓展。

现代区位论实现了从单个厂商区位抉择到经济综合体的扩展，从理论分析向数理模型量化研究的转变，并发展了一些经典的区域数理模型。同时，第三产业的研究进入现代区位论的分析框架，然而，现代区位论在解释现代区域经济问题时存在一定的掣肘，就是受到新古典经济学中完全竞争和规模报酬不便假设的限制，因为现实经济发展及运行是复杂多变的，假设过于严苛，与现实经济越发脱离，受到的质疑当然也越多。

2.1.2 传统区域发展理论

第二次世界大战后的20世纪40年代末期到70年代初期，这一阶段区域发展理论强调国民生产总值的增长，强调资本积累，重视工业化，农业地位下降，这是区域经济研究的第二阶段，相关理论被称为传统区域发展理论。其中，最具代表性的研究观点集中在区域经济均衡增长理论和非均衡增长理论。

1. 均衡发展理论回顾

西方区域均衡增长理论涉及新古典主义区域均衡增长理论，发展经济学均衡增长理论。前者的代表性理论是索罗—斯旺经济增长模型，曾长期在区域经济研究中占据统治地位；后者的主要代表人物有罗森斯坦·罗丹的、纳克斯等，他们的思想受到20世纪四五十年代凯恩斯主义的影响较大。

在新古典经济学的基本框架下，索罗和斯旺（Solow and Swan）认为区域经济收敛的均衡增长是长期的，而非均衡增长只是短期。20世纪60年代威廉姆森（Williamson）提出了著名的“倒U型”假说，指出区域差距首先会随着初期国家发展不断扩大，在发展过程当达到某一点后区域差异会趋于缩小，区域的收入水平随经济增长最终可以趋同。①

早在“萨伊定律”理论中，就有供求始终平衡的宏观经济和区域经济均衡观点。发展经济学的均衡增长理论研究中，罗森斯坦·罗丹（P. N. Rosenstein－Rodan，1943）提出了“大推进论”。他主张发展中国家要通过工业化摆脱贫困的困境，而资本是实现工业化的关键，资本和市场、供应与需求要实现关联互补与相互支持。他认为生产函数、需求、储蓄供给三个不可分性为大推进理论奠定了理论与论据基础，此论证在发展中国家影响很大。纳克斯（1953）提出了“贫困恶性循环”理论，他研究发现发展中国家面临需求不足与供给不足恶性循环的困境，要摆脱这种局面应该实施平衡增长战略，对国民经济的各个部门保持大规模的资本投入，而投资要同时涉及工业、农业、对外贸易。此外，还有众多经济学家的研究，比如纳尔逊的“低水平均衡陷阱论”、斯特里顿的“完善平衡增长论”等观点丰富了区域经济均衡理论。

2. 非均衡发展理论回顾

20世纪50年代以来，发展中国家与发达国家经济发展差距不断扩大；在发达国家内部，大量要素与资源投入到高增长部门或区域，也导致了国内发达地区与欠发达地区的极化。新古典主义理论的均衡发展和收敛趋势并没有在现实中得以应验，基于此众多经济学家提出了区域经济非均衡增长理论。经典理论如佩鲁的“增长极”理论、赫希曼的“核心区—边缘区”理论、缪尔达尔的“循环累积因果”理论、弗农的“梯度转移”理论、弗里德曼的“中心—外围”理论等。各理论虽然视角不同，但都认为市场会扩大差距，现实中的区域经济增长是非均衡的。

佩鲁在20世纪50年代最早提出“增长极”理论。他指出经济增长以不同

① WILLIAMSON, J. G. Regional Inequality and the Process of National Development: A Description of the Patterns [J]. Economic Development and Cultural Change, 1965, 13 (2): 560－570.

强度极点形式出现，因不同渠道实现对外扩散，影响经济增长。① 在一些聚集了科技、人才、资本、金融、生产等多种经济功能的区域会最先形成经济中心——增长极，这些区域具有大量有创新能力的主导企业。增长极通过外部经济和产业之间关联乘数效应推动其他地区或产业增长，一方面，增长极的极化效应会吸引周围地区资源和要素向极点集聚，使得极点的竞争力大幅提升；另一方面，增长极的扩散效应通过资本、人才、信息、贸易活动将富有竞争力的创新成果辐射到广大腹地，促进腹地经济增长。增长极理论后经布德维尔（J. Boudervill e）、汉森（M. Hansen）等学者进一步拓展。

缪尔达尔（1957）提出了“地理上的二元经济”结构理论批评了新古典主义经济发展理论所采用的传统的静态均衡分析方法。他指出市场机制自发调节作用下的结果是区域差距扩大，发达区域能迅速累积竞争优势，抑制欠发达地区赶超与发展，欠发达区域经济发展步伐缓慢，最终导致区域二元结构形成。因此，欠发达地区的政府应该因地制宜，制定符合自身发展模式缩小区域差距。

艾伯特·赫希曼（Albert O. Hirschman）针对佩鲁、布德维尔等人在分析增长极机理上的不足提出了不平衡发展理论，即“核心区—边缘区”理论。他指出经济发展不会同时均衡的表现在所有区域，而一旦在其中一些地区先出现，经济要素就会迅速向该地聚集，经济高速增长而形成高收入的核心区，周边落后的即为边缘区。核心区与边缘区之间“极化效应”与“涓滴效应”发挥效用，市场的力量往往有区域差距扩大的趋势，此时政府的政策选择和均衡调节能力尤为重要。

约翰·弗里德曼20世纪60年代的“中心—外围”理论把落后地区视为中心地区殖民关系背景下的边缘，经济独立性缺乏，具有依附性，市场的作用会强化空间二元性，但随着交通改善、通讯条件优化、发展理念进步、体制变革以及城市扩张，“中心—外围”二元特征变得模糊。弗里德曼的研究涉及所有的空间，尤其是把政治与文化的演化进程纳入区域经济发展过程中，使其更全面系统。

弗农等人提出了著名的“梯度转移”理论。其主要思想在于：不同国家或地区间存在的差距集中在产业梯度和经济梯度，梯度间一旦存在技术或经济

---

① PERROUX, F. Note Sur la Notion de PSle de Croissance. Translated by I. Livingstone, in I. Livingstone, ed., Development Economics and Policy: Selected Readings. London: George Allen& Unwin, 1955: 65-101.

差，就有技术经济在区域空间转移的自发力，生产力就会在区域间非均衡运动分布。经济发展过程的区域表现就是发达—次发达—落后地区逐级推进，高梯度地区的产业自发向低梯度地区转移，产业结构在转移过程中实现优化升级。在梯度推进理论的基础上，很多学者还提出反梯度推进理论：在某些有条件的欠发达地区，可以采取特殊发展方式来超越现有生产力水平，在欠发达地区引进发达地区同样的先进技术、装备、管理理念，形成欠发达地区产业、技术与信息的中心区，并通过辐射作用带动周边的跨越式发展。

在区域经济发展理论研究成果丰富的同时，经济学家对区域贸易的研究也取得进展。其中，瑞典经济学家俄林通过将区际贸易引入新古典经济学，丰富了一般均衡理论。

3. 区域经济发展模式

区域经济的发展模式，是一个受多种因素影响，有着深刻历史、社会背景的长期形成过程。纵观世界各国、各地区发展实情，区域经济发展模式大都根据区域经济非均衡发展理论提出，并在此基础上丰富完善。根据空间形态的划分，可将区域经济发展模式分为增长极发展模式、点轴经济发展模式、网络经济发展模式和全面协调发展模式四类，通常也代表了四个递进的阶段。①

第一，增长极发展模式来自空间增长理论在区域中心的应用。增长极通常被认为是经济活动密集的中心城市，集中了创新性企业和主导产业，对周边经济资源有巨大吸引力。对于那些未成为中心城市，但有区位优势条件、自然资源丰腴的区域则有可能成为新的增长极。我国关于增长极的研究内容颇丰，比如很多学者提出在欠发达的内陆地区，要想实现缩小与东部发达地区的差距，在中西部构建多层次的、具有竞争力的中心城市，通过非均衡的发展模式，带动不同层次的地区经济发展，以适合我国幅员辽阔、自然环境、生态条件复杂多样的特点。

第二，增长极理论的延伸形成点轴经济发展模式。从区域经济发展的空间进程来看，区域生产力水平的提升，工业化程度提高使得工业点增多，点与点之间由于生产要素区际交换使得交通通讯紧密联系起来，这些线路构成生产轴，经济中心之间的生产轴一经形成，就容易引起人口、产业向轴线处聚集，产生新的中心增长点。不同层面与层级点轴线的交叉就构成了点轴系统。比如我国东部沿海城市群的沪宁线、胶济线都是点轴经济带的重要交通枢纽。历史

① 徐云松. 区域经济理论：历史回顾与研究评述［J］. 石家庄铁道大学学报（社会科学版），2014（3）：8-9.

上中国的西北丝绸之路就在当时形成了不同的政治经济中心，其交通连接的轴线构成了古时的丝绸之路经济带。当前重建丝绸之路经济带，重现古老丝路辉煌，既是区域经济发展的新思路新视角，又是实现西部发展、各民族复兴的重大战略举措。

第三，网络经济发展模式。点轴系统逐渐完善和优化的区域，进一步开发就是网络经济发展模式，形成现代化的区域空间结构。该阶段的发展理论认为现代化的经济区域空间结构有三个要素：一是节点，为各类城镇；二是域面，即节点的影响范围；三是网络，是节点之间、域面之间以及节点与域面之间生产要素流动的交通与通讯网。网络化的现代区域结构是一种区域经济较成熟发展的阶段模式，比如我国的长三角地区、珠三角地区、京津冀都市圈经济密度高、交通便利、城镇化程度高的地区，是网络经济发展模式的典范。

第四，全面协调发展模式。这是网络经济发展模式的进一步拓展，通常网络化的区域经济实力达到一定水平，区域发展的重点则是缩小区域之间以及区域内部的发展差距，除了考虑经济差距，还要考虑政治、社会等方面的正负影响。全面并不代表整体铺开、完全一致和要素资源的平均分配，而是要探索区域之间的协调发展和区域内部的协调发展，目的是消除区域全方位差异，但过程允许存在区域非均衡发展模式，这是更加系统性的复杂工程。比如我国要实现东西部两大典型区域的协调发展，而欠发达的西部内部各省市区如何实现跨越式发展，发挥后发赶超优势，并在自身崛起的过程中保持好与其他空间区域的良性互动，就要秉持系统全面、唯物辩证法普遍联系的发展思路。

2.1.3 近代区域经济发展理论

20 世纪 70 年代中期以来，大批学者对区域经济发展理论进行了反思，过去过度追求经济增长率和工业化，却是以损害农业和乡村的发展为代价，发展应该更加注重人的需要，强调人力资本的重要性，重视乡村经济发展，以消除贫困、实现公平、增加就业为国民经济发展的目的。在区域的空间背景上，以乡村地区、贫困地区、均衡发展为对象的区域理论取代了以城市化、工业化为中心的分析，涌现出了一些具有代表性的理论观点和研究视角。

农业中心与二元结构理论，以二元经济模型为代表。二元经济或二元结构是普遍存在于发展经济体中的，一个技术先进的现代化部门与传统的、自给自足的农业部门并存，现代化领域不断扩大，现代工业部门从农业部门吸收的剩余劳动力越来越多，当劳动的边际生产率提高到与工业一致时，二元结构消失。在农业部门内部，也有很多学者提出注重传统农业自身的现代化发展。行为学派的观点认为区域发展最终目的是以人为主体的发展，随着现代管理模式的建立和交通运输的现代化，地理成本和运输费用在区域经济中的影响逐渐下降，人的地位和作用上升成为区域经济发展的重要因素，无论是区域的均衡还是非均衡发展，资源要素配置的自由流动还是受限，都要考虑人的主观能动性。区域发展的制度理论，该类观点主要受到新制度主义和新结构主义的影响，在区域发展过程中，正式制度（法律、政治）与非正式制度（文化、宗教、信仰）是区域发展必须要考虑的重要因素。任何的生产组织形成、区位地理条件都根植于特定的制度环境中，随着时间和空间的推移转换而不断修正变化。①

选择性空间封闭理论，最早由施特尔与托德林（Stohr and Todling，1977）提出，该理论反对各区域通过各种方式实现紧密联系和互补构成一体化经济，也反对各区域各自为政、相互分割、闭关自守，而是主张放权，将权力分散到各个地区，使得各地区能够根据发展实情进行资源调配与安排，而且能够有效隔离与外界的风险传递与消极影响。自主发展与选择性封闭，使得不同层次的地域空间在纵向上按照功能和发展目标获得权利，在横向上与其他区域单元实现正向沟通，让不发达地区最大限度地发挥其内生增长潜能。美国学者弗里德曼与韦弗（J. Friedmann and C. Weaver）在施特尔与托德林两位学者研究基础上进一步拓展，对功能式与地域式区域发展模式进行划分和论证。功能式区域发展方式强调效率提升和资本积聚，认为要发挥好城市中心在区域网络系统中的主导作用，应该利用内部与外部的规模经济，在中心城市发展先进科技、资本密集型的产业。地域式区域发展方式更加重视特定区域中的人力资源与自然文化资源，更加注重区域中弱势群体的平等诉求与社会事务参与等发展机会，目的是实现经济贫困落后地区的增长和效率提升，而不仅仅是发达区域的高增长。地域式方法中各区域的自主权更大，为满足大多数人民的需求和提供平等的机会，避免经济资源、政治资源的小范围集中化成为发展过程中的关注点。

2.1.4　区域发展理论的新进展

自从20世纪80年代以来，经济全球化、信息化、区域化成为趋势，现代信息技术以及数理分析方法的应用，使得之前未能考虑到的很多影响变量因素可以纳入区域经济研究的框架模型中。众多经济学家将空间问题引入主流经济学研究中，其中的主要代表就是迈克尔·波特（Michael E. Porter）、保罗·克

① 徐云松．区域经济理论：历史回顾与研究评述［J］．石家庄铁道大学学报（社会科学版），2014（3）：10.

鲁格曼（Paul R. Krugman）；在国内，改革开放的总设计师邓小平结合中国实情提出了区域发展的“两个大局”理论与构想，该战略思想成功指导了中国实现经济腾飞并成为世界第二大经济体，具有巨大的理论与现实意义。

1. 产业集群理论

20 世纪 80 年代末波特详细探讨了产业集群问题，在《国家竞争优势》（1990）文中，他提出了著名的“钻石模型”，认为产业创新与升级依赖于“钻石模型”的四个方面：要素条件，需求条件，支撑产业，企业的结构、战略与对手。在《集群与新竞争经济学》（1998）文中，他又指出集群是在一定区域或领域内相互联系、在空间区位上相对集中并在整个产业内有效分工协作的机构和公司有机集合。波特认为集群是国际优势竞争产业的基本特征，聚集在特定的地理空间范围内，而产业集群区域则受益于地理空间的集聚与产业结构和组织的优化升级，通过协同效应和规模效应彰显其核心竞争力。因此，对于发展中国家而言，普遍位于整个产业链和国际分工的低端，对廉价劳动力和自然资源的依赖度高，根本原因是缺乏有主导力、创新力、竞争力的企业集群。

2. 新经济地理学

新经济地理学的产生是以迪克斯特与斯蒂格利茨（1977）的垄断竞争模型为标志。克鲁格曼、伯格曼（Bergman）、莫瑞（Mori）、马丁（Martin）、沃纳伯尔斯（A. Venables）等学者是这一学派主要代表。

克鲁格曼将区域发展理论、区位理论、贸易理论有效结合，认为区域发展是一个区域空间中的自我强化过程，而各种预见性和非预见性因素，比如偶然性、历史性、突发事件等都会引起自我强化过程中区域格局的形成变动。瓦尔兹（Waltz，1996）指出引起规模收益递增产品的集聚源于区域经济一体化，产业部门地理集中而带来持续提高的生产率会促进地区经济增长。藤田和莫瑞（Fujita and Mori，1997）认为经济体系会自发形成一个区域中心，该结论是通过对制造业经济体系中交通成本与规模经济差异研究得出的。另一方面，各国学者对区域经济的收敛和发散理论进行了探讨，该理论主要研究国民经济增长过程中地区经济和收入趋势是否趋同。其中，代表性的有上述提及的威廉姆森（Williamson，1956）的区域收入趋同假说，小阿莫斯（Amos Hostetter Jr，1988）的经济发展后期区域收入趋异假说，罗默（Romer，1986）和卢卡斯（Lucas，1988）模型中关于战后没有出现贫穷国家与富裕国家收敛趋势的论述。

3. 区域学习与创新理论

世界范围内知识经济与信息经济的兴起使得知识和信息的生产、消费愈发具有地域性和区域性，传统上的通过区位条件、工业化基础、城市化水平、技术水准等优势而形成的区域中心或中心城市，也并非是唯一的核心增长极。在当代，信息腹地与信息中心具有成为新的区域中心的条件和潜力。信息腹地指使信息成本和学习成本最低，同时又能以最快速度（甚至无障碍）和可信度自由传递的地区，信息中心地就是随着信息腹地的演变而变化，而其定位可能在传统的工业经济中心，也可能在最能发现信息价值的新兴城市。知识学习、信息处理能力（信息技术能力）、人力资本水平、社会文化观念等是信息中心发展的重要条件，甚至在某种程度上克服了地理区位的客观限制，这在金融服务业中表现最为突出，因为金融集聚在某种程度上就是信息集聚，金融扩散在某种程度上就是信息扩散，金融中心的发展对相关的信息条件、知识积累、技术创新有极高的要求。①

4. 邓小平的“两个大局”理论

1988年，邓小平立足于整个国民经济的全局，明确地提出了“两个大局”的伟大战略构想，此思想是在多年的中国区域发展实际问题的思考和实践中系统形成的，是一种区域非均衡发展模式。第一个大局指的是：“沿海地区要加快对外开放，使这个拥有两亿人口的广大地带尽快发展起来，从而带动内地更好地发展，这是一个事关大局的问题，内地要顾全这个大局。”第一个大局着重体现“效率优先”的原则，因为东部沿海地区交通便利、工业化基础好、人力资本素质较高，有现代海洋经济的发展优势。第二个大局是指东部沿海发展到一定阶段，也要服从支援内地建设这个大局。先进地区帮助贫困落后的内陆地区是一个义务。第二个大局主要体现的是“兼顾公平”的原则。把握好两个大局的发展思想，要把握好东部沿海与西部内陆协调联动与和谐发展，要处理好公平与效率的关系。在新的历史发展阶段，实现我国区域协调发展与整体推进也将受到更多的关注与研究。

2.1.5 理论总结与研究述评

1. 理论总结

区域经济发展理论是在特定的历史条件下形成和发展起来的，从最早的区

① 徐云松. 区域经济理论：历史回顾与研究评述［J］. 石家庄铁道大学学报（社会科学版），2014（3）：11.

位理论开始随着各国区域经济发展的实际需要，通过不断演变、吸收其他学科的理论知识建构而成，可以将区域经济发展理论脉络和逻辑概括如图 2－1 所示。

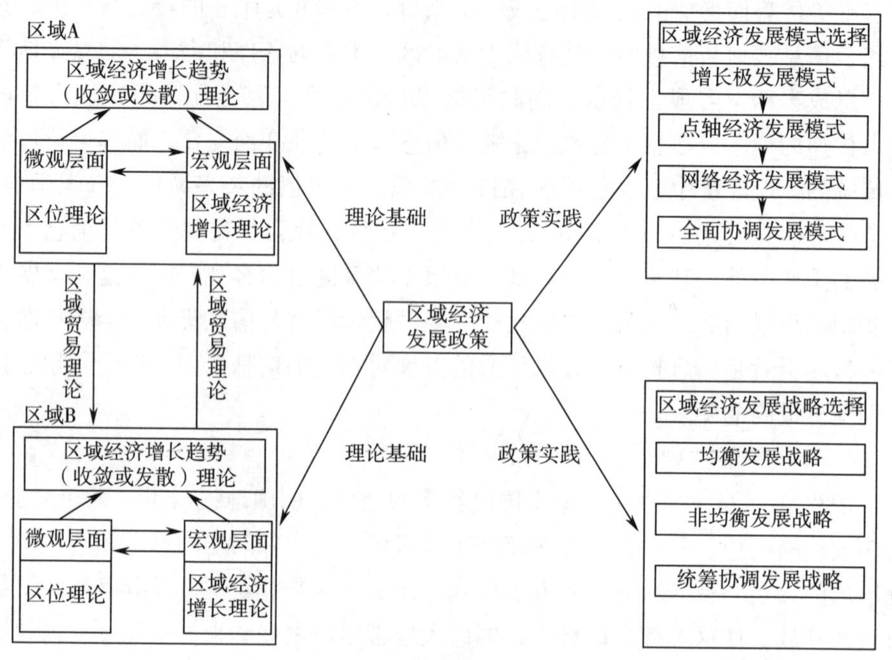

图 2－1　区域经济理论逻辑框架图

总体来看（见图 2－1），区域经济发展理论大致包括以下几个部分：首先是区位理论，这是区域经济理论的研究基础与起源，早期经济主体区位选择通过中心城市、产业集聚表现出来，这也是区域经济理论研究的微观层面。其次是区域经济增长理论，主要指不同空间结构中的集聚与扩散效应对区域经济增长的差异性贡献和影响；对于区域经济发展的变动趋势与状态，是众多经济学家关心的问题，收敛与发散的理论和实证研究与区位、区域经济增长密切相关；而区域之间则通过贸易形式进行资源要素的互通有无，关于以上研究的理论文献、学派众多，前面已经详述，在此不再赘述。这些理论与流派观点构成了区域经济发展政策的基础，尽管区域发展是一个长期、历史、客观的进程，但国家层面或区域层面的制度与政策取向对改变区域发展的“路径依赖”作用颇大，政策的制定与选择则主要表现在一是区域经济的发展模式，即安排经济各参与主体发展的先后次序，以及空间的资源配置。二是选择与制定区域经济的发展战略。区域均衡发展理论、区域非均衡发展理论是不同阶段的发展战略，而统筹协调发展战略更强调区域均衡与非均衡在发展历史进程中的辩证统一。因此，区域经济发展政策就表现为政府对次级空间区域层面的干预，为实现合理发展目标和构建和谐发展格局而采取的差异化调控政策。

2. 研究述评

西方区域经济发展理论丰富而繁杂，众多经济流派观点也各不相同，但各派别的差异和理论分界并不明晰，而是对区域经济的现象解读存在选择性交叉。同时，通过拓展研究视野，从宏观、中观到微观层面的层层深入，西方区域经济理论也越来越体现多学科融合，不断吸收地理学、人口学、社会学、生态学、仿生学和生物学等学科知识理论，在量化模型、动态趋势、空间系统等方面取得了重要的进展，更加注重具体化、实用化的研究方向。

伴随着西方区域经济理论的深入研究，我国区域经济发展中的各种现实问题日益凸显，矛盾日益突出，受到广泛关注，相应的研究理论与实践也不断完善成熟。一方面，西方区域经济研究本土化是国内学者始终努力的方向，通过引入西方各经济流派的理论，比如新经济地理学派、新制度学派、乡村学派等观点，运用现代数理分析方法、数学模型建构、统计计量的处理手段，力图精确地剖析我国区域经济发展中的现实问题取得了丰硕的成果。另一方面，转轨中的中国经济与西方纯粹市场经济为背景的区域经济理论存在很大的差异性。中国的领导人以过人的智慧制定了切合我国实际的区域经济发展战略，毛泽东时期的均衡发展战略，邓小平在此基础上形成的非均衡发展战略，以及20世纪末期提出的西部大开发战略，21世纪的区域经济统筹发展战略和区域协调发展总体战略。

根据我国的当前国情，区域经济的理论与实践更加关注区域经济目标与社会目标（公平平等、环境优美、福利增长）的和谐一致，区域经济发展体制的建设，区域经济一体化，民族文化、宗教信仰等非正式制度的影响，区域经济共生与包容性增长，金融资源要素的正负作用等。而对这些研究前沿和热点关注的目的就是要实现区域协调和统筹发展，当然，要在一国范围内实现区域协调、统筹发展并非易事，因为协调本身内在要求打破旧有的分配格局与利益格局，而无论哪种格局都蕴藏着深刻的历史根源、制度根源、文化根源与社会根源，这绝非一朝一夕，也难以一蹴而就，而是一个长期的、循序渐进的演变过程。因此，我国要从改革开放后的非均衡发展转变为区域协调发展，实现四大经济区域的良性互动、优势互补和利益协同，以及各个区域地理层级内的协调可持续发展，任重而道远。

经济决定金融，区域经济决定区域金融，而区域金融发展则会对区域经济发展产生影响。对区域金融问题的探讨也就属于区域经济理论与实践的范畴。这种关系表现在几个方面：

首先，区域金融研究是区域经济研究的重要组成部分。金融发展是现代市场经济的主要方面之一，而高度信用化与货币化是现代市场经济的基本特征。因此，区域经济的客观存在决定了区域金融的存在，金融对资源配置的研究是经济对稀缺资源配置的具体化。

其次，区域金融理论以区域经济理论为基础。承认并科学对待研究个体经济发展的差异是西方区域经济理论的一个特点，具体表现就是认同各区域资源禀赋的非均衡，而不是把研究视角停留在国别的宏观层面。同样，金融发展如果停留在国家宏观总量层面，就没有金融要素流动与配置、金融运行、金融风险、金融监管在空间上的结构状态、功能特性、系统影响和内部互动机制。深入到区域层面，金融发展理论也就得以拓展与深入。

最后，区域经济理论为区域金融研究提供具体的理论和方法指导。比如借鉴佩鲁“增长极”理论的金融增长极概念，根据新经济地理学理论分支出来的金融地理学，借鉴威廉姆森“倒U型”假说而提出的金融发展差距的“倒U型”曲线，基于波特产业集群理论的金融竞争力理论等，区域金融理论也随着区域经济理论的发展而成熟起来，有更多的思想引入和模型引用。以上丰富的思想成果也构成了本书研究的理论基石。

2.2 金融发展的理论分析

区域金融理论是金融发展理论在空间上的拓展与深化，其研究根本上属于金融发展理论的范畴。金融发展理论本身也是既丰富又纷繁庞杂的，该部分对金融发展理论进行详细梳理，以系统地缕清其演变与发展脉络。

2.2.1 金融发展理论的萌芽

在金融还未形成独立系统前，货币是金融的核心，研究围绕着货币职能和作用，关于金融发展的思想主要蕴含在早期的经济理论中。14世纪的法国学者尼科尔·奥雷斯姆（Nicole Oresme）指出经济遭受危害可能会来自货币质量下降，认为国家应该采取措施制止这种非正常行为。重商主义代表约翰·罗（John Law）持货币是财富的观点，货币增加意味着财富增长。古典经济学派的代表经济学家亚当·斯密（Adam Smith）则认为货币对经济发展是中性的，本质上是覆盖在实物经济上的“面纱”；但也承认银行机构在经济发展过程中的积极作用。瑞典经济学家维克赛尔（Wicksell）在19世纪末20世纪初指出货币能够促进资本积累和生产增加，该理论隐含了货币对经济增长的影响。也有一些经济学家对金融则持怀疑观点，如Robinson（1952）、Lucas（1988）等。但总体上，金融被认为是经济增长的一个重要决定因素。

在金融发展的萌芽阶段，美籍奥地利经济学家约瑟夫·熊彼特（Joseph Schumpeter）的非常信用理论与创新理论最具影响力。熊彼特（1912）指出货币、信贷和利息等金融变量的重要作用在于影响了经济创新与发展，而以银行家为代表的企业家在创新过程中非常关键。[①] 在经济理论史上，熊彼特的理论首次明确指出货币对长期经济发展的意义，通过把货币与信用作为经济发展的要素，使得货币与经济发展理论联系起来。同时，熊彼特还特别注重分析银行信用创造对经济发展的影响。

熊彼特的理论对后来的经济学家影响颇大，使得学者在探讨经济增长问题时必须重视金融系统的作用。比如托宾将货币变量纳入新古典经济增长模型，实证研究货币对经济增长的贡献；指出货币与其他金融资产的相互影响关系，以及政府货币政策的调控作用。

2.2.2　金融发展理论的形成

第二次世界大战后，各国都把发展的重点放在国民经济的恢复与重建上，金融业也逐渐发展壮大，经济学家和政策制定者普遍关注金融业的规律、金融与经济的关系。金融发展理论在此时期有了较为系统的观点与体系。

1. 格利和肖的金融发展理论

美国经济学家格利和肖在其三篇代表性论著《经济发展中的金融方面》（1955）、《金融理论中的货币》（1960）、《金融结构与经济发展》（1967）中对金融发展问题进行了深入分析，其贡献在于将金融理论的研究范围扩展到传统的货币理论之外，并试图阐述货币理论与涉及银行的金融机构理论。

格利和肖的主要理论观点有四个方面，一是货币资产与非货币资产、银行与其他金融机构都有一定程度的可替代性与相似性。二是经济发展与金融发展存在密切关系。金融发展的基础与前提是经济发展，经济发展的推动力是金融发展。三是金融发展的历史进程是从不发达社会到发达社会，金融制度不断成熟的变迁过程。四是金融创新与新技术的应用是金融发展影响经济发展的重要

① 熊彼特．经济发展理论（中译本）［M］．北京：商务印书馆，1990.

途径。[①][②] 总体来看，格利和肖的理论对金融制度变革有所涉及，为后续研究指明了方向。

2. 戈德史密斯的金融发展理论

美国经济学家戈德史密斯（1969）全面系统地探讨了金融结构内涵、性质、特点、组成、作用，创新性地运用了一系列量化指标度量金融结构，戈德史密斯的“结构观”金融发展理论对经济学家研究金融问题影响深远。

他认为金融结构变化是金融发展的本质，各类金融现象都是金融工具、金融机构、金融结构整体框架的具体表现，而一国现存金融工具与金融机构的总和形成了金融结构。他创新性地提出了用于衡量国家或地区金融发展水平的金融相关比率指标，并通过多个国家的实证分析发现金融相关率（FIR）可以大致反映一国金融发展水平和趋势。除了 FIR 以外，戈德史密斯还对金融资产内部结构、金融工具结构、金融组织结构、融资结构等构建了指标体系，至今仍然是主流的分析金融发展的衡量指标体系。[③]

戈德史密斯的金融结构理论奠定了金融发展理论的研究基础，他创新性采用的一整套结构指标衡量体系具有重大的实践意义，而他总结的金融发展阶段性状态，也为各个国家和地区完善金融体系，提出并实施合理的金融政策有借鉴意义。建立在此基础上的信息经济学对金融的安排，金融结构与经济增长研究等取得了丰硕的成果。

3. 帕特里克金融发展的阶段理论

美国经济学家休·帕特里克（Hugh T. Patrick）在早期对金融发展与经济增长的关系研究作出了巨大贡献。在《欠发达国家的金融发展和经济增长》（1966）文中，他创造性地论述了金融与经济的三种关系，即经济发展是因，金融发展是果；金融发展是因，经济发展是果；金融发展与经济增长互为因果。随后，他又首次提出金融发展阶段论假说，将经济发展阶段分为“需求追随”与“供给引导”，而一国或地区的金融发展与经济增长的关系在不同阶段表现不同，在“供给引导”阶段，金融发展对经济发展有积极影响；在“需求追随”阶段，经济发展对金融服务有更多要求，在金融发展过程中起推动作用。[④] 帕特里克还针对供给引导阶段提出金融发展的政策建议，认为应该

① 约翰·G. 格利，爱德华·S. 肖. 金融理论中的货币［M］. 上海：上海人民出版社，2006.

② 爱德华·S. 肖. 经济发展中的金融深化［M］. 上海：上海三联书店，1988.

③ 雷蒙德·W. 戈德史密斯. 金融结构与金融发展［M］. 上海：上海三联书店，1994.

④ PATRICK，H. T. Financial Development and Economic Growth in Underdeveloped Countries［J］. Journal of Econometrics，1966，68（1）.

超前优先发展完善的金融体系，以便高效地服务于经济增长，特别是在发展中国家和欠发达国家，选择供给引导的金融发展政策更为合理。

4. 麦金农和肖的金融压制论与金融深化论

20世纪70年代，一些发展中国家经济崛起，经济学家把目光更多投向这些地区，金融研究领域也相应扩展到发展中国家，麦金农和肖在此背景下首创了金融深化与金融压制理论，在《经济发展中的货币与资本》（1973）、《经济发展中的金融深化》（1973）专著中，提出一系列创新性观点，成为金融发展的重要理论基石。

麦金农和肖提出了著名的金融深化和金融压制论。金融压制是政府对金融体系的过度干预与管制，对利率、汇率的资金价格实施人为压制，造成管制金融与经济落后的恶性循环。这种困境就是发展中国家金融压制的主要表现，即金融管制无法满足经济增长需要，经济发展阻碍了金融创新。金融深化针对金融压制而言，指政府取消对金融体系的管制，让市场化的供求机制决定利率与汇率水平，实现金融自由化以及金融与经济的良性互动。[①]

麦金农和肖金融深化与金融压制理论，及相关政策建议对于发展中国家完善金融体系，推动金融发展、经济发展具有重要的理论意义与指导意义。但是，该理论在具体实施过程中由于过度重视金融自由化，忽略了政府对市场失灵的调控以及适度的金融监管，结果导致发展中国家金融脆弱性突出，金融风险剧增，危害了金融稳定。

麦金农和肖的理论是20世纪七八十年代金融发展理论研究的中心。后续众多经济学家纷纷在此基础上提出了金融发展的新见解。对其理论进行肯定，并扩展实证研究的观点主要分为以下两个方面：一是20世纪70年代中期到80年代中期，卡普、马西森、加尔比斯、弗赖伊等学者通过实证进一步丰富与肯定金融深化理论及研究结论。二是80年代末90年代中期，本斯维格、列文、卢卡斯等学者阐释了金融机构与金融市场的形成机制，将不确定性、不对称信息等因素引入模型，对金融体系的形成做了规范性的解释。也有一些学者对麦金农和肖的理论在发展中国家的不成功实践提出了批评和修正意见，代表性观点有Tenenbaum的金融危机论，Taylor和Wifinbergen（1983）的新结构主义学派理论。

① 麦金农．经济发展中的货币与资本［M］．上海：上海三联书店，1988.

2.2.3　金融发展理论的新进展（20 世纪 90 年代后）

麦金农和肖的金融深化与金融压制论尽管对发展中国家的金融改革有指导意义，但仍存在一定缺陷。首先，他们没有考虑金融体系自身信息生产与处理能力，低估了金融的社会功能；其次，麦金农和肖认为金融发展作用对象是资本形成，这与索罗经济增长模型中得出的结论相悖，金融发展的实际应用价值存疑。

经济学家将麦金农和肖时期的理论称为第一代金融发展理论，20 世纪 90 年代后，一些经济学家将金融中介和金融市场引入经典的内生增长模型中，实现了一次巨大的飞跃，这被称为第二代金融发展理论。

1. 内生金融发展理论

罗默和卢卡斯等学者在内生增长模型引入了货币金融因素，并强调资本（包括物质资本和人力资本）对经济增长的影响。第二代金融发展理论中应用的各种内生金融发展模型，从不同视角阐明了金融发展与经济增长关系。

通过 AK 内生增长模型，马科·帕加洛阐释了金融发展与经济增长关系，实证结论表明金融发展影响经济增长主要有三个方面。一是金融发展提高了储蓄向投资转化的效率；二是金融发展提升了资源配置效率，主要表现在促进创新活动、评估投资项目信息、聚集个人投资于高风险项目；三是金融机构与金融市场发展完善能够为家庭提供消费信贷，提高分散风险能力，利率效应也会在不同条件下对经济增长产生不同影响。

2. 金融约束理论

金融约束理论是在对金融深化与金融压制理论缺陷以及实践中的教训进行反思，结合 20 世纪 70 年代后的金融发展理论与信息经济学的基础上发展而来的。传统的金融深化与金融压制理论核心观点是政府干预与管制阻碍了资源的优化配置，应该推动金融自由化，而东亚国家在一定金融压制下的高速经济增长现实，以及实行金融自由化的很多国家和地区遭受金融危机冲击的现象，使得众多经济学家开始重新思考。约瑟夫·斯蒂格利茨（J. E. Stiglitz）、托马斯·赫尔曼（T. Hellmann）、凯文·穆尔多克（K. Murdock）就是其中的杰出代表，他们提出并逐渐完善了金融约束理论。

金融约束理论的核心思想是指，由于现实市场是不完美和非均衡的，普遍存在信息不对称下的道德风险，金融资源配置难以实现帕累托最优，此时政府应该适度进行干预。政府可以采取市场转入限制，为金融机构专项业务提供租金，适当的利率规制等手段促进金融发展。

金融约束理论对于我国有很好的借鉴价值，金融深化是我国金融发展的一个重要方向，同时渐进式改革与转型的金融制度演进需要政府的积极干预，金融约束理论形成了对金融深化与金融压制理论的重要补充。金融约束理论也有一定不足，比如对于政府失灵，金融监管者出现的操作风险、道德风险，政府权力的约束机制，处理好政府与市场关系的研究较少。

当然，结合我国区域金融发展的实际状况，金融约束理论应该又有新的阐释，比如我国金融发展水平不同的区域，政府干预存在适度还是过度，中央政府从宏观上创造了一定金融支持与金融服务的政策倾向“租金”，比如对商业银行提出的加大支持中小企业、小微企业的力度，加大对农村地区、“老少边穷”地区的专项资金投入；地方政府对辖区内金融分支机构的旨在本地经济发展的强烈资金需求与地方金融机构受总部统一管理的博弈等，这些复杂的关系相互交织，对金融约束理论的应用提出了新的问题与挑战。

3. 金融功能论

金融体系的“功能观”理论是研究金融发展问题的重要成果。Merton 和 Bodie 在 20 世纪 90 年代提出了金融体系的功能观，其核心在于探究金融促进经济增长的深层次原因，即金融体系的基本功能是对金融资源的优化配置，从而实现对整个社会资源配置在各生产部门的优化，是对传统金融体系观点的突破与进展。该理论假定：金融功能比金融机构更稳定，金融功能比组织结构更优。Merton 和 Bodie 认为，一个健全的金融体系具有六种功能：一是资源配置功能，二是对商品、服务、资产交易的支付清算，三是配置和管理风险，四是资源的时空转换功能，五是揭示信息功能，六是解决委托代理问题。金融体系的六大功能并非相互孤立，而是一个融合与交叉的系统。

Levine（1997）的研究极大地丰富了金融功能观（如图 2－2 所示），金融发展内生于经济发展过程之中，市场摩擦的存在促进了金融中介与金融市场的产生发展，金融中介与金融市场的五大功能又影响了资本积累率（Romer，1986）与新技术发明创新（Romer，1990；Grossman and Helpman，1991；Aghion and Howitt，1992），进而推动经济增长，经济增长对金融产生新的需求，又促进了金融发展。

金融功能观对我国这样的发展中国家同样有重大的借鉴意义，它通过超越金融工具与金融市场，以及纷繁复杂的金融表象，始终清晰地把握金融变革与演进的一条主线与脉络，为我们研究金融的深层次本质提供了很好的视角，而对金融功能的阐释又可以对功能是否得以充分发挥的金融效率来体现，通过统计比较与实证检验实现量化研究。

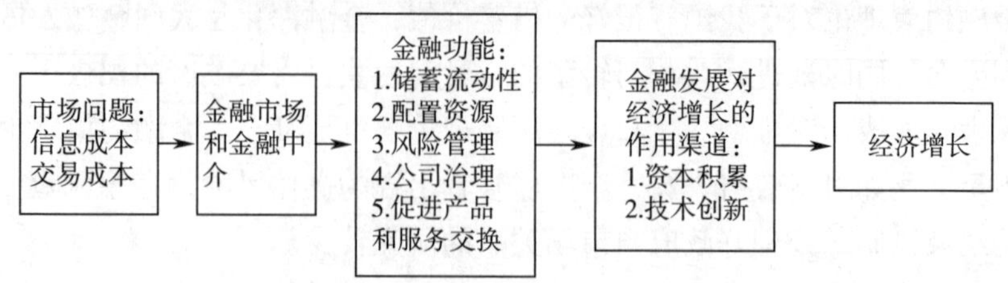

图 2－2　金融体系的功能和影响经济增长的渠道

4. 金融可持续发展理论

20 世纪 90 年代后，金融全球化成为主流趋势，金融在现代社会经济的地位越来越重要，大大小小的金融危机频发成为 90 年代后的金融领域最突出的负面表现。转轨中的发展中国家金融相关率持续上升，传统的金融理论对这些问题难以合理解释。在此背景下，国内金融学者白钦先经过 20 多年深入研究，提出了金融资源理论，并在此基础上创新性地提出金融可持续发展理论，为我国金融发展的问题研究提供了有益的思路。① 其观点主要有三个方面。

首先，金融资源论是金融可持续发展理论的理论基础与创新。传统经济学、金融学将资本或资金视为一种简单的生产要素，白钦先认为金融是一个国家稀缺的战略性资源，金融资源有三个层次，分别是货币资金、金融体系和高层金融功能。

其次，金融功能的变迁与演进是金融可持续发展理论的分析视角。在批判性地接受戈德史密斯金融结构理论观点基础上，白钦先指出金融发展的本质历程并非单纯的金融结构变迁，而是更深层次金融功能的演进，是质变与量变的辩证统一。这一观点合理解释了为何转轨中的发展中国家金融相关率持续上升，有的国家金融危机频发，有的国家却能保持良好的金融生态环境，实现金融稳定，原因在于各个国家金融体系功能的差异，金融演进的历程与所处阶段不同。

最后，全面提升金融效率是金融可持续发展理论的战略目标。金融资源属性的明确提出，使得金融资源配置效率通过金融可持续发展的视角展现。第一，金融效率强调金融自身的发展应该协调可持续，其配置资源的功能应有效发挥，要求金融与经济的协调可持续，即金融与经济的关系应该是不超前也不滞后。第二，金融资源强调可持续与协调，就涉及一个复合系统、各个子系统以及子系统之间的时空协调，本质上就是一种效率提升。第三，金融效率内在

① 白钦先．金融可持续发展研究导论［M］．北京：中国金融出版社，2001.

要求金融稳定与良好的金融风险管控，要求良性循环的金融生态环境。

金融可持续发展理论已有比较系统的理论框架，为随后的经济学家，尤其是给我国这样的转轨发展中国家经济学家提供了一个明确的研究思路与创新基础，并结合西方金融理论与我国金融发展实践产生的思想，对我国有更加积极的指导价值。

2.2.4 金融发展理论研究视角的拓展

20世纪70年代金融发展理论系统形成，其中Goldsmith（1969）的金融结构论，Mckinnon和Shaw（1973）的金融深化和金融压制理论成为当时金融发展理论的基石。在此基础上，信息经济学对各种金融安排的研究使得金融结构论不断深化，经济学家对金融深化与金融抑制理论的肯定（如Basant、Kapur、Mathieson、Galbis和Frye等）和批评（如Tenenbaum、Taylor和Wifinbergen等）使其理论体系不断完善。经济学家也将金融发展理论的系统形成称为“第一代金融发展理论”。基于内生增长理论的最新研究成果，从20世纪90年代开始，众多经济学家将金融中介和金融市场引入经典的内生增长模型中，定量的测度金融发展对经济增长的贡献效应与影响，模型的复杂程度不断提高。20世纪90年代的金融发展理论的进展也被称为“第二代金融发展理论”。90年代金融发展模型的拓展实现了金融发展理论质的飞跃，为计量经济学、统计学等学科的引入奠定了坚实的基础。金融发展理论与实践研究的两次重大飞跃，金融发展对经济增长的影响与作用无论是理论还是实证方面都得到了充分阐释，这引发了金融发展理论研究视角的不断拓展。进一步探讨如何促进金融体系自身的发展，即影响金融发展的因素又是什么？由此产生了“第三代金融发展理论”。“第三代金融发展理论”研究的焦点集中于探究影响金融发展的根源与因素。在大量繁杂的国内外文献中，对影响金融发展的因素和作用机制研究包括法律、政治等正式制度，文化、宗教、社会资本等非正式制度，以及资源禀赋、信息技术等方面。

1. 正式制度与金融发展

诺斯将制度区分为正式制度与非正式制度。正式制度是指一定的准则与规范，而这些准则与规范是社会或组织成员通过正规程序有意识的制定并要求共同遵守，比如一个国家的政治制度、法律规范，企业的治理规章与组织制度等都属于正式制度。非正式制度是没有强制性地、非正式的约束和规范的规则，如道德观念、文化传统、风俗习惯等。本书制度与金融发展的影响关系就是从这两个方面（正式制度与非正式制度）进行梳理总结。

（1）法律与金融发展

法律与金融的研究始于LLSV（1998）的经典论文《法律与金融》，四位学者从法律制度的视角论述了与金融的关系，为后续经济学家的拓展研究奠定了基础。[①]

LLSV通过研究49个国家保护股东和债权人的法律法规，发现法律起源不同，法律制度对投资者权利的保护亦有不同：从法国、德国到英国，投资者权利保护逐渐增强；而法律执行质量，则从法国、英国到德国逐渐增强。[②] Glaeser和Shleifer（2002）探讨了投资者保护差异的法律因素，认为起源于12世纪、13世纪的法律制度，英国和法国法律制度不同的原因在于国王为避免地方诸侯威胁而设置的法律体系，以及对执法效率的要求，英国诸侯实力小，国家放权较多，地方法律执行者受保护较好，法国则相反，诸侯威胁严重，国家收权严控。LLSV（2000）认为法律生成受到社会经济发展过程中政府的影响颇大。在欧洲，政府权力的差异在民法国家和普通法系国家的投资者保护程度是不同的。

国别间法律体系差异，使得各国金融体系存在很大差异。LLSV（1997，1998）研究指出各国金融结构特征差异，受到各国对投资者保护相关法律规则和执行效率影响很大。在对股东和债权人保护方面，LLSV发现英国普通法国家保护最有效，法国民法国家效率最差，英国因此形成了市场主导型金融体系。Levine（1998，1999）则认为，在一个拥有健全监管体系和法律体系的国家，能够给予债权人在公司权益实施方面的正当权利，该国的金融中介体系会比较发达，金融发展水平较高。因此，民法国家容易形成机构（银行）主导型的金融体系。Ergungor（2002）针对LLSV和Levine关于普通法和民法对金融体系的影响，持有不同观点。托尔斯腾·贝克、罗斯·莱文（2004）从不同司法传统、动态法的角度阐述了对欧洲国家金融制度发展的影响。

进一步地，为了弄清投资者法律保护是如何促进金融发展的，经济学家进行了一系列的实证研究并得出了几点结论。首先，法律保护、司法改革和提高法制效率会推动金融机构的发展进而引起长期经济增长。Levine（1999），LLSV（2002a）、Demirgô、C－Kunt、Laeven和Levine（2003），Caprio、Laeven

---

① LA PORTA，R.，F. LOPEZ－DE－SILANES，A. SHLEIFER，and R. W. VISHNY. Law and Finance［J］. Journal of Political Economy，1998，106：1113－1155.

② LA PORTA，R.，F. LOPEZ－DE－SILANES，A. SHLEIFER，and R. W. VISHNY. Investor Protection and Corporate Valuation［J］. Journal of Finance，2002，57：1147－1170.

和 Levine（2004）以及 Laeven 和 Majnoni（2003）等经济学家对此做了大量实证检验。其次，法律对投资者保护为需要外源融资获取资金的企业提供了良好的制度环境。LLSV（1997），Demirgô、C－Kunt 和 Maksmiovic（1998）以及 Beck、Demirgô、C－ Kunt 和 Levine（2004）等学者对此观点有诸多支持研究。再次，法律保护提高了企业的投资效率与投资机会。Wurgler（2000），Morck、Yeung 和 Yu（2000）等学者对此有实证研究。最后，法律制度的规范与效率有利于抑制经济低迷、抵抗金融风险。Johnson、Boone、Breach 和 Friedman（2000）用大量论据阐述了此观点。

（2）政治与金融发展

政治与金融发展关系的研究从政治制度、政治权力对金融要素资源配置角度入手，主要包括利益集团，以及取代了金融体系的政治权利、政治关系对配置金融资源的干预。

关于利益集团与金融发展的关系，拉詹和津加莱斯（2006）认为金融市场发展会影响金融产业相关者利益，这些相关者会采取各种行为游说政府的金融管制与政策。Rajan 和 Zingales（RZ，2001）研究发现政府全面的对外开放比仅限于贸易开放能更好地促进金融发展，而更大的利益集团规则的建立。Svaleryd 和 Vlachos（SV，2002）的实证检验支持了贸易开放影响本国金融市场发展，其中利益集团的取向是重要因素。梁莉（2005）基于我国数据的实证研究认为贸易开放对金融服务需求的提升，是很多外向型企业的诉求。这些观点主要都阐述了利益集团为实现自我利益而向政府的诉求，间接影响了金融体系的发展。

关于政治关系与金融发展的关系，Marx（1972）、North（1990）和 Oblson（1993）认为一个集团的掌权意味着会形成服务其自身利益的政策和制度，包括金融制度，而法律的影响则是次要的。John、Mitton（2003）和 Fishman（2002）的研究观点表明政治人物为扶持相关企业，甚至家族企业而时常动用金融手段。Faccio（2005）则指出政治关系在那些政府腐败程度较高、实施对外金融管制的国家对企业的影响程度和“挤出效应”最大。此外，西方国家现代政治学中的中间选民对政党选举和政治势力有重要影响，Perotti 和 Thadden 认为中间选民出于对自身金融资产和人力资本财富保护的角度，对大力发展金融市场持谨慎态度。Iversen、Soskice 和 Perotti、Thadden 也对一个国家的中间选民、中产阶级金融需求与政治权利诉求的博弈进行了分析。Pagono、Volpin（2005）和 Mueller 还研究了议会制体制下各个利益集团的金融协调和相互制衡关系。

2. 非正式制度与金融发展

（1）文化与金融发展

LLSV 的观点认为当资本实现全球性的自由流动后，各个国家都可以通过学习、效仿、移植法律制度使投资者保护无差异，进而各国金融发展趋同，但事实并非如此，因此 LLSV 的理论受到很大质疑。20 世纪 90 年代末，经济学家开始从非正式制度（非正式规则）的角度探讨经济金融现象，并重视文化的作用（Guiso，Saoienza and Zingales，2006），这些都促使了更多的学者探索文化与金融发展的关系。

新自由主义经济学家 Hayek（1976）认为，文化是自发传承的行为规则与习俗传统，是逐渐演化的、非人为因素优胜劣汰的形态。Fukuyama（1995）则指出文化涉及了伦理法则、宗教、制度和传统，并非人们的理性选择的结果。North（1990）认为非正式制度的源头是文化，能够从人们日常行为规则中体现出来。Greif（1994，2006）对不同贸易模式的比较指出文化信仰差异是贸易模式差异的重要原因。Landes（2000）把文化看作经济发展差异的重要解释因素。Guiso、Sapienza 和 Zingales（2006）将文化视为一种世代传承的道德、宗教、信仰、习俗，其作用体现在影响经济主体的行为选择、预期偏好并最终反映在经济金融活动上。①

经济学家、社会学家和人类学家已经有大量关于文化影响经济金融行为的论证（Guiso，Saoienza and Zingales，2006）。Stulz 和 Williamson（2003）对世界 49 个非社会主义国家的实证检验较早的论证了文化对金融发展的影响，将投资者保护的法律因素解释与文化差异因素解释区分开来。进一步地，Stulz 和 Williamson（2003）将文化影响金融发展的渠道总结为三条，即文化通过决定一国的世界观形成，影响制度变迁和影响经济资源配置，从而作用于金融发展。Kanatas 和 Stefanadis（2005）探讨了文化、金融与经济三者的关系，实证结论支持了文化对金融市场和经济增长的重要影响。

文化还对非正规金融（民间金融）有影响，中国社会的网络化特征使“乡土社会”为民间金融的生存提供了环境和土壤，世界著名社会学家费孝通（2001）指出了乡土社会的秩序与正常运转依赖非正式规则维持。王曙光（2006）将非正规金融发展的社会网络称为“乡土社会网络”（Indigenous Social Network）。程士强（2011）分析了费孝通的金融社会学思想，认为费孝通在解析农村金融问题时的“综合嵌入观”对研究中国的文化、社会与金融现

① 江春，许立成. 文化、金融发展与经济增长文献综述［J］. 经济评论，2009（6）：138－142.

象具有重大的借鉴意义。

（2）宗教与金融发展

宗教与金融发展的影响与关系很早就受到国内外学者的关注。早在1930年，马克斯·韦伯（Max Weber）就在其经典著作《新教伦理与资本主义精神》中系统论述了宗教的经济伦理观，阐述了新教伦理对资本主义发展的促进，特别是资本积累阶段的重要推动作用，新教伦理与资本主义精神的内在一致性，以及新教伦理与资本主义精神的历史关系。佛教、基督教、伊斯兰教作为世界三大宗教，其各自的宗教内涵与价值理念不同，对金融发展的影响也有所不同。例如佛教倡导在对待金钱要节欲，反对超前消费；伊斯兰教义严禁高利贷，禁止投机，严控风险。从2007年开始席卷全球的国际金融危机中伊斯兰银行较好地抵御金融风险、维护金融稳定就可以看出。

随着中国经济的崛起，现代市场经济对中国传统思想理念、道德观念的冲击，中国传统的儒家文化对我国经济金融发展的影响开始受到关注。Franklin Allen（2005）指出中国传统文化特别重视家族风气和家庭关系，建立起了诚信的文化氛围，对金融活动中消除不信任的行为，降低成本有重要作用。林毅夫（2003）认为我国传统文化以儒家哲学思想为基础，在不断地发展扬弃中丰富自身内涵，经济基础与文化传统实现了一定程度上的和谐。陈志武（2007）系统地研究了儒家文化和金融的关系，他认为法制健全的金融体系会最终取代传统的儒家文化体系，因为现代金融的要求是规避和配置未来风险。张杰（2012）探讨了儒家伦理、制度妥协与市场经济的关系，指出中国经济金融发展模式并不会照搬和完全移植欧美市场制度，决定中国特性的是几千年的历史文化传承，以及以儒家思想为核心的意识形态。

（3）族群意识、民族传统与金融发展

在西方人类学理论中，族群（Ethnic Group）是指一种研究社会实体的范畴分类法。对其较为权威的概述是：族群是自觉为我的一种社会实体，反映了众多社会文化要素的主观认同。民族（Nation）则是四个基本特征的稳定共同体，包括：共同的语言、共同的生存地域、共同的经济生活，以及文化特征上的共同心理素质。族群与民族存在区别。族群主要反映文化性，民族主要反映政治性。族群与民族的联系主要表现在族群可能只有一个民族，也可能包括众多民族；而民族的概念在很多情况下可称之为族群，同时还可包含很多不同的族群。通常，在一个国家或者一个区域，族群与民族是相互交融的，而不同的族群或者民族的行为方式则是通过独特的传统习俗、宗教信仰、文化形态、社会心理，以及长期聚居的自然地理环境条件而表现出来的。①

关于族群意识与金融发展的研究的文献较为繁杂。比较有代表性的研究比如“中间人族群理论”（Middleman Minority Theory）。该理论是通过对传统资本主义民族特色研究的总结，在此基础上不断修改形成的民族学研究中较有影响的传统。这种理论的分析认为，在多元化的族群社会环境中，有的族群居于政治和经济地位的社会顶层，有的位于底层，有的居于中间层（Blalock，1967；Bonacich，1973；Bonacich and Modell，1980；Turner and Bonacich，1980；Zenner，1991）。居于中间层级族群的经济金融主体更多的是零售商、贸易商、放债人和自主择业者，往往从事着与货币、信贷和信用紧密相关的金融活动。顶层族群极少从事中间层族群的金融活动，底层族群由于自身条件达不到要求又从事不了，因此中间层的金融活动表现出很强的族群垄断性。比如欧洲中世纪时期犹太族群放债人的金融行为。在基督教社会里，由于宗教和信仰的约束，犹太顶层族群认为放债是一种精神亵渎，排斥这种金融活动，底层族群又缺少资本和资金，难以从事货币借贷，因此犹太族群的金融特点就此形成。人类学家博厄斯（Franz Boas）对北美印第安族群的夸富宴会的调查发现，其金钱和消费观念并不是由现代市场经济中商品的供需关系决定，而是为了追求非物质的名誉、声望，特别是较高的族群认同和社会地位。

Easterly 和 Levine（1997）开创性地将族群纳入经典的经济增长模型分析框架，在实证研究方面取得了重大的拓展，多样化的族群可作为解释经济增长的新变量。最重要的是，族群多样性影响了经济发展的路径和效率，使得金融发展的生态环境表现出不同程度的差异。关于族群多样性的负面影响方面，Canning（1993）研究发现高度分化的国家族群导致政治不稳定，金融的资源配置效率下降。Easterly（2006）认为发达民主国家之所以未出现族群多样性和负向的经济增长关系，主要在于发达民主国家的制度很好地约束了族群多样性可能带来的社会环境不稳定，而这些发达国家通常金融发展层次较高，金融深化水平较高，金融抑制的表现并不突出。关于族群多样性的积极影响方面，Avner Greif（1993）认为族群的交流与联系能够在信息不对称的情况下自发形成互信网络和信誉机制，当法律影响范围和强制执行有限时，族群之间的互信合作使得个人更容易受到道德约束，能够提升金融效率，降低金融脆弱性。Easterly（2006）认为一定程度的族群多样性对提高政府管理者、企业家的腐

① 徐云松. 族群、民族与金融发展——一个基于多元视角的文献综述［J］. 金融理论与教学，2015（1）：51－54.

败成本，提高监督效率，营造良好的经济金融发展环境意义重大。仲禾（1999）探讨了跨国族群与1997年东南亚金融危机的关系。他提出“跨国族群”（Transnational Community）这一新概念：跨国族群是族群概念的延伸，他们分布在世界不同国家，具备全球视野和世界眼光，有共同的血脉、祖源和文化，有根深蒂固的族群意志。譬如前面提到的犹太族群，在东南亚地区分布广泛的华人族群，就具有跨国族群的典型特征。他指出了在1997年的东南亚金融危机中，世界上的几大族群，盎格鲁—撒克逊族群、犹太族群、中华族群的差异化表现。并认为进入21世纪的跨国族群在构建世界政治经济新秩序，特别是金融秩序的博弈与抗衡也更加明显。①

马咏洪（2010）详细研究了位于我国云南省，分布在中缅、中老边境的西双版纳州“克木人”族群聚居区的金融发展现状，他指出导致“克木人”聚居区农村金融发展水平低的原因首先是当地族群教育条件落后，文化程度普遍较差，金融意识落后；族群聚居区生产力发展落后，有效信贷需求不足；在克木人族群村落中还存在金融组织体系不健全和农村金融创新不足，政策性担保体系建设滞后等问题，总体上克木人族群的金融发展层次很低。

民族的概念主要是在我国使用，国内众多学者从民族学的角度，研究民族传统与金融发展的关系。少数民族通常拥有自己的宗教信仰，语言体系，传统习俗，大多聚居在地理条件较为多样复杂的地区。有的少数民族文化中有着浓厚的从商意识和现代经济意识，为金融发展创造了良好的生态环境。在我国西北地区，回族从事商业活动和贸易活动的人较多，源于其历史上传承下来的崇商传统（马建春、张颖，2001）。20世纪80年代初期，云南玉溪地区的回族村民较早地利用家庭手工作坊制作跳刀、匕首，产品畅销国内外。此后，国家法律明文规定取缔跳刀、匕首的生产，然而，回族村民并没有将积累的财富资本用于即时消费，而是在迅速对市场环境和需求准确研判的情况下，转移投资和生产方向，将其自有资金和借贷资金投向食品加工和金属制品加工行业，重新获得了市场认同，获取了丰厚的经济收益。可见回族的经济思想较为先进，从商氛围较为浓厚，金融意识很强，金融需求比较旺盛。② 刘晓霞（2012）以新疆维吾尔自治区西南部的自然村落为研究对象，分析表明由于南疆干旱少雨，大部分维吾尔族村落年降水量低于100毫米，这里的维吾尔族主要依靠冰

① 仲禾．跨国族群与金融风暴［J］．发展，1999（1）：13－14.

② 徐云松．族群、民族与金融发展——一个基于多元视角的文献综述［J］．金融理论与教学，2015（1）：54－56.

川融雪的河流灌溉农业，保留着自给自足的小农经营传统，借贷和信用活动极少。尽管现代经济和信息时代的冲击使当地维吾尔族的思想和行为不断受到冲击，但当地老年人坚守着维吾尔族的传统观念与文化，以《古兰经》为宗教生活和世俗生活的指导，形成了富有浓郁伊斯兰色彩的小型社会。

制度经济学家诺斯认为，对长期经济变化分析理解的关键和核心是路径依赖，初始条件和自然禀赋影响着制度变迁的路线及目标的选择管理。从以上关于族群意识、民族传统与金融发展文献的总结梳理中不难看出，正是世界范围内不同国家、不同地区的不同族群、民族以及不同族群、民族表现出的分化程度差异，其固有的社会、经济、文化网络深刻地影响了其变迁的轨迹，并在历史发展的进程中表现出了相应的路径依赖，这种差异性更鲜明地反映在当前全球经济金融一体化的大趋势中，对金融发展变迁的轨迹与程度产生了深刻的影响。

（4）社会资本与金融发展

20 世纪 70 年代著名社会学家布迪厄（Bourdieu P.）阐述了社会资本的思想，其理论不断得以丰富，并逐渐与人类学、经济学、政治学、社会学等学科相互交叉融合。社会资本通常是指个人、团体、社会乃至国家的结构关联，其表现方式是社会网络、社会道德、行动共识、互惠规范及由此产生的信任，是一种无形的社会资源。在经济学领域，探讨社会资本对经济金融发展的影响已经成为热点。

社会资本通过其产生社会规范、互动合作等表现方式，在经济金融活动中形成无形的约束，增强互信，降低违约几率，这种非正式规则促进金融发展。因此，社会资本较高的地区，信用水平、信任程度较高，金融体系的功能效率较高。Guiso、Sapienza 和 Zingales（2000，2004）分析了意大利社会资本区域差异对金融发展差异的影响，结论是社会资本较高的区域，个人的资金需求小，金融资产丰富，金融市场活跃，金融机构贷款供给更多。特别是在法律不完善、人力资本水平较低的地区，社会资本对金融的作用更显著，这可能更贴合发展中国家或欠发达地区的特点，社会资本对这些国家地区有更强的解释力。莱克和扎克（Knack and Zack，2001）、那泼塔（La Porta et al.，1997）和 Yuan k. Chou（2006）等学者从社会资本与金融发展的模型实证进行了论述。H. Harrison、J. D. Kubik 和 J. C. Stein（2004）利用美国数据的实证检验表明，社会互动有利于提高经济主体与股票市场的参与程度，社会化程度较高的家庭在金融市场上的参与性更强。李涛（2006）对中国广东的数据实证研究也发现，社会互动和信任推动了个人进入股票市场。可知，提高社会信任度和信用环境对资本市场发展非常有利。

社会资本弥补了正式制度的缺失，成为提升整体信用环境并影响金融体系效率的重要机制。Guiso 等（2003）研究指出金融契约的非确定性，使金融活动中信任尤为重要，法律等正式机制成本昂贵、耗时很长、效率较低，而社会资本水平越高信任水平越高，会扩大信用交易的规模，推动金融发展。Allen（2005）指出良好的关系、信任、声誉等非正式公司机制在很大程度上将会成为正式机制的替代。

众多学者认为转轨中的中国正式制度与非正式制度在其演进过程中不断博弈与耦合，传统的社会结构与现代社会结构交织并存，共同发挥功能。福山（1995）研究中国的低信任度，指出区域文化差异使信任度存在明显差异。刘丽莉（2008）认为我国社会资本强调的信任与合作减少违约成本，提高经济金融运行效率。张改清（2008）、张建杰（2008）等研究都认同农村金融发展离不开农村传统的社会网络关系、宗族关系。江田华（2009）运用多个指标论证了社会资本对金融发展的量化影响效果。

3. 自然禀赋与金融发展

自然禀赋（初始禀赋）理论强调通常指一个国家或地区的自然条件、地理环境对金融发展的影响。经济学家们普遍认为殖民地国家不同禀赋条件影响殖民者策略，独立前的制度决定了殖民地国家独立后的制度，进而影响金融发展。

Acemoglu、Johnson 和 Robinson（AJR，2001）提出欧洲殖民者统治地制度形成受地理环境的影响。在自然条件好的殖民地，通常殖民者会建立较完善的政治制度和法律制度，有较好的产权保护体系，当殖民地独立后由于路径依赖，会在很大程度上遵从原来建立的制度体系；相反，自然条件恶劣的地区，殖民者以掠夺资源为目标，不会建立完善的制度体系。Beck、Demirguc - Kunt 和 Levine（BDL，2003）的金融发展禀赋理论认为在一定条件下，不同国别或地区金融体系差异可由自然禀赋差异进行解释。同时，法制与金融、自然禀赋与金融理论都强调制度安排对金融的影响，但机制不同。法制与金融的关系核心在于法律是殖民者带来的制度，外来制度对殖民地的金融发展起决定性作用；自然禀赋与金融的关系核心是殖民地本身的自然环境、地理条件差异，因而制定的政策不同，政策的长期路径依赖对殖民地独立后的影响。

4. 互联网与金融发展

以互联网为代表的信息技术在二十多年里深刻地改变了人类社会，同样也深刻地影响了金融业。互联网依托信息技术（计算机技术、数字技术、传感技术、通信技术等）对信息的高效传递处理，打破传统的运行体系，展现了一条全新的金融发展模式。互联网与金融的结合，实质上是一种金融网络化，表现在两个方面，一是金融业务的网络化，比如支付系统、信用体系的网络化；二是基于互联网技术、设施、模式的金融行为，如网上银行、手机银行、社交网络、大数据、云计算、第三方支付等。第二种结合包含了第一种传统的网络金融模式，是一种全新的金融服务革命——互联网金融，正不断向传统金融业渗透，使得金融更加普惠化。

关于互联网金融，谢平（2012）最早正式探讨了这一概念，他认为人类金融发展模式将受到以互联网代表的信息科技影响，出现一种不同于金融机构间接融资和金融市场直接融资的第三种融资模式。马云（2013）则认为互联网企业从事相关金融业务就可称为互联网金融。吴晓灵（2013）则指出互联网金融的本质是利用互联网技术传递加工信息。侯维栋（2013）、万建华（2012）、林采宜（2013）等学者也有类似观点。于宏凯（2013）、陶娅娜（2013）、王曙光（2013）、陈一稀（2013）、曾刚（2012）、张明哲（2013）等学者还研究了互联网金融的功能，总结起来就是低成本、高效率、低风险与普惠性。

互联网金融还有一个很重要的发展方向就是移动金融，比如手机银行、手机支付。20 世纪 90 年代末手机银行诞生，并在欠发达的非洲国家迅速发展，移动网络、无线网络、智能手机的普及，使得金融服务在很大程度上可以打破时间、空间地域限制，对偏远地区、农村地区、贫困地区等金融网点匮乏的区域，有着巨大的实践意义，同时也深刻影响了现有的金融模式。熊俊、陆军等（2011），牛瑞芳（2012），曹玥兆（2011）以及庾力（2012）等众多学者对此有专门论述。

2.2.5　金融发展理论的空间视野——区域金融理论

区域经济理论是区域金融理论的基础，而金融发展理论在空间层面的扩展就是区域金融理论。视野从宏观层面（国别层面）向中观层面（区域金融层面）不断深入，并且涉及了系统性跨学科的交叉分析，进一步细化和科学地解释金融发展对经济增长的影响，特别注重区域金融发展与区域经济增长的关系。更重要的是，空间视角的引入使得金融发展必须要考虑空间地理差异而导致金融共享、联动、协同、集聚、扩散与竞争关系，极大地拓展了金融发展的理论视野和研究范围。因此，区域金融所研究的区域金融运行，区域金融中心，区域间与区域内金融资源的配置、开发、联动、竞争、集聚就主要涉及金融地理学、金融集聚、金融竞争力、金融生态等理论与视角。

1. 金融地理学理论

传统的金融研究中，金融空间和区域化问题并未形成完整的理论框架。Krugman（1999）发表的 *The Spatial Economy* 论文引发了经济学界新一轮研究热潮，相应地在金融全球化的背景下，研究区域金融、区域金融与经济增长动力机制等成为一个重点，金融地理学重新受到重视，并得以迅速发展。从20世纪70年代开始地理学家关注金融中介的资金跨区流动，到80年代金融空间体系、金融中心、金融流动的研究，再到90年代金融系统化、全球化、非制度化研究，金融地理学经历了三次跳跃式发展。

金融地理学基本范畴主要有三个部分：第一，地理条件与金融发展。随着经济全球化背景下信息科技的突飞猛进，地理学已死（O'Brien，1992）的观点盛行，即认为信息技术使得信息传递摆脱空间限制。瑞典学者劳拉詹南（1999）认为尽管金融有极大流动性，但不同地区金融景观千差万别，异质性和非对称性显著，金融服务业就是有明显地理特征的经济活动。[①] Portocus（1995）和Zhoa（2002）等学者指出信息不对称导致的空间影响效应，非标准化知识的空间距离差异性，演化经济学中默示知识学习的面对面特征都决定了金融仍然要重点考虑信息源，地理因素非常重要。第二，探讨金融中心与金融流动问题。Clark（2003）、Leyshon和Thrift（1997）以及Martin（1998）分析了金融资源的流动与空间地域、世界地理的关系。Portes和Rye（2000）从信息地理学的角度论证了金融流动与空间距离、信息不对称、降低交易成本关系密切。Gehrgi（1998）分析发现金融中心地理位置与金融机构布局密度相关，地理因素仍然发挥重要作用。Hua（1999）探讨了地理背景下的信息不对称对资本市场行为的作用。Zhao、Smith和Sit（2002）以及Porta（1997，1998）对我国北京、香港、上海等金融中心演化的分析表明，我国各层级金融中心分布主要受到信息不对称的影响，信息是塑造金融腹地的主要因素。第三，货币与地理环境结合的货币地理学。Douglas、Polanyi和Zelizer的货币社会学含义，Marx、Weber和Simmel的货币支配，Leyshon和Thrift的金融排斥，Dodd的货币网络以及Thrift的国际货币网络研究，完善了货币地理学分析体系。而奠定了货币地理学基础则是Leyshon的三篇经典报告，三篇报告分别从货币与政治经济学研究方法；货币与其他理论的兴起，着重引入了文化、人文与金融的交叉；货币分析的新视角，关注主体行为的具体化研究。Wisll（1996a，1996b）、Allne和Pyrke（1994，1995）以及Clark（1997a，1997b）等学者也

① 劳拉詹南．金融地理学：金融家的视角［M］．北京：商务印书馆，1999.

阐述了注重主体研究，制度、文化、区位动态分析相结合的货币地理学前沿。

区域金融理论与金融地理学存在紧密联系：金融地理学和区域金融理论都是以金融发展为主要研究对象，二者研究的金融都是区域金融，是对受到一定空间条件制约的区域金融结构、金融运行极其发展进行研究；金融地理学和区域金融理论主要都采用时空分析法。在分析区域金融问题时，金融地理学的生境理论即复杂系统的理论是不可或缺的工具，而地理学的区位图示法则能反映金融的空间分布与区位流动，是直观的描述方法。

2. 金融集聚理论

金融集聚是区域金融运行演进必然涉及的实践问题。20 世纪 70 年代后，金融发展在空间上的显著表现就是金融发展水平达到一定水平，金融资源要素、金融服务机构汇聚于一定区域，不断金融集聚，并进而形成区域金融中心，发达国家如美国的纽约、日本的东京、英国的伦敦等，发展中国家如印度的孟买、中国的上海等，金融集聚已经逐渐成为世界上一种典型的金融现象。

关于金融集聚的理论，国内外学者主要从金融产业集聚、金融资源集聚，并逐渐形成金融中心进行研究。Kindle Berger（1974）探讨了银行的空间集聚提高了金融资源跨区域配置的效率；Dufey 和 Giddy（1978）认为金融中心的最典型特征是金融机构的高度集中。Pandilt（2002）认为金融服务集群形成了金融中心。国内学者黄解宇和杨再斌（2003，2006）指出金融集聚是一个金融组织时空有序演进的过程，也是一个金融系统与其他环境相互融合的过程。梁颖（2006）则从金融功能的区域分布论述了集聚的表现。滕春强（2007）专门总结了金融产业集聚的网络组织特性。众多国内外学者还论述了金融集聚的成因，文献总结起来主要有两个方面，一是信息不对称，现代金融中心发展的重要条件是信息腹地。Porteous（1995，1999）、Martin（1999）、Thrift（1994）、梁颖（2006）以及赵晓斌、王坦、张晋熹（2002）等学者有相关论述。二是规模经济效应，即总量多、规模大、交易活跃，金融中心形成就有可能性。Kindleberger（1974）、韩国经济学家帕克（1999）和中国学者冉光和（2007）等对此有专门探讨。金融集聚能为集聚区域带来明显优势，并且是金融中心形成的前提与基础。但欠发达地区金融产业相对落后，金融资源相对匮乏，在一定条件下反而不利于区域金融协调发展。

3. 金融竞争力理论

20 世纪末，经济全球化背景下的金融发展逐渐转变为提升竞争力为目标，众多学者进行这方面研究，无论是对于一个国家还是一个地区，金融产业、金融中介、金融中心、金融竞争力都是其长期发展的一个决定性因素。其中，竞争力评价最具代表性的是IMD（瑞士洛桑国际管理发展学院）、WEF（世界经济论坛）、Michael Porter教授的竞争力分析体系。IMD和WEF设计了一整套完整的国际竞争力评价体系，金融竞争力是重要的一个因素，包括4类要素27项指标，可用于评价一个国家或地区金融的竞争力。Michael Porter则提出了解释竞争力的“钻石模型”，即采取5种基本竞争作用力体系进行衡量，可对金融产业的优势、劣势、环境进行全方位分析。

我国近年来也对金融竞争力进行实践探索，主要有两个分析思路，一是金融整体竞争力，主要指综合竞争力，涉及金融与之相关的其他因素；二是金融体系中的机构、市场竞争力。区域层面的金融竞争力除了以上两个方面，还有金融中心竞争力和金融辐射力相关理论与实证研究。

对于金融竞争力的内涵解释，赵彦云（2000）、谭庆华（2002）、詹继生（2006）和许涤龙（2007）等学者的观点总结起来主要是认为金融竞争力涉及金融体系、效率、运行、功能、监管等的综合，是金融资源要素丰裕程度的动态反映。殷兴山（2003），李扬（2005），王仁祥和孙亚超（2006），彭丽红（2006），徐璋勇（2007），谢太峰和朱璐（2010），董金玲（2008），陈权宝和兰爽（2009）以及陆岷峰（2011）等学者从不同角度对我国总体层面选取竞争力评价指标体系、构建数量化模型进行统计比较与实证研究。倪鹏飞（2001），胡树华和左继宏（2004），王仁祥和孙亚超（2004），潘晨研（2008），庄庆（2008），黄梅波和施莹莹（2011）以及陆岷峰（2011）等学者则深入到我国省、市、区空间层面对各地的区域金融竞争力进行了统计分析和比较分析。特别是关于构建金融中心涉及的城市金融竞争力和辐射力，最近国内外研究尤其丰富，唐吉平和陈浩等（2005），黎平海和王雪（2009），陈姝（2012），陈莹和李心丹（2013）以及何宜庆和毛华（2013）等学者分别从长三角地区城市、珠三角地区城市、东中西部各省会城市对金融竞争力和辐射力进行了定量的评价，借鉴地理学中的模型进行测度成为趋势。

4. 金融生态理论

金融生态理论的基础是生态学、仿生学、金融学的交叉，而多学科的系统引入则拓展了金融发展理论，区域金融还必须触及由于不同的金融生态环境而导致的区域金融差异，这为研究区域金融问题提供了一个全新的视角。周小川（2004）最早提出应该完善法律制度改善金融生态环境，并从四个方面论述了金融体制改革的内容。李扬等（2005）认为金融体系的运行与所在区域的制度、经济、文化等密切相关，以及受到各个子系统形成的金融生态综合体影响。徐诺金（2005）则强调金融生态环境的动态平衡和协调发展过程需要金融与相关因素的良性互动。

金融生态理论本质上包含有地域的概念，它所涉及的环境是在一定空间区域内，其演化和变革是一定地域内各种因素相互作用、依赖、制衡、联系的有机体。越来越多的学者把目光投向中观省域，甚至微观县域层面的区域金融生态问题，徐小林（2005）、张智峰和陈鑫（2005）以及汪祖杰和张铁峰（2006）对区域金融生态环境实证研究后提出完善金融监管是为此区域金融可持续发展的必要措施。李嘉晓和秦宏（2007）、姜君涛（2009）、贺朝晖（2011）以及何肖龙（2011）则分别从法律体系、信用体系等方面强调了优化区域金融生态环境的重要性，并提出相应政策建议。金融发展过程中金融生态环境的内涵也在不断扩大丰富，从重视法律体系对金融业的影响，到关注各种经济因素和非经济因素的综合影响，对于我们系统性的分析区域金融发展有巨大的借鉴价值与实践意义。

5. 小结

区域金融是一国整体金融发展的组成部分，各个组成部分相互联系、有强有弱、有大有小，表现为金融发展在空间运行特征或状态。同时，区域经济理论构成了区域金融研究的基础，为其提供具体的理论与分析方法。区域金融研究充分考虑有异质性和不规则性的区情差异，既需要传统、近代、前沿金融发展理论的指导，又拓展了金融的研究范围。同时区域金融有自身的运动、传导和演化规律，结合了地理学、法律学、政治学、社会学等研究方法的金融地理学、金融集聚理论、金融竞争力理论和金融生态理论就构成了区域金融涉及的研究思路和视角（见图2－3）。

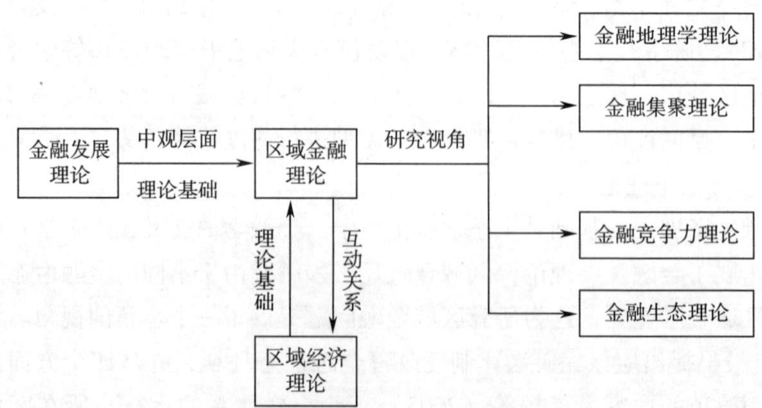

图2－3　区域金融理论研究框架体系

2.2.6 理论总结与研究述评

1. 理论总结

从金融发展理论的萌芽到20世纪70年代金融发展理论的系统形成，再到20世纪90年代的新进展，以及当前理论研究的前沿，金融发展理论的研究已经历了三次重大的转换和飞跃，其发展脉络与演进历程如图2-4（a）、（b）、（c）所示。

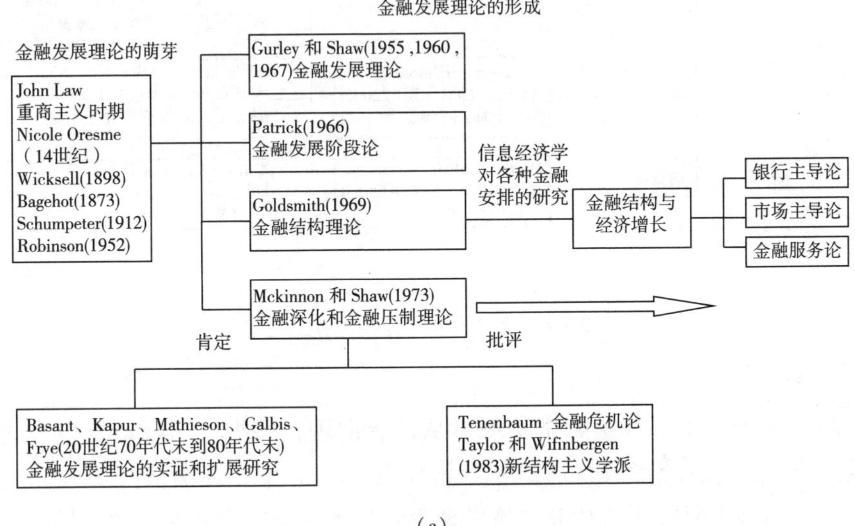

（a）

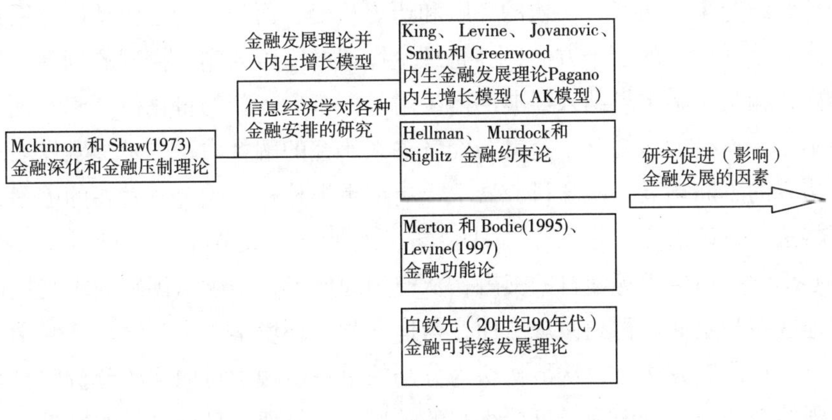

（b）

图2-4 金融发展理论的框架

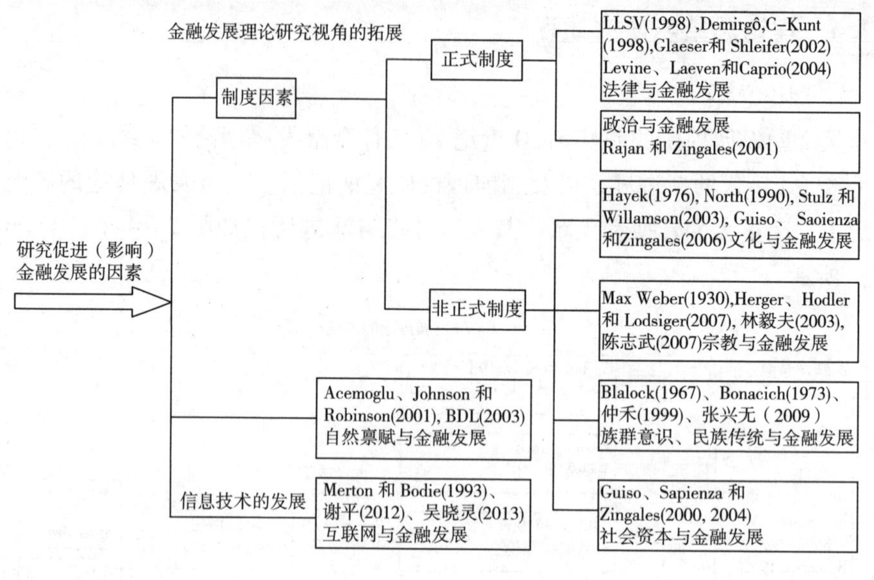

（c）

图 2－4　金融发展理论的框架（续）

2. 研究述评

20 世纪五六十年代金融学实现了从传统向现代转型，而金融发展理论自 20 世纪 70 年代系统形成，从最初经济学的一个分支，逐渐演变为独立的学说。从早期侧重研究货币功能与信贷理论，到重视金融中介和金融市场的金融结构演变，再到关注金融功能，以及现代金融前沿的多学科交叉研究，金融发展理论归纳起来经历了三次质的飞跃和历史演变，而相应的三代理论体系也指明了未来金融发展的三个方向，一是理论框架的完善与实证模型的创新，自从将金融机构与金融市场纳入经典的内生增长模型后，新的量化模型和实证方法层出不穷，这极大地提升了金融与经济关系研究的解释力。二是金融发展理论研究边界的不断拓展。从学科交叉上，更加重视分析影响金融发展的因素，实现了将法学、政治学、宗教学、社会学、人类学、民族学、信息科学、行为学、心理学、仿生学等学科的交融；从空间地域上，金融从国别的宏观层面深入到地区中观层面，再到微观层面，与地理学、环境学、生态学、气候学等理论结合；从研究方法上，从最初认为分割的单一金融学科内问题分析向打破学科界限的系统观、全面观、可持续观的转变。三是面对日新月异的世界经济发展态势，将金融全球化、新兴经济体、转轨国家特色等这些最新的实践因素纳入金融分析框架中。

我国作为一个转轨中的新兴经济体，在渐进式改革的过程中金融领域既要实现高效的要素配置，发挥好其服务实体经济的功能，又要面临经济全球化背景下的外在因素冲击和国内二元结构下的众多历史遗留问题，金融发展的实践面临巨大挑战。在实践过程中我们不断吸取西方的金融理论，同时又在充分考虑我国国情条件下创立出新的理论，丰富了金融发展理论体系。同样，面对中国各个区域普遍存在的异质性、非对称性和不规则性，将金融发展理论与政策付诸于区域的研究与操作，又会更加复杂多变。因此，找出金融发展在我国空间区域中趋同与趋异的力量和根源，摸索出其遵从的规律和依赖的路径，对于我国国民经济的全面、协调、可持续发展意义重大。

2.3 金融发展非均衡的理论分析

前面已经指出，区域金融发展非均衡问题的研究存在两个方面。首先，针对金融本身，区域金融自身应实现从非均衡向协调发展转变。其次，区域金融作为一个子系统，还要与经济系统、社会系统、文化系统相协调、相适应。因此，这两个方面内在要求系统、全面地剖析研究问题。

对金融发展文献进行详细梳理后，我们发现 Mckinnon 和 Shaw 的金融深化和金融压制理论强调金融增长，特别重视金融发展中总量的扩张，比如金融资产数量的扩大。Goldsmith 强调金融结构变化在金融发展中的核心作用。金融功能则是更加深入地探讨金融的本质功能是否得以充分有效的发挥，体现在金融效率方面。金融系统则是将金融作为一个系统整体，嵌入到经济、社会、制度（正式制度与非正式制度）体系中去分析，涉及了多学科与金融的交叉，试图去厘清那些影响金融发展的因素。

然而，金融发展的理论与实践，不只是抽象的静止，应该是动态发展的过程。由于现实中的金融是在均衡和非均衡发展的过程中演变，均衡只是短暂的、抽象的静止，非均衡则是长期而现实的过程，而过度非均衡的发展态势则可能造成巨大的系统性负面影响。特别是我国区域金融发展非均衡是一种客观而复杂的常态，要研究好金融发展非均衡的问题，就应该采用普遍联系的哲学思维。从金融演化来看，金融发展是从总量规模的扩大开始，金融结构不断由简单变复杂，金融功能的演进和效率的提升，金融系统从低级向高级的跨越。所以对金融发展非均衡的分析，本质上就蕴含着金融总量非均衡、金融结构非均衡、金融功能非均衡以及金融系统的非均衡四个方面，而相应的分析观点及视角就是总量观、结构观、功能观和系统观。

2.3.1 金融发展非均衡的总量观

从总量角度研究金融发展非均衡，主要指金融总量上的非均衡及差异，导致非均衡的原因及发展趋势等。

首先，金融总量非均衡与差异的视角。金融总量的内涵随着金融发展而逐渐丰富。江其务和周月秋等（1991）论述了金融总量是货币资金和信贷资金，并提出在当时总量调控的重点是资金存量的效率提升与贷款的有效供给。郑先炳（1993）认为金融总量是货币供应量和全社会的信用总规模，贷款规模并不等于金融总量规模。张杰（1994）指出金融规模的大小差异反映了金融演进过程中量的层面。王广谦（2002）认为金融资产规模主要指银行机构贷款，证券类金融资产、以保障为核心的资金。白钦先（1998）阐述了金融资源理论，包括三个层面，一是广义货币资金，二是金融机构和金融工具体系，三是整体功能层面金融与金融相关系统的互动联系具体表现。金融资源理论扩大了金融总量的内涵和研究范围，更加贴合我国金融演进复杂和丰富的现实情形。崔满红（1999）认为金融资源使得金融的深度和广度发生变化，对量的具体研究上升到一个开放、动态、历史的层面。韩大海（2007）认为，我国城乡金融资源差异巨大，金融资源在空间上的失衡配置造成了全国城商行的流动性过剩。王纪全（2007）等比较了我国东中西部的人均金融资源分布水平，认为不合理的金融地域分布导致了总量差距与效率差距。郑新广和郑文（2007）认为金融资源配置在城市与农村的偏向不同，使得收入、城乡差距拉大，金融失衡严重。张世晓（2008）总结了我国金融资源的区域流动特征，由于金融流动受到各种因素阻碍，加剧了区域经济的非均衡性。卢颖和白钦先（2009）选用多个金融资源衡量指标和方法，对我国省域层面金融资源分布非均衡现状进行统计比较和实证分析。

其次，金融总量非均衡的变动规律。即在金融总量非均衡的基础上，考察金融的变动和演进趋势，是否也符合区域经济理论中威廉姆森提出的“倒U型”假说，张杰（1994）分析认为我国体制转轨时期的金融发展是一个“倒U”过程；周立和胡鞍钢（2002）则认为区域金融的非均衡是先缩小后扩大；金雪军和田霖（2004）拟合出的区域金融趋势是一条三次曲线，并非“倒U型”曲线；陆文喜和李国平（2004）则对我国东中西部采用收敛法进行了实证检验。李敬和徐鲲等（2008）分析指出区域金融发展非均衡的变动路径是市场化趋异时期的一个片段，并非全程特征。

从量上来看，金融发展总量的趋势是由少变多、逐渐积累，但总量中的各个部分演变却是静态与动态非均衡的。而当前的经济学家对金融总量的研究也放在更广义的金融资源概念和内涵上，虽然最直观的金融资源总量分布和运动非均衡使得地区呈现差距，但金融资源分布是否合理和协调仅通过总量上的判断还远远不够。

2.3.2 金融发展非均衡的结构观

Goldsmith（1969）最早指出金融发展的演进应该是金融机构、金融工具总量、规模、权重、性质、范畴的变化，金融结构的优化升级，解释一个国家或地区金融发展水平差异就是要分析清楚金融结构的情况。在此基础上，众多学者通过对金融结构进行比较研究，形成了银行主导、市场主导、法律主导和金融服务四种结构模式，代表学者有 Stiglitz（1985）、Allen（1993）、LLSV（1997）、Levine（2002）等。国内学者对金融结构的认识深度和广度也在不断扩大和提升，主要表现在两个方面。

第一，关于金融结构的内涵和划分。王兆星（1994）较早对金融结构进行划分，横向上涉及了金融价格、金融形式、金融主客体、金融市场和金融管理，纵向上则包括宏观管理、中观市场和微观基础，横纵向组成了金融结构的有机整体。张军洲（1995）认为区域金融结构的变动、差异和发展规律是探讨区域经济发展必须要考虑的重大问题。刘仁伍（2000）将区域金融结构划分为金融机构、金融市场、金融工具和金融制度，以及各个部分相互关联的规模、交易、运行、分配等。韩玲慧（2001）指出金融结构的演进实际上就是一个国家或地区由间接融资为主导向直接融资为主导变迁的过程。李健和贾玉革（2005）提出了金融业结构、金融市场结构、金融资产结构、融资结构和金融开放结构，宏观、中观、微观层层深入的金融结构评价指标体系。

第二，关于金融结构的形成原因及影响表现。谢平（1992）分析了1978—1991年我国金融资产结构的状况，以此说明我国金融深化的程度。王维安（2000）总结了我国金融结构的四大特征，分别是间接融资主导、国有金融中介垄断、超额借款和超额贷款。董裕平（2002）认为我国金融结构的形成机制应该从微观主体契约需求的角度阐释。高连和（2004）认为我国金融结构存在多方面失衡，融资结构偏向间接融资，金融组织结构以国有银行垄断，金融市场结构存在“七重七轻”现象，金融工具结构单一的以银行存款为主。曾康霖（2008）认为我国金融结构最突出的特征是二元性，而二元金融是由发展中国家二元经济结构所决定的。蒋冠（2009）、王书华（2010）探讨了区域金融结构差异与货币政策分配效应之间的关系，指出这些差异对区域经济发展非均衡的影响。

从金融结构的内涵、划分、效应、表现、形成机理来看，研究金融结构的非均衡，既是对金融总量差异和非均衡的有益补充，又是以金融总量、金融资源的分析为基础。金融发展的演进就是从金融总量的扩大，到金融结构的层次丰富，两者同时进行，彼此构成了金融发展水平与程度的显性表现。但是金融变迁与演进的深层次探讨，就要涉及金融功能。

2.3.3　金融发展非均衡的功能观

金融功能是对金融发展的深层次阐释，涉及金融的不同功能是否得以充分有效的发挥，而金融功能的影响差异则通过效率来体现。金融规模的扩展和金融结构的变化是金融发挥其功能的基础和前提，而金融的效率是否得以提升，功能是否得以有效发挥则为金融资源的安排和金融结构的变迁提供了动力和方向。

第一，关于金融功能的内涵和范畴。在早期，经济学家对金融的功能研究都未形成完整的体系，亚当·斯密、熊彼特、格利和肖、帕特里克、希克斯各自分别论述了金融的媒介功能、信用创造功能、动员储蓄功能、配置功能和流动性风险管理功能。20 世纪 90 年代默顿与博迪提出金融功能的“两个假设”，以及莱文（1997）对金融功能的论述，逐渐形成了金融六个核心功能对经济的作用和影响的基本分析体系。在此基础上，国内外学者对金融功能的研究更加深入细致，Allen 和 Gale（2001），Rajan 和 Zingales（1998，2001），Wachtel（2001），Thiel（2001），Fishman（2003），Beck、Levine 和 Loayza（2004）以及 Kunt 和 Vojislav Masksimovic（1999，2000，2004）等学者将金融功能的内涵影响从国家、产业、企业层面进行分析。在国内，张杰（1998），周立、胡鞍钢（2001）则认为我国金融具有一定程度的财政补贴功能。白钦先（1998，2003，2005，2006，2009）、白剑眉（2005）和孙伟祖（2005）等学者将金融的各种功能的归纳为基础功能、核心功能、扩展功能和衍生功能。金融发展就是金融功能的层层递进，反映了对金融变迁的深层次理解。

第二，关于金融效率的非均衡。抽象化的金融功能解释是对金融本质和变化的深层次解释，那么金融效率则是金融功能的深层次特征。金融功能的基础与属性是效率，效率是研究金融功能具体表现的核心。研究金融功能，则要触及功能是否完备与强大，功能发挥的效果如何（李健，2005），而研究金融功能的非均衡，最重要的就是分析清楚金融效率的非均衡，即金融效率的差异状况。对金融效率的理解主要有两个方面：第一个方面是金融效率的层次，比如Fama（1970）有效市场假说就是研究金融市场的效率；West 和 Tinic（1976）研究了证券市场的内在效率与外在效率；Benston（1972）最早分析金融中介的规模效率；Paul A. Samuelson（1989）研究金融配置的效率；Freund（1997）研究金融运行的效率。国内学者王广谦（1997）认为金融效率应该包括金融宏观效率、金融机构效率和金融市场效率三个层面。王振山（2000）提出从是否实现金融配置的帕累托最优来分析金融效率。周升业（2002）将金融效率分为功能、配置和管理三个层面。孔祥毅（2003）从金融协调的层面提出金融经济的效率问题。冉光和（2004）认为金融配置效率是动员效率、分配效率、调控效率的有机结合。总体来看，金融效率的层次体现了与金融资源、金融结构的联系，是宏观与微观、静态与动态、量性发展与质性发展的联系体系。第二个方面是金融功能的差异对经济的影响，主要就是衡量金融非均衡对经济的差异化贡献效率。Gertler 和 Rogoff（1990）分析了金融市场的差异与对资本跨国流动的影响；Levine（1996）实证研究认为股票市场流动性与经济增长之间具有正向的关系；Carlin 和 Mayer（1999）考察了各国金融、公司绩效、法律与经济的相关关系和贡献效率；Beck 和 Levine（2001）运用面板数据分析了银行和证券市场对经济增长的贡献率差异。国内学者王广谦（1996）认为金融市场效率应该包括金融市场自身运作效率和金融市场的经济贡献效率两个方面。王小鲁和樊纲（2002）分析了储蓄投资转化的效率，测算出资本形成率差异对经济增长的贡献。沈军（2003）实证分析认为我国金融效率总体较低，主要原因在于高层金融资源配置的失衡。李学文和李明贤（2006）对我国金融功能的发挥效率和经济增长进行实证研究，认为金融功能中的核心功能和扩展功能贡献效率有限，而衍生功能效率低下。贾新春和夏武勇等（2008）运用我国省级面板数据分析金融机构的区域分布对经济增长的影响，地区金融贡献效率的差异反映了金融发展水平的巨大差异。

金融功能反映了金融发展是一个旧质向新质变迁的过程，金融功能的抽象化研究是对金融发展深层次阐释，金融总量和金融结构则构成了金融功能的基础，金融功能具象化的研究则要通过效率差异来体现，而金融效率就直接表现在金融规模、金融资源的大小差异，金融结构各组成部分的效率差异，以及对经济的贡献度差异。金融自身运行的原因、规律并不是脱离整个社会体系运转，并不是各个学科独立分割的存在，而是与整个经济、社会发展，甚至文化发展（非正式制度）密切相关，这就需要我们在研究金融问题时具备系统观的视角。

2.3.4 金融发展非均衡的系统观

金融发展的系统非均衡研究主要涉及两个部分：一是金融系统具有复杂性；二是与金融发展相关外部因素的影响作用，研究金融系统与外部系统的互动关系。两部分的共同点就是系统科学的方法论提供了全景式的解剖问题视角，能够将本质上普遍联系，但表现上条块分割的事物之间的关系清晰细致地加以审视。这也为我们分析金融非均衡的现象、成因、机理提供了有益指导。

第一，关于金融系统的复杂性研究。贝塔朗菲（1995）将系统定义为在一定环境中产生相互联系的各成分的总体；钱学森（2002）认为系统就是极其复杂的研究对象，是相互作用的组成部分以各种形式有机结合的整体，而一个层面的系统又是从属于更大系统的一部分。邵国华（2006）总结复杂的金融系统研究应该涉及金融制度的有机综合体，金融流动的体系以及金融运行与交易的规则、安排、习俗、传统、道德的集合。杨晓光（2003）总结了作为复杂巨系统的金融系统的多重特征：金融系统组成单元规模大，涉及面广；拥有多个功能结构层面和子系统；耦合度高，各组成部分在方方面面相互作用；金融系统高度开放性，与外部系统持续的互动交换；金融系统的混沌、路径依赖、自进化、非线性的特征比自然界其他系统更显著和复杂；金融系统的动态均衡性是暂时、非稳定和非持久的，任何微小因素的扰动都会导致非均衡，因此金融系统的非均衡性是常态；金融系统还与人的活动息息相关。袁宇涛和李金林（2003）认为金融系统是典型的复杂适应性系统（CAS），可以借鉴CAS宏观、中观、微观的思想、理论和分析方法。沈军（2006）以及郭敏和刘刚（2008）总结了金融系统复杂性的六个因素，一是经济金融全球化背景下金融系统关联度加大使得金融风险极具传染性；二是金融脱离实体经济的虚拟化倾向严重；三是金融系统的多目标、多层次特性使得金融政策国际协调与区域协调困难重重；四是金融先天具有脆弱性和不稳定性；五是金融法规落后，金融体系差异，金融运行效率低下，加剧了金融系统复杂性；六是金融系统中人的行为因素极具复杂性。邵国华（2006）进一步对金融内部系统协调，金融系统与外部系统，如经济发展、社会发展、非金融企业等的协调问题进行了深入的阐述。陈灵等（2011）指出金融系统最突出的特性是多变量、多目标、非线性，多层次、多主体和多功能性，而内部与外部复杂的联系与关联使得定性分析与经验统计难以准确清晰地进行科学解释。

第二，关于金融发展非均衡与其影响因素的系统性、复杂性关联。对金融发展的系统性研究是“第三代金融发展”理论前沿的核心。关于法律与金融发展的非均衡，国外学者 LLSV（1998，1999），Burkar（2002），Levine（2000），Pistor 和 Xu（2002），Demirgô、C－Kunt、Laeven 和 Levine（2003），Glaeser 和 Shleifer（2002），Johnson、Boone、Breach 和 Friedman（2000），Caprio、Laeven 和 Levine（2004），Laeven 和 Majnoni（2003），Demirgô、C－Kunt 和 Maksmiovic（1998），Wurgler（2000），Morck、Yeung 和 Yu（2000）等研究了不同法律制度、法律起源对金融体系演化的作用和影响。国内学者姚洋（2004）、谭儒勇和吴兴奎（2005）、许秋起和刘春梅（2007）等还运用实证模型对我国各地区金融发展差异提出了司法解释。关于政府行为差异引起的金融发展非均衡问题。李扬（2005）指出地方政府行为是导致金融水平差异的主要因素。刘煜辉等（2008）认为中央分权改革使得地方政府自主性强化，进而可以对经济金融进行很大程度上的制度安排。其他学者如张军洲（1995）、殷德生和肖顺喜（2000）、伍海华（2002）、李兴江和赵峰（2003）、陆文喜和李国平（2004）、崔光庆和王景武（2006）等都认为政府政策行为和制度安排是金融发展非均衡的重要原因。关于生态环境的差异与金融发展的关系。AJR（2001）最早提出了自然环境的禀赋论，分析了自然资源禀赋对经济金融的影响。周小川（2004）、李扬（2005）、徐诺金（2005）、姜君涛（2009）、伍艳（2010）和何肖龙（2011）等学者论述了金融生态环境与生态系统的差异性，强调要重视改善金融生态环境推动金融可持续发展。关于文化、宗教、民族差异与金融发展的非均衡研究。相关问题论述的学者如 Guiso、Sapienza 和 Zingales（2006），Greif（1994，2006），Lande（2000），Stulz 和 Willamson（2003），Kanatas 和 Stefanadis（2005），Stulz 和 Willamson（2003）以及谢平（2004）等对文化与金融发展非均衡的研究；Herger、Hodler 和 Lobsiger（2007），Franklin Allen、Qian Jun 和 Qian Meijun（2005），林毅夫（2003）以及陈志武（2007）对宗教与金融发展非均衡、金融伦理问题的探讨；Blalock（1967），Bonacich（1973），Bonacich 和 Modell（1980），Turner 和 Bonacich（1980）以及 Zenner（1991）等对民族与金融发展差异的研究等。

研究金融发展的非均衡需要坚持唯物辩证法普遍联系的哲学观点，即将金融作为一个整体的子系统，放置到经济、社会、文化系统中去研究相互之间的关联与关系。金融协调发展的演进历程也就是金融系统内部各层面、各组成部分相互关联、各司其职，协调发展的过程，也是金融系统与外部系统相互交换交融、互动协调的过程。

2.3.5　理论总结与研究述评

1. 理论总结

对金融发展非均衡问题的研究，以金融总量为分析视角称之为总量观，以金融结构为分析视角称之为结构观，以金融功能为分析视角称之为功能观，以金融系统为分析视角称之为系统观。这四个视角理论文献与研究切入点有所不同，但本质上是构成了互不可分、相互联系的有机整体，为我们清晰地把握金融发展非均衡问题提供了哲学层面、理论层面与实践层面的借鉴与指导。四个视角的相互联系总结如图 2－5 所示。

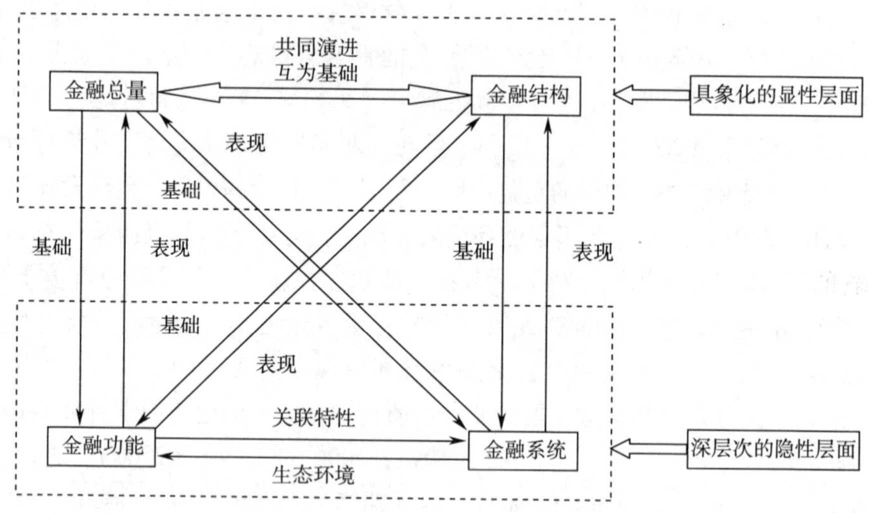

图 2－5　金融发展非均衡四个视角关系图

2. 研究述评

通过对金融发展非均衡研究四个视角的文献梳理与理论总结，可以对金融发展有一个逻辑更加清晰的领悟认识。金融总量和金融结构是金融发展演进变迁的基础和具象化表现，金融总量从简单的资产规模研究扩展到金融资源的内涵，经历了由少变多的累积过程。金融结构则是对单纯总量研究的补充，金融总量要在不同的金融结构中反映出来，金融结构从简单到复杂的变化与金融总量从小到大的积累相伴而行。金融功能和金融系统涉及金融的深层次变迁机理，都以金融总量和金融结构为具体表现，金融功能从旧质向新质的变化需要在一定的金融系统环境中才能显现，金融系统的各个复杂组成部分的相互关联与有机协调则以金融各个层次的功能有效发挥为纽带，而金融的发展过程又是一个动态的演化过程，认识金融发展的非均衡，就要把总量、结构、功能和系统视为既相互独立又有机结合的对立统一体。

当嵌入空间区域的分析视角后，金融发展的非均衡研究又更加丰富。区域金融理论的基础来自金融发展理论，是金融发展研究地理层级的视角拓展。可以基于总量观和结构观对各区域金融非均衡及其动态变化做统计描述和比较分析。基于功能观，测量区域金融的效率差异，并实证研究金融对经济的贡献度。基于系统观，一是运用交叉学科的分析方法，比如金融地理学中的地理科学分析方法对区域金融发展差异问题进行分析，运用法律学、生态学、仿生学阐述区域金融生态系统的差异等。二是从多学科角度，分析哪些因素导致了区域金融发展非均衡，并将各种影响因素纳入统计分析与实证模型，对影响程度与关联关系进行量化研究。

第3章
我国西部区域金融发展非均衡的历史演进与问题表现分析

1949—1978 年我国实行区域经济均衡发展的总体战略，区域金融也处于均衡发展的阶段。相应地，在中央集权计划管理模式下，我国区域金融发展的制度背景是计划金融体制，西部区域金融发展就是当时行政计划性、自上而下、严格管制的外生均衡区域格局的组成部分。1978 年后，我国实施了区域经济非均衡发展战略，区域金融也从均衡发展的历史阶段进入非均衡发展的阶段，各个经济区域发展差异凸显，对西部区域金融发展非均衡的分析就是基于东西部之间和西部省份两个空间层级，从总量、结构、功能三方面进行深入的剖析。

3.1 西部区域经济发展均衡阶段的历程与表现

3.1.1 新中国成立后到改革开放前西部区域经济发展均衡阶段的背景

历史遗留与多年内外战争造成了我国区域经济发展严重滞后，东部沿海与西部内陆地区经济结构严重畸形。新中国成立标志着中国人民推翻了封建主义、帝国主义和官僚资本主义三座大山，为从根本上改变旧中国的畸形区域发展空间格局奠定了基础条件。中国共产党作为执政党，从新中国成立后就一直致力于区域经济均衡发展和结构优化，并取得了举世瞩目的伟大成绩，积累了宝贵的治理开发实践经验与教训。

新中国成立后，西部发展受到当时既定的整个经济社会现实状况的影响。为改造旧中国经济体制和尽快实现战后恢复，毛泽东根据当时复杂的中国国情和严峻的国际形势，制定了区域均衡发展战略。该战略提出的背景主要有以下三点。

第一，历史遗留的脆弱条件。首先，突出的表现在生产力区域布局极不均衡。新中国成立初期，旧中国遗留的国民经济千疮百孔，以工业为核心的生产力分布主要集聚在交通便利、对外贸易繁荣，帝国主义便于掌控的沿海和东北大城市经济圈，而广袤的内地，特别是西部少数民族地区、边疆地区、贫困山区几乎没有现代工业分布。当时，占中国面积12%的东部沿海工业总产值占全国的77%，而西部几乎为零。① 全国主要城市工厂数的63%，职工人数的61%分布在东部的天津和上海两个城市，全国一半以上的重工业集中在东北。② 国土面积为全国45%的西北，工业产值为全国3%，西南的云南、贵州、四川、西藏面积为25%，工业产值仅为6%，幅员辽阔的西部地区工业几近停滞状态。其次，近代以来，中国经历了军阀混战割据，国共对立，帝国主义侵略下的长期分裂，整个国家区域被严重条块分割，没有统一的政府治理，没有统一的市场，商业、财政金融自成一体，互不相容，国民经济被分割成封闭的地域式发展模式。最后，资源配置失衡。工业集聚与原料产地脱节，这与近代工业的外资和殖民性质关系重大，殖民者多将工业布局在殖民地便于统治管理，而少考虑资源禀赋和原料需求的差异。例如，西部有丰富的棉花，1949年上海、天津、江苏、山东和辽宁集中了全国83.6%的棉纺锭，而其棉产量仅占全国18%，大多数原料从海外进口。③ 先进工业受外资把持，其生产目的是最大限度的攫取中国一切资源，又加重了中国区域经济不可持续和落后失衡。

第二，严峻的国际形势，国防安全的客观需要。新中国成立后，整个国际局势动荡不安，边境争端和战事不断，20世纪50年代至70年代，爆发了多次战争和争端。东北面，抗美援朝；北面，中苏关系恶化；南面，美国入侵越南；东南面，蒋介石集团“反攻大陆”的叫嚣；西南面，中印边境自卫反击战；东北面，珍宝岛事件导致的国际共产主义阵营分化；再加上美国对中国东部沿海的封锁，使得毛泽东等党和国家领导人深刻认识到帝国主义对新中国的颠覆与破坏会长期持续，挑动边境矛盾和发动大规模战争难以避免，因此，我国将战备和国防放在区域经济发展的首要位置，东部沿海遗留了旧有工业，地

---

① 陆大道．中国区域发展的理论与实践［M］．北京：科学出版社，2003：110.

② 武力．中华人民共和国经济史（上册）［M］．北京：中国经济出版社，1999：47.

③ 武力．中华人民共和国经济史（上册）［M］．北京：中国经济出版社，1999：404.

势平坦，缺乏战略防御和战略纵深；西部资源矿产丰富，地势错综复杂，符合备战隐蔽和纵深需要，以西部为中心的内地自然就成为区域建设的重心。在外交战略上，中国采取了“一边倒”的对外政策，由于沿海受到美帝国主义的封锁和战争威胁，海洋经济和贸易活动难以顺利开展，东部区位优势难以发挥，内陆自然就成为发展重点。

第三，马克思主义均衡思想的指导与实践。马克思主义经典著作中很多对科学社会主义的论述和社会主义生产力均衡布局的思想对中共领导者产生深远影响，《共产党宣言》、《反杜林论》中有全国工业均衡分布，消除城乡对立、工农业分割的阐述。[①②] 这些思想成为区域均衡发展的理论依据，在此后一段时期，生产全国范围平衡配置上升为首要的发展指导方针，符合公平原则的首要地位，再加上我国的计划经济体制，通过政府行政手段和阶段性、指令性计划进行生产要素资源分配。在这些情况下，我国区域均衡发展的战略得以实践，西部区域经济均衡发展就是在整体国民经济均衡发展背景下的一个具体体现。

3.1.2　区域经济均衡发展战略的内涵与表现

从历史的视角客观审视，毛泽东是新中国经济发展理论与实践的先驱，区域均衡发展战略一经提出后就迅速开展实施，其内涵和主要内容表现在以下方面。

第一，均衡布局生产力，以内地为发展重心。1950—1952 年间，东北、华东、华北是主要的国民经济恢复地区，西部则进行了艰苦开垦和基础设施建设，党中央号召全军参与建设西部保卫边疆，1950 年王震率领的 10 万解放军在新疆发扬“南泥湾”精神，1952 年又有 15 万解放军转编入建设师，在西北地区开垦荒原，苏联则对东北、华北和西北进行工业援建，项目达到 42 个，1950—1952 年国民经济重在恢复东部沿海生产力，恢复工作完成后，开发的重点转向内地，特别是西部。

1953—1957 年国民经济第一个五年计划提出了优先发展重工业的指导思想。要求适当平衡工业生产力布局，使工业接近原材料产区，满足国防需要，

① 中共中央马克思、恩格斯、列宁、斯大林著作编译局．马克思恩格斯选集（第一卷）［M］．北京：人民出版社，1972：273.

② 中共中央马克思、恩格斯、列宁、斯大林著作编译局．马克思恩格斯选集（第二十卷）［M］．北京：人民出版社，1971：321.

加快提升落后地区经济水平。工业基础较好的沿海和东北要支援内地，尤其是西部的新工业建设。[①]“一五”时期的工业建设按照苏联援助的156个重大工程项目进行（见表3-1），其中，苏联援建的156项工程中，内地占118项，国防企业44项中21个在四川、陕西开工建设，同期国内694个建设项目68%在内地，沿海仅占32%。[②]内地的投资比例和投资项目均有大幅度上升。“一五”时期均衡工业布局指导方针的实施，加速了内地、特别是西部地区的发展（见表3-2和表3-3）。1956年毛泽东在《论十大关系》报告中论述了沿海与内地的关系，也成为沿海与内地统筹发展、相互配合的长期指导思想。

表3-1　“一五”时期苏联援助重点工程分布[③]

地区	项目数	占总项目数比重（%）	占总投资额比重（%）
东北	56	37.3	22.49
西北	33	22.0	12.33
华北	27	18.0	11.66
中南	18	12.0	16.88
西南	11	7.3	6.18
华东	5	3.4	5.53
不分区	—	—	22.68

表3-2　“一五”时期工业总产值的区域构成[④]

年份	工业总产值		轻工业		重工业	
	沿海	内地	沿海	内地	沿海	内地
	绝对数（亿元）					
1952	238.1	105.2	158.1	63.0	80.0	42.2
1957	516.7	267.2	268.0	136.5	248.7	130.7
	比重（%）					
1952	69.4	30.6	71.5	28.5	65.5	34.5
1957	65.9	34.1	66.3	33.7	65.6	34.4

① 李富春．李富春选集［M］．北京：中国财政经济出版社，1992：144-145.

② 薄一波．若干重大决策与事件的回顾（上卷）［M］．北京：中共中央党校出版社，1991：299.

③ 陆大道，等．中国工业布局的理论与实践［M］．北京：科学出版社，1990：23.

④ 根据《中国工业经济统计资料（1949—1984年）》、《新中国六十年统计资料汇编》整理而得。

表3-3　“一五”时期东西部工业总产值构成①

地区	1952年		1957年	
	总产值（亿元）	比重（%）	总产值（亿元）	比重（%）
东部	189.7	55.3	388.8	49.6
西部	35.7	10.4	104.5	13.3
全国	343.3	100	783.9	100

从工业总产值来看，1952—1957年，沿海工业总产值比重从69.4%下降到65.9%，其中轻工业比重从71.5%下降到66.3%，重工业基本保持不变；内地工业总产值比重则从30.6%上升到34.1%，其中轻工业比重从28.5%上升到33.7%，重工业比重基本不变。仅就东部和西部而言，从1952年到1957年，东部工业总产值占比从55.3%下降到一半以下的49.6%，而西部地区工业总产值占比从10.4%上升到13.3%。从这些数据对比中可以看出，以东部为主的沿海地区在国民经济中仍然占据主导，发挥着重要作用，但以西部为发展重心的内地工业得到很大程度的改变和发展，沿海与内地区域生产力不平衡的状况得到一定改观，实施区域经济均衡发展战略的效果得到显现。

第二，以三线建设为中心，服务国防和备战需要。在《论十大关系中》毛泽东就曾明确指出新的工业布局要在内地，以利于备战。20世纪60年代初，国际局势进一步复杂和恶化，冷战局面加剧，我国的外交局势和周边环境十分严峻。1964年5~8月，毛泽东指出帝国主义存在带来的战争威胁，我国要有牢固的大后方。1965年9月，“三五”计划《汇报提纲》中明确提出要把国防建设放在第一位，加快三线建设。在此背景下，党中央作出了要搞“三线”建设的战略决策。“三线”建设大规模始于1965年，是新中国成立后到改革开放前最大规模的一次西部开发，历经“三五”、“四五”、“五五”三个五年计划。②

1965—1978年，以国防备战为宗旨，以工业、交通、科技设施建设为目标的三线建设在西部大规模进行，国家重新进行生产力布局调整，按照“靠山、分散、隐蔽、进洞”原则将人力、物力、财力投向西部战略后方，区域重心从沿海转向内地，国家有计划、有批次地将一大批军事工业、企业、研究机构、制造企业从东北三省，以及北京、上海、江苏等沿海地区搬迁到“三

① 根据《中国工业经济统计资料（1949—1984年）》、《新中国六十年统计资料汇编》整理而得。

② 三线指川、黔、滇、陕、甘、青、宁及鄂、豫、湘、晋等（主要是西部地区），一线为东部沿海，一线与三线之间是二线。

线”地区，当时的西南山区成为整个三线建设的重中之重。三个五年计划，共安排了1100个建设项目，投入资金达到2052亿元，投入人力最多时达到400多万人。从表3-4中可以看出，1965—1978年，沿海地区工业总产值比重、轻工业和重工业产值比重都在下降，分别从63.1%下降到60.9%、67.3%下降到64.5%、58.8%下降到58.2%，尽管沿海各项指标比重下降，但从总量上仍然是中国工业的主要产地；而内地三项比重全面上升，分别从36.9%上升至39.1%、32.7%上升至35.5%、41.2%上升至41.8%，内地工业总产值增长3.22倍，高于沿海的2.93倍，其中内地轻工业扩张2.79倍，重工业扩张3.56倍。

表3-4 “三五”时期、“四五”时期、“五五”时期工业总产值的区域构成①

年份	工业总产值		轻工业		重工业	
	沿海	内地	沿海	内地	沿海	内地
	绝对数（亿元）					
1965	879.1	514.8	472.8	230.0	406.3	284.8
1970	1528.4	592.4	716.7	334.7	811.7	557.7
1975	1963.3	1255.5	892.4	500.2	1070.9	755.3
1978	2575.3	1655.5	1164.6	641.1	1410.8	1014.2
	比重（%）					
1965	63.1	36.9	67.3	32.7	58.8	41.2
1970	63.1	36.9	68.2	31.8	59.3	40.7
1975	61.0	39.0	64.1	35.9	58.6	41.4
1978	60.9	39.1	64.5	35.5	58.2	41.8

表3-5 “三五”时期、“四五”时期、“五五”时期工业企业数的区域构成

单位：万个②

年份	东部	西部	全国	东部与西部工业企业数之比
1965	5.96	4.13	15.77	1.44:1
1970	7.47	4.95	19.51	1.51:1
1975	9.76	6.83	26.29	1.43:1
1978	12.72	9.65	34.84	1.32:1

“三线”建设时期，全国工业企业优先布局以西部为中心的内地，从

① 根据《中国工业经济统计资料（1949—1984年）》、《新中国六十年统计资料汇编》整理而得。

② 根据《中国工业经济统计资料（1949—1984年）》、《新中国六十年统计资料汇编》整理而得。

表3－5可知，1965—1978年，东部工业企业数从5.96万个增加到12.72万个，扩张2.13倍；西部工业企业数从4.13万个增加到9.65万个，扩张2.34倍；从东部与西部工业企业数比值来看，该比例从1965年的1.44∶1下降到了1978年的1.32∶1，东西部工业企业总量增加的同时，空间分布结构也在不断改变。

"三线"建设期间，国家采取对内地极度倾斜的经济政策，对沿海采取控制投资的政策，新投资基本不予批准，现有投资项目尽可能西迁，短期内难以见效的续建项目缩小投资规模。从表3－6可以看出，新中国成立后到改革开放前各个计划时期内地基本建设保持较高的投资额度，在结构比例上，内地与沿海的比重也在不断上升，向内地，特别是向西部的倾斜投资，使得西部地区的经济社会也得到较快发展。

表3－6　改革开放前沿海、内地基本建设投资额及比重　单位：亿元①

时期	沿海	内地	全国	沿海与内地基本建设投资比
1953—1957年	217.26	275.57	492.83	1∶1.27
1958—1962年	462.62	675.61	1138.23	1∶1.46
1963—1965年（调整时期）	147.38	245.77	393.15	1∶1.67
1966—1970年	262.85	631.21	894.06	1∶2.40
1971—1975年	625.36	959.34	1584.7	1∶1.54

由于国防安全和战备需要放在区域经济发展布局的首位，项目安排、工厂搬迁、建设投资缺乏全面规划，"靠山、分散、隐蔽、进洞"的原则在一定程度上不符合降低成本、提高效益的要求，很多企业搬迁到西部或建设在山区就面临产品销售、职工安置等困难，有很大一部分投资效益并未得到发挥。尽管"三线"建设提高了内地经济增速，大多数项目、工业企业安排与当地传统经济活动和经济形式没有内在联系，与沿海发展也存在一定程度的分割，整体效益和技术水平还是较低的。

当然，"三线"建设是调整沿海与内地经济结构与生产力分布的重大举措，改变了新中国成立时工业集中于东部沿海的状况，初步改变了幅员辽阔的西部工业、基础设施、交通、资源开发落后的失衡状态，从实质上缩短了东西

① 根据《中国固定资产投资统计年鉴（1950—1995年）》、《新中国六十年统计资料汇编》整理而得。

部工业差距，促进了西部经济社会的进步，落实了区域经济均衡发展的战略，也为20世纪末的西部大开发打下了坚实的基础。

第三，重视区域发展中的民族因素，把内地建设与少数民族偏远地区发展、团结稳定、社会进步紧密结合起来。我国是一个多民族国家，汉族人口数量最多，1953年第一次人口普查，汉族人口为5.47亿人，占比98.94%，各少数民族人口数为0.35亿人，占比1.06%，即使2010年第六次人口普查汉族占比高达91.51%，少数民族不到总人口的10%。而少数民族绝大部分聚居在我国西部。我国经济发展的差距也突出表现在汉族地区（主要是东部沿海）和少数民族地区（主要是西部内陆）的差距。毛泽东曾指出要搞好汉族和少数民族关系，巩固民族团结。① 在其著作《论十大关系》中也阐述了处理好汉族与少数民族关系的思想。刘少奇于1954年9月15日在《关于中华人民共和国宪法草案的报告》中，周恩来于1957年8月4日在全国民族工作座谈会上都相继强调少数民族地区的开发与发展是祖国工业化的有力后盾，但是少数民族地区普遍自然条件复杂，生产力低下，经济水平始终落后于汉族地区，东部沿海与汉族地区要支援西部少数民族地区的建设，需要各民族奋发图强、共同努力。②③

在这一思想指导下，从“一五”时期开始，国家就将全国均衡布局生产力、重点发展内地与少数民族地区建设紧密结合起来，包头钢铁基地、青铜峡水电站等大型建设项目，贵昆、成昆、兰新、包兰铁路通车，新藏、川藏、青藏公路开通，极大改善了西部少数民族地区的贫困落后状态。我国少数民族八省区分布在西部，包括内蒙古自治区、新疆维吾尔自治区、宁夏回族自治区、西藏自治区、广西壮族自治区和贵州省、青海省、云南省。

从表3-7可以直观看出，1952—1978年，少数民族八省区工业总产值增长了近20倍，占全国工业总产值比重也从3.7%上升到6.2%，比重上升也表明从“一五”时期开始中央对少数民族地区的支持力度在不断增大，尽管少数民族地区工业基础仍然薄弱，占比很小，但与其他省区的相对差距在缩小。其中，西藏自治区在1965年也实现了工业总产值零的突破。

---

① 毛泽东．毛泽东著作选读（下册）[M]．北京：人民出版社，1986：723.
② 刘少奇．刘少奇选集（下卷）[M]．北京：人民出版社，1985：165.
③ 周恩来．周恩来选集（下卷）[M]．北京：人民出版社，1980：252-253.

表3-7　　改革开放前我国少数民族八省区工业总产值　　单位：亿元①

地区＼年份	1952	1957	1965	1970	1971	1978
内蒙古	1.6	6.6	18.9	26.2	30.6	35.9
宁夏	0.2	0.4	1.8	5.7	7.1	14.3
新疆	1.5	4.7	12.4	17.1	18.5	29.9
西藏	0	0	0.2	0.5	0.6	1.5
广西	3.7	7.9	13.0	25.5	30.8	69.9
贵州	1.6	6.2	9.3	15.4	24.6	40.9
云南	3.8	11.3	18.4	29.1	31.5	55.7
青海	0.3	0.9	2.4	5.5	7.3	15.1
八省区工业总产值合计	12.7	38	76.4	125	151	263.2
全国工业总产值	343.3	783.9	1393.9	2420.8	2782.2	4230.8
八省区工业总产值占比	3.7%	4.8%	5.5%	5.2%	5.4%	6.2%

表3-8　“一五”时期到“五五”时期少数民族八省区基本建设投资额

单位：亿元、%②

地区	1953—1957年	1958—1962年	1963—1965年	1966—1970年	1971—1975年	1976—1980年
内蒙古	12.27	40.18	14.72	16.87	24.18	44.65
宁夏	0.69	7.35	2.77	10.55	12.29	17.74
新疆	12.09	32.39	11.18	17.07	25.14	61.11
西藏	1.23	0.89	0	2.31	4.87	8
广西	5.11	18.45	7.56	19.68	36.49	46.88
贵州	3.42	22	13.92	40.45	48.9	40.89
云南	9.73	33.77	14.45	41.25	46.36	55.31
青海	6.87	15.79	5.52	12.16	17.12	32.95
八省区基本建设投资合计	51.41	170.82	70.12	160.34	215.35	307.53
全国基本建设投资额	588.47	1206.09	421.89	976.03	1763.95	2342.17
八省区基本建设投资占比	8.7	14.2	16.6	16.4	12.2	13.1

从“一五”时期到“五五”时期，国家对少数民族地区基本建设投资力度不断加大，八省区投资额度均有大幅上升。同时，从八省区基本建设投资额占比来看，“一五”时期为8.7%，到了“五五”时期达到13.1%。1949—1978年国家几乎每年都拨出专款和物资，用于少数民族地区基础设施、交通通讯、工矿业、农牧业、文化教育与社会福利各项事业建设，在推

① 根据《中国工业经济统计资料（1949—1984年）》、《新中国六十年统计资料汇编》整理而得。
② 根据《中国工业经济统计资料（1949—1984年）》、《新中国六十年统计资料汇编》整理而得。

动贫困落后偏远地区的发展，促进各民族团结和保障社会稳定等方面取得了良好的效果，西部少数民族地区逐渐呈现出初步的但又是史无前例的繁荣景象。

区域经济均衡发展战略是1949年新中国成立后到1978年改革开放前区域经济发展的指导思想，也是以西部为重心的内地获得倾斜政策和机会的时期，均衡布局生产力、重工业优先发展、国防战备需要与少数民族地区发展是均衡发展战略的具体体现，是国家利益的体现。毛泽东的区域经济均衡战略是特定时期、特定国内外环境的历史产物，其理论与实践也具有客观必然性和积极意义，表现在改变了千疮百孔的旧中国生产力失衡的状况，为西部工业化奠定物质基础，通过加大对西部，特别是少数民族地区人力、物力、财力投入缩小了东西部差距，为20世纪末的西部大开发奠定了基础。当然，辩证的分析，区域均衡发展战略也有负面影响，带来了一系列新矛盾，主要表现在照搬照抄苏联模式，过多强调国防需要和均衡原则，没有从经济结构、分工关系、资源分布综合考虑，忽视了市场在经济发展中的作用，违反了经济发展规律。投资效率低下是另一个典型的矛盾，国家对西部的投资主要是重工业，对农牧业、轻工业投资少，导致了当地低水平生产技术与资金密集型重工业项目对技术高要求的脱节和不匹配，居民实际生活水平并未得到明显改善，反而扩大了西部内部矛盾，特别是城乡矛盾。同时，国家长期实行抑制沿海投资和工业企业西迁使得东部沿海并未能发挥应有效益，牺牲了整体国民经济增长速度，在20世纪50年代到70年代末世界新技术革命翻天覆地变化的时期，没有让东部沿海赶上世界技术革新的脚步，在一定程度上平衡东西部差距却加剧了中国与发达国家的差距。国内、国外区域矛盾不断涌现也为改革开放后区域非均衡发展战略的提出与实施提供了现实依据。

3.2 西部区域金融发展均衡阶段的历程与表现

3.2.1 西部区域金融发展均衡阶段的背景

从1949年新中国成立到改革开放前，我国的经济体制是中央集权的计划经济体制，这也决定了金融体制是与之相对应的计划金融体制，而区域经济均衡发展也决定了区域金融处于均衡发展阶段。

从我国区域金融发展的演进历程来看，尽管在新中国成立初期，由于生产力布局和工业企业分布的空间不平衡，各区域的金融资源存在禀赋差异，金融服务存在水平差异，然而经过1949—1952年国民经济恢复期，混乱的金融秩序得到整顿，中国人民银行成为集中统一的大银行，在全国大部分区域设立了分支机构，由中国人民银行领导、管理和统一经营的金融体系开始建立起来。从1953年“一五”时期开始，我国高度集中统一的计划经济体制得以建立，与此相适应，财政是其内生机制，金融是财政的“出纳”，国民经济的驱动力来自“强财政、弱金融”。在这种体制下，为适应新中国生产力布局和实体经济建设的需要，一切信用集中于中国人民银行，形成了集权式的统一银行体制和信用制度，政府能够全面控制资金价格高低和信用规模大小，政府对经济的计划控制与银行信用垄断紧密联系在一起。

在这个背景下，通过国家统一管制的行政力量构建以国有制为主导和基础的“大一统”金融体系，我国区域金融发展就在这样一个外生环境中起步。在集权的计划金融体制中，一方面全国各个地区的金融成长、金融安排布局和金融行为高度趋同；另一方面，政府可以按照区域经济均衡发展战略和实体经济建设需要安排配置各地区的金融资源，这一时期我国金融发展就形成了行政计划性、自上而下、严格管制的外生均衡的区域格局。

3.2.2 西部区域金融发展的均衡格局与表现

新中国成立后，我国的金融结构发生了巨大变化，在不同的金融演进阶段，金融的发展水平、程度、作用、影响和决定因素不同，金融服务经济的方式也有差异。但从金融发展理论来看，不同制度或体制环境下，金融发展都是为了实现其基本的功能，对资源要素进行优化和配置，只不过1949年到1978年间我国金融制度是一个典型的国家主导的计划金融制度。这种“大一统”的模式也决定了区域金融发展的格局，而西部的金融发展也是在宏观层面金融体制决定下，呈现外生均衡的特性，整个西部金融发展也是金融体系高度集中统一的组成部分与具体体现。

1. 机构行政化设置

1952年国民经济恢复期结束时，我国基本建立起一个由中国人民银行统一领导和管理的金融体系。从“一五”时期到1978年，中国人民银行集中统一体制得到进一步加强，具备了国家行政机关和经济组织的双重性质。

在计划经济体制下，中国人民银行的分支机构按照行政区划均衡分布和安排，有一级政府行政机构就设立与之相对应的一级银行机构，没有任何不受中央政府控制的区域性金融机构，也没有任何独立于中央政府行政管制的金融机

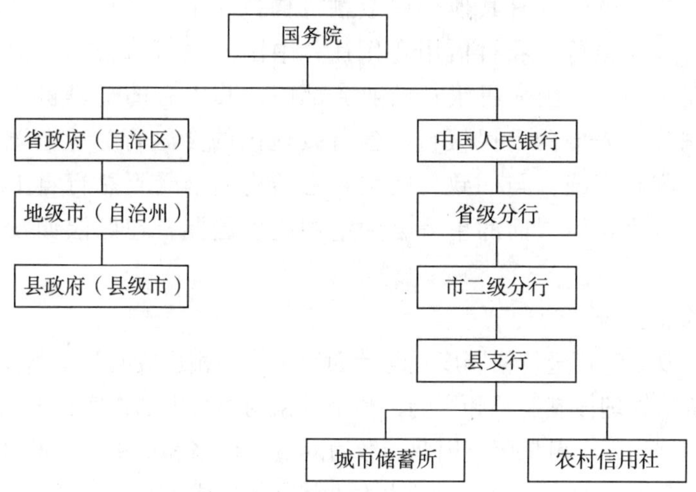

图3－1　改革开放前我国金融体系行政区划图

构（见图3－1）。中国人民银行的工作由总行和地方政府双重领导，以总行领导为主。在业务工作上实行垂直管理和垂直领导，各级机构都必须严格遵从总行的统一指令和按照计划办事。

2. 金融结构单一

改革开放前我国金融结构以银行体制为完全主导，学习前苏联“银行国有化、建立统一国家银行”的做法，建立了唯一的金融机构——中国人民银行，既是行政管理机关和经营金融业务的经济实体，也是中央银行、商业银行和政策性银行。

1949年新中国成立后，中国人民银行在全国设立分支机构，对官僚资本银行进行并入改组，取消外国银行一切特权，将私营金融业改造成为总行下属的专业银行。1952年后以中国人民银行主导控制的金融结构基本形成。1954年总行在各大区区行撤销，1957年总行设立农村金融管理局，“人一统”的金融体系初步形成。中国人民银行垄断了一切金融业务，既从事货币发行业务，又把控货币存款、贷款以及对企业开户、结算业务，成为信贷、现金、结算三大中心。当时中国金融发展处于一种高度金融压制状态，以及与国际社会分割的封闭状态。没有金融机构的市场准入，而是由国务院批准、安排管理人员，财政部核实原始资金。不存在真正意义上的金融市场，国家对证券市场的总体策略是限制发展的，随着中国人民银行集中统一计划性不断增强，证券市场和流通市场也逐渐萎缩凋敝。从1959年到1978年，政府终止了政府债券筹措资金的形式，这一时期，证券市场在中国几乎完全消失。

改革开放前虽然也有其他一些金融机构，如中国银行、中国人民建设银行、中国农业银行、农村信用合作社、中国人民保险公司，但就其本质而言，只是充当了中国人民银行的业务部门，其中有的金融机构建立几年后还被撤销或并入中国人民银行。各行政地区的金融行为、金融安排、金融资源调配都高度统一与一致，区域金融结构完全受到总行自上而下的计划控制，与国家整体层面的单一金融结构高度趋同，地区层面没有独立的金融活动。

3. 资金价格统一管理

改革开放前的资金价格制度是与计划经济体制相适应的利率制度。受无差别的资金价格管理体制制约和影响，整个国家的银行内部都实行无差别的资金价格水平和结构，金融依附于财政，政府对资金价格和信用规模的管制使得金融交易关系和横向的资金融通流动失去了基本的生成机制。计划决定了资金供应的条件、利率高低、期限长短，商品货币关系受到计划配置资源的排斥，银行的功能受到限制。

国家制定统一的利率政策、实施严格的利率管制实现对国民经济的宏观调控。"一五"时期国家对利率进行了四次大调整，在存贷款方面，不论国营和地方商业，定额或超定额，长期或短期，统一简化为采取同一利率。连续降低利率水平，与较低的通货膨胀率相对应，以促进生产和经济发展。到 1957 年底，全面统一简化后的利率制度已经完全体现出计划性特点。1962 年出台的《银行工作"六条"》也指出要收回下放权力，实行彻底垂直领导，现金计划、信贷计划严格执行，资金统一管理安排。

严格的资金价格管制思想是国家在计划经济体制和环境下宏观调控的必然选择，利率反映国家计划安排，利率水平高度计划性和行政化，利率作为资金价格已经不能反映资金市场的供需，难以发挥其经济杠杆的功能。在这个高度集中、由国家计划决定的利率体制中，生产、流通、货币发行和其他一切经济金融活动都统一严格的受国家计划控制和决定，与利率水平无关。即使是中央政府制定的利率，在现实中也不会对经济活动产生杠杆作用、调节作用和影响作用。

4. 金融资源调度集中统一

在计划经济时期，与高度集中的银行体制相对应，货币资金、信贷配置和调度自上而下地由计划体制纵向安排。投资方向和规模受到严格的行政指令控制，银行各分支机构和各地区之间不能进行横向资金拆解、融通和调剂，在行政性的管制下，资本自由流动和区域金融资源集聚不可能出现。具体表现就是基层银行吸收的存款全部上交总行，信贷资金实行“统收统支”、“统存统贷”的管理办法；资金流动的方式就是“货币跟着计划走，资金跟着项目走”。这种金融资源的配置方式支持了区域生产力、产业体系、资本存量的均衡式分布和布局，是服务于计划经济时期我国区域经济均衡发展战略，并与之相适应的。

“大一统”的中国人民银行体制，这种完全由国家垄断的中央集权式计划金融制度对新中国成立初期国民经济恢复、优先发展重工业、区域工业体系均衡布局、“三线”建设和少数民族贫困地区发展发挥了巨大的作用。要落实好区域经济均衡发展战略，尽快缩小内地和沿海的发展差距，进行大规模的经济建设过程中面临最突出的矛盾就是资金短缺，各个“五年计划”时期国家重点建设项目需要大量投资，国营工商企业还需要大量流动资金，最优的决策就是最大限度地集中全社会的金融资源，通过全国唯一的银行——中国人民银行统一、集中、有计划地向内地资金匮乏的地区“输血”。

实践的结果也证实了“大一统”金融体制对区域经济均衡发展战略的支持。对改革开放前东部与西部地区基本建设投资额、东部与西部基本建设新增固定资产进行对比可知（见表3－9和表3－10），“一五”时期到“四五”时期，东部与西部基本建设投资比从2.05∶1下降到1.45∶1，最低时东部的基本建设投资额还低于西部，仅为西部总额的77%；而东部与西部基本建设新增固定资产投资额变动趋势也相同，改革开放前各计划时期新增固定资产投资的地区分布也是东部新增比重不断下降，西部新增投资不断上升。这符合中央提出的在一定程度上限制东部投资，将有限资源投入到西部，特别是重工业中的区域发展思想，而正是资金的集中统一调度才能保证各个计划时期区域均衡发展战略能迅速、有效、有计划地实施。从改革开放前各地区金融机构人民币各项存款和贷款余额来看（见表3－11），为支持各个“五年”计划时期区域经济均衡发展需要，西部的银行存款从1953年到1978年增长了20.4倍，东部同一指标增长了19倍；西部的银行贷款余额增长了32倍，东部地区增长了25.7倍，无论是存款增速还是贷款增速西部均领先于东部地区。西部地区高速的存贷款增长能够满足大型工程投入、基础设施建设、“三线”建设的需要，其增速高于东部地区也反映了西部地区发展过程中对资金需求量更大。而且除了1953年外，西部地区其他重要时间点年份贷款余额均大于存款余额，这也反映了改革开放前西部地区确实在国家政策倾斜下，区域生产力水平、工业化水平和经济发展水平得到快速的提升。

表 3－9　　改革开放前东部、西部基本建设投资额及比重①

时期	东部	西部	全国	东部与西部基本建设投资比
			投资额（亿元）	
1953—1957 年	217.26	106.14	492.83	2.05:1
1958—1962 年	462.62	265.86	1138.23	1.74:1
1963—1965 年（调整时期）	147.38	107.94	393.15	1.36:1
1966—1970 年	262.85	340.54	894.06	0.77:1
1971—1975 年	625.36	432	1584.7	1.45:1
			比重（以投资总额为 100）	
1953—1957 年	36.9	18	100	—
1958—1962 年	38.4	22	100	—
1963—1965 年	34.9	25.6	100	—
1966—1970 年	26.9	34.9	100	—
1971—1975 年	35.5	24.5	100	—

表 3－10　　改革开放前东部、西部基本建设新增固定资产投资额 单位：亿元②

时期	东部	西部	全国	东部与西部新增固定资产比
1953—1957 年	113.73	91.42	492.18	1.24:1
1958—1962 年	266.01	203.11	861.82	1.31:1
1963—1965 年（调整时期）	104.06	91.75	367.79	1.13:1
1966—1970 年	118.09	170	580.13	0.69:1
1971—1975 年	273.64	278.28	1082.34	0.98:1

① 根据《中国固定资产投资统计年鉴（1950—1995 年）》、《新中国六十年统计资料汇编》整理而得。

② 根据《中国固定资产投资统计年鉴（1950—1995 年）》、《新中国六十年统计资料汇编》整理而得。

表3-11　改革开放前东部、西部金融机构各项人民币存款和贷款余额

单位：亿元①

年份	东部		西部	
	各项存款合计	各项贷款合计	各项存款合计	各项贷款合计
1953	39.8382	31.7796	13.8876	10.6889
1957	78.8742	98.3386	26.8004	62.5638
1965	213.755	227.0103	95.4296	130.2218
1970	391.5529	366.6108	154.2392	231.9766
1975	533.6378	552.0345	227.2225	308.5746
1978	755.457	817.0854	283.5473	330.8625

计划经济时期，国家对金融资源的集中统一管理配置还表现在对金融人力资本的区域调配，新中国成立时由于我国金融业发展在地域上极度不平衡，机构分布集中在沿海省份和发达城市，广大的内地特别是西部地区高级金融管理人才十分缺乏。在成立公私合营银行的过程中，国家动员上海、天津等金融较发达地区金融业中的有业务能力、年富力强的职工支援西部建设。上海私营行庄数以千计的职工，在国家支援内地建设的政策要求下，踊跃报名，举家内迁，扎根西部，为西部金融发展作出了巨大贡献。②

然而，改革开放前区域金融的均衡发展是以行政控制人为将区域发展差异隐性化的结果，是以宏观效益一定程度的牺牲和机会成本来换取一定程度的公平和均衡。在理论上，计划经济体制可以在信息完全的情况下，通过高科技方法和现代化手段来科学制定计划，并在激励机制完全有效的情况下，通过政府调拨物资、财政转移支付、金融资源调配来实现社会生产或区域发展的均衡，然而在现实中，总存在各种偏差使得理论状态难以实现。从信息机制来看，计划经济体制下中央计划部门不可能及时收集分散在社会各个领域中信息进行处理，并根据处理结果制定合理的执行计划，区域主体千差万别，可发展诉求却不能得到顶层计划部门的灵活响应，区域主体的主观努力程度被扼杀，区域发展的优势就难以有效发挥。国家银行的分支机构设置按照行政区划均匀分布，忽视区域经济的差异性，造成机构设置冗余与机构设置不足矛盾并存的局面。同时，在计划经济时期，各个地区的自我利益也不同，与整体社会利益难免有

① 根据《新中国六十年统计资料汇编》整理而得。

② 中国人民银行．中国共产党领导下的金融发展简史［M］．北京：中国金融出版社，2012：134-137.

出入，在行政性资源配置中，就会发生偏差和扭曲，条件好的发达地区难以获取资源利用优势实现经济腾飞，经济落后的地区又得到大量资源转移、财政金融补贴等政策倾斜，却由于技术水平差、劳动力素质低、盲目投资等原因，存在资源浪费或运行低效的情况。各个区域经济的低效率也导致整体国民经济的水平低、质量差。计划经济体制下区域经济金融的均衡发展为改革开放后区域金融的发展变革奠定了基础，其存在的矛盾、弊端与掣肘也为区域经济非均衡发展战略的提出和实施，区域金融非均衡发展提供了理论和现实的客观依据。

3.3 西部区域经济发展非均衡的现状与表现

我国是一个幅员辽阔、人口众多、地理条件复杂、自然资源分布不均衡、社会发展差异大的大国，区域经济发展不平衡是客观存在的事实，这不仅表现在四大经济区域间，更体现在经济区域内。改革开放三十多年来，在区域经济非均衡发展战略的指导下，中国国民经济实现了长期高速增长，取得了举世瞩目的成绩。但从总体上看，东部沿海地区经济发达，与全球化接轨和开放程度高；西部地理面积占全国71.5%，人口却只有3.67亿人，占全国总人口的28.6%。广袤的西部高原、山区、荒漠纵横，少数民族群体种类多样、宗教信仰群体多元、人口分散却数量众多，经济贫困落后是长期以来西部地区的真实写照，我国区域经济发展的“二元结构”状况非常突出。同时，西部区域作为中国地理面积最广、省份最多的经济区域，其经济发展的非均衡表现同样十分明显。

3.3.1 西部区域经济总量与结构的非均衡现状

2012年，我国国民生产总值为51.8942万亿元，西部地区生产总值为11.3904万亿元，东部地区生产总值29.5892万亿元，占全国的比重分别为19.8%和51.3%。从人均GDP指标来看，西部为31357元，东部为57722元，东部高于全国平均水平38420元，而西部人均GDP低于全国平均水平。从经济总量来看，无论是地区生产总值还是人均生产总值，东部地区都远高于西部，在整体国民经济中占有绝对的分量（见表3－12）。

表3－12　　2012年西部地区经济增长情况①

地区	GPD（亿元）	增速（%）	对西部/全国经济增长贡献率（%）	人均GDP（元）
内蒙古	15880.58	10.59	13.94	63886
广西	13035.10	11.21	11.44	27952
重庆	11409.60	13.97	10.02	38914
四川	23872.80	13.54	20.96	29608
贵州	6852.20	20.18	6.02	19710
云南	10309.47	15.93	9.05	22195
西藏	701.03	15.71	0.62	22936
陕西	14453.68	15.52	12.69	38564
甘肃	5650.20	12.55	4.97	21978
青海	1893.54	13.36	1.66	33181
宁夏	2341.29	11.37	2.06	36394
新疆	7505.31	13.54	6.59	33796
西部	113904	13.64	19.8	31357
东部	295892	9.04	51.3	57722
全国	518942	7.8	100	38420

从西部省际数据看，西部各省、市、区GDP增速均在10%以上，贵州省增速最快为20.18%，内蒙古增速为在西部最后为10.59%，贵州省增速快很重要的原因是地区生产总量小，增长的边际效应大，从人均GDP来看，贵州为19710元，为西部最低，这一指标也远低于全国平均水平。经济总量方面，四川为西部经济总量最大的省份，在西部十二个省、市、区总体GDP中贡献率约为五分之一，而西藏地区生产总值为701.03亿元，占比也仅有0.62%，为西部最低。西部省份的经济贡献率也差异很大，贵州、云南、西藏、甘肃、青海、宁夏、新疆七省区经济贡献率低于10%，其他省份大于10%，七个省区有六个是我国主要少数民族聚居的省份，可见，西部的经济总量落后还主要表现在其少数民族省份的落后。从人均GDP指标来看，内蒙古人均GDP为63886元，是西部该指标最高的省份，也高于东部、西部和全国平均水平；而广西、四川、贵州、云南、西藏、甘肃人均GDP则低于东部、西部和全国平

① 根据《中国统计年鉴（2013）》整理而得。其中西部地区包括十二个省、市、自治区：内蒙古、广西、重庆、四川、贵州、云南、西藏、陕西、甘肃、青海、宁夏和新疆；东部地区包括十个省、市：北京、天津、河北、上海、江苏、浙江、福建、山东、广东和海南。后面如无特别说明，东西部划分按照此标准。

均水平。总体来看，GDP 总量、增速、贡献率和人均 GDP 西部十二个省、市、区的非均衡情况很明显，而与东部相应的指标水平还存在巨大的差距。

从区域产业结构来看（见表 3－13 和表 3－14），西部与东部相比，第一产业比重很高，也高于全国水平，第三产业则落后于东部和全国水平，产业结构升级显然东部处于遥遥领先的地位。从西部十二个省、市、区来看，四川第一产业、第二产业、第三产业产值在西部都居于第一位，西藏三次产业产值则最低，很重要的原因在于四川经济总量大，西藏经济总量小。三次产业结构比重方面，新疆第一产业产值在总产值中比重最高，为 17.6%，重庆最低为 8.2%；青海第二产业比重为 57.7%，在西部省份中最高，西藏为 34.6% 最低；第三产业西藏 53.9% 和青海 33.0% 分别为最高和最低。总体来看，与东部相比，西部以第一和第二产业为主，东部整体第三产业水平高；而西部十二个省、市、区的经济总量和产业结构差距大，不平衡现象非常明显。

表 3－13　　2012 年西部地区三次产业分布　　单位：亿元①

地区	第一产业	第二产业	第三产业
内蒙古	1448.58	8801.50	5630.50
广西	2172.37	6247.43	4615.30
重庆	940.01	5975.18	4494.41
四川	3297.21	12333.28	8242.31
贵州	891.91	2677.54	3282.75
云南	1654.55	4419.20	4235.72
西藏	80.38	242.85	377.80
陕西	1370.16	8073.87	5009.65
甘肃	780.50	2600.09	2269.61
青海	176.91	1092.34	624.29
宁夏	199.40	1159.37	982.52
新疆	1320.57	3481.56	2703.18
西部	14332.6	57104.2	42468.0
东部	18339.6	141448.8	136103.6
全国	52373.6	235162.0	231406.5

① 根据《中国统计年鉴（2013）》整理而得。

表3-14 **2012年西部地区三次产业结构比重**① 单位：%

地区	构成（地区生产总值=100）		
	第一产业	第二产业	第三产业
内蒙古	9.1	55.4	35.5
广西	16.7	47.9	35.4
重庆	8.2	52.4	39.4
四川	13.8	51.7	34.5
贵州	13.0	39.1	47.9
云南	16.0	42.9	41.1
西藏	11.5	34.6	53.9
陕西	9.5	55.9	34.7
甘肃	13.8	46.0	40.2
青海	9.3	57.7	33.0
宁夏	8.5	49.5	42.0
新疆	17.6	46.4	36.0
西部	12.6	50.1	37.3
东部	6.2	47.8	46.0
全国	10.1	45.3	44.6

3.3.2 西部区域居民收入水平与劳动力价格非均衡

区域居民收入水平是反映“民生工程”的重要指标，各区域的城镇居民人均可支配收入和农村居民人均纯收入见表3-15。2012年西部地区城镇居民人均可支配收入和农村居民人均纯收入分别为20600元和6027元，均低于东部和全国相同平均指标，东部地区两项指标均高于全国和西部平均水平。西部十二个省、市、区内，内蒙古城镇居民人均可支配收入最高，达到23150.26元，甘肃最低，为17156.89元，相差5993.37元；农村居民人均纯收入指标，内蒙古该指标为7611.31元，位于西部第一位，甘肃为4506.66元，位居最后；广西、贵州、云南、西藏、陕西、甘肃、青海的农村居民人均纯收入低于西部平均值，而整个西部地区没有省份该指标高于东部平均水平10817元。西部城乡收入各项指标与东部均存在巨大差距。

① 根据《中国统计年鉴（2013）》整理而得。

表 3－15　　2012 年西部地区城乡居民收入情况　　单位：元①

地区	城镇居民人均可支配收入	农村居民人均纯收入
内蒙古	23150.26	7611.31
广西	21242.80	6007.55
重庆	22968.14	7383.27
四川	20306.99	7001.43
贵州	18700.51	4753.00
云南	21074.50	5416.54
西藏	18028.32	5719.38
陕西	20733.88	5762.52
甘肃	17156.89	4506.66
青海	17566.28	5364.38
宁夏	19831.41	6180.32
新疆	17920.68	6393.68
西部	20600	6027
东部	29622	10817
全国	24565	7917

劳动力价格主要以城镇单位就业人员工资总额和平均工资水平来衡量（见表 3－16）。2012 年西部地区城镇单位就业人员工资总额为 14136.5 亿元，仅为东部的 36.8%；平均工资水平 43293 元，低于东部和全国平均水平，显示出东西部劳动力价格的区域不平衡。西部十二个省、市、区来看，四川就业人员工资总额达到 2699.8 亿元，为西部最高；西藏为 128.5 亿元，位于西部最后。西部所有省份平均工资水平均低于东部平均水准，只有西藏、宁夏该指标高于全国平均水平，其他十个省份均低于全国城镇单位就业人员平均工资。近年来中国各地区劳动力成本不断上升，西部是高涨幅比例比较集中的省份，但东部地区平均水平和平均涨幅仍然最高，地区之间的差异还在不断扩大。

① 根据《中国统计年鉴（2013）》整理而得。

表 3－16　2012 年西部地区城镇单位就业人员工资状况①

地区	城镇单位就业人员工资总额（亿元）	城镇单位就业人员平均工资（元）
内蒙古	1304.7	46557
广西	1280.5	36386
重庆	1533.6	44498
四川	2699.8	42339
贵州	1093.1	41156
云南	1454.0	37629
西藏	128.5	51705
陕西	1805.6	43073
甘肃	810.8	37679
青海	288.0	46483
宁夏	349.8	47436
新疆	1388.1	44576
西部	14136.5	43293
东部	38447.9	54062
全国	70914.2	46769

3.3.3　西部区域固定资产投资的非均衡现状

固定资产投资是反映经济结构和生产力地区分布的重要指标，也是改善人民物质文化生活条件的主要手段。根据表 3－17 统计数据显示，2012 年西部地区固定资产投资总额为 89008.5 亿元，在全国总额中占比 23.8%，东部投资额为 151922.5 亿元，占比 40.5%，房地产开发投资东部约为西部的 2.3 倍，新增固定资产投资额也远高于西部，各个指标显示东部地区的投资力度是超出西部的。从西部十二个省、市、区的情况来看，四川固定资产投资位于第一位，占西部总额 19.1%，西藏居于末位，仅为 670.5 亿元，占比 0.8%。陕西固定资产投资增长 28.1%，全年引进内外资均大幅提升，这主要得益于省内着力优化投资环境，精心组织“央企进陕”和“民企进陕”等活动。新增固定资产投资用于反映不同地区固定资产的投资成果，四川新增固定资产投资 11619.1 亿元，该指标为西部最高，是末位西藏的 32.3 倍；房地产开发投资也呈现相同情况，四川和西藏分居第一位和最后一位。固定资产投资相关指标

① 根据《中国统计年鉴（2013）》、《中国区域经济统计年鉴（2013）》整理而得。

的数据显示出区域非均衡问题非常突出，东西部之间，西部区域内省份之间的差异巨大。

表 3－17　　2012 年西部地区固定资产投资状况①

地区	全社会固定资产投资（亿元）	全社会固定资产投资西部/全国占比（%）	房地产开发（亿元）	新增固定资产投资（亿元）
内蒙古	11875.7	13.3	1291.4	7809.8
广西	9808.6	11.0	1554.9	5395.7
重庆	8736.2	9.8	2508.4	5373.3
四川	17040.0	19.1	3266.4	11619.1
贵州	5717.8	6.4	1467.6	2100.4
云南	7831.1	8.8	1782.1	3856.9
西藏	670.5	0.8	6.9	359.5
陕西	12044.5	13.5	1835.9	6282.3
甘肃	5145.0	5.8	561.0	2994.3
青海	1883.4	2.1	189.7	927.2
宁夏	2096.9	2.4	429.2	1218.4
新疆	6158.8	6.9	606.1	3552.7
西部	89008.5	23.8	15499.6	51588.6
东部	151922.5	40.5	35067.5	90936.3
全国	374694.7	100	71803.8	222399.8

3.3.4　西部区域财政收支的非均衡表现

从财政收支状况来看（见表 3－18），东部地区的公共财政预算收支总额均领先于西部地区，全年财政收入 32679.08 亿元，占全国总额的 53.5%，财政支出 42092.78，占比 39.3%；西部财政收支分别占比 20.9%和 30.1%，均低于东部相同指标。财政收支缺口度量各级财政在收入手段与支出需要之间不平衡造成的缺口，从这一指标来看，东部财政缺口明显小于西部地区，缺口占支出比重西部高达 60.35%，东部仅为 22.36%。

在西部十二个省、市、区中，四川财政收入和支出均为最高，其财政收支缺口也最大，为 3029.72 亿元。西藏财政收入最少，仅为 86.58 亿元，宁夏财政支出最少，为 864.36 亿元，其财政收支缺口也最小，仅为 627.4 亿元。由

① 根据《中国统计年鉴（2013）》整理而得。

于西藏的低财政收入，其财政收支缺口占支出比重也最高，达到90.44%，该项指标重庆最低，为44.08%。西部财政收支状况表明，其财政收入持续稳定增长的基础还不稳固，财源建设任务艰巨。财政收支矛盾突出，实现公共服务均等化存在很大差距，西部地方性政府债务还款压力增大。财政收支缺口要依靠中央政府和地方政府融资平台支持，西部财政收支缺口数额大于东部，在中央财政转移支付和地方债务方面，区域间也呈现出不平衡的特征。

表3-18 2012年西部地区财政收支状况①

地区	公共财政预算收入（亿元）	公共财政预算支出（亿元）	财政收支缺口（亿元）	财政收支缺口占支出比重（%）
内蒙古	1552.75	3425.99	-1873.24	54.68
广西	1166.06	2985.23	-1819.17	60.94
重庆	1703.49	3046.36	-1342.87	44.08
四川	2421.27	5450.99	-3029.72	55.58
贵州	1014.05	2755.68	-1741.63	63.20
云南	1338.15	3572.66	-2234.51	62.54
西藏	86.58	905.34	-818.76	90.44
陕西	1600.69	3323.80	-1723.11	51.84
甘肃	520.40	2059.56	-1539.16	74.73
青海	186.42	1159.05	-972.63	83.92
宁夏	236.96	864.36	-627.4	72.59
新疆	908.97	2720.07	-1811.1	66.58
西部	12735.79	32269.09	-19533.3	60.53
东部	32679.08	42092.78	-9413.7	22.36
全国	61078.29	107188.04	-46109.75	43.02

3.3.5 西部区域对外贸易水平的非均衡

衡量对外贸易水平主要采用进出口指标，从表3-19中可以看出，全国八成以上的进出口、出口和进口总额位于东部地区；西部整体的对外贸易总量水平占比非常小，对全国进出口总额的贡献度也很小，进出口占比6.1%，出口为7.3%，进口为4.8%，都未能超过一成，这种非均衡的状况在很长一段时期内还将持续存在。

① 根据《中国统计年鉴（2013）》整理而得。

表 3-19　　2012 年东西部对外贸易情况①

地区	进出口（亿美元）	全国占比（%）	出口（亿美元）	全国占比（%）	进口（亿美元）	全国占比（%）
西部	2363.77	6.1	1487.42	7.3	876.35	4.8
东部	32710.8	84.6	17010.4	83.0	15700.4	86.3
全国	38671.2	100	20487.1	100	18184.1	100

从西部十二个省、市、区的数据指标来看（见表 3-20），2012 年四川进出口额 591.28 亿美元，位列西部第一；西藏增速达到 152.1%，为西部最快；进出口总额下降的省份是内蒙古和宁夏；出现外贸逆差的则是内蒙古、云南、甘肃三个省区。从出口指标来看，重庆出口额最高，为 385.70 亿美元，同比增长 94.5%，青海出口额最低，仅为 7.30 亿美元，西部各省份的经济开发区出口 94.8 亿美元，增长 63.52%，成为拉动出口的生力军。从进口数据看，十二个省份中 6 个省份实现了正增长，其中青海和云南增长率超过 60%，另外 6 个省份增速下降，其中西藏同比下降了 60.7%；四川进口额最高，达到 206.64 亿美元，西藏最低，仅为 0.69 亿美元，2012 年四川进口额为西藏的近 300 倍；西部各省份开发区进口额总计 46.98 亿美元，增长率只有 6.91%，变动并不明显。总体来看，西部各省份的对外贸易水平的差异很大。

表 3-20　　2012 年西部地区对外贸易状况②

地区	对外贸易总量（亿美元）			增长率（%）		
	进出口	出口	进口	进出口	出口	进口
内蒙古	112.60	39.71	72.90	-5.6	-15.3	0.6
广西	294.74	154.68	140.05	26.2	24.2	28.5
其中：桂林新开区	3.62	2.93	0.70	-12.8	-9.1	-25.6
重庆	532.04	385.70	146.33	82.2	94.5	56.1
其中：重庆高新区	16.44	15.80	0.64	225.5	242.5	46.4
四川	591.28	384.64	206.64	23.9	32.5	10.5
其中：成都高新区	32.57	17.13	15.43	7.2	1.7	14.1
贵州	66.32	49.52	16.80	35.7	65.9	-11.7

① 根据《中国统计年鉴（2013）》整理而得。

② 根据《中国统计年鉴（2013）》、中华人民共和国海关总署网站整理而得。

续表

地区	对外贸易总量（亿美元）			增长率（%）		
	进出口	出口	进口	进出口	出口	进口
云南	210.05	100.18	109.87	31.0	5.8	67.6
其中：昆明经开区	24.70	12.41	12.29	4867.8	3405.2	8483.9
西藏	34.24	33.55	0.69	152.1	183.6	-60.7
陕西	147.99	86.52	61.47	1.0	23.0	-19.3
其中：西安新开区	36.92	27.36	9.56	-3.7	41.8	-49.8
甘肃	89.04	35.74	53.31	2.0	65.5	-18.9
其中：兰州新开区	0.25	0.22	0.03	-33.9	-25.4	-63.6
青海	11.60	7.30	4.30	25.6	10.3	64.2
宁夏	22.17	16.41	5.76	-3.0	2.6	-16.1
新疆	251.71	193.47	58.24	10.3	15.0	-2.8
其中：乌鲁木齐经开区	27.29	18.96	8.33	18.0	41.9	-14.8
西部	2363.77	1487.42	876.35	28.54	37.83	15.34
其中：开发区总计	141.78	94.80	46.98	39.12	63.52	6.91

3.4　西部区域金融发展非均衡的情况与表现

3.4.1　西部区域金融发展从均衡向非均衡阶段的历史转变

20世纪70年代国际形势趋于缓和，中国的对外关系不断改善，邓小平作出“和平与发展是当今世界两大主题”的科学论断，在充分认识到区域经济均衡发展的弊端和当时中国贫困落后的实际困境后，他果断调整发展思路，提出“两个大局”的战略构想，制定了区域非均衡总体发展战略。区域经济非均衡发展战略为改革开放后举世瞩目的中国式增长奇迹奠定了发展思想的基础，整个国民经济保持了长期稳定的高速增长。然而非均衡的发展战略使得区域差距不断拉大，各种矛盾和问题也纷纷凸显出来。21世纪末，以江泽民为核心的党中央提出了实施西部大开发战略，旨在缩小区域发展差距。中共十六大之后，以胡锦涛为总书记的党中央根据科学发展观的指导，提出了区域统筹协调发展的战略思想。中共十八大之后，习近平总书记提出深入实施区域发展总体战略，推动区域协调发展，打造中国区域经济“升级版”。

然而，区域发展差距仍然呈现扩大的趋势，要加快推动区域非均衡发展向协调发展的转变仍是一个复杂且长期的历史过程。事实上，改革开放后中国区域经济已经实现了从均衡向非均衡发展的转变，而从非均衡向统筹和协调转变仍然处于一个转型进程中，这与中国经济的转轨又紧密联系在一起，区域差距、贫富差距、城乡差距等一系列非均衡问题相互交织、密不可分，成为当前最重要、最突出的矛盾问题。

我国区域金融就是在这样的一个大背景下非均衡发展的，西部作为一个与东部相比典型的欠发达地区，就处于金融发展非均衡的阶段。具体来看，十一届三中全会以后，我国财政、金融、投资等方面体制改革是与经济体制改革相伴而行的，一方面，建立独立于财政的金融体系，发展多元化投资主体，发挥金融支持的作用和功能，以支持市场经济发展；另一方面，打破“大一统”的金融体系，取消中国人民银行的金融垄断，大力发展银行类和非银行类金融机构，建立市场化为主导的金融体系，以满足市场经济需要。同时，在经济转轨过程中，中央政府还不断放权或收权，为各地区经济金融活动提供了活动空间，市场机制的不断完善，使得区域金融发展逐渐内生化，走上了相对独立的发展道路。

行政性的、高度计划和集中统一的均衡格局逐渐被打破，各种各样的变量因素也都逐渐显现出对区域差距的影响，区域发展非均衡代替了整体经济的同质性，区域发展复杂性代替了整体经济的同一性，区域经济发展差距越来越大。在这种发展路径下，区域经济差距的拉大首要决定了区域金融发展水平的差异，突出表现在金融资源总量的差距，各地区形成了具有差异的金融结构，金融功能的效率和发挥，服务实体经济的能力各不相同。而各种各样的因素也开始对金融差距产生程度不一的影响，并在金融演进与变迁的进程中，开始了区域金融分工和协作关系的调整，区域金融资源的集聚、扩散与有条件流动，由此逐渐打破了区域金融的均衡格局，使得区域呈现出非均衡、非同步的发展特征，具有明显差异性的区域金融格局和非均衡发展状态逐步形成。下面将对我国西部区域在此金融格局中的非均衡表现和状况进行细致的比较和深入的剖析。

3.4.2　西部区域金融发展非均衡的统计比较方法

1. 基于差异系数体系的非均衡比较方法

差异系数体系包括差异绝对额，差异倍数和差异系数，用于衡量东西部之间金融发展非均衡水平。也可以用于西部内部十二个省、市、自治区指标最大值与最小值的比较。

第一，差异绝对额。其公式为

$$R = Y_1 - Y_2 \qquad (式 3.1)$$

式中，Y_1 、Y_2 为两地区金融发展水平，二者之间的差值大小能够直观的反映差距。

第二，差异倍数。其公式为

$$R = \frac{Y_1}{Y_2} \qquad (式 3.2)$$

式中，Y_1 、Y_2 为两地区金融发展水平，二者之间的比值反映倍数差距。

第三，差异系数，其公式为

$$R = 1 - \frac{Y_1}{Y_2} \qquad (式 3.3)$$

通常，Y_1 为两地区金融发展水平数值小的指标，Y_2 为二者数值大的指标，反映二者之差在数值大的指标中的比重，差异系数越小，两者之间差距越小，反之越大。

2. 基于变异系数的非均衡比较方法

对于具有不同平均水平的数列或总体，比较标志其变异程度的大小就需要将它们与相应的平均数对比，度量西部区域金融发展非均衡的变异系数采用标准差与平均数之比，即标准差变异系数，记为 V_σ ，其计算公式为

$$V_\sigma = \frac{SD}{\overline{X}} = \frac{\sqrt{\sum (X_i - \overline{X})^2 / n}}{\overline{X}} \qquad (式 3.4)$$

式中，V_σ 为变异系数，SD 为标准离差，n 为地区个数，X_i 为第 i 个地区的金融发展指标，$i=1$，2，…，n；$\overline{X}$ 是 X 的平均值。

3. 基于基尼系数的非均衡比较方法

意大利统计学家基尼（C. Gini）在 1912 年提出度量收入分配差距的基尼系数，众多经济学家在此基础上改进与发展，使得该指标体系不断完善。基尼（1912）提出的测度公式确定为

$$\Delta = \sum_{j=1}^{n} \sum_{i=1}^{n} (x_j - x_i) / n(n-1), 0 \leqslant \Delta \leqslant 2u \qquad (式 3.5)$$

式中，基尼平均差用 Δ 表示，$(x_j - x_i)$ 是收入样本差绝对值，样本容量 n，收入均值 u。Sundrum（1990）的改进主要来自于对一国或地区基尼系数分解的方法，其公式为

$$G = P^2 \frac{u_1}{u} G_1 + P^2 \frac{u_2}{u} G_2 + P_1 P_2 \left| \frac{u_2 - u_1}{u} \right| \quad （式 3.6）$$

式中，总体基尼系数为 G，G_1 为农村基尼系数，G_2 为城镇基尼系数，P_1 为农村人口占总人口比例，P_2 则是城镇人口占总人口的比重。农村、城镇、总体人均收入为 u_1、u_2、u。基尼系数的测度不同于其他方法，一般对中等水平的变化特别敏感，基于数据的可得性，考虑到区域金融发展非均衡的现实状况，参考式 3.5、式 3.6 基尼系数计算公式，本书拟采用下述测算公式：

$$GINI = \frac{-(n+1)}{n} + \frac{2}{n^2 \mu_y} \sum_{i=1}^{n} i y_i \quad （式 3.7）$$

式中，n 代表样本的数目，即东西部，或者西部十二个省、市、自治区，y_i 为第 i 个地区的金融发展水平，水平排序遵循由低到高，平均的区域金融发展水平用 μ_y 表示。基尼系数在 0 到 1 的区间变化，当 $GINI=0$ 时，表示各数据间是绝对平均的；当 $GINI=1$ 时，表示各数据是绝对不平均的，基尼系数越小数据间的差距就越小，反之越大。

3.4.3　西部区域金融发展的总量指标与非均衡表现

西部区域金融发展非均衡最直观的表现就是两个地理层级金融资源总量的差异。金融资源总量的社会属性表明，它是一种对其他所有资源（包括自然资源和社会资源）具有配置功能的关键环节。因此，衡量区域金融发展总量非均衡的指标选择金融业产值贡献度、金融相关比率、非金融机构部门融资总量、地区社会融资规模、金融业法人单位数和金融业从业人员数，力求全面反映西部金融总量的非均衡现状和问题。

1. 金融业产值贡献度

在静态定量描述金融发展总量指标时，首选的是金融业产值贡献度，也是国内外衡量金融总量最直接和最基本的指标，公式为

$$金融业产值贡献度 = 金融业产值 / GDP \quad （式 3.8）$$

根据式 3.8 计算出来的指标越大，金融业对地区经济的贡献越大，反之越小。

对西部区域金融总量指标——金融产值贡献度的测算如表 3－21 所示。

根据表 3－21 数据绘制出图 3－2，从图中可以直观地看出，1997 年到 2012 年间，西部金融业产值贡献度在 5% 以下变动，而东部该指标只有 2005 年低于 5%，达到 4.05%，其他年份均在 5% 之上，东部历年的金融业产值贡献度都是高于西部地区的，从变动趋势来看，两个区域指标都经历了先下降后上升的过

程，其中2005年是底谷，西部的变动过程相对东部更缓慢，之所以指标会下降很重要的原因是各地区的经济发展速度更快，金融业对区域经济的贡献程度就相应缩小，但从经济总量和金融总量上看，东部地区是领先于西部的。

表3-21　　**西部区域金融业产值贡献度**　　单位：%①

年份 地区	1997	1999	2001	2003	2005	2007	2009	2011	2012
内蒙古	2.52	1.84	1.64	1.29	1.73	2.26	2.99	3.12	3.16
广西	2.58	0.86	1.15	2.05	2.23	2.52	4.34	3.80	4.40
重庆	5.06	4.72	4.19	3.78	3.03	2.97	5.97	7.04	8.03
四川	6.16	4.18	4.21	4.20	3.55	3.42	3.71	4.13	5.46
贵州	5.15	3.38	3.18	3.07	3.59	4.00	4.97	5.21	5.34
云南	5.40	3.72	3.49	3.49	3.79	3.57	5.70	5.13	5.25
西藏	0.90	2.02	2.32	2.54	2.67	1.81	5.25	5.23	4.57
陕西	5.77	2.59	1.69	1.70	2.64	3.21	4.12	3.45	3.81
甘肃	5.33	5.80	5.36	4.74	2.31	2.28	2.61	2.89	3.26
青海	9.09	7.53	5.07	4.32	3.75	3.31	4.22	3.75	4.42
宁夏	8.46	6.34	4.93	4.08	5.28	5.38	5.58	6.38	7.15
新疆	4.68	4.15	3.29	3.48	3.09	4.24	4.65	4.37	4.80
西部	4.95	3.53	3.23	3.19	2.98	3.17	4.26	4.30	4.90
东部	6.23	5.97	5.43	5.03	4.05	5.57	6.05	6.21	6.44

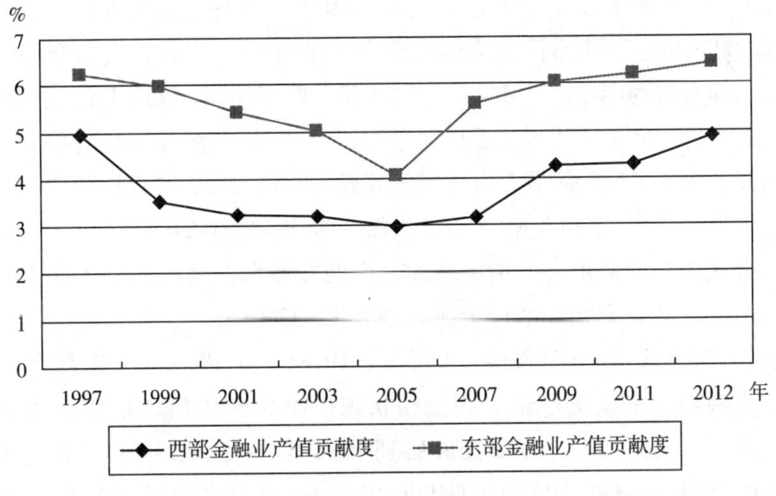

图3-2　东西部金融业产值贡献度变化趋势图

① 根据历年《中国统计年鉴》、《中国第三产业统计年鉴》整理而得。

从2012年西部地区金融业产值贡献度的空间分布来看，按照指标数据可以分为三个梯队。该指标最低的是内蒙古，结合1997年到2012年的数据，内蒙古金融业产值贡献度均偏低，这一方面的其金融总量相对较小，更重要的是内蒙古经济总量比较高，2012年达到15880.58亿元，在西部位列第二，因此该指标值就很低。金融业产值贡献度3%～5%的省份有7个，西北六省区就有5个，西南地区则只有西藏和广西位列其中；金融业产值贡献度为5%～7%的省份有三个，分别是四川为5.46%、贵州为5.34%、云南为5.25%，四川金融总量和地区生产总值都在西部排在第一位，而贵州的该指标较高是因为地区生产总值相对较低。第一梯队是重庆和宁夏，分别为8.03%和7.15%，宁夏该指标很高主要是因为其地区经济总量较少，2012年仅有2341.29亿元，在西部位居倒数第三。与西部地区整体的金融业产值贡献度4.90%相比，第一梯队和第二梯队的5个省份指标大于该数值，第三梯队的7个省份指标低于该数值，而与东部地区整体的金融贡献度6.44%相比，西部则只有第一梯队的重庆和宁夏该指标高于东部。总体来看，与东部相比，西部区域金融业起步较晚，总量较小，发展相对落后；而西部十二个省份的金融业产值贡献度数值呈正金字塔型的非均衡分布，金融总量落后的省份占大多数，金融总量大、金融业产值贡献高的省份少。

2. 金融相关比率

Goldsmith（1969）提出的金融相关率（FIR）是国际上通用的金融资产规模度量指标，在实际应用中常简化为金融资产总量与GDP之比，表示全部金融资产总值与全部实物资产之比。Mckinnon（1973）曾采用M_2与GDP的比值衡量一国金融发展水平，但由于我国缺乏地区金融资产和M_2的统计资料与数据，所以一般采用金融相关率反映区域金融发展的差异与非均衡性，其计算公式为

$$金融相关率 = (存款额 + 贷款额)/GDP \qquad (式3.9)$$

根据公式3.9计算出来的指标越大，金融发展水平越高，反之越低。

对东西部区域金融相关率指标测算如表3－22所示。

从表3－22、图3－3和图3－4可知，1978年到1996年，东部金融相关率与西部金融相关率呈交替领先的变动状态，1997年以后，东部金融相关率上升大于西部。具体来看，改革开放后到1986年，大多数年份东部金融相关率是高于西部同一指标，1987年到1996年，西部金融相关率表现出高于东部金融相关率的态势。1997年是一个新的分水岭，从这一年后东部金融相关率指标一直高于西部地区，并且2000年以后与西部的差距越来越大，金融相关率差异倍数直观地反映了这一趋势，2000年差异倍数是1.0014，2012年达到

1.18，且12年间的差异倍数是一条向右上方变动的折线，表明进入21世纪后东西部区域金融发展的差异是持续扩大的，两个地区金融发展呈现出过度非均衡的变动态势。

表3-22　　东西部地区金融相关率①

年份	西部	东部	差异倍数（东部FIR/西部FIR）
1978	0.96	1.04	1.08
1979	0.97	1.00	1.04
1980	1.03	1.02	0.99
1981	1.08	1.10	1.02
1982	1.07	1.13	1.05
1983	1.07	1.18	1.11
1984	1.22	1.32	1.08
1985	1.22	1.27	1.04
1986	1.46	1.48	1.01
1987	1.52	1.51	0.99
1988	1.37	1.36	0.99
1989	1.42	1.41	0.99
1990	1.56	1.60	1.02
1991	1.70	1.68	0.99
1992	1.80	1.73	0.96
1993	1.77	1.57	0.89
1994	1.79	1.52	0.85
1995	1.86	1.70	0.91
1996	1.94	1.80	0.93
1997	1.93	1.96	1.02
1998	2.05	2.09	1.02
1999	2.19	2.22	1.01
2000	2.21	2.21	1.00
2001	2.29	2.32	1.01
2002	2.38	2.51	1.06
2003	2.48	2.66	1.07
2004	2.37	2.59	1.09
2005	2.30	2.54	1.11

① 根据《新中国六十年统计资料汇编》，历年《中国金融年鉴》、《中国统计年鉴》、《中国第三产业统计年鉴》整理而得。

续表

年份	西部	东部	差异倍数（东部 FIR/西部 FIR）
2006	2. 29	2. 53	1. 11
2007	2. 21	2. 47	1. 12
2008	2. 22	2. 50	1. 12
2009	2. 61	3. 02	1. 16
2010	2. 65	3. 09	1. 17
2011	2. 52	2. 98	1. 18
2012	2. 61	3. 08	1. 18

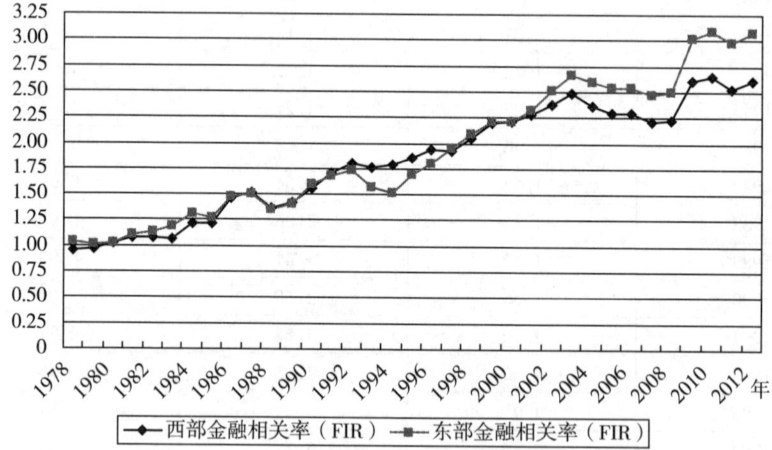

图 3－3　1978—2012 年东西部地区金融相关率变化趋势图

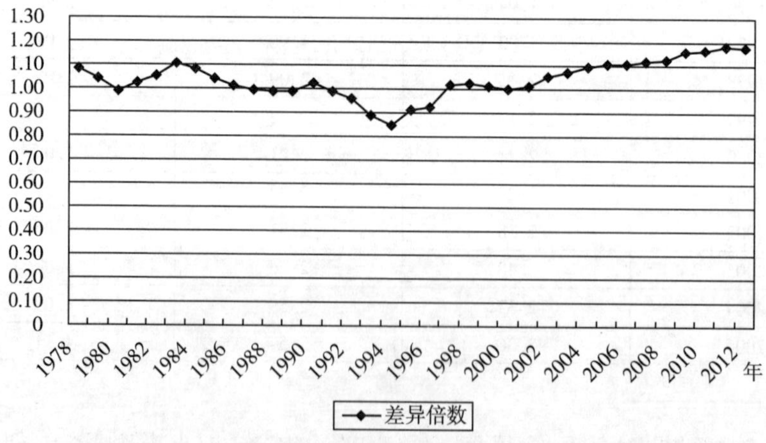

图 3－4　1978—2012 年东西部地区金融相关率差异倍数变动图

根据表3－23、图3－5和图3－6，西部十二个省份的金融相关率变动趋势基本相同，从1978—2012年呈缓慢爬升态势，波动幅度在0.5～4.0之间。以2012年为例可以看出，西部十二个省份中内蒙古、广西和陕西的金融相关率低于西部金融相关率2.61，其他九个省份均大于这一指标；西藏金融相关率最高，为3.91，内蒙古最低，为1.57，该指标表现实际上在考虑到地区生产总值后，西藏的地区生产总值小，内蒙古是西部经济大省，金融相关率就会与地区生产总值反方向变动，2012年西藏存贷款余额2718.3亿元，GDP为695.58亿元，而内蒙古存贷款余额为25065.53亿元，GDP为15988.34亿元，从总量上，西藏与内蒙古的差距很大，金融相关率的差异也反映出区域间接融资比重的不同。以金融相关率数据计算出的基尼（GINI）系数反映了西部十二个省份之间的具体非均衡程度，从基尼系数变动趋势图直观看出，1978—2012年的非均衡变动大致可以分为四个时间段，1978—1986年非均衡程度呈现下降趋势，1986—1991年呈小幅上升，1991—2001年呈下降趋势，2001—2012年非均衡程度是不断扩大的。如果将两个地理层级的指标结合起来，东西部之间的非均衡程度从2000年以后是越来越大的，而从2001年开始西部省份间的差异程度也是在不断扩大，并有过度非均衡的变动态势，两个地理层级的金融总量有雷同的变动时间点和发展趋势。西部金融总量是低于东部的，可以在一定程度上反映西部金融发展水平还落后于东部发达地区。这说明我国在经济转轨的过程中，区域金融发展过度非均衡态势愈发明显，非均衡发展的阶段性特征始终不变。

表3－23　　西部地区十二个省、市、区金融相关率①

年份	内蒙古	广西	重庆	四川	贵州	云南	西藏	陕西	甘肃	青海	宁夏	新疆	基尼系数
1978	0.98	0.87	0.68	1.01	0.85	0.86	1.30	1.07	0.98	1.09	0.97	1.29	0.1382
1979	1.00	0.86	0.67	1.06	0.78	0.86	1.39	1.04	1.02	1.33	0.94	1.20	0.1122
1980	1.06	0.87	0.84	1.19	0.82	0.88	1.27	1.13	0.99	1.20	0.98	1.19	0.0848
1981	1.10	0.86	0.93	1.25	0.82	0.93	1.17	1.13	1.18	1.34	1.01	1.25	0.0856
1982	1.06	0.85	0.93	1.23	0.82	0.94	1.28	1.15	1.18	1.35	1.04	1.32	0.0926
1983	1.09	0.90	0.97	1.14	0.82	0.99	1.61	1.13	1.12	1.36	1.05	1.28	0.0992
1984	1.02	1.08	1.18	1.42	0.85	1.04	1.20	1.25	1.36	1.31	1.31	1.40	0.0774
1985	0.89	1.18	1.08	1.37	0.93	1.19	1.17	1.33	1.24	1.45	1.39	1.39	0.0798
1986	1.14	1.35	1.27	1.76	1.14	1.41	1.24	1.53	1.42	1.55	1.56	1.52	0.0707

① 根据《新中国六十年统计资料汇编》，历年《中国金融年鉴》、《中国统计年鉴》、《中国第三产业统计年鉴》整理而得。

续表

年份	内蒙古	广西	重庆	四川	贵州	云南	西藏	陕西	甘肃	青海	宁夏	新疆	基尼系数
1987	1.17	1.44	1.44	1.81	1.16	1.37	1.31	1.55	1.55	1.77	1.76	1.59	0.0804
1988	1.11	1.20	1.28	1.62	1.03	1.30	1.50	1.36	1.49	1.65	1.66	1.46	0.0825
1989	1.19	1.28	1.30	1.70	1.06	1.24	1.68	1.45	1.53	1.73	1.69	1.56	0.0866
1990	1.39	1.33	1.56	1.80	1.26	1.26	1.41	1.64	1.72	1.83	1.97	1.74	0.0840
1991	1.48	1.43	1.73	2.03	1.43	1.34	1.42	1.74	1.94	2.03	2.27	1.73	0.0950
1992	1.56	1.55	1.72	2.20	1.54	1.42	1.50	1.84	2.05	2.03	2.39	1.78	0.0915
1993	1.64	1.52	1.60	2.13	1.55	1.43	1.75	1.75	2.12	1.95	2.28	1.75	0.0813
1994	1.63	1.46	1.48	2.02	1.50	1.55	2.02	2.11	2.19	2.02	2.23	1.91	0.0857
1995	1.62	1.47	1.41	2.17	1.56	1.73	2.21	2.15	2.35	2.06	2.16	2.06	0.0912
1996	1.67	1.51	1.48	2.26	1.65	1.80	2.23	2.29	2.29	2.27	2.26	2.25	0.0852
1997	1.75	1.65	1.66	1.75	1.83	1.98	2.25	2.43	2.44	2.15	2.38	2.30	0.0823
1998	1.83	1.73	1.85	1.87	1.93	2.07	2.07	2.66	2.50	2.23	2.47	2.40	0.0791
1999	1.78	1.89	2.14	2.15	1.97	2.15	1.95	2.76	2.54	2.23	2.58	2.52	0.0756
2000	1.70	1.87	2.36	2.18	2.11	2.21	1.92	2.69	2.44	2.38	2.64	2.40	0.0732
2001	1.73	1.88	2.36	2.27	2.25	2.32	2.22	2.86	2.56	2.47	2.70	2.38	0.0701
2002	1.74	1.87	2.55	2.38	2.38	2.40	2.49	3.00	2.66	2.53	2.92	2.50	0.0754
2003	1.68	1.95	2.73	2.47	2.53	2.62	2.51	3.15	2.76	2.55	3.14	2.52	0.0827
2004	1.58	1.87	2.71	2.34	2.59	2.53	2.40	2.90	2.60	2.62	2.99	2.34	0.0830
2005	1.51	1.78	2.75	2.25	2.57	2.63	2.52	2.76	2.49	2.52	3.00	2.19	0.0892
2006	1.50	1.77	2.87	2.27	2.64	2.73	2.57	2.63	2.38	2.53	2.98	2.12	0.0948
2007	1.43	1.69	2.84	2.21	2.54	2.71	2.53	2.49	2.27	2.51	2.77	2.07	0.0957
2008	1.40	1.69	2.81	2.38	2.49	2.63	2.64	2.46	2.35	2.51	2.72	1.96	0.0928
2009	1.52	2.21	3.05	2.90	2.72	3.23	2.89	2.73	2.85	3.14	3.00	2.53	0.0834
2010	1.56	2.19	3.08	2.96	2.86	3.35	3.15	2.68	2.84	3.07	3.05	2.59	0.0857
2011	1.53	2.06	2.93	2.73	2.74	3.17	3.42	2.53	2.83	3.10	2.80	2.58	0.0945
2012	1.57	2.17	3.06	2.84	2.78	3.13	3.91	2.53	3.07	3.35	2.96	2.76	0.1055

3. 非金融机构部门融资总量

非金融机构部门融资是一个重要的反映金融总量和金融结构的指标，包括贷款、债券（含可转债）和股票融资三个部分，是直接融资总量与间接融资总量之和，也能清晰客观地表现融资结构的比例状况。仅从总量的角度来看，对东西部地区非金融部门融资总量的测算见表3－24。

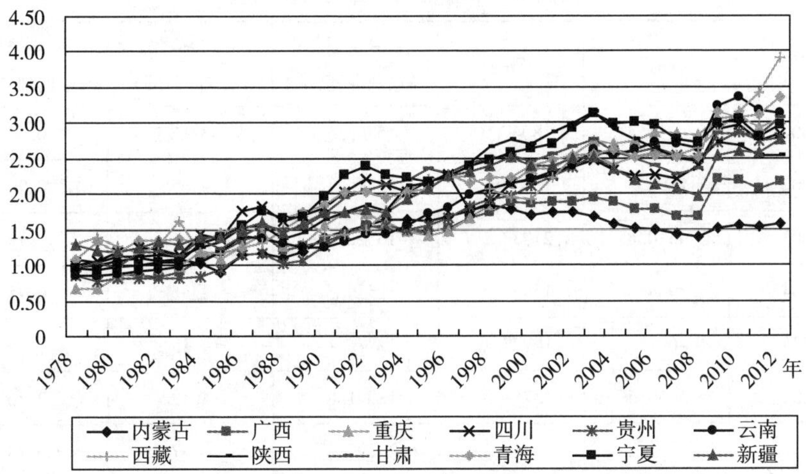

图3－5　西部地区十二个省份金融相关率变动趋势图

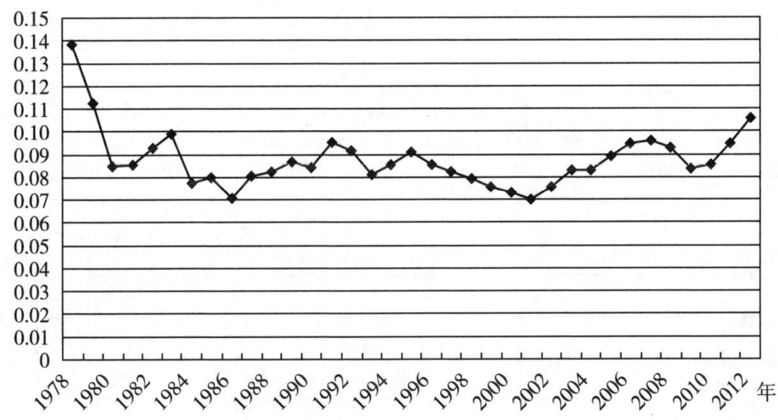

图3－6　1978—2012年西部十二个省、市、区金融相关率基尼系数变动趋势图

根据表3－24、图3－7和图3－8可以直观看出，东部地区与西部地区非金融机构部门融资总量的绝对差距从2001年的5762.5亿元扩大到2012年的39824.7亿元。从变动趋势来看，2009年两个地区该指标差异绝对值最大，为53928.4亿元。差异倍数变动反映了东部地区融资总量2003年为西部的4.66倍，达到最大倍数差距，到2007年为西部的4.57倍，之后呈下降趋势。差异系数一直在0.6～0.8之间变动，说明西部地区非金融机构部门融资总量还不到东部的一半，2007年以后差异系数也在缩小，西部非金融机构部门融资总量与东部的差距降低。

表 3－24 东西部地区非金融机构部门融资总量①

年份	西部	东部	差异绝对额（东部－西部）	差异倍数（东部/西部）	差异系数（1－西部/东部）
2001	2285.4	8047.9	5762.5	3.52	0.72
2002	2898.9	13484	10585.1	4.65	0.79
2003	4510.8	21033.1	16522.3	4.66	0.79
2004	3904	15463.5	11559.5	3.96	0.75
2005	4001	16779.1	12778.1	4.19	0.76
2006	5666.5	23758.3	18091.8	4.19	0.76
2007	7371.7	33669	26297.3	4.57	0.78
2008	10703.6	35012.9	24309.3	3.27	0.69
2009	21237.2	75165.6	53928.4	3.54	0.72
2010	19461.3	60437	40975.7	3.11	0.68
2011	20204.6	55797.5	35592.9	2.76	0.64
2012	24246.7	64071.4	39824.7	2.64	0.62

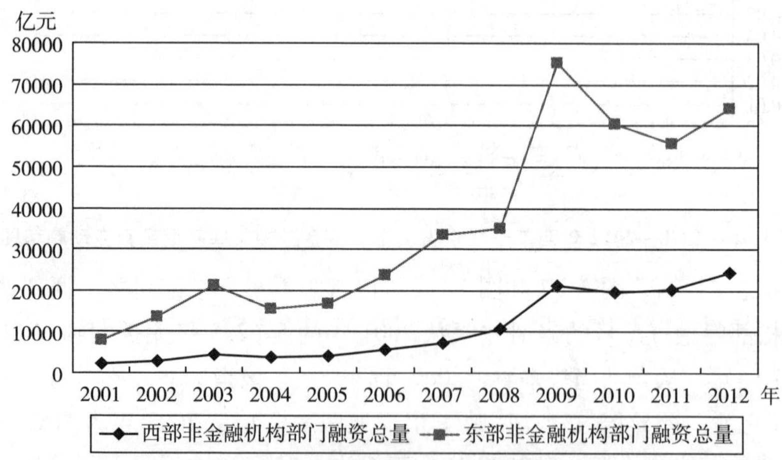

图 3－7 东西部非金融机构部门融资总量变动趋势图

① 根据历年各省、市、区《区域金融运行报告》、《中国金融年鉴》整理而得。

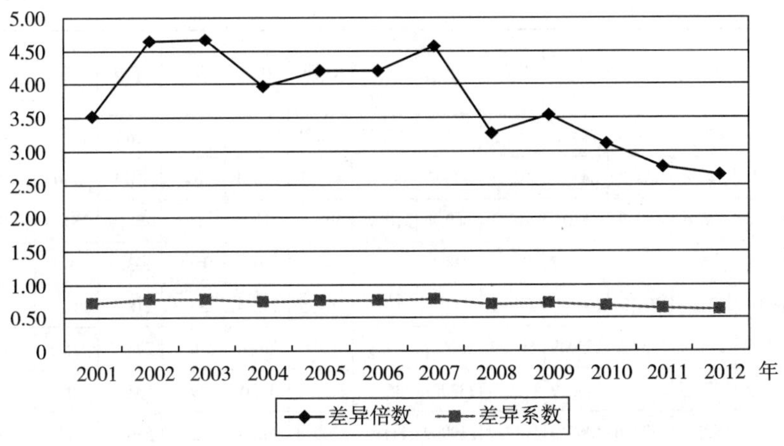

图3-8　东西部非金融机构部门融资总量差异程度

从表3-25、图3-9和3-10可知，2001—2012年西部十二个省、市、区非金融机构部门融资总量总体呈上升趋势；其中，四川省融资总量最大，除了2005年融资总量低于云南同一指标数据，其余年份数据均在西部十二个省份中位列第一，2012年四川融资总量为4730.4亿元，最低西藏为262.4亿元，四川为西藏指标的18倍。2009年十二个省份的融资总量在历年数据中普遍处于高位，这与中央政府为应对国际金融危机从2008年11月推出的4万亿元投资计划关系较大，信贷总量和直接融资总量的大幅上升为支持实体经济发展和国民经济复苏发挥了重要作用。从衡量各省份融资总量非均衡的变异系数来看，2001—2007年，变异系数呈先下降后上升的趋势，表明各省非均衡程度先降低后升高，2008年达到最高值0.763，此后该指标不断下降，到2012年为0.567，也是2001—2012年最低值。这一变化与我国为抵御金融危机而大力投资、采取扩大内需的刺激政策，特别是重点支持经济社会的薄弱环节与地区有很大关系，这在一定程度上缩小了西部省份之间的非金融机构部门融资总量差距。

表3-25　　西部地区非金融机构部门融资总量非均衡状况　　单位：亿元①

年份	内蒙古	广西	重庆	四川	贵州	云南	西藏	陕西	甘肃	青海	宁夏	新疆	变异系数（V_σ）
2001	166.4	151.1	245.8	505.6	184.3	195.4	15.9	355	105.9	57.5	59.6	242.9	0.689
2002	200.1	216.1	325.6	652.3	203.6	257.8	24.5	394.9	197	60.1	81.8	285.1	0.668

① 根据历年各省、市、区《区域金融运行报告》、《中国金融年鉴》整理、计算而得。

续表

年份	内蒙古	广西	重庆	四川	贵州	云南	西藏	陕西	甘肃	青海	宁夏	新疆	变异系数（V_σ）
2003	274.2	450.6	587.8	784.1	313.3	564.1	23.3	620.2	254.8	88.7	162	387.7	0.592
2004	389.5	546.8	564.2	645.4	319.5	439.2	30.6	415.3	226.4	64	93.1	170	0.613
2005	464.4	478.6	549.9	580	339.7	669.4	10.9	396.3	120	68	138.9	184.9	0.638
2006	664.8	557	678.9	1216.7	397.9	878.8	25	552.8	240.3	95.5	153.3	205.5	0.720
2007	690	743	904.7	1604.7	479.3	963.7	19.7	767.5	332.4	233.3	218.7	414.7	0.669
2008	1025.5	975.3	1352.9	2559.9	562.9	1226.1	25.8	1547	516.4	220.3	276.2	415.3	0.763
2009	1935.9	2271.4	2843.6	4946.9	1120.4	2320.1	36.2	2499.9	1230	392	535.1	1105.7	0.728
2010	1776.1	1821.9	2477.6	4068.3	1242.7	2190.9	111.4	2209.3	902.7	552.7	510.1	1597.6	0.636
2011	2105.7	1913.8	2616.9	3843.8	1210.8	1782.5	143.1	2280.2	1495.8	521.7	558	1732.3	0.579
2012	2171.1	2037	2987.5	4730.4	1795.3	2107.7	262.4	2685.8	1813.2	822.8	513.5	2320	0.567

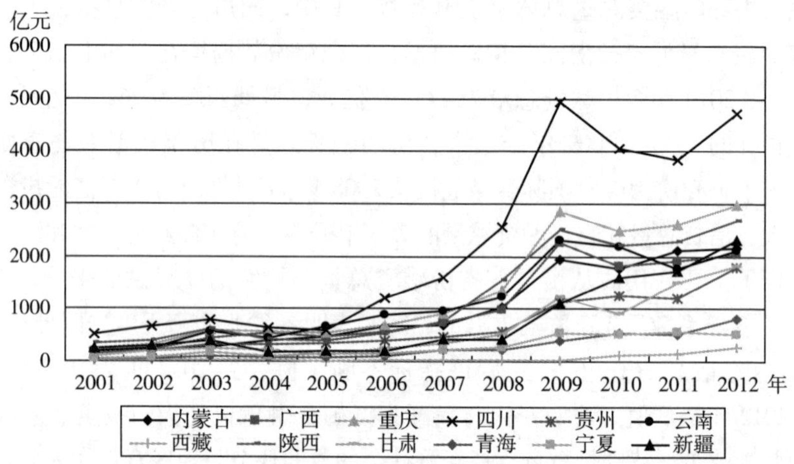

图 3－9　西部十二个省份非金融机构部门融资总量变动趋势图

4. 地区社会融资规模

社会融资规模，指实体经济在一定时期内从金融体系获得的资金总额，我国从 2011 年起金融宏观调控将其作为一个新的检测分析指标。该指标应用的现实背景与条件是近年来我国金融总量的高速扩张，金融工具与金融产品不断创新，金融市场多样化与多层次发展，证券保险类金融机构对经济的贡献度加大，特别是 2008 年以来国际金融危机后对影子银行体系的关注、监测和研究，使得传统的监测指标新增人民币贷款难以完整反映金融与实体经济的关系，社会融资

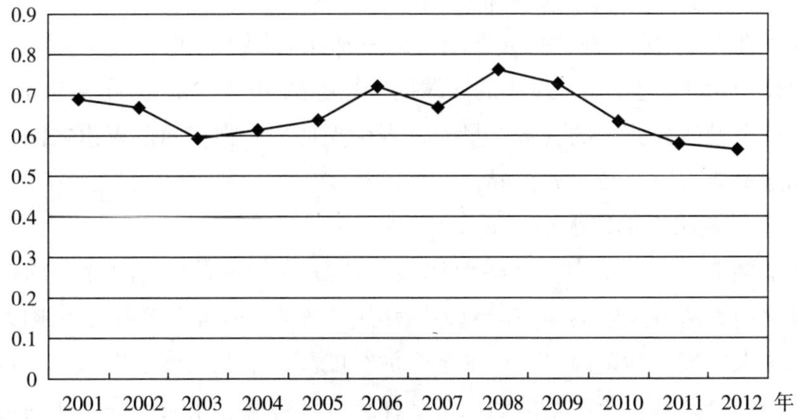

图3-10　西部十二个省份非金融机构部门融资总量变异系数

规模的产生正是能够反映我国金融发展现状、满足金融调控需要、与货币供应量指标相互补充，是国际金融危机后我国金融统计的重要创新。在此基础上，2014年中国人民银行又首次发布了一项新的数据——地区社会融资规模，该指标是对一定时期内某一区域实体经济从金融体系获得资金支持的统计，其统计口径、内涵与全国社会融资规模相同。地区社会融资规模的指标能够更全面地反映和比较区域融资的不平衡状况，增强区域金融透明度，有利于防范局部风险。2014年1月至6月西部地区社会融资规模状况如表3-26所示。

表3-26　　2014年1月至6月西部地区社会融资规模　　单位：亿元①

内蒙古	广西	重庆	四川	贵州	云南	西藏
1724	1809	3360	4590	1980	2036	436
陕西	甘肃	青海	宁夏	新疆	西部	东部
2997	1588	915	541	1723	23699	51924

从表3-26可知，2014年1月至6月东部地区社会融资规模51924亿元，西部为23699亿元，东部为西部的近2.2倍，东西部之间融资规模差异性突出。西部十二个省份的社会融资规模指标显示，与西部平均社会融资规模1975亿元相比较，西藏、宁夏、青海、甘肃、新疆、内蒙古、广西的该指标低于平均水平，其余五个省份高于平均水平；按照数据大小分为三个梯队，西部社会融资规模最低的第三梯队有三个省份，分别是西藏、宁夏和青海，数值

① 根据中国人民银行官方网站数据整理而得。

都低于1000亿元，其中西藏最低，为436亿元；第二梯队有五个省份，社会融资规模在1000亿~2000亿元之间；第三梯队有四个省份，其中四川的社会融资规模为4590亿元，为最小的西藏同一指标的10.5倍，表明四川省实体经济发展从金融体系获得的资金总量大，资金支持力度强，西部省份之间的融资规模和融资能力还存在巨大差异。

5. 金融业法人单位数

在金融地理学理论中，金融业法人单位数是金融资源空间分布的重要指标，其承担着从事金融活动空间载体的作用。如果一个地区集中了全国大部分的金融法人单位，间接说明该地区金融活跃度高，金融发展水平高，金融资源丰富，而一个金融资源丰富的地区又往往会导致金融业集聚现象，从而提高该地区的金融竞争力。

从表3-27中可以看出，2011年和2012年西部地区金融业法人单位数分别占比23.72%和23.05%，从13166个增加到15574个，增长18.3%，同期东部的指标为47.39%和46.36%，从26310个增加到31320个，增长19%，东部金融业法人单位数的绝对额和增长率都高于西部地区。从2012年西部十二个省份的法人单位数空间分布来看，西藏法人单位数最少，只有117个，与甘肃、青海、宁夏、新疆的指标均低于1000个，位于第三梯队；第二梯队金融业法人单位数1000~2000个的有五个省份；而第一梯队有两个省份，四川的该指标为2585个，云南为2607个，两个数据西部占比都在16%以上，其中，云南为西部最多，是最小值西藏的22倍多。2012年西部金融业法人单位数平均值为1298个，第一梯队的五个省份和第二梯队的贵州指标小于平均数，其余六个省份大于平均值，通过比较可知，西部十二个省份之间的金融业法人单位数不平衡状况是很明显的，各地区金融资源丰裕程度有显著差异。

表3-27　　　　西部金融业法人单位数①

地区	2011年		2012年	
	法人单位数（个）	法人单位数 西部/全国占比（%）	法人单位数（个）	法人单位数 西部/全国占比（%）
内蒙古	1687	12.81	1816	11.66
广西	1649	12.52	1643	10.55

① 根据历年《中国统计年鉴》、《中国第三产业统计年鉴》整理而得。

续表

地区	2011年		2012年	
	法人单位数（个）	法人单位数 西部/全国占比（%）	法人单位数（个）	法人单位数 西部/全国占比（%）
重庆	1250	9.49	1525	9.79
四川	1979	15.03	2585	16.60
贵州	894	6.79	1062	6.82
云南	2112	16.04	2607	16.74
西藏	116	0.88	117	0.75
陕西	1374	10.44	1764	11.33
甘肃	794	6.03	928	5.96
青海	227	1.72	263	1.69
宁夏	331	2.51	399	2.56
新疆	753	5.72	865	5.55
西部	13166	23.72	15574	23.05
东部	26310	47.39	31320	46.36
全国	55513	100	67554	100

6. 金融业从业人员数

金融地理学中专门阐述了金融职工人数的空间分布是金融发展衡量的重要因素，也属于重要的金融总量资源。区域内或区域间金融业从业人员的流动，可以作为地区金融资源流向的一个重要衡量指标，所以区域金融业从业人员数、占比及变动就能够从一个方面反映出该地区金融发展状况。

从表3-28可以看出，2012年西部金融业从业人员数111.6万人，在全国占比21.14%，东部同一指标为263.1万人，为西部的2.4倍，在全国占比近二分之一，从金融总量的角度看，东西部金融发展的差距还很大。西部十二个省份金融业从业人员数的空间分布情况，与金融业法人单位数空间分布相比，除了云南的金融业从业人员数在第三梯队，法人单位数在第一梯队外，其他省份金融业从业人员数与法人单位数空间分布大致相同。其中，2012年西藏金融业从业人员数为0.8万人，为西部最低，最高为四川的23万人，两者相差近29倍。从地理空间上看，金融业法人单位数和金融业从业人员数的总量分布呈现出阶梯状，东部沿海和内陆地区是一个金融总量从大到小的阶梯状分布，而西部地区内部也存在从东到西的阶梯状分布，比如金融总量较高的内蒙古、陕西、重庆、广西、四川都是属于西部地理中的靠东面，而新疆、西藏、青海等省份则是整个中国地理版图的西面。仅通过这两个指标来看，以金融总量衡量的区域金融发展状况是呈梯度非均衡分布的。

表 3-28　　2012 年西部金融业从业人员数①

地区	金融业从业人员数（万人）	金融业从业人员数西部/全国占比（%）
内蒙古	10.8	9.68
广西	11.7	10.48
重庆	13	11.65
四川	23	20.61
贵州	7.4	6.63
云南	9.8	8.78
西藏	0.8	0.72
陕西	14.6	13.08
甘肃	7.2	6.45
青海	2.2	1.97
宁夏	3	2.69
新疆	8.1	7.26
西部	111.6	21.14
东部	263.1	49.85
全国	527.8	100

3.4.4　西部区域金融发展的结构指标与非均衡表现

在区域金融发展的非均衡研究中，结构问题是一个重要而复杂的问题。金融总体组成部分的分布、规模、关系等状态下的金融结构，是对一个国家或地区金融总体、金融成长的直接与间接反映。因此，本书根据国内外学者的经典研究理论与实践，如戈德史密斯（1969）、王兆星（1991）、王广谦（1997）和李健（2005）等，基于两个地理层级的金融结构指标和可搜集整理到的中观层面数据，从行业结构、融资结构、金融市场结构、金融资产结构、金融开放结构这五个方面来全面地分析考察西部区域金融结构的非均衡状况和表现。

1. 金融行业结构

研究西部区域金融结构中的行业结构，涉及了中国金融业的三大支柱——银行业、证券业和保险业；同时这三大行业的分省数据资料比较全面，便于查

① 根据《中国统计年鉴（2013）》、《中国第三产业统计年鉴（2013）》、《中国人口和就业统计年鉴（2013）》整理而得。

找和整理，对分析问题提供了科学客观的支持依据。

（1）银行业发展的非均衡表现

①银行业金融机构资产总额

银行业金融机构资产总额是国有银行和非国有银行资产的总和，是一个国家或地区银行业发展的重要衡量指标。

从表3－29数据可以看出，2012年西部银行业金融机构资产总额为230287.6亿元，占全国18.5%，东部地区同一指标794920亿元，占比59.5%，为西部的近3.5倍，可见东部在银行业资产总量上远远领先于西部。从西部十二个省、市、区银行业金融机构资产占比的空间分布来看，四川省在西部占比22.84%，位列第一；重庆、云南和陕西的数据西部占比在10%～20%之间，其余八个省份在10%以下，西藏该指标占比0.94%，为西部最低，仅为四川的二十四分之一；可见，西部大多数省份的银行业金融机构资产总额偏低，四川银行业资产总额在西部占比很高，呈现一枝独秀的态势。

表3－29　2012年西部银行业金融机构资产总额①

地区	银行业金融机构资产总额（亿元）	银行业金融机构资产总额西部/全国占比（%）
内蒙古	18813	8.17
广西	21544.2	9.36
重庆	28081.9	12.19
四川	52603.5	22.84
贵州	13563	5.89
云南	23054.7	10.01
西藏	2170.3	0.94
陕西	29958.4	13.01
甘肃	13646	5.93
青海	4839	2.1
宁夏	4991.2	2.17
新疆	17022.4	7.39
西部	230287.6	18.5
东部	794920	59.5
全国	1336000	100

① 根据2012年西部十二个省、市、区和东部十个省、市《区域金融运行报告》以及《中国金融年鉴（2013）》整理而得。

②收入比指标

收入比是反映单位国民收入的存款额形成数量，通常以一个区域内全部金融机构存款额与GDP比值表示，该比值一方面反映了一个地区居民储蓄和消费的倾向与能力，又是社会再生产资金基础规模的重要指标。

从表3－30和图3－11中分别以东西部全部金融机构存款额与地区生产总值相比得到的收入比指数可以看出，东西部存款随着经济发展而迅速增长。1995年，西部收入比为0.907，东部收入比为0.947，此后东部收入比一直高于西部。东西部收入比差异倍数从2001年开始不断扩大，2012年达到1.190。在我国资金呈现区域分割的空间布局下，东部的高收入比为区域经济的持续稳定发展奠定了良好的资金基础，而西部相比之下则显得落后，东西部该指标数值变化呈现出过度非均衡的变动态势。

表3－30　　东西部地区收入比①

年份	西部收入比（存款/GDP）	东部收入比（存款/GDP）	差异倍数（东部收入比/西部收入比）
1978	0.415	0.499	1.202
1979	0.442	0.487	1.100
1980	0.488	0.429	0.881
1981	0.512	0.493	0.964
1982	0.523	0.521	0.997
1983	0.519	0.555	1.071
1984	0.591	0.607	1.027
1985	0.550	0.555	1.010
1986	0.646	0.651	1.009
1987	0.679	0.672	0.990
1988	0.594	0.602	1.014
1989	0.616	0.638	1.036
1990	0.692	0.758	1.095
1991	0.769	0.833	1.083
1992	0.826	0.894	1.083
1993	0.802	0.802	1.000
1994	0.850	0.819	0.964

① 根据《新中国六十年统计资料汇编》，历年《中国金融年鉴》、《中国统计年鉴》整理而得。

续表

年份	西部收入比（存款/GDP）	东部收入比（存款/GDP）	差异倍数（东部收入比/西部收入比）
1995	0.907	0.947	1.044
1996	0.966	1.031	1.067
1997	0.956	1.116	1.167
1998	1.039	1.196	1.151
1999	1.123	1.272	1.133
2000	1.187	1.283	1.081
2001	1.255	1.354	1.079
2002	1.313	1.468	1.118
2003	1.372	1.543	1.125
2004	1.332	1.520	1.141
2005	1.340	1.533	1.144
2006	1.345	1.527	1.136
2007	1.298	1.480	1.140
2008	1.338	1.517	1.134
2009	1.542	1.788	1.159
2010	1.561	1.822	1.167
2011	1.468	1.748	1.191
2012	1.523	1.813	1.190

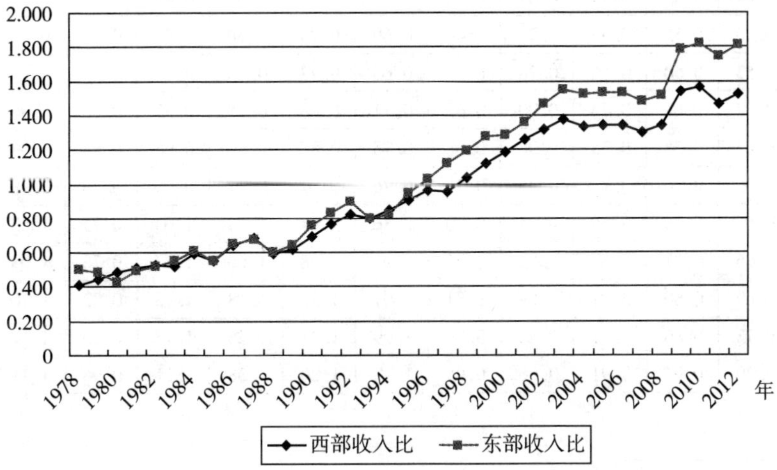

图3－11 1978—2012年东西部收入比变化趋势图

表3－31和图3－12显示了1978—2012年西部十二个省、市、区的收入比变化情况。可以看出，内蒙古收入比较低，从1978年到2012年间的指标在0.2～0.9之间波动，金融机构全部存款额小于地区生产总值；西藏的收入比指标在高位变动，1978年为1.06，2012年上升到2.95，然而这主要是西藏地区生产总量小，常年处于西部最后一位，2012年其GDP占整个西部的0.62%，同年位列第一的四川GDP为西藏的34倍多。除了西藏收入比超过2以外，其他省份收入比都在0～2之间变动。总体来看，西部各个省份单位国民收入的存款量变动比较缓和，上升趋势也比较缓慢。然而，存款额只反映了金融机构的筹资规模，并不能全面反映一个地区金融结构非均衡状况，还需要其他指标进一步考察。

表3－31　　　　西部十二个省、市、区收入比①

年份	内蒙古	广西	重庆	四川	贵州	云南	西藏	陕西	甘肃	青海	宁夏	新疆
1978	0.28	0.26	0.24	0.43	0.39	0.41	1.06	0.44	0.50	0.65	0.42	0.82
1979	0.32	0.29	0.24	0.50	0.36	0.45	1.05	0.43	0.53	0.85	0.43	0.73
1980	0.34	0.30	0.34	0.58	0.41	0.47	1.01	0.50	0.53	0.77	0.44	0.72
1981	0.38	0.33	0.37	0.59	0.38	0.51	0.97	0.48	0.64	0.89	0.49	0.77
1982	0.39	0.33	0.38	0.60	0.39	0.54	1.06	0.50	0.65	0.87	0.54	0.82
1983	0.42	0.36	0.41	0.52	0.40	0.57	1.31	0.52	0.63	0.90	0.56	0.79
1984	0.39	0.48	0.54	0.67	0.42	0.58	0.76	0.56	0.74	0.88	0.63	0.82
1985	0.34	0.52	0.41	0.61	0.42	0.60	0.75	0.55	0.59	0.81	0.64	0.74
1986	0.43	0.61	0.50	0.76	0.50	0.71	0.85	0.64	0.65	0.78	0.69	0.80
1987	0.46	0.66	0.58	0.78	0.51	0.68	0.99	0.65	0.72	0.84	0.78	0.84
1988	0.44	0.53	0.51	0.67	0.43	0.63	0.97	0.56	0.66	0.77	0.70	0.73
1989	0.46	0.55	0.53	0.71	0.46	0.60	0.98	0.60	0.68	0.75	0.72	0.77
1990	0.53	0.60	0.66	0.78	0.56	0.65	0.77	0.69	0.78	0.80	0.86	0.85
1991	0.57	0.68	0.74	0.90	0.63	0.71	0.86	0.75	0.89	0.86	0.96	0.84
1992	0.62	0.78	0.75	0.98	0.68	0.75	0.87	0.80	0.98	0.83	1.04	0.84
1993	0.65	0.76	0.70	0.93	0.70	0.76	0.87	0.77	0.99	0.73	0.98	0.80
1994	0.66	0.76	0.69	0.92	0.70	0.86	1.14	1.00	1.03	0.75	1.03	0.96
1995	0.66	0.77	0.67	1.02	0.75	0.97	1.28	1.06	1.13	0.76	1.03	1.03
1996	0.69	0.80	0.71	1.09	0.81	1.01	1.32	1.18	1.13	0.82	1.10	1.12
1997	0.73	0.86	0.81	0.84	0.88	1.09	1.27	1.25	1.17	0.90	1.17	1.14
1998	0.79	0.94	0.91	0.96	0.95	1.13	1.20	1.38	1.21	0.96	1.21	1.21

① 根据《新中国六十年统计资料汇编》，历年《中国金融年鉴》、《中国统计年鉴》整理而得。

续表

年份	内蒙古	广西	重庆	四川	贵州	云南	西藏	陕西	甘肃	青海	宁夏	新疆
1999	0.79	1.02	1.06	1.07	1.01	1.19	1.24	1.44	1.28	1.01	1.30	1.33
2000	0.83	1.09	1.19	1.15	1.07	1.23	1.23	1.48	1.33	1.06	1.34	1.37
2001	0.87	1.11	1.30	1.22	1.18	1.30	1.53	1.59	1.44	1.16	1.39	1.32
2002	0.89	1.10	1.42	1.29	1.25	1.35	1.75	1.69	1.47	1.23	1.53	1.38
2003	0.88	1.13	1.51	1.36	1.33	1.47	1.73	1.77	1.52	1.23	1.64	1.41
2004	0.85	1.07	1.50	1.33	1.38	1.43	1.64	1.69	1.47	1.29	1.57	1.34
2005	0.85	1.03	1.54	1.34	1.40	1.48	1.81	1.71	1.50	1.35	1.63	1.32
2006	0.83	1.03	1.60	1.37	1.45	1.53	1.87	1.65	1.46	1.40	1.59	1.33
2007	0.81	0.97	1.60	1.33	1.40	1.51	1.88	1.56	1.39	1.39	1.44	1.31
2008	0.82	0.98	1.57	1.49	1.42	1.48	2.09	1.58	1.49	1.44	1.45	1.28
2009	0.87	1.25	1.70	1.78	1.52	1.80	2.33	1.72	1.74	1.76	1.55	1.61
2010	0.88	1.24	1.70	1.81	1.71	1.87	2.56	1.66	1.73	1.72	1.57	1.64
2011	0.85	1.15	1.61	1.66	1.54	1.76	2.74	1.56	1.69	1.73	1.42	1.58
2012	0.86	1.23	1.70	1.74	1.55	1.75	2.95	1.57	1.79	1.87	1.51	1.65

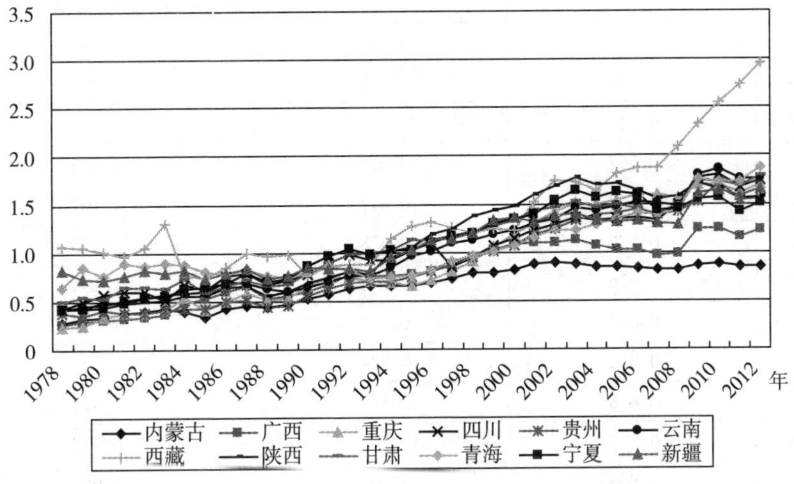

图3-12 西部地区十二个省份收入比变动趋势图

③贷款占比指标

贷款占比是指银行业贷款余额占GDP的比重，该指标能够反映出经济增长依赖于信贷投资的程度。我国是间接融资为主导的金融体系，但各个地区的间接融资程度和比例不同，各个地区的信贷规模、水平和扩张速度也不同，贷款占比就是进行描述的重要指标。

表3－32和图3－13显示了东西部贷款占GDP比重指标和变化趋势，从1978年到2012年，西部贷款占比从0.545上升到1.091，东部贷款占比从0.540上升到1.161；从变动趋势来看，1978—1986年，东部贷款占比高于西部，1987—2002年，西部贷款占比指标高于东部，2003—2012年，东部贷款占比指标又重新领先于西部，且两个地区之间的比重差距在拉大。值得指出的是，2003年是从1978年到2003年间贷款占比的最高值，东部达到1.121，西部为1.110，此后该指标开始下降，直到2008年低谷后，2009年开始贷款占比迅速上升，主要是因为我国为应对国际金融危机、促进经济复苏，2009年国家以积极财政政策和适度宽松货币政策相配合，"天量"信贷投放成为保增长的重要手段，各地区的贷款占比都大幅上升。从东西部贷款占比的差异倍数变动趋势来看，1994—2012年，差异倍数数值在不断扩大，其中，2003—2012年该数值大于1，说明东部贷款占比大于西部贷款占比变动，该指标显示出东西部之间有过度非均衡的变动态势。

表3－32　　东西部地区贷款占比状况①

年份	西部贷款占比	东部贷款占比	差异倍数（东部贷款占比/西部贷款占比）
1978	0.545	0.540	0.990
1979	0.524	0.518	0.988
1980	0.542	0.590	1.087
1981	0.567	0.610	1.075
1982	0.552	0.611	1.107
1983	0.549	0.628	1.145
1984	0.626	0.710	1.134
1985	0.667	0.711	1.067
1986	0.811	0.824	1.016
1987	0.838	0.833	0.995
1988	0.775	0.753	0.972
1989	0.806	0.768	0.953
1990	0.868	0.841	0.969
1991	0.933	0.849	0.910
1992	0.977	0.836	0.857
1993	0.963	0.764	0.794
1994	0.937	0.698	0.745

① 根据《新中国六十年统计资料汇编》，历年《中国金融年鉴》、《中国统计年鉴》整理而得。

续表

年份	西部贷款占比	东部贷款占比	差异倍数（东部贷款占比/西部贷款占比）
1995	0.954	0.751	0.787
1996	0.978	0.771	0.788
1997	0.973	0.843	0.867
1998	1.007	0.895	0.889
1999	1.070	0.944	0.882
2000	1.025	0.932	0.909
2001	1.031	0.963	0.934
2002	1.068	1.044	0.978
2003	1.110	1.121	1.010
2004	1.036	1.069	1.032
2005	0.959	1.010	1.053
2006	0.947	1.006	1.063
2007	0.913	0.989	1.084
2008	0.884	0.981	1.109
2009	1.071	1.234	1.151
2010	1.092	1.264	1.157
2011	1.055	1.229	1.165
2012	1.091	1.266	1.161

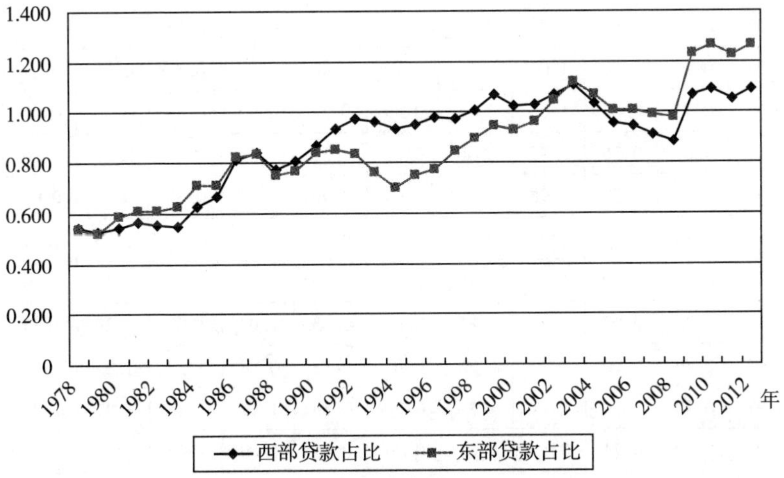

图3-13 1978—2012年东西部贷款占比变化趋势图

从表3－33和图3－14中可以看出，从1978年到2012年西部十二个省份金融机构贷款额与GDP比重变化是在小幅波动中上升的。相对于西藏金融机构收入比，其贷款占比常年保持在较低水平，西藏实体经济发展获得的信贷资金不足；内蒙古的贷款占比变动幅度较小，1978年该指标为0.69，为同一时期西部省份最高，2012年为0.71，为同一时期西部最低，其贷款占比经历了一个先缓慢上升后逐步下降的变动过程；青海的贷款占比指标从1978年的0.44上升到2012年的1.48，为西部所有省份中上升最多，这主要是青海的地区生产总值低，2012年青海GDP为1893.54亿元，占比1.66%，在西部省份中位列倒数第二。从2008年开始，西部各省份的信贷投放量也大幅上升，贷款占比也随着升高，这同样源于国家为应对金融危机采取的适度宽松货币政策。

表3－33　　　　西部十二个省、市、区贷款占比①

年份	内蒙古	广西	重庆	四川	贵州	云南	西藏	陕西	甘肃	青海	宁夏	新疆
1978	0.69	0.61	0.45	0.58	0.46	0.45	0.24	0.64	0.48	0.44	0.55	0.47
1979	0.68	0.57	0.43	0.56	0.42	0.41	0.34	0.62	0.48	0.48	0.51	0.46
1980	0.72	0.57	0.50	0.61	0.41	0.40	0.27	0.63	0.46	0.43	0.54	0.46
1981	0.72	0.53	0.55	0.66	0.44	0.41	0.20	0.64	0.54	0.45	0.52	0.49
1982	0.67	0.51	0.55	0.63	0.43	0.40	0.22	0.64	0.53	0.48	0.50	0.50
1983	0.67	0.54	0.57	0.62	0.41	0.41	0.31	0.61	0.49	0.47	0.49	0.49
1984	0.63	0.60	0.64	0.75	0.43	0.46	0.43	0.69	0.63	0.43	0.68	0.58
1985	0.55	0.65	0.67	0.76	0.51	0.59	0.41	0.78	0.65	0.64	0.75	0.65
1986	0.71	0.74	0.77	1.00	0.64	0.71	0.40	0.89	0.77	0.77	0.87	0.72
1987	0.72	0.77	0.86	1.03	0.65	0.69	0.32	0.90	0.83	0.93	0.97	0.75
1988	0.67	0.67	0.76	0.95	0.59	0.67	0.53	0.81	0.83	0.89	0.96	0.72
1989	0.73	0.72	0.77	0.98	0.61	0.64	0.70	0.85	0.85	0.98	0.96	0.80
1990	0.85	0.73	0.90	1.02	0.71	0.61	0.64	0.95	0.94	1.03	1.11	0.89
1991	0.91	0.75	0.99	1.14	0.79	0.63	0.56	0.99	1.05	1.17	1.30	0.89
1992	0.94	0.77	0.97	1.22	0.85	0.67	0.63	1.04	1.07	1.20	1.35	0.95
1993	0.98	0.76	0.90	1.20	0.85	0.67	0.88	0.98	1.13	1.22	1.30	0.94
1994	0.97	0.70	0.79	1.11	0.80	0.70	0.88	1.11	1.16	1.27	1.20	0.95
1995	0.96	0.70	0.74	1.15	0.81	0.76	0.93	1.09	1.22	1.31	1.14	1.04

① 根据《新中国六十年统计资料汇编》，历年《中国金融年鉴》、《中国统计年鉴》整理而得。

续表

年份	内蒙古	广西	重庆	四川	贵州	云南	西藏	陕西	甘肃	青海	宁夏	新疆
1996	0.98	0.71	0.77	1.17	0.84	0.79	0.91	1.11	1.16	1.45	1.16	1.13
1997	1.02	0.78	0.85	0.91	0.95	0.89	0.98	1.18	1.26	1.25	1.22	1.17
1998	1.04	0.79	0.94	0.91	0.98	0.94	0.86	1.28	1.29	1.27	1.27	1.19
1999	0.99	0.87	1.08	1.08	0.96	0.96	0.70	1.32	1.27	1.21	1.28	1.19
2000	0.87	0.78	1.17	1.03	1.03	0.99	0.68	1.22	1.11	1.32	1.30	1.03
2001	0.86	0.77	1.06	1.05	1.07	1.02	0.69	1.26	1.13	1.32	1.31	1.06
2002	0.85	0.77	1.13	1.09	1.13	1.05	0.75	1.31	1.19	1.30	1.39	1.12
2003	0.81	0.82	1.22	1.11	1.20	1.16	0.78	1.37	1.23	1.32	1.50	1.11
2004	0.74	0.80	1.21	1.02	1.20	1.10	0.76	1.21	1.13	1.33	1.42	1.00
2005	0.66	0.75	1.21	0.91	1.16	1.15	0.71	1.06	0.99	1.18	1.38	0.87
2006	0.66	0.74	1.27	0.91	1.19	1.20	0.70	0.99	0.93	1.13	1.38	0.79
2007	0.62	0.72	1.24	0.88	1.14	1.20	0.65	0.94	0.89	1.11	1.33	0.76
2008	0.58	0.71	1.24	0.89	1.07	1.16	0.55	0.88	0.86	1.07	1.28	0.67
2009	0.66	0.96	1.36	1.13	1.20	1.42	0.56	1.01	1.10	1.38	1.45	0.92
2010	0.68	0.95	1.38	1.15	1.26	1.48	0.59	1.02	1.11	1.35	1.47	0.96
2011	0.68	0.91	1.32	1.07	1.21	1.41	0.68	0.98	1.14	1.37	1.38	1.00
2012	0.71	0.95	1.36	1.10	1.23	1.37	0.95	0.96	1.27	1.48	1.45	1.11

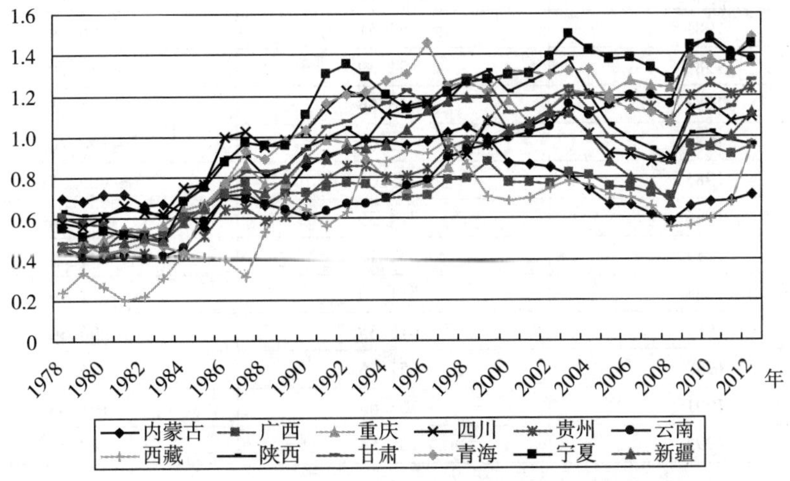

图3-14　西部地区十二个省份贷款占比变动趋势图

④存贷差指标

存贷差是指一个地区在一定时期内全部金融机构存款额与贷款额之差，在一定程度上可以反映金融机构资金是否充足，是向外输出还是要使用外来信贷资金。

表3－34和图3－15显示了东西部金融机构存贷差的历年指标和变动趋势，改革开放后，我国东部和西部金融机构都存在严重的过度放贷情况，存款小于贷款额，贷差不断增加，到了20世纪90年代出现了方向性的逆转，东部自1992年开始出现存差，并逐年迅速扩大，2012年东部存差为161620.77亿元，为1992年近222倍；西部的贷差从1978年一直持续到1997年，1998年开始出现存差，为465.88亿元，2012年达到49269.74亿元，扩张了近106倍。在过去，我国银行业金融机构超额贷款来自中央银行的再贷款，而央行的再贷款要依靠巨额货币发行，随着货币化区间从20世纪90年代开始的日益收减，超额贷款和贷差的空间也被挤压收窄，由贷差逆转为存差是必然趋势，但是由贷差转为存差的时间点不同，与各个地区市场化状况与程度差异有一定关系。从东西部存贷差的绝对差额变动趋势来看，东部与西部的绝对差额从1991年开始不断扩大，到2012年该绝对差额高达112351.03亿元，呈现过度非均衡变动态势。

表3－34　　东西部地区存贷差状况　　单位：亿元①

年份	西部存贷差	东部存贷差
1978	－94.03	－61.63
1979	－66.19	－54.12
1980	－48.83	－308.01
1981	－53.51	－246.66
1982	－31.39	－212.20
1983	－36.66	－191.31
1984	－49.64	－324.40
1985	－200.06	－605.32
1986	－314.35	－746.16
1987	－352.17	－841.34
1988	－511.10	－1014.96
1989	－616.35	－996.30
1990	－657.16	－706.44
1991	－705.63	－161.63
1992	－765.54	729.60

① 根据《新中国六十年统计资料汇编》，历年《中国金融年鉴》、《中国统计年鉴》整理而得。

续表

年份	西部存贷差	东部存贷差
1993	-1037.02	652.73
1994	-729.79	2820.76
1995	-493.04	5849.13
1996	-148.95	9136.37
1997	-226.62	10814.71
1998	465.88	13002.54
1999	830.16	15334.91
2000	2759.30	18533.43
2001	4196.96	22949.04
2002	5072.73	27846.66
2003	6202.32	32500.48
2004	8463.57	41855.68
2005	12765.90	57452.39
2006	15724.55	66881.00
2007	18455.22	74879.02
2008	26420.38	95243.64
2009	31422.95	108201.34
2010	37907.21	128249.72
2011	41250.96	139982.16
2012	49269.74	161620.77

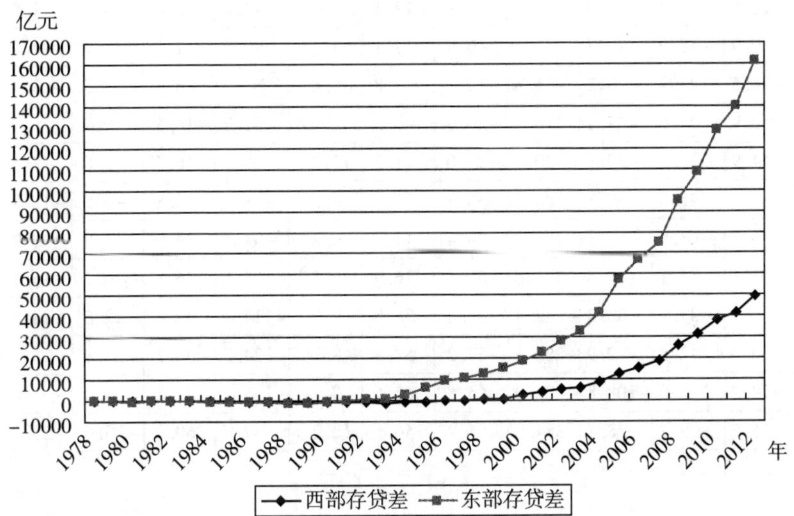

图3-15　1978—2012年东西部存贷差变化趋势图

从表3－35和图3－16中可以看出，西部十二个省份的存贷差变动尽管总体趋势相同，目前都是存差，并逐年在增大，但贷差、存差转变和时期不同。西藏只有1993年出现贷差，其余年份均为存差，并且1993年后存差是不断扩大的；甘肃、青海和新疆也是从1978年开始先出现存差，在20世纪80年代末90年代初期出现贷差，最后转变为存差，青海则是在2005年才出现存差，此后这些省份存贷差额都是逐年迅速增加。其他省份的变动趋势则是由贷差转变为存差，其中四川无论是贷差还是存差绝对数额都在西部位于前列，这主要是因为四川的金融总量和规模大，金融资源丰富，金融机构存贷款额在西部比重高。各个省份的存差和不断扩大的现状与我国多层次金融体系的构建、金融资产多元化和金融工具多样化有密切关系，与我国各地区金融变迁和市场化进程相符合，也与特定时期金融改革和金融管制政策相关联，但是各地区存贷差的变动趋势还不能充分说明资金配置功能和使用效率的发挥，要分析金融中介的资金配置功能，还要采用金融效率的指标进行更细致准确的度量。

表3－35　　西部十二个省、市、区存贷差　　单位：亿元①

年份	内蒙古	广西	重庆	四川	贵州	云南	西藏	陕西	甘肃	青海	宁夏	新疆
1978	-23.9	-26.5	-14.3	-28.8	-3.6	-2.4	5.5	-16.4	1.1	3.2	-1.7	13.8
1979	-22.9	-23.8	-13.9	-13.0	-3.5	3.1	5.2	-17.6	3.5	5.7	-1.2	12.3
1980	-26.2	-25.4	-13.0	-7.7	-0.5	6.0	6.4	-11.7	5.1	5.9	-1.6	13.8
1981	-26.3	-22.8	-16.3	-16.3	-4.3	9.3	8.0	-16.0	7.2	7.6	-0.5	16.7
1982	-25.6	-22.9	-16.6	-9.1	-3.2	15.5	8.6	-15.5	8.5	7.7	0.6	20.6
1983	-26.8	-23.8	-18.0	-31.7	-0.9	19.1	10.3	-11.6	12.6	9.6	1.6	23.1
1984	-30.9	-18.9	-13.7	-31.5	-0.9	17.1	4.5	-19.4	11.7	11.9	-1.2	21.6
1985	-34.5	-23.4	-39.2	-65.8	-11.1	2.8	6.0	-40.5	-6.7	5.5	-3.4	10.3
1986	-50.9	-27.6	-47.1	-110.3	-20.0	-0.3	7.7	-52.7	-16.5	0.4	-6.6	9.6
1987	-54.9	-25.7	-53.3	-130.3	-24.0	-1.3	12.0	-60.8	-16.4	-3.8	-7.5	13.8
1988	-60.4	-45.0	-59.8	-180.9	-33.3	-11.3	8.8	-78.9	-32.8	-6.5	-12.7	1.7
1989	-76.7	-66.5	-67.7	-200.3	-35.4	-15.5	6.2	-91.1	-36.0	-13.5	-13.9	-6.0
1990	-103.1	-55.1	-70.4	-221.6	-39.5	16.9	3.5	-106.8	-36.8	-16.2	-16.2	-11.9
1991	-121.1	-37.9	-83.3	-242.4	-47.4	38.5	9.0	-114.1	-42.4	-22.8	-24.4	-17.4
1992	-132.3	2.5	-92.9	-288.6	-57.2	52.5	8.2	-124.8	-30.2	-32.8	-26.2	-43.7
1993	-179.2	-2.0	-108.8	-403.9	-65.8	67.6	-0.2	-138.7	-49.8	-53.2	-32.6	-70.4
1994	-216.6	79.7	-78.7	-384.6	-56.2	156.5	12.2	-87.7	-60.3	-73.0	-23.2	2.1

① 根据《新中国六十年统计资料汇编》，历年《中国金融年鉴》、《中国统计年鉴》整理而得。

续表

年份	内蒙古	广西	重庆	四川	贵州	云南	西藏	陕西	甘肃	青海	宁夏	新疆
1995	-253.5	96.7	-78.7	-300.0	-35.2	262.6	19.4	-35.3	-52.8	-92.3	-18.8	-5.0
1996	-299.2	157.8	-67.5	-219.0	-24.2	345.1	26.1	87.0	-23.8	-116.9	-10.5	-3.7
1997	-326.6	145.4	-57.5	-211.8	-49.1	332.4	21.9	101.4	-68.2	-69.2	-10.7	-34.6
1998	-322.1	275.6	-52.6	175.9	-25.2	362.1	31.3	155.2	-69.3	-68.0	-15.1	18.2
1999	-271.8	291.0	-30.9	-1.8	46.0	430.3	57.3	180.2	10.9	-48.4	5.5	161.9
2000	-70.6	655.8	23.4	459.7	41.8	477.9	64.4	469.9	231.8	-68.4	13.3	460.4
2001	28.0	754.9	422.1	758.2	128.9	606.3	116.3	667.3	347.4	-47.7	27.5	387.8
2002	85.5	843.1	576.3	916.3	149.1	702.8	161.8	847.4	336.5	-23.8	53.6	424.2
2003	166.9	854.7	663.8	1325.2	184.6	791.9	176.4	1043.5	401.9	-33.8	64.7	562.6
2004	336.6	913.5	793.3	1986.2	302.2	1006.1	193.8	1550.7	575.0	-18.1	79.0	745.1
2005	709.6	1146.0	1008.2	3162.3	473.6	1152.9	276.3	2463.3	972.4	94.5	151.5	1155.4
2006	831.4	1376.6	1131.5	3968.8	604.0	1327.7	340.8	2989.3	1204.9	173.6	147.9	1628.1
2007	1186.0	1462.1	1445.0	4779.4	697.7	1499.2	419.0	3380.2	1343.5	219.5	94.0	1929.6
2008	1813.2	1957.4	1701.1	7497.7	1167.7	1824.6	608.9	4734.0	1996.9	358.1	188.0	2572.8
2009	2028.5	2278.5	2227.6	9148.4	1242.3	2340.0	780.1	5766.8	2163.2	382.8	139.7	2925.1
2010	2359.2	2834.0	2566.4	11018.3	2066.1	2772.9	994.9	6368.3	2570.0	503.2	166.8	3687.2
2011	2336.3	2881.5	2933.7	12457.0	1895.7	3082.4	1253.5	7179.8	2724.7	595.8	71.2	3839.4
2012	2280.5	3611.1	3829.7	15413.6	2217.7	3892.5	1390.2	8792.1	2933.1	736.7	135.0	4037.6

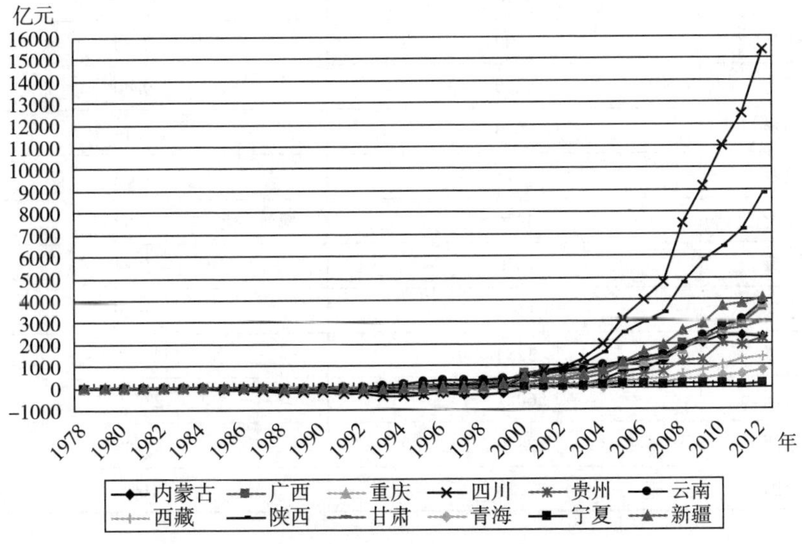

图3-16　西部地区十二个省份存贷差变动趋势图

⑤银行业金融机构数

金融机构空间分布作为金融地理研究的一个重要内容，主要探讨金融机构的区位差异、空间组织和地理影响因素，而银行业金融机构网点数量与空间分布是最直接地反映区域金融机构差异的重要指标。

从表3-36的数据可以看出，2012年西部银行业金融机构个数为56021个，占全国的27.72%，东部银行业金融机构数79830个，占全国39.49%，东部比西部多23809个，东部省份金融机构网点更为集中。从西部十二个省份银行业金融机构网点数占比的空间分布状况，有九个省份占比在10%以下，其中西藏金融机构数636个，仅占西部1.14%，位列末尾；广西、陕西的占比指标为10.11%和11.62%，处于第二梯队；四川金融机构数在西部最多，达到13218个，在西部比重为23.59%，比西藏多12602个。金融机构数的地理位置和区位分布明显地表现出东部集中，西部地区四川集中的非均衡态势。

表3-36　　2012年西部银行业金融机构个数①

地区	银行业金融机构数（个）	银行业金融机构数西部/全国占比（%）
内蒙古	5231	9.34
广西	5663	10.11
重庆	5176	9.24
四川	13218	23.59
贵州	4400	7.85
云南	5266	9.40
西藏	636	1.14
陕西	6511	11.62
甘肃	4436	7.92
青海	1030	1.84
宁夏	1170	2.09
新疆	3284	5.86
西部	56021	27.72
东部	79830	39.49
全国	202128	100

① 根据2012年西部十二个省、市、区，东部十个省、市《区域金融运行报告》，《中国金融年鉴(2013)》整理而得。

⑥银行业金融机构从业人员数

银行业金融机构从业人员的数量和区位分布是银行业空间资源的重要度量指标。我国是机构主导型的金融体系，金融中介在金融体系中还处于主导地位，因此各个地区金融机构的从业人员分布、占比等状况可以在一定程度上反映一个地区银行业金融机构的发展状况。

从表3－37中可以直观地看出，2012年西部银行业金融机构从业人员为813490人，全国占比24.1%；东部为1496454人，全国占比44.3%，东部比西部多682964人，金融机构从业人员在全国的地理分布向东部集中。从2012年西部十二个省份银行业金融机构从业人员占比的空间分布状况来看，有八个省份占比低于10%，其中西藏从业人员7125人，占比0.88%，为西部最低；广西、陕西和内蒙古从业人员数占比分别为10.42%、10.78%和11.67%；2012年四川金融机构从业人员数高达207560人，占比25.51%，位列西部第一位。西部地区金融机构网点数与从业人员数有相似的地域分布特征，均呈现出四川金融中介资源一枝独秀的非均衡分布格局。

表3－37　　2012年西部银行业金融机构从业人员数①

地区	银行业金融机构从业人员数（人）	银行业金融机构从业人员数西部/全国占比（%）
内蒙古	94950	11.67
广西	84736	10.42
重庆	61525	7.56
四川	207560	25.51
贵州	48180	5.92
云南	70480	8.66
西藏	7125	0.88
陕西	87677	10.78
甘肃	57484	7.07
青海	15985	1.97
宁夏	20908	2.57
新疆	56880	6.99
西部	813490	24.1
东部	1496454	44.3
全国	3378000	100

① 根据2012年西部十二个省、市、区，东部十个省、市《区域金融运行报告》，《中国金融年鉴（2013）》整理而得。

（2）证券业发展的非均衡表现

衡量证券业发展非均衡的指标主要有以下几个方面：一是国内股票（A股）筹资额，是反映一个区域证券业股票资源的重要指标，其规模大小就度量了各个地区股票筹资的能力差异；二是国内债券筹资额，可以反映一个区域通过债券的筹资状况以及境内上市公司数、总部设辖区内证券公司数、总部设辖区内期货公司数和总部设辖区内基金公司数。

从表3－38和表3－39数据可以看出，2012年国内股票（A股）筹资额西部为823.5亿元，占比18.79%，东部为2790.1亿元，占比63.67%；国内债券筹资额西部为4311.8亿元，占比11.75%，东部为26939.1亿元，占比73.4%。从直接融资渠道的筹资总额上看，东部占据绝对的市场规模优势。2012年末上市公司数东部比西部多了1257家，是西部的近4.5倍；总部所在区域内的证券公司数、基金公司数和期货公司数也都是东部地区更加集中，特别是截至2012年末，总部所在区域的基金公司数东部所占比例为全国的97.4%，除去西部2.6%的占比外，中国其他经济区域还没有总部设立在该地区的基金公司，这显示了东部的市场参与度同样有绝对的优势地位，东部的证券业资源和证券业总体发展水平是明显要优于西部地区的。

表3－38　　2012年西部证券业发展综合状况①

地区	当年国内股票（A股）筹资额（亿元）	当年国内债券筹资额（亿元）	年末国内上市公司数（家）	总部设在辖内证券公司数（家）	总部设在辖内基金公司数（家）	总部设在辖内期货公司数（家）
内蒙古	123.3	481.7	24	2	0	0
广西	5.3	323.3	30	1	1	0
重庆	30	556.4	37	1	1	1
四川	252.5	873.5	90	4	0	3
贵州	20.8	304	21	1	0	0
云南	0.7	292.1	28	2	0	2
西藏	7.4	0	10	1	0	0
陕西	64.1	590.8	39	3	0	3
甘肃	88.5	267	24	1	0	1
青海	3.4	199	10	1	0	1

① 根据2012年西部十二个省、市、区，东部十个省、市《区域金融运行报告》，《中国金融年鉴（2013）》，《中国各地区金融稳定报告摘要（2013）》，《中国证券登记结算统计年鉴（2012）》整理而得。

续表

地区	当年国内股票（A股）筹资额（亿元）	当年国内债券筹资额（亿元）	年末国内上市公司数（家）	总部设在辖内证券公司数（家）	总部设在辖内基金公司数（家）	总部设在辖内期货公司数（家）
宁夏	23.5	9	12	0	0	0
新疆	204	415	41	1	0	2
西部	823.5	4311.8	366	18	2	13
东部	2790.1	26939.1	1623	78	75	115
全国	4382.3	36699.8	2494	114	77	158

表3-39　2012年西部证券业发展各项指标占比状况①

地区	当年国内股票（A股）筹资额西部/全国占比（%）	当年国内债券筹资额西部/全国占比（%）	年末国内上市公司数西部/全国占比（%）	年末总部设在辖内证券公司数西部/全国占比（%）	年末总部设在辖内基金公司数西部/全国占比（%）	年末总部设在辖内期货公司数西部/全国占比（%）
内蒙古	14.97	11.17	6.56	11.1	0	0
广西	0.65	7.5	8.2	5.56	50	0
重庆	3.64	12.9	10.11	5.56	50	7.69
四川	30.66	20.26	24.59	22.22	0	23.08
贵州	2.53	7.05	5.74	5.56	0	0
云南	0.09	6.77	7.65	11.1	0	15.39
西藏	0.9	0	2.73	5.56	0	0
陕西	7.78	13.7	10.65	16.66	0	23.08
甘肃	10.75	6.19	6.56	5.56	0	7.69
青海	0.41	4.62	2.73	5.56	0	7.69
宁夏	2.85	0.22	3.28	0	0	0
新疆	24.77	9.62	11.2	5.56	0	15.38
西部	18.79	11.75	14.68	15.79	2.6	8.23
东部	63.67	73.4	65.08	68.42	97.4	72.78
全国	100	100	100	100	100	100

① 根据2012年西部十二个省、市、区，东部十个省、市《区域金融运行报告》，《中国金融年鉴（2013）》，《中国各地区金融稳定报告摘要（2013）》整理计算而得。

图3－17、图3－18和图3－19显示了西部十二个省份各自的A股筹资额占比、国内债券筹资额占比和国内上市公司数，从这三项指标来看，四川的A股和债券筹资比重都很高，分别达到30.66%和20.26%，表明其从证券市场上筹措资金的能力较强，国内上市公司数90家，在西部占比24.59%；表3－37和表3－38中还显示了总部设在四川省内证券公司数和期货公司数也是西部最多的，专业证券经营机构在西部省份中分布也是不均衡的。西藏和宁夏的证券业资源占比也很低，其中，西藏2012年A股筹资额只有7.4亿元，占比0.9%，当年没有国内债券筹资，也没有总部设在省域内的基金公司和期货公司；而截至2012年末，宁夏还没有总部设立在省内的证券公司、基金公司和期货公司，其A股和国内债券筹资数量小、占比低，证券业发展水平还很滞后。西部证券业空间分布的非均衡态势，突出表现在四川实体性中间层面的金融资源总量规模和市场份额上占据绝对优势，其他省份证券业发展水平与其还存在很大差距。

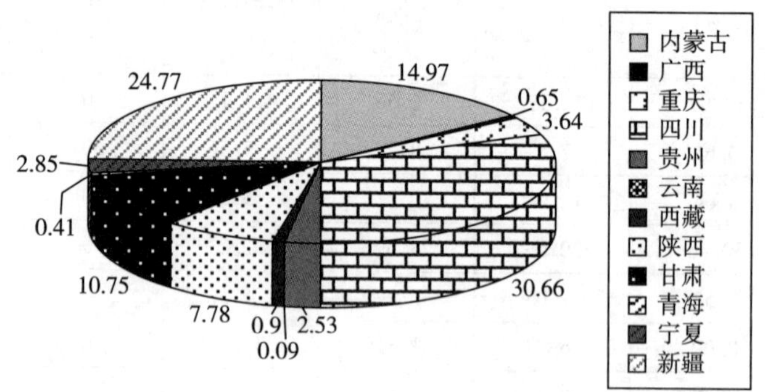

图3－17　2012年西部各省份国内股票（A股）筹资份额图（单位:%）

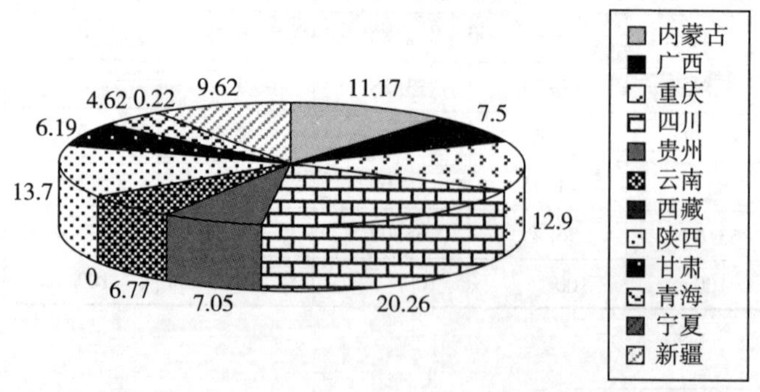

图3－18　2012年西部各省份国内债券筹资份额图（单位:%）

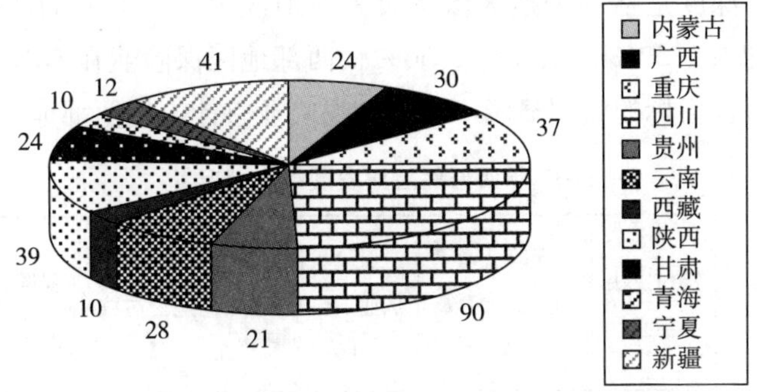

图3-19 2012年西部各省份国内上市公司数分布图（单位：家）

（3）保险业发展的非均衡表现

保险业作为现代经济的重要产业，保险作为风险管理的基本手段，经济越发达，社会越进步，文明程度越高，保险的重要性越突出。① 保险业的发展水平，不仅表现在保险业务规模上，还涉及多方面因素。受区域经济非均衡发展与发达程度差异的影响，我国保险业也表现出较大的区域差异，保险市场存在一定的区域不平衡性。该部分选取了保费收入、保险赔款支出、保险公司分支机构数、总部设在辖区内保险公司数、保险机构从业人员数、保险密度和保险深度这七个指标来综合度量西部区域保险业的非均衡状况，并测算出这些指标的区域比例来进一步细化反映其空间分布和市场份额态势。

从表3-40和表3-41数据可以看出，2012年西部地区保费收入2922.37亿元，在全国占比18.87%，东部为7572.87亿元，全国占比48.9%；作为保险公司承担各种职能最重要的资金来源，从流量上保费收入指标反映了一个区域保险业务销售收入水平和社会资源集聚的能力，2012年东部保费收入为西部的近2.6倍，在全国处于领先的地位。赔付支出指标也反映了一个地区保险市场的活跃程度，西部赔付支出为908.49亿元，东部为2300.24亿元，东部赔付支出也随着保费收入的扩张而增大。保险公司分支机构数、保险机构从业人员数和总部设在辖内保险公司数都是衡量地区保险业资源的重要指标，东部三项指标分别占比46.55%、43.79%和86.93%，其中，总部设在辖区内保险公司数东部为133家，西部仅有8家，东部地区成为我国保险业人力资源和机构资源的主要集聚区域。保险密度（按照当地人口计算的人均保费收入）的区域差异十分明显，东部为2065.08元/人，比西部和全国的保险密度都要高

① 资料来源于《国务院关于加快发展现代保险服务业的若干意见》。

出很多；保险深度是指一个地区保费收入在地区生产总值中的比重，2012 年西部保险深度为2.57%，东部为2.56%，西部地区保险业在GDP中的占比略高于东部。综合指标的数据显示了东部的保险业整体上比西部地区更发达。

表3-40　　2012年西部保险业发展综合状况①

地区	保费收入（亿元）	赔付支出（亿元）	保险公司分支机构数（家）	保险机构从业人员总数（人）	总部设在辖内保险公司数（家）	保险密度（元/人）	保险深度（%）
内蒙古	247.74	85.36	36	67500	0	995.01	1.55
广西	238.26	74.4	33	73113	0	508.78	1.84
重庆	331.03	91.78	41	85100	3	1123.96	2.89
四川	819.53	232.9	69	181900	3	1014.74	3.44
贵州	150.22	55.34	23	10738	0	431.18	2.21
云南	271.3	100.11	32	71500	1	579.94	2.62
西藏	9.54	4.05	5	1677	0	309.65	1.36
陕西	365.33	104.4	48	84000	1	984.02	2.53
甘肃	158.77	49.18	23	55237	0	615.96	2.81
青海	32.4	10.86	12	7697	0	565.29	1.72
宁夏	62.69	19.99	16	16144	0	968.62	2.69
新疆	235.56	80.12	28	15059	0	1055.01	3.13
西部	2922.37	908.49	366	669665	8	762.68	2.57
东部	7572.87	2300.24	715	1502970	133	2065.08	2.56
全国	15487.93	4716.32	1536	3431989	153	1144.00	3.00

① 根据2012年西部十二个省、市、区，东部十个省、市《区域金融运行报告》、《中国统计年鉴(2013)》、《中国金融年鉴（2013)》、《中国保险年鉴（2013)》、《中国各地区金融稳定报告摘要(2013)》、《中国人口和就业统计年鉴（2013)》，中国保险监督管理委员会各省、市、区监管局网站整理而得，其中缺失数据通过插值法计算得到。

表3-41　2012年西部保险业发展各项指标占比状况①

地区	保费收入西部/全国占比（%）	赔付支出西部/全国占比（%）	保险公司分支机构数西部/全国占比（%）	保险机构从业人员数西部/全国占比（%）	总部设在辖内保险公司数西部/全国占比（%）
内蒙古	8.48	9.4	9.84	10.08	0
广西	8.15	8.19	9.02	10.92	0
重庆	11.33	10.1	11.2	12.71	37.5
四川	28.04	25.64	18.85	27.16	37.5
贵州	5.14	6.09	6.28	1.6	0
云南	9.28	11.02	8.74	10.68	12.5
西藏	0.33	0.45	1.37	0.25	0
陕西	12.5	11.49	13.11	12.54	12.5
甘肃	5.43	5.41	6.29	8.25	0
青海	1.11	1.19	3.28	1.15	0
宁夏	2.15	2.2	4.37	2.41	0
新疆	8.06	8.82	7.65	2.25	0
西部	18.87	19.26	23.83	19.51	5.23
东部	48.9	48.77	46.55	43.79	86.93
全国	100	100	100	100	100

图3-20、图3-21、图3-22、图3-23显示了西部十二个省、市、区保险业发展的指标数据和占比状况，从保费收入来看，四川占到整个西部的28.04%，相应的赔付支出也达到25.64%，其保险市场活跃度很高；西藏2012年保费收入9.54亿元，占比0.33%，保费收入和赔付支出均为西部最低。陕西和重庆保费收入占比高于10%，其余九个省份都在10%以下，赔付支出陕西、重庆和云南占比高于10%，其余八个省份低于10%。可见，西部大部分地区的保险业发展水平还比较落后。从保险业人力资源和机构资源比重来看，2012年四川保险公司分支机构数在西部占比18.85%，保险业从业人员占比27.16%，均在西部位列第一。四川总部设在辖区内保险公司为3家，其余三个总部在辖区内的省份是云南、陕西和重庆。西部各省的保险密度指标重

① 根据2012年西部十二个省、市、区，东部十个省、市《区域金融运行报告》、《中国统计年鉴（2013）》、《中国金融年鉴（2013）》、《中国保险年鉴（2013）》、《中国各地区金融稳定报告摘要（2013）》、《中国人口和就业统计年鉴（2013）》，中国保险监督管理委员会各省、市、区监管局网站整理计算而得。

庆最高，达到1123.96元/人，四川仅排在第三，这与各省份的人口数量有很大关系，2012年末重庆总人口为2945万人，四川为8076万人，因此人均指标衡量的保险密度重庆更高。四川保险深度为3.44%，位居西部第一，西藏1.36%排在最后，西部有七个省份保险深度高于西部平均水平，可见，四川的保险业对地区生产总值的贡献更高，保险业在该地区具有重要的地位。

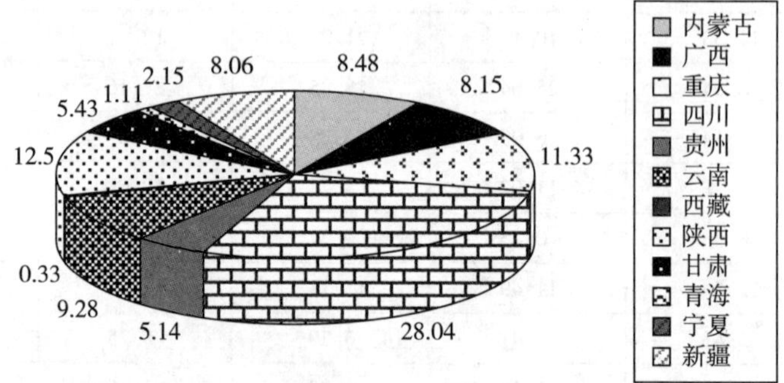

图3-20　2012年西部各省份保费收入份额图（单位：%）

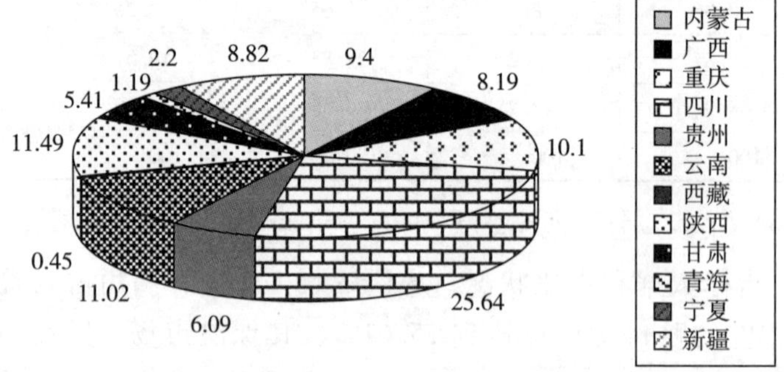

图3-21　2012年西部各省份赔付支出份额图（单位：%）

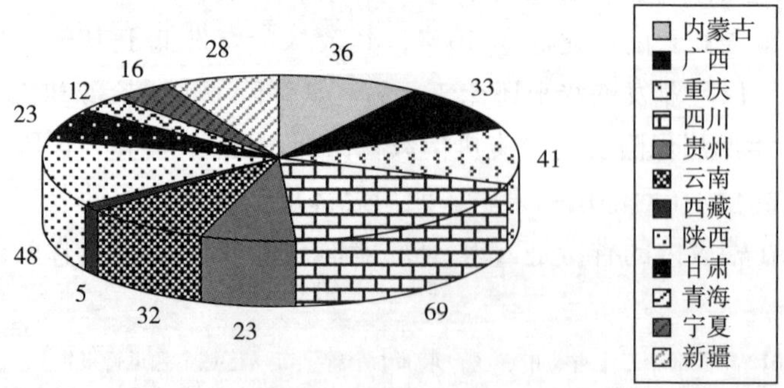

图3-22　2012年西部各省份保险公司分支机构数分布图（单位：家）

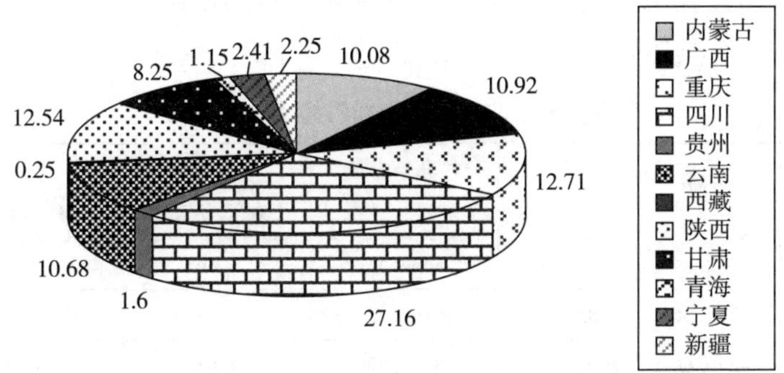

图3-23 2012年西部各省份保险机构从业人员数占比分布图（单位:%）

2. 融资结构

融资结构涉及两种方式，即直接融资和间接融资方式。我国长期以来一直是以间接融资为主导的金融结构，相对应的是机构主导型（银行主导）的金融体系，但是各地经济金融发展程度的差异，使得融资方式在各个地区表现出非均衡的态势。该部分采用间接融资、直接融资和融资结构比指标来衡量东西部之间，以及西部内部省份的非金融机构部门融资结构状况。

（1）间接融资指标

间接融资指通过金融中介机构进行的资金融通方式，非金融机构部门主要向金融机构获取贷款进行资金融通，是反映一个地区银行主导或者金融控制能力的重要指标。

从表3-42、图3-24和图3-25可以直观看出，东部地区与西部地区非金融机构部门融资间接融资额的绝对差距从2001年的5434.51亿元扩大到2012年的25006.21亿元，绝对差额的变动也是呈现过度非均衡态势的。其中，2009年东西部的间接融资量为历年最高，两个地区差异绝对值也最大，达到40390.11亿元，这主要是因为我国为应对国际金融危机而采取的适度宽松货币政策，投放了“天量”信贷资金支持实体经济。差异倍数变动反映了2002年东部地区的非金融机构部门间接融资量为西部的4.68倍，达到最大倍数差距，此后差异倍数呈下降趋势。差异系数一直在0.5~0.8之间变动，说明西部地区非金融机构部门间接融资总量还不到东部的一半，2006年以后差异系数也在缩小，西部非金融机构部门间接融资量与东部的差距降低，西部间接融资为主导的金融结构更加明显。从东西部非金融机构部门间接融资量的对比分析来看，与东西部非金融机构部门融资总量的地域分布和指标变动几乎呈现相同的趋势（见表3-23、图3-7和图3-8），间接融资变动主导着金融总量的变动，这是我国机构主导型（银行主导型）的金融体系在金融总量和金融结构上的一个具体表现。

表 3-42　　东西部地区非金融机构部门间接融资状况①

年份	西部	东部	差异绝对额（东部 - 西部）	差异倍数（东部/西部）	差异系数（1 - 西部/东部）
2001	2042.54	7477.05	5434.51	3.66	0.73
2002	2745.56	12852.58	10107.02	4.68	0.79
2003	4340.60	20088.44	15747.83	4.63	0.78
2004	3712.27	14698.48	10986.22	3.96	0.75
2005	3838.46	14460.05	10621.59	3.77	0.73
2006	5251.14	20608.23	15357.09	3.92	0.75
2007	6477.55	24290.06	17812.51	3.75	0.73
2008	9636.26	26130.96	16494.70	2.71	0.63
2009	19676.33	60066.44	40390.11	3.05	0.67
2010	16645.02	46277.18	29632.16	2.78	0.64
2011	17154.22	39894.26	22740.05	2.33	0.57
2012	19221.65	44227.86	25006.21	2.30	0.57

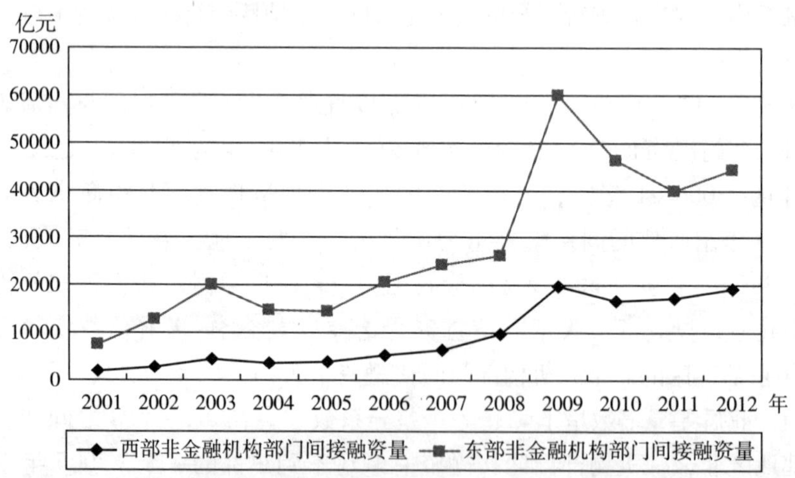

图 3-24　东西部非金融机构部门间接融资变动趋势图

① 根据历年各省、市、区《区域金融运行报告》、《中国金融年鉴》整理而得。

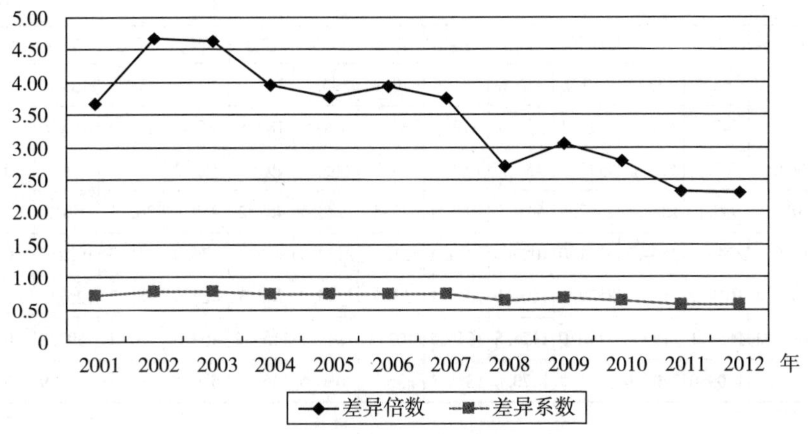

图3－25　东西部非金融机构部门间接融资量差异程度

从表3－43、图3－26和图3－27可知，2001—2012年西部十二个省、市、区非金融机构部门间接融资量总体呈上升趋势；其中，除了2005年数据外，其余年份四川的间接融资额为西部最高，特别是2009年，各省份的间接融资额都扩张迅速，得益于金融机构信贷大量投放。西藏的非金融机构间接融资量小，尽管从2001年的13.7亿元上升到2012年的255.1亿元，扩大近19倍，但从横向上与西部其他各省还存在巨大差距。从衡量各省份融资总量非均衡的变异系数来看，2001—2008年，变异系数呈先下降后缓慢爬升的态势，表明非均衡程度先缩小后变大，2008年达到最高值0.771以后，该指标数值快速降低，2012年下降到为0.547，为历年最低值，反映了西部十二个省份之间的信贷不平衡状态在缓和。当然，这一变化与我国为抵御金融危机而采取扩大内需的刺激政策。以及政策效应逐年释放有很大关系，在一定程度上平抑了西部各省原有的信贷资金差异。

表3－43　西部地区非金融机构部门间接融资量非均衡状况　单位：亿元①

年份	内蒙古	广西	重庆	四川	贵州	云南	西藏	陕西	甘肃	青海	宁夏	新疆	变异系数
2001	128.6	141.1	237.0	445.4	147.4	188.0	13.7	351.1	95.9	55.6	56.0	182.7	0.705
2002	182.1	210.3	307.4	643.2	203.6	250.8	24.5	389.0	192.1	55.9	81.8	205.0	0.694
2003	266.2	427.6	584.3	761.4	311.1	557.3	23.3	617.7	254.8	83.8	158.8	294.3	0.607
2004	335.7	532.0	531.5	634.4	307.0	430.9	30.6	410.7	207.6	64.0	93.1	134.6	0.630

① 根据历年各省、市、区《区域金融运行报告》、《中国金融年鉴》、《中国各地区金融稳定报告摘要（2013）》整理而得。

续表

年份	内蒙古	广西	重庆	四川	贵州	云南	西藏	陕西	甘肃	青海	宁夏	新疆	变异系数
2005	429. 6	468. 5	533. 4	559. 7	336. 6	661. 4	10. 9	395. 1	120. 0	68. 0	119. 9	135. 3	0. 659
2006	624. 9	540. 3	630. 7	1112. 1	391. 9	819. 9	25. 0	519. 6	189. 8	88. 8	153. 3	154. 7	0. 725
2007	563. 0	705. 9	858. 6	1413. 7	436. 2	882. 7	19. 7	665. 4	291. 5	152. 3	202. 7	285. 7	0. 697
2008	880. 9	947. 0	1279. 8	2367. 9	541. 5	1085. 1	25. 8	1223. 7	462. 2	210. 4	262. 7	349. 3	0. 771
2009	1839. 1	2248. 7	2604. 7	4561. 0	1089. 0	2204. 1	31. 4	2259. 9	916. 4	374. 0	515. 3	1032. 7	0. 731
2010	1607. 4	1619. 7	2143. 1	3572. 0	1101. 0	1849. 1	53. 5	1745. 3	783. 5	423. 4	489. 7	1257. 3	0. 650
2011	1876. 2	1663. 1	2195. 6	3198. 0	1124. 8	1643. 5	107. 2	1897. 1	1159. 2	409. 0	487. 7	1392. 8	0. 574
2012	1565. 4	1709. 0	2402. 0	3651. 9	1470. 4	1814. 7	255. 1	2030. 5	1457. 8	620. 4	464. 7	1779. 9	0. 547

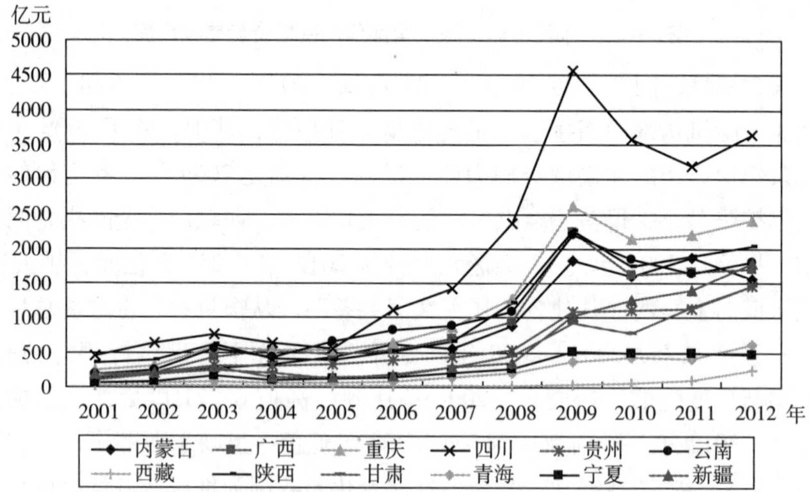

图 3－26　西部十二个省份非金融机构部门间接融资量变动趋势图

（2）直接融资指标

直接融资是没有金融中介介入的资金融通方式，主要以股票、债券为金融工具的融资机制，在证券市场上资金供给者与需求者实现了资金融通，因此该指标也能从一个方面反映一个地区金融市场的发展水平和活跃程度。

从表 3－44、图 3－28 和图 3－29 可以看出，以股票和债券金融工具为主的直接融资方式在东西部间存在很大的不平衡，2001 年东部直接融资额为 570. 85 亿元，与西部绝对差额为 327. 99 亿元，2012 年东部指标为 19843. 54 亿元，西部为 5025. 05 亿元，差额扩大到 14818. 49 亿元。其中，从 2005 年开始，西部与东部直接融资差额剧增，2005 年差异倍数达到 14. 27，而 2004 年

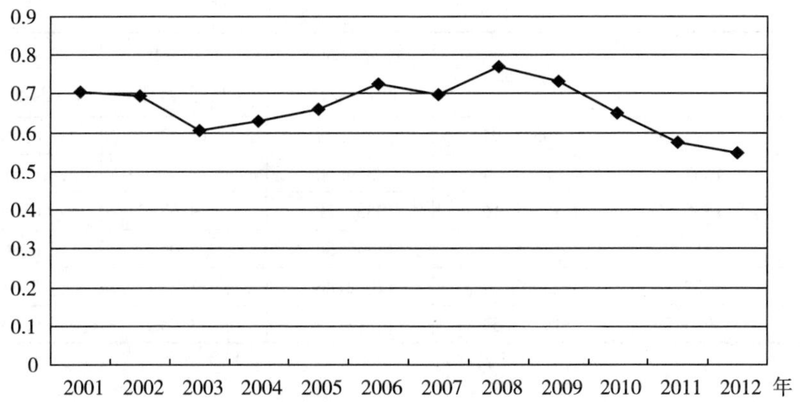

图3-27　西部十二个省份非金融机构部门间接融资量变异系数

只有4倍的差距，2001—2012年东西部非金融机构直接融资差异倍数的总体变动趋势呈现“倒U型”，相应的差异系数在0.55~0.95之间波动，2005年曾达到最高的0.93，也反映出东部在直接融资量上的绝对优势。2005年，中国人民银行发布了《短期融资券管理办法》等文件，短期融资券的获准发行，为企业进入货币市场融资拓展了新的渠道，进一步改变了间接融资与直接融资比例失调的状况，深刻影响了融资结构。因此，从2005年以后东部地区的直接融资量才得以迅速扩大。尽管两个区域差异倍数在不断缩小，但是差异绝对值在不断扩大，表明东西部直接融资量差额呈现过度非均衡的变动态势。在西部地区非金融机构部门直接融资量得到一定程度增加的同时，东部的直接融资量上升更为迅猛，金融市场发展水平得到更大提升，市场活跃度与企业参与程度遥遥领先于西部地区。

表3-44　东西部地区非金融机构部门直接融资状况　单位：亿元①

年份	西部	东部	差异绝对额（东部-西部）	差异倍数（东部/西部）	差异系数（1-西部/东部）
2001	242.86	570.85	327.99	2.35	0.57
2002	153.34	631.42	478.08	4.12	0.76
2003	170.20	944.66	774.47	5.55	0.82
2004	191.73	765.02	573.28	3.99	0.75
2005	162.54	2319.05	2156.51	14.27	0.93
2006	415.36	3150.07	2734.71	7.58	0.87

① 根据历年各省、市、区《区域金融运行报告》、《中国金融年鉴》整理而得。

续表

年份	西部	东部	差异绝对额（东部－西部）	差异倍数（东部/西部）	差异系数（1－西部/东部）
2007	894.15	9378.94	8484.79	10.49	0.90
2008	1067.35	8881.94	7814.60	8.32	0.88
2009	1560.87	15099.16	13538.29	9.67	0.90
2010	2816.28	14159.82	11343.54	5.03	0.80
2011	3050.38	15903.24	12852.86	5.21	0.81
2012	5025.05	19843.54	14818.49	3.95	0.75

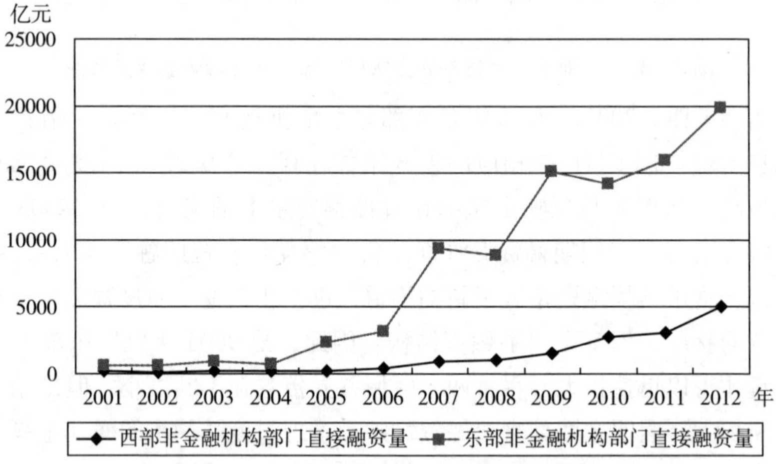

图3－28　东西部非金融机构部门直接融资量变动趋势图

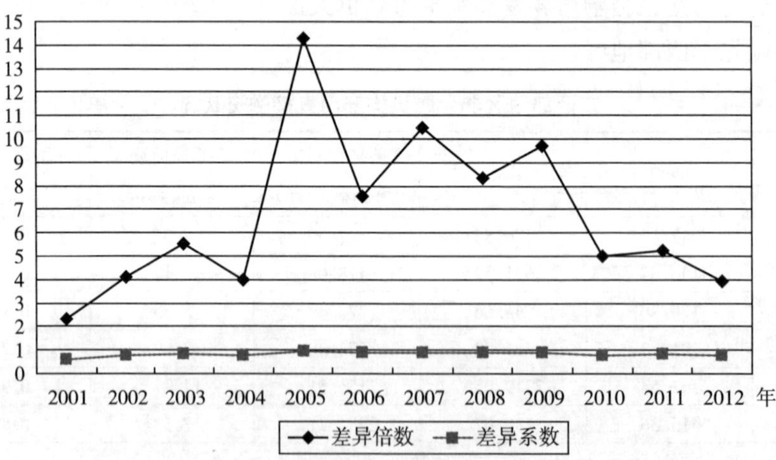

图3－29　东西部非金融机构部门直接融资量差异程度

从表3-45、图3-30和图3-31可以直观地看出，西部十二个省、市、区的非金融机构部门直接融资量差异很大，四川直接融资额在西部位列第一，从2006年开始迅速扩张。西藏直接融资量最低，其中2002—2008年全省没有直接融资额，融资总量全部来自银行金融机构的信贷投放，说明西藏的金融市场发展程度非常滞后，融资结构也极度失衡，尽管2009年后各年都有直接融资额，但额度小，比例低，横向上与西部其他省份比起来仍然落后。非金融机构部门直接融资量的变异系数测度了西部各省份之间的非均衡发展程度，2001—2012年其变动趋势为先上升后小幅波动下降的折线，2003年差异程度达到最大，为1.763，此后降低到2007年的0.662，又小幅上升后下降，直到2012年达到0.675，如果以非金融机构部门直接融资量作为衡量各省份金融市场发展程度的一个指标，从总体趋势上来看，各省份之间金融市场发展水平的差异是在缩小的，企业的融资渠道也在不断得到拓展；但是，要分析一个地区间接融资与直接融资在全部融资额中的比例和分布是否合理，则要通过融资结构比指标来衡量。

表3-45　西部地区非金融机构部门直接融资量非均衡状况　单位：亿元①

年份	内蒙古	广西	重庆	四川	贵州	云南	西藏	陕西	甘肃	青海	宁夏	新疆	变异系数
2001	37.8	10.0	8.8	60.2	36.9	7.4	2.2	3.9	10.0	1.9	3.6	60.2	1.059
2002	18.0	5.8	18.2	9.1	0	7.0	0	5.9	4.9	4.2	0	80.1	1.651
2003	8.0	23.0	3.5	22.7	2.2	6.8	0	2.5	0	4.9	3.2	93.4	1.763
2004	53.8	14.8	32.7	11.0	12.5	8.3	0	4.6	18.8	0	0	35.4	1.003
2005	34.8	10.1	16.5	20.3	3.1	8.0	0	1.2	0	0	19.0	49.6	1.109
2006	39.9	16.7	48.2	104.6	6.0	58.9	0	33.2	50.5	6.7	0	50.8	0.856
2007	127.0	37.2	46.1	191.0	43.1	81.0	0	102.1	40.9	81.0	16.0	129.0	0.662
2008	144.6	28.3	73.1	192.0	21.4	141.0	0	323.3	54.2	9.9	13.5	66.0	1.034
2009	96.8	22.7	238.9	385.9	31.4	116.0	4.8	240.0	313.7	18.0	19.8	73.0	0.965
2010	168.7	202.2	334.5	496.3	141.7	341.8	57.9	464.0	119.2	129.3	20.4	340.3	0.638
2011	229.5	250.7	421.3	645.8	86.0	139.0	35.9	383.1	336.6	112.7	70.3	339.5	0.677
2012	605.7	328.0	585.6	1078.5	324.9	293.0	7.3	655.3	355.4	202.4	48.8	540.1	0.675

① 根据历年各省、市、区《区域金融运行报告》、《中国金融年鉴》整理而得。

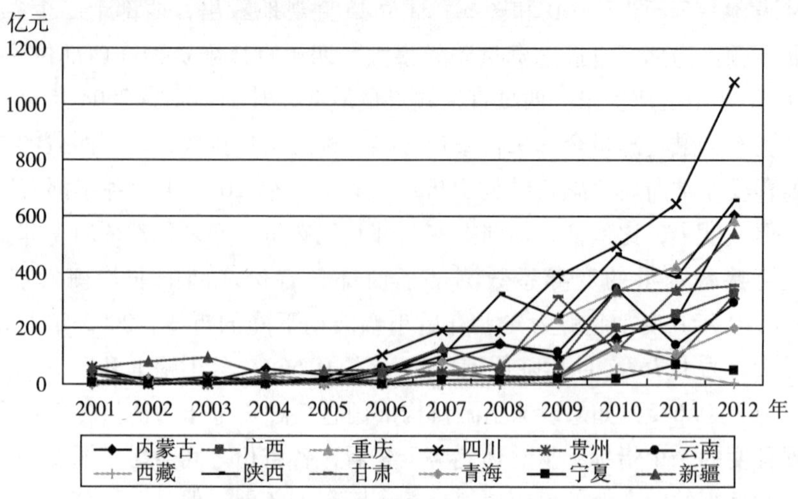

图 3－30　西部十二个省份非金融机构部门直接融资量变动趋势图

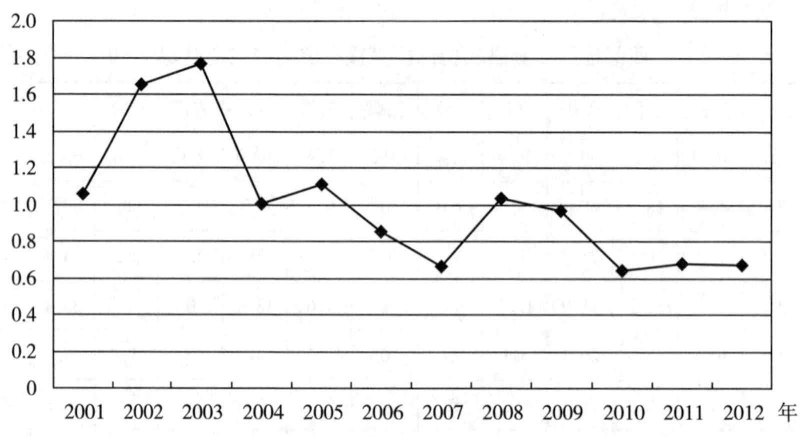

图 3－31　西部十二个省份非金融机构部门直接融资量变异系数

（3）融资结构比指标

融资结构比是指间接融资在融资总量中的占比，直接融资在融资总量中的占比，这两个指标清晰地度量了一个地区融资结构的状况。

从表 3－46 和图 3－32 可以看出，东西部地区融资结构有很大不同，西部地区间接融资在融资总量中占比更高，2001—2012 年几乎都在 80% 以上，直接融资占比 20% 以下。东部间接融资占比从 2003 年开始低于西部同一指标，并且东部间接融资占比下降幅度比西部更大。因此，东部直接融资占比上升幅度更大，2012 年直接融资占比接近 31%，而上升趋势中 2007—2009 年出现一段下降过程，与国际金融危机时期，我国银行“天量”信贷投放使得间接融资量猛增有很大关系。

表3-46 东西部地区融资结构状况①

年份	西部		东部	
	间接融资占比	直接融资占比	间接融资占比	直接融资占比
2001	0.8937	0.1063	0.9291	0.0709
2002	0.9471	0.0529	0.9532	0.0468
2003	0.9623	0.0377	0.9551	0.0449
2004	0.9509	0.0491	0.9505	0.0495
2005	0.9594	0.0406	0.8618	0.1382
2006	0.9267	0.0733	0.8674	0.1326
2007	0.8787	0.1213	0.7214	0.2786
2008	0.9003	0.0997	0.7463	0.2537
2009	0.9265	0.0735	0.7991	0.2009
2010	0.8553	0.1447	0.7657	0.2343
2011	0.8490	0.1510	0.7150	0.2850
2012	0.7928	0.2072	0.6903	0.3097

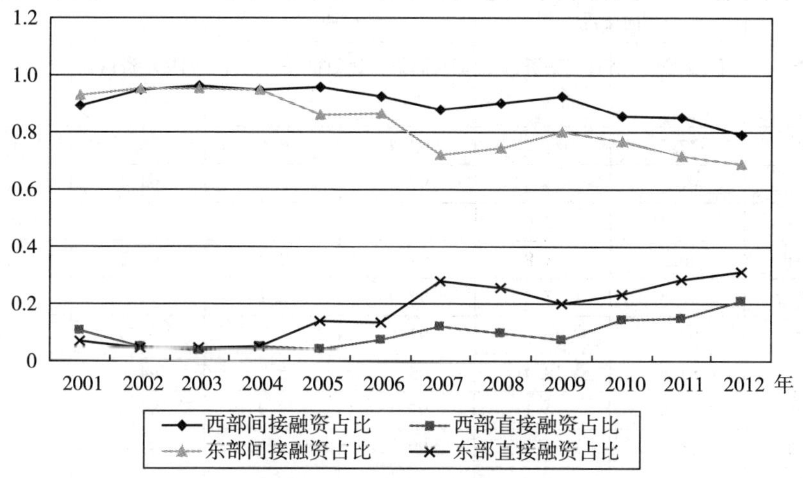

图3-32 东西部地区直接融资、间接融资占比变动趋势图

① 根据历年各省、市、区《区域金融运行报告》、《中国金融年鉴》整理计算而得。

表3－47、表3－48、表3－49、表3－50和图3－33显示了2001—2012年西部十二个省、市、区的间接融资占比和直接融资占比变化趋势，新疆的直接融资在融资总量中占比较高，最高时曾达到31.1%，且从2001年到2007年一直维持在直接融资占比20%以上的高水平；四川尽管融资总量在西部位列第一位，但是以间接融资额为主，直接融资数额和占比都很低，只有在2012年达到最高的22.8%，其余年份都在20%以下，有的年份还低于5%，说明金融资源丰富、金融规模庞大的四川在金融结构方面还存在一定程度的失衡；作为融资总量最小的西藏地区，其融资结构也明显地表现出单一的特征，间接融资一枝独秀，从2002年到2008年西藏直接融资额为零，所有非金融机构部门资金来源渠道全部是银行类金融机构，所有资金全部是银行信贷，可以说，西藏金融市场发展在整个西部乃至全国是非常滞后的。纵观西部十二个省份的融资结构状况，均为间接融资主导的金融体系，且间接融资程度更明显，金融结构单一；金融资源和总量大的省份一般直接融资占比也相对高一些，但是并非经济金融总量大的省份其融资结构就趋于合理，比如四川，从金融总量上度量是金融发展水平高的省份，从金融结构来看，还存在明显的失衡问题，这说明结构类指标更细致深入地剖析了区域金融发展非均衡的表现。

表3－47　　西部地区十二个省份融资结构状况（1）①

年份	内蒙古		广西		重庆	
	间接融资占比（%）	直接融资占比（%）	间接融资占比（%）	直接融资占比（%）	间接融资占比（%）	直接融资占比（%）
2001	77.3	22.7	93.4	6.6	96.4	3.6
2002	91	9	97.3	2.7	94.4	5.6
2003	97.1	2.9	94.9	5.1	99.4	0.6
2004	86.2	13.8	97.3	2.7	94.2	5.8
2005	92.5	7.5	97.9	2.1	97	3
2006	94	6	97	3	92.9	7.1
2007	81.6	18.4	95	5	94.9	5.1
2008	85.9	14.1	97.1	2.9	94.6	5.4
2009	95	5	99	1	91.6	8.4
2010	90.5	9.5	88.9	11.1	86.5	13.5
2011	89.1	10.9	86.9	13.1	83.9	16.1
2012	72.1	27.9	83.9	16.1	80.4	19.6

① 根据历年各省、市、区《区域金融运行报告》、《中国金融年鉴》整理计算而得。

表 3-48　　西部地区十二个省份融资结构状况（2）

年份	四川		贵州		云南	
	间接融资占比（%）	直接融资占比（%）	间接融资占比（%）	直接融资占比（%）	间接融资占比（%）	直接融资占比（%）
2001	88.1	11.9	80	20	96.2	3.8
2002	98.6	1.4	100	0	97.3	2.7
2003	97.1	2.9	99.3	0.7	98.8	1.2
2004	98.3	1.7	96.1	3.9	98.1	1.9
2005	96.5	3.5	99.1	0.9	98.8	1.2
2006	91.4	8.6	98.5	1.5	93.3	6.7
2007	88.1	11.9	91	9	91.6	8.4
2008	92.5	7.5	96.2	3.8	88.5	11.5
2009	92.2	7.8	97.2	2.8	95	5
2010	87.8	12.2	88.6	11.4	84.4	15.6
2011	83.2	16.8	92.9	7.1	92.2	7.8
2012	77.2	22.8	81.9	18.1	86.1	13.9

表 3-49　　西部地区十二个省份融资结构状况（3）

年份	西藏		陕西		甘肃	
	间接融资占比（%）	直接融资占比（%）	间接融资占比（%）	直接融资占比（%）	间接融资占比（%）	直接融资占比（%）
2001	85.9	14.1	98.9	1.1	90.6	9.4
2002	100	0	98.5	1.5	97.5	2.5
2003	100	0	99.6	0.4	100	0
2004	100	0	98.9	1.1	91.7	8.3
2005	100	0	99.7	0.3	100	0
2006	100	0	94	6	79	21
2007	100	0	86.7	13.3	87.7	12.3
2008	100	0	79.1	20.9	89.5	10.5
2009	86.7	13.3	90.4	9.6	74.5	25.5
2010	48	52	79	21	86.8	13.2
2011	74.9	25.1	83.2	16.8	77.5	22.5
2012	97.2	2.8	75.6	24.4	80.4	19.6

表 3-50 西部地区十二个省份融资结构状况（4）

年份	青海		宁夏		新疆	
	间接融资占比（%）	直接融资占比（%）	间接融资占比（%）	直接融资占比（%）	间接融资占比（%）	直接融资占比（%）
2001	96. 7	3. 3	94	6	75. 2	24. 8
2002	93	7	100	0	71. 9	28. 1
2003	94. 5	5. 5	98	2	75. 9	24. 1
2004	100	0	100	0	79. 2	20. 8
2005	100	0	86. 3	13. 7	73. 2	26. 8
2006	93	7	100	0	75. 3	24. 7
2007	65. 3	34. 7	92. 7	7. 3	68. 9	31. 1
2008	95. 5	4. 5	95. 1	4. 9	84. 1	15. 9
2009	95. 4	4. 6	96. 3	3. 7	93. 4	6. 6
2010	76. 6	23. 4	96	4	78. 7	21. 3
2011	78. 4	21. 6	87. 4	12. 6	80. 4	19. 6
2012	75. 4	24. 6	90. 5	9. 5	76. 72	23. 28

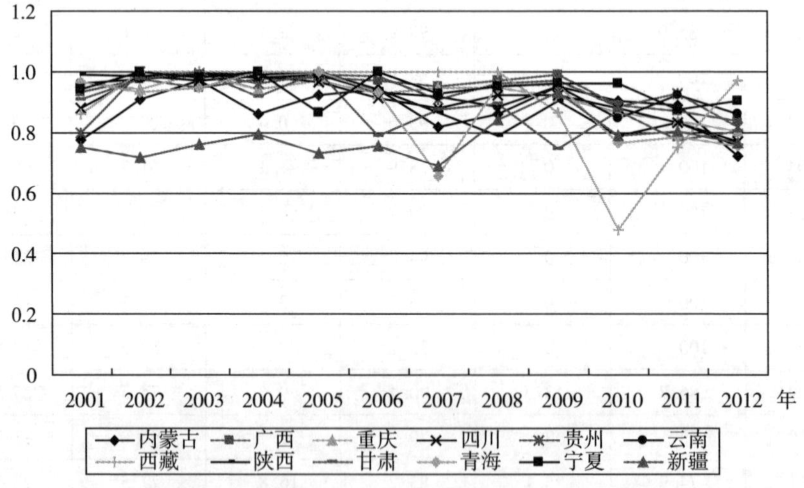

图 3-33 西部十二个省份间接融资变动趋势图

3. 金融市场结构

根据金融市场中交易工具的时间期限，将其分为货币市场和资产市场两大类，而金融市场结构就是主要研究货币市场结构与资本市场结构，研究区域金融市场的结构非均衡问题也就是探讨区域货币市场非均衡发展与资本市场非均衡发展问题。

(1) 货币市场结构

货币市场包括一般包括六个子市场，同业拆借市场、票据市场、国库券市场、CD 市场、回购市场和消费信贷市场。货币市场主要为调剂资金余缺，满足短期融资需要，其融资期限都在一年以下。通常一个区域有效率的货币市场应该是一个有弹性，有广度、深度和活跃度的市场。根据可我国货币市场发展实情和可搜集到的省域相关数据，该部分从地区同业拆借规模额度、质押式回购规模额度以及现券买卖规模额度来分析东西部和西部各省的资金流动差异和非均衡状况。

①同业拆借规模差异

一个国家同业拆借市场通常指银行业金融机构间，为调剂头寸而进行的短期资金融入或融出，反映在省际层面上，同业拆借规模就是一个地区在一定时期内通过银行进行短期资金拆借而导致的区际范围资金流动。

从表 3 - 51 中 2014 年 1 月至 6 月数据可以看出，东西部地区同业拆借存在数量上和方向上的双重差异，从融入资金上来看，西部为 7713. 41 亿元，占全国总额的 4. 34%，东部为 163764. 81 亿元，占比 92. 1%；从融出资金上来看，西部为 1855. 5 亿元，占全国的 1. 04%，东部为 173306. 71 亿元，占全国的 97. 46%。无论是地区融入资金还是融出资金，都是东部占据绝对规模优势，这也说明东部地区同业拆借市场有极高的活跃度和发达程度。从资金流向上看，2014 年 1 月至 6 月东部地区是资金净流出的，为 9541. 9 亿元；西部地区是资金净流入，为 5857. 91 亿元，特别是东部的北京和上海资金净融出规模最大，占比最高，而北京和上海都是我国各银行类金融机构总部的主要集聚地，由此可以判断，资金从东部地区向西部地区的流动，具有“从上至下”的特征。一般来说，一个地区的经济总量、资金回报率和金融努力程度是决定资金区际间流动最主要的因素，这与东部发达地区短期资金向西部落后地区流动的现实不符，究其原因是因为政府扶持、支援的力量和主导作用，而非市场本能的体现。

表 3－51　　2014 年 1 月至 6 月西部地区同业拆借规模①

地区	同业拆借融入资金（亿元）	同业拆借融入资金西部/全国占比（%）	同业拆借融出资金（亿元）	同业拆借融出资金西部/全国占比（%）	净融入（亿元）
内蒙古	1795.68	23.28	165.26	8.9	1630.42
广西	843.7	10.94	0	0	843.7
重庆	983	12.74	298.75	16.1	684.25
四川	1212.29	15.72	1001.64	53.98	210.65
贵州	11.2	0.14	0	0	11.2
云南	554.49	7.19	12.95	0.7	541.54
西藏	18.9	0.24	1.8	0.1	17.1
陕西	313.65	4.07	19.3	1.04	294.35
甘肃	49.34	0.64	20	1.08	29.34
青海	0	0	20.4	1.1	－20.4
宁夏	188.9	2.45	62.2	3.35	126.7
新疆	1742.26	22.59	253.2	13.65	1489.06
西部	7713.41	4.34	1855.5	1.04	5857.91
东部	163764.81	92.1	173306.71	97.46	－9541.9
全国	177819.87	100	177819.87	100	0

图 3－34 和图 3－35 显示了 2014 年 1 月至 6 月西部十二个省份同业拆借融入、融出资金的占比分布状况，内蒙古、新疆同业拆借融入资金占比在 20% 以上，是资金流入最多的省份；这一时期青海没有同业拆借的资金融入，贵州、西藏、甘肃指标占比在 1% 以下，是短期资金融入较少的地区。从同业拆借融出资金分布来看，这一时期广西、贵州没有资金融出，云南、西藏和青海融出资金占比很低，只有 0.7%、0.1% 和 1.1%，四川的融出资金为 1001.64 亿元，在西部十二个省份中占比 53.98%，是资金流出最多的省份。同业拆借融入资金与融出资金的差额反映了一个地区资金净融入状况，除了青海是资金净融出 20.4 亿元外，其他十一个省份均是资金净融入，其中内蒙古资金净融入额最高，为 1630.42 亿元，贵州资金净融入最低，为 11.2 亿元；四川尽管资金流出在西部占比 50% 以上，但是资金流入更多，净融入 201.65 亿元。西部十二个省份尽管在资金净融入上存在地区分布的差异，但是从资金

① 根据中国货币网、中国人民银行网站相关数据整理计算而得。

流动方向上几乎一致，这也进一步证实了在政府主导下，资金从东部发达地区流向西部欠发达省份的状况。

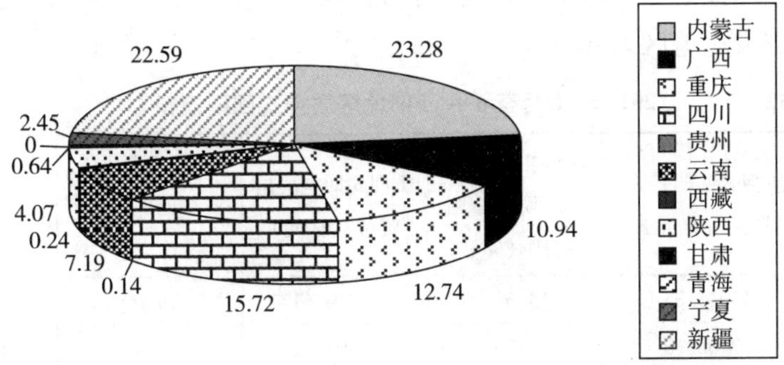

图3－34　2014年1月至6月西部各省份同业拆借融入资金占比分布图（单位:%）

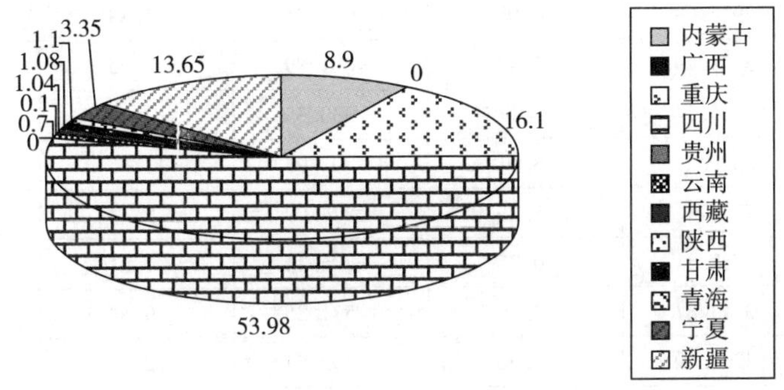

图3－35　2014年1月至6月西部各省份同业拆借融出资金占比分布图（单位:%）

②质押式回购规模差异

质押式回购是指交易双方以债券为权利质押所进行的短期资金融通业务，是银行间债券市场上一种类型的回购业务，这种按照回购协议进行短期资金融通的回购市场也是货币市场的重要组成部分。因此地区间质押式回购规模也反映了短期资金的流动状况和差异。

从表3－52中可以看出2014年1月至6月东西部地区质押式回购的非均衡状况，在总量规模上，东部质押式回购融入资金在全国占比为72%，为646288.88亿元，西部为96128.18亿元，占比10.71%；资金流出方面，东部地区为764039.21亿元，占比85.11%，西部地区为68074.78亿元，全国占比7.58%。从资金区域流动方向上看，西部质押式回购净融入资金28053.4亿元，东部则是资金净融出117750.33亿元，特别是北京，资金净融出

250173.77 亿元，与其他省份资金净融入抵消后才是整个东部净融出；作为我国金融机构总部集聚最密集的城市，北京的资金净融出同样反映了总部向各个区域的资金调拨。尽管西部整体是质押式回购资金净流入的地区，但是其总量小，与东部发达地区差异巨大。

表 3－52　　2014 年 1 月至 6 月西部地区质押式回购规模①

地区	质押式回购融入资金（亿元）	质押式回购融入资金西部/全国占比（%）	质押式回购融出资金（亿元）	质押式回购融出资金西部/全国占比（%）	净融入（亿元）
内蒙古	13945.83	14.51	12314.61	18.09	1631.22
广西	7462.13	7.76	995.92	1.46	6466.21
重庆	5604.23	5.83	4297.13	6.31	1307.10
四川	34527.07	35.92	23763.73	34.91	10763.34
贵州	3924.68	4.08	1923.75	2.83	2000.93
云南	5279.79	5.49	4801.89	7.05	477.90
西藏	164.74	0.17	330.35	0.49	－165.61
陕西	8078.5	8.41	7802.98	11.46	275.52
甘肃	7938.1	8.26	2274.09	3.34	5664.01
青海	723.81	0.75	706.24	1.04	17.57
宁夏	3713.81	3.86	571.25	0.84	3142.56
新疆	4765.49	4.96	8292.84	12.18	－3527.35
西部	96128.18	10.71	68074.78	7.58	28053.40
东部	646288.88	72.00	764039.21	85.11	－117750.33
全国	897679.55	100	897679.55	100	0

图 3－36 和图 3－37 显示了 2014 年 1 月至 6 月西部十二个省份质押式回购融入、融出资金的占比分布，从融入资金看，四川融入资金在西部占比最高，占比 35.92%，为 34527.07 亿元，内蒙古资金流入占比 14.51%，其余十个省份融入资金占比都在 10% 以下，西藏最低，只有 0.17%。质押式回购资金融出四川达到了 23763.73 亿元，占比 34.91%，西藏最低，占比 0.49%。净融入反映了一个地区质押式回购从外部获取的净资金规模，尽管西部整体是资金净融入经济区域，但是西藏和新疆却是资金净流出的省份，分别为 165.61 亿元和 3527.35 亿元，其他省份是净融入地区，四川的资金净融入

① 根据中国货币网、中国人民银行网站相关数据整理计算而得。

10763.34亿元，在西部位列第一，无论从质押式回购资金规模还是流向上，都可以看出四川在西部地区金融市场活跃度最高，资金承载量和体量最大。

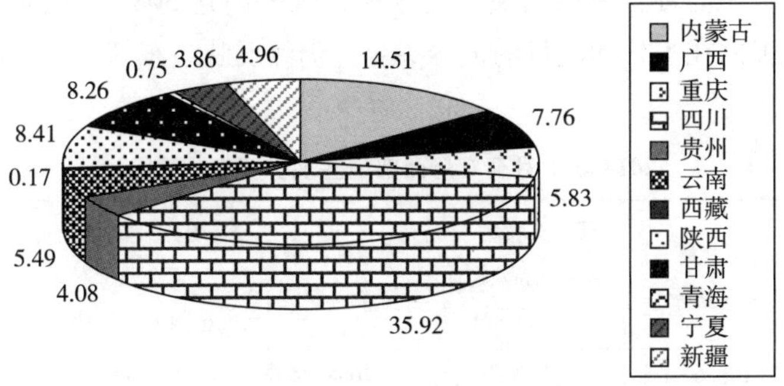

图3－36　2014年1月至6月西部各省份质押式回购融入资金占比分布图（单位：%）

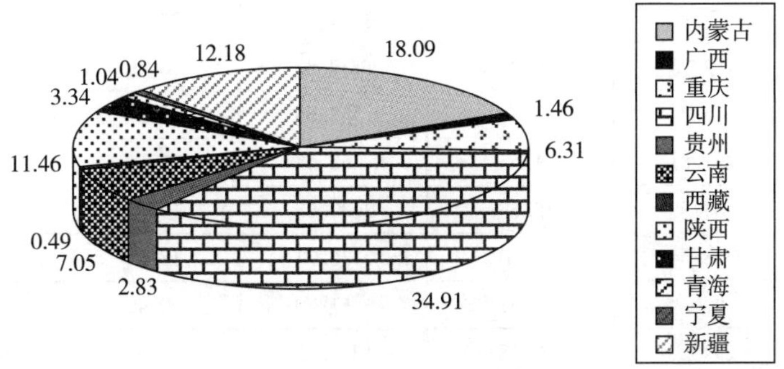

图3－37　2014年1月至6月西部各省份质押式回购融出资金占比分布图（单位：%）

③现券买卖规模差异

现券买卖是指交易双方以约定的价格在当日或次日转让债券所有权的交易行为。因为交易期限短且低于一年，因此现券买卖的交易市场是在货币市场上进行，参与对象一般有商业银行等金融机构为主的机构投资者，非金融部门企业则要通过具备结算代埋资格的金融机构进行现券买卖交易。各个地区之间现券买卖规模和区域间资金流向可以反映高流动性债券交易的活跃程度，也能反映地区利用货币市场进行金融交易的差异状况。

从表3－53中可以看出2014年1月至6月东西部地区现券买卖规模的差异状况，融入资金总量上，西部地区为15826.01亿元，全国占比只有9.03%，东部地区为135549.24亿元，占比77.31%；现券买卖融出资金量上，东部比重更高，达到77.61%，而西部比重较融入量占比下降，只有8.84%。从资金净流动方向上看，2014 年 1 月至 6 月西部是资金净流入地区，规模达到 335.94 亿元，东部为资金净流出地区，流向其他经济区域资金规模 523.58 亿元。东部的上海为资金净流出最多的区域，规模高达 3084.5 亿元。可见，即使交易期限限制在当日和次日的债券买卖，仍然反映了东部地区向西部地区的资金净流动。

表 3－53　　2014 年 1 月至 6 月西部地区现券买卖规模①

地区	现券买卖融入资金（亿元）	现券买卖融入资金西部/全国占比（%）	现券买卖融出资金（亿元）	现券买卖融出资金西部/全国占比（%）	净融入（亿元）
内蒙古	1106.67	7.00	1058.04	6.83	48.63
广西	2356.05	14.89	2335.61	15.08	20.44
重庆	600.58	3.79	737.66	4.76	－137.08
四川	3535.82	22.34	3174.95	20.50	360.87
贵州	152.73	0.97	137.87	0.89	14.86
云南	613.77	3.88	558.65	3.61	55.12
西藏	261.61	1.65	262.48	1.69	－0.87
陕西	2483.89	15.69	2637.68	17.03	－153.79
甘肃	2738.54	17.30	2736.93	17.67	1.61
青海	96.3	0.61	61.79	0.40	34.51
宁夏	1294.26	8.18	1340.22	8.65	－45.96
新疆	585.79	3.70	448.19	2.89	137.6
西部	15826.01	9.03	15490.07	8.84	335.94
东部	135549.24	77.31	136072.82	77.61	－523.58
全国	175324.5	100	175324.5	100	0

图 3－38 和图 3－39 显示了 2014 年 1 月至 6 月西部十二个省份现券买卖融入融出资金的占比分布状况。从资金融入来看，四川融入总量最大，占比最高，达到 22.34%，广西、陕西和甘肃占比超过 10%，其余省份均低于 10%，青海在西部占比最低，仅有 0.61%。融出资金占比空间分布与融入资金状况基本相似，最高四川占比 20.5%，位列末位的青海仅占 0.4%。从资金净融入的省际分布情况看，2014 年 1 月至 6 月西部有四个省份是现券买卖资金净流出，八个省份是净流入，并非整个西部省份都是资金净流入的状态。其中陕西

① 根据中国货币网、中国人民银行网站相关数据整理计算而得。

资金净流出153.79亿元，是资金净流出最多的西部省份，四川资金净流入360.87亿元，位列西部第一。资金净融入还是净融出反映了地区资金的流动方向和趋势，资金流动的规模则反映了各个省份的交易活跃程度，四川同样在西部是一枝独秀。

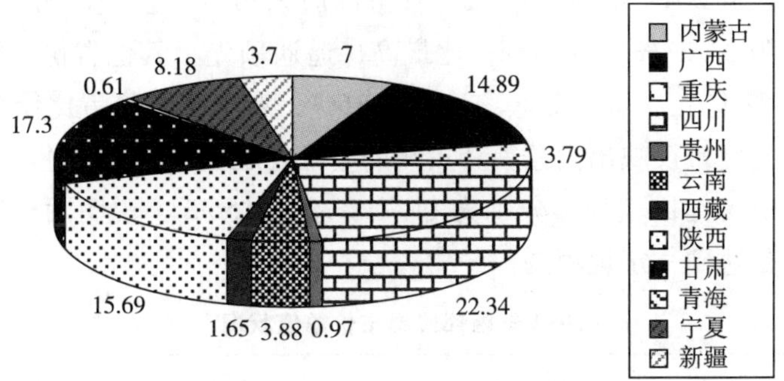

图3-38 2014年1月至6月西部各省份现券买卖融入资金占比分布图（单位:%）

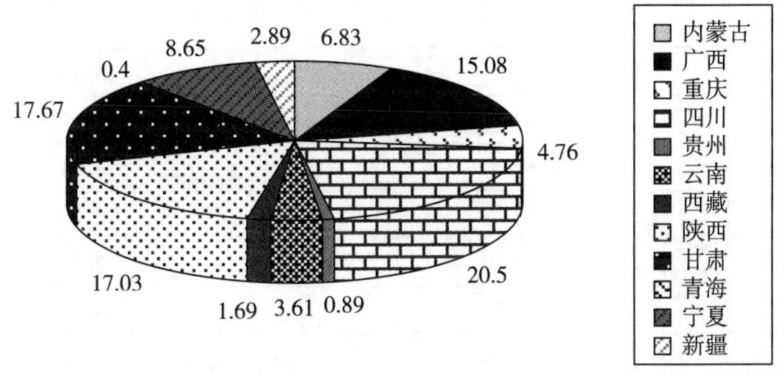

图3-39 2014年1月至6月西部各省份现券买卖融出资金占比分布图（单位:%）

（2）资本市场结构

衡量资本市场结构涉及指标广泛，从金融工具规模、筹资者和投资者状况、市场价格、市场层次可以对资本市场结构进行较为全面的比较研究。该部分基于可搜集整理到的省际数据和资料，选取了股票市价总值、股票成交金额、投资者股票（A股、B股）账户数、上市公司各层次市场募集资金、上市公司财务状况指标对东西部地区和西部省份的资本市场非均衡状况进行分析。

①股票市价总值

股票市价总值可以根据当前股票市场价格与发行总股数乘积计算得来，即一家上市公司的市场总价值，一个地区所有上市公司市值的总和，是衡量一个区域股票市场发展程度的重要指标。

从表3－54中可知，2012年东部地区股票市价总值202775.57亿元，在全国占比78.38%，西部仅有25360.61亿元，占比9.8%，东部总量为西部的近8倍，东部地区股票市场的规模体量和活跃程度不仅比西部发达，而且在全国也位列第一。从2012年西部十二个省份的股票市价总值空间分布状况来看，四川该指标为23.38%，在西部占比最高，遥遥领先于其他省份；宁夏股票市价总值381.72亿元，占比最低，只有1.51%，有九个省份占比低于10%；前述各项指标的度量反映出内蒙古和贵州的金融发展水平在西部并不发达，但其股票市价总值占比比较高，分别为11.71%和12.56%，说明两个区域上市公司市值总和是达到一定规模的。

表3－54　　2012年西部股票市价总值状况①

地区	股票市价总值（亿元）	股票市价总值西部/全国占比（%）
内蒙古	2969.48	11.71
广西	1276.9	5.03
重庆	2185.45	8.62
四川	5929	23.38
贵州	3209.06	12.65
云南	1988.5	7.84
西藏	572.34	2.26
陕西	2121.01	8.36
甘肃	1214.78	4.79
青海	991.44	3.91
宁夏	381.72	1.51
新疆	2520.93	9.94
西部	25360.61	9.80
东部	202775.57	78.38
全国	258710.04	100

②股票成交金额

股票成交金额是指在股票市场上的交易过程中，股票买卖所产生的交易金额，也是投资者买入股票和卖出股票的成交金额。该指标的总量和结构占比运用到区域层面比较可以衡量地区股票成交的规模，也反映地区运用股票市场进

① 根据《中国金融年鉴（2013）》、《中国证券登记结算统计年鉴（2012）》相关数据整理而得。

行资金筹措的需求与能力。

从表3－55中可以直观地看出，2012年西部地区股票成交金额55807.51亿元，在全国占比20.19%，东部地区占比57.97%，成交金额160271.82亿元，为西部的近3倍；东部地区运用股票市场进行资金筹集的能力和市场交易活跃程度都明显高于西部区域。

表3－55　2012年西部股票成交金额状况①

地区	股票成交金额（亿元）	股票成交金额西部/全国占比（%）
内蒙古	8390.90213	15.04
广西	3662.45544	6.56
重庆	3958.5544	7.09
四川	13231.60447	23.71
贵州	4277.61157	7.66
云南	3755.44733	6.73
西藏	1554.20423	2.78
陕西	4111.92065	7.37
甘肃	3386.90903	6.07
青海	2313.90336	4.15
宁夏	1186.12853	2.13
新疆	5977.8653	10.71
西部	55807.50644	20.19
东部	160271.8179	57.97
全国	276472.5192	100

从西部地区十二个省份股票成交金额占比的空间分布状况来看，在西部的地理层面上，四川仍然是该指标数据最高的省份，达到23.71%，第二梯队的股票成交金额占比在10%～20%之间，为内蒙古和新疆，分别为15.04%和10.71%，其余九个省份数据都在10%以下，宁夏占比2.13%为西部最低。四川在股票市场的资金筹集规模更大，交易活动比西部其他地区更频繁和活跃。

③投资者股票（A股、B股）账户数

投资者的股票账户数是反映投资者参与股票市场程度的重要指标，一个地区投资者新增开户数和一定时期末的账户总数能够反映不同区域投资者参与股

① 根据《中国金融年鉴（2013）》、《中国证券期货统计年鉴（2013）》、《中国证券登记结算统计年鉴（2012）》相关数据整理而得。

票市场交易等活动的活跃度。

从表3－56中可以看出，2012年沪市和深市A股新增开户数和期末账户数呈现出明显的地域不平衡，西部占比17.21%，东部占比51.77%；期末账户数西部为2564.22万户，全国占比15.25%，东部为9052.79万户，占比53.85%。结合图3－40和图3－41，从西部十二个省份的相关指标来看，四川A股新增开户数占比在西部最高，为19.83万户，占比20.76%，西藏最低，仅为0.18%；2012年A股期末账户数地区分布的不平衡状况则更加突出，有八个省份占比在10%以下，其中西藏5.78万户，占比0.23%为西部最低；广西、重庆和陕西占比超过10%，但也分别只有10.90%、10.06%和13.05%，四川则占比高达27.48%，位列西部第一，其投资者参与股票市场的程度更高，西部其他省份与四川有很大差距。

表3－56　2012年西部投资者A股账户分布①

地区	沪市		深市		沪深总和			
	新增开户数（万户）	期末账户数（万户）	新增开户数（万户）	期末账户数（万户）	新增开户数（万户）	新增开户数西部/全国占比（%）	期末账户数（万户）	期末账户数西部/全国占比（%）
内蒙古	4.4	85.83	4.02	82.52	8.42	8.81	168.35	6.57
广西	5.94	125.19	5.87	154.37	11.81	12.36	279.56	10.90
重庆	4.62	121.86	3.67	136.13	8.29	8.68	257.99	10.06
四川	9.88	335.64	9.95	368.89	19.83	20.76	704.53	27.48
贵州	2.8	53.81	2.54	52.69	5.34	5.59	106.5	4.15
云南	4.5	89.89	3.88	96.97	8.38	8.77	186.86	7.29
西藏	0.09	2.36	0.08	3.42	0.17	0.18	5.78	0.23
陕西	6.04	152.61	5.7	182.07	11.74	12.29	334.68	13.05
甘肃	4.43	87.46	4.24	88.57	8.67	9.08	176.03	6.86
青海	0.79	29.38	0.77	21.91	1.56	1.63	51.29	2.00
宁夏	1.54	40.56	1.51	29.41	3.05	3.19	69.97	2.73
新疆	4.34	113.97	3.93	108.71	8.27	8.66	222.68	8.68
西部	49.37	1238.56	46.16	1325.66	95.53	17.21	2564.22	15.25
东部	154.07	4686.18	133.21	4366.61	287.28	51.77	9052.79	53.85
全国	290.71	8436.05	264.22	8375.37	554.93	100	16811.42	100

① 根据《中国证券期货统计年鉴（2013）》、《中国证券登记结算统计年鉴（2012）》相关数据整理而得。

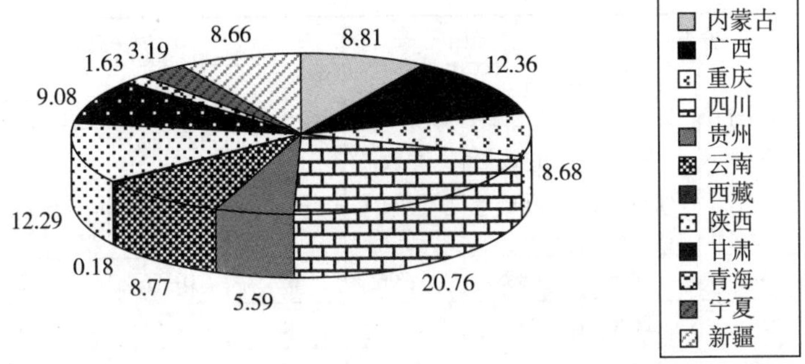

图3-40　2012年西部各省份A股新增开户数占比分布图（单位：%）

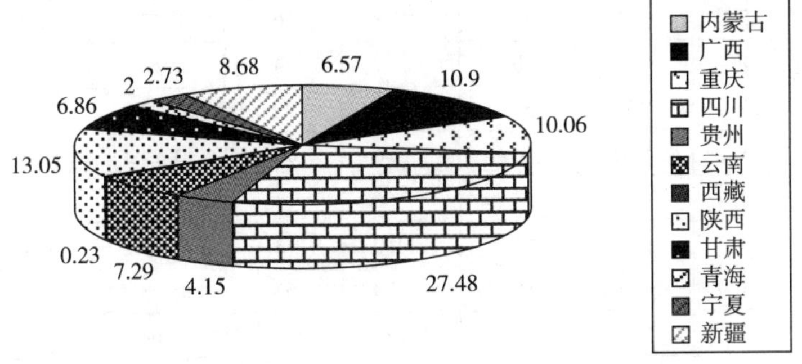

图3-41　2012年西部各省份A股期末账户数占比分布图（单位：%）

从表3-57可知，2012年沪市和深市B股新增开户数和期末账户数在东西部之间有巨大差异，西部新增开户数587户，仅占比4.64%，东部则达到8830户，占比69.86%，东部为西部的15倍；B股期末账户总数西部占比2.28%，东部指标占比63.03%，西部参与外资股交易的投资者远少于东部地区。结合图3-42和图3-43，从西部十二个省份的相关数据可知，四川B股新增开户数占比在西部最高，为168户，占比28.62%，青海和宁夏最低，只有3户，占比0.51%；2012年B股期末账户数地区分布也呈现出不平衡态势，有八个省份占比在10%以下，其中青海66户，占比0.14%为西部最低；尽管广西和新疆占比超过10%，但也只有11.27%和10.10%；重庆和四川指标西部占比均高于五分之一，分别为25.02%和20.56%，重庆地区投资者参与沪市和深市B股交易程度更高。

表 3-57 2012 年西部投资者 B 股账户分布①

地区	沪市		深市		沪深总和			
	新增开户数（户）	期末账户数（户）	新增开户数（户）	期末账户数（户）	新增开户数（户）	新增开户数西部/全国占比（%）	期末账户数（户）	期末账户数西部/全国占比（%）
内蒙古	54	2936	8	796	62	10.56	3732	7.64
广西	20	2620	25	2885	45	7.67	5505	11.27
重庆	20	10230	60	1987	80	13.63	12217	25.02
四川	62	5202	106	4834	168	28.62	10036	20.56
贵州	6	887	11	988	17	2.90	1875	3.84
云南	15	1506	35	1748	50	8.52	3254	6.67
西藏	4	482	0	2	4	0.68	484	0.99
陕西	23	2758	50	1921	73	12.43	4679	9.58
甘肃	3	1059	16	536	19	3.24	1595	3.27
青海	0	0	3	66	3	0.51	66	0.14
宁夏	0	0	3	450	3	0.51	450	0.92
新疆	48	4204	15	728	63	10.73	4932	10.10
西部	255	31884	332	16941	587	4.64	48825	2.28
东部	4573	836905	4257	511001	8830	69.86	1347906	63.03
全国	6574	1125313	6066	1013350	12640	100	2138663	100

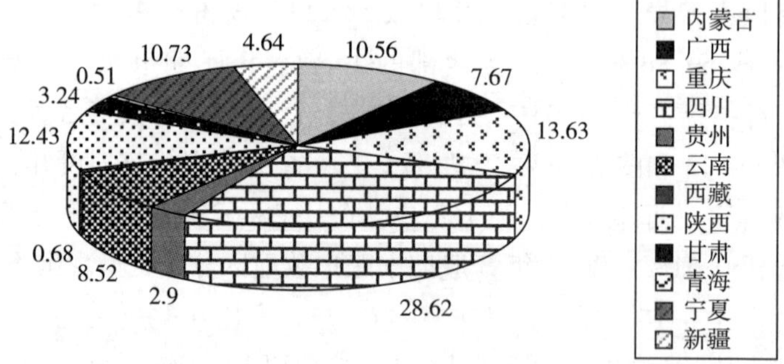

图 3-42 2012 年西部各省份 B 股新增开户数占比分布图（单位：%）

① 根据《中国证券期货统计年鉴（2013）》、《中国证券登记结算统计年鉴（2012）》相关数据整理而得。

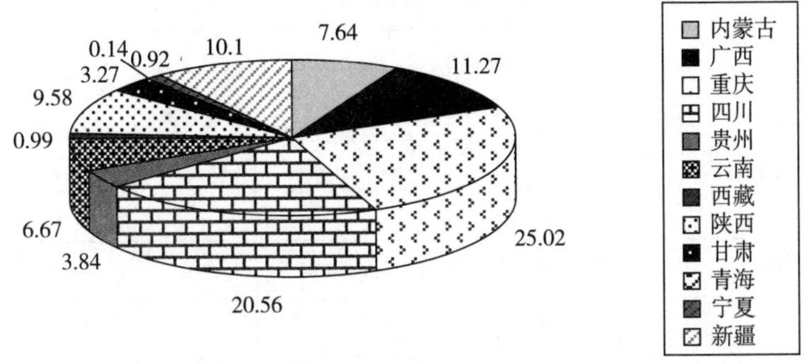

图3-43 2012年西部各省份B股期末账户数占比分布图（单位:%）

④上市公司各层次市场募集资金

我国资本市场建设的目标之一是建成高度开放性、多层次的资本市场体系，具备完善的资本市场结构。资本市场的多层次性是投资者与融资者金融服务需求的多样性决定的，我国资本市场由场内市场和场外市场组成，场内市场包括主板市场、二板市场，场外市场包括新三板、区域性股权交易市场、证券公司主导的柜台市场。其多层次特性可进一步细分为发行方式多层次性，投资者多层次性，交易机制分层次性，金融工具的多层次性等方面（周小川，2013）。该部分基于可搜集到的省际层面客观数据，对各地区上市公司从我国资本市场的场内市场——主板、中小板和创业板募集资金状况分析区域非均衡状况。

从表3-58可以看出，2012年西部地区上市公司从主板市场、中小板市场和创业板市场募集资金存在着不平衡的态势。从主板市场来看，西部上市公司募资562.86亿元，全国占比15.17%，而东部则占比达到了57.73%。西部十二个省份中广西和西藏上市公司当年没有在主板市场筹集资金，四川则筹资180.46亿元，占比接近三分之一。在中小板市场上，西部整体募资73.08亿元，东部则达到了521.42亿元，东部为西部的7倍多。西部省份中四川上市公司筹资占比超过三分之一，而重庆、甘肃、青海和宁夏当年并未从中小板市场募资。东西部从创业板市场筹资额的不平衡状态则更加明显，西部占比只有3.42%，东部则高达85.11%，筹资额相差4.5倍多。西部十二个省份中2012年只有内蒙古、贵州、云南和新疆的上市公司从创业板中募集资金，分别占比为38.62%、28.64%、4.60%和28.14%，其他八个省份上市公司均没有从创业板筹资。

表3-58　2012年西部地区上市公司各层次市场募集资金状况①

地区	主板募集资金（亿元）	主板募集资金西部/全国占比（%）	中小板募集资金（亿元）	中小板募集资金西部/全国占比（%）	创业板募集资金（亿元）	创业板募集资金西部/全国占比（%）	场内市场募集资金总计（亿元）	场内市场募集资金西部/全国占比（%）
内蒙古	57.39	10.20	4.90	6.71	4.05	38.62	66.35	10.27
广西	0	0	5.26	7.20	0	0	5.26	0.81
重庆	30.01	5.33	0	0	0	0	30.01	4.64
四川	180.46	32.06	25.15	34.42	0	0	205.61	31.81
贵州	11.20	1.99	6.26	8.56	3.01	28.64	20.47	3.17
云南	0.23	0.04	2.10	2.87	0.48	4.60	2.82	0.44
西藏	0	0	8.02	10.97	0	0	8.02	1.24
陕西	85.53	15.20	17.40	23.81	0	0	102.93	15.92
甘肃	58.95	10.47	0	0	0	0	58.95	9.12
青海	3.39	0.60	0	0	0	0	3.39	0.52
宁夏	17.14	3.05	0	0	0	0	17.14	2.65
新疆	118.55	21.06	3.98	5.45	2.95	28.14	125.49	19.41
西部	562.86	15.17	73.08	10.14	10.50	3.42	646.43	13.64
东部	2142.53	57.73	521.42	72.32	261.57	85.11	2925.52	61.73
全国	3711.16	100	720.97	100	307.32	100	4739.44	100

从东西部上市公司在场内市场募资状况来看，东部拥有绝对的优势，2012年募集资金总计2925.52亿元，全国占比61.73%，而西部募资646.43亿元，占比仅有13.64%。图3-44直观地反映了2012年西部十二个省份上市公司在场内市场中募集资金的状况，四川上市公司筹资位列第一，在西部占比31.81%，其次内蒙古、陕西和新疆的指标都超过10%，分别为10.27%、15.92%和19.41%，云南占比最低，只有0.44%。

① 根据《中国证券期货统计年鉴（2013）》、《上海证券交易所统计年鉴（2013）》、《深圳证券交易所市场统计年鉴（2012）》相关数据整理而得。

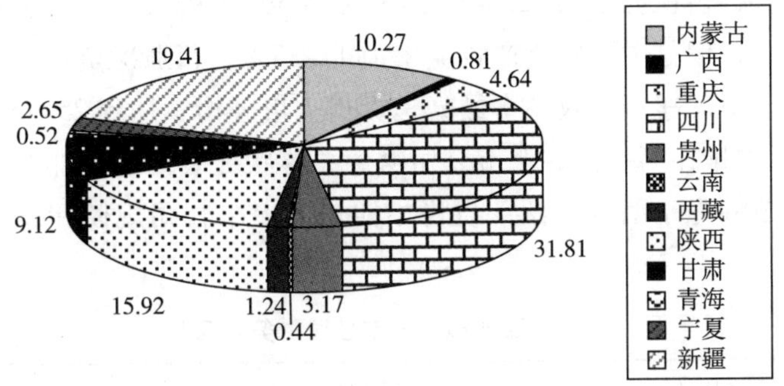

图3-44 2012年西部各省份上市公司场内市场募集资金占比分布图（单位:%）

与货币市场资金区域净流动的方向不同，资本市场的筹资规模和流动方向都明显地表现出金融资源向东部地区聚集的现象。东部地区的上市公司通过资本市场从其他区域抽取大量资金，为区域经济发展提供源源不断的新鲜血液，使得整个东部的融资规模更大，融资结构和融资方式比其他地区更合理，经济金融发展呈现出良性循环的状态。这在西部内部十二个省份中也非常突出，就是四川在整个西部金融发展中的一枝独秀。然而，资本向东部的聚集会加剧东西部之间的区域两极分化，资本市场强化了资金的趋利性和流动性，如果没有大量资本的支持，我们要实现从西部大开发迈向西部全面大开放，促进西部各省份的协调发展，缩小区域经济差距只会问题更多，阻力更大。

⑤上市公司财务状况

上市公司财务状况不仅反映了一个区域上市公司的总体规模，而且还能表现出上市公司的盈利状况和发展质量，该部分选取总资产、营业收入、利润总额、平均资产收益率和每股净资产指标来衡量东西部之间以及西部各省份上市公司的财务状况。

表3-59和图3-45、图3-46、图3-47显示了东西部地区上市公司财务状况，资产规模、经营情况和每股指标的相关度量来看，东部地区都占据绝对的优势，上市公司总资产全国占比94.10%，西部仅有2.54%，营业收入和利润总额西部也只有7%和5.1%的比重，上市公司经营质量和每股指标状况也相同，东部平均净资产收益率为9.89%，高于西部的9.76%，但是差别不大；每股净资产4.01元，也高于全国平均水平和西部的3.82元。可见，东部地区上市公司不仅在资金占有规模总量上领先于西部，而且在经营质量、收益水平和创造利润方面都要领先于西部地区上市公司。西部十二个省份上市公司财务状况在规模和业绩上略有不同，四川的总资产、营业收入和利润总额在西

部都位居第一，占比分别为22.90%、29.27%和29.95%，上市公司规模和盈利总量都很大，但是平均净资产收益率为12.33%，每股净资产3.8元，都不是西部最高，平均净资产收益率最高是贵州上市公司，达到25.93%，每股净资产6.71元也排在第一位。上市公司财务总体状况表现出东部在总量规模与盈利能力上要领先于西部，西部省份中四川的上市公司规模和总量指标处于第一。

表3-59　　2012年西部地区上市公司财务状况①

地区	资产规模		经营情况				每股指标	
	总资产（亿元）	总资产西部/全国占比（%）	营业收入（亿元）	营业收入西部/全国占比（%）	利润总额（亿元）	利润总额西部/全国占比（%）	平均净资产收益率（%）	每股净资产（元）
内蒙古	3070.98	11.16	1862.31	11.75	219.44	17.46	16.97	4.00
广西	1686.55	6.13	1245.79	7.86	36.29	2.89	4.92	2.99
重庆	2886.5	10.49	1574.81	9.94	104.85	8.34	9.84	3.36
四川	6297.44	22.90	4638.36	29.27	376.5	29.95	12.33	3.80
贵州	1587.51	5.77	795.34	5.02	238.41	18.96	25.93	6.71
云南	2317.87	8.43	1424.67	8.99	22.82	1.82	2.14	3.73
西藏	378.83	1.38	153.01	0.97	16.66	1.33	9.74	2.40
陕西	1849.92	6.73	876.42	5.53	45.15	3.59	4.84	3.48
甘肃	2761.86	10.04	1186.06	7.48	66.49	5.29	8.74	3.14
青海	1044.93	3.80	487.91	3.08	36.6	2.91	7.90	4.31
宁夏	387.55	1.41	218.8	1.38	15.06	1.20	8.69	3.64
新疆	3234.28	11.76	1382.92	8.73	78.67	6.26	5.12	4.24
西部	27504.22	2.54	15846.4	7.00	1256.95	5.10	9.76	3.82
东部	1020372	94.10	182989.28	80.80	22027.22	89.46	9.89	4.01
全国	1084308.63	100	226477.93	100	24622.50	100	8.92	3.95

① 根据《中国证券期货统计年鉴（2013）》、《上海证券交易所统计年鉴（2013）》、《深圳证券交易所市场统计年鉴（2012）》相关数据整理而得。

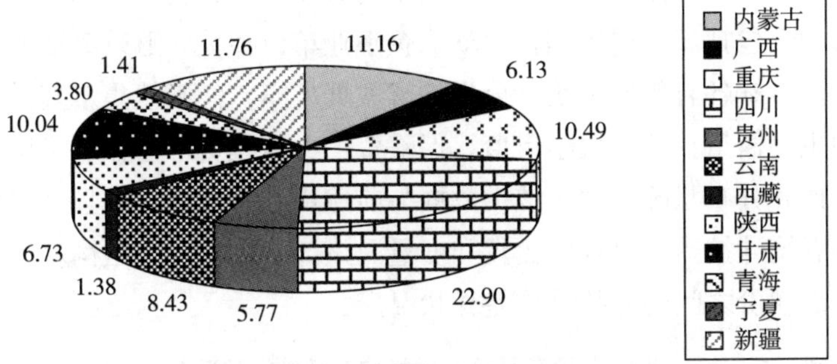

图3-45　2012年西部各省份上市公司总资产占比分布图（单位:%）

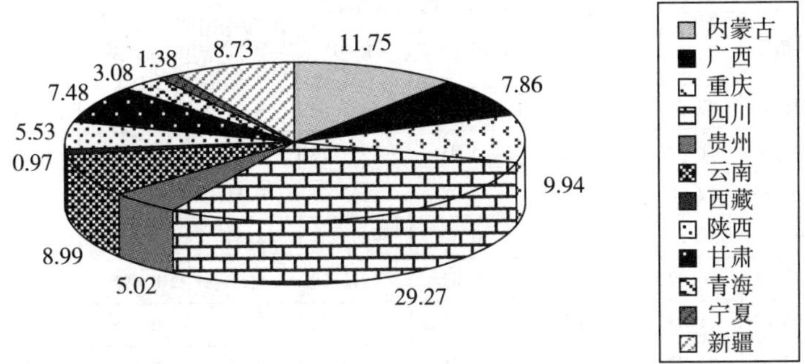

图3-46　2012年西部各省份上市公司营业收入占比分布图（单位:%）

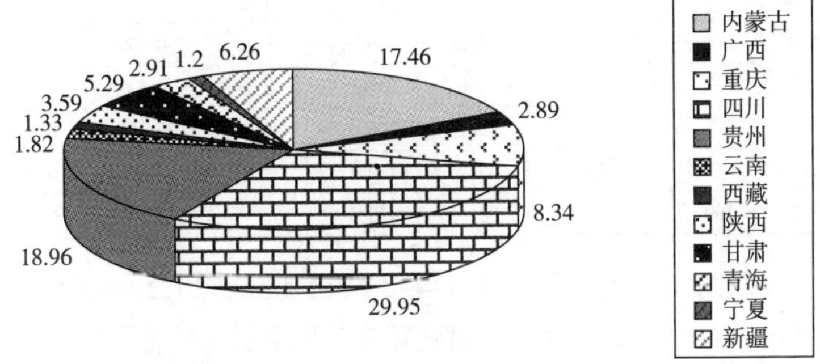

图3-47　2012年西部各省份上市公司利润总额占比分布图（单位:%）

4. 金融资产结构

衡量金融资产的组成与结构状况，主要涉及货币结构与非货币性资产结构。货币结构中包括货币层次结构，即 M_0、M_1、M_2 和基础货币的层次，然而在我国，全国层面的货币层次有相关的数据统计，省际区域的货币层次大部分省份已经不做统计披露，因此货币层次结构难以衡量；货币结构中的另一方面是存款结构，包括城乡居民储蓄存款、企事业单位存款和财政存款的分布与结构情况，该指标各省年鉴和统计公报均有数据披露，便于搜集整理。非货币性资产结构主要衡量债券、股票市值、保险资产、信托资产等在非货币性资产总额中的占比和分布状况，由于该类数据与前述指标有重合，并且大多数省份相关数据没有统计披露，也难以比较和度量。该部分金融资产结构就主要分析东西部和西部省份之间的存款结构差异状况。

表3－60　　2012年西部地区金融机构存款结构状况①

地区	企事业单位存款（亿元）	企业单位存款西部/全国占比（%）	财政存款（亿元）	财政存款西部/全国占比（%）	城乡居民储蓄存款（亿元）	城乡居民储蓄存款西部/全国占比（%）	企事业单位存款/总存款	财政存款/总存款	城乡居民储蓄存款/总存款
内蒙古	6238.46	7.25	652.63	13.96	6677.59	8.39	0.456	0.048	0.488
广西	7464.34	8.67	235.26	5.03	7931.28	9.97	0.467	0.015	0.497
重庆	10306.85	11.98	186.04	3.98	8361.64	10.51	0.531	0.010	0.430
四川	19647.97	22.84	1426.23	30.52	19497.57	24.51	0.473	0.034	0.469
贵州	5237.26	6.09	412.56	8.83	4815.79	6.05	0.496	0.039	0.456
云南	9490.02	11.03	354.78	7.59	7775.22	9.77	0.525	0.020	0.430
西藏	1477.63	1.72	164.02	3.51	404.34	0.51	0.719	0.080	0.197
陕西	11103.19	12.91	344.42	7.37	10770.05	13.54	0.490	0.015	0.475
甘肃	4729.11	5.50	200.74	4.30	5070.22	6.37	0.467	0.020	0.501
青海	1985.81	2.31	196.7	4.21	1275.27	1.60	0.563	0.056	0.361
宁夏	1678.53	1.95	125.26	2.68	1684.93	2.12	0.479	0.036	0.480
新疆	6666.38	7.75	374.87	8.02	5301.99	6.66	0.537	0.030	0.427
西部	86025.55	18.75	4673.51	19.13	79565.89	19.36	0.496	0.027	0.458
东部	272094.47	59.3	11199.44	45.85	213041.17	51.83	0.508	0.021	0.398
全国	458821	100	24426	100	411003	100	0.500	0.027	0.448

表3－60和图3－48、图3－49、图3－50显示了2012年东西部金融机构存款结构状况，企事业单位存款、财政存款和城乡居民储蓄存款占比指标都是东部处于领先，西部三项指标全国占比都没有超过20%；从总存款中三项指标分布来看，西部地区财政存款和城乡居民储蓄存款在总存款的比重为0.027和0.458，都高于东部地区的0.021和0.398，只有企事业单位存款比重东部

① 根据《中国统计年鉴（2013）》，《中国金融年鉴（2013）》，西部十二个省、市、自治区2013年统计年鉴相关数据搜集整理而得。

地区更高；相比东部个人投资渠道的多样化，西部城乡居民储蓄存款在总存款中比重更高的原因与西部金融市场比东部地区发展滞后，金融工具和金融产品比东部地区更缺乏，金融创新能力也弱于东部地区，因此存款成为西部居民主要持有金融资产的方式。从西部十二个省份来看，四川金融机构的企事业单位存款、财政存款和城乡居民储蓄存款在西部占比均位列第一，分别为22.84%、30.52%和24.51%，这与四川金融机构存款资产总量更大有直接关系，西藏的企事业单位存款和城乡居民储蓄存款在西部占比在西部最低，分别为1.72%和0.51%，宁夏财政存款占比在西部最低，为2.68%。从总存款的比重结构来看，西藏企事业单位存款在总存款中比重和财政存款比重最高，达到0.719和0.080，甘肃城乡居民储蓄存款比重最高，为0.501，其吸纳储蓄的能力较强，而西藏的城乡居民储蓄存款比重最低，只有0.197，这并非是西藏地区的城乡居民有多元化的投资渠道，将更多的资金投向其他金融工具，而是西藏经济金融发展落后，在欠发达的西部地区其贫困状况更加突出，居民的收入水平普遍偏低，因此吸纳储蓄的资金量很小。

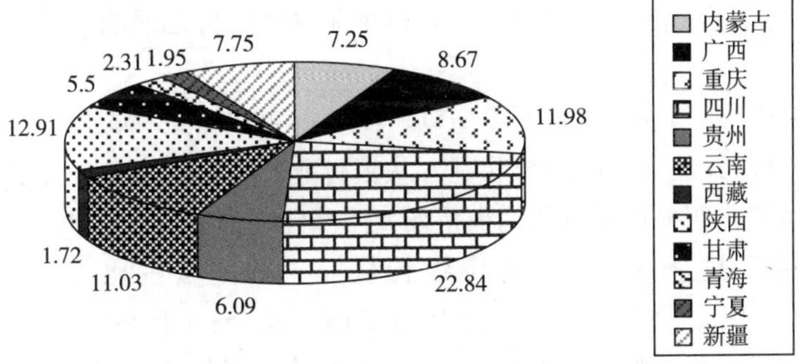

图3-48 2012年西部各省份金融机构企事业单位存款占比分布图（单位:%）

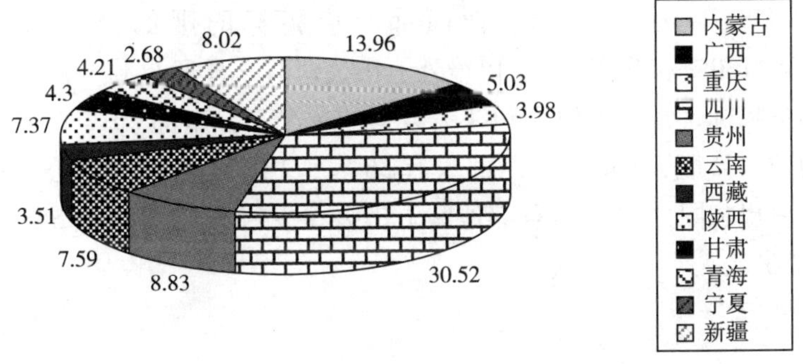

图3-49 2012年西部各省份金融机构财政存款占比分布图（单位:%）

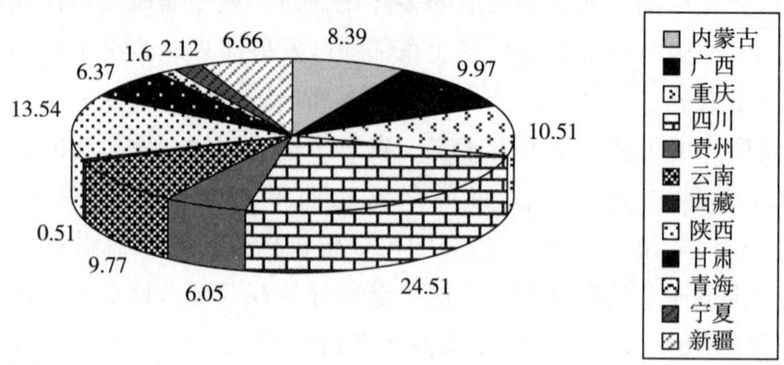

图3-50　2012年西部各省份金融机构城乡居民储蓄存款占比分布图（单位:%）

5. 金融开放结构

金融开放结构的衡量，主要是从金融产业的开放程度、金融市场开放程度和融资开放程度进一步的细化研究。根据可搜集到的省际层面数据和资料，该部分选取金融业中外资银行资产总额、机构个数和从业人员规模与比重指标，金融市场开放结构中的境外上市公司数（H股）指标，以及融资开放结构中的发行H股筹资额指标来度量东西部和西部内部省份之间的金融开放程度与差异状况。

表3-61、表3-62以及图3-51、图3-52和图3-53显示了东西部地区2012年金融开放结构的差异状况，从银行业开放结构来看，外资银行的各项指标均体现出明显的区域非均衡特征，西部外资银行资产总额全国占比、外资银行机构个数全国占比、外资银行从业人数全国占比分别为2.90%、8.71%和5.68%，而东部对应指标为93.50%、82.58%和89.27%，西部外资银行进驻总量、规模都落后于东部地区；从整个金融机构总资产、总个数和总从业人数中两个地区的外资机构对应比重指标来看，东部比重更高，分别为3.032%、0.867%和2.600%，而西部对应指标的则低于东部，分别为0.302%、0.130%和0.304%。以境外上市公司数（H股）作为金融市场开放结构的衡量指标，在不考虑个别缺失数据的情况下，东部2012年底共有境外上市公司数（H股）162家，西部只有36家，相差126家上市公司；融资结构分布状况也相同，2012年东部地区上市公司发行H股筹资额555亿元，西部仅为57亿元。

表3－61 2012年西部地区金融开放结构状况（1）①

地区	外资银行资产总额（亿元）	外资银行机构个数（个）	外资银行从业人数（人）	境外上市公司数（H股）（家）	发行H股筹资额（亿元）
内蒙古	8.9	1	25	7	57
广西	24.9	2	60	4	0
重庆	169.8	28	892	5	0
四川	312.1	24	938	15	0
贵州	3.1	1	39	0	0
云南	33.5	4	98	1	0
西藏	0	0	0	1	0
陕西	109.5	11	331	0	0
甘肃	0	0	0	无统计数据	0
青海	0	0	0	0	0
宁夏	0	0	0	无统计数据	0
新疆	34.5	2	91	3	0
西部	696.3	73	2474	36	57
东部	22457.4	692	38881	162	555
全国	24018.3	838	43553	266	636.1

表3－62 2012年西部地区金融开放结构状况（2）

地区	外资银行资产总额西部/全国占比（%）	外资银行机构个数西部/全国占比（%）	外资银行从业人数西部/全国占比（%）	金融机构总资产中外资银行资产比重（%）	金融机构总个数中外资银行机构个数比重（%）	金融机构从业总人数中外资银行从业人数比重（%）
内蒙古	1.28	1.37	1.01	0.047	0.019	0.026
广西	3.58	2.74	2.43	0.116	0.035	0.071
重庆	24.39	38.36	36.05	0.605	0.541	1.450
四川	44.82	32.88	37.91	0.593	0.182	0.452
贵州	0.45	1.37	1.58	0.023	0.023	0.081

① 主要数据的搜集整理来自于《中国金融年鉴（2013）》，全国31个省、市、自治区《2012年区域金融运行报告》，部分数据来自于各省、市、自治区统计年鉴，中国证券监督管理委员会各地区监管局网站；其中，境外上市公司数（H股）甘肃、宁夏、河北、浙江、黑龙江无统计数据披露。

续表

地区	外资银行资产总额西部/全国占比（%）	外资银行机构个数西部/全国占比（%）	外资银行从业人数西部/全国占比（%）	金融机构总资产中外资银行资产比重（%）	金融机构总个数中外资银行机构个数比重（%）	金融机构从业总人数中外资银行从业人数比重（%）
云南	4.81	5.48	3.96	0.145	0.076	0.139
西藏	0	0	0	0	0	0
陕西	15.73	15.07	13.38	0.366	0.169	0.378
甘肃	0	0	0	0	0	0
青海	0	0	0	0	0	0
宁夏	0	0	0	0	0	0
新疆	4.95	2.74	3.68	0.203	0.061	0.160
西部	2.90	8.71	5.68	0.302	0.130	0.304
东部	93.50	82.58	89.27	3.032	0.867	2.600
全国	100	100	100	1.929	0.415	1.289

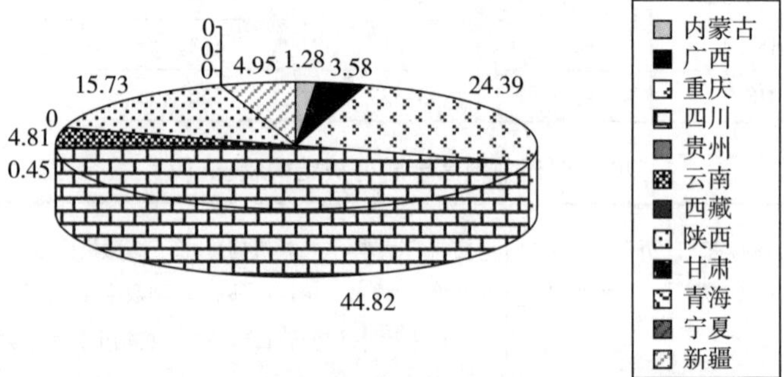

图 3-51　2012 年西部各省份外资银行资产总额占比分布图（单位：%）

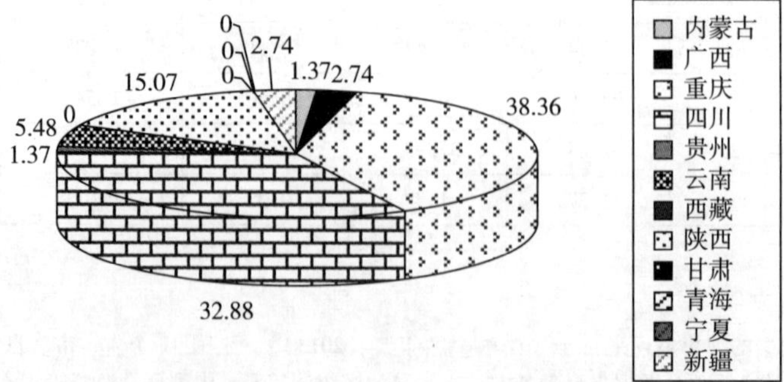

图 3-52　2012 年西部各省份外资银行机构个数占比分布图（单位：%）

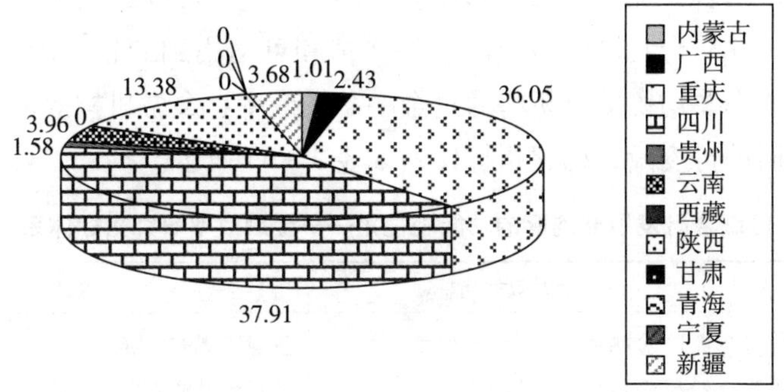

图3－53　2012年西部各省份外资银行从业人员数占比分布图（单位:%）

从西部十二个省份金融开放结构来看，截至2012年末，西藏、甘肃、青海和宁夏四个省份还没有外资银行分支机构进驻，当年也都没有发行H股筹资，说明其金融开放程度还很滞后；其他省份中，四川和重庆外资银行资产总额、机构个数和从业人数指标在西部占比都很高，两个地区指标相加占到整个西部的69.21%、71.24%和73.96%，说明四川和重庆金融机构开放程度很高；截至2012年境外上市公司数（H股）四川有15家，为西部最多，而当年西部地区只有内蒙古发行H股筹资57亿元，其他省份没有发行H股筹资。可见，西部金融开放程度差异巨大，资源主要集中四川和重庆。除去西部四个没有外资银行进驻的省份，从金融机构总资产、总机构个数和从业人员总数的外资银行指标比重结构看，重庆的三项比重结构指标最高，分别为0.605%、0.541%和1.450%，四川外资银行各项指标在整个四川银行业金融机构总体数据中的比重要略低于重庆。

3.4.5　西部区域金融发展的功能指标与非均衡表现

金融发展的功能观主要是研究金融的不同功能在经济发展中的贡献、影响和作用，以及金融的功能是否得以充分的发挥。而探讨区域金融功能的非均衡，则不仅涉及通过金融功能的各项指标分析其对经济的差异化影响，还要研究各个区域金融功能本身的非均衡特征与表现。金融效率作为金融功能演进的核心基础和本质属性，就承载了量化金融功能的深层次要求，从功能观的角度衡量区域金融发展非均衡实质上就是运用效率指标度量区域金融的非均衡状况，以及金融非均衡对经济发展贡献效率的影响和作用差异。

该部分主要研究东西部地区，以及西部省份金融效率的非均衡特征与表现，将金融效率非均衡对经济发展影响的实证研究放到第6章中详细分析。基于国内外众多学者，如王广谦（1997）、李健（2005）等的金融效率理论探索与实践经验，并结合我国区域金融发展实情和可搜集到的省际层面数据资料，对区域金融效率非均衡的分析将通过金融总体效率、金融机构效率和金融市场效率三个层面进行度量，构建指标体系如表3－63所示。

表3－63 区域金融发展非均衡的功能观视角——金融效率研究指标体系

金融效率层次	金融效率指标	含义
（一）金融总体效率	1. 金融系统资源配置效率 2. 金融劳动产出效率 3. 金融市场化率	衡量宏观的投资效率 衡量金融业人力资本的贡献程度 衡量金融制度变革的指标
（二）金融机构效率	1. 动员储蓄能力 2. 存贷比率 3. 资金运用能力 4. 不良贷款率	衡量金融机构吸收储蓄存款的效率 衡量金融机构储蓄转化为投资效率 衡量金融机构资金运用效率 衡量金融机构脆弱性的指标
（三）金融市场效率	1. 市场融资效率 2. 上市公司平均每股收益	衡量金融结构倾斜程度的指标 衡量资本市场经营效率的指标

1. 金融总体效率

金融总体效率指整个金融体系功能发挥的效率，包括金融系统资源配置效率、金融劳动产出效率和金融市场化率三个指标。

（1）金融系统资源配置效率

金融系统的资源配置效率通过边际资本生产率来衡量，即边际资本生产率是GDP增量与资本形成额的比值。如果资本配置是有效率的，那么相同的资本量就能够推动GDP更快地增长。区域边际资本生产率就可以作为东西部和西部省份金融资源配置效率差异的量化指标。

表3－64和图3－54显示了1979—2012年我国东西部地区边际资本生产率的变化态势，可以看出，两个地区该指标的变化方向是基本相同的，1979—1994年，东西部边际资本生产率大幅上下波动，出现了连续的三个“U”型变化方式，这种金融系统的资源配置方式受到我国经济体制改革和国家宏观调控政策的影响很大。1994—1999年东西部边际资本生产率均出现大幅下滑，从0.5621和0.5786下降到0.1347和0.1724，表明经济低速增长时期，金融体系配置资源的效率也在下降。1999—2012年，东西部边际资本生产率虽然有波动，但幅度更加缓和，而东部的边际资本生产率即使在波动过程中也比西部指标更高，说明东部金融资源配置效率要略高于西部，但是从具体数值来看，

近年来东西部金融系统资源配置效率一直处于低位变化。

表3-64　　　　东西部地区边际资本生产率①

年份	西部			东部		
	GDP增量（亿元）	资本形成额（亿元）	边际资本生产率	GDP增量（亿元）	资本形成额（亿元）	边际资本生产率
1979	84.78	296.54	0.2859	197.18	452.90	0.4354
1980	80.50	285.51	0.2820	210.05	531.46	0.3952
1981	73.53	278.23	0.2643	192.45	563.48	0.3415
1982	126.26	330.95	0.3815	249.66	702.22	0.3555
1983	127.16	366.41	0.3470	260.05	752.95	0.3454
1984	202.03	464.43	0.4350	540.07	1002.90	0.5385
1985	277.42	631.51	0.4393	715.12	1513.39	0.4725
1986	202.01	689.12	0.2931	455.68	1759.56	0.2590
1987	317.04	789.00	0.4018	884.49	2057.26	0.4299
1988	595.40	1033.26	0.5762	1512.76	2754.51	0.5492
1989	409.57	1155.85	0.3543	923.26	2975.83	0.3103
1990	503.70	1261.37	0.3993	850.71	3250.99	0.2617
1991	557.75	1504.29	0.3708	1536.45	3840.97	0.4000
1992	774.73	1959.29	0.3954	2596.02	5392.47	0.4814
1993	1362.71	2846.54	0.4787	4535.20	7798.30	0.5816
1994	1979.17	3526.78	0.5612	6069.55	10522.14	0.5768
1995	2036.32	4228.43	0.4816	6602.86	13380.71	0.4935
1996	1822.42	4796.94	0.3799	5261.13	15717.81	0.3347
1997	1431.47	5408.82	0.2647	4585.85	17373.12	0.2640
1998	1018.74	6103.11	0.1669	3521.56	18977.22	0.1856
1999	847.68	6293.01	0.1347	3444.08	19979.84	0.1724
2000	1425.51	7024.85	0.2029	6084.23	22195.82	0.2741
2001	1618.31	8241.32	0.1964	5855.17	24293.84	0.2410
2002	1962.72	9328.27	0.2104	7141.21	26661.14	0.2679
2003	2965.47	11736.34	0.2527	11246.42	32347.01	0.3477

① 根据《新中国六十年统计资料汇编》、历年《中国统计年鉴》、《中国区域经济统计年鉴》相关数据搜集整理而得，其中西藏资本形成额数据多数年份无统计披露，在计算西部总体指标时只考虑十一个省份数据。

续表

年份	西部			东部		
	GDP 增量（亿元）	资本形成额（亿元）	边际资本生产率	GDP 增量（亿元）	资本形成额（亿元）	边际资本生产率
2004	4866.48	14499.05	0.3356	15857.87	40413.18	0.3924
2005	3956.40	18235.61	0.2170	17101.54	51161.40	0.3343
2006	6894.35	22039.18	0.3128	18383.09	59142.89	0.3108
2007	8289.03	27386.90	0.3027	24018.27	69713.09	0.3445
2008	10337.15	34893.89	0.2962	25233.18	83467.44	0.3023
2009	8511.32	42682.78	0.1994	17779.39	95719.00	0.1857
2010	13969.96	54053.50	0.2584	34637.89	114341.50	0.3029
2011	18867.79	66873.20	0.2821	39847.79	134209.90	0.2969
2012	14073.33	78900.50	0.1784	25820.62	146634.30	0.1761

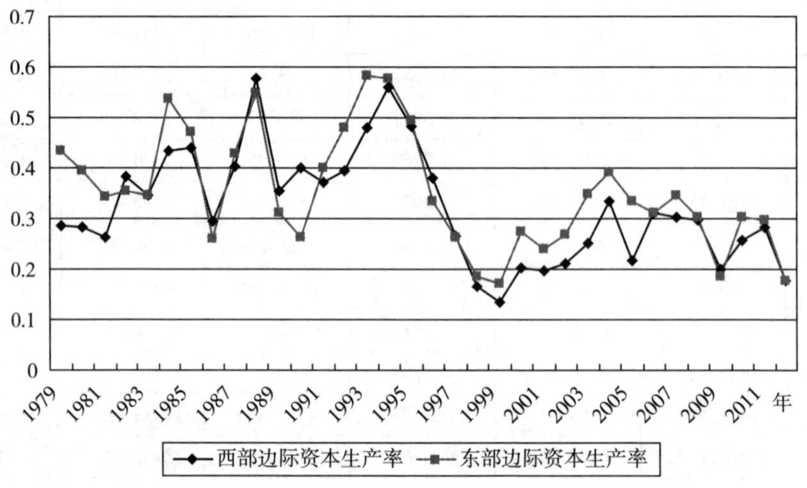

图 3－54　1979—2012 年东西部地区边际资本生产率变化趋势图

从表 3－65 和图 3－55 中可以直观地看出 1979—2012 年西部地区十一个省份边际资本生产率的变化趋势，总体上，十一个省份的指标变动与整个西部变动的趋势是一致的，宏观的金融效率是决定中观区域金融效率的主要因素，略有不同的是波动幅度的大小区别，内蒙古、甘肃、青海有的年份出现边际资本生产率负值，是因为 GDP 增量为负，也就是有的年份 GDP 出现了负增长。2012 年各省份边际资本生产率都低于 0.3，最低为宁夏的 0.1075，最高为贵州的 0.2642，尽管从金融总量和规模各项指标上看这贵州都是处于西部靠后排位，四川基本都位列第一，但是金融系统资源配置效率却有所不同。

表3-65 西部地区十一个省、市、区边际资本生产率①

年份	内蒙古	广西	重庆	四川	贵州	云南	陕西	甘肃	青海	宁夏	新疆
1979	0.2629	0.3335	0.3045	0.3630	0.3802	0.2540	0.3759	0.0925	-0.0294	0.1451	0.3236
1980	0.2275	0.4381	0.2998	0.3656	0.2377	0.2455	0.0141	0.2621	0.2925	0.1983	0.3287
1981	0.5053	0.4928	0.2012	0.2300	0.4167	0.3478	0.2235	-0.1349	-0.0408	0.2144	0.2414
1982	0.5862	0.5134	0.2960	0.4911	0.5116	0.4463	0.2426	0.2364	0.2299	0.0966	0.1915
1983	0.3567	0.1682	0.2954	0.4599	0.3471	0.2878	0.2794	0.4630	0.2480	0.2639	0.3922
1984	0.4869	0.4292	0.4473	0.4760	0.6365	0.4064	0.4768	0.3291	0.3204	0.3107	0.2605
1985	0.5779	0.4968	0.3886	0.5279	0.3588	0.4471	0.3546	0.4288	0.3079	0.2871	0.3849
1986	0.2957	0.3400	0.3166	0.2950	0.3174	0.2740	0.2788	0.2891	0.2773	0.1911	0.2788
1987	0.4528	0.4530	0.2914	0.4963	0.4558	0.6805	0.3148	0.3028	0.1813	0.2014	0.2782
1988	0.5309	0.6877	0.5561	0.7045	0.6343	0.7685	0.4876	0.4167	0.3845	0.3417	0.4498
1989	0.1896	0.6290	0.4212	0.4431	0.2938	0.5425	0.2405	0.2776	0.2157	0.2656	0.2085
1990	0.2133	0.6110	0.2207	0.6116	0.3022	0.6706	0.2712	0.2475	0.3346	0.1513	0.3128
1991	0.2949	0.5070	0.3617	0.4319	0.4018	0.3537	0.3312	0.2526	0.1547	0.1711	0.4403
1992	0.3162	0.5630	0.5690	0.4302	0.4090	0.3985	0.3214	0.3545	0.3266	0.2432	0.2664
1993	0.4024	0.6422	0.6595	0.5676	0.5564	0.4414	0.4471	0.3576	0.4304	0.3464	0.2610
1994	0.4751	0.6914	0.7689	0.7571	0.7340	0.4580	0.4004	0.4594	0.4778	0.4596	0.3427
1995	0.4343	0.4837	0.7375	0.5205	0.5658	0.4780	0.4089	0.4709	0.3785	0.4722	0.3220
1996	0.3720	0.3356	0.4087	0.4227	0.3767	0.4738	0.3286	0.5938	0.1804	0.2861	0.1884
1997	0.2746	0.2063	0.3196	0.3152	0.3062	0.2209	0.2695	0.2198	0.1631	0.2087	0.2459
1998	0.2010	0.1446	0.1331	0.1840	0.1741	0.1975	0.1468	0.2569	0.1401	0.1635	0.0978
1999	0.2021	0.0931	0.0861	0.1309	0.1903	0.0899	0.1972	0.1662	0.1316	0.1344	0.0967
2000	0.2489	0.1607	0.1603	0.1834	0.1889	0.1493	0.2467	0.2129	0.1514	0.1816	0.3242
2001	0.2571	0.2592	0.1976	0.2158	0.1642	0.1327	0.2107	0.1386	0.1757	0.2042	0.1660

① 根据《新中国六十年统计资料汇编》、历年《中国统计年鉴》、《中国区域经济统计年鉴》相关数据搜集整理而得，其中西藏资本形成额数据多数年份无统计披露，在计算时只整理计算西部十一个省份数据。

续表

年份	内蒙古	广西	重庆	四川	贵州	云南	陕西	甘肃	青海	宁夏	新疆
2002	0.2634	0.2784	0.2260	0.2241	0.1615	0.1896	0.2173	0.1819	0.1595	0.1620	0.1401
2003	0.3342	0.2886	0.2156	0.2704	0.2316	0.2046	0.2348	0.2493	0.1702	0.2440	0.2445
2004	0.3358	0.4554	0.2567	0.3836	0.2812	0.3626	0.3683	0.3532	0.2345	0.1984	0.2390
2005	-0.0510	0.3675	0.1947	0.3023	0.2939	0.1965	0.2996	0.2677	0.2091	0.1449	0.2459
2006	0.5612	0.3331	0.1729	0.3018	0.2484	0.2237	0.2923	0.3148	0.2249	0.1981	0.2480
2007	0.2780	0.3714	0.2502	0.3601	0.3315	0.2742	0.2829	0.3226	0.2901	0.2727	0.2287
2008	0.2921	0.3184	0.2450	0.3090	0.3379	0.3595	0.2925	0.2411	0.2766	0.2278	0.3051
2009	0.2620	0.0912	0.3750	0.2137	0.2667	0.1246	0.2451	0.1104	0.0711	0.1805	0.0289
2010	0.2139	0.2286	0.2984	0.2980	0.2720	0.1893	0.2685	0.3129	0.3056	0.1976	0.3442
2011	0.2352	0.2214	0.3677	0.3730	0.3431	0.2139	0.2792	0.3132	0.2031	0.2615	0.2817
2012	0.1296	0.1190	0.2283	0.2259	0.2642	0.1818	0.2077	0.1910	0.1453	0.1075	0.1589

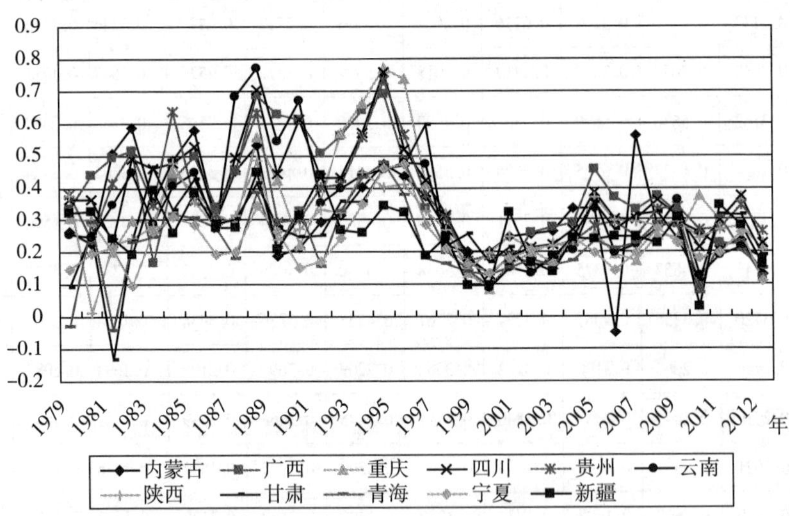

图3-55　1979—2012年西部地区十一个省、市、区边际资本生产率变化趋势图

从现阶段各个区域金融资源配置效率来看，投资仍是我国经济增长的重要拉动力，近年来国家的投资额度不断扩张，但GDP增速扩张却很小，大量资源的配置还十分低效。

（2）金融劳动产出效率

金融劳动产出效率是指金融总量增加值与金融从业人员总数的比值，用于衡量金融产业的人力资本贡献度。

从表3-66和图3-56中可以看出，2000—2012年东西部地区金融劳动产出效率的变化趋势，总体上看，大多数年份西部地区的指标数据低于东部，西部金融劳动产出效率呈现缓慢上升的趋势，从2000年的0.0797上升到2012年的11.3539，且2012年为这些年份指标中的最高值，说明西部大开发的国家倾斜性支持，西部金融效率是在逐渐上升的；东部的金融劳动产出效率变化与西部截然不同，基本呈现一个倒“U”型，从2000年上升到2007年达到顶点15.9425，此后下降到2012年8.3833，且2012年的指标低于西部地区。

表3-66　　东西部地区金融劳动产出效率①

年份	西部			东部		
	金融总量增加值（亿元）	金融业从业人员总数（万人）	金融劳动产出效率（万元/人）	金融总量增加值（亿元）	金融业从业人员总数（万人）	金融劳动产出效率（万元/人）
2000	6.05	75.90	0.0797	275.35	132.90	2.0719
2001	40.97	76.40	0.5363	73.71	142.40	0.5176
2002	47.24	75.50	0.6257	179.69	146.90	1.2232
2003	95.33	75.91	1.2558	411.04	156.67	2.6236
2004	93.69	77.20	1.2136	515.00	159.00	3.2390
2005	172.62	78.24	2.2063	285.42	162.40	1.7575
2006	161.14	78.07	2.0640	1136.60	169.93	6.6886
2007	356.43	82.01	4.3462	2899.79	181.89	15.9425
2008	386.45	87.63	4.4100	1748.95	199.91	8.7487
2009	954.88	95.64	9.9841	1659.71	216.20	7.6767
2010	522.40	100.86	5.1795	2403.78	227.82	10.5512
2011	934.72	106.06	8.8131	2548.92	249.73	10.2067
2012	1267.09	111.60	11.3539	2205.49	263.08	8.3833

① 根据历年《中国统计年鉴》、《中国第三产业统计年鉴》、《中国劳动统计年鉴》相关数据搜集整理而得。

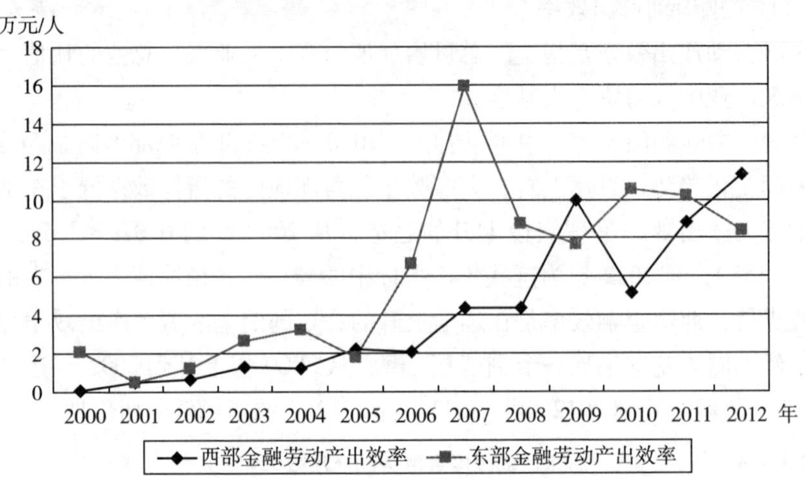

图 3-56　2000—2012 年东西部地区金融劳动产出效率变化趋势图

表 3-67 和图 3-57 显示了西部十二个省份 2000—2012 年金融劳动产出效率的变动趋势，总体上看，各省份的金融劳动产出效率有雷同的波动特征，都是呈现上升的趋势，并且从 2007 年开始有小幅的上下波动，2009 年各省份的指标都有大幅的提升，是因为国际金融危机我国金融机构采取的发放"天量"信贷支持实体经济，大量资金的投入也增大了金融总量。具体来看，西藏的指标有三年出现负值，是因为金融总量的增加量为负，其他省份也有的年份指标为负；重庆和四川历年的金融劳动产出效率较高，2012 年分别达到 16.193 和 18.956，排在整个西部的第二位和第一位，相比 2000—2003 年各省份之间不明显的金融劳动产出效率差异，以后年份该指标的区域非均衡态势越来越突出，这反映了西部内部省份金融运行的特质性更明显，各省份之间的金融效率差异实质上也反映了金融功能的发挥程度差异。

表 3-67　西部地区十二个省、市、区金融劳动产出效率①

年份	内蒙古	广西	重庆	四川	贵州	云南	西藏	陕西	甘肃	青海	宁夏	新疆
2000	0.115	0.437	-0.189	0.912	0.435	0.005	0.533	-0.984	0.338	-1.029	0.081	-1.183
2001	0.147	0.651	0.765	0.951	0.276	0.460	1.283	0.169	0.302	-0.581	-0.385	1.188
2002	0.158	0.805	0.764	0.867	0.580	1.680	-0.880	0.079	0.293	0.331	-0.284	0.647

① 根据历年《中国统计年鉴》、《中国第三产业统计年鉴》、《中国劳动统计年鉴》相关数据搜集整理而得。

续表

年份	内蒙古	广西	重庆	四川	贵州	云南	西藏	陕西	甘肃	青海	宁夏	新疆
2003	0.161	2.979	1.029	1.785	0.838	0.229	3.237	0.905	0.497	0.707	0.674	2.115
2004	0.355	1.318	1.207	2.041	1.692	1.111	18.217	0.097	0.614	0.607	0.552	0.812
2005	4.579	3.085	-0.066	-0.003	4.353	5.331	-14.623	5.556	-3.486	1.893	6.356	1.638
2006	2.433	2.452	1.982	2.274	2.433	1.716	-3.750	1.767	0.990	1.593	1.553	3.168
2007	5.841	4.701	1.988	3.538	4.985	3.388	2.653	6.023	1.760	2.118	4.641	8.273
2008	3.220	3.523	8.674	5.584	3.780	5.769	1.632	3.154	1.628	2.815	3.576	2.806
2009	12.525	16.543	19.351	3.206	10.646	15.136	20.416	9.904	2.387	8.330	6.902	4.725
2010	5.468	4.878	9.999	6.104	5.765	2.585	4.768	3.433	1.802	4.541	8.363	3.693
2011	9.676	5.526	18.096	9.951	9.197	8.340	4.915	3.371	6.451	4.015	12.968	7.858
2012	5.056	10.950	16.193	18.956	9.295	8.624	0.410	8.146	5.477	9.667	11.250	8.811

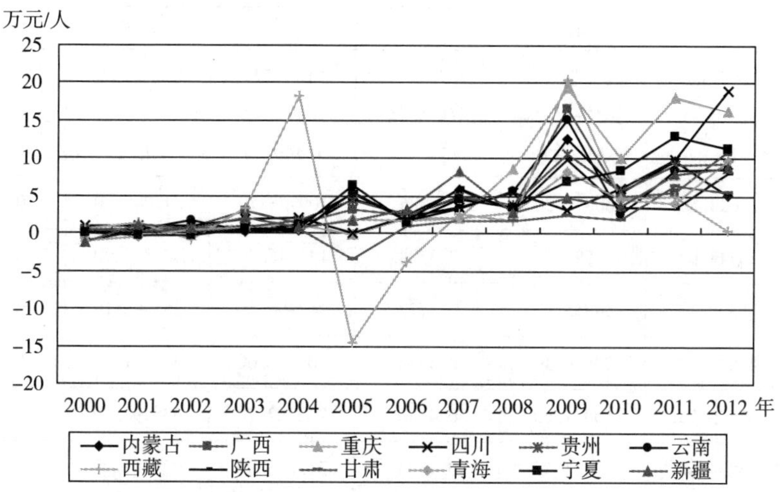

图3-57 2000—2012年西部地区十二个省、市、区金融劳动产出效率变动趋势图

（3）金融市场化率

金融体系最基本的功能是通过金融资源的市场化调配实现对整个社会资源在各部门的优化。因此，市场化竞争可以提高效率，从金融制度变迁来看，金融市场化也反映了我国机构主导的金融体系中的市场结构是否均衡、完善与合理，以至于各项金融功能得以顺畅发挥，金融效率得到大幅提升。从所有制角度来看，金融市场化就反映了非国有金融机构参与市场竞争的程度，为了反映各地区金融市场竞争程度和金融效率的高低，采用非国有银行的资产总额与全部银行业金融机构资产总额的比值代表金融市场化率，而非国有银行资产总额是全部银行业金融机构资产总额与国有银行资产总额的差值计算而来。

从表3－68和图3－58中可以直观地看出2006—2012年东西部地区金融市场化率的变化趋势，尽管从2006年开始西部金融市场化率不断上升，从2006年的0.3386上升到2012年的0.4812，但是各年份东部地区金融市场化率都高于西部地区，且东部该指标也是在逐年上升的，2006年为0.4445，2012年则达到0.5144，只是两个地区之间金融市场化率的差值在不断缩小，从2006年的0.1059下降到2012年的0.0332。东部金融开放早，金融结构比例的非均衡性没有西部地区突出，金融市场更活跃，对金融资源的获取也更加多样化，并逐渐转向了通过资本市场从其他区域吸纳资金，金融市场化效率更高，而西部国有金融为主导的金融体系还非常明显，对金融资源的争夺还要通过国有金融进行。

表3－68　　东西部地区金融市场化率①

年份	西部			东部		
	非国有银行资产总额（亿元）	银行业金融机构资产总额（亿元）	金融市场化率	非国有银行资产总额（亿元）	银行业金融机构资产总额（亿元）	金融市场化率
2006	20628.50	60928.30	0.3386	109788.70	247005.70	0.4445
2007	26447.60	73584.70	0.3594	145846.20	305887.90	0.4768
2008	35308.10	94855.70	0.3722	163400.50	357298.10	0.4573
2009	49223.40	124810.10	0.3944	201733.60	451841.50	0.4465
2010	65049.83	155391.60	0.4186	242322.70	536993.30	0.4513
2011	85894.60	189911.90	0.4523	317255.90	637902.90	0.4973
2012	110822.80	230287.60	0.4812	380953.60	740575.70	0.5144

表3－69和图3－59显示了2006—2012年西部地区十二个省、市、区金融市场化率变动趋势；总体上看，除西藏外，其他十一个省份金融市场化率都是呈现上升的态势，西藏从2006年到2011年金融市场化率是下降的趋势，2012年才有所回升，具体来看，重庆的历年金融市场化率都处于高位，并且2010年开始超过0.5，说明重庆金融结构逐渐向多样化发展，非国有金融的比

① 根据历年西部十二个省、市、自治区，东部十个省、市《区域金融运行报告》相关数据搜集、计算、整理而得。

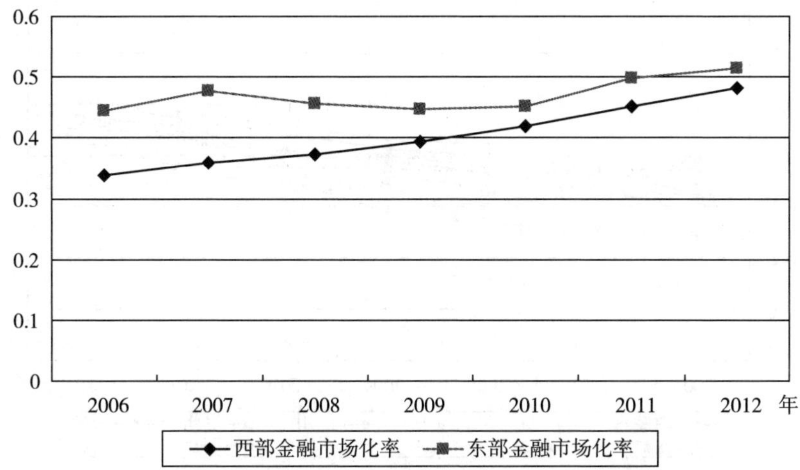

图3－58　2006—2012年东西部地区金融市场化率变化趋势图

重在不断上升，金融发展质的提升很大；2012年西部地区重庆、四川、陕西的金融市场化率大于0.5，而四川和陕西是当年指标才超过0.5，这说明三个省份金融效率在不断提升，尽管四川金融总量和金融规模在西部处于绝对领先地位，但是重庆金融发展质的提升和水平要高于四川；而其他一些金融总量规模小的省份，普遍也是以国有金融为绝对主导，融资结构失衡、融资途径单一，金融市场发展也相对滞后。

表3－69　　西部地区十二个省、市、区金融市场化率①

年份	内蒙古	广西	重庆	四川	贵州	云南	西藏	陕西	甘肃	青海	宁夏	新疆
2006	0.3234	0.2997	0.4618	0.3242	0.3112	0.3896	0.5000	0.3438	0.3263	0.1512	0.3736	0.2412
2007	0.3328	0.3291	0.4826	0.3779	0.3300	0.3599	0.4973	0.3740	0.3251	0.1328	0.3719	0.2622
2008	0.3659	0.3250	0.4792	0.3992	0.3401	0.3763	0.0337	0.4220	0.3031	0.1589	0.3688	0.2661
2009	0.3915	0.3961	0.4747	0.4118	0.3583	0.4022	0.0334	0.4316	0.3411	0.1833	0.3739	0.2903
2010	0.4037	0.3947	0.5216	0.4441	0.4013	0.4112	0.0340	0.4575	0.3286	0.2140	0.3766	0.3552
2011	0.4583	0.4459	0.5455	0.4713	0.4332	0.4251	0.0322	0.4854	0.3790	0.2199	0.4384	0.4060
2012	0.4754	0.4732	0.5760	0.5063	0.4580	0.4661	0.1193	0.5028	0.4167	0.2695	0.4746	0.4250

①　根据历年西部十二个省、市、自治区《区域金融运行报告》相关数据搜集、计算、整理而得。

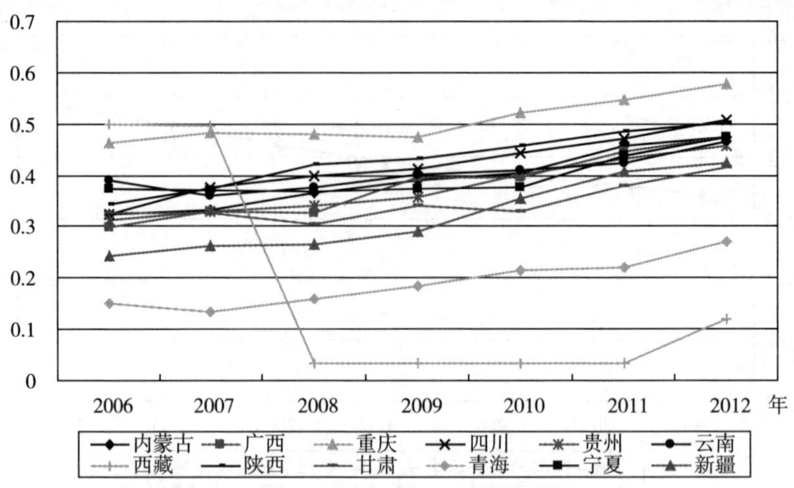

图 3-59 2006—2012 年西部地区十二个省、市、区金融市场化率变动趋势图

2. 金融机构效率

金融体系包括金融机构与金融市场，在金融总体效率层次外，金融机构层面的功能有效发挥也深刻影响着经济发展中金融的贡献，特别是我国是间接融资为主导的金融结构、机构主导型的金融体系，金融机构功能的有效体现对金融发展质的提升乃至国民经济发展就显得异常重要。该部分主要从金融机构动员储蓄能力、金融机构储蓄向投资转化能力、金融机构资金运用能力以及金融机构脆弱性四个方面对区域金融机构效率作细致的比较分析。

(1) 金融机构动员储蓄能力

国民经济增长需要持续、高水平的储蓄和投资，区域经济发展受到差异化投资的影响也非常显著，因此储蓄的有效动员就是首要问题。如果金融机构吸纳储蓄能力差，没有高储蓄水平，投资就是无源之水，根本无从谈起。

从表 3-70 和图 3-60 可以看出 1978—2012 年东西部地区储蓄率的波动状况。总体上来说，东西部储蓄率的变动有雷同的走势，都是从 1978 年开始不断上升，2003 年达到顶点，东部储蓄率 0.7283，西部储蓄率 0.7618，之后十年呈现一个“U”型变动。从 1991 年到 2007 年，西部储蓄率高于东部地区，2008 年后出现逆转，东部储蓄率开始高于西部。之所以多数年份西部储蓄率高于东部，很重要的原因是相对于西部，东部地区金融发展水平更高，金融市场更发达，多样化的金融工具和金融产品为居民提供了多元化的投资方式，东部居民并不会将储蓄当作唯一的投资手段，而西部金融发展较滞后，金融产品少，储蓄仍然是居民的主要投资手段。

表3－70　　东西部地区储蓄率①

年份	西部			东部		
	城乡居民储蓄存款（亿元）	西部 GDP（亿元）	储蓄率	城乡居民储蓄存款（亿元）	东部 GDP（亿元）	储蓄率
1978	46.61	721.55	0.0646	97.11	1514.39	0.0641
1979	60.67	806.98	0.0752	130.69	1711.57	0.0764
1980	85.08	888.81	0.0957	189.64	1921.62	0.0987
1981	108.37	964.07	0.1124	238.89	2114.07	0.1130
1982	142.00	1090.16	0.1303	302.63	2363.72	0.1280
1983	181.35	1217.36	0.1490	405.31	2623.77	0.1545
1984	247.84	1422.80	0.1742	593.88	3163.85	0.1877
1985	333.46	1704.33	0.1957	728.06	3878.96	0.1877
1986	459.83	1905.46	0.2413	1022.93	4334.64	0.2360
1987	620.05	2223.27	0.2789	1665.90	5219.13	0.3192
1988	741.58	2821.24	0.2629	1731.46	6731.90	0.2572
1989	990.79	3232.42	0.3065	2278.42	7655.16	0.2976
1990	1365.66	3741.96	0.3650	3117.78	8505.87	0.3665
1991	1769.06	4302.50	0.4112	4002.62	10042.32	0.3986
1992	2230.10	5080.03	0.4390	5280.87	12638.35	0.4178
1993	2900.97	6446.88	0.4500	6744.44	17173.55	0.3927
1994	4077.92	8434.56	0.4835	9624.53	23243.10	0.4141
1995	5571.24	10481.00	0.5316	13703.45	29845.96	0.4591
1996	7008.58	12312.32	0.5692	18108.35	35107.09	0.5158
1997	7650.36	13756.07	0.5561	22398.12	39692.94	0.5643
1998	8928.74	14789.10	0.6037	25495.56	43214.51	0.5900
1999	10176.35	15651.23	0.6502	28851.28	46658.58	0.6183
2000	11372.36	17088.57	0.6655	33934.53	52742.81	0.6434
2001	13075.22	18728.23	0.6982	39074.73	58597.99	0.6668
2002	15267.32	20713.86	0.7371	46646.45	65739.20	0.7096
2003	18057.09	23702.31	0.7618	56071.03	76985.62	0.7283
2004	20911.25	28603.43	0.7311	64642.84	92843.48	0.6963

① 主要数据来自《新中国六十年统计资料汇编》、历年《中国金融年鉴》整理而得，部分数据来自西部十二个省、市、自治区历年统计年鉴，东部十个省、市历年统计年鉴。

续表

年份	西部			东部		
	城乡居民储蓄存款（亿元）	西部 GDP（亿元）	储蓄率	城乡居民储蓄存款（亿元）	东部 GDP（亿元）	储蓄率
2005	24695.74	33590.29	0.7352	76704.15	109945.03	0.6977
2006	28476.56	39525.51	0.7205	88127.38	128328.12	0.6867
2007	30728.77	47865.72	0.6420	93306.47	152346.38	0.6125
2008	38807.62	58256.57	0.6662	118765.58	177579.56	0.6688
2009	47296.87	66813.34	0.7079	142909.41	195358.95	0.7315
2010	57345.58	80849.40	0.7093	165120.94	229996.84	0.7179
2011	66568.44	99815.56	0.6669	185225.94	269844.63	0.6864
2012	79689.23	113978.64	0.6992	213041.17	295665.25	0.7205

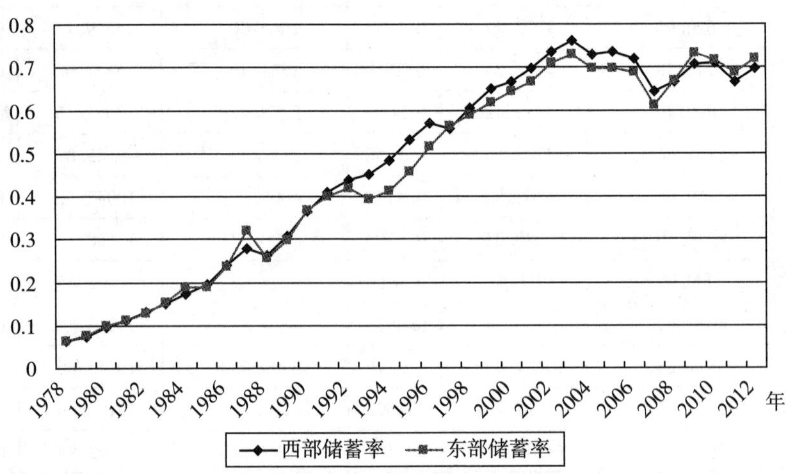

图 3-60 1978—2012 年东西部地区储蓄率变化趋势图

表 3-71 和图 3-61 显示了 1978—2012 年西部十二个省、市、区储蓄率的变动状况，改革开放后各省份的储蓄率总体上是逐渐上升的，2003 年后多数省份出现小幅波动。其中，陕西储蓄率从 1989—2006 年指标都位于西部首位，说明陕西动员储蓄的能力较强，区域内机构吸纳储蓄的效率高。尽管 2003 年后各省份储蓄率都出现不同程度的下降，甘肃储蓄率却保持了较高的水平波动和较好的增长态势，2012 年达到 0.8974，为当年西部最高。西藏的历年储蓄率主要在低位运行并保持缓慢增长，内蒙古储蓄率则从 2003 年的 0.5676 下降到 2012 年的 0.4177，2012 年的指标为西部最低。与其他金融发展

的重要指标不同，四川和重庆的储蓄率并不是最高，金融机构动员储蓄并不是最有效率的。但是，高储蓄率只是为投资提供了资金的保障和源泉，要分析各区域投资拉动经济的能力则还要具体考察储蓄向投资转化的效率。

表3-71　　　　西部地区十二个省、市、区储蓄率①

年份	内蒙古	广西	重庆	四川	贵州	云南	西藏	陕西	甘肃	青海	宁夏	新疆
1978	0.0436	0.0515	0.0388	0.0559	0.0315	0.0469	0.0502	0.0961	0.0567	0.2201	0.0691	0.1643
1979	0.0516	0.0616	0.0475	0.0729	0.0353	0.0509	0.0604	0.1079	0.0694	0.2600	0.0846	0.1580
1980	0.0711	0.0764	0.0734	0.0964	0.0500	0.0644	0.0698	0.1423	0.0846	0.2485	0.1074	0.1788
1981	0.0810	0.0845	0.0921	0.1162	0.0604	0.0767	0.0604	0.1631	0.1109	0.2807	0.1310	0.2070
1982	0.0906	0.1010	0.1051	0.1320	0.0695	0.1123	0.0745	0.1832	0.1283	0.3023	0.1790	0.2345
1983	0.1063	0.1226	0.1197	0.1513	0.0813	0.1347	0.0952	0.2061	0.1426	0.3127	0.2136	0.2420
1984	0.1214	0.1604	0.1401	0.1849	0.0913	0.1593	0.0923	0.2221	0.1774	0.3111	0.2489	0.2708
1985	0.1282	0.1891	0.1672	0.2154	0.1081	0.1808	0.0899	0.2475	0.2042	0.2939	0.2655	0.2633
1986	0.1601	0.2336	0.2042	0.2773	0.1295	0.2182	0.1180	0.2999	0.2497	0.3122	0.3198	0.3128
1987	0.1836	0.2800	0.2336	0.3162	0.1499	0.2422	0.1306	0.3607	0.2968	0.3389	0.3757	0.3586
1988	0.1877	0.2609	0.2104	0.2976	0.1350	0.2120	0.1400	0.3455	0.2952	0.3139	0.3603	0.3438
1989	0.2322	0.2800	0.2448	0.3584	0.1613	0.2381	0.1535	0.4189	0.3422	0.3462	0.4037	0.3835
1990	0.2926	0.3391	0.3074	0.4098	0.2355	0.2610	0.1443	0.5060	0.4142	0.3921	0.5059	0.4365
1991	0.3319	0.3883	0.3571	0.4697	0.2714	0.2943	0.1675	0.5621	0.4726	0.4527	0.5679	0.4317
1992	0.3550	0.4284	0.3676	0.4994	0.3003	0.3165	0.1785	0.6193	0.5056	0.4718	0.6053	0.4365
1993	0.4316	0.4658	0.3581	0.4892	0.3397	0.3207	0.2073	0.5954	0.5479	0.4307	0.5881	0.4451
1994	0.4580	0.4776	0.3775	0.5212	0.3452	0.3572	0.2426	0.6522	0.6070	0.4280	0.6288	0.5250
1995	0.4793	0.4911	0.3950	0.6028	0.3892	0.4092	0.3453	0.7080	0.6816	0.4582	0.6575	0.5856
1996	0.4940	0.5210	0.4217	0.6532	0.4303	0.4423	0.4119	0.7749	0.6686	0.4836	0.7035	0.6391
1997	0.5245	0.5575	0.4269	0.5064	0.4503	0.4809	0.3942	0.7997	0.7207	0.5095	0.7518	0.6502
1998	0.5604	0.6017	0.5030	0.5763	0.4929	0.4985	0.3656	0.8514	0.7470	0.5381	0.7838	0.6858
1999	0.5783	0.6377	0.6093	0.6536	0.5168	0.5416	0.3474	0.8614	0.7710	0.5489	0.7998	0.7090
2000	0.5690	0.6608	0.6770	0.6856	0.5238	0.5659	0.3436	0.8440	0.7776	0.5548	0.7774	0.6663
2001	0.5758	0.6752	0.7460	0.7275	0.5662	0.6073	0.3606	0.8796	0.8181	0.5913	0.7645	0.6664
2002	0.5864	0.6881	0.8015	0.7759	0.6104	0.6487	0.4344	0.9354	0.8459	0.6086	0.8133	0.7056

① 主要数据来自《新中国六十年统计资料汇编》、历年《中国金融年鉴》，部分数据来自西部十二个省、市、自治区历年统计年鉴。

续表

年份	内蒙古	广西	重庆	四川	贵州	云南	西藏	陕西	甘肃	青海	宁夏	新疆
2003	0.5676	0.6989	0.8345	0.8126	0.6400	0.6911	0.4965	0.9738	0.8697	0.6190	0.8295	0.7271
2004	0.5274	0.6524	0.8132	0.7868	0.6524	0.6659	0.4879	0.9284	0.8191	0.6700	0.7922	0.6947
2005	0.5066	0.6284	0.8291	0.7993	0.6826	0.6998	0.4900	0.9367	0.8204	0.6654	0.8406	0.6975
2006	0.4691	0.6102	0.8543	0.7856	0.7032	0.7125	0.4804	0.8992	0.8016	0.6604	0.8176	0.6685
2007	0.4173	0.5348	0.7831	0.7093	0.6529	0.6425	0.4663	0.7819	0.7083	0.5982	0.6905	0.5833
2008	0.4138	0.5371	0.7827	0.7714	0.6711	0.6638	0.4670	0.8006	0.7751	0.6348	0.7229	0.6069
2009	0.4043	0.6124	0.7519	0.8223	0.6894	0.7569	0.5140	0.8223	0.8980	0.7015	0.7282	0.7166
2010	0.3962	0.6028	0.7397	0.8109	0.7080	0.7952	0.5273	0.8790	0.8765	0.6450	0.7144	0.6853
2011	0.3812	0.5704	0.7004	0.7705	0.6917	0.7669	0.5270	0.7402	0.8466	0.6416	0.6452	0.6718
2012	0.4177	0.6086	0.7317	0.8175	0.7227	0.7542	0.5813	0.7453	0.8974	0.6767	0.7242	0.7041

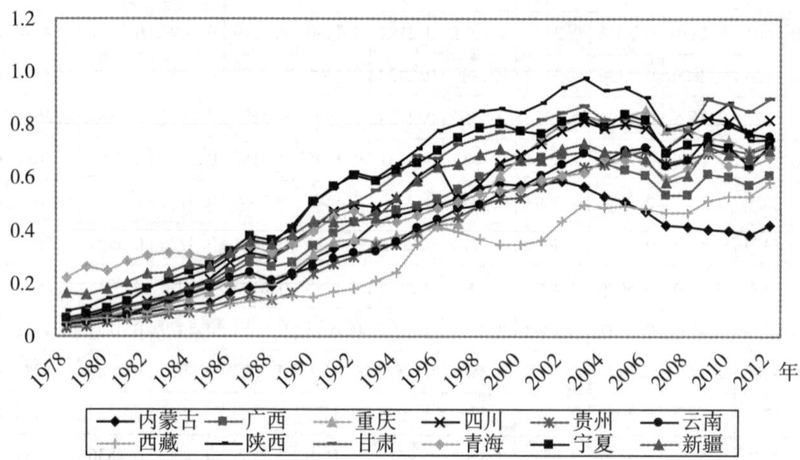

图 3-61　1978—2012 年西部地区十二个省、市、区储蓄率变动趋势图

（2）金融机构储蓄向投资转化能力

在间接融资主导的融资结构和渠道条件下，金融机构吸纳的存款按照一定标准原则贷放出去，上述分析西部地区拥有高额的储蓄，如若储蓄不能顺畅地转化为投资，或者储蓄转化为投资的渠道不通畅，就难以有效地推动区域经济增长。运用金融机构存贷比指标就能够衡量储蓄转化为投资的效率。

从表 3-72 和图 3-62 可以看出东西部地区 1978—2012 年存贷比的变化趋势，总体上看，改革开放后两个地区该指标都呈现逐渐降低的趋势，2008 年为历年的最低点，西部为 0.6610，东部为 0.6464，这说明我国金融机构储蓄向投资转化的效率是越来越低的，2008年后存贷比指标有所回升。从差异化的角度来看，尽管存贷比指标在下降，但是从1980—1987年存贷比数据东部高于西部，1988—2012年东部存贷比指标低于西部，西部金融机构储蓄向投资转化效率高于东部，金融功能的有效发挥程度更高。然而，从两个地区指标差距上，也可以直观地看出东西部存贷比在逐年下降的过程中，差距在逐年收敛和缩小，两个地区金融机构效率有趋同的变化态势。

表3-72 东西部地区存贷比①

年份	西部			东部		
	金融机构年末贷款余额（亿元）	金融机构年末存款余额（亿元）	存贷比	金融机构年末贷款余额（亿元）	金融机构年末存款余额（亿元）	存贷比
1978	393.40	299.37	1.3141	817.09	755.46	1.0816
1979	423.17	356.97	1.1854	886.95	832.82	1.0650
1980	482.15	433.33	1.1127	1133.24	825.23	1.3732
1981	546.77	493.26	1.1085	1288.83	1042.17	1.2367
1982	601.54	570.15	1.0551	1444.36	1232.16	1.1722
1983	668.03	631.36	1.0581	1648.23	1456.92	1.1313
1984	890.48	840.84	1.0590	2245.56	1921.16	1.1689
1985	1136.77	936.71	1.2136	2759.54	2154.22	1.2810
1986	1545.10	1230.75	1.2554	3570.05	2823.89	1.2642
1987	1862.02	1509.85	1.2332	4349.98	3508.64	1.2398
1988	2186.55	1675.45	1.3051	5069.92	4054.96	1.2503
1989	2605.98	1989.64	1.3098	5879.86	4883.56	1.2040
1990	3247.18	2590.02	1.2537	7152.27	6445.83	1.1096
1991	4015.12	3309.49	1.2132	8525.04	8363.41	1.0193
1992	4960.68	4195.14	1.1825	10570.64	11300.24	0.9354
1993	6208.37	5171.35	1.2005	13126.80	13779.53	0.9526
1994	7899.20	7169.40	1.1018	16225.77	19046.54	0.8519
1995	10000.75	9507.71	1.0519	22410.17	28259.29	0.7930
1996	12047.49	11898.54	1.0125	27057.27	36193.64	0.7476

① 根据《新中国六十年统计资料汇编》、历年《中国金融年鉴》、《中国统计年鉴》搜集整理而得。

续表

年份	西部			东部		
	金融机构年末贷款余额（亿元）	金融机构年末存款余额（亿元）	存贷比	金融机构年末贷款余额（亿元）	金融机构年末存款余额（亿元）	存贷比
1997	13379.04	13152.42	1.0172	33466.93	44281.63	0.7558
1998	14892.97	15358.85	0.9697	38674.88	51677.42	0.7484
1999	16750.53	17580.69	0.9528	44037.45	59372.37	0.7417
2000	17521.19	20280.49	0.8639	49142.96	67676.38	0.7261
2001	19314.38	23511.34	0.8215	56416.30	79365.34	0.7108
2002	22127.47	27200.19	0.8135	68659.88	96506.54	0.7115
2003	26316.55	32518.87	0.8093	86320.06	118820.55	0.7265
2004	29641.42	38104.99	0.7779	99260.76	141116.44	0.7034
2005	32229.51	44995.41	0.7163	111071.81	168524.19	0.6591
2006	37419.91	53144.46	0.7041	129106.02	195987.02	0.6587
2007	43679.42	62134.65	0.7030	150648.06	225527.09	0.6680
2008	51504.75	77925.13	0.6610	174118.10	269361.75	0.6464
2009	71585.57	103008.52	0.6949	241019.86	349221.20	0.6902
2010	88307.14	126214.35	0.6997	290698.39	418948.11	0.6939
2011	105298.12	146549.08	0.7185	331677.58	471659.74	0.7032
2012	124300.69	173570.43	0.7161	374273.36	535894.13	0.6984

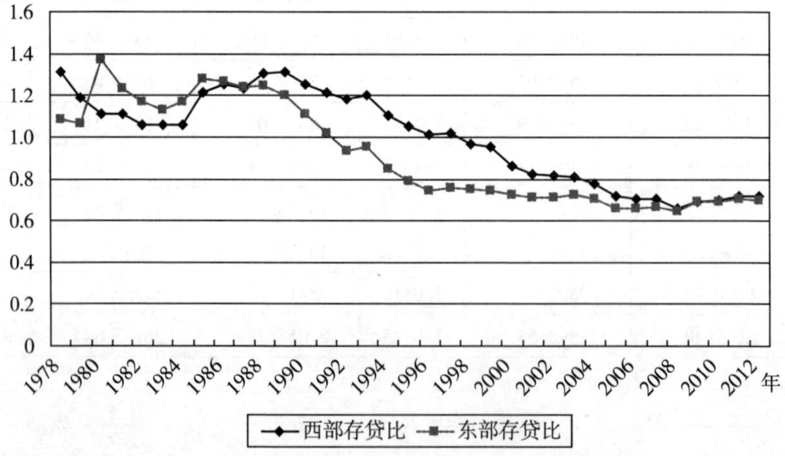

图 3－62　1978—2012 年东西部地区存贷比变化趋势图

表 3 – 73 和图 3 – 63 显示了 1978—2012 年西部十二个省份存贷比的变动状况。总体上看，各省份存贷比呈现下降的变动趋势，说明改革开放后各区域金融机构储蓄向投资转化的效率是下降的。然而，西部省份存贷比下降的变动路径又有所差异，西藏、青海与新疆是典型的倒“U”型波动路径，都是先上升后缓慢下降的态势，达到顶峰时的指标分别为 1993 年的 1. 0071，1996 年的 1. 7740，以及 1993 年的 1. 1772，都是当年贷款超过存款，并且集中在 20 世纪 90 年代中期。其他省份的变动路径基本是降低趋势，有的指标变动平缓，比如贵州和云南；有的下降幅度大，比如内蒙古和广西。2012 年，西部十二个省份存贷比指标都小于 1，说明各区域金融机构贷款都低于存款，尽管西部大开发以来国家对西部有倾斜性的政策支持，固定资产投资到西部的基础设施和大型项目中，但是并不能改变西部省份金融机构储蓄向投资转化效率下降的趋势。

表 3 – 73　　西部地区十二个省、市、区存贷比①

年份	内蒙古	广西	重庆	四川	贵州	云南	西藏	陕西	甘肃	青海	宁夏	新疆
1978	2. 4491	2. 3479	1. 9029	1. 3660	1. 1978	1. 0827	0. 2279	1. 4645	0. 9655	0. 6839	1. 3215	0. 5692
1979	2. 1082	1. 9724	1. 7537	1. 1274	1. 1756	0. 9109	0. 3200	1. 4345	0. 9036	0. 5604	1. 1879	0. 6335
1980	2. 1319	1. 8571	1. 4473	1. 0581	1. 0205	0. 8492	0. 2662	1. 2454	0. 8695	0. 5636	1. 2277	0. 6416
1981	1. 8871	1. 6118	1. 4802	1. 1134	1. 1685	0. 8074	0. 2047	1. 3233	0. 8403	0. 5090	1. 0531	0. 6326
1982	1. 7010	1. 5290	1. 4304	1. 0552	1. 1054	0. 7399	0. 2087	1. 2751	0. 8279	0. 5564	0. 9394	0. 6146
1983	1. 6072	1. 4932	1. 3989	1. 1970	1. 0252	0. 7228	0. 2344	1. 1813	0. 7816	0. 5229	0. 8650	0. 6272
1984	1. 6163	1. 2629	1. 1928	1. 1319	1. 0196	0. 7902	0. 5660	1. 2335	0. 8466	0. 4893	1. 0780	0. 7065
1985	1. 6144	1. 2466	1. 6280	1. 2572	1. 2131	0. 9720	0. 5487	1. 4047	1. 0922	0. 7942	1. 1743	0. 8761
1986	1. 6511	1. 2212	1. 5572	1. 3163	1. 2868	1. 0020	0. 4659	1. 3948	1. 1799	0. 9870	1. 2768	0. 9069
1987	1. 5654	1. 1602	1. 4825	1. 3133	1. 2862	1. 0085	0. 3183	1. 3800	1. 1422	1. 1038	1. 2402	0. 8896
1988	1. 5036	1. 2720	1. 4847	1. 4069	1. 3618	1. 0595	0. 5505	1. 4507	1. 2600	1. 1536	1. 3579	0. 9882
1989	1. 5634	1. 3150	1. 4614	1. 3767	1. 3295	1. 0708	0. 7117	1. 4257	1. 2445	1. 2967	1. 3247	1. 0359
1990	1. 6076	1. 2033	1. 3556	1. 3207	1. 2737	0. 9423	0. 8332	1. 3835	1. 1935	1. 2883	1. 2897	1. 0537
1991	1. 5884	1. 1077	1. 3285	1. 2657	1. 2533	0. 8949	0. 6551	1. 3265	1. 1757	1. 3526	1. 3530	1. 0616
1992	1. 5035	0. 9951	1. 2944	1. 2503	1. 2457	0. 8875	0. 7174	1. 2922	1. 0970	1. 4526	1. 3035	1. 1298
1993	1. 5112	1. 0030	1. 2814	1. 2930	1. 2259	0. 8861	1. 0071	1. 2647	1. 1345	1. 6607	1. 3168	1. 1772

① 根据《新中国六十年统计资料汇编》，历年《中国金融年鉴》、《中国统计年鉴》搜集整理而得。

续表

年份	内蒙古	广西	重庆	四川	贵州	云南	西藏	陕西	甘肃	青海	宁夏	新疆
1994	1. 4732	0. 9129	1. 1518	1. 2098	1. 1541	0. 8140	0. 7673	1. 1042	1. 1294	1. 7070	1. 1652	0. 9967
1995	1. 4477	0. 9161	1. 1163	1. 1198	1. 0736	0. 7788	0. 7295	1. 0322	1. 0840	1. 7273	1. 1045	1. 0059
1996	1. 4252	0. 8841	1. 0797	1. 0697	1. 0414	0. 7759	0. 6950	0. 9394	1. 0292	1. 7740	1. 0468	1. 0037
1997	1. 3863	0. 9074	1. 0523	1. 0774	1. 0689	0. 8183	0. 7758	0. 9405	1. 0731	1. 3772	1. 0410	1. 0293
1998	1. 3232	0. 8462	1. 0403	0. 9471	1. 0309	0. 8256	0. 7159	0. 9230	1. 0644	1. 3205	1. 0512	0. 9864
1999	1. 2488	0. 8553	1. 0195	1. 0005	0. 9514	0. 8091	0. 5657	0. 9212	0. 9911	1. 1999	0. 9840	0. 8954
2000	1. 0556	0. 7110	0. 9877	0. 8981	0. 9622	0. 8062	0. 5561	0. 8236	0. 8348	1. 2441	0. 9665	0. 7530
2001	0. 9813	0. 7003	0. 8160	0. 8558	0. 9039	0. 7819	0. 4538	0. 7918	0. 7850	1. 1374	0. 9414	0. 8034
2002	0. 9507	0. 6972	0. 7957	0. 8492	0. 9040	0. 7748	0. 4281	0. 7769	0. 8137	1. 0568	0. 9073	0. 8094
2003	0. 9202	0. 7308	0. 8070	0. 8169	0. 9028	0. 7887	0. 4501	0. 7728	0. 8113	1. 0703	0. 9133	0. 7886
2004	0. 8693	0. 7513	0. 8036	0. 7653	0. 8699	0. 7716	0. 4642	0. 7118	0. 7684	1. 0301	0. 9061	0. 7483
2005	0. 7849	0. 7273	0. 7867	0. 6807	0. 8295	0. 7757	0. 3930	0. 6179	0. 6642	0. 8711	0. 8463	0. 6629
2006	0. 7940	0. 7231	0. 7950	0. 6637	0. 8170	0. 7834	0. 3741	0. 5989	0. 6368	0. 8064	0. 8693	0. 5971
2007	0. 7606	0. 7457	0. 7803	0. 6581	0. 8176	0. 7909	0. 3478	0. 6024	0. 6415	0. 7991	0. 9265	0. 5818
2008	0. 7141	0. 7213	0. 7879	0. 5982	0. 7535	0. 7833	0. 2645	0. 5613	0. 5777	0. 7412	0. 8818	0. 5235
2009	0. 7589	0. 7636	0. 7990	0. 6359	0. 7899	0. 7896	0. 2415	0. 5894	0. 6335	0. 7863	0. 9325	0. 5747
2010	0. 7705	0. 7601	0. 8093	0. 6388	0. 7364	0. 7943	0. 2328	0. 6161	0. 6404	0. 7838	0. 9355	0. 5856
2011	0. 8063	0. 7870	0. 8181	0. 6438	0. 7839	0. 8002	0. 2460	0. 6275	0. 6780	0. 7898	0. 9761	0. 6323
2012	0. 8332	0. 7738	0. 8028	0. 6293	0. 7901	0. 7845	0. 3233	0. 6120	0. 7104	0. 7912	0. 9615	0. 6750

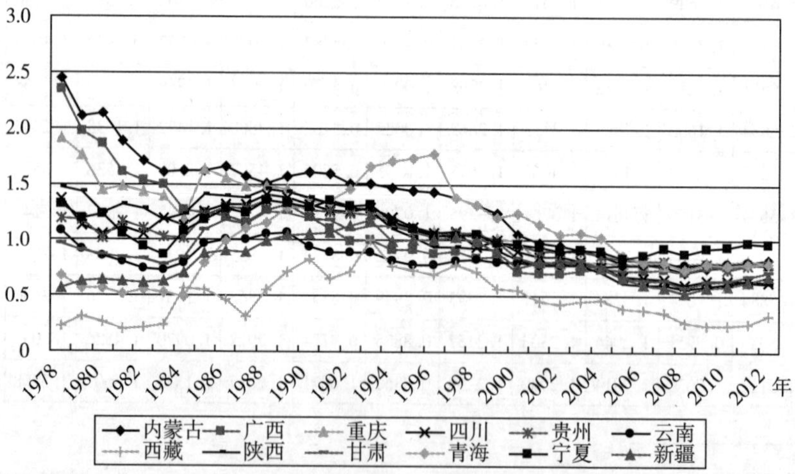

图 3－63 1978—2012 年西部地区十二个省、市、区存贷比变动趋势图

（3）金融机构资金运用能力

根据上述分析，改革开放后我国金融机构存贷款的变动趋势最初是存款小于贷款，出现过度放贷的现象，20 世纪 90 年代东西部和西部省份大都出现了存款大于贷款的逆转，存差越来越大，这意味着一方面金融机构最重要的存款资金在迅猛扩张，另一方面金融机构惜贷与不贷的现象普遍存在，金融资源重点投向国有企业、上市公司，中小企业却难以从银行获得资金，导致了中小企业融资难。因此，区域金融机构资金运用效率采用存贷款差与各项存款总额的比值来度量，该指标越高说明挤压在金融机构的资金越多，资金运用效率越低。

从表 3－74 和图 3－64 可以看出，1978—2012 年东西部地区金融机构资金运用效率的变动状况。1978—1991 年东部地区指标的走势是在过度放贷的状况下（存款小于贷款）上下波动，1992 年开始东部地区由贷差转变为存差，此后存差逐年上升，而存差与总存款的比重也不断升高，这直接的表现就是东部金融机构内部挤压的资金越来越多；1978—1997 年西部地区指标走势也是在过度放贷状况下上下波动，1998 年后由贷差转变为存差，并且逐年上升。不同的是，从 1988 年开始，东西部金融机构资金运用效率尽管都在下降，但是西部是高于东部的，其差距经历了一个先扩大后缩小的动态趋势，直到 2008 年后，两个地区金融机构资金运用效率的差距趋于缩小且平缓的状态。东部存差比西部出现的年份时间点更早，一方面反映了东部存款额上升更快，另一方面也反映了东部金融机构比西部更早的出现资金积压在金融机构内部的低效率情况。

表 3－74　　东西部地区金融机构资金运用效率①

年份	西部			东部		
	存贷差（亿元）	各项存款总和（亿元）	金融机构资金运用效率	存贷差（亿元）	各项存款总和（亿元）	金融机构资金运用效率
1978	-94.03	299.37	0.3141	-61.63	755.46	-0.0816
1979	-66.19	356.97	-0.1854	-54.12	832.82	-0.0650
1980	-48.83	433.33	-0.1127	-308.01	825.23	-0.3732
1981	-53.51	493.26	-0.1085	-246.66	1042.17	-0.2367

① 根据《新中国六十年统计资料汇编》，历年《中国金融年鉴》、《中国统计年鉴》搜集整理而得。

续表

年份	西部			东部		
	存贷差（亿元）	各项存款总和（亿元）	金融机构资金运用效率	存贷差（亿元）	各项存款总和（亿元）	金融机构资金运用效率
1982	-31.39	570.15	-0.0551	-212.20	1232.16	-0.1722
1983	-36.66	631.36	-0.0581	-191.31	1456.92	-0.1313
1984	-49.64	840.84	-0.0590	-324.40	1921.16	-0.1689
1985	-200.06	936.71	-0.2136	-605.32	2154.22	-0.2810
1986	-314.35	1230.75	-0.2554	-746.16	2823.89	-0.2642
1987	-352.17	1509.85	-0.2332	-841.34	3508.64	-0.2398
1988	-511.10	1675.45	-0.3051	-1014.96	4054.96	-0.2503
1989	-616.35	1989.64	-0.3098	-996.30	4883.56	-0.2040
1990	-657.16	2590.02	-0.2537	-706.44	6445.83	-0.1096
1991	-705.63	3309.49	-0.2132	-161.63	8363.41	-0.0193
1992	-765.54	4195.14	-0.1825	729.60	11300.24	0.0646
1993	-1037.02	5171.35	-0.2005	652.73	13779.53	0.0474
1994	-729.79	7169.40	-0.1018	2820.76	19046.54	0.1481
1995	-493.04	9507.71	-0.0519	5849.13	28259.29	0.2070
1996	-148.95	11898.54	-0.0125	9136.37	36193.64	0.2524
1997	-226.62	13152.42	-0.0172	10814.71	44281.63	0.2442
1998	465.88	15358.85	0.0303	13002.54	51677.42	0.2516
1999	830.16	17580.69	0.0472	15334.91	59372.37	0.2583
2000	2759.30	20280.49	0.1361	18533.43	67676.38	0.2739
2001	4196.96	23511.34	0.1785	22949.04	79365.34	0.2892
2002	5072.73	27200.19	0.1865	27846.66	96506.54	0.2885
2003	6202.32	32518.87	0.1907	32500.48	118820.55	0.2735
2004	8463.57	38104.99	0.2221	41855.68	141116.44	0.2966
2005	12765.90	44995.41	0.2837	57452.39	168524.19	0.3409
2006	15724.55	53144.46	0.2959	66881.00	195987.02	0.3413
2007	18455.22	62134.65	0.2970	74879.02	225527.09	0.3320
2008	26420.38	77925.13	0.3390	95243.64	269361.75	0.3536
2009	31422.95	103008.52	0.3051	108201.34	349221.20	0.3098
2010	37907.21	126214.35	0.3003	128249.72	418948.11	0.3061
2011	41250.96	146549.08	0.2815	139982.16	471659.74	0.2968
2012	49269.74	173570.43	0.2839	161620.77	535894.13	0.3016

图3-64 1978—2012年东西部地区金融机构资金运用效率变化趋势图

贺强和徐云松（2013）以及徐云松（2013）将其总结为我国金融机构资金利用效率低下的原因主要在于我国金融资源的配置失衡，表现为三个方面：在城乡金融资源分配上，城市约为80%，农村约为20%；在地域金融资源分配上，东部资金供给充裕，西部金融资源匮乏；在企业获取金融资源方面，国有经济得到过度倾斜，非国有经济投入不足，而占有大量金融资源的国有经济却因为预算软约束等原因运行效率低下，也导致了银行风险集中，不良贷款率上升。大量资金积压在金融机构内形成“堰塞湖”没有流向实体经济，又促使央行大量投放货币保证经济稳定增长，这种粗放式的发展模式使得近些年我国货币超发严重，而大量资金或者通过各种渠道流向房地产业，或者在虚拟经济内循环套利，造成虚拟经济流动性过剩而实体经济中的企业，特别是中小企业融资困难，生存境况堪忧，经济金融的结构性矛盾非常严重。①②

表3-75和图3-65显示了1978—2012年西部地区十二个省份金融机构资金运用效率的变动状况。总体上看，改革开放后各省份金融机构资金运用效率的变动是趋于下降的，但是变动路径各不相同，有的省份是从过度放贷的状况逆转为存差扩大，金融效率下降的状况，比如内蒙古、广西和重庆；有的省份则是总体保持着存差的状况，金融效率先上升后下降，比如西藏、青海和新疆。但是在20世纪90年代之前，各地区金融机构资金运用效率的上下波动幅

① 贺强，徐云松．“钱荒”溯源［J］．价格理论与实践，2013（7）：26-29.

② 徐云松．货币超发：原因探析与实证检验［J］．经济与管理，2013（3）：30-35.

度较大，比较敏感，这与我国20世纪90年代及之前的经济体制改革以及频繁的金融政策变更有很大关系。20世纪90年代中期开始，各省份的存差逐渐增加，而金融机构的资金运用效率就不断下降，即使西部大开发国家的政策重点支持，资金量投入增多，但也不能改变金融效率下降的趋势。2012年，宁夏的金融机构资金积压最少，指标为0.039；西藏金融机构资金运用效率最低，达到0.677，大量资金没有投入到西藏的经济发展和建设中去。

表3-75　　西部地区十二个省、市、区金融机构资金运用效率①

年份	内蒙古	广西	重庆	四川	贵州	云南	西藏	陕西	甘肃	青海	宁夏	新疆
1978	-1.449	-1.348	-0.903	-0.366	-0.198	-0.083	0.772	-0.464	0.034	0.316	-0.321	0.431
1979	-1.108	-0.972	-0.754	-0.127	-0.176	0.089	0.680	-0.435	0.096	0.440	-0.188	0.366
1980	-1.132	-0.857	-0.447	-0.058	-0.020	0.151	0.734	-0.245	0.131	0.436	-0.228	0.358
1981	-0.887	-0.612	-0.480	-0.113	-0.169	0.193	0.795	-0.323	0.160	0.491	-0.053	0.367
1982	-0.701	-0.529	-0.430	-0.055	-0.105	0.260	0.791	-0.275	0.172	0.444	0.061	0.385
1983	-0.607	-0.493	-0.399	-0.197	-0.025	0.277	0.766	-0.181	0.218	0.477	0.135	0.373
1984	-0.616	-0.263	-0.193	-0.132	-0.020	0.210	0.434	-0.233	0.153	0.511	-0.078	0.293
1985	-0.614	-0.247	-0.628	-0.257	-0.213	0.028	0.451	-0.405	-0.092	0.206	-0.174	0.124
1986	-0.651	-0.221	-0.557	-0.316	-0.287	-0.002	0.534	-0.395	-0.180	0.013	-0.277	0.093
1987	-0.565	-0.160	-0.483	-0.313	-0.286	-0.008	0.682	-0.380	-0.142	-0.104	-0.240	0.110
1988	-0.504	-0.272	-0.485	-0.407	-0.362	-0.060	0.449	-0.451	-0.260	-0.154	-0.358	0.012
1989	-0.563	-0.315	-0.461	-0.377	-0.329	-0.071	0.288	-0.426	-0.244	-0.297	-0.325	-0.036
1990	-0.608	-0.203	-0.356	-0.321	-0.274	0.058	0.167	-0.383	-0.193	-0.288	-0.290	-0.054
1991	-0.588	-0.108	-0.328	-0.266	-0.253	0.105	0.345	-0.326	-0.176	-0.353	-0.353	-0.062
1992	-0.504	0.005	-0.294	-0.250	-0.246	0.113	0.283	-0.292	-0.097	-0.453	-0.303	-0.130
1993	-0.511	-0.003	-0.281	-0.293	-0.226	0.114	-0.007	-0.265	-0.135	-0.661	-0.317	-0.177
1994	-0.473	0.087	-0.152	-0.210	-0.154	0.186	0.233	-0.104	-0.129	-0.707	-0.165	0.003
1995	-0.448	0.084	-0.116	-0.120	-0.074	0.221	0.271	-0.032	-0.084	-0.727	-0.104	-0.006
1996	-0.425	0.116	-0.080	-0.070	-0.041	0.224	0.305	0.061	-0.029	-0.774	-0.047	-0.004
1997	-0.386	0.093	-0.052	-0.077	-0.069	0.182	0.224	0.060	-0.073	-0.377	-0.041	-0.029
1998	-0.323	0.154	-0.040	0.053	-0.031	0.174	0.284	0.077	-0.064	-0.321	-0.051	0.014
1999	-0.249	0.145	-0.020	0.000	0.049	0.191	0.434	0.079	0.009	-0.200	0.016	0.105

① 根据《新中国六十年统计资料汇编》，历年《中国金融年鉴》、《中国统计年鉴》搜集整理而得。

续表

年份	内蒙古	广西	重庆	四川	贵州	云南	西藏	陕西	甘肃	青海	宁夏	新疆
2000	-0.056	0.289	0.012	0.102	0.038	0.194	0.444	0.176	0.165	-0.244	0.033	0.247
2001	0.019	0.300	0.184	0.144	0.096	0.218	0.546	0.208	0.215	-0.137	0.059	0.197
2002	0.049	0.303	0.204	0.151	0.096	0.225	0.572	0.223	0.186	-0.057	0.093	0.191
2003	0.080	0.269	0.193	0.183	0.097	0.211	0.550	0.227	0.189	-0.070	0.087	0.211
2004	0.131	0.249	0.196	0.235	0.130	0.228	0.536	0.288	0.232	-0.030	0.094	0.252
2005	0.215	0.273	0.213	0.319	0.171	0.224	0.607	0.382	0.336	0.129	0.154	0.337
2006	0.206	0.277	0.205	0.336	0.183	0.217	0.626	0.401	0.363	0.194	0.131	0.403
2007	0.239	0.254	0.220	0.342	0.182	0.209	0.652	0.398	0.359	0.201	0.073	0.418
2008	0.286	0.279	0.212	0.402	0.247	0.217	0.735	0.439	0.422	0.259	0.118	0.477
2009	0.241	0.236	0.201	0.364	0.210	0.210	0.759	0.411	0.366	0.214	0.068	0.425
2010	0.230	0.240	0.191	0.361	0.264	0.206	0.767	0.384	0.360	0.216	0.064	0.414
2011	0.194	0.213	0.182	0.356	0.216	0.200	0.754	0.372	0.322	0.210	0.024	0.368
2012	0.167	0.226	0.197	0.371	0.210	0.216	0.677	0.388	0.290	0.209	0.039	0.325

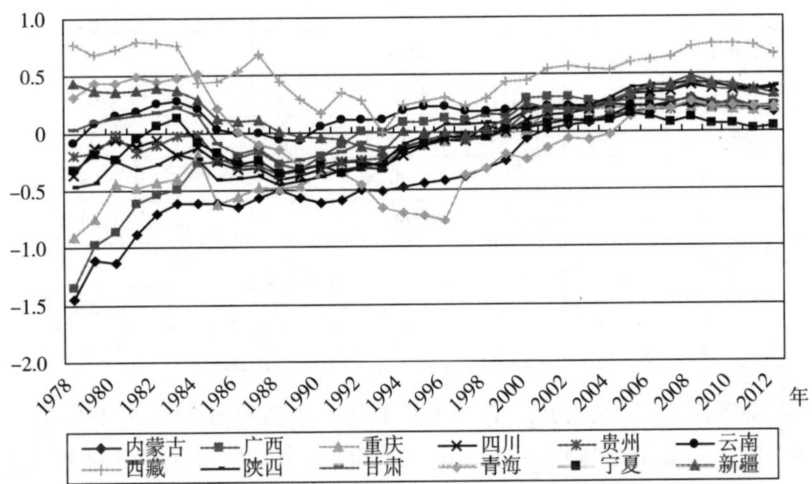

图3-65　1978—2012年西部地区十二个省、市、区金融机构资金运用效率变动趋势图

（4）金融机构脆弱性

金融机构不良贷款率是衡量金融机构信贷资产风险状况的重要指标，在我国以存贷差为主要盈利的方式的银行体系下，该指标也是衡量金融中介脆弱性的重要指标。不良贷款指次级、可疑和损失这三类贷款，不良贷款率 = 贷款拨备率/拨备覆盖率 ×100%，该指标越高金融机构回收贷款风险越大，金融资产安全性状况越差，金融机构效率越差。

从表3－76可以看出，2011年和2012年西部地区金融机构不良贷款率分别为1.89%和1.41%，都高于东部同期指标1.30%和1.27%，但两个区域的指标都高于全国平均水平0.96%和0.95%；东部金融机构的信贷金融资产风险相对更低，西部金融机构的脆弱性更突出。特别是我国经济进入新常态后，经济增速下行的压力增大，金融机构不良贷款风险有从产能过剩行业向上下游行业，东部沿海地区向西部地区蔓延的增强趋势。

表3－76　　2011年、2012年西部金融机构不良贷款率①　　单位:%

地区	2011年	2012年
内蒙古	1.86	1.59
广西	1.44	1.18
重庆	0.69	0.47
四川	2.42	1.77
贵州	1.99	1.66
云南	1.50	1.07
西藏	1.89	0.65
陕西	2.98	2.36
甘肃	2.77	2.05
青海	2.14	1.59
宁夏	1.30	0.88
新疆	1.68	1.64
西部均值	1.89	1.41
东部均值	1.30	1.27
全国	0.96	0.95

从西部内部十二个省份来看，2011年有四个省份金融机构不良贷款率高于西部均值，西藏指标与西部均值相同，其他七个省份指标低于西部均值。其中，陕西金融机构不良贷款率最高，达到2.98%，重庆金融机构不良贷款率最低，只有0.69%。2012年有七个省份金融机构不良贷款率高于当年西部均值，有五个省份指标小于西部均值，陕西和重庆的金融机构不良贷款率分别为当年最高和最低。从2011年到2012年，西部所有省份金融机构不良贷款率都

① 主要数据来自历年《中国金融年鉴》，部分数据来自《中国各地区金融稳定报告摘要(2013)》，中国银行业监督管理委员会各省、市、区监管局网站。

有不同程度的下降，表明各省份金融机构脆弱性在降低，抵御金融风险的能力都有所提高。

3. 金融市场效率

金融市场效率衡量有很多方面，比如金融市场的运作或经营效率，涉及金融市场上的具体商品多样性、价格反映敏感度，风险防控能力，交易成本，以及上市公司盈利能力等（王广谦，1996）。从根本上看，金融市场对经济发展的作用就是指金融市场的功能——便利融资、促进资本集聚、加速资本转移等方面，因此，功能观下的金融市场效率更突出的表现就是市场融资效率。

（1）市场融资效率

综上所述，功能核心层面的金融市场效率体现在便利融资和投资，特别是满足不同筹资者的多样化、多层次资金需求。但是，并非金融市场的融资规模和市场融资总量在全部融资中的占比就能衡量金融市场的效率，因为金融制度的变迁是一个动态的演进过程，市场效率与规模整体提升的同时，金融机构融资的效率与规模也在提升。金融体制与历史遗存又进一步加深了差异性，比如德国与日本，银行融资就基本能满足企业的资金需求，因此对金融市场融资的要求就比较低；英国与美国的市场融资比重就明显高于德国、日本两国。因此，衡量市场融资效率就要运用直接融资与间接融资的比值指标，这同时也度量了区域金融结构倾斜程度。

表3－77和图3－66显示了2001—2012年间东西部市场融资效率的变化状况，从直接融资与间接融资比值代表的市场融资效率动态过程来看，历年的结构比值呈现先小幅下降后上升的趋势，2005年西部融资结构比为0.0423，直接融资仅占4.062%，为比例失衡最大的年份，2012年融资结构比为0.2614，直接融资占比为历年最高，说明西部地区通过金融市场融资规模不断壮大，市场活跃度也得到一定的提升。2004年开始，东部地区市场融资效率越来越高，直接融资比重远大于西部地区，东部的融资结构相比西部地区更为均衡，融资渠道也更加多样化，金融市场发展水平也比西部更发达。尽管两个地区仍然是通过金融机构的间接融资占据主导地位，但是东部市场融资效率得到很大提升，在整个金融变迁的过程中，东部金融结构倾斜化的失衡改善程度要优于西部，西部金融控制更加明显，市场融资效率还有待大幅提高。

表 3－77　东西部地区市场融资效率①

年份	西部市场融资效率	东部市场融资效率
2001	0.1189	0.0763
2002	0.0558	0.0491
2003	0.0392	0.0470
2004	0.0516	0.0520
2005	0.0423	0.1604
2006	0.0791	0.1529
2007	0.1380	0.3861
2008	0.1108	0.3399
2009	0.0793	0.2514
2010	0.1692	0.3060
2011	0.1778	0.3986
2012	0.2614	0.4487

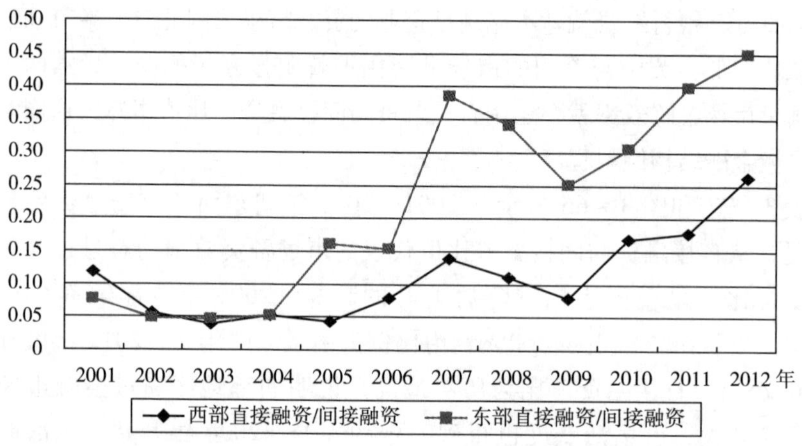

图 3－66　2001—2012 年东西部地区市场融资效率变化趋势图

表 3－78 和图 3－67 显示了 2001—2012 年西部十二个省份直接融资与间接融资比值衡量的市场融资效率变动状况，大多数省份该结构比值的变动虽有一定幅度的波动，但基本都保持较低的数值，除了西藏、青海、新疆各有一年数据大于 0.40，其他年份数据都低于 0.4，其中西藏 2002—2008 年数值为零，说明六年间西藏地区没有通过金融市场的融资额，金融结构严重失衡。其他九

① 根据历年各省、市、区《区域金融运行报告》、《中国金融年鉴》整理计算而得。

个省份市场融资效率数据波动都在0.40以下，很多省份的市场融资效率低于0.20。2012年内蒙古市场融资效率达到0.387，为当年西部最高，而西藏指标经历了大幅震荡后达到0.029，为当年最低。相比起来，新疆的金融市场效率在西部省份中普遍更高，以金融结构倾斜程度衡量的金融演进更加领先。

表3-78　　西部地区十二个省、市、区市场融资效率①

年份	内蒙古	广西	重庆	四川	贵州	云南	西藏	陕西	甘肃	青海	宁夏	新疆
2001	0.294	0.071	0.037	0.135	0.250	0.040	0.164	0.011	0.104	0.034	0.064	0.330
2002	0.099	0.028	0.059	0.014	0.000	0.028	0.000	0.015	0.026	0.075	0.000	0.391
2003	0.030	0.054	0.006	0.030	0.007	0.012	0.000	0.004	0.000	0.058	0.020	0.318
2004	0.160	0.028	0.062	0.017	0.041	0.019	0.000	0.011	0.091	0.000	0.000	0.263
2005	0.081	0.021	0.031	0.036	0.009	0.012	0.000	0.003	0.000	0.000	0.159	0.366
2006	0.064	0.031	0.076	0.094	0.015	0.072	0.000	0.064	0.266	0.075	0.000	0.328
2007	0.225	0.053	0.054	0.135	0.099	0.092	0.000	0.153	0.140	0.531	0.079	0.451
2008	0.164	0.030	0.057	0.081	0.040	0.130	0.000	0.264	0.117	0.047	0.052	0.189
2009	0.053	0.010	0.092	0.085	0.029	0.053	0.153	0.106	0.342	0.048	0.038	0.071
2010	0.105	0.125	0.156	0.139	0.129	0.185	1.083	0.266	0.152	0.305	0.042	0.271
2011	0.122	0.151	0.192	0.202	0.076	0.085	0.335	0.202	0.290	0.276	0.144	0.244
2012	0.387	0.192	0.244	0.295	0.221	0.161	0.029	0.323	0.244	0.326	0.105	0.303

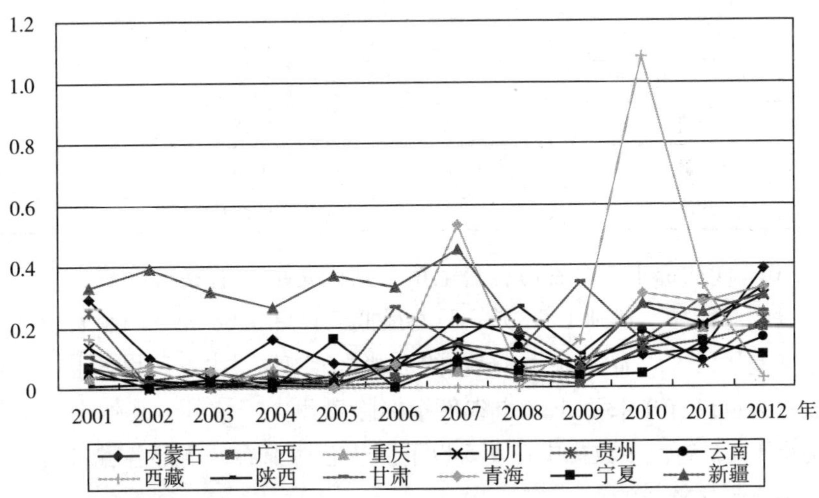

图3-67　2001—2012年西部地区十二个省、市、区市场融资效率变动趋势图

① 根据历年各省、市、区《区域金融运行报告》、《中国金融年鉴》整理计算而得。

（2）资本市场经营效率

上文提及金融市场的融资效率是金融市场功能的本质反映，而金融市场的运作效率或者经营效率则是金融市场对经济作用的基础和具体表现，该部分选取各地区上市公司平均每股收益指标来衡量资本市场的经营效率。

表3－79显示了2012年东西部地区上市公司平均每股收益状况，从指标来看，西部平均每股收益均值为0.384元，东部为0.383元，全国均值0.349，西部数值略高于东部，以该指标衡量的两个区域资本市场经营效率差异不大。

表3－79　2012年西部上市公司平均每股收益　单位：元①

地区	上市公司平均每股收益
内蒙古	0.63
广西	0.14
重庆	0.31
四川	0.43
贵州	1.58
云南	0.08
西藏	0.22
陕西	0.16
甘肃	0.25
青海	0.33
宁夏	0.28
新疆	0.20
西部均值	0.384
东部均值	0.383
全国均值	0.349

从2012年西部十二个省份各自上市公司的每股收益指标来看，贵州上市公司每股收益最高，达到1.58元，云南最低，只有0.08元，两个省份的上市公司效率差异巨大。而各项指标显示的金融总量规模最大的四川，上市公司平均每股收益也仅有0.43；十二个省份指标除贵州大于1外，其他十一个省份指标均小于1，绝大多数集中在0.5以下。从总体上看，西部各省份资本市场经营效率还是比较低的。

① 根据《中国证券期货统计年鉴（2013）》、《上海证券交易所统计年鉴（2013）》、《深圳证券交易所市场统计年鉴（2012）》相关数据整理计算而得。

3.4.6　西部区域金融发展非均衡的特征与变动趋势

1. 区域金融发展非均衡的变动规律与特征

关于区域金融发展非均衡的研究有多重视角，国内外学者对此有众多的理论文献与实证分析，但是区域金融发展非均衡的程度，即变动规律和机制应该是什么，是收敛或是发散？现有的金融发展理论还没有提供一个决定性的框架或模型。

从现有的文献资料来看，学者对于区域金融最终是趋向于缩小非均衡还是扩大非均衡的特征还存在争论。戈德史密斯（1969）从金融结构的角度提出一国或地区金融相关率的上升达到一定极限后会稳定，也就是趋同，但是收敛机制却没有得到合理解释。最具代表性的莫过于威廉姆森的“倒U型”理论，中国学者张杰（1994）在此基础上指出区域经济非均衡决定金融成长的演进，进而区域金融也出现类似的“倒U型”趋势。但是，区域经济并非是决定区域金融的唯一因素，经济地理学或者金融地理学中强调的空间特征具有的特质性和非替代性还难以通过其他方式予以平抑，金融机构与金融市场的效率受到地区政府与中央政府博弈的影响，金融主体的意识与心理也会很大程度上影响金融功能发挥的效率，金融系统之外的其他关联子系统也是复杂多变、有显著差异的。因此，田霖（2006）通过大量分析认为区域金融发展的变动路径只能是趋近于“倒U型”。

2. 西部区域金融发展非均衡的时空演进与变动趋势

上述对我国西部金融发展的非均衡问题与表现的研究基于两个地理层级，从金融总量、金融结构与金融功能三个视角进行了细致的描述和刻画。我国是机构主导型的金融体系，是以间接融资为主导的金融结构，金融资源总量主要来自传统信贷市场，在金融控制下采用人均贷款指标既反映了东西部金融机构主导的特征，又反映了信贷资金投向经济建设的数额。该部分进一步深入到空间差异的角度进行分析，利用人均贷款作为一个部分替代性指标，采用变异系数的实证方法测度东西部，以及西部十二个省份金融发展的非均衡程度，阐释区域金融发展非均衡的特征与变动趋势。

根据1978—2012年东西部地区、西部十二个省份的人均贷款数据，利用式3.4变异系数方法，实证测度了两个地理层级金融发展非均衡的变动趋势与格局。

表3-80和图3-68直观地显示了改革开放后我国东西部地区金融发展非均衡的动态演进过程，从实证结果来看1978—2012年，东西部金融发展的区

域非均衡是一个幅度较小的“倒U型”和一个幅度较大的“倒U型”，但是必须要指出，这里的“倒U型”仅指时空形状，并非完全符合上述提到的“倒U型”理论、机制与规律。因为最直接的对比就是，威廉姆森等国内外学者论证的“倒U型”指出了最终趋势是收敛的，但仅从1978—1994年的“倒U型”并非是最终形态，反而从1994年开始出现更大的非均衡发展态势，虽然从1994年至2012年，又是一个“倒U型”，但我们不能断定未来区域金融发展就是趋同或者收敛的。

表3-80　东西部地区人均贷款的变异系数变化格局①

年份	西部人均贷款（元/人）	东部人均贷款（元/人）	变异系数
1978	143.10	251.14	0.2740
1979	152.01	269.11	0.2781
1980	171.26	340.01	0.3300
1981	191.61	381.02	0.3308
1982	207.60	420.31	0.3387
1983	228.31	474.15	0.3500
1984	301.29	638.87	0.3591
1985	380.14	776.42	0.3426
1986	508.74	989.33	0.3208
1987	604.00	1185.79	0.3251
1988	698.61	1361.07	0.3216
1989	821.06	1554.79	0.3088
1990	1000.65	1836.77	0.2946
1991	1222.36	2161.68	0.2778
1992	1494.46	2650.63	0.2793
1993	1850.49	3252.56	0.2751
1994	2326.69	3970.91	0.2610
1995	2912.80	5415.38	0.3004
1996	3488.43	6477.31	0.3000

① 根据《新中国六十年统计资料汇编》，历年《中国金融年鉴》、《中国统计年鉴》、《中国第三产业统计年鉴》整理计算而得。

续表

年份	西部人均贷款（元/人）	东部人均贷款（元/人）	变异系数
1997	3838. 93	7941. 35	0. 3482
1998	4235. 60	9090. 39	0. 3643
1999	4726. 38	10250. 36	0. 3689
2000	4900. 05	11137. 60	0. 3890
2001	5368. 55	12710. 06	0. 4060
2002	6112. 71	15354. 51	0. 4305
2003	7224. 68	19161. 52	0. 4524
2004	8083. 77	21843. 34	0. 4598
2005	8958. 14	24216. 55	0. 4599
2006	10350. 64	27865. 20	0. 4584
2007	12033. 29	32161. 93	0. 4557
2008	14102. 12	36842. 91	0. 4464
2009	19674. 47	48643. 71	0. 4242
2010	24482. 84	57410. 56	0. 4022
2011	29070. 21	64954. 58	0. 3816
2012	34122. 29	72729. 52	0. 3614

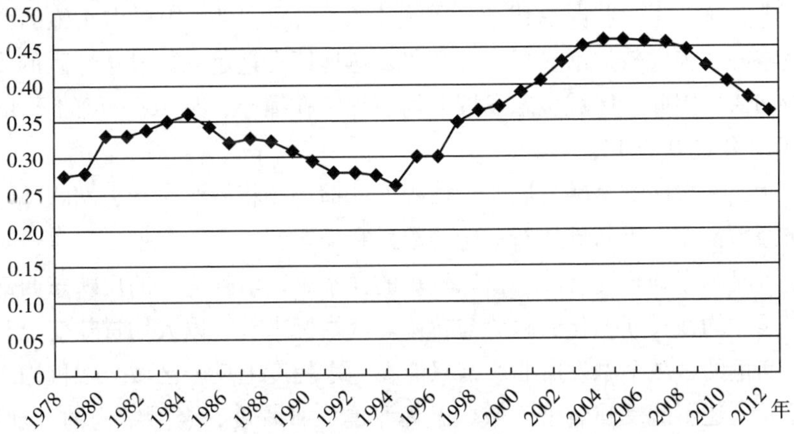

图3-68 东西部区际间金融发展非均衡程度的动态趋势

具体来看，1978 年我国开始农村改革和对外开放，改革最初是在东部沿海地区进行，广东、江苏、福建等省份在 20 世纪 80 年代保持高速的发展势头；金融体制方面，改革开放后，“大一统”的中央银行制度被打破，中央银行与商业银行分离，各司其职，建立了双层的银行体制，这些都造成了 1978—1984 年区域金融发展非均衡程度的扩大，数据也从 0.2740 上升到 0.3591。1984 年，初步形成了四大专业银行（工行、农行、中行、建行）体系，但是当时的金融体系仍然是从上至下的金融控制与金融垄断，配给制是最典型的特征，在这种状况下，1984 年后区域金融发展水平不断趋同。

直到 20 世纪 90 年代，我国提出了建立于社会主义市场经济体制相适应的金融体制，以 1992 年春邓小平的南方谈话为契机，为东部沿海发展又带来了一次新的历史性机遇。市场机制配置资源的主导性作用基本确立，金融资源的空间流动障碍与束缚在不断消除，市场化进程导致的人力、物力、财力资源向发达的东部地区集聚，这期间还伴随着 2001 年我国加入世界贸易组织，金融改革开放更提升了东部与世界发达经济体全方位接轨的竞争力，这些都扩大了区域金融发展的非均衡特征，樊纲（2003）在对区域市场化进程的排序中，东部最高、中部第二、西部最低。从 1994 年到 2007 年，东西部区域非均衡程度也迎来了第二个迅速扩大的时期。

2007—2012 年区域金融发展的非均衡程度却出现了缩小的态势，这次的因素更加复杂。坚持改革开放基本国策，我国融入世界经济的程度在不断加深，2007 年美国爆发的次贷危机从 2008 年开始演变并蔓延成为国际金融危机，导致我国出口萎缩、需求疲软，而东部是我国出口的主要区域，实体经济深受打击，企业生存状况堪忧。从国内来看，中央 1999 年提出实施的西部大开发战略的实施成效逐渐显现，西部欠发达地区在追赶东部发达地区的步伐也在不断加快。因此，区域金融发展非均衡程度在缩小，从 2007 年的 0.4557 下降到 2012 年的 0.3614。

然而，本次区域金融发展非均衡程度的缩小还将持续直到长期收敛吗？还是很快经历拐点，重新导致新一轮的趋异和发散？

由于时间序列长度有限，仅以较短的样本难以清晰完整的反映东西部区域金融发展非均衡长期变化的趋势与轨迹。从指标来看，以人均贷款变异系数替代指标衡量的区域金融发展非均衡只能在一定程度上反映区域金融机构的信贷投放差异，还不能反映整个区域金融体系的完善程度，金融结构的合理程度，金融功能的效率发挥，以及金融系统的协调程度。特别是根据上述详细的金融总量、金融结构、金融效率各分项指标的数据测度，东西部之间的区域金融差异仍在不断扩大，表现出过度非均衡的变动态势。

但是，从我们所期望的是西部欠发达地区抓住新一轮西部大开发的战略机遇期，实现从西部大开发向西部大开放的历史转变，复兴丝绸之路，重建丝绸之路经济带，唤醒沉寂的西部中华文明与传统文化，实现“后发赶超”。然而，国际金融危机后，世界与中国出现了新常态，我国处在一个结构转型的低增长阵痛期，东部地区既是中国经济的引擎和主动力，也是受到转型影响最突出的区域。发达国家的新常态是加强对市场制度和金融市场的监管与约束，我国的新常态则是推行市场化改革，确立和发挥市场对资源配置的决定性作用。结构转型期实质上也是在为新一轮的经济增长奠定一个良好的制度基础，东部的比较优势是非常明显的，如果新的增长点出现后东部是否能迅速利用自身的强大优势实现更快发展，进而拉大与西部的区域差距还是未知的，因为西部地区在提升内生发展能力的过程中若能不断缩小区域差距，是有机会实现后发赶超的。

表3-81和图3-69显示了西部十二个省、市、区的金融发展非均衡动态趋势。从1978—1986年西部区域金融发展差异趋于下降，这与我国改革开放后释放的政策红利主要在东部地区有一定关系，国家集中短缺的资源投向东部，优先发展东部，西部各省份能获得的资源很少，因此差距在缩小。1986—1991年，区域金融发展非均衡经历了一段上下波动。1992年开始，区域金融发展非均衡又呈现缓慢缩小的特征，市场化改革使得金融资源集聚到东部沿海发达地区，西部各省份普遍存在金融资源外流的“缺血状态”，因此区际差距降低一直到2006年。2006—2009年非均衡程度有小幅上升，2009—2012年又有回落，这与西部大开发促进西部各省份快速发展，以及国际金融危机影响了东部经济发展等因素的交织有很大关系。但是，从总体上来看，西部区际间金融发展非均衡的态势与特征是在我国整体国民经济发展影响之下，以及受到其他经济区域互动影响基础上的，这表明西部区域金融非均衡的发展态势还将持续。

表3-81　　西部地区人均贷款的变异系数变化格局

年份	1978	1979	1980	1981	1982	1983	1984
变异系数	0.2958	0.2719	0.2778	0.2825	0.2804	0.2731	0.2537
年份	1985	1986	1987	1988	1989	1990	1991
变异系数	0.2476	0.2752	0.3211	0.2980	0.2558	0.3066	0.3342

续表

年份	1992	1993	1994	1995	1996	1997	1998
变异系数	0. 3289	0. 3054	0. 3239	0. 3236	0. 3242	0. 2955	0. 2962
年份	1999	2000	2001	2002	2003	2004	2005
变异系数	0. 2895	0. 2906	0. 2892	0. 2880	0. 2964	0. 2848	0. 2698
年份	2006	2007	2008	2009	2010	2011	2012
变异系数	0. 2762	0. 2897	0. 3208	0. 3311	0. 3285	0. 3217	0. 2926

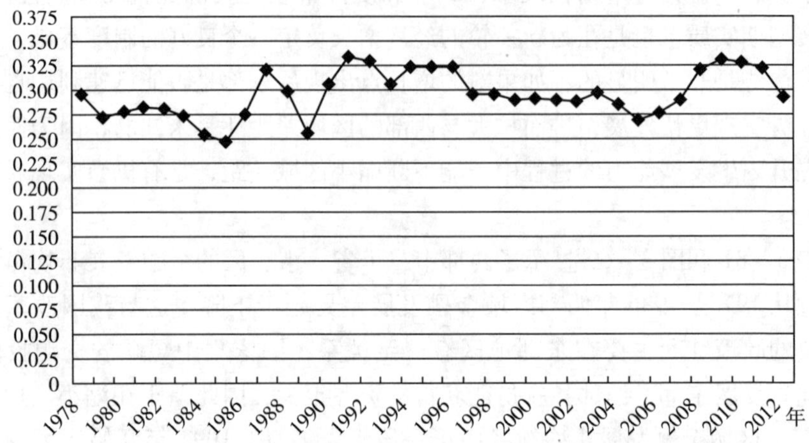

图 3－69　西部区际间金融发展非均衡程度的动态趋势

第 4 章

我国西部区域金融发展非均衡的原因分析

在我国经济体制转轨的进程中，金融发展的空间非均衡具有客观性、必然性与复杂性。上文从金融发展的总量观视角、结构观视角、功能观视角对两个地理层级的金融总量非均衡、金融结构非均衡和金融效率非均衡的表现、问题和特征进行了深入细致的比较研究、统计分析和实证测度。在这些纷繁复杂的表现背后是事物的本质，这要求必须厘清我国西部区域金融发展非均衡的根源与机理，缕清金融系统与其他影响因素的因果关系与互动关系。

从金融发展理论演进的前沿来看，第三代金融发展理论主要探讨和追溯哪些因素影响了金融发展，而将视野深入到空间区域层面，就是哪些因素导致了区域金融发展的非均衡。这个问题的着手点就是要用金融发展非均衡的系统观进行分析。金融发展非均衡的系统观就涉及金融本身，即金融总量、金融结构、金融功能的体现都要置于一定的金融系统环境中。同时，金融系统作为一个子系统，又与同一层面或更高级层面的经济、社会、文化系统有各种各样、不同程度的互动联系，本章就是基于唯物辩证法普遍联系的基本哲学观点，运用系统观的综合思维对西部金融发展非均衡的形成原因进行全面的剖析。

图 4 –1 是研究西部区域金融发展非均衡的形成机制与原因的逻辑关系图，本章从五个方面分析影响西部区域金融发展非均衡的因素：制度因素、经济条件因素、客观环境因素、非正式制度（规则）因素以及不确定性冲击因素。这五个方面并非孤立存在，而是在影响西部区域金融发展非均衡的机制中也是具有普遍联系，甚至决定作用的因素。

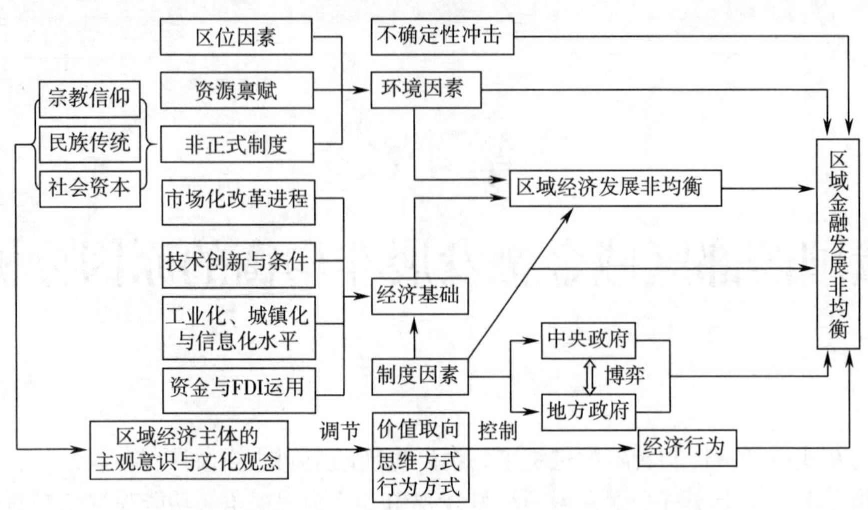

图4-1　西部区域金融发展非均衡形成机理的逻辑关系图

4.1　制度因素

著名的新制度经济学家道格拉斯·诺斯（1990，1994）认为一系列制定出来的正式规则（产权、秩序、宪法、合同）和非正式规则（伦理、传统、习俗、道德）即制度，它以约束追求主体福利或者最大化效用的个人行为为目的。① 舒尔茨（1969）把制度定义为有关政治、社会和经济行为的规则。钱颖一（2003）则把制度作为决定经济增长和发展水平的潜在层面或者第二层次因素。青木昌彦（2001）将制度与经济博弈联系，指出制度的本质是对均衡博弈路径的固有表征。② 尽管关于制度的概念有众多提法和阐述视角，但是制度经济学家普遍都认为经济增长的真正动力是制度变迁（见图4-2）。

这里所探讨的制度因素相对于后文所涉及的非正式制度，是采用诺斯（1990）的概念定义。因此该部分是研究正式制度的安排、变迁对西部区域金融发展非均衡的作用机理。

① 道格拉斯·诺斯．制度、制度变迁与经济绩效［M］．上海：上海三联书店，2008：5-20.

② 青木昌彦．比较制度分析［M］．上海：上海远东出版社，2001：7-18.

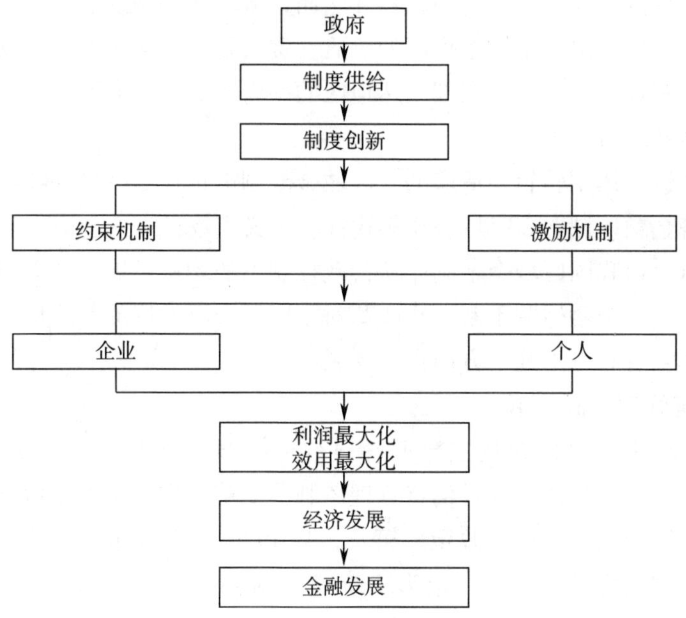

图4-2　制度变迁对经济金融发展的影响机制

4.1.1　金融制度及政策影响

改革开放之前，我国经济体制最大的特点就是传统计划下的高度集中，国家对整个国民经济运行进行安排、调节和控制，地方和企业没有独立自主权，“强财政、弱金融”是社会所有资金的分配方式。在“大一统”的金融垄断体系下，中国人民银行集货币调控和银行信用于一体，整个国家的金融体系是单一的，金融规模受到控制，金融运行效率低下，金融功能受到严重抑制，区域金融安排高度同质化。

改革开放后，我国区域经济实现了从均衡发展向非均衡发展战略的转变。在社会资源全面短缺的时代，经济建设的指导思想从全面铺开力求均衡向发挥比较优势、集中资源打开改革突破口转变，最终邓小平在1988年提出了“两个大局”的战略构想，系统形成了具有中国特色的区域非均衡发展理论。把握好两个大局的思想，核心就在于把握好东部沿海与西部内陆协调联动与和谐发展，就是要处理好公平与效率的关系。该战略理论实现了两个重大突破，一是打破了以往区域发展均衡布局的模式，强调遵从区域非均衡的客观事实，强调遵从现代区域经济的发展规律。二是在政策上，强调集中有限资源和资金发展重点地区，在区域经济结构域生产力布局上形成梯度式的连续发展模式，逐渐打破地区分割，促进产业空间转移。然而，区域非均衡发展战略的实施拉大了区域差距，随之出现了一系列新的矛盾，贫富差距、城乡差距、汉族与少数民族发展差距日益凸显，以东部发达地区的率先发展带动向西部欠发达地区的跨越式发展并未得到充分体现。

与我国经济体制转轨相适应的，区域金融制度也从20世纪80年代社会主义商品经济金融体制向20世纪90年代社会主义市场经济的金融体制转变，这种制度变革使得我国区域金融制度从行政控制下的均衡发展不断向市场非均衡转化，我国经济金融体制不断深化改革对于区域金融发展的非均衡产生了重大影响。具体来看有以下几个方面：

1. 信贷管理体制改革

作为世界上典型的机构主导型（银行主导型）金融体系，改革开放后，我国金融改革首先就体现在对信贷管理体制的变革，主要是关于信贷管理权限调整影响到区域金融发展的政策。第一，自1979年4月起，中国人民银行将信贷资金管理制度进行变更，定为“统一计划、分级管理、存贷挂钩、差额控制”，这一变革激发了基层银行的积极性，使其有了一定的吸纳存款、收回和发放贷款的权利，逐渐打破全国集中统一的金融体制。第二，1983年9月17日，国务院文件正式宣布确立中央银行制度，中国人民银行从1985年开始履行中央银行职能，制定实施了“统一计划、划分资金、实存实贷、相互融通”的信贷管理制度，对于区域经济发展较快、资金需求较大的地区获得更多的银行信用支持，而本身就资金贫乏的西部地区，金融资源也加速流向东部沿海。第三，1998年信贷管理制度的实施核心是“计划指导、自求平衡、比例管理、间接调控”，国有商业银行贷款规模限制得以取消，进一步强化了经济发达、对外开放环境优越、政策支持力度大的东部地区的优势，西部贫困地区并没有享受到政策优惠带来的正效应。①

信贷管理体制改革也是我国渐进式改革的“二元性”特征的重要表现。区域型的国有银行、支行不同程度的获得一些权限，使其能够对当地信贷资金运用与流通进行一定程度的调节，但其最大的效应还是体现在信贷资金从落后的西部地区向发达东部沿海的单方向流动，区域化信贷管理体制使得东部经济发展大为受益。

① 中国人民银行．中国共产党领导下的金融发展简史［M］．北京：中央金融出版社，2012：201－240.

2. 金融机构体系改革

我国建立与社会主义市场经济相适应的金融体制也决定了我国金融机构以市场化为导向的金融变革，对区域金融发展非均衡产生了重要影响。

第一，金融资产总量集中于国有银行。第3章详述了国有金融机构与非国有金融机构的资产区域分布，无论是东西部还是西部省份，国有银行金融资产在金融资产总量中占比是很高的，这一方面说明我国金融深化主要受到国有银行的发展与业务扩张推动，另一方面也反映了我国区域经济增长还主要依靠国有银行的信贷支持。当然，相伴而来的是金融风险集中于银行体系内。国有银行对发展水平不同的地区支持力度是明显不同的，特别是商业性金融与政策性金融的分离，而各个地方政府又会为地区经济发展采取干预国有银行区域运行的手段与方法，使得不同地区国有银行很大程度上承担了地方经济发展的成本。

第二，国有商业银行机构、网点、人员在城乡中聚集在城市，在东西部中聚集在东部沿海，在西部集聚在发达省份及较发达城市。第3章对比分析的区域间银行业资源地理分布，几乎所有指标数据都显示银行业金融机构资源向东部集聚，在西部向四川、重庆等发达省份集中的态势。这是国有商业银行改革思想的具体表现，其思路就是机构、网点、人员向大城市集中，逐步撤并或收缩下属基层网点（除中国农业银行外），这导致以西部为主体的欠发达地区受到巨大冲击，作为普遍贫困落后、城市化水平低的地区，正好是收缩网点、撤并机构的主要区域。而西部金融市场化水平更低，对国有金融机构依存度比东部更大，地方性金融机构发展滞后难以填补国有金融机构撤销机构后的金融服务缺失，都加剧了西部的资金短缺和区域间金融资源失衡。

第三，地方性金融机构的涌现。1978年以来，金融机构体系变革很重要的一个方面就是地方性金融机构的大量崛起。国家政策引导建立多样性的地方金融机构服务地方产业，特别是适应多种经济成分的发展需求，城市信用社、信托公司、投资公司、财务公司、农村金融机构应运而生。地方金融机构的蓬勃发展，与我国非国有大中型企业，特别是中小企业的金融需求形成了相辅相成的共生关系，很多地方性金融机构的成立较晚，建立了比较完善的现代企业制度，与中小企业的微观体制比较符合。同时，国有大型商业银行与地方性金融机构相比而言，地方性金融机构更能满足中小企业灵活、多样的金融需求。因此，我国各个地区中小企业的发展程度不同，市场化进程的差异，也促使了地方性金融机构的非均衡发展。

第四，多样化金融机构的兴起，空间布局倾向于沿海东部。商业银行、合作银行、外资银行等机构的进驻和设立，首先要基于利润最大化的标准，因此经济条件好，制度环境优越的东部中心城市、沿海城市就成为首要选择。一方面，多数新兴商业银行的建立本身就具有区域性服务特征，另一方面全国性商业银行和股份制银行分支机构也是遵循经济发达程度和市场化要求设置的，这在一定程度上也加剧了区域金融机构的非均衡分布状况。

第五，金融机构市场化水平的提升。我国以市场化为导向的金融变革，使得金融机构按照现代企业制度的生存方式进行经营管理，利益导向使得信贷资源向发达地区集中，同时发达地区非国有金融成分扩张更快，市场化水平和对外开放水平更高，形成了所有制上的正效应。同时，在我国大型商业银行的统一资金调度下，西部分支机构的信贷资金大量投向东部沿海，极大地限制了欠发达地区的投资规模和资本形成。

3. 投融资体制改革

改革开放后我国投融资体制改革最主要就体现在资本市场从无到有、不断壮大，直接融资深刻改变了我国单一失衡的金融结构，对区域金融的非均衡发展产生了重大影响。

首先，我国资本市场发展为直接融资提供了重要的渠道。投融资体制改革最鲜明的表现就是证券市场额度、证券发行与交易引发的资金流动逐年迅猛增加，股票发行与交易使得大量资金通过资本市场流向证券交易所所在地和上市公司。第3章分析表明东部通过资本市场从西部落后地区抽取大量资金，这不仅使得东部上市公司发展壮大，而且支持了当地的经济良性发展，这种资本的集聚加速了资金的趋利性，加剧了区域两极化趋势。在地方上，各级政府把争取更多上市公司，或者设立交易所作为深化改革推进市场化的重要举措和政绩。从数据上看，东部上市公司数量最多、质量最好、规模最大、人才资源最丰富；从交易中心城市来看，1990年11月26日，上海浦东新区上海证券交易所成立；1990年12月1日，深圳证券交易所成立；2013年1月，全国中小企业股权转让系统（“新三板”市场）落户北京金融街，上海、深圳、北京是全国性证券交易中心城市，并且全部在东部地区。金融评级机构、中介机构绝大部分集中在东部，即使在西部注册的证券中介机构也拼命向东部转移，将实质性的总部职能迁移到东部发达城市的部门或公司。最终都促使西部本身就稀缺的资金“合规”的流向东部。

其次，我国投资体制在多年的改革实践下发生了重大变化。投资主体向多元发展，投资意识增强，资本配置渠道拓展，监管制度法制体系不断健全。而在改革过程中，地方在投资的各项环节上自主权增大，那些基础设施完善、人员专业素质高、交通便利等软硬件条件更好的地区，一方面更有需求和积极性向中央要宽松政策，另一方面充分发挥已有的自主权利促进各项地方投资活动；而各方面经济条件都落后的地方，既没有向中央要求宽松政策的实力与资本，也没有能力发挥自主权促进当地投资活动，只好被动地等、靠、要，必然进一步造成发达地区与欠发达地区的差距扩大。

4. 金融调控政策

改革开放后，我国金融政策改革取得显著的成效，但是金融调控政策最大特点还是全国统一性的行政命令，可以总结为平均式的“一刀切”，这种区域金融调控的一致性与区域金融发展的非均衡性形成很大冲突。东部金融市场化程度高，西部金融抑制与金融管制程度高，区域发展的“二元性”与“一刀切”的中央金融政策会对部分地区经济发展产生负效应，降低金融政策的效率。

第一，货币政策的统一性扩大了区域金融差异。宏观层面的国民经济有自身运行的规律与经济周期，中观层面的区域经济也有自身规律与经济周期，特别是我国区域经济发展是非均衡的，“一刀切”的货币政策往往以发达的东部为客观依据，东部予以合理可预料到的政策反应，而西部的反应灵敏度、反应弹性以及经济周期与东部不同，可能在促进东部发展的同时，传导到西部的政策效应并不明显，甚至出现负效应。

第二，管制利率。2013年7月19日，中国人民银行宣布取消贷款利率下限，但是目前存款利率管制仍未完全放开，我国利率市场化并未完全实现，整个利率体系也是管制利率与市场利率并存。① 东西部市场化进程、资金利用效率、公司业绩、地方政府行政效率及理念不同，使得东部实际资金成本要低于西部，西部的金融机构为追逐高额收益和低成本把本来就稀缺的信贷资金通过各种渠道投放到东部，面对西部的中小企业、民族企业，商业银行更是“惜贷”或“不贷”，使得原本落后的西部地区进入了恶性循环，金融抑制程度进一步加深。

第三，统一的存款准备金制度降低了区域金融效率。从经济货币化的角度来看，东部地区程度更高，西部地区程度更低，而西部资金周转速度也明显要比东部更小。在央行通过调整法定存款准备金率来增加基础货币，由于西部资金周转速度低，现金流出多，现金漏损率高，使得西部货币乘数大幅低于东

① 贺强，徐云松．利率市场化：金融变革的核心与突破［J］．价格理论与实践，2013（8）：22-24.

部，因此东部地区扩张效应更大，金融效率更高，对实体经济的支持力度更大；西部的金融效率明显地落后于东部，因此金融功能也不能得到有效的发挥。

第四，统一的货币购买力在区域之间的差异。理论上，一般通货膨胀率较低、货币购买力更高的西部地区投资者购买股票与债券的收益率应该高于通货膨胀率高的东部地区，然而债券与股票的交易市场价格是统一的，并且现代通讯技术的高度发达又在很大程度上平抑了地理空间上的成本，东西部投资者可以同时在资本市场上进行交易，这样，东部地区又吸纳了西部大量资金。

第五，金融监管制度效果的区域差异。我国长期以来金融监管制度是统一行政性的，东部地区金融机构类型层次丰富，规模大、数量多，监管人员相对有限、监管任务较繁重，因此监管相对范围小、力度弱，重点主要放在市场准入层面。同时，我国实行统一性金融机构市场准入制度对于经济实力雄厚的东部地区门槛低，同样的注册资本对于落后的西部省份则显得捉襟见肘，这加大了东西部金融机构密度的失衡。西部金融机构数量少、种类单一，实施监管的范围相对就变大，侧重于经营风险与合法性的检查监督，加上西部本来以传统的国有金融机构为主导，受到的行政性管控更严厉。东部较为宽松，甚至有所忽视的监管环境，使得其地下金融兴起，影子银行体系不断发展壮大，西部部分沉淀资金也通过非正规金融渠道流向东部。在金融秩序亟待完善的进程中，在金融监管未能覆盖的领域聚集了大量的资金，满足了东部发达地区部分未能从正规融资渠道获得资金支持的企业资金需求，加速了东部资本的形成与积累。

4.1.2　对外开放程度与试验点政策

由美国次贷危机引发的国际金融危机后，“中国模式”越来越受到全球关注，作为开创了一条中国式制度创新道路的经济模式，其非常重要的一个特征就是我国的改革开放遵循渐进式模式，而非激进式改革。这种循序渐进的增量改革方式贯穿了我国经济体制改革的方方面面，当然，也贯穿于我国1978年后的对外开放进程和开放政策试点。

我国对外开放本着效率优先、注重区位优势的原则，在时间上是渐进开放，在空间上是梯度推进，总体上实施区域非均衡发展战略。图4-3清晰直观地显示了我国对外开放的时间和空间推进进程，可以总结为由沿海到内陆、由点到面、由局部到整体三个特征。具体来看，改革开放三十多年以来，在政策上以放权让利为条件，在空间上以梯度转移为方向，东部沿海地区获得了超前发展和多项政策优惠和试点，在东部率先以城市、区域、经济带为改革试点层层深入，在财政、信贷、投资、税收等一系列政策上给予倾斜，并赋予这些经济特区、对外开放城市、经济技术开发区极大的自主权。从沿海到内陆，从东部到西部，政策优惠与政策效果逐渐递减，是地区经济发展差距拉大的重要原因。

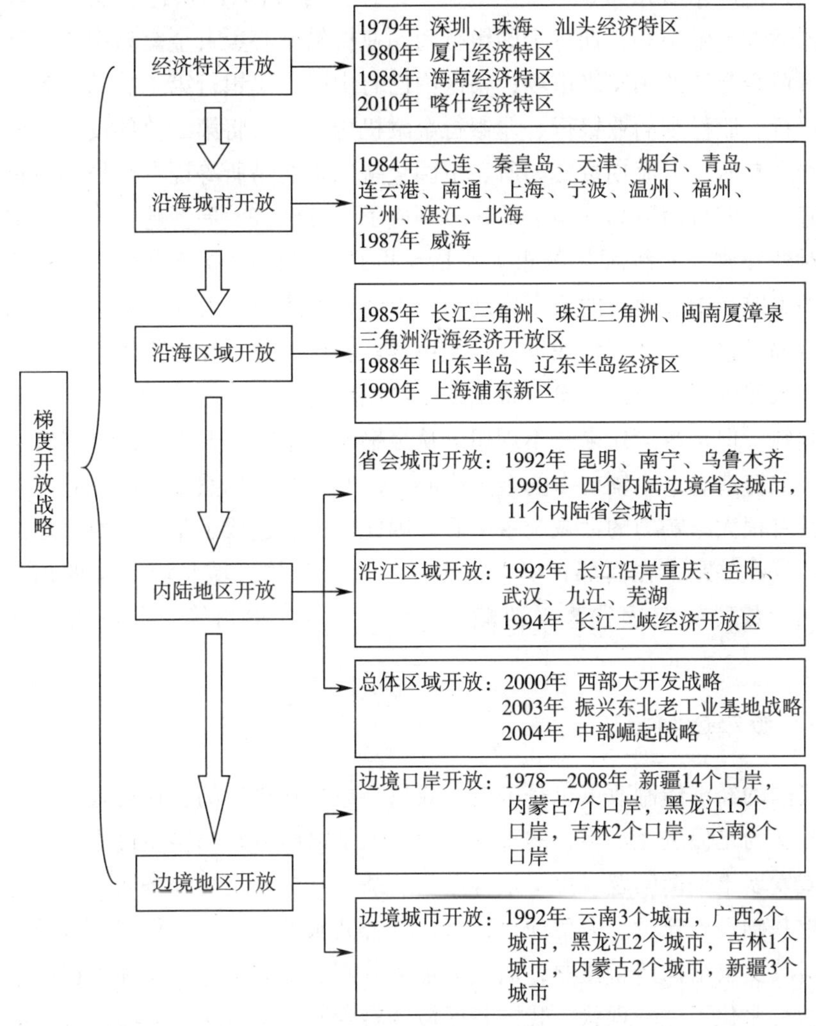

图4－3　我国对外开放的时间和空间推进进程

从我国金融对外开放与创新试点的进程来看，也是优先选择东部发达地区实施推进。江苏、浙江农村金融改革试点走在全国前列，浙江温州作为金融综合改革试验区，推行的金融改革并非单一经济政策，而是综合性试验，目的在于为推动全国金融改革提供宝贵经验。北京是中国金融监管机构总部所在地，是主要的存款类金融机构、非存款类金融机构的总部所在地和分支机构聚集地，是中国第三个全国性证券交易中心城市，也是辐射京津冀都市圈的最核心城市。深圳除了拥有全国性的深圳证券交易所，还建设了前海股权交易中心，深圳与其他广东城市带动了整个“泛珠三角”经济圈的快速发展。上海是著名的国际性金融中心，拥有全国银行间同业拆借中心、资金交易中心，唯一合法从事黄金交易的国家级市场；辖区内已有中国人民银行第二总部，各大国有商业银行、股份制商业银行、非银行金融机构也纷纷将第二总部设立在此；上海证券交易所、上海期货交易所、中国金融期货交易所等证券交易场所也建立在上海。上海自由贸易试验区的建设顺应了全球经济发展新趋势，是打造中国经济对外开放“升级版”的重大举措，也是上海国际金融中心、国际贸易中心、国家航运中心建设的重要推动力，上海也作为经济发达、开放程度高的中心城市辐射整个长江三角洲世界级城市群。相比而言，在西部进行的金融试点很少，虽然国家对西部省份，特别是少数民族省区、贫困偏远山区予以宽松的政策倾斜，但是政策效果并不理想。从金融布局来看，西部目前许多省会城市都在争取打造有一定辐射力的金融中心，但时至今日仍然没有建立起高度开放性、具有很大影响力的区域金融中心。因此，这也造成了不仅东西部之间金融发展的巨大差距，在西部省份中也出现了沿江开放区域与城市（四川、重庆等）与少数民族偏远省区（西藏、青海、宁夏、贵州等）的巨大金融发展差距。

4.1.3 财税体制改革

我国的经济体制改革也是围绕着收权与放权在进行的。在财政领域，分权改革被认为是促进经济增长的重要动力，但是财政分权的实践过程中，也引发了区域发展不平衡问题。由于地方政府政绩、官员升迁与经济增长水平直接挂钩，重基础设施建设、大型项目投入，轻公共服务、民生工程与人力资本投资使得财政支出结构严重扭曲，而人为市场分割、地方保护主义和短视的重复建设行为又恶化了这一现状。我国各区域金融管制与金融压抑就与分权后的地方政府干预紧密相关。

众多学者研究了财政分权、区域经济与金融发展的影响关系。陈刚，尹希果（2006）研究指出地方政府对金融部门的过多干预导致了区域金融效率参差不齐，特别是在地方政府金融管制下，1994 年分税制改革后的区域金融发展对区域经济增长出现负效应，在经济落后地区表现最明显。[①] 冯涛和宋艳伟等（2007）研究也指出财政分权程度越大的区域，国有经济比重高，中央转移支付少而导致的财政收支压力更大，地方政府攫取金融资源的欲望更强烈，相应的金融压抑和管制程度更大，金融发展水平越低，对区域经济发展形成不利影响；这种长期的循环累积最终逐渐形成区域间的巨大金融差异。[②] 张在茂（2008）和潘娟（2010）等学者的分析则认为1994年的财政分权并没有缩小我国区域经济差距，反而加剧了区域发展的非均衡。

由于我国财税体制改革，使得财税政策对区域资金流动与配置的影响不同，直接决定了中央的财政收入和地方的财政可支配资源，也影响了区域长期软硬件环境的建设。

首先，财政体制改革的不完善。西部地区各级政府面临财政收支压力与诸多阻碍，财权、事权、税权相互脱节，主要表现在地方主体税种缺乏、财力弱。西部的市场化程度又远低于东部，所有制结构以国有经济为主导，企业以中央的国有大中型企业为主，这些隶属中央的大型企业获取利润的所得税全部上缴中央，与西部地区没有关系。而西部地区企业普遍规模小、公司治理结构不健全、效益低下，难以得到国有金融机构的信贷支持，在东部地区的资本市场直接融资比例也很低，但地方政府为了保护这些民族企业、中小企业，人为地进行地域分割，产生“诸侯经济”，使得西部省份的市场化进程受到严重抑制。

其次，税收政策导致的区域差异。我国改革开放从沿海向内陆、从东部向西部、从点到面的梯度转移，东部沿海建立的经济特区、开放城市，逐渐形成了发达的城市群和经济带，这很大程度上得益于优惠的税收政策，在经济开放的地区还给予更大的财税支持与优惠、自主投资决策权与外资审批权。东部地区财力充足，能对企业进行更多的税收返还，并且在对外开放的特殊政策下，还有大量的税收减免，使得东部企业发展进入良性循环的轨道。而西部省份普遍财政长期困难，难以对本地弱小的企业进行税收返还，使得企业获得的政策优惠极少。受到由东向西的梯度税收优惠政策和政策效果的差异化影响，西部地区的投融资环境对外资吸引力度低于东部，这使得本来普遍适用的税收优惠

① 陈刚，尹希果，等．中国的金融发展、分税制改革与经济增长［J］．金融研究，2006（2）：99－109.

② 冯涛，宋艳伟，等．财政分权、地方政府行为与区域金融发展［J］．西安交通大学学报：社会科学版，2007（9）：20－27.

政策大多数在西部并没有得到体现，实际效果反而成为针对东部对外开放和吸引外资的专项优惠措施并得以实施，这些措施提高了东部从西部落后地区集聚资源的能力，也提升了吸引外资的能力，弱化了西部地区对外开放的程度，致使其发展潜力受到极大限制。

最后，不完善的转移支付制度强化了区域发展差距。1994 年分税制改革后的财政转移支付制度主要是两个方面：中央对地方的税收返还和中央对贫困省区的拨付。在转移支付中，中央对地方税收返还占比很大，而东部沿海地区从中央获得的税收返还额远远超过西部省份。同时，中央对西部贫困省份、少数民族地区的转移支付比重极低，很多年份还达不到转移支付总额的 2%，难以起到平抑区域发展差距的作用。

4.1.4 中央政府和地方政府行为

我国是一个多元民族并存、幅员辽阔的大国，中央与地方的权利关系与合理划分一直以来是理论界与实务界重点关注的问题。改革开放后，我国正式进入中央与地方的分权进程。1978 年的放权让利打破了以往地方作为中央代理人的身份，1982 年财政“分灶吃饭”，1985 年实施包干体制，1994 年的分税制改革则标志着中央与地方利益分立格局的完全确立，形成了中央政府与地方政府、各级地方政府之间的争夺政治、经济、社会资源的多重博弈，而博弈过程中形成的中央政府与地方政府对区域金融运行干预、管制、放松等行为，则直接影响了区域金融的非均衡发展。

1. 中央政府行为引致的区域金融发展差异

中央政府是宏观调控的主体，也是制度的顶层供给者，必然把贯彻中央政府政策与强化调控摆在首位。中央政府在不同时期、不同内外部环境下有不同的经济发展偏好，其中对区域金融发展的干预则主要采取差别化的金融制度安排。

第一，针对性的利率安排。针对性的利率安排直接影响了不同地区的金融机构储蓄形成状况；改革开放后我国东部沿海对外开放的经济特区建立，中国人民银行对经济特区提供 2.88% 年利率的 5 年以下贷款，4.32% 年利率的 5 ~ 10 年贷款；并赋予广东很大的自主利率调整权利，使得深圳迅速崛起成为以金融为核心的第三产业发达城市，有差别的利率安排在促进东部沿海金融的同时，也逐渐打破了传统的统一计划平衡性行政安排，并向政府管制下的非均衡制度安排过渡。

第二，针对性的金融机构准入标准安排。这种差别化的金融机构准入条件针对性更强，并与我国金融制度变革的试点相结合，形成正向的政策互动效应。中央政府为加强对经济发达沿海地区的支持力度，制定了大量针对性文件，比如《关于广东、福建两省继续实行特殊政策、灵活措施的会议纪要》，指出广东、福建可以试办区域性金融组织，也可称银行。我国金融业对外开放的标志则来自《经济特区外资银行、中外合资银行管理条例》的施行，20世纪90年代开始，沿海多个对外开放城市逐步引入外资金融机构，直到2012年东部地区外资银行资产总额在全国占比93.50%，西部仅为2.90%；东部地区外资银行机构个数占比82.58%，西部仅为8.71%；东部地区外资银行从业人员数占比89.27%，西部仅为5.68%。即使西部省份中非均衡特征也非常明显，经济发达、开放程度高、区位条件优越的四川和重庆，外资银行资产总额、机构个数和从业人员数在整个西部十二个省份中的占比之和也高达69.21%、71.24%和73.96%，而像西藏、甘肃、青海、宁夏这样的贫困偏远地区则金融对外开放进程滞后。

第三，针对性的区域股票筹资政策。我国股票市场为主的资本市场融资体制在20世纪90年代初确立，中央政府为保证金融稳定与金融安全，在早期控制资本流动而采取了行政性分配上市资源和控制额度的措施，使得各地区公司想尽办法争取上市，地方政府为本地企业争夺上市配额。而国内的全国性证券交易所建立在东部的上海和深圳，“新三板”建立在北京，使得这些区域产生了良性循环的金融集聚效应，加剧了金融资源从西部向东部的大量流失。

2. 地方政府行为引致的区域金融发展差异

中央政府对地方政府的放权让利使得地方政府自主权利在不断增强，地方政府以GDP为导向的政绩观在财权事权不匹配的财政压力情况下，将攫取金融资源作为推动区域经济增长的重要手段，因而也导致了各级政府对区域金融发展的管制与干预，主要表现在以下四个方面。

第一，地方政府对金融机构信贷资源的攫取。我国是以间接融资为主导的金融体系，通过争取国有银行金融资源、显性或隐性的干预银行信贷业务，是地方政府影响区域金融的首要选择。国有商业银行分支机构的设置具有很强的地域特性，地方政府具有很强的动员储蓄能力与一定的银行分支机构领导层的考核权利，使得国有银行的区域分支机构受到地方政府的束缚，有的则迎合地方政府的偏好。比如，地方政府将存贷指标作为衡量当地国有银行分支机构能力的核心标准，对信贷过少的机构予以批评与施压。地方政府通过恳谈或约谈的方式大力提升对各类金融机构加大授信的鼓励、表彰与奖励措施，或者以银政合作方式为名直接向银行提出加大贷款要求。近年来地方融资平台的兴起，地方政府通过建立城市开发公司、城市投资公司、城市资产经营公司等手段为本地基础设施、大型项目建设套取银行资金。当然，在市场化程度更高、融资渠道更广泛的东部地区，地方政府的行为力度反而没有西部省份大，在本来就普遍融资渠道单一、资源严重匮乏的西部省份，国有银行的信贷支持很可能成为许多省份地方政府攫取金融资源为数不多的手段。

第二，地方政府积极建设和完善地方性金融组织。对于投资饥渴，拉动GDP为核心的地方政府来说，区域内金融机构的数量越多、种类越丰富，就越多干预和攫取金融资源的途径。比如早期广东发展银行、浦东发展银行、兴业银行、深圳发展银行等区域性股份制商业银行的建立，为推动东部沿海发达地区经济发展起到了重大推动作用。城市商业银行的快速发展，如北京银行、浙商银行、徽商银行等服务本地区的商业银行纷纷建立，其中北京银行、南京银行、宁波银行已经上市。而东部省份的地方政府在加大金融“三农”支持方面也走在全国的前列，新型的农村金融机构纷纷试点和成立。同时，东部地区在探索创立新型金融组织也颇有成效，北京中关村担保、广东银达担保、深圳中小企业信用担保中心等区域性担保机构纷纷建立，北京市中小企业信用再担保公司、广东中小企业信用再担保公司成立，一系列区域性股权交易所、托管交易中心也在东部试点或成立。并且，东部地区各级地方政府还加强了地方政府金融职能建设，上海2002年最早成立了金融业服务办公室和金融工作委员会地方金融管理部门，北京2009年则把维护地区金融稳定作为升格金融局的重要职责，广东2009年赋予直属于省政府的金融工作办公室更多监管职能。相比之下，西部省份无论创新型金融组织建设、政府金融职能完善等方面都远远滞后于东部地区，只有重庆2009年成立了重庆市股份交易中心，这也充分肯定了重庆在整个西部地区经济金融发展的较高水平现状。

第三，鼓励本地企业上市。在“企业上市就是最大的招商引资”、“促进经济又好又快发展”等目标指引下，企业上市已不是公司的自身行为，地方政府将辖区内企业改制上市、扩大直接融资规模、建立现代企业制度纳入区域经济发展的目标函数。在西部很多省份，大力扶持有特色的民族企业上市更是被认为是超越了经济领域，是维护民族团结、促进民族地区和谐发展的重大成果。特别是2004年地方政府纷纷成立企业上市工作领导小组，提供一系列的土地优惠、财政补贴、税收减免政策，大力培植经营状况良好、发展潜力巨大的上市后备企业，东部地区很多城市在优惠政策力度和引进高素质人才方面也占尽优势。2012年东部地区国内上市公司数1623家，全国占比65.08%，西部国内上市公司数366家，全国占比14.68%；而西部十二个省份中仅四川上市公司就达到90家，占西部上市公司总和的近四分之一，可见区域直接金融的发展水平差距很大。

第四，地方政府大力推进区域金融中心建设。随着我国经济金融化程度的提升，全球经济在2008年蔓延的金融危机后逐步进入“新常态”，我国经济结构转型寻求新的经济增长点十分迫切。在促进产业结构升级、大力发展高级服务业、完善金融功能的宗旨下，越来越多的省会城市、区域中心地方政府提出要建设金融中心的长远规划。除了东部地区的北京和上海直辖市定位于国际性的金融中心外，天津、深圳、杭州、重庆、成都、西安、昆明、南宁、兰州、乌鲁木齐等城市相继提出建设区域性金融中心，如深圳提出建设创新型区域国际金融中心，天津致力于建设北方金融中心，杭州定位于长江三角洲南翼区域金融中心，重庆提出2020年建成长江上游金融中心，成都建设中国西部的金融中心，西安则直接提出打造西部金融中心与成都竞争，昆明则全力建设泛亚金融中心和人民币跨境结算中心，南宁致力于面向东盟的北部湾区域性金融中心建设，兰州提出建设西北金融中心，乌鲁木齐构建面向中亚的区域性金融中心等。这些金融中心的建设最大的功能在于形成新的金融集聚效应，并通过金融辐射带动周边地区发展，而区域金融中心的建设，是地方政府意志的体现，地方政府的推动作用更是至关重要。

4.1.5 法律环境差异

1. 法律制度环境的地方差异

法律作为一种最为典型的正式制度，对金融发展影响的国内外研究文献众多，积累资料丰富；深入到区域空间层面时，以法律环境为核心的生态环境差异，或者金融系统差异，是导致区域金融非均衡发展的重要因素。

20世纪90年代，越来越多的国外学者意识到法律对金融发展的重要性，以LLSV（1997，1998，2000）为代表的经济学家重点研究了法律与投资者保护的国别差异，为各国金融发展水平和金融体制的差异提供了法律解释。Levine（1998）研究发现一个国家监管体系对债权人有较好的法律保护，该国的金融机构将得到良性发展。LLSV（1997，1998）还指出资本市场的发达程度与国家法律保护与体系完善程度紧密相关。Rajan和Zingales（1998）、Wachtel（2003）以及Demirguc－kunt和Maksimovic（1998）等学者指出一国金融体系的质量最终是由法律体系的效率与质量所决定。在此基础上，LLS（1999）、LLB（2000）、LLSV（2000，2002）、Mahoney（2001）、Brockman和Chung（2003）、BDL（2003）、Rajan和Zingales（2002，2003）、Laeven和

Majnoni（2003）以及 Claessens 和 Laeven（2003）等学者以法律对投资者充分保护程度，对企业、社会融资、资源分配等方面进行了阐释，结论是其正向影响是显著的。第三代金融发展理论在探讨影响金融发展因素的时候，法律作为重要的正式制度对金融发展差异化影响最早受到关注，也得到最广泛的研究。从目前来看，法律对包括金融机构、金融市场在内的整个金融体系以及金融制度变迁影响和作用巨大。

国内学者卢峰和姚洋（2004）认为法律执行效率越高，则银行信贷分配给私人经济部门越多，这是有利于银行机构竞争的，陈国进和王磊（2009）实证研究也支持了这一观点；而内陆国有企业为主导，东部沿海私营经济发达，存在资金从国有部门向私营部门的转移，也就是资金从内陆向东部的流动。谈儒勇和吴兴奎（2005）研究表明司法水平差异对各地区金融发展水平有显著的正向影响。江春和许立成（2007）认为法治完善程度对私人信贷增加有显著促进作用，而对银行整体信贷和金融深化效果不明显。皮天雷和汪燕（2007）以及皮天雷（2010）认为法律制度建设促进银行业竞争，促进金融机构效率提升，余桂明和潘洪波（2008）也有类似观点。邵明波（2010）则在证实法与金融理论基础上，发现法治水平高的地区，中长期贷款比重更大，金融发展水平更高。郑志刚和邓贺斐（2010）也认为我国各地区金融发展水平的非均衡状况与法律环境差异对投资者权力保护差异有显著的关系。

我国是经济体制转轨中的发展中大国，也是世界上最重要的新兴经济体之一。国内地方政府与中央政府的权利与制度供给诉求，各个地方政府之间的博弈与资源争夺，导致地方保护主义盛行，出现人为市场分割的“诸侯经济”；[①]各地区的市场化程度、对外开放、与国际接轨的程度不同，导致受到世界经济发展影响的程度亦不同。因此，我国地区间发展的不平衡呈现出西方理论中“跨国研究”所适用的基础条件与背景，使得国内学者不仅能够从理论与现实来探讨区域法律环境的发展差异，而且能够深入到分析的层面，运用复杂的数量经济学模型对我国区域法律环境与区域金融非均衡发展进行更客观、细致的实证分析。

关于法律环境发展状况与区域差异，樊纲和王小鲁等（2009）测算了我国各区域的法律环境指数，是研究我国法律制度环境数据翔实、指标最为全面的报告之一。

---

① 郑志刚，邓贺斐．法律环境差异和区域金融发展——金融发展决定因素基于我国省级面板数据的考察［J］．管理世界，2010（6）：14－27.

表4-1从4个分项指标测度了2005—2007年我国东西部地区法律环境的差异状况，所有指标数据均显示了一致的不平衡分布，市场中介组织发育及其两个分指标（律师、会计师等市场中介组织服务条件，行业协会对企业的帮助程度）都是西部地区指数最低，不仅低于东部水平，而且低于全国平均水平。东部的指数在全国所有经济区域中排在第一位。对生产者合法权益的保护和消费者权益保护指数也是相同的状况，知识产权保护指数的数值差异最大，2005年、2006年、2007年西部分别为1.39、1.90和2.36，东部分别为10.46、13.09和17.15，西部地区对知识产权的保护力度远远不及东部发达地区。

表4-1 我国东西部地区市场中介组织发育与法律制度环境指数①

地区＼年份	2005	2006	2007
a. 市场中介组织的发育			
西部	4.26	4.26	4.26
东部	6.51	6.51	6.51
全国	5.33	5.33	5.33
a1. 律师、会计师等市场中介组织服务条件			
西部	4.22	4.22	4.22
东部	6.74	6.74	6.74
全国	5.31	5.31	5.31
a2. 行业协会对企业的帮助程度			
西部	4.31	4.31	4.31
东部	6.28	6.28	6.28
全国	5.35	5.35	5.35
b. 对生产者合法权益的保护			
西部	2.62	2.05	2.66
东部	5.71	5.09	5.08
全国	3.69	3.09	3.45
c. 知识产权保护			
西部	1.39	1.90	2.36
东部	10.46	13.09	17.15

① 樊纲，王小鲁，等．中国市场化指数——各地区市场化相对进程2009年报告［M］．北京：经济科学出版社，2009.

续表

年份 地区	2005	2006	2007
全国	4.61	5.85	7.47
d. 消费者权益保护			
西部	7.16	7.72	8.22
东部	9.26	9.49	9.80
全国	8.30	8.70	9.14

从表4－2中可以看出西部十二个省份的法律制度环境综合评价指数和在全国31个省、市、自治区中的排名变动状况。1997—2007年，西部省份中有9个省份指数从1997年的较高指标下降到2007年，相应的排序也下降，只有四川与重庆的法律制度环境指数和排序2007年相比1997年是上升的（西藏1997年、1998年、1999年指标缺失不予比较），1997年，四川在全国排序为21位，重庆为22位，2007年四川为11位，重庆为13位，分别上升了10位和9位；而青海的指数排名从1997年26位下降到2007年31位，特别是从2003年开始青海法律制度环境得分就已经排在全国31个省份的最后一位，2007年内蒙古、广西、西藏、宁夏、甘肃、贵州的指数排名分别为23位、25位、26位、28位、29位和30位，加上最后一位的青海，西部大多数省份法律制度环境状况非常落后，只有四川与重庆指标得分能在全国排在中上游的位置。

表4－2 西部十二个省份市场中介组织的发育和法律制度环境指数及全国排序①

年份 地区	1997	1998	1999	2000	2001	2002	2003	2004	2005	2006	2007
a. 市场中介组织的发育和法律制度环境指数得分											
内蒙古	2.28	2.30	2.87	3.42	3.30	3.38	3.56	3.96	4.47	4.43	4.50
广西	1.80	1.90	2.89	2.99	2.92	3.10	3.20	3.17	3.80	3.70	4.23
重庆	1.65	2.19	2.13	1.72	2.37	2.74	3.29	3.95	4.89	5.20	5.61
四川	1.67	1.96	2.65	2.43	3.49	3.81	4.03	4.11	5.04	5.24	5.96
贵州	1.48	1.27	2.47	2.32	1.82	1.88	1.96	2.16	3.12	3.20	3.76
云南	1.78	1.85	2.26	2.74	2.17	2.33	2.41	2.75	3.91	4.15	4.63
西藏	NA	NA	NA	0.00	1.90	1.91	2.25	2.63	3.60	3.78	3.89

① 樊纲，王小鲁，等．中国市场化指数——各地区市场化相对进程2009年报告［M］．北京：经济科学出版社，2009.

续表

年份 地区	1997	1998	1999	2000	2001	2002	2003	2004	2005	2006	2007
陕西	3.01	2.93	1.73	1.92	1.78	2.29	2.47	2.88	3.96	4.29	4.99
甘肃	1.98	1.45	2.27	1.89	1.15	1.36	1.52	2.11	3.34	3.57	3.79
青海	1.31	1.88	2.75	3.02	1.47	1.58	1.49	1.53	1.85	2.06	2.79
宁夏	2.51	2.37	2.92	2.58	1.67	1.86	2.24	2.83	3.47	3.52	3.80
新疆	2.44	2.83	2.17	2.12	3.28	3.85	4.37	4.48	4.83	4.64	4.56
b. 市场中介组织的发育和法律制度环境指数全国排序											
内蒙古	11	14	19	12	14	16	16	13	19	20	23
广西	19	21	17	20	19	19	20	23	25	27	25
重庆	22	16	28	29	22	21	18	14	14	12	13
四川	21	20	23	24	13	12	12	12	12	11	11
贵州	23	30	24	25	27	28	29	29	30	30	30
云南	20	23	26	21	25	25	26	27	24	24	21
西藏	NA	NA	NA	31	26	27	27	28	27	25	26
陕西	6	7	29	27	28	26	25	25	23	21	18
甘肃	15	28	25	28	31	31	30	30	29	28	29
青海	26	22	22	18	30	30	31	31	31	31	31
宁夏	8	11	16	23	29	29	28	26	28	29	28
新疆	10	8	27	26	15	11	11	11	16	18	22

2. 法律制度环境对区域金融发展的差异性影响

法与金融的理论在我国东西部省份的适用性如何，各地区法治水平、法律环境差异对区域金融发展的影响效果，该部分通过实证分析进行阐明。

(1) 模型构建与数据说明

根据国内外经济学家的经典文献与成果，以及西部制度环境与经济金融发展现实状况，参考LLSV（2000，2002）、Levin（1999）、卢峰和姚洋（2004）、郑志刚和邓贺斐（2010）以及皮天雷（2010）等模型来分析法律环境与金融发展的关系。

$$FIN_{it} = \alpha_0 + \beta LAW_{it-1} + \sum_{j=1}^{p} \gamma_j CONTROL_{it-1} + \varepsilon_{it} \qquad (式4.1)$$

在式4.1中，LAW_{it-1} 为法律环境变量，$CONTROL_{it-1}$ 为控制变量，模型中共包括 P 个相关变量。为了克服内生性问题，采用工具变量法——二阶段最小二乘法（TSLS），以及对所有解释变量取滞后一期的方式纳入计量模型。变量

下标 i 和 t 分别表示第 i 个省份的第 t 年度；省级区域固定效应差别用 α_0 表示；ε 为残差项。

金融发展指标（ FIN_{it} ）: FIN_{it} 因变量是西部十二个省、市、自治区，东部十个省、市的金融发展水平，以贷款/GDP 表示区域金融总量增长的状况，数值越大说明该地区金融发展水平越高，时间跨度为 1998—2007 年。

法律环境指标（ LAW_{it-1} ）：在以我国为研究对象的学术文献中，卢峰和姚洋（2004）以各地区法庭结案率代表法律效率；皮天雷（2007，2010）以及谈儒勇和吴兴奎（2005）以地区经济结案率、每万人律师数、每万人律师事务所数量三个指标表示法治水平；陈国进和王磊（2009）以及郑志刚和邓贺斐（2010）以樊纲和王小鲁构建的法律环境指数为解释变量。综合以上变量选取标准，本书认为樊纲和王小鲁（2009）构建的法律环境指数是一个更为全面的衡量指标，涵盖了各地区法律执行效率，市场中介组织发展状况、产权保护和市场参与者权益保护程度，更接近法与金融理论的要求和各地区法律环境的差异水平，因此，也可以采用该指标，根据可搜集到的统计数据，时间跨度定为 1998—2007 年。

控制变量（ $CONTROL_{it-1}$ ）：一个地区的金融发展处于一个复杂的经济社会系统中，受到各种因素影响，本书选取了政府财政支出额/GDP，标示为 GOV_{it-1} ，反映政府干预对区域金融发展的作用影响；以各省份进出口总额/GDP，标示为 TRA_{it-1} 来表示东西部各省份的对外开放程度和宏观环境；以普通高等学校在校学生数/年底总人口（ HUM_{it-1} ）衡量人力资本投入对金融发展的影响。经过整理后的模型如下所示：

$$FIN_{it} = \alpha_i + \beta_i LAW_{it-1} + \gamma_1 GOV_{it-1} + \gamma_2 TRA_{it-1} + \gamma_3 HUM_{it-1} + \varepsilon_{it}$$

（式 4. 2）

$$FIN_{it} = \alpha_0 + \beta LAW_{it-1} + \gamma_1 GOV_{it-1} + \gamma_2 TRA_{it-1} + \gamma_3 HUM_{it-1} + \alpha_i + a_t + \varepsilon_{it}$$

（式 4. 3）

式 4. 2 是面板数据的变系数模型，用于度量西部十二个省份法律环境对区域金融发展的贡献程度，因为西部各省份社会、经济、文化背景因素都有很大的差异，采用系数随横截面个体变化的模型更贴合实际。

式 4. 3 用于衡量东西部区域法律环境对金融发展的差异性影响，α_i 表示省际效应，a_t 表示年度效应。该部分对面板数据模型形式选择以 LM 检验和 LR 检验看固定效应和随机效应面板数据模型是否比 OLS 模型更适用，如果判别结果更适用，则根据 Hausman 检验判定选择固定效应模型或随机效应模型。

(2) 样本数据的来源

采用西部十二个省、市、自治区，东部十个省、市统计数据。时间序列为1998—2007年的面板数据，选择10年的时间序列主要有两个原因，第一是重庆于1997年成立直辖市，为保证东西部各省份数据的一致性，选择从1998年开始；第二是回归模型中的法律环境数据采用樊纲和王小鲁等（2009）的《中国市场化指数——各地区市场化相对进程2009年报告》市场中介组织的发育和法律制度环境指数，该指数统计到了2007年。西藏数据有两年缺失，采用移动平均法推算出两期数据。各省份GDP、贷款数额、地方政府支出、进出口总额、普通高校在校学生数和年底总人口数都来自《新中国六十年统计资料汇编》，文中进出口总额按照当年美元对人民币平均汇价调整为人民币计价的进出口数值，各年人民币对美元的平均汇价数据来自中国人民银行官方网站。东西部面板数据的统计描述如表4－3和表4－4所示。可以看出，东部地区金融发展、法律环境、对外开放程度和人力资本的平均水平都是比西部地区更高，只有政府支出平均水平低于西部，西部地区政府干预行为更明显。

表4－3　西部省份面板数据的统计描述

	FIN?	LAW?	GOV?	TRA?	HUM?
平均值	1.048608	2.940417	0.234334	0.096267	0.006128
中位数	1.072526	2.830000	0.194083	0.091880	0.005293
最大值	1.496853	5.960000	0.850654	0.296036	0.020718
最小值	0.618562	0.000000	0.087300	0.035165	0.001163
标准差	0.211800	1.125555	0.148940	0.041740	0.003977
偏度	−0.211322	0.329824	2.609845	1.864412	1.255129
峰度	2.021491	2.629965	9.695056	8.591949	4.719669
J－B统计量	5.680532	2.860304	360.3447	225.8701	46.29326
观测值	120	120	120	120	120
横截面	12	12	12	12	12

表4－4　东部省份面板数据的统计描述

	FIN?	LAW?	GOV?	TRA?	HUM?
平均值	1.076165	6.304700	0.111334	0.729423	0.013259
中位数	0.971779	5.415000	0.098832	0.647023	0.010679
最大值	2.252235	16.61000	0.234697	1.765324	0.038696
最小值	0.556937	1.590000	0.056765	0.082269	0.001793

续表

	FIN?	LAW?	GOV?	TRA?	HUM?
标准差	0.405260	3.074880	0.034845	0.486820	0.010210
偏度	1.035767	0.940198	0.947919	0.490714	1.023301
峰度	3.420626	3.479717	3.529711	2.034978	2.969538
J－B 统计量	18.61742	15.69176	16.14499	7.893614	17.45629
观测值	100	100	100	100	100
横截面	10	10	10	10	10

（3）实证结果与分析

①西部省份法律环境对区域金融发展的差异性影响

根据整理后的面板数据模型式4.2，采用变系数的模型，TSLS 的工具变量选取标准是以 LAW_{it-1} 的滞后项作为工具变量，其他控制变量也都采用滞后项作为工具变量，方程必须满足识别的阶条件，即保证工具变量的个数至少要与方程中的原解释变量系数数目一样多。经过实证得出的法律贡献程度见表4－5。

表4－5　西部省份法律环境对区域金融发展的贡献差异

西部十二个省、市、自治区	贡献程度	T值	显著性水平
内蒙古	0.350974	2.760907	1%
广西	0.362945	3.003373	1%
重庆	0.609727	4.219335	1%
四川	0.395595	4.210429	1%
贵州	0.479659	4.958314	1%
云南	0.416165	3.465818	1%
西藏	－0.058971	－0.379571	不显著
陕西	0.899569	4.477908	1%
甘肃	0.644054	4.041542	1%
青海	0.581607	4.709115	1%
宁夏	0.628332	3.399949	1%
新疆	0.435285	2.147863	5%

从回归结果可以看出，除了西藏系数不显著与数据缺失有很大关系外，其他省份法律环境系数都通过了5%的显著性水平。西部各省份法律环境对区域金融发展的影响程度有很大的非均衡性，除西藏外，其他省份法律环境改善都

对区域金融发展，特别是区域金融总量的增长有正向的效应；其中，陕西的贡献系数值最大，为0.899569，其次是甘肃、宁夏和重庆；内蒙古的贡献效应最低，为0.350974。这也定量地阐释了法与金融理论，西部各省份法律制度的不断完善，法治水平的不断提升，促进了金融中介的增长，从而有利于地区金融深化，但这个效果存在明显的区域非均衡性。

②东西部法律环境对区域金融发展的差异性影响

式4.3中，TSLS的工具变量选取标准以 LAW_{it-1} 的滞后项为工具变量，其他控制变量也都采用其滞后变量作为工具变量。表4-6显示了回归结果，LM检验和LR检验都表明固定效应和随机效应模型估计比OLS估计更合适。西部与东部回归的模型1指固定效应模型，模型2指随机效应模型；Hausman检验显示，西部地区P值为0.2940，接受为随机效应模型的假设；东部地区P值为0.2579，接受为随机效应模型的假设，因此，回归结果重点关注随机效应模型。从西部地区各系数水平来看，在随机效应模型中，西部地区法律环境改善、法治效率平均提升1个单位，金融发展水平上升0.148796个单位，该系数在1%的显著水平上显著，三个控制变量都不显著；在固定效应模型中，法律环境改善对区域金融发展的贡献程度为0.047613，也通过了1%的显著性检验，进出口总额增长对金融发展也有正向的显著影响。从东部随机效应模型来看，法律环境改善、法治效率平均提高1个单位时，金融发展水平就提升0.162837个单位，该系数通过1%的显著性水平检验；同时，人力资本素质的提高显著地促进了东部地区的金融发展，其贡献程度为7.868707，其他控制变量不显著。在固定效应模型中，法律环境改善对区域金融发展的贡献程度为0.073136，该模型中人力资本系数也显著。

表4-6　东西部法律环境对区域金融发展的贡献差异

解释变量	西部		东部	
	模型1 (FE Model)	模型2 (RE Model)	模型1 (FE Model)	模型2 (RE Model)
α	1.004502*** (9.194579)	1.145385*** (11.65004)	0.776773*** (5.428633)	0.643980*** (4.410239)
LAW_{it-1}	0.047613*** (4.080843)	0.148796*** (3.321371)	0.073136*** (3.813608)	0.162837*** (22.55478)
GOV_{it-1}	0.267314 (1.519072)	0.456360 (1.607382)	2.494772 (1.537231)	1.913550 (1.240845)

续表

解释变量	西部		东部	
	模型 1 (FE Model)	模型 2 (RE Model)	模型 1 (FE Model)	模型 2 (RE Model)
TRA_{it-1}	3.345788 *** (2.935182)	0.848140 (0.520726)	-0.111146 (-0.519670)	0.195668 (1.524025)
HUM_{it-1}	3.373820 (0.243121)	-12.63609 (-1.603193)	8.361364 * (1.764173)	7.868707 * (1.797486)
R^2	0.393858	0.859983	0.956447	0.762337
Hausman Test	P - value：0.2940		P - value：0.2579	

注：括号中数值为 t 统计量值；＊＊＊、＊＊、＊表示变量统计值分别通过 1%、5%、10% 的显著性水平。

研究表明，无论是随机效应模型还是固定效应模型都显示出东部地区法律环境对区域金融发展比西部地区有更高的促进效应，这符合法与金融理论的观点，并且法律制度环境对金融发展影响有较强的区域性特征，东部地区市场化程度更高，市场经济体系相对更完善，法律执行效率，市场中介组织发展状况、产权保护和市场参与者权益保护总体程度都要优于西部地区，这也是区域金融发展非均衡的重要解释因素。因此，制定和出台有利于投资者权益保护的法律法规，提高地区法治效率、司法水平对促进区域金融体系发展有显著的正面效应。

4.2　经济条件因素

4.2.1　市场化改革进程的差异

市场化进程之所以会影响到区域金融发展，是因为市场化改革有利于资源的优化配置和经济效益提升，市场经济环境下的金融资源作为最重要的生产要素，追逐收益自然会被配置到能产生最高收益的地区。同时，市场化进程使得区域经济发展获得了体制变革与创新的领先优势，这种领先优势在地方与中央，各地方之间博弈竞争的进程中产生了良性循环的先发效应，即市场化改革进程带来了领先的制度变革与创新效应，推动区域经济发展，区域经济优势拉大了区域差异，在区域间争夺制度供给、经济资源的博弈中又获得了先发优势（如图 4-4 所示）。

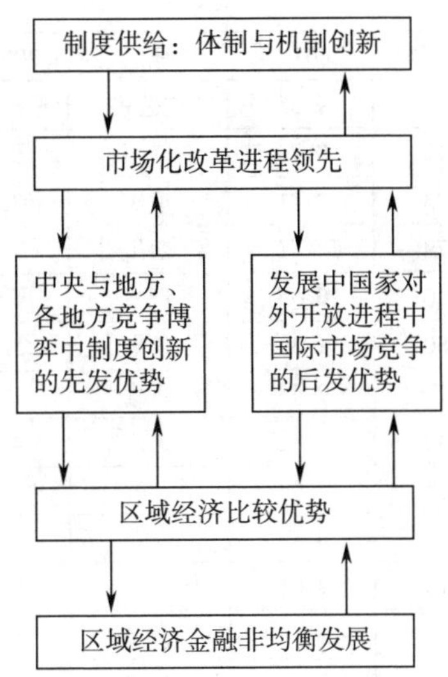

图4-4　市场化改革进程与区域经济金融非均衡发展关系

表4-7和表4-8显示了东西部地区及各省份的市场化进程指数与在全国的排名状况。自从1978年改革开放以来，中央政府采取了区域非均衡发展战略，对东部沿海地区实施多项政策倾斜，投资倾斜与更宽松的地方政府自主权利，改革开放从沿海东部向内陆西部梯度推进。正如威廉姆森著名的“倒U型”曲线的趋异阶段所示，资本、劳动力、技术均向沿海发达地区倾斜式流动，率先获得对外开放、地方自主权、招商引资等制度优势与经济资源优势的东部，市场化改革进程也远远领先于西部地区，并迅速将先发优势转变为经济快速发展和结构优化调整的正效应。另一方面，我国东部沿海的对外开放程度最高，与国际市场连接最最紧密，这也是我国作为发展中国家新兴经济体在全球经济体系中体现后发优势最集中、最突出的地区。因此，东部市场化进程在我国四大经济区域中排名第一，东部各省份在以政府与市场关系、非国有经济发展、产品市场发育程度、要素市场发育程度、市场中介组织发育和法律制度环境来衡量的综合指数排名也位居全国前列，2005—2007年，东部地区只有河北和海南市场化进程指数排序在全国31个省、市、自治区的前十之后，其他八个东部省份均在全国占据前八位。

表4-7　　东西部地区市场化进程指数①

东部				西部			
地区	2005年	2006年	2007年	地区	2005年	2006年	2007年
北京	8.48	8.96	9.55	内蒙古	5.74	6.28	6.40
天津	8.41	9.18	9.76	广西	6.04	6.12	6.37
河北	6.61	6.93	7.11	重庆	7.35	8.09	8.10
上海	10.25	10.79	11.71	四川	7.04	7.26	7.66
江苏	9.35	9.80	10.55	贵州	4.80	5.22	5.57
浙江	10.22	10.80	11.39	云南	5.27	5.72	6.15
福建	8.94	9.17	9.45	西藏	2.64	2.89	4.25
山东	8.44	8.42	8.81	陕西	4.81	5.11	5.36
广东	10.18	10.55	11.04	甘肃	4.62	4.95	5.31
海南	5.63	6.35	6.88	青海	3.86	4.24	4.64
东部	8.65	9.10	9.62	宁夏	5.01	5.24	5.85
				新疆	5.23	5.19	5.36
				西部	5.20	5.53	5.92

表4-8　　东西部地区市场化相对进程排序②

东部				西部			
地区	2005年	2006年	2007年	地区	2005年	2006年	2007年
北京	6	7	6	内蒙古	20	20	20
天津	8	5	5	广西	19	21	21
河北	16	16	17	重庆	10	10	10
上海	1	2	1	四川	11	12	12
江苏	4	4	4	贵州	28	26	26
浙江	2	1	2	云南	24	24	24
福建	5	6	7	西藏	31	31	31
山东	7	8	8	陕西	27	28	27
广东	3	3	3	甘肃	29	29	29
海南	22	19	19	青海	30	30	30
东部	1	1	1	宁夏	26	25	25
				新疆	25	27	28
				西部	4	4	4

① 樊纲，王小鲁，等．中国市场化指数——各地区市场化相对进程2009年报告［M］．北京：经济科学出版社，2009.

② 樊纲，王小鲁，等．中国市场化指数——各地区市场化相对进程2009年报告［M］．北京：经济科学出版社，2009.

反观西部省份，在中央的制度供给上明显处于劣势，政策支持力度不及东部，市场化进程远远落后，从2005—2007年，西部地区整体的市场化进程指数在全国四大经济区域中位列末尾，西部十二个省份中只有重庆与四川在10～12名之间小幅波动，其他十个省份均在20名之后，并且25～31名都是西部落后省份。西部政策上的劣势使得其经济体制改革滞后，市场不健全，市场发育程度低，人为的市场分割和地方保护主义严重，政府干预与管制制约了非国有经济的发展，也导致了相当程度的金融抑制，这又进一步加剧了资源外流，凸显了地区的区位发展劣势，进入经济发展缓慢的恶性循环。在区域市场化程度与经济发展水平差异的共同作用下，对区域金融发展的非均衡性产生了决定性影响，东部领先的市场化进程搭建了良好的市场经济发展基础条件，信用环境相对完善；发达的金融市场，使得金融资源通过证券交易所、法人股市场、场外市场从西向东梯度流动，多样化的金融机构向东部集聚形成了利用金融资源的规模效应。而西部滞后的市场化改革进程，使得金融资源难以在本区域内实现优化配置与获益，金融功能受到严重抑制使得金融效率低下，这又加剧了资源从西部流出，拉大了区域金融发展的差距。

4.2.2 工业化、城镇化与信息化水平

工业化、城镇化与信息化是21世纪世界经济发展的主题，其发展程度对一国或者地区产生了深远的影响。党的十八大报告中指出要坚持走中国特色的新型工业化、城镇化、信息化和农业现代化的“新四化”道路，促进工业化、信息化、城镇化、农业现代化同步发展。其中，工业化、城镇化与信息化三者既有联系又有区别，但在经济全球化进程中，三者有更密切的互动关系。

首先，工业化与城镇化之间有紧密的耦合关系。工业化的空间表现是城镇化，即工业化的过程就是资金、技术、人力、物力不断向城镇集聚的过程，城镇化的经济内涵是工业化，即城镇化发展的内在要求是产业结构从低层次向高层次跃进与转变。①

其次，信息化与工业化相互促进。工业化是信息化的历史前提，信息化带来的生产生活方式变革和社会分工为工业化创造了巨大发展空间，两者的互动促进了生产融合、组织更新、技术进步与制度变迁。

最后，城镇化与信息化的密切关系。城镇化推动了信息化迅猛发展，信息

---

① 张琳，邱少华．新型工业化、信息化、城镇化和农业现代化协调发展评价研究［J］．山东社会科学，2014（4）：124－129.

化则是城镇化性质发生变更的根本原因。现代城镇化是经济发达的中心区域，而经济活跃与信息交流、集聚成正比，信息技术的应用和信息全球化普及改变了城镇化的历史进程。而城镇化是信息化的空间载体，是信息化高度发达的外在特征与形式。

如图 4－5 所示，工业化、城镇化与信息化的演进历程不是孤立的，而是相互促进、相互融合、相互作用的系统体系。① 近代以前农业发展与社会分工使得农业社会与农业文明成为发展的主旋律，农业革命使得城市在世界各国出现，但城市并不是经济社会发展的中心。近现代经济发展与经济结构转变的主导是工业化，工业革命使得城市逐渐成为经济社会发展的中心；而近现代社会发展与社会结构变化的空间表现就是城镇化，两者共存共同发展，带来了工业文明。在此基础上，后工业化的主要特征就是信息革命，现代社会的核心就是信息社会，三者之间就形成了相互促进的耦合体。工业化、城镇化构成信息化的基础，信息化是工业化与城镇化的加速推动力，信息化、工业化的空间形态就是城镇化，城镇化的演变内容就是工业化与信息化。我国处于工业文明向生态文明过渡的阶段，党的十八大报告中首次提出中国特色社会主义建设是五位一体，其中就包括生态文明，而信息技术的变革对人类的生活方式、生产方式、社交方式产生了深刻的影响，正逐渐成为现代经济社会发展的支撑。信息化作为覆盖现代化全局的战略举措，也就是引领和支撑生态文明的基础条件，是我国生态文明建设的必然选择。金融作为现代经济的核心，金融发展与变迁必然会受到工业化、城镇化与信息化的进程深刻影响。

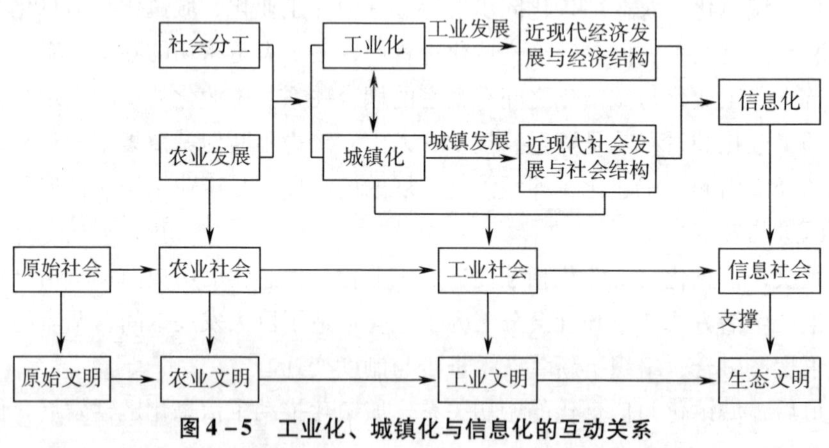

图 4－5　工业化、城镇化与信息化的互动关系

① 姜爱林．城镇化、工业化与信息化的互动关系研究［J］．经济纵横，2002（8）：32－37.

1. 工业化与区域金融发展

历史发展的经验与现实表明，一国或地区工业化水平与区域金融业发展有显著地正相关性，区域金融体系越完善，金融结构越均衡，金融组织多样化，金融工具越丰富，金融效率越高，则工业化水平越高。同样，区域工业化的进程的阶段差异也能影响区域金融业的发展（如图4－6所示）。

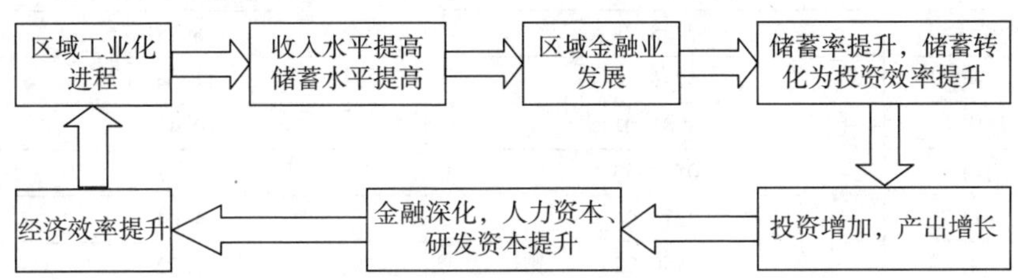

图4－6　工业化进程与区域金融发展的互动机制

具体来看，区域金融发展将导致地区更高比例的储蓄转化为投资，为工业化筹措巨额资本创造条件；金融产业的发展还能促进技术进步，而高科技是加速工业化进程的最重要动力，而在发达且高效的金融市场上，又能够实现产业结构优化并向技术密集型企业重点倾斜。同时，金融业发展能够将资源配置到收益最高的项目或部门中去，促进高投资回报率的产业部门优化升级，提升工业化水平。工业化进程对区域金融发展的差异有重大影响，工业化进程涉及更大规模、更广范围的资源配置和社会交易，从而产生新的金融服务需求；工业化水平的提升能促进高新技术，特别是现代信息技术应用于金融产业，从而提升金融服务的质量与效率。区域工业化进程推动的产业结构优化升级也会相应地要求区域金融结构的调整与优化，从而倒逼区域金融发展。

表4－9显示了东西部以及西部十二个省份工业产值及占比状况，2012年西部工业总产值47811.94亿元，全国占比19.13%；东部工业总产值125944.72亿元，全国占比50.39%。改革开放以来，国家对东部地区各种政策优惠、资金支持的非均衡发展战略最大的体现就是以工业化为核心的生产力向沿海布局，而西部长期以来作为东部的原材料资源提供地区和产品的销售市场，工业化进程缓慢。西部工业化进程落后于东部，又制约了区域金融业的发展和服务效率的提升，使得西部金融结构严重失衡的状况难以得到改善。并且西部地区制度变迁滞后，国有经济比重过大，市场化水平低下，非国有经济企业缺乏活力，一系列的诸如社会保障、分配、就业、民族团结等经济社会问题亟待解决，工业化的发展成本巨大。从西部省份的工业产值及占比来看，四川最高，为10550.53亿元，在西部占比达到22.07%，这与四川金融发展与金融

深化在整个西部的高水平紧密相关；西藏2012年的工业产值55.35亿元，在西部占比仅为0.12%，这也与该地区严重的金融管制与压抑，极低的市场化发展水平显著相关。

表4-9　　2012年东西部地区工业产值及占比状况①

地区	工业产值（亿元）	工业产值西部/全国占比（%）
内蒙古	7735.78	16.18
广西	5279.26	11.04
重庆	4981.01	10.42
四川	10550.53	22.07
贵州	2217.06	4.64
云南	3450.72	7.22
西藏	55.35	0.12
陕西	6847.41	14.32
甘肃	2070.24	4.33
青海	895.89	1.87
宁夏	878.63	1.84
新疆	2850.06	5.96
西部	47811.94	19.13
东部	125944.72	50.39
全国	249953.66	100

2. 城镇化与区域金融发展

城镇化又称为城市化，是指传统农业为主的乡村社会向以服务业、工业、高新技术与信息产业为主的现代城市社会转变的历史进程，伴随着剩余农村劳动力向城镇的流动转移。工业化与城镇化在我国经济发展过程中关系密切。工业化是城镇化的基础与动力，城镇化是工业化的必然结果，是工业化高度发展的集聚效应与规模效应的表现。并且城镇化进程影响区域金融发展正是通过集聚效应与规模效应具体体现，城市集聚效应带来了企业（特别是私营经济、中小企业）的空间聚集，企业获得了规模经济效益，产生扩张规模从而增加了对资金的渴求，这些都促进了城市投融资市场的发展与活跃。城镇化水平提升使得居民财富增加，生活水平提升，产生多样化的投资需求；更重要的城镇化进程伴随着产业结构优化升级，带来了人口集聚效应，加快剩余劳动力的转移，从而拉动消费，产生了人们对多样化金融服务的需求，促进地区金融发

① 根据《中国统计年鉴（2013）》整理计算而得。

展。同时，区域城镇化水平的提升有利于资本积聚，社会分工，技术水平和专业化水平的提升，以及各类要素、资源的集中客观上要求各类自由市场进行资源向高效率部门的集中和再配置，必然要求发达的、多层次、高度开放性的金融市场实现金融稀缺资源的优化配置，这又极大地促进了资本市场在城市的建立和发展。

从表4－10和表4－11可以直观地看出截至2012年底东西部地区、各省份城市及按人口规模数划分的城市状况。单从城市行政区划数来看，东部地级及以上城市88个，西部87个，差异很小；从县级市来看，东部140个，西部84个，相差56个。而西部地区无论地级及以上城市，还是县级市，都是四川最多，分别为18个和14个。按照区域内人口数划分的城市分布状况更能够反映出人口集聚的特点，从400万以上、200万～400万、100万～200万、50万～100万、20万～50万和20万以下六档分组来看，东部分别为7个、17个、27个、26个、9个和1个，西部分别为3个、5个、25个、27个、24个和2个，最大的差别在于400万以上人口城市数和200万～400万人口城市数，东部分别比西部多了4个和12个，可见东部地区的大城市更集中，集聚效应与规模相应能够得到更有效的发挥，同时对金融服务水平和质量的要求更高。

表4－10　2012年底东西部地区城市分布状况　单位：个①

东部			西部		
地区	地级及以上城市	县级市	地区	地级及以上城市	县级市
北京	1	0	内蒙古	9	11
天津	1	0	广西	14	7
河北	11	22	重庆	1	0
上海	1	0	四川	18	14
江苏	13	23	贵州	6	7
浙江	11	22	云南	8	11
福建	9	14	西藏	1	1
山东	17	30	陕西	10	3
广东	21	23	甘肃	12	4
海南	3	6	青海	1	2
东部	88	140	宁夏	5	2
—	—	—	新疆	2	22
—	—	—	西部	87	84

① 根据《中国区域经济统计年鉴（2013）》、《中国统计年鉴（2013）》搜集整理而得。

表 4 - 11　　2012 年底按辖区内总人口分组东西部城市分布状况　　单位：人①

东部							西部						
地区	400 万以上	200 万 ~ 400 万	100 万 ~ 200 万	50 万 ~ 100 万	20 万 ~ 50 万	20 万以下	地区	400 万以上	200 万 ~ 400 万	100 万 ~ 200 万	50 万 ~ 100 万	20 万 ~ 50 万	20 万以下
北京	1	0	0	0	0	0	内蒙古	0	0	3	3	3	0
天津	1	0	0	0	0	0	广西	0	1	6	4	3	0
河北	0	2	2	7	0	0	重庆	1	0	0	0	0	0
上海	1	0	0	0	0	0	四川	1	0	11	5	1	0
江苏	1	7	3	2	0	0	贵州	0	1	1	2	2	0
浙江	1	1	3	5	1	0	云南	0	1	0	3	3	1
福建	0	1	3	1	4	0	西藏	0	0	0	0	1	0
山东	0	5	8	4	0	0	陕西	1	0	2	6	1	0
广东	2	2	7	6	4	0	甘肃	0	1	2	3	5	1
海南	0	0	1	1	0	1	青海	0	0	0	1	0	0
东部	7	17	27	26	9	1	宁夏	0	0	1	0	4	0
—	—	—	—	—	—	—	新疆	0	1	0	0	1	0
—	—	—	—	—	—	—	西部	3	5	25	27	24	2

并且，东部地区的长三角经济圈、珠三角经济圈和京津冀都市圈都是依托东部较发达的城镇化水平，以大城市为龙头、超越行政区划对地区资源、产业链整合分工的经济区域，而这三大经济圈（都市圈）是东部地区，并逐渐成为未来中国经济的重要引擎。从西部省份来看，重庆、成都、西安是拥有 400 万以上人口的大城市，而这三个城市也是打造区域性金融中心最积极、最有动力的代表城市，三个城市尽管提出的建设方式有所差异，但都指向了西部金融中心的地位。除了省会城市外，四川是 100 万 ~ 200 万人口城市最多的省份，达到 11 个，其城镇化水平在西部遥遥领先。而西藏和青海却分别只拥有 1 个 20 万 ~ 50 万人口的城市和 1 个 50 万 ~ 100 万人口的城市，落后的城镇化水平使得在这些省份难以形成集聚效应与规模效应，区域金融发展的水平落后，金融结构的变迁非常滞后。

3. 信息化与区域金融发展

自 1967 年“信息化”被首次提出，作为以智能化为代表的新生产力，在信息全球化背景下信息网络和信息技术取得飞速发展，信息化不仅渗透到传统

① 根据《中国区域经济统计年鉴（2013）》、《中国统计年鉴（2013）》搜集整理而得。

产业中，推动了传统产业的调整和升级，有利于经济结构转型，还产生了一大批新兴产业。现代金融发展高度依赖于信息技术与网络技术，因为现代金融业本质上就是知识和信息密集型产业，对信息的掌握、传递、处理，以及信息技术的应用渗透到了金融的各个领域，信息化在提升金融效率，促进金融产品创新，降低信息不对称和客户参与金融活动的门槛，加速金融区域化与全球化。全社会信息化的普及与推广对区域金融发展影响更为深远，信息网络与技术，特别是无线网络的覆盖与普及能够在很大程度上克服地理空间的限制，使得信息化带来的便利不止局限在城市金融，对交通不便、人员分散的边远山区、农村地区提供了多样化的金融服务，满足了不同群体的金融需求。

根据可搜集到的统计数据，从信息产业指标、信息技术应用指标、信息资源指标和信息网络指标四个方面对我国东西部地区信息化发育程度进行比较分析。

表4－12、表4－13、表4－14和表4－15分别显示了2012年东西部地区信息产业发展状况，信息技术应用状况，信息资源状况和信息网络发展状况。从邮电业务总量指标衡量的信息产业发展情况看，2012年东部地区邮电业务总量占比为52.92%，高于西部21.52%；西部十二个省份中，四川在西部占比最高，为21.42%；西藏占比最低，仅为1.08%。从信息技术应用状况来看，互联网普及率西部为36.2%，东部55.8%；在西部省份中，新疆最高，为43.6%，云南最低，仅为28.5%。互联网的普及为金融网络化打下了坚实的基础，是互联网金融发展最重要的技术前提之一。从电话普及率来看，2012年西部近95部/百人，而东部则高达135.2部/百人；西部省份中内蒙古最高，为117.5部/百人，其次是新疆、青海、宁夏和陕西，都达到了100部/百人以上，广西最低，只有75部/百人。在电话普及率中，移动电话普及率是移动金融、特别是当前手机银行普及与推广的基础，东部地区为106.6部/百人，实现了平均每人一部移动电话；西部地区为78.8部/百人，平均还有近二成的西部居民没有普及移动电话。西部省份中，只有内蒙古达到了平均每人一部移动电话的指标，其次为青海、宁夏、新疆和陕西，广西、云南、贵州、四川和甘肃都在70部/百人以下，西藏的普及率反而比较高，达到77.7部/百人。从第三代移动通信技术手机的应用情况看，2012年底东部地区3G移动用户达到11453.1万户，在全国占比近一半，西部为5225.5万户，在全国占比仅五分之一多；西部省份中，四川在整个西部占比最高，为20.34%，其次是陕西、云南和广西，宁夏、青海和西藏排在最后三位。这与移动用户整体普及率的地区分布有很大差别，四川、云南、广西该项指标都比较低，但是3G移动用户占

比却排在西部前列，说明这些省份的信息技术应用水平较高，而西藏、青海、宁夏等有较高移动用户普及率的地区，在先进的移动通信技术应用水平上还有很大提升空间。从信息资源的地域分布状况来看，2012 年报刊发行数东部地区占比 48. 11%，西部为 20. 78%；西部省份中，四川、广西、贵州和陕西分列前四位，宁夏、西藏和青海排在最后三位，在西部占比还不足 2%。2012 年底西部拥有网站 22. 5 万个，全国占比 8. 39%，东部拥有网站数为 193. 8 万个，占比 72. 29%；东部地区的虚拟信息资源占有绝对优势。在西部省份中，四川最多，为 8. 3 万个，占比 36. 88%，西藏最少，只有 0. 1 万个，占比 0. 43%。从互联网宽带接入端口数据看，东部占比超过 50%，而西部仅为全国的五分之一。西部省份中，四川最多，西藏最少。从信息网络的发展现状来看，广播综合人口覆盖率除了贵州为 88. 46% 外，其余地区均超过 90%，东部高达 99. 12%，几乎实现了全覆盖。电视人口综合覆盖率在东西部和西部省份中都达到了 95% 以上。有线广播电视入户率东部地区为 75. 18%，西部为 38. 78%，差距比较大；西部省份中陕西和四川最高，甘肃和西藏最低。光缆线路长度作为信息基础设施的重要指标，在东西部之间差距并没有其他信息网络覆盖指标大，西部大开发以来国家对西部地区基础设施的大量投入和建设中，信息化基础设施的投入比重和力度非常大。在西部省份中，四川光缆线路长度为 83. 59 万公里，占比最高，达到 20. 54%，西藏最低，仅为 6. 31 万公里，占比 1. 55%。从信息化的四项综合指标来看，东部地区占据着巨大的优势，西部省份在信息化总量与发展水平分布与金融总量与金融发展水平有着类同的空间非均衡分布形态。

表 4 - 12　　　　2012 年东西部地区信息产业发展状况①

地区	邮电业务总量（亿元）	邮电业务总量西部/全国占比（%）
内蒙古	273. 34	8. 46
广西	366. 36	11. 34
重庆	276. 99	8. 57
四川	692. 31	21. 42
贵州	262. 05	8. 11
云南	363. 44	11. 25
西藏	34. 86	1. 08

① 根据《中国信息年鉴（2013）》、《中国统计年鉴（2013）》搜集整理而得。

续表

地区	邮电业务总量（亿元）	邮电业务总量西部/全国占比（%）
陕西	386.41	11.96
甘肃	189.88	5.88
青海	57.04	1.77
宁夏	65.66	2.03
新疆	263.36	8.15
西部	3231.7	21.52
东部	7948.83	52.92
全国	15019.28	100

表4-13 2012年东西部地区信息技术应用状况①

地区	互联网普及率（%）	电话普及率（部/百人）	移动电话普及率（部/百人）	3G移动电话年末用户（万户）	3G移动电话年末用户西部/全国占比（%）
内蒙古	38.9	117.5	102.7	451.3	8.64
广西	34.2	75	62.1	560.7	10.73
重庆	40.9	90.6	70.9	441.8	8.45
四川	31.8	85	68.3	1062.8	20.34
贵州	28.6	77.9	66.9	386.6	7.40
云南	28.5	73.8	62.5	571.8	10.94
西藏	33.3	91.1	77.7	41.7	0.80
陕西	41.5	107.8	87.2	805.6	15.42
甘肃	31	83.5	68.8	308.7	5.91
青海	41.9	112.6	94.6	90.7	1.74
宁夏	40.3	108.9	92.5	104.7	2.00
新疆	43.6	114.4	91	399.1	7.64
西部	36.2	94.8	78.8	5225.5	22.47
东部	55.8	135.2	106.6	11453.1	49.24
全国	42.7	106.7	85.8	23260.6	100

① 根据《中国信息年鉴（2013）》、《中国统计年鉴（2013）》、《2012年中国移动互联网用户调查报告》、《2012年中国农村互联网发展状况调查报告》搜集整理而得。

表 4－14　　2012 年东西部地区信息资源状况①

地区	报刊发行数（万份）	报刊发行数西部/全国占比（%）	网站数（万个）	网站数西部/全国占比（%）	互联网宽带接入端口（万个）	互联网宽带接入端口西部/全国占比（%）
内蒙古	229.6	7.18	1.3	5.78	548.7	8.39
广西	387.3	12.10	1.8	8.00	848.0	12.96
重庆	234.3	7.32	3.1	13.77	648.8	9.92
四川	658.3	20.57	8.3	36.88	1316.3	20.12
贵州	339.8	10.62	0.8	3.53	466.8	7.13
云南	316.0	9.88	1.3	5.91	663.7	10.14
西藏	54.2	1.69	0.1	0.43	41.0	0.63
陕西	336.9	10.53	3.9	17.54	803.6	12.28
甘肃	225.9	7.06	0.6	2.77	430.8	6.58
青海	48.3	1.51	0.2	1.05	105.6	1.61
宁夏	58.9	1.84	0.4	1.82	122.1	1.87
新疆	310.2	9.69	0.6	2.53	548.1	8.38
西部	3199.7	20.78	22.5	8.39	6543.4	20.38
东部	7409.3	48.11	193.8	72.29	16840.4	52.45
全国	15401.6	100.00	268.1	100.00	32108.4	100.00

表 4－15　　2012 年东西部地区信息网络发展状况②

地区	广播综合人口覆盖率（%）	电视综合人口覆盖率（%）	有线广播电视入户率（%）	光缆线路长度（万公里）	光缆线路长度西部/全国占比（%）
内蒙古	97.92	96.84	38.23	32.22	7.92
广西	96.05	97.74	45.83	44.11	10.84
重庆	98.16	98.76	44.1	37.23	9.15
四川	96.78	97.75	46.11	83.59	20.54
贵州	88.46	92.99	32.93	34.20	8.40
云南	96.03	97.04	43.11	48.70	11.97
西藏	93.38	94.51	26.64	6.31	1.55

① 根据《中国信息年鉴（2013）》、《中国统计年鉴（2013）》、中国互联网络信息中心数据搜集整理而得。

② 根据《中国信息年鉴（2013）》、《中国统计年鉴（2013）》、中国互联网络信息中心数据搜集整理而得。

续表

地区	广播综合人口覆盖率（%）	电视综合人口覆盖率（%）	有线广播电视入户率（%）	光缆线路长度（万公里）	光缆线路长度西部/全国占比（%）
陕西	97.15	98.12	48.68	37.27	9.16
甘肃	96.89	97.56	26.07	29.93	7.36
青海	94.14	96.33	38.62	9.60	2.36
宁夏	95.2	98.9	39.27	6.68	1.64
新疆	95.34	95.62	35.78	37.07	9.11
西部	95.46	96.85	38.78	406.91	27.51
东部	99.12	99.02	75.18	615.59	41.61
全国	97.17	97.97	51.78	1479.33	100

4. 工业化、城镇化、信息化与区域金融发展的协整关系

工业化、城镇化与信息化存在着极强的耦合关系与互动关系，在推动我国区域金融发展、结构转型等方面发挥着重要的作用。大量的理论与实证研究表明，工业化、信息化、城镇化的进程也是一个经济社会结构变迁的历史过程。而是否对东西部区域金融发展的非均衡性有长期的影响关系，该部分将通过面板数据的实证方法进行阐明。

（1）模型构建与数据来源

根据众多国内外的文献资料及研究成果，结合东西部工业化、城镇化、信息化与区域金融发展状况，构建面板数据模型如式4.4所示。

$$FIN_{it} = \alpha_0 + \beta_1 IND_{it} + \beta_2 URB_{it} + \beta_3 INFO_{it} + \varepsilon_{it} \quad (式4.4)$$

在式4.4中，IND_{it} 为工业化变量，URB_{it} 为城镇化变量，$INFO_{it}$ 为信息化变量。变量下标 i 和 t 分别表示第 i 个省份的第 t 年度；α_0 为截距项，表示省级区域固定效应的差别；ε 为残差项。

金融发展指标（FIN_{it}）：因变量 FIN_{it} 为西部十二个省、市、自治区，东部十个省、市的金融发展水平，同样以贷款/GDP表示区域金融发展的状况，时间跨度为1998—2012年。

工业化指标（IND_{it}）：工业化常被定义为第二产业或工业产值在国内生产总值中的比重不断上升的过程，库兹涅茨、克拉克以第二产业/第一产业作为衡量标准，霍夫曼用消费资料工业净产值/生产资料工业净产值测度工业化水平。考虑数据的一致性与可得性，本书采用各地区工业总产值与GDP比重衡量工业化水平。

城镇化指标（URB_{it}）：城镇化的过程中非常重要的一个特征就是农村人

口向城镇集聚，以各省份年末城镇人口与总人口的比值作为城镇化指标。

信息化指标（$INFO_{it}$）：国内一些文献中以国家信息化测评指标体系为信息化替代指标，但该数据时限较短，覆盖面较窄，且数据难以搜集，本书采用各地区的邮电业务总量作为衡量指标，该指标包括了信息产业、信息技术、信息资源和信息网络等业务量，覆盖面广且易于搜集整理。

（2）样本数据的来源

该部分采用西部12个省、市、自治区，东部10个省、市统计数据。时间序列为1998—2012年，各省份1998—2008年GDP、贷款数额、年底总人口数、年末城镇人口数、工业总产值、邮电业务总量都来自《新中国六十年统计资料汇编》。2009—2012年GDP和贷款数额来自历年《中国金融年鉴》，各省份邮电业务总量、年末总人口数和年末城镇人口数来自历年《中国区域经济统计年鉴》，各省份工业总产值来自历年《中国统计年鉴》，部分省份缺失数据来自各地区统计年鉴或发展年鉴；东西部面板数据的统计描述如表4－16和表4－17所示。从表中可以看出，东部地区工业化平均值指标和城镇化平均值指标高于西部地区，邮电业务总量平均值西部比东部略高。

表4－16　　　　西部省份面板数据的统计描述

	FIN?	IND?	URB?	INFO?
平均值	1.058028	0.339535	0.372201	0.059120
中位数	1.077796	0.343580	0.364148	0.057685
最大值	1.496853	0.498494	0.786396	0.126788
最小值	0.553094	0.069583	0.162922	0.017096
标准差	0.232844	0.095924	0.115761	0.026530
偏度	－0.223369	－1.315025	1.040297	0.345742
峰度	2.142493	5.125875	5.081511	2.171106
J－B统计量	7.011689	85.77380	64.96172	8.739119
观测值	180	180	180	180
横截面	12	12	12	12

表4－17　　　　东部省份面板数据的统计描述

	FIN?	IND?	URB?	INFO?
平均值	1.154429	0.408695	0.517662	0.053105
中位数	1.088421	0.441556	0.505653	0.050326
最大值	2.647689	0.601329	0.893277	0.116592
最小值	0.556937	0.132942	0.186025	0.014358

续表

	FIN?	IND?	URB?	INFO?
标准差	0.459093	0.109594	0.192094	0.022049
偏度	1.108199	-1.133003	0.192410	0.614191
峰度	3.774442	3.138798	2.175117	2.898497
J-B统计量	34.45111	32.21283	5.178248	9.495147
观测值	150	150	150	150
横截面	10	10	10	10

（3）实证结果与分析

协整关系中，要求是各个变量都是同阶单整的。因此，首先要对东西部模型中的变量进行单位根检验，来判别是否满足协整检验的前提。

①面板数据的单位各检验

对东西部区域金融发展（FIN_{it}），工业化水平（IND_{it}）、城镇化水平（URB_{it}）、信息化水平（$INFO_{it}$）分别进行LLC（Levin，Lin and Chu）检验和IPS（Im，Pesaran and Shin）检验。考虑模型的稳定性与拟合优度等综合因素，平稳性检验见表4-18和表4-19。

如表4-18和表4-19所示，对西部、东部地区金融发展（FIN_{it}），工业化水平（IND_{it}）、城镇化水平（URB_{it}）、信息化水平（$INFO_{it}$）变量进行同质单位根LLC和异质单位根IPS检验，结果都有单位根。各经济变量经过一阶差分后的单位根检验显示在5%的显著性水平下，均不存在单位根，两个地区模型中的各变量都符合一阶单整I（1），满足协整分析的前提。

表4-18　　西部地区面板数据单位根检验结果

变量		检验方法				平稳性结论
		LLC检验t^*值	P统计量	IPS检验W值	P统计量	
因变量	FIN_{it}	3.13102	0.9991	0.06716	0.5268	非平稳
	ΔFIN_{it}	-10.7982	0	-7.71846	0	平稳
自变量	IND_{it}	-0.93370	0.1752	0.42468	0.6645	非平稳
	ΔIND_{it}	-7.03327	0	-5.07419	0	平稳
	URB_{it}	3.79128	0.9999	-1.25605	0.1045	非平稳
	ΔURB_{it}	-11.1827	0	-9.57924	0	平稳
	$INFO_{it}$	5.71364	1.0000	4.88338	1.0000	非平稳
	$\Delta INFO_{it}$	-9.66364	0	-5.47122	0	平稳

注：Δ表示经济变量序列的一阶差分；滞后期选择以Schwarz为标准；窗宽根据Newey-West方法自动选择；各统计量值均来自Eviews 7.0。

表 4 – 19　　东部地区面板数据单位根检验结果

变量		检验方法				平稳性结论
		LLC 检验 t^* 值	P 统计量	IPS 检验 W 值	P 统计量	
因变量	FIN_{it}	−0.20522	0.4187	0.74748	0.7726	非平稳
	ΔFIN_{it}	−10.2301	0	−6.51498	0	平稳
自变量	IND_{it}	0.40168	0.6560	2.37182	0.9911	非平稳
	ΔIND_{it}	−6.87438	0	−4.03625	0	平稳
	URB_{it}	−0.48439	0.3141	−0.07133	0.4716	非平稳
	ΔURB_{it}	−9.57189	0	−8.62979	0	平稳
	$INFO_{it}$	3.25666	0.9994	3.24568	0.9994	非平稳
	$\Delta INFO_{it}$	−9.08270	0	−5.41535	0	平稳

注：Δ 表示经济变量序列的一阶差分；滞后期选择以 Schwarz 为标准；窗宽根据 Newey – West 方法自动选择；各统计量值均来自 Eviews 7.0。

②面板数据的协整检验结果

根据面板数据单位根检验的结果，区域金融发展、工业化、城镇化与信息化变量各均为一阶单整 I（1），各变量间存在协整关系的可能性，可以进一步考察各变量之间是否存在长期稳定的关系。根据面板数据的 Pedroni 检验判断变量间的协整关系，实证结果见表 4 – 20 和表 4 – 21。

表 4 – 20　　西部面板数据的协整检验结果

统计量名		统计量值	P 值
Pedroni 检验	Panel v – Statistic	0.207984	0.4176
	Panel rho – Statistic	1.917616	0.9724
	Panel PP – Statistic	−3.128417	0.0009
	Panel ADF – Statistic	−3.836896	0.0001
	Group rho – Statistic	3.374519	0.9996
	Group PP – Statistic	−3.983450	0
	Group ADF – Statistic	−3.648994	0.0001

表 4 – 21　　东部面板数据的协整检验结果

统计量名		统计量值	P 值
Pedroni 检验	Panel v – Statistic	−0.195578	0.5775
	Panel rho – Statistic	2.303634	0.9894
	Panel PP – Statistic	−1.310652	0.0950
	Panel ADF – Statistic	−1.689522	0.0456
	Group rho – Statistic	4.092254	1.0000
	Group PP – Statistic	−2.541881	0.0055
	Group ADF – Statistic	−2.089548	0.0183

从表4－20和表4－21中可以看出，除了Panel rho－Statistic、Panel rho－Statistic、Group rho－Statistic没有通过10%的显著性水平外，其他统计量都通过了10%的显著性水平。在时间序列较短的模型中，在Pedroni检验中面板ADF统计量（Panel ADF－Statistic）和组间ADF统计量（Group ADF－Statistic）检验比其他检验更能反映小样本的性质，这两个统计量检验都通过了5%的显著性水平，说明东西部地区工业化、城镇化、信息化水平的提升与区域金融发展存在长期稳定的关系。

中国经济正全面步入新常态，工业化、城镇化、信息化作为后工业化时代的重要特征，不仅要求自身不断转型升级，还是区域经济乃至整个国民经济的持续推动力。我国要从工业文明逐步走向生态文明，但各个地区的发展差距却表明这个跨越不是一蹴而就的，这其中非常重要的一个支点就是信息化，通过信息网络的覆盖、信息技术的不断创新、普及、应用逐步改变旧有粗放型的经济增长方式和金融发展模式。工业化、城镇化的地区进程差异对金融规模的扩张和金融资源的空间集聚有重大影响，工业化、城镇化的结构调整对区域金融结构的调整有客观现实地需要，而信息化则对金融效率的提升和金融功能的发挥起着关键作用，工业化、城镇化、信息化进程长期影响金融发展，并导致了各区域金融发展的非均衡。同时，金融发展在支持区域工业化、城镇化与信息化的过程中发挥着先导作用，它们之间有持续性的效应。实现我国工业化、城镇化、信息化与金融之间的良性互动，并以此促进东西部区域经济协调可持续发展，推动社会结构变迁，有着重大的现实意义。

4.2.3　外商直接投资的差异

自从Hymer（1960）对外商直接投资（FDI）开始系统性分析以来，FDI与一国或地区经济增长的关系受到了国内外学者的高度关注。我国改革开放加速了开放程度，境外各类资本与投机资金以外商投资公司的途径进入国内，对我国各地区的经济增长、技术创新、就业产生积极推动作用，而FDI与区域金融发展的互动关系也受到越来越多的关注。

金融发展对FDI区域分布有很大影响，首先，区域金融发展差异导致金融服务质量程度不同，从而在吸引FDI的规模和通过FDI促进区域经济增长效率不同。外资企业的区位选择，对低成本的资本、劳动力和中间产品有很大需求，一个地区如果要素市场、特别是金融市场发达，融资约束较少，对FDI有巨大吸引力，并且对本国企业也有很大吸引力，国内企业与FDI企业向该地区的集聚更容易产生规模经济效应。我国各地区存在着不同程度的金融扭曲，西部地区金融扭曲显著地抑制了 FDI 的流入，东部效应不显著，在扭曲情况下企业会被迫寻求 FDI 的支持，发达的金融体系为企业更新设备实现技术升级和技术创新提供了高效率的便利融资环境。① 其次，区域金融效率的高低直接影响到 FDI 的技术外溢效应，外资企业通过主动溢出的方式向上游企业转移高新技术；同时国内企业会模仿和学习外资企业的先进管理思想、技术设备和创新产品，导致外资企业被动溢出，而外资企业人员通过掌握学习了先进的知识和技术后，有从外资企业转向国内企业的动力，而金融市场效率越高使得融资成本降低，吸引劳动力从外资企业流出，将先进技术知识带到当地国内企业的意愿越强烈，可能性越大。

另一方面，FDI 的空间分布也影响了区域金融发展的程度。首先，FDI 直接投资到区域金融业，推动区域金融业深化与国际接轨。其次，外资大量进入的区域存贷款交易量会大幅上升，使得区域金融规模得以扩张。再次，外资企业资金来自世界各国，不仅有资金投资到当地的实体经济，还有跨国转账、票据承兑等金融行为，这就要求当地的金融机构提供丰富的金融产品和高质量的金融服务，推动了区域金融机构的优化升级。最后，FDI 引致当地金融规模扩大的同时，也增加了多样化的金融活动，提高了区域金融活跃程度，吸引了大量非存款类金融机构如评级机构、咨询公司等的区域集聚，推动了区域金融体系的完善，提高了区域金融深化水平。

如表 4－22 所示，2012 年底东西部外商投资企业数分布状况显示东部地区为 337904 户，占比 76.73%，西部仅为 836686 户，占比 8.33%；而外商投资企业投资金额分布也基本相同，东部在全部占比 75.89%，为西部的近 9.3 倍。东部与西部相比，拥有更加优越的区位条件和便利的交通状况，市场化改革进程在全国领先，对外开放时间早、程度高，对外资吸引力更强，从而形成了外资企业向东部集聚，投资金额大，也不容易发生外流，外资企业向东部集中在形成集聚效应的同时，对东部金融服务质量和种类提出更高的要求，促进了东部金融深化。从西部十二个省份来看，四川外商投资企业数最多，达到 9107 户，在西部占比近四分之一，相应的外资企业投资金额规模最大，为 640.45 亿美元，占比也近四分之一，这与四川金融发展的高水平形成良性互动效应；而西藏无论是外商投资企业的进驻数量还是投资金额均位列西部末尾。由于西藏高度地方分割，金融压制、金融扭曲的相互作用，使得西藏经济

① 周申，张亮，等．地区金融扭曲差异对外资进入的影响［J］．财经科学，2011（12）：17－27.

发展相当落后。

表4-22 2012年底东西部外商投资企业数及投资金额①

地区	外商投资企业数（户）	外商投资企业数西部/全国占比（%）	外商投资企业投资金额（亿美元）	外商投资企业投资金额西部/全国占比（%）
内蒙古	3114	8.49	258.02	10.05
广西	3773	10.28	311.43	12.13
重庆	4461	12.16	536.94	20.91
四川	9107	24.82	640.45	24.95
贵州	1688	4.60	76.70	2.99
云南	3956	10.78	225.61	8.79
西藏	208	0.57	11.31	0.44
陕西	5983	16.31	311.30	12.13
甘肃	2262	6.17	69.79	2.72
青海	347	0.95	28.29	1.10
宁夏	476	1.30	30.98	1.21
新疆	1311	3.57	66.55	2.59
西部	36686	8.33	2567.36	8.17
东部	337904	76.73	23833.81	75.89
全国	440383	100	31405.95	100

4.2.4 技术创新与开发能力

金融发展与技术创新的作用关系研究由来已久。熊彼特（1912）指出金融体系中功能完善的银行机构能够有效地选择能够开发新产品促进技术创新的企业，从而提高技术生产效率拉动经济增长。King 和 Levine（1993），Weinstein 和 Yafeh（1998）以及 Levin、Loayza 和 Beck（2000）等学者的观点认为金融机构与金融市场的功能在于通过信贷资本投入、提供金融工具分散风险、加强信息披露等方式支持甄选出的优质企业进行技术创新。李炜（2000）、孙伍琴（2004）和殷剑峰（2006）等国内学者认为区域金融结构的差异（以直接融资为主或是间接融资为主导）对新技术创新与开发过程有不同的影响。创新与发明是技术进步的源头，而创新与发明成果的市场化普及决定了技术结构的优化方向，体现了技术创新的应用价值，区域金融发展水平不仅影响着对

① 根据《中国区域经济统计年鉴（2013）》整理计算而得。

创新发明的资金支持力度，而且影响了新技术成果在区域范围内的普及面，以及向现实生产力的转化。同时企业的技术合作、技术推广，还需要发达的金融市场进行资源的优化再配置。

另一方面，区域技术创新与开发能力的差异影响了区域金融的发展水平与空间集聚，技术创新主要通过三条途径影响区域金融的发展水平，特别是金融产业的空间集聚（见图4－7）。

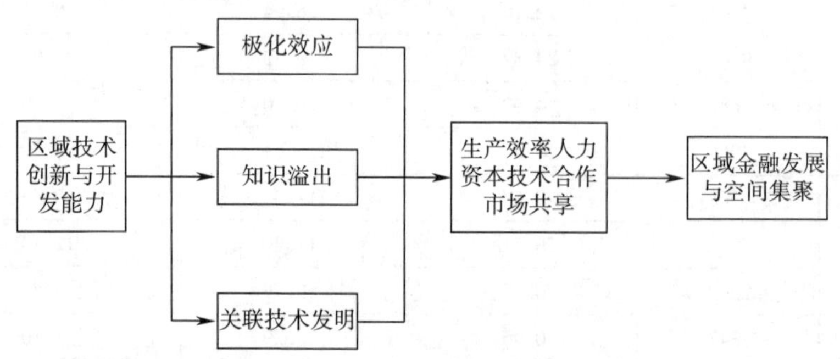

图4－7　区域技术创新与开发能力影响区域金融发展的传导机制

首先，极化效应促进了区域金融发展。技术创新行为活跃的地区极大地提升了制造业的生产效率、管理能力与回报收益率，引发竞争企业的模仿与学习，而周边企业看到技术创新带来的发展潜力向该地区聚集，在企业聚集的同时带来了人才、资本与技术的聚集，创新强化了当地人们的奋斗进取意识，提高了人力资源素质；大量资本迫切地需要一个高度发达的金融市场实现资源的再配置，这些都促进了金融机构进驻该区域，推动了区域金融市场的发展，提升了金融服务的质量。

其次，区域技术创新带来了知识溢出效应。知识与商品最大的不同在于知识的外溢性，企业的技术创新与开发活动带来的知识会通过企业人员学习、媒体报道宣传、科技帮扶等方式传递出去，使其成为公共显性知识，知识的溢出效率与程度受到地理条件限制，一般只有极化区域内的企业能够共享或者低成本的学习到创新技术知识。这些创新知识可以直接向区域内的金融部门溢出，使得金融机构结合自身发展进行产品与服务创新，提升了区域金融竞争力，我国很多金融机构选址重点考虑临近著名的大学院校、科研机构、技术密集型企业就是为了能够迅速享受到知识的溢出；同时，非金融部门的制造业也会为了获取外溢知识而在这些地区投资设厂，产生了大量的资金需求，从而推动了金融集聚。

最后，技术创新具有很强的关联性，也会带来一种空间上的“创新规模效应”。一般来说，一项新技术的发明会提高相关技术创新的可能性，技术上的潜在关联促使更多企业聚集，为产业集聚创造了基础条件。特别是在信息技术时代，金融产业自身的发展也十分依赖信息技术的创新与进步，比如互联网技术的水平，在制造业中的创新技术应用与对外推广也会促使金融企业进行信息化改造，提升了区域金融运作效率和金融部门高科技含量。

技术创新的评价指标非常丰富，大多数学者采用研究与试验开发（R&D）经费、项目数、人员投入，工业企业新产品开发经费、项目数，以及专利申请授权数等指标进行衡量。本书选用地区工业企业R&D活动经费、地区专利申请（发明、实用新型、外观设计）授权数两个指标分析东西部地区技术创新与开发的状况。

从表4－23中可以看出2012年东西部地区技术创新的指标数据，R&D活动经费东部为4921.16亿元，全国占比68.34%，西部为689.08亿元，全国占比9.57%；以专利申请授权数据来看，东部为856207件，全国占比74.87%，西部为106991件，占比9.36%。我国提出建设“创新型”国家的发展战略，形成鼓励自主创新，大力推进经济结构与产业结构优化升级，东部在技术创新方面在全国起到领头羊的作用，西部与其差距巨大。从西部12个省份的技术创新与开发能力来看，2012年四川的R&D活动经费达到142.23亿元，在西部占比五分之一，专利申请授权数42218件，西部占比近五分之二，四川技术创新的高水平通过知识溢出、极化效应等方式促进了金融业发展和金融的空间集聚；而西藏R&D活动经费只有0.53亿元，专利申请授权数133件，分别在西部占比0.08%和0.12%，其技术创新能力低下，难以推动区域金融业的技术水平提升和金融部门的空间集聚，与金融发展难以形成良性的相互推动作用。

表4－23　2012年东西部规模以上工业企业R&D活动经费及地区专利申请授权数①

地区	R&D活动经费（亿元）	R&D活动经费西部/全国占比（%）	专利申请授权数（件）	专利申请授权数西部/全国占比（%）
内蒙古	85.85	12.46	3084	2.88
广西	70.22	10.19	5900	5.51
重庆	117.10	16.99	20364	19.03
四川	142.23	20.64	42218	39.46

① 根据《中国统计年鉴（2013）》整理计算而得。

续表

地区	R&D 活动经费（亿元）	R&D 活动经费西部/全国占比（%）	专利申请授权数（件）	专利申请授权数西部/全国占比（%）
贵州	31.51	4.57	6059	5.66
云南	38.44	5.58	5853	5.47
西藏	0.53	0.08	133	0.12
陕西	119.28	17.31	14908	13.93
甘肃	33.78	4.90	3662	3.42
青海	8.42	1.22	527	0.49
宁夏	14.37	2.09	844	0.79
新疆	27.34	3.97	3439	3.21
西部	689.08	9.57	106991	9.36
东部	4921.16	68.34	856207	74.87
全国	7200.65	100	1143599	100

4.3 客观环境因素

4.3.1 区位因素

无论在任何年代，区位条件都是影响区域经济发展的重要因素，甚至在很多情况下是引发区域经济差距的初始性因素。制度经济学和古典经济学的研究中，地理位置与环境就是区域金融空间分布的基础条件。而金融地理学则将地理区位、人文环境与金融运行、金融资源流动、金融中心构建、金融基础设施（特别是现代信息技术与网络技术条件）等相互融合与学科交叉，在本质上与区域金融有着共同的研究内容，为金融发展理论拓宽了时空范畴。

地理区位条件影响区域经济金融的非均衡布局与发展主要有三个方面：一是气候生存环境，二是交通运输成本，三是地缘政治因素。

首先，气候因素对人类历史进程起着至关重要的作用，从我国气候带的分布状况来看，东部主要处于亚热带季风气候、温带季风气候，以及小部分热带季风气候区，亚热带季风气候区夏季多雨、冬季湿润，物产丰富，人口密集，以长江中下游平原的“鱼米之乡”闻名于世。而西部以高原山地气候和温带大陆性气候为主，西南有部分亚热带季风气候区与热带季风气候区。高原山地气候的特点是常年寒冷干燥，低压缺氧，太阳辐射强烈；而西北的温带大陆性气候区冬夏温差波动剧烈，常年降水稀少，自然环境恶劣。

其次，交通条件与运输成本与我国区域经济金融差距的关系极其密切。我国的地形状况西高东低，呈现梯度分布，通常以“三大阶梯”刻画中国地势特征，第一阶梯主要是青藏高原，号称“世界屋脊”，平均海拔在4000米以上。第二阶梯平均海拔在1000～2000米，著名的云贵高原、黄土高原和蒙古高原，以及四川盆地、塔里木盆地和准噶尔盆地分布此地，山群纵横，地势复杂。第三阶梯在第二阶梯东面，海拔在1000米以下，直到沿海，长江中下游平原、华北平原、东北平原在此阶梯，还有绵延的丘陵与低山，比如东南丘陵和山东丘陵。第一阶梯和第二阶梯覆盖了我国整个西部，东部地区则位于第三阶梯中，并且我国只有一条海岸线，除了东部沿海，大部分省份没有参与国际贸易的重要海港与出海口，山区与高原面积占了我国领土的近60%，且主要分布在西部，这意味着我国各地区间运输成本有着显著差异。青藏高原在历史上曾有过吐蕃王朝的强盛，并有横跨“世界屋脊”的唐蕃古道（丝绸南路）承载了汉藏文化交流、科技传播和民族团结的作用，但是这里普遍气候条件恶劣，地势险恶，经济发展和人口密度长期落后于东部平原地区。第二阶梯横亘着三大高原和三大盆地，多是温带荒原、温带半荒漠与荒漠，也有水草丰盛的河套平原地区，享有黄河灌溉之利。在历史上，水资源丰厚的区域都容易成为经济繁荣和文明繁盛的地区，在农业文明的时代影响巨大；黄河流域与长江流域的上游地带处于西部深处，是中华文明的发源之地，也是历史上的繁华之地。但是在工业革命之后，曾经孕育中华文明的西部内陆地区，由于远离国际市场，交通不便，处于相对封闭或半封闭状态，从近代开始发展逐渐落后于东部沿海地区。

最后，地缘政治与历史因素。中华文明的起源在西部，繁荣在西部与中原，历史上，东部只是中华文明的边缘地带，这些地区，特别是现在中国经济发达的华南地区，曾经长期以来只是中央王朝流放重犯的蛮夷之地。汉唐盛世是一个经济、文化、文明的繁荣，也是古代西部开发的两次高潮时期，宋代之后，中国的政治中心东迁，经济重心逐渐南移，马可波罗笔下海上丝绸之路的起点——泉州，就是历史上最繁华的港口，此后的西部开发也并没有上升到国家的核心战略了。1949年新中国成立之后，国际局势进一步复杂和恶化，冷战局面加剧，我国的周边环境动荡不安，帝国主义颠覆社会主义国家政权的形势非常严峻，为了国防安全和备战需要，国家提出以“三线建设”为中心的战略，优先发展重工业的投资向西部内陆地区大力倾斜，并重视少数民族省份的发展建设。1978 年之后，为了尽快摆脱国家贫困落后的状态，经济建设成为国家的中心战略，制定了区域非均衡发展战略，改革开放三十多年，以长三角、珠三角为代表的东部沿海发达地区已成为推动国民经济发展的核心地带。

当然，随着现代科技的进步和医疗水平的提升，气候因素对人类疾病的影响在减弱；工业革命之前，所谓有利于经济发展是指有利于农业发展，都是水源充足、土壤肥沃的地区；而工业化的发展使得农业在 GDP 中比重降低，因此曾经对人类历史和文明进程起着重要作用的气候条件对造成巨大区域发展差异的影响力度也有不同程度的降低。从交通运输成本来看，资本的积累和现代科技的发展，特别是以互联网为代表的信息技术的高度发达与广泛普及，并且对现代金融发展的全方位渗透将在很大程度上改善客观地理位置的阻滞，克服空间距离上的障碍，是缩小区域间和区域内因空间区位条件而导致区域发展差异的重要突破口。

4.3.2 资源禀赋

自然资源是人类生产活动必不可少的投入品。马克思认为，丰厚的自然资源是较高劳动生产力的基础。李嘉图比较优势学说的基础就在于国家或地区间资源禀赋的客观差异，是引起区域劳动分工与协作的主要原因。俄林的“资源禀赋论”也指出国家间或地区间的资源禀赋差别使得通过贸易交换各国或地区具有禀赋优势的产品，并获得优势互补效果成为可能。

我国西部地区地域辽阔，有丰富的矿产、能源、草地、森林水能等自然资源。西部土地面积 686.7 万平方公里，占全国土地面积的 71.5%，耕地面积、林地面积、森林面积、湿地面积分别占全国的 27.68%、57.36%、56.39% 和 50.42%，森林蓄积量占全国的 61.76%。全国 82.5% 水能蕴藏在西部，而已开发水能资源占全国的近五分之四。45 种矿产资源的潜在价值占全国一半，同时西部还蕴藏着占全国 43.9% 的石油和 78.75% 的天然气陆地资源总量。2012 年西部地区原油生产量 6341.4 万吨，占全国总生产量的 39.06%，天然气生产量 797.44 亿立方米，占全国的 84.27%。石油、天然气、煤炭、铁矿石主要能源与矿产储量在东西部的地域分布存在不均衡的状况。2012 年，我国石油储量前十名的省份按从多到少的顺序排列分别是：新疆、黑龙江、山东、陕西、河北、甘肃、吉林、辽宁、内蒙古、青海，西部省份五个，东部省份两个；天然气储量前十名的省份按从多到少的顺序排列分别是：四川、新疆、内蒙古、陕西、重庆、黑龙江、青海、吉林、山东、河北，西部省份六个，且排名靠前，东部省份两个；煤炭储量前十名的省份按从多到少的顺序排列分别是：山西、内蒙古、新疆、陕西、河南、安徽、山东、贵州、黑龙江、云南，西部省份五个，东部省份一个；铁矿石储量前十名的省份按从多到少的顺序排列分别是：辽宁、四川、河北、内蒙古、山西、山东、安徽、湖北、云南、陕西，西部省份四个，东部省份两个。[①] 可见，东部沿海地区除了山东、河北等极少数省份外，其余地区普遍能源与矿产资源缺乏，特别是经济发达的长江三角洲和珠江三角洲地区；西部地区资源丰厚，种类多样，中国的大多数自然资源主要集中在西部。但是，在资源富集的西部地区，却存在着“资源诅咒”的现象，即自然资源丰富的地区却比资源稀缺的地区经济增长缓慢，众多学者的详细研究也提出了各种解释与假说，并将这种现象总结为“富饶的贫困”。可以肯定的是，西部的自然资源优势并没有转变为经济优势，还缺乏完善的产权结构，资本形成效率低下，金融抑制严重，区位条件恶劣，技术与市场条件落后，人力资本缺乏，而东部在这些层面都要遥遥领先于西部，其中非常重要的一个方面，就是东部地区人力资源的绝对优势。

世界各国发展经验的一个基本事实是，物质资源短缺并不能阻碍一个国家或地区的经济腾飞，而如果人力资源的贫乏与低效配置，则很难促进区域经济的迅速发展，教育资源与人力资本成为影响区域经济金融发展的重要因素。

我国东部地区经济发达，科技水平高，文化和信息传播迅速，人口受教育程度高；而西部在经济、文化、教育、技术水平都落后于东部地区，人力资源水平非常滞后。从表4－24和表4－25可以看出，2012年东西部省份文盲人口占15岁及以上人口比重东部省份大多在5%以下，只有浙江与广东分别为5.12%和6.20%，而西部省份分布很不均衡，有的在5%以下，还有的省份超过10%，比如贵州达到11.97%，青海为12.24%，而西藏则高达34.81%，西部地区人力资源低素质的状况还很突出。从普通高等学校资源来看，截至2012年底，东部普通高等学校数955所，全国占比39.11%，西部595所，全国占比24.37%，而当年普通高等学校毕业生数东部占比40.60%，西部仅为21.92%，东部高等教育资源要比西部丰富，而高素质人才也要多于西部地区。从西部十二个省份的状况来看，四川普通高等学校数为99所，在西部占比16.64%，而西藏最少，仅有6所高等院校；当年高等学校毕业生数四川最多，占比20.94%，西藏最少，仅为0.63%。西部地区人力资源低素质状况严峻与高素质人才资源缺乏的情况并存，同时教育资源还难以与东部沿海相比；再加上我国户籍制度的改革，人才流动的自由度不断增大，发达的东部地区将对西

① 根据《中国统计年鉴（2013）》搜集整理而得。

部内陆人才形成更大的吸引力，“孔雀东南飞”将会成为一种长期性的社会现象，进一步加剧西部地区经济金融发展与高素质人才供求失衡的矛盾。

表4－24　2012年东西部省份文盲人口占15岁及以上人口比重分布状况①

比重	地区
0～5%	北京（1.46%）、天津（2.24%）、河北（3.77%）、上海（2.23%）、江苏（4.78%）、福建（4.62%）、广东（2.79%）、海南（4.45%）、内蒙古（4.01%）、广西（3.75%）、陕西（4.62%）、新疆（3.42%）
5%～10%	浙江（5.12%）、山东（6.20%）、重庆（5.27%）、四川（6.85%）、云南（8.34%）、甘肃（8.68%）、宁夏（7.50%）
10%～20%	贵州（11.97%）、青海（12.24%）
20%以上	西藏（34.81%）

表4－25　2012年东西部地区普通高等学校数及毕业生数②

地区	普通高等学校数（所）	普通高等学校数西部/全国占比（%）	普通高等学校毕业生数（人）	普通高等学校毕业生数西部/全国占比（%）
内蒙古	48	8.07	105054	7.67
广西	70	11.76	162169	11.84
重庆	60	10.08	137635	10.05
四川	99	16.64	286756	20.94
贵州	49	8.24	85285	6.23
云南	66	11.09	118944	8.68
西藏	6	1.01	8580	0.63
陕西	91	15.29	265279	19.37
甘肃	42	7.06	102980	7.52
青海	9	1.51	11661	0.85
宁夏	16	2.69	20718	1.51
新疆	39	6.55	64591	4.72
西部	595	24.37	1369652	21.92
东部	955	39.11	2536166	40.60
全国	2442	100	6247338	100

① 根据《中国统计年鉴（2013）》搜集整理而得。

② 根据《中国统计年鉴（2013）》搜集整理而得。

4.4 非正式制度因素

非正式制度是无法通过权力机构强制实施的一种自我约束机制，如果说正式制度是一种显性的力量，是政府利益集团的法律、制度、政策等正式规则来约束与管制法人与自然人的行为；那么，非正式制度就是一种隐性的力量，通过道德伦理、文化传统、风俗习惯、价值观念、意识形态等非正式规则来影响人的行为与决策。特别是非正式制度在我国这样一个统一的多民族国家，对经济生活的影响更为深刻，是制度变迁的重要影响因素。①

图4－8显示了制度对金融影响的机制，正式制度通过中央政府的收权与放权实现对地方政府的制度供给，地方政府之间存在着竞争与博弈，同时对本地区的经济金融运行与活动进行干预或者管制，影响了区域经济金融发展的非均衡状态，各地的金融运行又影响了当地自然人和法人的金融行为，这是正式制度自上而下的制度供给。图4－8和图4－9显示了非正式制度与金融的互动关系，非正式制度通过各种意识形态、观念信仰调节了人们的价值取向并影响了金融行为，又通过金融功能实现了对经济的推动，而经济基础决定了社会意识。自然人、法人在表现金融行为的过程中又会对地方政府提出相应的制度需求，比如建立金融试验点的愿望，获得更多金融支持政策和财税优惠的愿望，或者是对政府放松管制的要求，地方政府将自身发展利益与当地企业、个人利益结合从而向中央要求放权，向中央提出更多的政策支持和授予自主权利。因此，这个过程就体现了自下而上的层层制度需求。

中国的西部是中华文明的起源地之一，有着丰富的文化历史底蕴，以及多样化的民族传统与宗教信仰，这些非正式制度即是中华文明的财富，也是世界文明的瑰宝，对传统的与现代的经济金融活动也产生了重大影响。现代市场经济向西部地区的深入，不仅体现为一种资源配置的方式，也是生产关系的资源配置方式，是一种文化与观念的体现。因此，该部分以宗教学、民族学、社会学、人类学、历史学等相关学科知识为基础，从西部多元化的宗教信仰、多样化的民族文化传统、社会资本来详细探讨其对区域金融发展非均衡性的影响机理。

---

① 孔泾源．中国经济生活中的非正式制度安排［J］．经济研究，1992（7）：70－80.

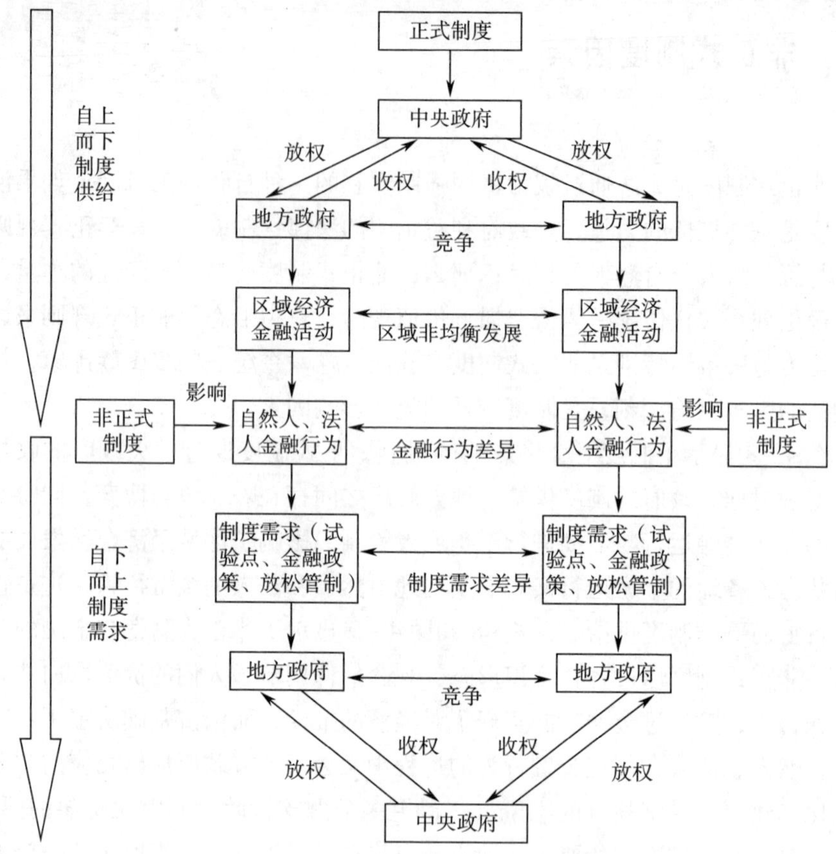

图 4-8　制度对金融的作用机制

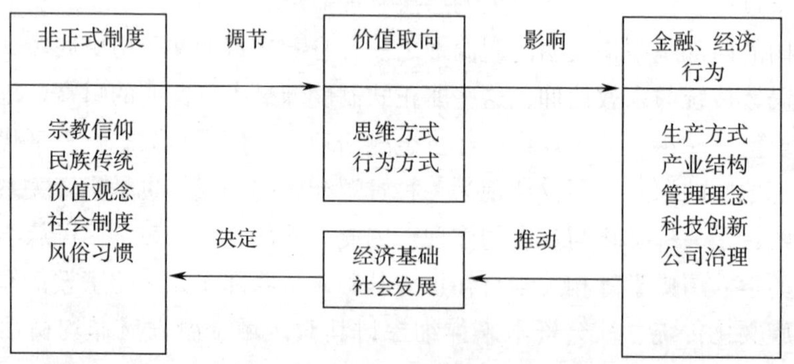

图 4-9　非正式制度与金融的互动关系

4.4.1 多元化的宗教信仰

早在亚当·斯密的《国富论》中就指出宗教信仰对个人和经济活动的影响，并关注了宗教活动、宗教团体、宗教市场结构及其对经济发展的作用。马克斯·韦伯首次系统地从社会职业分层和宗教伦理的角度阐述了宗教对资本主义精神的塑造。① 科里·亚齐和罗纳德·艾伦伯格（1975）引入了数量化模型将宗教信仰与经济行为相联系形成了独立的宗教经济学学科。国内的学者在研究宗教与经济金融问题时主要从经济基础与上层建筑的关系视角进行探讨，如宗教对经济基础的依赖，特别强调宗教意识对经济发展的反作用。从宗教对社会经济运行的影响有很多国内外学者的关注点，如宗教世俗化中的传统裂变与现代超越，宗教伦理与市场经济发展，宗教对现行经济制度、规则和秩序的维护，宗教对人力资本的作用，宗教信仰与企业家精神，宗教伦理与周期性的金融危机等。有的宗教意识促进了社会的创新、公平竞争与进步，有的则倡导压抑人们的经济行为，窒息创新的产生，甚至被曲解异化为极端与分裂。在分析多元化的宗教信仰对经济金融的影响时，就一定要秉持科学客观、辩证的哲学基本思想。

儒家和道教是中国本土的宗教，南北朝时期印度佛教传入中国并得以光大，此后伊斯兰教和基督教先后也传入中国，我国五大宗教并存，相互交融与融合发展。西部地区主要分布着世界三大宗教中的佛教和伊斯兰教，还有基督教、天主教、道教，以及在西南少数民族省份的多重宗教信仰。佛教的信仰群体主要分布在西藏、青海、云南、四川、甘肃和内蒙古等广大地域，东南沿海省份亦有分布；西部伊斯兰教的信仰群体都是少数民族，广泛分布在新疆、宁夏和甘肃以及云南部分地区；基督新教自从鸦片战争后逐渐从中国东部沿海进入西部内陆，除了中部省份河南，东部的浙江、福建、山东也都是主要的基督教徒分布省份，在西部云南和内蒙古部分地区也有分布；天主教在华北地区有分布，在西部则零星分布在西南的少数民族地区；东正教借由沙皇俄国势力对我国的扩张，在新疆西北和内蒙古东北有比较集中的信仰群体。中国本土的道教则在长期传播中影响了众多少数民族，在西南省份与不同少数民族的传统文化相结合，带有明显的地域文化特点。

① 马克斯·韦伯．新教伦理与资本主义精神［M］．于晓，陈惟刚，等译．北京：三联书店，1987：6－18.

1. 佛教信仰与金融发展

在西部，佛教的信仰群体在青藏两省为多，其次在四川、云南、甘肃和内蒙古，其对经济、金融的影响，首先在于金钱财富观。佛教看待金钱是通过财富拥有者的价值观与世界观进行判断，如果金钱被有道德良知和慈悲心肠的人掌握，金钱就能为饥饿贫穷的人们带去光明，因此佛教有净财之说，认为人们应该通过正当方式获取财富，并以慈悲之心布施社会，也不把财富视作神明。金钱也会助长人们无休止的欲望，佛教对于财富又有毒蛇之喻，即运用不正当手段谋取财富，只供自我的富足和享乐，并对财富欲望强烈，从而过分追求金钱物质。其次，佛教崇尚良好的心态和诚信的道德观。在市场经济的浪潮中，人们面对激烈的竞争与严酷的优胜劣汰环境，佛教提倡人们要不计较一时得失，保持平和的心态。佛教的教导中指出拥有炯锐的眼光、善巧的行为和坚固其基础的商人会获得财富，这就要求经营者要时刻坚持诚实守信的道德观念，其倡导的因果报应指出现世行善，则来世有好的轮回，在佛教道德信仰的支撑下，商人就不会为了金钱利益丧失道德和良知。最后，佛教的消费观念。佛教倡导节欲，甚至是禁欲，①在金钱上，反对过分追求，但对于满足人日常生存必需的消费，涉及了吃、穿、住、行、用的基本需求并不反对，因此对于那些在一定程度上能够促进金融发展的超前消费、奢侈消费，是与佛教消费观念相悖的，从这个角度来看，佛教的消费观念思想对于借贷、信用行为等现代金融活动并不鼓励。

众多学者对西部地区佛教信仰群体的经济金融生活方式、伦理观念等做了研究。在扎嘎（1997）对西藏牧民观念变迁进行详细分析后认为，传统牧区受佛教思想影响，牧民普遍具有重牧轻商、小富即安、安土重乡、重视传承经验轻视现代科技的观念，缺乏竞争与创新的环境，没有资源的流动融通与优化配置，现代金融缺乏生长的土壤。② 刘欣荣（2007）研究认为藏传佛教思想中的因果报应、六道轮回思想使人的商品价值、劳动价值等有利于生产创造的观念受到限制，西藏分布广泛的农牧民在维持仅供生存的消费后，将所有金钱、时间都用于宗教祭拜和宗教活动，在生产经营上不求创新，故步自封，第三产业从业者的社会地位不高，宗教神学思想制约着科技文明在西藏的传播与推广，这些都极不利于西藏经济金融的现代化发展。③ 伍艳、黄煦凯（2006）分

---

① 吕大吉．概说宗教禁欲主义［J］．中国社会科学，1989（5）：162－164.

② 扎嘎．西藏农牧民传统观念变迁研究［J］．中国藏学，1997（1）：140－147.

③ 刘欣荣．制约西藏经济发展的宗教思想分析［J］．西藏民族学院学报：哲学社会科学版，2007（1）：52－56.

析了西藏经济发展中的金融抑制问题，指出西藏广泛的寺庙经济限制了市场体系建立健全，形成了“以僧尼为核心，以藏民供养为主”的经济发展模式，寺庙经济运行实行内接济的方式，并非向外辐射，所有经济收入用于寺庙内部各种消费，而非社会贡献，寺庙僧尼秉持不劳动的观念，热衷于各种宗教活动，而藏民又将绝大部分财富用于寺庙供养和祭拜行为，导致西藏居民储蓄存款极低，金融体系难以发挥对西藏经济发展的促进作用。①

2. 伊斯兰教信仰与金融发展

伊斯兰教与金融的关系密切，1971年在埃及开罗成立的纳赛尔社会银行，是第一家现代意义的伊斯兰银行，随后在阿拉伯国家，伊斯兰金融得到迅猛发展。伊斯兰金融是符合相关宗教思想约束，与现代金融相协调的独特金融形式。伊斯兰金融已经成为全球金融体系重要组成部分，2015年，全球伊斯兰金融资产预计会达到4万亿美元。②

伊斯兰金融的运作原则根植于其宗教思想，首先是对经济金融活动的有条件肯定。《古兰经》中认为安拉拥有人世间的一切财富，肯定并鼓励世人有权利通过正当的方式取得、占有并利用安拉所赐予的财富，同时鼓励人们在严格遵循《古兰经》、圣训和伊斯兰教法的基础上，积极参与经济金融活动，并在经济金融活动中诚实劳动、公平交换和合理消费。其次是不鼓励利息行为。伊斯兰宗教教义允许商贸中的借贷，但是把利息看作是一种高利贷剥削，是对社会平等、公正、互助基本原则的破坏，必须加以限制。伊斯兰教法中专门指出货币不能直接产生货币，必须要通过劳动使得生产要素具有生产性并将其投入创造财富活动中获利才是合乎教法规定的。最后是对高风险的控制和对投机的限制。伊斯兰教义中有明确规定不承认带有明显不确定性因素的合同合约，以防止利用合约进行高风险的金融活动。对于投机交易，伊斯兰教法中也有明确限制从事相关活动的教法约束，因为教法中认为投机交易是对未来预期的“赌博”，既违背勤劳致富的原则，破坏社会公平与公正，又衍生出不可控的未知风险，根据伊斯兰教义而运行的伊斯兰金融机构对所有金融产品和服务必须坚持真实资产交易原则。因此，伊斯兰银行基本不从事现代金融中的远期、期货、期权、互换等衍生类金融活动。

---

① 伍艳，黄煦凯．西藏经济发展中的金融抑制问题［C］．四川大学，中国藏学研究中心．西藏及其他藏区经济发展与社会变迁论文集，2006：383－390.

② 敏敬．伊斯兰银行的本质特征及在我国西部民族地区发展的建议［J］．西北民族研究，2014（1）：129－134.

当然，伊斯兰金融的思想与运作也有一定的局限性。比如伊斯兰金融中对衍生类金融交易带来的投机行为和高风险的严格控制，事实上在发达的现代金融中，远期、期货、期权、互换等复杂的衍生交易产品恰好有规避市场未来波动风险的锁定机制，是现代金融进行风险分散的重要方式。伊斯兰宗教中倡导的公正、平等、福利的慈善本意在实践操作中却与其客观效果产生了二元悖论，伊斯兰银行与世俗银行都是充当资金的中介，但伊斯兰银行更多地参与了资金的经营管理，更直接地参与生产与贸易，难以发挥商业银行资金的杠杆作用。伊斯兰金融机构还与世俗化的市场经济、法律规则、思想意识存在一定的冲突，在国际金融业务往来中，伊斯兰金融遵循教义规定限制利息业务，被一些西方国家排除在很多金融活动之外，不能买卖西方国家政府债券，不能发挥自身闲置资金的优势等。

我国伊斯兰教的信仰群体主要分布在新疆、宁夏、甘肃以及云南的滇南地区，其中西北民族地区集中了全国75%的穆斯林。2009年12月24日，宁夏银行获准正式试点开办伊斯兰银行业务，对于我国伊斯兰金融发展具有标志性的意义。宁夏银行的伊斯兰金融严格遵循伊斯兰教义，其伊斯兰金融业务的开创性发展，在中国实现了宗教与金融的协调融合，对于西北其他伊斯兰教地区金融发展亦是一种有益的经验与借鉴。

3. 基督教信仰与金融发展

马克斯·韦伯及其经典著作《新教伦理与资本主义精神》的思想除了首次从社会分层角度，系统性地阐明了宗教怎样通过伦理影响人的经济社会行为，还很鲜明地提到了新教伦理对西方资本主义精神的巨大推动作用，探讨了禁欲主义与资本主义的关系，认为资本主义精神正是从基督教禁欲主义中产生的，并成为现代资本主义发展和社会变迁的动力。基督教的经济伦理观念中，有很多具有当代价值，对金融发展有重要的影响。《圣经》中承认基本的财产权，指出私有产权神圣不可侵犯，这与市场经济精神的前提与基础是一致的。但同时《圣经》也认为金钱与财富是一把双刃剑，本身并不是罪恶，可以被当作人的工具行善，也可以用于犯罪行恶，而这种罪恶来自于对金钱的贪念与崇拜。但是那些依靠自己合法经营、勤恳劳作获得的金钱财富，应该受到保护，如果再用于帮助同胞和侍奉天国，上帝会为之喜悦。同时，基督教倡导道德信仰的约束力量。基督教认为上帝的基本位格信是公义，也就是公平平等，一切的经济金融行为都要在此伦理原则的指导下；在经济金融活动中还要体现关爱与爱心，推崇捐献、救济等社会资源的再分配方式，并且要求经济活动参与者信守上帝与人的约定，秉持正直与诚实的道德标准。基督教在借贷等信用思想方面，与社会变迁紧密相关，具有明显的历史阶段性。① 新教与天主教的一个共同特征是对于基督教徒，要克制自我享乐与欲望放纵，只有坚持节俭与克己的精神，资本才能实现积累与扩张，马克斯·韦伯就曾指出对于金钱财富的贪欲，并非资本主义的精神。并且，在市场经济活动中，拜金主义和功利主义是以人自私的欲望为中心的结果。基督教要求以神为中心，在巨大的物质利益面前不会无法自拔，超越对金钱财富的占有，才不会丧失道德标准，成为钱财的奴役。当然，基督教“上帝主宰说”教义也有其消极的一面，有神论思想如果被少数非法宗教组织歪曲利用，还可能会干扰破坏国家的经济金融发展与社会和谐稳定。

基督教的经济伦理思想对我国现代金融发展有一定影响。东部沿海地区是我国基督教分布较广的地域，而东部地区又是我国经济最发达、市场化程度最高的地区，市场经济体系比其他区域更健全与完善，金融发展水平也最高，这与基督教经济伦理思想对人们道德标准的约束力量有一定关系；并且，东部地区非公有制经济成分发达，中小个体企业、私营企业多样化发展，外资企业众多，这些个体经济与私营经济又易受基督教信仰的影响，在经济金融活动中遵守诚实守信的原则；在外资企业中，来自西方发达国家的外方投资者与工作者大多本身就信奉基督教，在经商中自行树立了宗教信仰的权威，在金融信用活动中按照市场规则办事，处处维护市场经济的基本精神，使得国内企业和员工在引进资本学习西方先进科学技术的同时，又能够了解学习西方基督教伦理中优秀的管理思想，提升自我修养和道德标准，容易在东部形成勤劳、诚实、奉献的企业家精神，进一步推动了市场经济体系的不断完善，构建了良好的金融生态环境。

4. 中国“三教文化”与金融发展

中国的“儒释道”三教是中国传统文化的三大支柱。儒教强调修身养性；释教是佛教的别称，信仰佛教思想；道教追求长生不老修成正果，遵循共生与天人合一。这与西方的基督教有很大区别，基督教对人的价值导向是外向的，致力于在道德约束下的进取，倡导改造世界；而儒教与道教则对人的价值导向趋于内向，儒教文化宣扬以人为本，以义制利，认为“君子喻于义，小人喻于利”，道教宣扬人要“见素抱朴，少私寡欲”，都是强调人的内在修养与品行。

儒教是以孔子为代表的儒家学派思想，儒家是国学的主体与核心，其经济

① 魏悦．三大宗教的信用思想［J］．江西财经大学学报，2004（1）：25－27.

伦理与我国经济金融发展的关系也受到越来越多学者的重视与研究。马克斯·韦伯曾重点研究了中国的正统文化——儒教伦理，并得出了儒教伦理阻碍了中国资本主义发展的结论。[①] 梁漱溟将中西方文化进行比较后，也指出近代中国经济落后的主要原因也在于中国特有的文化。郭广银、王成斌（1999）研究了以儒家伦理构成经济活动基础的东南亚国家遭受金融危机打击，而我国文化上与东南亚国家同源同构，客观地剖析儒家伦理对我国防范金融危机、维护金融稳定意义重大。[②] 王琦（2006）认为儒家思想能够弥补我国金融活动中伦理道德的缺失，唐明辉、丁瑞莲（2007），宋桂珍、缪路遥（2010）也有类似观点。何轩（2009）则认为2007年爆发的美国次贷危机是滥用金融工具、忽视道德价值观的结果，他指出应该发扬我国的儒商精神理念，维护经济金融系统的和谐。[③] 汤恩佳（2009）则认为儒家思想中的仁者爱人、以人为本、以德为重、以和为贵、以义制利、诚实守信、中庸之道是战胜国际金融危机的思想武器。[④] 张杰（2012）则认为儒教伦理是以家庭组织为核心扩散到整个社会的责任感、诚信、忠诚度，是现代金融发展的重要基础。[⑤] 陈志武（2007，2013）则认为当下的中国，儒家文化与金融发展关系愈加密切。[⑥]

道教的经济观也是通过提升人的修养来体现，比如强调自然是人的物质源泉，人与自然要和谐共处；认为有独立人格的人，必须是一个自食其力的人，主张人不可取非义财；道教还反对人的奢侈与纵欲，主张“尊道贵德”，即有道之人的任何活动都要以高尚的道德为基础，包括经济金融活动。可见，道教的经济伦理观中对经济金融积极的意义主要体现在要求参与经济金融活动的人必须要遵守高尚的道德标准，而其不推崇财富积累，不主张储蓄转化为投资，不倡导竞争的观念则不利于现代经济金融发展。

5. 重视多元化的宗教信仰是现代金融协调发展的必然选择

宗教信仰作为一种重要的非正式制度，对现代金融发展的影响是存在的。特别是宗教在“世俗化”与“去世俗化”的对立与并存中实现了自身的发展，

① 马克斯·韦伯．儒教与道教［M］．洪天富，译．南京：江苏人民出版社，2008：6－14.

② 郭广银，王成斌．通过金融危机看东亚模式和儒家伦理［J］．道德与文明，1999（5）：14－18.

③ 何轩．儒家传统经济伦理思想的现代检验——关于中庸理性与儒商精神的探索性实证研究［J］．上海财经大学学报，2010（3）：11－17.

④ 汤恩佳．儒家思想是战胜金融海啸的武器［J］．青岛科技大学学报（社会科学版），2009（3）：37－38.

⑤ 张杰．家庭组织的制度结构与儒家伦理［J］．中国金融，2012（10）：96.

⑥ 陈志武．儒家文化、金融发展与家庭定位［J］．社会科学论坛，2013（7）：168－178.

与社会经济发展的关系又更加密切，在民族团结、社会稳定、文化传承、道德教化、文明交往等方面应该发挥更加积极的作用。① 2007 年的美国次贷危机演变为国际金融危机后，信仰缺失与道德沦丧被广泛认为是金融危机产生并蔓延的重要因素，无论在发达国家，还是在发展中国家，都在重拾宗教信仰，重建道德信仰的体系。我国是一个多元化宗教信仰的国家，特别是在中国的西部，不同的宗教意识与宗教形态深刻地影响着不同地区人们的社会生活和经济活动，对区域金融发展也起着推动或阻碍的作用，影响了金融空间分布的非均衡特征，这在研究区域金融问题时必须要予以重视与关注。

4.4.2　多样化的民族传统

我国西部地区是中国少数民族主要聚居区，种类多、分布广、数量大。根据 2010 年全国第六次人口普查的数据可知，西部地区少数民族人口比重西藏为 92%、新疆 60%、青海 47%、广西 37%、贵州 36%、宁夏 35%、云南 33%、内蒙古 20%，西部其他省份也存在多样化的民族聚居，而我国东部沿海地区各省份均以主体民族汉族为主，个别省份有零星的少数民族分布。从空间地理上看，我国的少数民族地区 93.5% 的地理面积位于中国地势中的第一阶梯和第二阶梯，也就是主要在西部。西北地区自然地理条件以荒原、草原、高原为主，少数民族多是群居性的、人口众多的少数民族，民族传统文化中也多与宗教信仰有所交织，比如西北广泛分布的伊斯兰教信仰群体全部是少数民族。西南地域环境以山区和高原为主，地势复杂，交通不便，历史上容易形成天然的屏障与阻隔，从而一定程度上阻断了文化交流。比如云南省，全国第四次人口普查数据显示，我国 56 个民族中，云南有 52 个，而云南省第六次人口普查数据则显示，全省少数民族人口比 2000 年第五次人口普查时增加了 118.4 万人，增长 8.37%，并且有 6 个少数民族人口超过百万人；同时云南还是全国宗教种类最多的省份，佛教、基督教、伊斯兰教、道教，包括一些原始宗教信仰。根据贵州省 2010 年第六次人口普查报告，除了塔吉克族和乌孜别克族，贵州省分布着 54 种民族，西南少数民族种类多，大杂居、小范围聚居是主要特点。多种类的少数民族并存也意味着多样化的民族传统文化并存，而少数民族传统与宗教信仰又是交织存在的、有密切关系的。有很多少数民族有虔诚的宗教信仰，因此其经济生活方式就是宗教思想的具体体现；也有的少数民族有自己的原始崇拜与信仰，但可能并不是中国的五大宗教之一，比如分布在贵州

① 李利安．西部地区宗教的结构及发挥积极作用的领域［J］．中国宗教，2010（5）：47－48.

黔东南的苗族，几千年来信仰的巫教就是一种原始宗教的表现形式；也有的少数民族群体可能没有形成统一的宗教信仰，而是通过独特的文化习俗体现。因此，少数民族文化传统涵盖的面更广，涉及少数民族的生活风俗、意识形态都可以划入其范畴中进行研究。

我国西部广袤的少数民族地区现代化起步晚、起点低，各方面基础条件薄弱，市场机制导入缓慢，又在当前全球化、信息化和经济金融一体化的大背景下进行，就需要完成人文与经济的双重社会转型。越来越多的经济学家论证了我国西部大开发中金融支持的核心和先导作用；但是，要实现西部欠发达地区后发赶超，根本上是要提升西部地区各省份的内生发展能力，这就必须要深入分析西部少数民族传统的生活方式、思想观念和心理意识，推动它们的现代化，只有西部地区的少数民族经历了一种心理和人格上向现代性的转变，发达地区的先进技术、管理思想和民主制度引进才具有意义，经济金融才有发展的制度环境与文化土壤，才能真正实现西部地区的跨越式发展。

1. 少数民族传统促进金融发展

少数民族传统中，有很多观念习俗有利于现代市场经济的发展，为金融发展奠定了良好基础。黄文胜（2011）总结新疆维吾尔族传统文化伦理的特点，指出伊斯兰文化中的先进的金融思想，对于我国西北地区信奉伊斯兰教的少数民族发展民族金融和特色金融意义重大。伊斯兰文化中的很多宗教伦理，比如严禁收取利息和不当取利原则，提倡正当储蓄行为原则，风险共担、盈亏分红原则，教义至上（投资活动及涉足领域必须符合《古兰经》教规要求），反对赌博、禁止投机，金融运行中的借贷关系要依照伊斯兰银行的模式。在经济伦理与道德约束方面，伊斯兰文化中要求一切经济活动要以公平互利为原则；反对积压，促进商品与财富流通；提倡合理竞争，反对垄断与霸道；强调遵守诺言，重视信用等。实际上，自从20世纪70年代以来，世界各地有500多个伊斯兰银行相继成立，伊斯兰金融饱含浓厚的意识形态色彩，成为民族宗教与现代经济结合的成功典型，体现出传统的伊斯兰文明对全球化和现代社会适应的积极尝试。2008年国际金融危机使众多发达国家和发展中国家难以独善其身，而伊斯兰金融稳健的投资运营和严格的风险管理使其在全球经济低迷时期保持了较快的利润增长，表现出色的伊斯兰金融在国际社会引出极大关注。我国宁夏回族自治区信奉伊斯兰教的少数民族人口比例高，精通阿拉伯文和伊斯兰教的人数众多，而回族崇尚商业的传统使得宁夏与阿拉伯世界的经济往来和文化交流非常丰富。

2. 少数民族传统抑制金融发展

我国西部少数民族地区大多地处偏僻，远离政治文化中心，同时受到多元化宗教信仰、风俗习惯、生活禁忌的约束，在面对现代化冲击时反而更加强化了少数民族传统中的封闭成分和思想观念的守旧成分。而且因为固有的封闭性，其保守性和排斥性表现也更明显，这种保守封闭的少数民族文化不利于西部地区吸收发达地区先进思想和理念，极大地限制了西部少数民族地区的经济金融发展。

龙建民（1988）指出我国西南地区的彝族社会存在旧的血缘亲属关系及传统，要求有血亲和姻亲潜在纽带的个体家庭之间相互扶助，不计得失，不分彼此，氏族制传统和小商品意识二元化观念，共同构成了这一历史过程中的彝族社会人文环境，抑制了市场经济成长。[①] 王路平（1992）指出彝族经济价值观基本思想包括“重义轻利”、“重农轻商”、“平均主义”，以及过度重视积蓄节俭。在生产少、财富少时重视节俭，在好年景时重保守、重偷安、重稳定，不重视技术创新与变革，满足于自然经济的简单再生产，严格遵守祖辈遗传的生产生存观念。在传统观念束缚下，大部分彝族集聚钱财并非用来发展生产，而是进行炫耀性的浪费和奢侈性的宗教祭祀，这种畸形消费的财富观不利于彝族社会中现代金融的产生发展。[②] 徐珺（2003）以四川省凉山彝族地区的小额信贷实施现状为研究对象，分析指出当地小额农户的资金需求和信用贷款中最主要问题表现在凉山少数民族地区彝族农户的金融观念普遍落后，缺乏现代金融的基本知识和风险意识。当地农村信用社中家族世袭现象严重，亲属子女偏多，整体金融服务意识薄弱，法制观念淡薄，由于违规操作造成的违规现象时常发生，操作风险隐患突出，除了拒贷、刁难贷，甚至在个别信用社中，还曾发生过贪污农户存款账外放贷的事件，造成了恶劣的社会影响。旧有的观念、薄弱的信用观念成为当地农村金融发展的巨大屏障。[③] 曾康霖（2014）指出在四川甘孜藏族自治州有众多佛教寺庙分布，当地藏民以佛教为主要宗教信仰，寺庙通常会将藏民捐赠的现金集中起来，而当地藏民习惯于向寺庙借款克服资金短缺的困难，却极少向农村金融机构等正规金融寻求借款，造成当地正规金融需求不足，金融发展受到极大限制。[④]

① 龙建民．历史的约束——影响西南地区彝族社会经济发展和商品经济发育的历史因素［J］．贵州民族研究，1988（3）：22－30.

② 王路平．试论彝族传统的经济价值观［J］．西南民族学院学报，1992（4）：47－51.

③ 徐珺．从凉山农户小额信贷看国家对西部民族地区农村的金融支持［J］．金融研究，2003（6）：121－127.

④ 曾康霖．二元金融与区域金融［M］．北京：中国金融出版社，2008：276－277.

张华志（2004）通过对云南少数民族西镇家族企业调查，发现很多乡镇社会的少数民族仍依靠传统的人际关系和约定俗成的“乡土信用”道德约束力，以民间信用和地下信贷方式获取资金，而不向诸如国有银行之类的正规金融机构寻求资金支持。张兴无（2009）认为我国西南很多少数民族存在一种普遍风俗习惯，就是不重视财富增值，因此就很难有储蓄存款，地方金融机构难以有稳定的储蓄来源。这些地区大多有重消费轻积累的风俗习惯，比如即时型消费观，就是重消费、轻积累。[①] 西南少数民族大多生活在气候温热的山地或高原，物种多样，植被茂盛，可食用的物产比较丰富，获取食物容易，与西北广袤的沙漠、贫瘠的土地和恶劣的气候形成鲜明对比。因此这里的少数民族时间富余、劳动成本低，生存压力小。从经济学理论中的成本收益角度分析，食物获取便利，食物积累储存就显得不是那么重要，这时选择即时消费既符合西方经济学理性原则，更是一种有效的生存方式。其次是非正常消费，指用于烟酒、宗教、祭祀活动等方面的资金支出。非正常消费是我国西南少数民族地区资本积累缺乏的一个重要原因。在这些地区的社会环境中，不存在金钱至上主义，没有纯粹为了金钱积累财富的行为，不存在储蓄习惯，也少有借贷活动，现代金融需求无从产生。在这种反对积累的社会中，尽管群体中的个人并未明确意识到他们的民族习俗对现代金融的排斥，整个社会却通过各种文化观念、社会机制消解它自身创造的财富，像是具有“理性的个体”一样在选择、行事，进行自我保护并维持现状，从而形成了长期压抑现代金融成长的文化环境。

当然，中国是一个典型的多民族国家，主体民族人口比重大，少数民族地区的经济发展通常又与国家整体，以及各地区主流经济发展存在差异。比如东部发达地区尽管是汉族的主要聚居地，但在粤西地区生活着瑶族，福建闽东分布着畲族，这些少数民族聚居区还处于比较传统的农业社会，以农业生产为主，经济金融发展水平低，与闽粤两省发达的工业化、城市化水平，先进的现代化高科技企业遍布，领先的对外开放水平形成鲜明的对比。因此，无论在东部还是西部，各民族经济金融发展存在巨大的不平衡性，从民族分布来看，居住在平原、平坝的民族发展快于山地、高原的民族，居住在城镇的民族发展快于居住在农村的民族，处于交通核心网络或沿线的民族发展快于交通不便的民族；从民族关系来看，与汉族接触较多的民族经济水平高于较闭塞、与汉族交流少的民族。

---

① 张兴无．西南少数民族财富观念研究［D］．北京：中央民族大学博士学位论文，2009.

3. 重视多样化的民族文化传统是现代金融和谐发展的必然选择

民族文化与传统是一种社会普遍存在的信仰，是一个社会风俗习惯的具体体现，其来源可能有悠久的历史传承或悠远的地域融合，有的历经记载，有的难以追溯，然而其目的都是维持社会固有的秩序和存在。这些意识和文化成为民族社会群体中的共有信仰，有的还具有强制性和神圣性。一个民族的文化与共同心理意识是维系民族统一与持续的鲜明元素，也是构成民族性格的要素。从人类学的角度看，要想根本消除民族的传统信仰是极其困难的；就文明的多样性而言，民族的文化信仰丧失，会导致民族涣散或解体，世界从此也少了一种独一无二的文明形态。然而，民族文化与传统的客观存在和固有传承并不意味着保守和封闭，并不意味着排斥一切的现代文明意识、现代经济方式，反而我们更应该探索出传统文化与现代文明的最佳契合点，使得少数民族中的每一个个体都能真正实现人的全面发展。[①]

社会主义市场经济向民族地区的深入发展，又带来了新的问题，即在很长一段时间内，民族关系很好地体现了政治平等，还缺乏社会主义市场经济为基础的经济关系为保障，各西部少数民族在享受平等经济发展权利的同时，总受到各种制约，比如自身文化传统中的很多制约，宗教信仰与意识的影响，从而在各民族间，现代经济金融发展的差距影响了民族关系。更为重要的是，从我国金融协调发展的角度来看，由于民族分布主要通过区域空间体现，我国区域金融发展的非均衡，最典型的表现就是东西部之间的非均衡，西部各少数民族地区发展的非均衡，尽管西部大开发已高度重视，但非均衡表现仍有扩大的趋势。

美国著名社会学家 Alex Inkeles（1980）指出当今世界上的任何国家，如果它的国民不经历人格上和心理上向现代性的转变过程，仅依靠引进先进技术和民主制度，依赖外国援助或发达地区支援，都不能使其从一个落后与贫困交织的国家或地区，成功跨入具备内生持续发展能力的现代化国家行列。因此可以这样说，主要分布在我国西部地区，多元化的少数民族如果不经历一种心理上和人格上向现代性的转变，仅仅依靠发达国家和我国东部发达地区的支援，引进先进科学技术和管理能力，是难以推动西部从一个欠发达的贫困地区跨入具有内生发展能力、现代化、高度开放性的地区。

一直以来，我国东部发达地区促进经济金融发展的文化因素得到较多关注

① 徐云松．族群、民族与金融发展：一个基于多元视角的文献综述［J］．金融理论与教学，2015（1）：56－57.

与研究，特别是海洋经济文化受到热捧，对西部贫困、欠发达地区的文化因素关注较少，常笼统或片面地概括西部的贫困落后与其多元文化中制约现代经济金融的意识和传统相关。从辩证的视角来看，并非所有少数民族文化中的经济金融观念都是落后、保守、封闭和排斥的，必须要有所区别和分类，进行客观科学的调查研究。特别是金融作为现代经济的核心，要实现促进少数民族地区经济社会的跨越式发展，促进不同民族之间以及民族内部的经济文化交流，必然要与民族传统与文化产生互动、摩擦，甚至碰撞。如何有机地实现其和谐与融合，是一个我们在促进与实现区域金融协调发展，实现区域经济统筹发展战略必然要触及的重要命题，也对于维护民族地区团结，保持政治稳定、促进社会和谐具有重大的理论和现实意义。

4.4.3 社会资本

1. 社会资本对区域金融发展的影响途径

在新古典增长理论中，物质资本与人力资本对经济增长意义重大，但并没有完全解释各国或者地区经济增长率、人均收入水平上存在的巨大差异（Grootaert 和 Bastelaer，2002）。20 世纪 80 年代后，社会资本作为物质资本和人力资本后另一项资本受到理论界的广泛关注。社会资本的思想源于社会学。Georg Simmel、Émile Durkheim 和 Max Weber 的“互惠交换”、“集体意识”和“强制性信任”奠定了社会资本概念的内核。Hanifan、Coleman、Bourdieu、Nan Lin、Putnam 等学者则逐渐构建起了社会资本的框架。

社会资本是指能够通过协调行动提高个体之间、社会网络的效率，并在此基础上形成的信任、互惠和价值规范（Putnam，2000），属于重要的非正式制度。社会资本通过相互信赖、互惠规范、行为共识、社会关系决定信任程度的一个重要因素，对金融发展产生了影响。比如信任能降低资本市场中信息不对称的市场失灵现象和道德风险问题，降低交易成本，提高市场主体金融参与度；在发展中国家缺乏发达的技术市场情况下，技术传播与知识溢出主要通过企业家网络实现，因而社会资本能扩大技术传播范围；同时，社会资本以良好的行为规范提高了教育水平，进而促进人力资本增长。更为重要的是，分析社会资本对金融发展影响程度的差异，是社会资本作用于经济增长的重要渠道，能为区域金融发展的非均衡状况作出合理解释。社会资本影响金融发展的作用机制如图 4 - 10 所示。

张俊生、曾亚敏（2005）以我国省际数据实证度量了社会资本与区域金融发展的关系，指出道德水平越高、信任程度越高的省份，居民的金融资产会

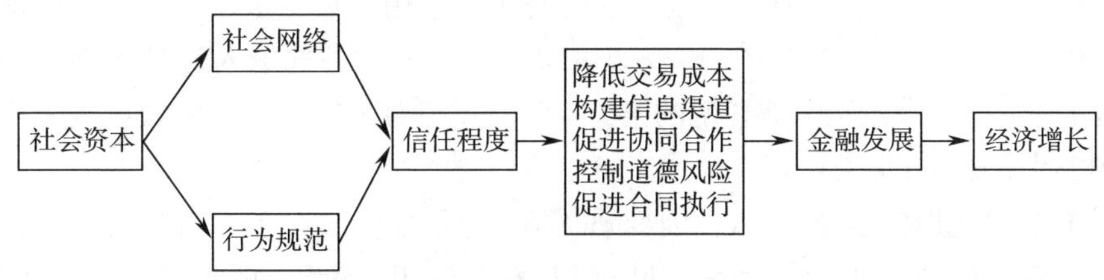

图4-10　社会资本影响金融发展的作用机制

有更高投资比例，社会资本对金融发展的促进作用非常显著。卢燕平（2005）实证表明我国社会资本对金融发展起到重要作用。张宗勇（2006）在实证研究基础上得出结论认为我国地区间社会资本与金融发展差异巨大，并且社会资本与金融发展是相互影响与促进的。皮天雷（2010）以1995—2006年我国30个省份的数据进行计量分析后指出，社会资本作为一种非正式制度，在法治效率低下的中国转型期是一种有效的替代机制，对区域金融发展具有一定的正效应，但他并未提及法治等正式制度的逐步完善是否会取代社会资本的功能。童馨乐、褚保金等（2011）研究也表明社会资本对农户融资难的缓解有重要的作用。[①] 社会资本的形成是一个漫长的过程，一旦遭到破坏很难修复，但是其功能的发挥体现了内生潜力，特别在我国当前的转轨经济过程中，众多研究结论认为我国社会资本地域分布的不均衡对区域金融发展的差异性有很大影响，这是我国在促进区域金融协调可持续发展时不可忽视的重要因素。

2. 社会资本对区域金融发展的差异性影响

社会资本与金融发展的理论在我国东西部省份的适用情况如何，各地区社会资本的差异是否会对区域金融发展产生显著性的影响，该部分通过实证研究进行阐明。

（1）计量模型的构建与数据说明

根据众多文献、研究成果，以及西部区域社会环境与经济金融发展状况，参考Guiso等（2001，2004）、张俊生和曾亚敏（2005）、皮天雷（2010）、马宏和汪洪波（2013）等模型来分析社会资本与金融发展的关系。

$$FIN_{it} = \alpha_0 + \beta SOCI_{it-1} + \sum_{j=1}^{p} \gamma_j CONTROL_{it-1} + \varepsilon_{it} \quad (式4.5)$$

在式4.5中，$SOCI_{it-1}$ 为社会资本变量，$CONTROL_{it-1}$ 为控制变量，模型中

① 童馨乐，褚保金，等. 社会资本对农户信贷行为影响的实证研究——基于八省1003个农户的调查数据［J］. 金融研究，2001（12）：177-191.

共包括 P 个相关变量。为了克服内生性问题，采用工具变量法——二阶段最小二乘法（TSLS），以及对所有解释变量取滞后一期的方式纳入计量模型。变量下标 i 和 t 分别表示第 i 个省份的第 t 年度；α_0 为截距项，表示省级区域固定效应的差别；ε 为残差项。

金融发展指标（ FIN_{it} ）：因变量 FIN_{it} 为西部十二个省、市、自治区，东部十个省、市的金融发展水平，同样以贷款/GDP 表示区域金融发展的状况，时间跨度为 1998—2012 年。

社会资本指标（ $SOCI_{it-1}$ ）：关于社会资本的度量，国内外学者构建了丰富的指标。Putnam（1995）构建了一系列复合指标，包括政府服务有效性、邮政与电话需求度、公共生活参与度等。Guiso（2001）以公德心、选举参与度、无偿献血情况衡量一个地区的社会资本。Grootaert 和 Woolcock（2003）从社团网络、信任团结、集体行动、信息交流、社会凝聚、政治授权六个方面综合设计了衡量发展中国家社会资本测度的调查问卷。张俊生、曾亚敏（2005），皮天雷（2010）以自愿无偿献血率和大陆省域信任度排名（张维迎等，2002）作为社会资本的替代指标。杨小玲（2010）的衡量替代性指标选取了我国各地区相对劳动争议受理率；刘长生、简玉峰（2009），马宏、汪洪波（2013），马宏（2013）以我国各地区人均产值劳动争议受理率为社会资本替代指标。综合以上指标选择思路，本书以我国各省份相关部门受理的劳动争议案件数与人均 GDP 比值作为社会资本的度量指标。社会资本作为一个多维度概念，国内外学者设计了综合指标体系进行衡量，但普遍时间序列较短，在量化研究方面可得性较差；从社会资本对金融发展的影响机制上看，社会信任水平是很重要的因素，单位人均产值劳动争议受理率可作为区域社会信任水平的替代指标，数值越大，信任度越差，社会资本水平越低。同时，以比值方式能够消除因不同地区经济总量、人口差异导致的劳动争议案件绝对量差异干扰相对量的情况出现，单位人均产值劳动争议受理率是一个更符合各地区社会信任度实情的合适指标，时间序列上也满足实证研究的要求。根据可搜集整理的统计数据，时间跨度定为 1998—2012 年。

控制变量（ $CONTROL_{it-1}$ ）：该部分选取的控制变量同样以政府财政支出额/GDP，标示为 GOV_{it-1} ，反映政府行为对区域金融发展的作用；以各省进出口总额/GDP，标示为 TRA_{it-1} 来表示东西部各省份的对外开放程度和宏观环境；以普通高等学校在校学生数/年底总人口（ HUM_{it-1} ）衡量人力资本投入对金融发展的影响。经过整理后的模型如下所示：

$$FIN_{it} = \alpha_i + \beta_i SOCI_{it-1} + \gamma_1 GOV_{it-1} + \gamma_2 TRA_{it-1} + \gamma_3 HUM_{it-1} + \varepsilon_{it}$$

（式 4.6）

$$FIN_{it} = \alpha_0 + \beta SOCI_{it-1} + \gamma_1 GOV_{it-1} + \gamma_2 TRA_{it-1} + \gamma_3 HUM_{it-1} + \alpha_i + a_t + \varepsilon_{it}$$

（式4.7）

式4.6是面板数据变系数模型，用于测度西部十二个省、市、区社会资本对区域金融发展的贡献程度，因为西部各省份社会、经济、文化背景因素都有很大的差异，采用系数随横截面个体变化的模型更符合实际。

式4.7用于衡量东西部区域社会资本对金融发展的差异性影响，α_i 表示省际效应，a_t 表示年度效应。该部分对面板数据模型形式选择以LM检验和LR检验看固定效应和随机效应面板数据模型是否比OLS模型更适用，如果判别结果更适用，则采用Hausman检验判定选择固定效应模型抑或随机效应模型。

（2）样本数据的来源

该部分为西部十二个省、市、自治区，东部十个省、市统计数据，时间序列为1998—2012年的面板数据，选择15年的时间序列主要有两个原因，第一，1997年3月14日，八届全国人大五次会议通过《关于批准设立重庆直辖市的决定》，并于6月18日挂牌，为保证东西部各省份数据的一致性，选择从1998年开始；第二，各地区2013年统计年鉴、发展年鉴、统计公报都已经出版，符合数据选取的一致性和可得性。各个省份劳动争议案件数来自《中国统计年鉴（1999—2013）》和《中国劳动统计年鉴（1999—2013）》，西藏的社会资本指标有两年没有统计数据，采用移动平均法推算出两期数据。各地区1998—2008年财政支出，进出口总额，普通高校在校学生数和年底总人口数据来自《新中国六十年统计资料汇编》。2009—2012年，各省份年底总人口数据来自于历年《中国人口和就业统计年鉴》，普通高校在校学生数来自于历年《中国区域经济统计年鉴》，2009—2012年各省份GDP、贷款数额、地方政府财政支出、进出口总额来自历年《中国金融年鉴》。由于进出口总额以美元衡量，文中进出口总额按照当年美元对人民币平均汇价调整为人民币计价的进出口数值，各年人民币对美元的平均汇价数据来自中国人民银行官方网站，其他数据来源于历年区域金融运行报告，各省份国民经济和社会发展统计公报。东西部面板数据的统计描述如表4－26和表4－27所示。从社会资本指标数据来看，东部地区单位人均产值劳动争议受理率的平均值为0.750744，比西部平均值0.359138高，说明仅以该相对比值衡量的社会信任水平东部要比西部差；西部省份社会资本水平最大值是最小值的近83倍，各地区之间的社会信任状况差异性非常明显。

表 4-26 西部省份面板数据的统计描述

	FIN?	SOCI?	GOV?	TRA?	HUM?
平均值	1.058028	0.359138	0.281371	0.101780	0.008544
中位数	1.077796	0.244514	0.222343	0.094051	0.007926
最大值	1.496853	1.475626	1.336640	0.367078	0.027345
最小值	0.553094	0.017805	0.087300	0.035165	0.001163
标准差	0.232844	0.329020	0.202317	0.052521	0.005408
偏度	-0.223369	1.249325	2.886036	2.016347	0.929298
峰度	2.142493	3.931611	12.47848	8.789718	3.813981
J-B 统计量	7.011689	53.33366	923.6878	373.3760	30.87707
观测值	180	180	180	180	180
横截面	12	12	12	12	12

表 4-27 东部省份面板数据的统计描述

	FIN?	SOCI?	GOV?	TRA?	HUM?
平均值	1.154429	0.750744	0.126152	0.734303	0.015779
中位数	1.088421	0.507421	0.116580	0.618280	0.014899
最大值	2.647689	4.011097	0.321715	1.799257	0.039882
最小值	0.556937	0.005449	0.056765	0.082269	0.001793
标准差	0.459093	0.705268	0.048321	0.476873	0.009918
偏度	1.108199	1.655687	1.569964	0.530132	0.623402
峰度	3.774442	5.936700	6.124790	2.104029	2.539937
J-B 统计量	34.45111	122.4337	122.6467	12.04328	11.03862
观测值	150	150	150	150	150
横截面	10	10	10	10	10

①西部省份社会资本对区域金融发展的差异性影响

由整理后的面板数据模型（见式 4.6），采用变系数的模型，TSLS 的工具变量选取标准是以 $SOCI_{it-1}$ 的滞后项作为工具变量，其他控制变量也都采用其滞后变量作为工具变量，实证检验结果见表 4-28。

表4-28　西部省份社会资本对区域金融发展的贡献差异

西部十二个省、市、自治区	贡献程度	T值	显著性水平
内蒙古	-0.973671	-2.505993	5%
广西	-0.926022	-14.81989	1%
重庆	-0.554193	-7.930419	1%
四川	-1.007462	-13.69291	1%
贵州	0.034016	1.285693	不显著
云南	-0.848595	-4.550128	1%
西藏	-1.959422	-2.759164	1%
陕西	-0.421923	-2.516938	5%
甘肃	0.074631	1.108336	不显著
青海	-0.374015	-0.126459	不显著
宁夏	-0.016707	-1.796576	10%
新疆	-0.959643	-15.28664	1%

从表4-28的回归结果中可以看出，除了甘肃、贵州和青海的系数水平不显著外，其他省份的系数均通过了10%的显著性水平。其中，西藏的社会资本对区域金融发展的贡献系数最大，为1.959422，表明单位人均产值劳动争议受理率降低时，该地区的信任水平提升，推动了金融交易，促进区域金融发展。其次贡献程度排序是四川、内蒙古、新疆和广西。宁夏的系数值也为负，但是其贡献程度最低，仅有0.016707。社会资本作为法律正式制度的一种补充与替代，对西部省份金融发展的贡献有很大差异，与表4-5中法律环境对区域金融发展的贡献相比，法律制度环境贡献程度较高的地区，比如陕西、甘肃、宁夏等省份社会资本贡献程度普遍较低或者不显著，而法律制度环境贡献程度较低或者不明显的省份，社会资本贡献程度较高，比如西藏、内蒙古、广西等少数民族省份。在正式制度不完善的地区，社会资本对区域金融发展的推动和作用空间很大。

②东西部社会资本对区域金融发展的差异性影响

式4.7中，TSLS的工具变量选取标准是以$SOCI_{it-1}$的滞后变量作为工具变量，其他控制变量都采用滞后项作为工具变量。表4-29显示了面板数据回归结果，LM检验和LR检验都表明固定效应和随机效应模型估计比OLS估计更合适。西部与东部回归的模型1指固定效应模型，模型2指随机效应模型；Hausman检验显示，西部地区P值为0.4990，接受为随机效应模型的假设；东部地区P值为0.4249，接受为随机效应模型的假设；因此，回归结果重点关注随机效应模型。西部区域各系数水平来看，在随机效应模型中，单位人均产值劳动争议受理率每平均下降 1 个单位，区域金融发展水平提升 0.227640 个单位，该系数在 10% 水平上显著，控制变量中只有地方政府支出显著为正。在固定效应模型中，社会资本对西部区域金融发展的贡献程度为 0.231016，但没有通过 10% 的显著性检验。从东部随机效应模型来看，单位人均产值劳动争议受理率每平均下降 1 个单位，金融发展水平就提升 0.202461 个单位，控制变量中进出口总额和人力资本显著为正；在固定效应模型中，社会资本对区域金融发展的贡献程度为 0.148669，该模型中地方政府支出和人力资本系数也为正并显著。

表 4-29　东西部社会资本对区域金融发展的贡献差异

解释变量	西部		东部	
	模型 1 (FE Model)	模型 2 (RE Model)	模型 1 (FE Model)	模型 2 (RE Model)
α	0.886937 *** (17.08472)	0.368767 * (1.759711)	0.505293 *** (5.205567)	0.488183 *** (3.932162)
$SOCI_{it-1}$	0.231016 (1.597899)	-0.227640 * (-1.742125)	-0.148669 *** (-3.071722)	-0.202461 *** (-3.966993)
GOV_{it-1}	0.688145 *** (4.539165)	0.603261 *** (4.310594)	3.133415 *** (14.23973)	0.373641 (0.488269)
TRA_{it-1}	-0.599447 (-1.325055)	-0.394906 (-0.744137)	-0.003616 (-0.031953)	0.475180 *** (4.789581)
HUM_{it-1}	-3.406090 *** (-5.950495)	2.613390 (0.654644)	1.838547 *** (4.979109)	8.436453 * (1.727525)
R^2	0.829111	0.875638	0.915624	0.973738
Hausman Test	P-value：0.4990		P-value：0.4249	

注：括号中数值为 t 统计量值；＊＊＊、＊表示变量统计值分别通过 1%、10% 的显著性水平。

实证结果表明，西部地区作为一个整体，社会资本对区域金融发展的影响比东部地区有更高的促进效应。大量的国内外文献指出，对于转型经济体来说，正式制度中法律环境的完善与法治效率的提升对金融发展有显著的推动作用，我国东部地区市场化程度更高，国家制度创新与改革的试验点也多集中在东部，市场经济体系更完善，与国际环境有更紧密的联系与互动，在法律执行效率、市场中介组织发展状况、产权保护和市场参与者权益保护总体程度等方面都要优于西部地区。而在发展中国家中，社会资本作为一种典型的非正式制度，其体现出来的信任水平、声誉影响、社会关系、道德规范同样能够通过激励机制促进金融发展，并且在正式制度缺失和法律体系效率低下的地区，社会资本发挥了显著的替代效应。从本书的实证结果中得到了较好的印证，东部地区法律制度环境优于西部，而西部社会资本水平以及社会资本对区域金融发展的贡献都要优于东部；在西部省份中，那些法治效率较低的省份，社会资本也普遍发挥了良好的替代效果，对推动区域金融发展的作用显著。

4.5 不确定性冲击因素

不确定性对于区域金融的冲击影响通常是难以预料的，一般分为区域内不确定因素与区域外不确定因素。

区域内的不确定性因素主要有地区暴乱、心理恐慌、气候自然灾害；区域外的不确定因素主要有国际金融危机、国际势力军事攻击、外资冲击等。比如2004年浙江省遭受“云娜”台风灾害，保险赔款和给付支出增长47.2%，位居当年全国榜首。在我国保险普及率很低，2008年汶川大地震使得公众逐渐认识到了生命财产保险的价值，将会刺激当地居民的保险需求，以及巨灾保险的推出。汶川地震灾区的灾后重建得到了一行三会的特殊金融政策支持。人民银行运用货币政策工具对四川灾区地方法人金融机构执行9%的存款准备金优惠政策，大幅增加灾区金融机构可用资金；对灾区农村信用社发放支农再贷款，并给予优惠利率；支持灾区部分商业银行发行次级债。银监会引导银行业金融机构在灾区设立分支机构，新批村镇银行开业，鼓励外资银行和城市商业银行设立分支机构。证监会相关部门大力支持四川符合条件的公司首发上市，保监部门则推动保险机构在重灾区新设网点，对地震重灾区累计赔付支出达248亿元。突发事件导致的心理恐慌则容易引起社会不稳定和经济波动，对金融市场冲击迅猛且巨大。

区域外的不确定性因素，比如有学者研究认为，美国“9·11”事件发生对我国股市形成一个持续冲击，使我国股指产生了瞬时水平的改变；美国的次贷危机引发的国际金融危机对我国金融业影响巨大，在当时大量“热钱”的涌入，对国内金融市场稳定存在很大隐患；而在外资依赖度高，对外开放程度高的东部沿海地区，“热钱”涌入、人民币升值和外资大量逃离撤退等区域外冲击因素都会对东部金融业带来负面影响，危害区域金融稳定。

4.6 西部区域金融发展非均衡影响因素的变化趋势

西部区域金融发展非均衡的影响因素和影响程度也是在不断发展变化中的。从变化趋势来看，主要表现在六个方面。

第一，传统的影响因素正在下降，比如高消耗、高污染和高排放的粗放型产业是国家重点控制的产业，人口密集、城市膨胀导致环境破坏严重的东部地区，作出产业结构调整已是必然。因此，水资源、矿产资源、气候条件等自然禀赋因素对区域生产力的布局影响在下降。在全球化分工条件下，高科技、低耗能、低污染的产业及布局对区域金融资源的分布有更大影响力。

第二，随着信息革命的发展深入，以移动互联网、云计算、人工智能等为代表的信息化程度对金融空间分布影响越来越大，而我国东西部、西部省份之间的信息化发展差异会加剧地区金融资源的不平衡分布。

第三，我国对外开放程度不断加深，对外开放格局也在发生变化，“走出去”与“引进来”要形成双向互动。在外资依赖度不断提高的情况下，世界著名的大型跨国公司在我国的生产力布局、转移，特别是全球化战略下在我国区域投资设厂，对促进地区经济金融集聚有重要作用。

第四，创新与开发能力将会通过其极化效应、溢出效应带动一个地区形成整体的创新规模效应，并将具有竞争力的技术、知识、管理经验通过发达的信息化方式传播出去，带动周边地区的经济金融发展。

第五，非正式制度因素对区域金融发展非均衡性的影响力在上升。在我国，多元化的宗教信仰、多样化的民族文化传统和差异巨大的地区金融意识不仅仅对区域经济金融的运行有着直接与间接作用，关系着西部地区内生发展能力的提升，关系着我国西部社会的现代化转型，而且对于我国维护政治稳定、民族团结，实现优秀传统文化的复兴意义重大。这迫切要求有效发挥金融的功能，比如金融支持文化产业，金融支持民族地区跨越式发展，金融支持西部地区对外开放。

第六，在我国经济进入“新常态”的发展阶段下，调整经济结构、实现转型升级是当前的要点，提升消费能力，特别是信息消费，西部具有很大的边际效应。将东部沿海的产业梯度性的向西部地区转移，但又要保证走一条绿色发展的道路，就必须要进行体制创新，深化改革，而增量改革试点的建立、市场化改革进程的推进也对近年来区域金融发展差距有更显著的影响。

第 5 章

我国西部区域金融发展非均衡的负面影响分析

改革开放以来，区域金融发展非均衡的客观规律是我国经济发展内生需要与外部制度供给结合而必然出现的“趋异”现象，典型的表现就是最发达的东部与最落后的西部两大区域的空间非均衡和梯度发展。同时，西部地区作为我国地理面积最广，自然区位条件最复杂，涵盖省份最多的经济区域，在西部大开发战略的实施进程中，各省份之间也出现了金融发展的非均衡态势。然而，与改革开放后区域非均衡发展战略指引下东部与西部经济金融非均衡不同，西部各省份金融非均衡的空间分布与时序变迁所面临的内外部环境要更加多样化，影响因素更加多变，特别是与经济系统及其他外部系统的关系更加密切。[①] 但是，长期区域发展趋异会在很大程度上呈现过度非均衡发展状态，甚至是在发达地区与落后地区逐渐形成了自我内生循环的运行机制下，区域金融发展的差距扩大就必定会超出界限，对金融系统自身稳定，以及对经济、社会、文化发展造成影响，带来不可估量的负面效应。本章综合分析西部区域金融发展非均衡带来的负面影响。

5.1 西部区域金融发展非均衡对经济的负面影响

第 3 章分析了我国东西部之间以及西部十二个省份的金融非均衡分布及动态趋势。尽管从一些替代性指标来看，两个地理层级的金融发展非均衡状况近几年有所下降，西部大开发取得了一定的成效，但这并不意味着落后地区内生

① 邵国华．金融系统协调论［D］．成都：四川大学博士学位论文，2006：46－48.

能力提高到了使得区域金融发展步入“趋同”的轨迹。最重要的是从总量、结构、功能的大多数衡量指标来看，东部与西部金融发展水平存在巨大差距，并且变动趋势仍是不断扩大；西部省份中四川金融发展一枝独秀，少数民族八省区金融发展水平普遍落后。两个地理层级金融发展的过度非均衡状况，也带来了诸多矛盾与问题，表现在金融的各个领域，就是导致了区域间金融变迁进程与轨迹的脱节与失衡。更为重要的是，金融作为现代经济的核心，是推动经济发展的重要因素，过度的区域金融发展非均衡态势对拉大区域经济差距有着深刻的影响。

5.1.1　资本的区域流动效应

区域金融发展的载体是货币资金，资金稀缺是西部地区经济发展的首要问题。现代经济发展，资本要素是经济腾飞的首要推动力，而区域间的资本流动是区域金融成长的重要表现，也是金融资源空间配置的途径，区域金融发展非均衡影响了资本的区域间不平衡流动与分布，进而扩大了区域经济发展差距。

在区域金融发展非均衡的状态下，区域资本流动主要通过三种路径作用于区域经济发展：一是政府主导的公共财政渠道，二是市场主导的区域资本竞争，三是市场驱动的外资竞争。首先，政府对区域资本配置通常采用两种方式，一是对不同区域的财政预算资金分配；二是制定区域信贷政策，其中政策性金融直接就体现了政府意图。地方政府对中央财政资金的竞争表现在实行分税制后，中央对地方转移支付的差距。1994 年后，各区域财政收入都小于支出，由中央的税收返还弥补收支缺口，而 1999 年西部大开发之后，西部地区获得中央转移支付资金开始超过东部，而东部普遍上缴税收高于西部，这意味着东部地区的资本以中央财政转移支付的形式实现了由东向西的流动。但是，前面提及中央财政转移支付中东部仍然占绝大部分，对西部贫困山区、少数民族地区的专项补贴很多年份不到转移支付总额的 2%，效果微弱。其次，各地由于储蓄与投资的非均衡分布，以及金融生态环境与金融主体意识差异等原因，在市场机制下资本会流向高收益地区，这主要有区域间商品贸易、银行信贷、资本市场以及其他渠道。东部地区商品市场比较完善、交易活跃、服务周到，容易吸引落后地区资金，同时，东部地区资本周转快，资金利用效率高，通过资本流动的乘数效应放大，使得西部落后地区资金更加贫乏。我国国有银行采取的是总分行制，这使得银行能够将贷款收益低的西部地区资金调度到贷款收益高的东部地区，于是出现了越发达的地区或省份资金流入量越大，贷款规模越大，越是贫困落后地区或省份资金流出量越大，贷款规模越小，而商业银行的市场化经营和利益驱动，也加剧了这一现象。资本市场配置资本在东西部间的不平衡，表现在企业通过资本市场发行股票、债券融资，而东部地区有大量丰富的上市企业资源，无论数量、规模和效益上到高于西部地区，导致了资本向东部上市公司和证券交易所在地集中，资本市场主导的资本跨区域流动效应扩大了地区差距。从其他渠道来看，个人和企业的民间资本投资也遵循追逐高额利润的原则，向东部转移资本；劳务输出引起资本回流，短期性投机资金的炒作等增加了双向资本流动的复杂性。最后，外商直接投资在市场驱动下向东部集聚，在带来大规模资本的同时，提升了东部地区对外开放程度，为技术学习、创新开发创造了良好氛围。总体上看，西部地区资本流动是财政资金流入，少量外资流入，银行资金和民间资本流出，但政府导向资金流入少于市场导向资金流出，在整体上是资本净流出的；而东部除了一些年份中央财政转移支付少于西部外，其他国内外资本都是大量流入。并且在我国经济转轨的进程中，以市场为导向的资本流动倾向于扩大而非缩小区域差距。

在这种资本跨区域流动的情况下，西部地区面临着需求不足、投资不足、生产要素缺乏的困境，各省份普遍收入水平低，基础设施建设落后，公共财政要满足教育、医疗、文化等公共服务支出显得捉襟见肘。并且，东部发达地区拥有良好的技术开发与创新环境与条件，国内外大量高素质人才和先进科技的引入，支撑了以金融增长极带动的经济区域带发展，公共基础设施得到改善，投融资环境更加优越，这又提升了资本的利用效率与收益水平，诱导了更多西部资本的流入，使得西部地区内生发展能力得不到资金支持，与发达地区差距越来越大。

5.1.2　地方保护主义导致的人为市场分割

在我国经济转轨时期，不仅存在着中央政府与各级地方政府的博弈，还存在着各级、各地区地方政府之间受利益驱使的竞争。市场分割就是地方保护主义的产物，财政分权是区域市场分割的制度因素，各地方政府逐渐成为相对独立的利益主体，当地的经济发展与自身利益直接挂钩。因此，为争夺资源就会进行地方封锁，阻碍本地区资源的外流，阻隔外地商品的进入，形成诸侯经济现象。地方官员的晋升激励是区域市场分割的现实因素。政治晋升使得地方官员必须在短期内提高地区经济增速，为此不考虑各区域资源禀赋等因素将资源投向见效快的产业，这又容易导致重复建设，区域产业结构趋同，各地区本可以发挥各自比较优势，却因为同一的工业体系而阻断了区域产品贸易。

西部大多数省份经济落后，居民收入水平低，消费能力受到抑制，地方政府就阻碍发达地区产品和物质的进入，人为将市场分割封闭起来。特别是金融资源作为一种稀缺的要素，本身就具有极强的谋取高利润的动力，必定会从西部落后省份流向东部发达地区，各地方政府就不惜采用种种方式，对要素市场进行封锁，还要出于地方经济发展利益对金融机构进行干预，导致区域金融压制严重，金融市场萎缩，金融结构失衡，国有金融一枝独秀。这又反过来降低了金融对区域经济增长的贡献效率，比如西藏、青海等偏远落后省份。区域封锁与市场分割尽管是一种无奈之举，但容易将西部落后省份带入恶性循环的贫困性陷阱，这也不利于我国社会主义市场经济体制的建设，严重影响了全国统一的、高度开放性市场的形成与发展。

5.1.3　区域二元经济结构的差异性影响

我国是一个典型的二元经济结构发展中国家，这种特征不仅表现在传统部门与现代部门、农业与工业之间，还体现在经济发达地区和经济落后地区，汉族地区与少数民族地区，城市与乡村之间；并且与二元经济结构相伴的是二元社会结构，城市与农村、东部与西部普遍存在社会分割，这带来了一系列负面影响，比如城乡差距、贫富差距、地区差距、三农问题、城镇化滞后等。与二元经济结构密切相关的是金融发展，区域金融发展非均衡对二元经济结构转换产生深刻的影响，其效果具有明显的空间差异性。

金融发展理论的一个重要事实是金融发展对经济增长有正向的影响，金融功能的发挥与效率的提升影响经济增长。但是金融发展对于二元经济结构并不是直接的作用关系，二元经济结构转换依赖于技术进步与资本积累，并且与金融稀缺资源在传统部门与现代部门的配置有关。金融发展影响二元经济结构的路径如图 5－1 所示。

我国东部沿海地区金融发展水平高，金融机构集聚，金融市场非常活跃，金融中介与金融市场的功能也能得到有效的发挥。而在西部多数省份，普遍金融管制严重，金融结构处于失衡状态，金融体系的功能也受到一定的抑制。区域金融发展的资本形成机制使得东部沿海省份有更大的资本形成规模，为地区的传统部门与现代部门发展提供更多资本支持，加快了二元经济结构转化的进程。而西部多数省份金融发展水平低下，难以通过大规模资本促进区域二元经济结构转化。东部地区技术开发与创新能力强，开放程度高，使得引进、学习国外先进技术有很大优势，容易形成溢出机制与规模效应，因此金融通过促进技术创新提高两个部门的劳动生产率，吸引了大量的剩余劳动力。而西部省份技术开发与创新能力普遍落后，金融对技术进步的促进作用非常有限。并且，

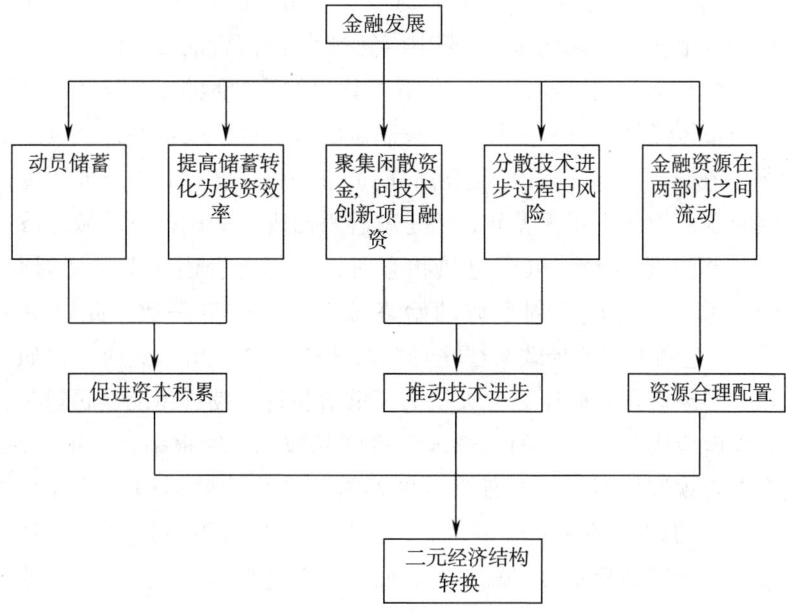

图5-1 金融发展影响二元经济结构的转换机制

跨区域资本的流动效应使得西部本身就贫乏的金融资源通过各种途径流向东部地区寻求高额收益，这又加剧了西部各地区政府的人为封锁与市场分割，流出的资金促进了发达省份二元经济结构转化。根据缪尔达尔（1957）提出的“循环累积因果理论”，东部沿海地区金融支持二元经济结构转换表现出正向的循环运动，而西部金融发展对二元经济结构的作用不断弱化，在传统农业比重较大的西部省份，由于金融脱农化严重，资金从农村流向城市，使得西部城乡二元经济结构状况进一步加剧，最终西部地区金融与经济增长是一种不断循环下降的负向运动，东部沿海与西部内陆、西部较发达省份与落后省份之间区域差距不断扩大。

5.1.4 宏观调控的弱化效应

改革开放后，国家的经济建设从过去追求生产力均衡分布转向以效率为中心的区域非均衡发展，经过30多年的高速发展，我国区域生产力布局的同质性被差异性所替代，区域金融也从行政计划指令下的均衡发展向非均衡空间布局与发展转变。区域金融的巨大差异存在着扭曲统一宏观调控政策的可能性，自上而下统一的政策在不同区域的实施又衍生出一系列问题，甚至带来负面影响，弱化了宏观调控效应，降低了宏观调控的效率，使得传统的调控方式备受挑战。

1. 区域经济金融周期、波动差异与“一刀切”的宏观调控政策矛盾

区域经济金融的一体化运行是我国宏观调控的假设前提，但在现实中，发达的东部地区在整个国民经济中具有不可替代的重要地位，其经济金融周期、波动状况与整体经济具有一致性，中央制定的宏观经济政策通常就以东部发达地区为参考依据，西部落后地区经济周期、市场化程度、对外开放程度、制度转轨进度与东部地区有很大差异，于是就容易出现统一调控下区域经济发展的“冷热病”。东部地区经济处于过热状态时，西部省份还处于经济周期波谷，随着时间推移，各区域的周期波动始终难以达到时空一致，此时中央实施“一刀切”的金融宏观调控政策往往对东西部产生“二元”效应。比如当宏观经济过热，出现通货膨胀压力、天量信贷供给和盲目投资建设等问题时，紧缩的经济政策就应成为选择，而东部地区投资基数大、回报率高、扩张速度快，中央政府在宏观调控时，把东部地区的经济过热作为整体国民经济过热的参照，采取“一刀切”的紧缩金融政策，虽然能迅速为发达地区经济降温，却容易造成西部地区信贷资金紧缺，企业面临资金链断裂的危险，本来处于缓慢回升态势的西部地区经济被迅速拉入衰退的困境。而西部地区是我国主要的能源矿产聚集地和原材料生产基地，投资与信贷的遏制不仅严重影响了西部非国有经济，也使得大型原材料工业企业投入减少、产能下降、难以对东部地区发展形成持续供给，最终会导致东部经济增速下滑，形成恶性循环，影响国民经济持续健康发展。

2. 货币政策传导机制弱化效应

我国货币政策传导机制的变迁是由转轨时期从计划向市场的金融制度变迁路径决定的，在中国市场化改革为导向的金融发展进程中，区域金融发展的非均衡性，与统一的货币政策调控机制存在不一致，甚至矛盾冲突，降低了货币政策的效率。

货币政策传导机制是一个由中央银行到金融体系的内部传导，与中介目标到市场主体和实体经济的外部传导组成（如图 5 - 2 所示）。中央银行作为货币政策实施主体，通过货币政策工具（再贴现率、法定存款准备金率、公开市场业务），影响基础货币和基准利率，再通过金融机构与金融市场影响利率与货币供应量等中介目标，作用于企业、家庭个人等货币政策客体。

首先，区域金融发展非均衡对货币政策传导机制的不对称影响表现在政策工具上。我国实行统一的法定存款准备金率，西部落后地区存款基础与增长能力都弱于东部发达地区，按照相同的比率上缴存款准备金就会加剧西部省份的资金“缺血”状况。东部货币化水平更高、现金交易比重小、漏损率较低，

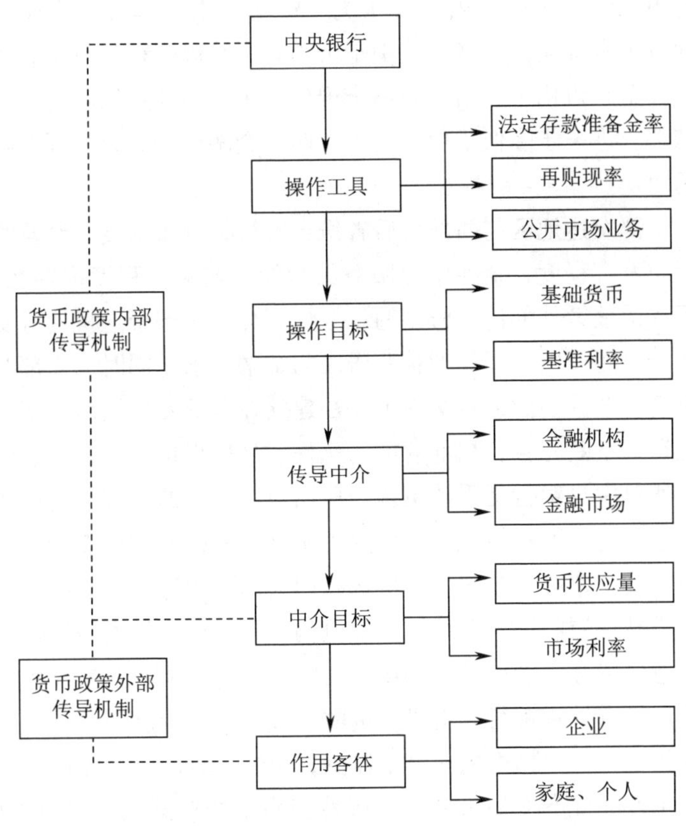

图5－2　货币政策传导机制

与西部的货币流通速度、资金周转速度都有很大不同，使得西部地区资金供应受到严重抑制。最近中央银行开始采用定向降准，是有益的改革，有利于对薄弱环节、薄弱地区的资金支持，但对于弥合巨大的区域金融差距，任重而道远。“统一调度、集中管理”的再贴现业务对于贴现业务规模大、跨地区业务活跃、信用程度高、管理制度健全规范的东部地区非常有利，而西部票据市场发展滞后，市场秩序和信用环境都落后与东部，在统一再贴现率条件下，西部地区经济金融发展受到限制。公开市场业务对准备金、银行同业拆借利率和市场利率有直接与间接影响。从对区域货币供给的作用差异来看，当中央银行在公开市场上采取旨在紧缩信贷而发行央票或国债的操作时，商业银行的准备金减少，对企业和个人的信贷量下降，而总分行制的模式使得商业银行能迅速通过内部资金调拨从西部到东部，从农村到城市，优先保障发达地区、发达城市的资金需求，第3章分析了东西部金融机构资金运用效率发现东部金融机构比西部更早的出现资金积压在内部的状况，资金利用效率反而不如西部金融机构。最终导致了东部实体经济，特别是中小企业难以获得信贷资金支持，但大量资金积压在金融机构中，惜贷与不贷现象严重，而商业银行又将大量资金从西部调往东部，进一步降低了信贷效率，西部金融机构难以发挥金融支持地方经济发展的力量。

其次，东部发达地区与西部落后省份金融机构分布密度、经营状况，金融市场活跃度与发育程度，金融中介服务组织健全与完善程度都存在巨大差距，从而导致了货币政策外部传导机制的有效性差异。东部金融机构分支网点数量多、种类齐全，能适应不同类型企业居民的金融需求；同时，东部地区金融市场活跃度更高，全国性的证券交易市场都建立在东部发达城市，多层次的资本市场建设在东部不断完善，东部的市场化程度高使得银行、证券、保险等机构与主体能迅速对中央银行货币政策调控作出较为合理的反应，货币政策传导效率高，政策意图得以顺利体现。而西部省份金融机构分支网点少，金融机构种类少，且不良贷款率高于东部金融机构，四大国有银行撤并县级及以下分支机构，贷款权限被层层收回，但地方金融机构、农村信用社发展还很落后，难以满足县域金融的资金需求。截至 2012 年末，西藏、甘肃、青海和宁夏四个少数民族省份还没有外资银行分支机构进驻，金融开放程度滞后。西部地区货币市场参与主体单一，票据市场交易主体少，金融工具缺乏，流通缓慢；目前西部还没有全国性的证券交易市场，区域性交易市场的试点与建设落后于东部，证券机构与保险公司数量少、规模小、市场不活跃，货币政策难以有效地进行传导，或者引起时滞，或者导致失真，或者与调控目标背道而驰。

最后，微观经济主体对货币政策反应灵敏程度差异。货币政策传导的最终作用对象是企业与个人微观经济主体，东部地区市场化进程领先于西部，非国有经济，特别是中小企业占比高，起步较早，内生发展能力较强，对经济总量和就业作出了巨大贡献。因此，东部企业对金融机构信贷资金的依赖程度较低，其发达的金融市场为当地企业提供了多样化的融资渠道，而东部也是各类型企业分布密集的区域，资金往来频繁，资金周转速度更快，货币政策效果更显著。相比而言，西部地区国有经济比重大，金融市场的发育落后使得融资结构单一，企业对银行信贷资金高强度依赖，而且西部省份多以农业、矿产、煤炭、机械、电力能源等基础性产业为主，第三产业占比很低，国家对这些大型企业进行股份制改革十分谨慎，使其容易对银行信贷形成倒逼机制，西部中小企业更难以获得资金支持。家庭与个人对货币政策的反应，尽管不如企业更敏感，但是其差异主要来自金融意识与文化，比如多样化民族传统、多元化宗教信仰等。如果只从市场经济的信用意识、创新意识、知识积累、信息把握能力等方面来看，东部地区的个人主体确实市场经济意识与现代金融意识更浓厚，对货币政策的灵敏度要比西部很多省份的居民个人要高，能够对政策调控作出更合乎理性的行为选择与市场反应。

总体上看，中央银行统一的货币政策传导机制各个环节都表现出了极大的区域差异。大多数时候中央银行的货币政策符合东部地区的调控目标，却与西部省份发展实情不符。而西部经济金融的落后又降低了货币政策传导效率，甚至加剧了政策调控与西部经济发展的矛盾，在短期内可能有利于东部经济健康平稳发展，却因为西部经济增长受到抑制，基础产业缺乏资金产能下降，难以持续满足东部发展资金需要，导致整体国民经济受到冲击。这种宏观经济调控的“两难”，不利于区域经济的协调发展。

5.2　西部区域金融发展非均衡对社会的负面影响

我国东部地区与西部省份的区域发展差距表现在方方面面，但最突出、最直接的表现就是经济金融发展水平的差距。而影响区域经济发展最直接的因素是资金总量、资金支持力度，再加上我国区域制度供给仍然具有强制性与计划性，与西部地区多元化的经济、社会、民族、宗教、历史文化存在不兼容的多重困境，区域发展巨大差距与各个利益主体的冲突矛盾就主要体现在对社会稳定、民族团结的危害，以及对自然生态环境不可逆的破坏。

5.2.1　民族团结、社会稳定的负面效应

改革开放后，我国体制转型是由国家主导的渐进式社会变迁，市场化进程使得权利与资源重新配置。东部发达地区拥有良好的初始条件，在政策倾斜性支持下决定着资源分配的规模和流向，使得分配制度向促进东部发展的路径倾斜，在“马太效应”和“虹吸效应”作用下，制度变迁的主要收益向东部地区、强势群体集中，制度变迁的成本却由西部落后省份、弱势群体承担。这种由发达地区、强势群体主导的制度变迁从长期来看，并不必然带来效率的不断改善和资源的优化配置，反而在损害了社会公平的状况下扭曲了资源的配置，危害了区域系统稳定与社会和谐发展。

区域经济差距是社会的振荡器，由区域金融发展的非均衡性又会促进并扩大区域经济发展的差距。马克思曾打过一个比方：“房屋不管多小，只要左邻

右舍差不多，他都不会有太大意见。可是，一旦旁边耸立起大厦，他就会感到自己小得可怜了，就不会满意了”。同样，东部发达地区与西部省份，特别是少数民族省份的巨大差距，已经严重影响了社会和谐与稳定。中国汉族人口最多，主要分布在东部发达地区；少数民族虽然人口少，但分布的地域占到国土面积的63.72%，主要在西部；并且，少数民族大多聚居在农村，西部民族聚居区又主要在地理环境复杂、相对闭塞的山区、荒漠、高原，这些地方城市化水平低，现代化进程缓慢，主要是贫困落后的农村。从表5－1可以直观地看出，西部民族八省区无论是贫困人口还是贫困发生率都是全国最集中的地区。

表5－1　民族八省区各年度贫困人口及贫困发生率①

指标		2009年	2010年	2011年	2012年	2013年
贫困标准（元）		1196	1274	2536	2625	2736
贫困人口（万人）	民族八省区	1451.2	1034	3917	3121	2562
	全国	3597.1	2688	12238	9899	8249
	八省区占全国比重（%）	40.3	38.5	32.0	31.5	31.1
贫困发生率（%）	民族八省区	12.0	8.7	26.5	21.1	17.1
	全国	3.6	2.8	12.7	10.2	8.5
	八省区与全国对比	比全国高8.4个百分点	比全国高5.9个百分点	比全国高13.8个百分点	比全国高10.9个百分点	比全国高8.6个百分点

注：2011年实行新的国家扶贫标准，为农民人均纯收入2300元（2010年不变价）。

因此，在某种意义上，西部的民族地区无论人口数量、民族多样性还是地域范围都在中国占据绝对主导地位，而这些地域基本属于中国的贫困落后地区，所以东西部的经济金融差距直接影响到了西部少数民族同东部地区汉族的关系。而西部地区除了八个少数民族省区少数民族较多外，汉族也是西部各省、市、区的主要人口，这又使得区域经济金融的失衡表现在西部少数民族同西部汉族之间的利益差异，这些利益冲突与差异的体现就是贫富差距、收入差距、两极分化。在经济利益的影响下，大量的劳动力（特别是农民工）从农村向城市迁移，从贫穷的西部向富裕的东部迁移，尽管为东部发达地区经济发展作出了巨大贡献，但也使得本来就人口密集的东部地区面临住房、教育、治安、交通等基础设施与公共服务的压力，一些未能融入社会的“三无”人员，

① 资料来源：中华人民共和国国家民族事务委员会网站。我国少数民族八省区指：广西、内蒙古、宁夏、西藏、新疆、青海、云南、贵州。

或者在工厂企业中遭受压榨与非人格待遇的民工则成为偷盗、抢劫等刑事犯罪的主力军，破坏社会和谐稳定，犯罪学中专门有提及贫富差距的自然现象就是侵财性犯罪（谢利，2002）。并且，当东西部城乡贫富差距过大，少数民族与汉族收入差距过大时，发达地区与强势群体又能对制度供给、政策安排起到具有主导性的影响力，使得制度向有利于发达地区与强势群体的路径倾斜。西部落后地区、贫困的少数民族群体难以真正享受到政治、法律赋予的民族平等权利，加剧了少数民族心理的失落感，就容易导致国家内部凝聚力下降，滋生民族对立情绪，刺激少数民族地区、边疆贫困地区的地方民族主义膨胀，最终导致暴力活动、武装对抗与恐怖袭击的民族分离主义，“藏独”与“疆独”民族分离主义就极大地破坏了我国的国家安定、社会和谐与民族团结。

5.2.2　自然生态环境的破坏与恶化

改革开放后，我国各地区的经济高速增长是建立在对土地、能源、水资源、原材料等资源的高消耗基础之上，在工业化的进程中，高污染、高能耗、高成本的行业企业通常能迅速成为地区经济发展的支柱产业，却是以资源低效利用和自然环境破坏为代价，资源供需矛盾愈发突出。在我国654座城市中，已有400多个城市缺水，约200多个城市严重缺水，北京、山东、河北等东部省份城市供水已严重挤压农业用水。东部经济发达的三个经济圈其发展代价是渤海湾、长江口和珠江口的水质重度污染。而近年来城市污染日益严重，垃圾围城与雾霾笼罩成为常态，由中国环境监测总站测度的一份时点数据显示，北京是全国雾霾最严重的城市，空气质量极差，东部城市还有南京、济南、上海、广州、青岛，是入选城市最多的地区，即使是享有“上有天堂、下有苏杭”美誉的杭州，也深受雾霾天气影响。

广袤的西部地区是我国自然资源的主要聚集地，其人均土地面积是东部的8倍多，达到1.89平方公里，人均耕地、草地、林地资源丰富，分别为全国平均水平的1.3倍、3.4倍、1.8倍，但是土地资源大多是荒漠、高原、隔壁、石山，难以有效利用。并且随着我国区域经济发展的梯度转移，东部发达地区在不断实现从劳动力密集型向技术密集型产业升级的过程中，也逐渐把“三高”产业，特别是粗放型工业向西部转移。这使得本来就产业结构落后，一直以低层次加工、劳动力密集等资源依赖型产业为主的西部资源生态矛盾更加突出。产业梯度转移也带来了碳排放的转移，尽管东部长三角、珠三角和环渤海发达经济带是碳排放高密度区，但内蒙古、宁夏、贵州等西部省份也位于高排放强度行列，并且近年来承接的高耗能、高污染产业更多，西部地区高碳产业分布特征更明显。从表5-2可以直观地看出西部地区单位GDP能耗、单位GDP电耗和单位工业增加值能耗数据都位于全国第一，高于全国平均水平，而东部地区最低。

表5-2　　东西部地区单位GDP能源消耗情况①

地区	单位GDP能耗（吨标准煤/万元）		单位GDP电耗（千瓦时/万元）		单位工业增加值能耗（吨标准煤/万元）	
	2008年	2009年	2008年	2009年	2008年	2009年
西部	1.67	1.57	1596.8	1503.29	2.99	2.65
东部	0.92	0.87	1089.4	1025.73	1.42	1.29
全国平均水平	1.18	1.11	1205.1	1130.64	2.02	1.80

水土流失、荒漠化、水资源短缺，森林植被破坏，生物多样性减少，工业"三废"、酸雨污染城乡环境，自然灾难频发都使得西部成为我国生态环境最脆弱的地区。从表5-3中可以看出，我国大多数西部省份都是生态环境极度脆弱的区域，而东部省份大多是轻度脆弱。西部是贫困县集中的地区，全国74%的贫困县在生态脆弱地带，同时西部主要位于我国第一级和第二级地理阶梯，上风上水的位置决定了气候、江河的生态状况对下游东部省份的环境有直接作用，因此西部省份生态环境一旦破坏，其负面影响程度比东部地区更加严重，且具有不可逆的特性。

表5-3　　我国部分省区生态环境脆弱度②

脆弱等级	省区及指标值							
极强脆弱	宁夏	西藏	青海	甘肃	贵州	山西	陕西	新疆
	0.8353	0.8329	0.8045	0.7821	0.7153	0.6927	0.6613	0.6537
强度脆弱	四川	河北	内蒙古	云南	河南	安徽	吉林	
	0.6285	0.6204	0.6186	0.5925	0.5893	0.5380	0.5248	
中度脆弱	湖北	广西	辽宁	黑龙江	江西			
	0.4766	0.4507	0.4400	0.4314	0.4137			
轻度脆弱	湖南	福建	山东	江苏	浙江	广东		
	0.3418	0.3123	0.2575	0.2072	0.2017	0.1647		

① 资料来源：魏后凯，等．中国区域协调发展研究［M］．北京：中国社会科学出版社，2012：14.

② 资料来源：刘维隆．西部大开发中如何搞好环境保护工作［M］．北京：中国环境科学出版社，2003：332.

西部省份与东部地区的发展差距，特别是西部地区的贫困落后是区域自然生态环境恶化的经济原因，而高度脆弱的西部省份生态环境，与低层级的产业结构、人口素质、社会发育、贫困状态等因素密切相关。

图5-3显示了西部经济落后地区的生态恶性循环状况，该机制通过PPE（贫困——人口增长过快——生态环境恶化）怪圈与RAP（农村社会发展程度低——农民文化素质低——农业结构单一）怪圈相互推动，使得西部地区陷入经济与生态的"恶性循环陷阱"。由于东西部区域经济金融发展非均衡导致了西部省份的贫困落后，使得西部贫困地区为改善生存困境注重短期利益，不注重环境保护，由于贫困地区普遍高出生率导致人口增长，而教育水平、社会保障和计划生育条件跟不上，致使人力资本水平素质低；人口扩大使得滥砍滥伐，能源采掘与消耗压力剧增，又会对环境进行破坏，生态恶化加剧贫困落后。并且，西部地区产业结构仍然是传统农业为主的第一产业占主导，工业以"三高"产业为主，本来就对西部自然环境有负面影响，广阔的西部农村农业结构单一，而且少数民族广泛聚居在贫困的农村，生产力低下，市场经济意识弱，由于受教育程度有限，农民的文化素质普遍较差，制约了现代农业技术的

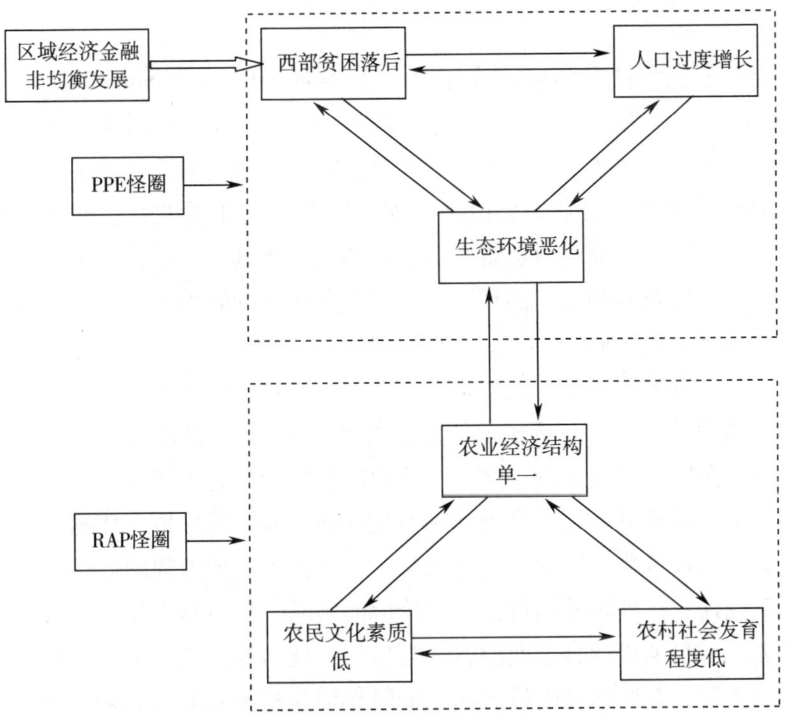

图5-3 西部生态环境与经济贫困的循环机制

推广，农业生产与市场脱节严重，社会分工难以形成，自给自足的农业模式与“等、靠、要”的思想使得西部农村社会维持着宗族式的生活方式，使得社会发展程度低下。农业比重大，农业结构单一，农村人口激增，农民的粗放型扩大再生产加大了生态环境破坏力度，西部普遍存在的酸雨、泥石流、荒漠化、水土流失就是最典型的表现。在这种状况下，PPE 与 RAP 怪圈相互耦合作用，体现了西部生态环境破坏与经济贫困的恶性循环。同时，生态环境保护具有公共产品属性，西部省份大肆环境破坏与竭泽而渔式地滥砍滥伐使得东部地区获得了价格低廉的原材料、能源初级产品生产出最终产品获得巨额收益，而东西部之间还缺乏一整套合理有效的生态补偿机制，西部的生态恶化得不到补偿，要自我修复，这显然有违社会公平。更重要的是生态环境保护具有正的外部性，却又需要大量资本投入，而西部经济金融发展的滞后使得缺乏稳定充足资金支持，缺少多样化的融资渠道成为环境治理和生态保护的最大障碍。

5.3　西部区域金融发展非均衡对文化的负面影响

著名哲学家、社会学家格奥尔格·齐美尔（Georg Simmel）的《货币哲学》（1900）被认为是最早系统阐述“货币—文化”学说的经典著作。尽管与卡尔·马克思的《资本论》、马克斯·韦伯的《经济与社会》一样，《货币哲学》也阐释了自近代以来的货币经济现象以及与它相关的社会现象，但齐美尔的视角却不同于马克思对资本主义经济体系的批判，亦不同于韦伯对经济制度的分析，货币及其制度化的现代发展对文化生活的影响，尤其是对人的内在生活、精神品格的影响与塑造，才是齐美尔“货币—文化”现代性理论的要旨所在；因为齐美尔认为，货币是经济现象，更是重要的文化现象。

在《货币哲学》中，齐美尔构建了货币与文化研究的两个向度。

第一个向度，他指出货币是一切价值的公分母，它平等化了所有性质迥异的事物。货币度量下一切事物的差别不复存在，而人的价值、情感、精神，以及现代文化也被量化、平均化与客观化。货币作为一种纯粹的方式与手段，却可以兑现成任意一种物质的价值，对价值的僭越，从根本上使得货币从方式上升为目的，引起现代社会全面的方式与目的、技术与价值、物质与精神、外在与内在的倒置，人的精神中最内在、最隐秘的领域也被货币这种“绝对目的”倒置的物化和客观化所占据。而这一切都加深了社会世俗化倾向，货币成了现代社会的宗教，现代精神中神性——形而上的品质逐渐衰退，被以货币为象征的工商主义精神取而代之。所以在齐美尔看来，“金钱只是通向最终价值的桥梁，而人是无法栖居在桥上的”,[①] 现代人的拜金教缺乏对神性的宗教体验和虔诚的宗教感情，注定使现代人的生命感觉枯萎凋零；而在社会中，金钱式的价值排挤多元价值，金钱式的单一文化排挤多元文化，整个社会变得躁动不安和狂热不休。

第二个向度，他阐述了货币与个人的自由关系。齐美尔首先客观地论述了货币经济的作用，在实物经济时代，劳役者与主人、领臣与领主的人身依附关系限制了人的自由，货币租税决定性地取代了实物役务时，义务关系才得以去个人化，承担役务者才获得了人身自由。同时，对货币形式财产的占有逐步取代了对实物财产的占有，也赋予了人现代意义上更大程度的自由。因此，齐美尔认为货币金钱成为个人在社会关系网络中的润滑剂，为个人扩展交往和生存空间创造了便利。而货币在封建义务、财产占有、社会关系中的功能就体现在把个人从各种各样主观、确定性的关系中解脱出来。其次，齐美尔指出货币关系中体现的个人自由的负面性。他认为，货币只能带给个人潜在的、形式化的、负面的、消极的自由。[②] 对通过交纳货币租税获得“解放”的农民而言，确实获得了自由，但只是不做什么事的自由，并非做什么事的自由。这种消极的自由带给了农民无所适从，不知所措，因为它没有任何确定性内容作为支撑。自由只是一种形式，必须以切实的内容来填充，货币关系下的自由却是形式化、平均化，不系于任何实在物的自由，它在解放我们的同时，只带给了个人空虚的生命感觉。而现代人在单一的货币文化自由体系中，生命的形式表现为对货币的追逐，达到欲望后又产生新欲望的循环；现代人越自由，对生命越发厌倦，越放纵个性，放逐自我，道德、信仰、规范终被践踏，个人的价值无处着落。

齐美尔构建的“货币—文化”现代性理论即使在当今中国社会变迁和文化发展中仍然具有重要的哲学意义和现实价值。2014 年10 月15 日的文艺工作座谈会上，习近平总书记专门提到：文艺不能在市场经济大潮中迷失方向，不能做市场的奴隶，不要沾满了铜臭气；低俗不是通俗，欲望不代表希望，应该把社会效益放在首位，文艺繁荣要与弘扬中华优秀传统文化结合起来。这其实反映了我国在经济转轨，市场经济蓬勃发展进程中，文化领域受到金钱渗透，文艺逐渐丢失了对真善美追求的一个具体表现。而当下，社会主义市场经济被

---

① 齐美尔．货币哲学［M］．陈戎女，耿开君，等译．北京：华夏出版社，2007.

② 齐美尔．货币哲学［M］．陈戎女，耿开君，等译．北京：华夏出版社，2007：402 –403.

极端功利主义、拜金主义、享乐主义所扭曲，扰乱了社会主义市场经济正常秩序，导致道德沦丧的现象层出不穷，社会主义市场经济的伦理道德体系受到强烈冲击。

从另一个角度来看，世界各国矛盾冲突的决定性要素是经济利益，而一个国家不同民族、不同区域的发展，直接构成了文明的物质基础。汉唐时期的中国曾是世界的经济、政治、文化中心，西部“富甲天下”与其内陆文明让世界倾倒。唐末宋初后，中国逐渐政治东迁，经济南移，特别是到了清朝，我国实现了封建时代中央集权体制与自给自足的农耕经济的高度结合，农业文明展现出内向、封闭、中庸的特征。① 在文化上，自汉武帝后儒家学说一统天下，历来的儒家思想都以追求稳定为主要目标，重农轻商，安民靖边，提倡“克己复礼”，崇尚人与自然的和谐；排斥穷兵黩武与对外侵略。欧洲经过 18 世纪工业革命进入资本主义，到 19 世纪中期工业化完成，经历了从农业文明向工业文明的转变。1840 年，当清朝还自我封闭并以己为世界中心时，西方船坚炮利的入侵向清朝展示了工业革命的成果与力量。西方国家在不断拓展世界市场和殖民地的同时，借由其日益强大的综合国力，在全世界范围内传播工业革命带来的强势文化理念。西方文明也随着海洋势力而扩张，以海洋文明侵蚀了中国的农业文明，使得中国自然经济开始解体，这被称作“西力东侵”和“西学东渐”。著名的“李约瑟之谜”就从科技兴盛的角度对前现代社会与现代社会中国科学技术从发达向落后转变问题提出疑问。

西方文明是一种典型的海洋文明，西方文明发源地的古希腊，三面环海，对海洋有强烈的依赖与重视，西方科学和哲学之鼻祖泰勒斯就曾提出了“万物基于水”的命题。西方工业革命后，海洋文明承担了工业革命的先进技术力量与思想文化的载体。海洋充满风险与挑战，因此人从陆地进入海洋必须要有挑战、创新、竞争的进取精神，海洋连接了世界市场，促进了沿海地区商品经济的发达。同时，海洋具有不可预测性与不可预知的气候风险，这促使了西方国家为准确了解与预测大自然，注重精确计算与量化，注重物理、数学等自然科学的发展；而欧洲国家土地稀少，在大洋彼岸的交易与市场客观要求促进了契约文化、商业文化的发展。可以说，承载了工业革命的海洋文明是市场经济体制的内在基石与逻辑体现。

1978 年中国实行改革开放后，经济建设成为国家的战略中心，而东部沿

---

① 黄顺力．海洋文明、海洋观念与“重陆轻海”的传统意识［C］．福建省炎黄文化研究会，等．福建省首届海洋文化学术研讨会论文集，2007：10－17.

海资本主义萌芽很早就出现，早期民族资本主义企业也集中在此地，也是与西方国家和世界市场联系最便利的地区，地理位置优越，对外贸易频繁。必须要承认，我国率先在东部推行的对内改革与对外开放经过三十多年的努力已经带动了整个国民经济的高速发展，极大地提高了国民的生活水平，东部地区已经是工业文明发达的区域，并成为中国经济的引擎。相伴而来的是东西部经济差距的不断拉大，城乡差距和贫富差距拉大，而且西部少数民族地区贫困程度在不断加深，是我国连片特困区最多的区域。尽管国家实施的区域非均衡发展战略强调在东部沿海发达地区发展到一定阶段，要求沿海企业以更多的力量来支援内地发展，即东部反哺西部，为此国家制定了西部大开发战略。但是西部省份与东部差距不仅是经济差距，还存在着巨大的人类发展差距（医疗卫生、生活水平、生活质量、社会发育）与知识发展差距（体制、教育、信息、技术）；东部市场经济的高度发达，使得公平、竞争、创新、自由等市场经济价值观深入人心，以市场经济为核心的海洋文明成为引领社会的主体思潮。

越来越多的观点认为西部地区，特别是少数民族省区的贫困落后与其传统小农经济条件下封闭、保守、平庸的多元化宗教思想与民族意识有关。伴随着东富西贫的日益分化，海上“丝绸之路”取代陆上“丝绸之路”，以东部发达地区的海洋文明崛起将会使得西部的内陆文明走向衰落。这种海洋文明决定论在当今多元化发展的世界历史进程中并不鲜见；包括对“李约瑟之谜”的解释，认为中国的落后是因为受到保守、中庸、不重视科学与技术的儒家文化影响，只有西方的科学与民主才能让中国强盛。客观来看，这种文明决定论或许能够在一定程度上解释1840年鸦片战争后中国的衰落，以及我国社会变迁过程中的区域差异性，出现了区域多层面上的文化堕距（W. F. Ogburn，1923），却无法解释中国过去为何强盛，为何中国在15世纪、16世纪以前曾经是世界上最发达、最富有的国家，是城市化水平最高的国家，也是世界的中心。① 因此，该论点具有明显的片面性。

并且，承载了中国传统文化的西部内陆文明衰落使得我国在经济高速发展的轨道上，自身的文化体系与价值观遭到了内在撕裂。当东部地区率先实现了经济富裕，在市场经济冲击下，人们的价值观念出现巨大变化，从而出现了对西方政治制度、价值体系的盲目热捧与追随。比如20世纪80年代部分知识分子鼓吹全盘西化，全盘否定传统文化，扰乱了当时的社会文化与思想；20世纪90年代在众多自由派知识分子主导下表面上是对“左倾”的批判，实际却

---

① 林毅夫．解读中国经济［M］．北京：北京大学出版社，2012：30－56.

是对西方近代文化思潮的回归。而近代的衰弱给国人带来的自卑心态与近年来中国的经济总量逐步强大而爆发出的盲目自大，容易形成国人心里的两个极端。特别是当今西方很多价值观穿上了华丽的外衣，表面上带有多元现代化和多元文明的观点，实际上只是西方在当前世界格局下的文化调整，是一种保守的文化决定论，比如亨廷顿的“文明冲突论”。[①] 但是，西方的价值观就一定如其所宣扬的公平、公正、法治吗？恐怕美国强势推行的“新自由主义”接连失败，以及2007年从西方发达国家开始爆发的次贷危机并演变成为全球性的金融危机，就提出了极大的疑问。银行、证券公司、金融服务组织（会计师事务所、评估事务所）等金融体系从业人员的职业道德沦丧就被认为是导致金融危机爆发的一个重要的伦理因素。

另一方面，对中国内陆文明和传统儒家文化的摒弃，使得中国当前的社会出现了文化缺失、信仰真空与道德失序，随之而来的是对金钱利益的追逐，金钱价值观“每况愈上”，功利主义、享乐主义、拜金主义盛行。[②] 企业无视社会责任，比如三鹿奶粉事件；个人一切以金钱为目的，甚至不惜人格沦丧与人性扭曲。而习近平总书记在文艺工作座谈会上指出的金钱对文艺领域的侵蚀，也就是拜金主义对中国经济、社会、文化全面渗透过程中的一个具体表现。

更为严重的是，富者越富，穷者越穷，富裕的东部地区与贫困的西部省份差距与日俱增，经济社会中的“马太效应”成为常态，富裕阶层与富裕地区利用自身权利与实力倒逼制度供给、政策安排向有利于自身发展与财富积累的方向倾斜，并向整个社会推及富裕阶层、富裕地区的文化与价值观，排斥贫困阶层、贫穷地区的多元文化与价值观。而我国的贫困阶层、贫困地区又广泛分布在少数民族集中的西部地区，这容易引起多样化的民族观念与多元化的宗教信仰遭受排斥，民族认同感与凝聚力下降，成为民族分裂主义与极端民族主义滋生的土壤。这也是我国东部沿海发达地区与西部内陆落后省份，由于区域经济金融发展过度非均衡对中国内陆文明、核心价值观最严重的冲击与负面影响。

---

① 安然，齐波．塞缪尔·亨廷顿．“文明冲突论”的文化保守主义倾向［J］．史学月刊，2010(4)：83-91.

② 陈占彪．传统文化缺位与当代社会三重危机［J］．群言，2013（2）：22-27.

第6章

我国西部区域金融发展非均衡对区域经济增长影响的实证分析

上一章主要定性分析了由于西部区域金融发展非均衡导致的对经济、社会、文化的负面影响。而国内外对区域金融发展理论的研究和实践探索，特别是通过经典的计量模型实证分析区域金融发展与区域经济增长的关系与影响问题，都是研究的核心与重点。归根结底，金融属于广义上的经济范畴，包容于经济领域之中，而且金融的发端、立足和落脚，都是以经济为基础，由经济发展所决定，是在经济发展中发源与成长。同时，金融作为现代经济的核心，其本质是要为经济发展服务的，也是影响经济发展的重要因素。因此，西部区域金融发展的非均衡问题就一定要研究区域金融发展对区域经济增长的影响与关系。

同时，基于第4章法（正式制度）与金融、社会资本（非正式制度）与金融的实证研究，本章进一步实证分析了区域法律环境、法治效率差异，金融发展与经济增长的关系，从区域层面对低水平的法治和高速经济增长同时并存的“中国之谜”进行了解释；并对社会资本、金融发展与经济增长的关系进行实证测度，探讨在东西部之间、西部省份内正式制度与非正式制度的替代机制与耦合关系，对于我国西部区域金融发展的制度（正式制度与非正式制度）环境建设，理解转型时期我国文化发展、社会变迁具有重要意义。

6.1 区域金融发展影响区域经济增长的内在机理

区域金融发展通过怎样的要素投入和机制因素作用于经济增长，并对经济增长产生贡献，这也是在探讨金融功能的发挥程度，即经济增长中金融的贡献与效率。因此，该部分深入阐述区域金融发展对区域经济增长的路径，对相关理论与文献进行简要总结评述。

6.1.1　金融发展对经济增长的作用机制

国内外大量学术著作与文献资料的研究成果基本得出了一致性的结论，即金融发展与经济增长存在因果关系，并且金融体系的发展促进资本积累、技术进步，改善资本配置效率，对经济长期增长有推动作用。自从20世纪90年代后，一大批经济金融学家将内生金融中介与金融市场并入经典的增长模型，实现了金融发展理论的重大飞跃。在此基础上，涌现出了众多的理论与模型来阐明金融发展对经济增长的作用机理。

Pagano（1993）认为金融发展促进经济增长的方式是通过对储蓄率、储蓄转化投资、资本配置效率影响来实现。Bencivenga和Smith（1991）指出金融中介改变储蓄构成状况，在风险资产与非流动性资产间进行配置提升资本生产率推动经济增长。King和Levine（1993）以及Levine（1997）基于金融功能观总结了金融体系对经济增长的影响途径。Levine和Zervos（1996）则进一步地在King和Levine研究基础上，从股票市场的规模、功能、波动性、国际一体化程度探讨了金融市场对经济增长的影响。Jappelli和Pagano（1994）指出流动性约束能提高储蓄率，并推动经济增长。Schreft和Smith（1998）认为金融机构的功能是为当事人提供资产变现潜在损失的保险。Bose和Cothern（1996）通过贷款合同对经济增长的作用分析，指出金融达到一定发达程度是经济增长正效应产生的前提。Boot和Thakor（1997）以及Greenwood和Smith（1997）认为在“门槛效应”情况下金融市场与经济发展有互动关系，并且金融系统能够在一定程度上消除流动性风险，避免提前变现，提高储蓄转为投资效率。Cooley和Smith（1998）认为金融市场促进劳动分工与“边干边学”，人力资本的积累推动了经济增长。Acemoglu和Zilibotti（1997）重点研究了金融发展对风险分散的作用，当风险得到合理控制与分散时，投资增加。Allen和Gale（1997）认为金融机构投资不同期限的金融产品将风险跨期分散，使其在面对宏观经济波动或冲击时，仍能投资到长期项目，从而推动经济平稳增长。Diamond和Verracchia（1992）指出有效的股票市场能缓解委托代理问题，对公司治理结构的完善有促进作用。Green和Jovanovic（1990）在内生增长框架下包含的金融中介发展模型分析中，指出风险分散和获取信息是金融系统的重要功能，并且金融中介能够有效解决信息不对称问题。Saint－Paul（1992）认为金融市场对高风险创新投资的刺激作用，提高均衡储蓄率，加速资本积累并最终促进经济增长。Barrow 和 Sala－i－Martin（1995）指出资本市场的不断完善与金融结构的优化，使得资本配置效率提升，会促进长期经济增长。De Gregorio 和 Guidotti（1995）分析认为金融机构通过对资本边际生产力的提升促进经济增长。Aghion 和 Howitt（2006）指出金融体系的成长使得吸收社会闲散资金的能力提升，加速资金累积，储蓄对长期经济增长作用重大。Rioja 和 Valev（2004）认为发达国家主要通过对生产率的影响推动经济增长，发展中国家则要靠资本积累促进经济增长，两者作用机制不同。

尽管国外经济学家探讨金融发展对经济增长作用机制的角度有所差异，但总体来看，金融发展表现在金融总量由少到多的积累，金融结构由简单到复杂的变迁，金融功能从旧质向新质的演进，金融系统从低级向高级的跨越，从而在金融发展与演进过程中推动了经济增长，其传导机制如图 6－1 所示。

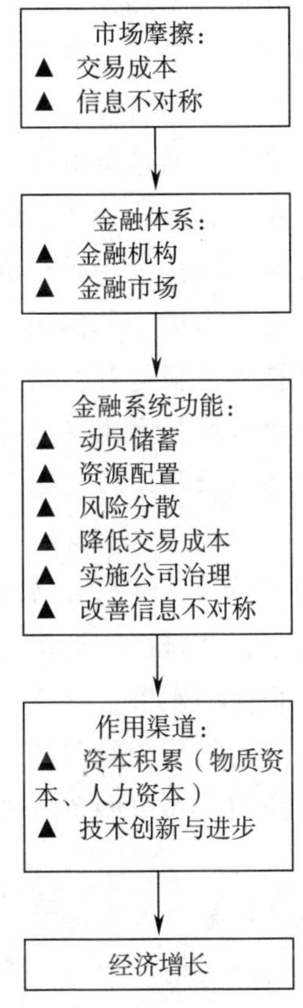

图 6－1　金融发展对经济增长的传导机制与作用机理

6.1.2　区域金融发展影响区域经济增长的理论分析

区域金融发展与区域经济增长的关系研究深入到了空间层面，在金融发展通过其功能影响了资本积累与技术进步的同时，还促进了生产要素的区域流动与分配，最终推动区域经济增长。具体来说主要有五个方面。

第一，区域金融发展促进区域经济增长依赖于区域资本投入。区域经济扩张的基础条件之一是区域资本积累，储蓄规模、储蓄转化率和资本产出率又在很大程度上决定了资本积累。经济金融化、货币化、证券化程度高的地区，金融机构效率越高，金融市场越活跃，多样化的金融工具和金融产品满足了不同层次的金融需求，金融制度更加健全，能更好地促进储蓄与投资的分离，保证资本的长期积累，提高吸纳和产出能力，实现区域经济稳定增长的目的。

第二，实现对资源的优化配置。增加投资规模与投资总量是区域经济增长的必要条件，在此基础上，区域经济增长差异主要通过储蓄资源的高效配置与投资结构的协调优化来体现。金融体系将分散资金向一定空间集聚，形成统一资金市场，对全社会资金进行重组，通过金融体系的信息优势，将其引导到社会中的盈利能力强、投资风险小的企业或行业，实现了金融功能的高效发挥。

第三，推进科技创新与进步。科技进步是经济增长的重要推动力，经济结构调整、产业结构升级都离不开技术进步的作用。金融发展一方面通过资本积累能够大规模将资金投向地区技术创新与开发的产业或企业，帮助技术成果迅速的产业化与普及传播，而一个区域技术水平的提升又会对当地金融部门进行技术升级与改造，提高金融服务质量与运行效率，两者在良性互动过程中推动了区域经济增长。

第四，区域金融发展推动区域间互动与区域内组织演化。区域金融发展在金融资源总量不断扩大的过程中，金融机构结构与金融产品结构也不断多层次化，从而对区域内规模不同的企业提供资金支持，促进大企业集团化与产业区域化，为中小企业提供差异化的信贷与金融服务，加速区域经济转型升级。区域金融发展还促进当地的上市公司、大中型企业改善内部治理结构，推动向外扩张与跨区域多元化发展。

第五，区域金融发展促进区域经济分工协作。地区之间自然因素与生产要素的禀赋差异，以及生产要素自由流动受限而导致的区域产业分化是引起区域分工的动因。总分行制度下各地区国有总行分支机构能很大程度克服地方政府的金融管制与干预，在全国范围内进行金融资源配置，提高地区经济互动协作、产业结构转移的可能性。区域资本市场的建立与形成，能发挥集聚效应与扩散效应，使区域主导产业带动和促进区域经济分工协作。区域主导产业清晰，优势突出，分工协作成本低，就会吸引大量外资投向当地优势产业，区域开放程度就高，能更好地促进区域经济增长。

20世纪90年代开始，我国学者开始关注与研究中国金融发展与经济增长的关系。谢平（1992）、易纲（1996）量化研究了我国金融资产结构；王广谦（1997）对金融与经济关系的探索，引发了众多学者对中国金融发展问题的多方位关注和思考。随着我国区域经济发展的非均衡程度不断加深，以及财税体制和金融体制改革的不断推进，越来越多的研究从国家层面深入到了区域中观层面，区域金融发展影响区域经济增长的理论与实证研究取得了丰硕的成果。

唐旭（1995）、张军洲（1995）、贝多广（1995）等较早提出中国区域间资金配置和流动状况及金融发展战略。韩庭春（2001）分析指出金融发展提高储蓄率、向投资转化效率，使得资本积累增加促进生产率提高。周立和王子明（2002）认为我国各区域金融发展差异能较好地解释区域经济发展差异，金融市场化能促进经济增长。艾洪德（2004）分析认为，我国东部金融发展与经济增长呈正相关关系，而中西部几乎是负相关关系，且滞后效应明显。王景武（2005）以贷款总额/GDP指标衡量金融发展，实证分析指出我国西部金融发展、经济增长相互抑制。冉光和等（2006）基于我国东部与西部地区的实证分析表明金融发展对经济增长作用关系表现出明显的区域差异性。宋艳伟和李恒炜（2007）分析指出东西部经济增长的金融效应关系存在非均衡的状况，金融发展差异能解释区域经济差异，并且东部经济增长的金融贡献度更高。郭世辉等（2007）实证分析认为西部地区银行、股票市场、保险市场对区域经济增长的作用关系各不相同。周丽华（2008）指出西部地区金融机构存贷款、固定资产投资和资本形成总额对区域经济增长有正向促进作用。陈守亮等（2008）应用门限回归模型，对我国31个省、市、自治区数据进行实证分析，结论进一步支持了中国地区的金融发展速度对经济增长速度具有门限效应这一结论。吴新生（2009）基于聚类分析法的研究表明我国东中西部金融发展、经济增长之间的因果关系是双向长期的。金红丹（2010）对我国东中西部区域金融发展与经济增长关系研究表明，金融发展贡献弹性西部最大，东部次之，中部最小。林勇（2010）则分析指出西部金融发展与经济增长存在长期稳定的协整关系。杨龙等（2011）研究发现我国东部、中部、西部金融体系效率依次递减，西部区域经济增长的金融贡献作用不显著，而东部和中部有促进作用。林春艳等（2012）分析指出东部省份市场化水平高，区域金融发展与经济增长关系更密切；而西部省份生产技术落后，人力资本缺乏，市场化水平低，金融发展对经济发展促进作用小。王春丽等（2013）分析认为我国区域金融发展规模过快未必有利于资本形成，西部地区滞后的金融发展影响其在资本积累过程中效率的发挥，东部正向效果高于西部。刘仕保等（2014）实证结论指出我国东部、中部、西部区域金融发展对区域经济发展有正向促进作用，但差异很大，基本服从“库兹涅茨效应”的“倒U型”趋势。

国内学者大量的研究表明，我国区域金融发展对区域经济增长有正向的促进作用。然而由于区域金融发展的差异巨大，非均衡性突出，其对区域经济增长的贡献效应也显著不同。特别是随着各地区市场化改革的推进，中央政府对地方政府的放权让利，地方政府之间的博弈，对金融资源的争夺，区域之间的金融发展非均衡程度在加深。而各地区金融机构、金融市场效率的差异性，人力素质、技术创新与开发能力差异，再加上货币政策传导机制各个环节的区域反应灵敏度不同，使得区域金融发展通过其传导渠道影响区域经济增长、产业结构转型升级表现出明显的空间梯度非均衡性。

6.2　西部区域金融发展与动态经济增长

本书第3章探讨了我国东西部以及西部省份之间金融发展非均衡的具体表现与演变趋势，第4章从系统观的角度分析其原因，第5章则研究了西部区域金融发展非均衡的负面影响与效应。第6章第一部分又阐述了区域金融发展影响区域经济增长的机理，对相关文献进行了回顾与评述。通过上述分析可知，无论是东西部之间还是西部省份之间金融总量、金融结构、金融功能、金融系统都有巨大的非均衡性。国内外经济学家的大量研究文献与学术资料详细阐述了区域金融发展非均衡对区域经济增长的影响。对于我国这样一个经济体制转轨中的发展中大国而言，区域金融发展非均衡与区域经济增长的相关程度与动态关系很难通过直接的定性分析和简单的统计描述翔实反映。因此，该部分搜集整理了大量的客观数据，运用科学、合理、准确的计量经济模型实证分析东西部地区和西部省份两个地理层级金融发展对区域经济增长的差异化贡献水平和影响效果，阐明两者之间的关联程度和长短期动态变化趋势。

6.2.1　模型构建与数据说明

根据已有丰富的研究文献与成果，结合我国东部地区和西部省份的发展状况，本书参考 King 和 Levine（1993），Duenwald 和 Aziz（2002），Dimitris

K. Christopoulos 和 Efthymios G.. Tsionas（2004），冉光和（2006）以及陈灵、徐云松（2011）等模型来研究东西部区域金融发展非均衡对经济增长的影响关系。

$$LnGDP_{it} = \alpha + \beta FINANCE_{it} + \sum_{j=1}^{p} \gamma_j CONTROL_{it} + \varepsilon_{it} \quad \text{（式6.1）}$$

在式6.1中，$FINANCE_{it}$ 为金融发展变量，$CONTROL_{it}$ 为控制变量，模型中共包括 P 个相关变量。变量下标 i 和 t 分别表示第 i 个省份的第 t 年度；α 为截距项，表示省级区域固定效应差异；ε 为残差项。

经济增长指标（$LnGDP_{it}$）：因变量 $LnGDP_{it}$ 表示西部十二个省、市、自治区，东部十个省、市的经济增长水平，时间样本为1998—2012年，为减少数据的波动性，消除数据可能存在的异方差，使分析更为有效，且不使数据扭曲导致信息失真，对名义GDP取自然对数，以 $LnGDP_{it}$ 表示。

金融发展指标（$FINANCE_{it}$）：国内外的研究中有众多衡量一国或地区金融发展水平的指标。Goldsmith（1969）的金融相关比率（FIR）用某一时点一国金融工具市场总值与实物形式的国民财富市场总值比值（金融资产总量/GDP），来衡量一国的经济金融化程度；Mckinnon（1973）以货币存量与国民生产总值的比值（M_2/GDP）反映一国经济货币化水平；King 和 Levine（1992）使用（$M_3 - M_1$）/GDP，（1993）使用金融中介流动性负债/GDP，Lardy（1998）采用大型商业银行存款/GDP，Levine（2002）使用（私人信贷+股票市值）/GDP，Boyreau - Debra（2003）运用存款/GDP等指标测度金融发展水平。我国各地区金融发展的非均衡状况显著，研究东西部之间、西部省份金融发展与区域经济增长的关系，就要基于区域金融发展的客观现实。从金融结构来看，各区域都以间接融资体系为主导，商业银行在区域金融体系中占据主导地位，银行信贷与存款间存在高度相关性。第3章的统计分析发现大量的资金挤压在银行体系内，阻碍了储蓄向投资的转化，因此不能采用银行存款/GDP指标。我国普遍缺乏中观层面区域的 M_2 数据，以及计算流动性负债所需要的相关信息，以 M_2/GDP和流动性负债/GDP的指标也不合适。同时，发展经济学理论中指出金融总量存在与经济增长较为一致的平行关系，随着经济总量的增长，金融资源总量与规模应该相应扩大，以金融机构贷款指标衡量的东西部金融发展水平差异较好地解释了区域经济总量上的差距。因此，本书采用贷款/GDP作为金融发展水平的测度指标，对西部十二个省、市、自治区，东部十个省、市贷款/GDP标示为 FIN_{it}。

控制变量（$CONTROL_{it}$）：经济增长涉及众多要素，因此要尽可能选择具有代表性、有较强解释力度的指标作为控制变量。本书在参考已有众多学术文献所使用的控制变量基础上，采用地方政府财政支出额/GDP，标示为 GOV_{it} ，控制政府行为对经济增长的贡献；以固定资产投资额/GDP，标示为 CAP_{it} ，反映资本形成和实物投资的状况；以各省进出口总额/GDP，标示为 TRA_{it} 来表示东西部各省份的对外开放程度和宏观环境；以普通高等学校在校学生数/年底总人口（ HUM_{it} ）衡量人力资本投入对区域经济增长的影响；根据产业结构升级转型的规律，第三产业比重的提升通常反映了较高的产业结构层次，用第三产业人口/年底总人口（ TER_{it} ）反映东西部地区产业结构状况对经济增长的影响。经过整理后的模型如下所示：

$$LnGDP_{it} = \alpha + \beta FIN_{it} + \gamma_1 GOV_{it} + \gamma_2 CAP_{it} + \gamma_3 TRA_{it} + \gamma_4 HUM_{it} + \gamma_5 TER_{it} + \varepsilon_{it}$$

（式 6. 2）

6. 2. 2　样本数据的来源

以国家统计局统计口径与数据披露为标准，对我国西部十二个省、市、自治区，东部十个省、市统计样本进行数据搜集整理。样本时序为 1998—2012 年的面板数据，选择 15 年的时间序列主要有两个原因，一是 1997 年八届全国人大五次会议批准设立重庆直辖市，为保证东西部各省份数据的一致性，选择从 1998 年开始。二是由于东西部多数省份 2014 年统计年鉴（或地区发展年鉴）正陆续出版，在计量分析时为保证数据的连续性和资料来源的同一性，限定此时间序列。为保持指标的易得性，本书中各变量 1998—2008 年东西部各省份 GDP，财政支出，固定资产投资，进出口总额，普通高校在校学生数，第三产业人口和年底总人口数据来自《新中国六十年统计资料汇编》。2009—2012 年，各省份年底总人口数据来自于历年《中国人口和就业统计年鉴》，第三产业人口由历年西部十二个省、市、自治区统计年鉴和东部十个省、市统计年鉴搜集整理而得，普通高校在校学生数来自于历年《中国区域经济统计年鉴》，2009—2012 年各省份 GDP、贷款数额、地方政府财政支出、固定资产投资、进出口总额来自历年《中国金融年鉴》。由于进出口总额以美元衡量，文中进出口总额按照当年美元对人民币平均汇价调整为人民币计价的进出口数值，各年人民币对美元的平均汇价数据来自中国人民银行官方网站，其他数据来源于历年各省份区域金融运行报告。东西部面板数据的统计描述如表 6 – 1 和表 6 – 2 所示。可以看出，东部地区生产总值、金融发展、对外贸易和开放、人力资本、产业结构转型的平均水平都高于西部地区，政府支出、固定资产投资的平均水平则显示西部地区更高，地方政府的行为和国家资本投入对西部的影响更明显。

表6-1　西部省份面板数据的统计描述

	LNGDP?	FIN?	GOV?	CAP?	TRA?	HUM?	TER?
平均值	7.661185	1.058028	0.281371	0.598839	0.101780	0.008544	0.148333
中位数	7.728352	1.077796	0.222343	0.561920	0.094051	0.007926	0.148074
最大值	10.07953	1.496853	1.336640	1.148018	0.367078	0.027345	0.264156
最小值	4.516339	0.553094	0.087300	0.277346	0.035165	0.001163	0.063657
标准差	1.184645	0.232844	0.202317	0.187487	0.052521	0.005408	0.034399
偏度	-0.446218	-0.223369	2.886036	0.302600	2.016347	0.929298	0.089610
峰度	2.757067	2.142493	12.47848	2.310590	8.789718	3.813981	2.730768
J-B统计量	6.415946	7.011689	923.6878	6.311658	373.3760	30.87707	0.784544
观测值	180	180	180	180	180	180	180
横截面	12	12	12	12	12	12	12

表6-2　东部省份面板数据的统计描述

	LNGDP?	FIN?	GOV?	CAP?	TRA?	HUM?	TER?
平均值	9.027743	1.154429	0.126152	0.432043	0.734303	0.015779	0.211891
中位数	9.132368	1.088421	0.116580	0.410330	0.618280	0.014899	0.192219
最大值	10.95200	2.647689	0.321715	0.751378	1.799257	0.039882	0.419174
最小值	6.091598	0.556937	0.056765	0.261395	0.082269	0.001793	0.119347
标准差	1.078870	0.459093	0.048321	0.111336	0.476873	0.009918	0.074551
偏度	-0.608846	1.108199	1.569964	0.970040	0.530132	0.623402	1.168738
峰度	3.129563	3.774442	6.124790	3.441480	2.104029	2.539937	3.778730
J-B统计量	9.372257	34.45111	122.6467	24.74258	12.04328	11.03862	37.93884
观测值	150	150	150	150	150	150	150
横截面	10	10	10	10	10	10	10

6.2.3　实证研究的数理方法

为深入分析西部区域金融发展非均衡对区域经济增长的影响状况，在测算西部区域内十二个省份金融贡献程度的同时，也以东部地区为空间对比对象。首先运用面板数据的计量方法，测度各地区经济增长的金融贡献度差异性。其次，根据面板数据协整检验，从整体上研究西部、东部金融发展与区域经济增长之间的长期关系；在协整检验之前考察各变量是否同阶单整，对面板数据进行单位根检验，若各变量满足同阶单整的前提，则进一步验证协整关系，并通过误差修正模型来反映变量间短期的因果关系。

1. 面板数据（Panel - Data）变系数模型

本书分析西部各省份及东部金融要素对经济增长贡献的差异，其样本就西部十二个省、市、自治区，东部十个省、市进行研究，所以选择变系数的固定效应模型。在回归方法上，采用二阶段最小二乘法（TSLS），目的是尽可能避免遗漏重要控制变量，使得随机误差项中含有与解释变量相关的变量，从而导致解释变量与扰动项相关，而 OLS 和 WLS 估计方法失效的情况出现。TSLS 作为一种实用的工具变量法，确定合理的工具变量主要有两个步骤：一是寻找一组工具变量，用模型中每个解释变量分别对这组变量作 OLS 回归；二是用第一阶段回归拟合值替代所有变量，进行原方程回归，得到的系数是 TSLS 估计值，并且可以证明 TSLS 估计量是一致估计量。①

选择 $Z_i = (Z_{1i}, Z_{2i}, \cdots, Z_{ki})$ 作为工具变量，它与解释变量相关，与扰动项不相关即 $\mathrm{cov}(z_i, u_i) = 0$ 。可以简化不必分两步计算，可以推导得到 TSLS 系数估计量的一步计算公式：

$$b_{TSLS} = [X'Z(Z'Z)^{-1}(Z'X)]^{-1}X'Z(Z'Z)^{-1}Z'Y \quad （式 6.3）$$

参数估计量的协方差矩阵为

$$\hat{\sum}_{TSLS} = s^2[X'Z(Z'Z)^{-1}(Z'X)]^{-1}$$

建立面板数据模型形式如下：

$$y_{it} = \alpha_i + FINANCE'_{it}\beta_i + \mu_{it}, i = 1,2,\cdots,N; t = 1,2,\cdots,T \quad （式 6.4）$$

式中，因变量用 y_{it} 表示，$FINANCE'_{it}$ 为 $k \times 1$ 维解释变量向量，N 为省份，即截面成员个数，T 为年份。参数 α_i 表示模型的常数项，β_i 为对应解释变量向量 $FINANCE'_{it}$ 的系数向量，μ_{it} 相互独立，且满足零均值、等方差的假设。因此，β_i 就表现为各省、市、自治区金融对区域经济增长的贡献效率。

2. 面板数据（Panel - Data）单位根检验

为避免产生“伪回归”问题，传统上时间序列的分析要求其采用的时间序列必须平稳，没有随机趋势或确定性趋势。因此，首先应判断模型中变量的平稳性。面板单位根检验综合了时间序列和横截面的特征，可以精确判断单位根的存在情况。面板数据的单位根检验包括同质单位根和异质单位根检验两类，前者假定面板数据各截面序列具有相同单位根过程，后者则允许面板数据各截面序列具有不同单位根过程。同质单位根检验方法有 LLC（Levin - Lin -

---

① 陈灵，徐云松．金融支持与区域经济增长：基于西部地区省际面板数据的经验分析［J］．商业研究，2011（9）：137.

Chu）方法（1993）、Breitung（1999）检验、Hadri（2000）检验；异质单位根检验方法包括 Im、Pesaran 和 Shin 方法（1997）以及 Fisher – ADF 检验和 Fisher – PP 检验（1932）。本书采用 LLC 检验与 IPS 检验。

（1）同质单位根的 LLC 检验

LLC（Levin – Lin – Chu）检验采用 ADF 的检验式形式，其模型如下：

$$\Delta y_{it} = \eta y_{it-1} + \sum_{j=1}^{p_i} \beta_{ij} \Delta y_{it-j} + x_{it}^{'} \delta + \mu_{it}, i = 1,2,\cdots,N; t = 1,2,\cdots,T$$

（式6.5）

时间序列/截面数据中各截面序列都有一个相同单位根是 LLC 检验原假设条件，各截面序列都不存在单位根为备择假设，即 $H_0: \eta = 0, H_1: \eta < 0$。对所有 i、t，修正的 t 统计量结果为

$$t^*_{\eta} = \frac{t_{\eta} - N\tilde{T}\hat{S}_N \hat{\sigma}_{\varepsilon}^{-2} STD(\hat{\eta}) u^*_{\tilde{T}}}{\sigma^*_{\tilde{T}}} \to N(0,1) \quad （式6.6）$$

式中

$$\tilde{T} = T - \frac{1}{N}\sum_{i=1}^{N} p_i STD(\hat{\eta}) = [\frac{1}{N\hat{T}} \sum_{i=1}^{N} \sum_{i=2+p_i}^{T} (\bar{e}_{it} - \hat{\eta}\bar{v}_{it-1})^2]$$

$\mu^*_{\tilde{T}}$ 和 $\sigma^*_{\tilde{T}}$ 是式6.4对应的平均值和标准偏差调整值：$\hat{S} = \frac{1}{N}\sum_{i=1}^{N} \hat{s}_i, \hat{s}_i = \frac{\hat{\sigma}_{yi}}{\hat{\sigma}_{ei}}$。

（2）异质单位根的 IPS 检验

IPS 检验限制更少、有效性更高的特点使其优于其他面板单位根检验方法，利用式6.4，Im、Pesaran 和 Shin 提出的原假设为

$$H_0: \eta_i = 0, 对所有\ i;$$

备择假设为

$$H_1: \eta_i = 0, 对所有\ i = 1,2,\cdots,N_1;$$

$$或\ \eta_i < 0, 对所有\ i = N_1 + 1, N_1 + 2 \cdots N$$

Im – Pesaran – skin 给出了服从一个渐进正态分布的统计量 $W_{\bar{t}_{NT}}$：

$$W_{\bar{t}_{NT}} = \frac{\sqrt{N}(\bar{t}_{NT} - N^{-1}\sum_{i=1}^{N} E(\bar{t}_{iT}(p_i)))}{\sqrt{N^{-1}\sum_{i=1}^{N} Var(t_{iT}(p_i))}} \to N(0,1) \quad （式6.7）$$

式中，$\bar{t}_{NT} = (\sum_{i=1}^{N} t_{iT_i}(p_i))/N$。

3. 面板数据（Panel – Data）协整检验

协整检验考察变量间的长期均衡关系。面板协整方法也在不断发展，Engle 和 Granger（1987）提出传统的两步检验法，以及基于 E – G 两步法的 Pedroni 检验（1999）和 Kao 检验（1999），另一类是建立在 Johansen 协整检验基础上的面板协整检验。本书采用 E – G 两步法和 Pedroni 检验法研究变量间的长期均衡关系。①

（1）E – G 两步法

传统的 E – G 两步法首先通过对式 6.1 进行回归，估计其长期均衡方程；其次将得到的面板残差序列 E_{it} 作为 ε_{it} 的估计值，并对残差序列进行面板数据的 LLC 和 IPS 单位根检验，若 E_{it} 是平稳的，则说明各经济变量间存在长期均衡的稳定关系。

（2）Pedroni 检验

通过七个统计量的应用，Pedroni 方法可判别变量之间的协整关系。第一种情形主要检验同质面板数据协整关系，用维度内检验表示。包括面板方差率统计（Panel v – Statistic）、面板 ρ 统计量（Panel rho – Statistic）、面板 PP 统计量（Panel PP – Statistic）和面板 t 统计量（Panel ADF – Statistic），这四个统计量假设不同横截面具有相同的自回归系数。

四个统计量的具体形式如下：

$$\text{Panel v – Statistic}: Z_{\hat{v}} = (\sum_{i=1}^{N}\sum_{t=1}^{T}\hat{L}_{11i}^{-2}\hat{u}_{i,t-1}^{2})^{-1} \quad (\text{式}6.8)$$

$$\text{Panel rho – Statistic}: Z_{\hat{\rho}} = (\sum_{i=1}^{N}\sum_{t=1}^{T}\hat{L}_{11i}^{-2}\hat{u}_{i,t-1}^{2})^{-1}\sum_{i=1}^{N}\sum_{t=1}^{T}\hat{L}_{11i}^{-2}(\hat{u}_{i,t-1}\Delta\hat{u}_{i,t} - \hat{\lambda}_i) \quad (\text{式}6.9)$$

$$\text{Panel PP – Statistic}: Z_t = (\tilde{\sigma}^2\sum_{i=1}^{N}\sum_{t=1}^{T}\hat{L}_{11i}^{-2}\hat{u}_{i,t-1}^{2})^{-1/2}\sum_{i=1}^{N}\sum_{t=1}^{T}\hat{L}_{11i}^{-2}(\hat{u}_{i,t-1}\Delta\hat{u}_{i,t} - \hat{\lambda}_i) \quad (\text{式}6.10)$$

$$\text{Panel ADF – Statistic}: Z_t^{*} = (\tilde{s}^{*2}\sum_{i=1}^{N}\sum_{t=1}^{T}\hat{L}_{11i}^{-2}\hat{u}_{i,t-1}^{*2})^{-1/2}\sum_{i=1}^{N}\sum_{t=1}^{T}\hat{L}_{11i}^{-2}(\hat{u}^{*}_{i,t-1}\Delta\hat{u}^{*}_{i,t}) \quad (\text{式}6.11)$$

① 陈灵，徐云松．金融支持与区域经济增长：基于西部地区省际面板数据的经验分析［J］．商业研究，2011（9）：137.

第二种情形对异质面板数据的协整关系进行判别，采用维度间检验方法，这三个统计量假设不同横截面具有不同自回归系数，包括组间 ρ 统计量（Group rho - Statistic）、组间 PP 统计量（Group PP - Statistic）以及组间 t 统计量（Group ADF - Statistic）。

$$\text{Group rho - Statistic}: \tilde{Z}_{\hat{\rho}} = \sum_{i=1}^{N}\left(\sum_{t=1}^{T}\hat{u}_{i,t-1}^{2}\right)^{-1}\sum_{t=1}^{T}\left(\hat{u}_{i,t-1}\Delta\hat{u}_{i,t} - \hat{\lambda}_{i}\right) \quad (式 6.12)$$

$$\text{Group PP - Statistic}: \tilde{Z}_{t} = \left(\sum_{i=1}^{N}\hat{\sigma}_{i}^{2}\sum_{t=1}^{T}\hat{u}_{i,t-1}^{2}\right)^{-1/2}\sum_{t=1}^{T}\left(\hat{u}_{i,t-1}\Delta\hat{u}_{i,t} - \hat{\lambda}_{i}\right) \quad (式 6.13)$$

$$\text{Group ADF - Statistic}: \tilde{Z}_{t}^{\ *} = \sum_{i=1}^{N}\left(\sum_{t=1}^{T}\hat{s}_{i}^{*2}\hat{u}_{i,t-1}^{*2}\right)^{-1/2}\sum_{t=1}^{T}\hat{u}^{*}_{\ i,t-1}\Delta\hat{u}^{*}_{\ i,t} \quad (式 6.14)$$

式中，$\hat{\lambda}_{i} = \frac{1}{T}\sum_{l=1}^{q_i}\left(1 - \frac{l}{q_i + 1}\right)\sum_{t=l+1}^{T}\hat{v}_{it}\hat{v}_{i,t-l}$，$\hat{s}_{i}^{2} = \frac{1}{T}\sum_{l=1}^{T}\hat{v}_{it}^{2}$，$\hat{\sigma}_{i}^{2} = \hat{s}_{i}^{2} + 2\hat{\lambda}_{i}$，$\tilde{\sigma}^{2} = \frac{1}{N}\sum_{i=1}^{N}L_{11i}^{-2}\hat{\sigma}_{i}^{2}$，$\hat{s}_{i}^{*2} = \frac{1}{T}\sum_{t=1}^{T}\hat{v}_{it}^{*2}$，$\tilde{s}_{\ i}^{\ *2} = \frac{1}{N}\sum_{t=1}^{N}\hat{s}_{i}^{*2}$，$\hat{v}_{it}$ 和 $\hat{v}^{*}_{\ it}$ 是随机扰动项 v_{it} 的估计量。

经证明，在假定条件下，上述七个统计量渐进服从正态分布，可用于统计检验。Pedroni 曾提出模型中主要参照 Panel ADF、Group ADF 统计量来判断协整关系，在小样本模型中，Panel ADF、Group ADF 统计量比其他统计量检验效果更好，因此符合本书时间序列数据短的小样本特点，模型中主要运用 Panel ADF - Statistic 和 Group ADF - Statistic 来测度变量间的长期均衡关系。

4. 面板数据的误差修正模型（ECM）

通过协整检验确定了变量之间长期均衡的稳定关系之后，利用面板数据的误差修正模型（ECM）来考察东西部区域金融发展与区域经济增长之间是否存在短期均衡关系，测度金融贡献的短期效应。建立如下面板数据误差修正模型：

$$\Delta LnGDP_{it} = \alpha_i + \sum_{j=1}^{m}\theta_j\Delta LnGDP_{i,t-j} + \sum_{j=1}^{m}\beta_j\Delta FINANCE_{i,t-j} + \sum_{j=1}^{m}\gamma_j\Delta CONTROL_{i,t-j} + \lambda ECM_{i,t-m-1} + \varepsilon_{it} \quad (式 6.15)$$

式中，$ECM_{i,t-m-1}$ 为均衡误差，反映各个变量在短期波动中偏离长期均衡关系的程度，误差修正项的系数 λ 表示对偏离长期均衡的调整力度，Δ 表示一阶差分运算。β_j 表示短期内金融发展对区域经济增长的贡献程度。若 β_j 拒绝零假设，则表明在短期内的均衡关系也成立，即区域金融发展在短期内对区域经济增长产生了显著影响，反之作用不显著。

6.2.4　西部数据的实证结果与分析

1. 西部各省份经济增长的金融贡献程度

根据整理后的面板数据模型式 6.2 和式 6.4，采用变系数的固定效应模型，并运用二阶段最小二乘法（TSLS）进行估计，以反映西部十二个省、市、自治区金融发展对经济增长贡献度的非均衡性。在蒙特卡洛研究方法中，TSLS 的小样本性质大多数方面优于其他估计量，并且较稳定；同时，TSLS 本质上作为一种工具变量法，要求找到恰当的工具变量，本书选取金融发展的滞后变量作为 FIN_{it} 的工具变量，其他控制变量均采用滞后项作为工具变量，经过实证检验得出的金融发展的差异性贡献程度见表 6－3。

表 6－3　　西部省份经济增长的金融贡献差异

西部十二个省、市、自治区	金融贡献程度	T 值	显著性水平
内蒙古	5.639224	7.629606	1%
广西	5.037713	6.384772	1%
重庆	2.381433	4.555000	1%
四川	4.494776	7.531459	1%
贵州	4.601473	10.85717	1%
云南	4.228587	9.180532	1%
西藏	4.233347	4.061965	1%
陕西	2.927030	7.244415	1%
甘肃	3.788437	9.023784	1%
青海	1.887500	3.176083	1%
宁夏	1.882925	4.016922	1%
新疆	4.256046	7.126340	1%

从回归结果可以看出，西部十二个省份金融发展对区域经济增长的贡献程度都通过了 5% 的显著性水平。金融贡献程度或者主要用于衡量金融效率的指标显示，内蒙古、广西、贵州、四川的金融贡献程度排在前四位，分别为 5.639、5.038、4.601 和 4.495，青海和宁夏的金融贡献程度位列最后两位，分别为 1.888 和 1.883，西部省份两极分化的趋势很明显。回归结果与第 3 章实证分析结论相同，四川在西部十二个省份中金融总量和金融资源规模一枝独

秀，从总量上看主要是四川与少数民族省份的金融发展差距；从结构上看，四川金融结构的演进都要领先于其他地区；但是以金融效率衡量的金融功能指标，特别是金融机构效率的各项指标，四川都不突出。内蒙古在西部大开发期间经济增速迅猛，曾连续7年位列全国第一，广西在加大金融开放方面成效颇丰，中国——东盟自贸区建设势头良好；而少数民族省份青海和宁夏金融发展水平低，金融管制与分割较严重，区域经济发展的金融贡献度较低。

2. 面板数据（Panel - Data）单位根检验结果

对区域经济增长（$LnGDP_{it}$）、金融发展（FIN_{it}）变量，以及地方政府财政支出（GOV_{it}）、固定资产投资（CAP_{it}）、进出口总额（TRA_{it}）、人力资本（HUM_{it}）、产业结构调整（TER_{it}）控制变量分别进行LLC检验和IPS检验。因为各变量都具有时间趋势，对原序列进行单位根检验时，选用含时间趋势的判别模型，对各变量一阶差分以后选择不含时间趋势的检验式，模型滞后阶数的确定采用Schwarz法则和AIC信息准则，同时综合考虑模型拟合优度、系统稳定性等因素。平稳性检验见表6-4。

表6-4 西部地区面板数据单位根检验结果

变量		检验方法				平稳性结论
		LLC检验 t^* 值	P统计量	IPS检验W值	P统计量	
因变量	$LnGDP_{it}$	6.97414	1.0000	12.3397	1.0000	非平稳
	$\Delta LnGDP_{it}$	-5.55696	0	-3.92627	0	平稳
自变量	FIN_{it}	3.13102	0.9991	0.06716	0.5268	非平稳
	ΔFIN_{it}	-10.7982	0	-7.71846	0	平稳
控制变量	GOV_{it}	1.15548	0.8761	4.03375	1.0000	非平稳
	ΔGOV_{it}	-6.28936	0	-4.20356	0	平稳
	CAP_{it}	2.25788	0.9880	3.75393	0.9999	非平稳
	ΔCAP_{it}	-4.26466	0	-3.19679	0.0007	平稳
	TRA_{it}	1.07904	0.8597	1.79487	0.9637	非平稳
	ΔTRA_{it}	-8.50923	0	-7.06400	0	平稳
	HUM_{it}	-0.25577	0.3991	0.55551	0.7107	非平稳
	ΔHUM_{it}	-4.73654	0	-3.99328	0	平稳
	TER_{it}	-0.02462	0.4902	1.51171	0.9347	非平稳
	ΔTER_{it}	-9.74396	0	-6.61302	0	平稳

注：Δ表示经济变量序列的一阶差分；滞后期选择以Schwarz为标准；窗宽根据Newey-West方法自动选择；各统计量值均来自Eviews 7.0。

如表 6－5 所示，对西部地区经济增长（$LnGDP_{it}$）、金融发展（FIN_{it}）变量，以及地方政府财政支出（GOV_{it}）、固定资产投资（CAP_{it}）、进出口总额（TRA_{it}）、人力资本（HUM_{it}）、产业结构调整（TER_{it}）控制变量进行的同质单位根 LLC 和异质单位根 IPS 检验，均存在单位根；对各经济变量的一阶差分值进行单位根检验，其结果表明在 5% 的显著性水平下，均不存在单位根，即各变量都是一阶单整 I（1），满足协整分析的前提条件。

3. 面板数据（Panel－Data）协整检验结果

根据面板数据的单位根检验，区域经济增长、金融发展变量以及各控制变量均为一阶单整 I（1），各变量间存在协整关系可能性，可进一步判断各变量之间是否存在长期稳定的均衡关系。

首先，根据 E－G 两步法，采用二阶段最小二乘法（TSLS）的回归结果如表 6－5 所示。TSLS 回归中选择常数项，金融发展的滞后项作为 FIN_{it} 的工具变量，其他控制变量均采用滞后变量作为工具变量。

表 6－5　　面板数据的回归结果

模型估计方法		二阶段最小二乘法（TSLS）
自变量 ＼ 因变量		$LnGDP_{it}$
常数项	α	8.267375*** （19.75719）
金融发展变量	FIN_{it}	2.241616*** （4.946974）
控制变量	GOV_{it}	3.408636*** （3.875942）
	CAP_{it}	2.333777* （1.867065）
	TRA_{it}	9.016855*** （3.904725）
	HUM_{it}	40.78010 （1.146145）
	TER_{it}	22.94103*** （6.217944）
	R^2	0.978882

注：括号中数值为 t 统计量值；＊＊＊、＊＊、＊表示变量统计值分别通过 1%、5%、10% 的显著性水平（下同）。

根据模型的回归结果可知，西部区域金融发展变量（FIN_{it}）系数在1%的显著性水平下为正，金融的贡献程度达到2.241616，表明西部地区的金融发展，特别是金融机构发挥其功能，将吸收储蓄转化为有效投资，促进了西部区域经济的长期增长。各控制变量中，地方政府财政支出（GOV_{it}）系数显著为正，表明在倾斜性制度安排与政策支持下，地方政府的大量资金投入仍然是西部地区经济增长的重要动力。固定资产投资（CAP_{it}）系数在10%水平下显著为正，表明西部大开发着重加速资本积累，提高资本形成能力，对推动西部经济增长非常关键；进出口总额（TRA_{it}）系数显著为正，表明西部对外开放程度的提升有利于区域经济增长；人力资本（HUM_{it}）系数不显著，经典的经济增长理论中人力资本投入对经济增长有推动作用，这可能与选取样本量时序限制有关，也可能与多年以来西部大量高素质、专业型人才向东部流失形成的"孔雀东南飞"现象有很大关系；产业结构调整（TER_{it}）系数显著为正，说明西部地区不断实现产业结构优化升级，对促进经济增长和经济结构转型意义重大。

其次，利用LLC和IPS检验法对上述回归结果形成的面板数据残差项（Resid）进行平稳性检验，结果见表6-6。

表6-6　协整检验结果

变量	检验方法				平稳性结论
	LLC检验 t^* 值	P统计量	IPS检验W值	P统计量	
E_{it}	-2.97090***	0.0015	-3.60657***	0.0002	平稳

同时，也可采用Pedroni检验进一步判断变量间的协整关系，检验结果见表6-7。

表6-7　面板数据的协整检验结果

统计量名		统计量值	P值
Pedroni检验	Panel v - Statistic	3.708190	0.0001
	Panel rho - Statistic	3.901768	1.0000
	Panel PP - Statistic	-6.502163	0
	Panel ADF - Statistic	-5.282067	0
	Group rho - Statistic	5.283830	1.0000
	Group PP - Statistic	-13.77406	0
	Group ADF - Statistic	-5.405841	0

表6-7显示，Panel rho - Statistic、Group rho - Statistic未通过5%的显著

性水平外，其他统计量都通过了1%的显著性检验。鉴于本书数据的时间序列较短，仅为15年，Pedroni检验中的面板ADF统计量（Panel ADF - Statistic）和组间ADF统计量（Group ADF - Statistic）检验比其他检验更能反映小样本的性质。而两个统计量检验都通过了1%的显著性水平检验。同时，表6-7中也显示，根据E-G两步法测算出来的协整结果表明面板数据残差E_{it}的LLC和IPS统计量检验都通过了1%的显著性水平，表明金融发展、控制变量与经济增长之间存在长期稳定的均衡关系，即1998—2012年西部地区金融体系在总量不断扩大，结构不断改善的情况下，西部区域金融发展能够促进区域经济长期稳定的增长。

4. 面板数据（Panel - Data）误差修正模型检验结果

面板数据协整检验已经建立了长期均衡稳定的协整方程，而西部区域金融发展对区域经济增长差异性影响的短期效应是否显著，则要用误差修正模型检验。根据式6.15，并按照满足误差项经典假设的要求条件，取滞后项为2。在解释变量中还存在滞后内生变量$LnGDP_{i,t-j}$，并且固定资产投资、产业结构转型等解释变量既可能是经济增长的原因，也可能是经济增长和经济结构调整的结果，可知解释变量存在一定程度的内生性。因此，为避免$LnGDP_{i,t-j}$与扰动项之间的相关性导致变量系数估计的偏差，继续采用TSLS工具变量法来克服这类典型的计量问题。由于滞后项为2，模型中采用$\Delta LnGDP_{i,t-3}$和$\Delta LnGDP_{i,t-4}$作为$\Delta LnGDP_{i,t-1}$和$\Delta LnGDP_{i,t-2}$的工具变量，以$\Delta FIN_{i,t-3}$和$\Delta FIN_{i,t-4}$作为$\Delta FIN_{i,t-1}$和$\Delta FIN_{i,t-2}$的工具变量，其他五个控制变量的工具变量均采用以上相同的选取方法。式6.15的估计结果见表6-8。

表6-8　西部地区面板数据（Panel - Data）误差修正模型检验结果

变量	回归系数	标准误差	T统计量值	P值
$\Delta LnGDP_{i,t-1}$	0.424866	11.88020	0.035763	0.9715
$\Delta LnGDP_{i,t-2}$	-0.003818	7.486545	-0.000510	0.9996
$\Delta FIN_{i,t-1}$	-1.170073	13.91927	-0.084061	0.9332
$\Delta FIN_{i,t-2}$	-0.831906	8.025265	-0.103661	0.9176
$\Delta GOV_{i,t-1}$	-0.887968	3.146897	-0.282173	0.7784
$\Delta GOV_{i,t-2}$	1.986500	16.05554	0.123727	0.9018
$\Delta CAP_{i,t-1}$	0.143886	4.159038	0.034596	0.9725
$\Delta CAP_{i,t-2}$	0.821127	18.28043	0.044918	0.9643
$\Delta TRA_{i,t-1}$	-0.177154	6.502354	-0.027245	0.9783

续表

变量	回归系数	标准误差	T统计量值	P值
$\Delta TRA_{i,t-2}$	-3.497886	19.44002	-0.179932	0.8576
$\Delta HUM_{i,t-1}$	-22.24200	503.2218	-0.044189	0.9648
$\Delta HUM_{i,t-2}$	-1.369311	260.2218	-0.005259	0.9958
$\Delta TER_{i,t-1}$	8.090619	63.46333	0.127485	0.8988
$\Delta TER_{i,t-2}$	6.903906	31.88461	0.216528	0.8290
$ECM_{i,t-3}$	-0.197574	0.096382	-2.049897	0.0426

从表6-8可以看出，误差修正项$ECM_{i,t-3}$的符号为负，在5%的显著性水平下统计显著，符合反向修正机制的原理。西部区域金融发展是经济增长的长期原因得到进一步验证，但是金融发展变量都未通过显著性检验，西部区域金融发展是区域经济增长短期原因的关系不成立；同时各个控制变量也都不显著。

西部地区金融发展在长期内推动经济持续增长，在短期内却不能对区域经济增长产生显著的促进作用，有各种因素。从计量模型与实证方法上看，主要是样本时间序列较短的限制影响。更为重要的是，改革开放后，我国区域金融发展呈现非均衡的态势，西部地区市场化水平很低，市场机制不完善，而金融结构的严重失衡导致国有金融在西部占有绝对比例，外资金融机构和中小金融机构较少，金融部门内部缺少有效竞争机制。一方面导致缺乏畅通、多样的投融资渠道，另一方面金融机构储蓄转化为投资效率较低，大量资金挤压在银行体系内。而贷款也倾向于大型国有企业和上市公司，中小企业、民族产业难以获得信贷支持，资金使用效率低下。金融风险积聚于国有银行体系内，使得金融机构不良贷款率也比其他地区更高；再加上西部地区缺乏发达的金融市场为企业提供多层次的直接融资途径，市场融资效率低下，实体企业发展的资金来源普遍受限。国家的宏观调控政策主要以东部地区为参照系，而“一刀切”的调控方式往往与西部经济金融发展情况不符。从货币政策传导机制来看，中央银行制定的货币政策在西部传导通常具有时滞和政策错位，一是因为货币政策调控也主要以东部经济周期为参考。二是西部金融机构类型单一，金融机构网点少，大量资金又被总行调度分配到东部地区，使得西部缺血严重。三是西部金融市场规模小、不活跃，市场主体参与度低，对利率敏感度低，货币政策通过市场利率渠道调控西部经济的效率很低。四是西部地区市场化程度落后，银行、证券、保险等机构对中央银行货币政策反应慢，政策意图难以有效传递。五是西部地区金融市场的落后导致金融产品与金融工具缺乏，现金交易比例更高，现金漏损率高降低了货币流通和周转速度。因此，西部金融发展的低水平使其对区域经济增长的作用难以在短期内迅速产生效果。

6.2.5 东部数据的实证结果与分析

该部分对东部地区金融发展与区域经济增长的贡献程度和长短期关系进行实证检验，首先进行面板数据单位根检验，判别各变量是否有满足同阶单整，若满足则进行协整检验，并对短期效应是否显著进行检验。根据计量结果，对比并分析东西部金融发展非均衡对区域经济增长的动态影响。

1. 面板数据（Panel－Data）单位根检验结果

对东部区域经济增长（$LnGDP_{it}$）、金融发展（FIN_{it}）变量，以及控制变量：地方政府财政支出（GOV_{it}）、固定资产投资（CAP_{it}）、进出口总额（TRA_{it}）、人力资本（HUM_{it}）、产业结构调整（TER_{it}）分别进行 LLC（Levin，Lin and Chu）检验和 IPS（Im，Pesaran and Shin）检验。各变量也都具有时间趋势，对原序列进行单位根检验时，选用含时间趋势的检验模型，各变量一阶差分后选择不含时间趋势的模型，通过 Schwarz 法则和 AIC 信息准则确定模型滞后阶数，并综合考虑模型拟合优度、系统稳定性等因素。单位根检验见表 6－9。

表 6－9　东部地区面板数据单位根检验结果

变量		检验方法				平稳性结论
		LLC 检验 t^* 值	P 统计量	IPS 检验 W 值	P 统计量	
因变量	$LnGDP_{it}$	0.78408	0.7835	6.65265	1.0000	非平稳
	$\Delta LnGDP_{it}$	－2.53485	0.0056	－2.16822	0.0151	平稳
自变量	FIN_{it}	－0.20522	0.4187	0.74748	0.7726	非平稳
	ΔFIN_{it}	－10.2301	0	－6.51498	0	平稳
控制变量	GOV_{it}	1.40771	0.9204	4.44710	1.0000	非平稳
	ΔGOV_{it}	－10.3836	0	－7.04653	0	平稳
	CAP_{it}	1.79423	0.9636	3.09517	0.9990	非平稳
	ΔCAP_{it}	－5.22741	0	－3.88373	0.0001	平稳
	TRA_{it}	0.11455	0.5456	2.75636	0.9971	非平稳
	ΔTRA_{it}	－7.09898	0	－4.89101	0	平稳
	HUM_{it}	－0.75849	0.2241	0.86862	0.8075	非平稳
	ΔHUM_{it}	－3.19343	0.0007	－6.26971	0	平稳
	TER_{it}	1.24242	0.8930	1.75538	0.9604	非平稳
	ΔTER_{it}	－5.46084	0	－3.57252	0.0002	平稳

注：Δ 表示经济变量序列的一阶差分，滞后期选择以 Schwarz 为标准，窗宽根据 Newey－West 方法自动选择，各统计量值均来自 Eviews 7.0。

表6－9显示了东部地区各变量的单位根检验结果，对经济增长（$LnGDP_{it}$）、金融发展（FIN_{it}），以及地方政府财政支出（GOV_{it}）、固定资产投资（CAP_{it}）、进出口总额（TRA_{it}）、人力资本（HUM_{it}）、产业结构调整（TER_{it}）变量进行同质单位根LLC和异质单位根IPS检验，表明都存在单位根；对各变量一阶差分进行单位根检验，结果表明在5%的显著性水平下，均不存在单位根，即各变量都是一阶单整I（1），满足协整检验的前提。

2. 面板数据（Panel－Data）协整检验结果

根据面板数据的单位根检验，金融发展、各控制变量与区域经济增长均是一阶单整I（1），各变量间存在协整关系的可能性，进一步判断各变量间是否存在长期稳定的均衡关系。

通过E－G两步法，采用二阶段最小二乘法的回归结果如表6－10所示。TSLS回归中选择常数项，金融发展的滞后变量作为FIN_{it}的工具变量，其他控制变量均采用其滞后项作为自身工具变量。

表6－10　　面板数据的回归结果

模型估计方法		二阶段最小二乘法（TSLS）
自变量＼因变量		$LnGDP_{it}$
常数项	α	6.896904*** （12.20239）
金融发展变量	FIN_{it}	0.827483*** （5.055431）
控制变量	GOV_{it}	4.560950*** （3.272849）
	CAP_{it}	1.088766** （2.342461）
	TRA_{it}	1.682486*** （5.760773）
	HUM_{it}	37.12395*** （3.968321）
	TER_{it}	3.359178** （2.347536）
	R^2	0.944323

注：括号中数值为t统计量值；***、**、*表示变量统计值分别通过1%、5%、10%的显著性水平。

如表 6－10 所示，东部地区金融发展变量（FIN_{it}）系数在 1% 的显著性水平下为正，金融贡献效率为 0. 827483，长期金融发展对区域经济增长的支持东部地区低于西部同一指标 2. 241616。这一方面与样本数据时限有关；另一方面，从现实来看，西部地区资金长期处于贫乏状态，一旦获得金融支持，能够在长期发挥较高的边际效应；而东部地区不仅资金规模大，而且通过资本市场等渠道将西部资金吸引过来，有丰富且多层次的金融资源，在长期内对区域经济的支持作用可能面临边际效应递减的状况；同时，第 3 章统计比较的东西部金融机构效率也表明，西部地区在长期储蓄转化为投资效率、金融机构资金运用效率都要略高于东部，东部地区尽管储蓄资源更多，但资金积压的情况也更严重。控制变量指标都显著为正，说明东部地区地方政府支出、固定资产投资、对外开放与贸易、人力资本投入，以及产业结构转型升级都促进了东部区域经济增长。

利用 LLC 和 IPS 检验法对上述回归结果形成的面板数据残差项（Resid）进行平稳性检验，结果见表 6－11。

表 6－11　　协整检验结果

变量	检验方法				平稳性结论
	LLC 检验 t^* 值	P 统计量	IPS 检验 W 值	P 统计量	
E_{it}	－1. 57309 *	0. 0578	－1. 29803 *	0. 0971	平稳

注：* 表示变量统计值通过 10% 的显著性水平。

采用 Pedroni 检验进一步判断变量间的协整关系，输出结果见表 6－12。

表 6－12　　面板数据的协整检验结果

统计量名		统计量值	P 值
Pedroni 检验	Panel v－Statistic	32. 27669	0
	Panel rho－Statistic	3. 598556	0. 9998
	Panel PP－Statistic	－5. 459768	0
	Panel ADF－Statistic	－4. 908526	0
	Group rho－Statistic	4. 938305	1. 0000
	Group PP－Statistic	－8. 892194	0
	Group ADF－Statistic	－6. 021942	0

表 6－12 中，除了 Panel rho－Statistic、Group rho－Statistic 没有通过 5% 的显著性水平外，其他统计量都通过了 5% 的显著性水平。东部数据的时间序列也仅为 15 年，在 Pedroni 检验中面板 ADF 统计量（Panel ADF－Statistic）和组

间 ADF 统计量（Group ADF – Statistic）检验比其他检验更能反映小样本的性质。而两个统计量检验都通过了1%的显著性水平检验。表6－12中残差项单位根检验选择滞后为3期时，根据E－G两步法测算出来的协整结果表明面板数据残差 E_{it} 的LLC和IPS统计量检验都通过了10%的显著性水平，这意味着尽管东部金融发展对区域经济增长的贡献程度比西部要低，但东部经济增长、金融发展与控制变量之间也存在长期稳定的均衡关系。

3. 面板数据（Panel – Data）误差修正模型检验结果

对东部金融发展与区域经济增长短期关系检验建立误差修正模型。同样根据式6.15，并按照满足误差项经典假设的条件要求，取滞后项为2，继续采用TSLS工具变量法来克服这类典型的计量问题。由于滞后项为2，模型中采用 $\Delta LnGDP_{i,t-3}$ 和 $\Delta LnGDP_{i,t-4}$ 作为 $\Delta LnGDP_{i,t-1}$ 和 $\Delta LnGDP_{i,t-2}$ 的工具变量，以 $\Delta FIN_{i,t-3}$ 和 $\Delta FIN_{i,t-4}$ 作为 $\Delta FIN_{i,t-1}$ 和 $\Delta FIN_{i,t-2}$ 的工具变量，其他五个控制变量的工具变量均采用以上相同的选取方法。式6.15的估计结果见表6－13。

表6－13　东部地区面板数据（Panel – Data）误差修正模型检验结果

变量	回归系数	标准误差	T统计量值	P值
$\Delta LnGDP_{i,t-1}$	1.476720	4.755571	0.310524	0.7569
$\Delta LnGDP_{i,t-2}$	0.186914	0.095261	1.962119	0.0527
$\Delta FIN_{i,t-1}$	0.181642	0.038500	4.717961	0
$\Delta FIN_{i,t-2}$	-0.033849	0.028699	-1.179425	0.2412
$\Delta GOV_{i,t-1}$	-0.190348	0.370266	-0.514085	0.6084
$\Delta GOV_{i,t-2}$	0.327929	0.352129	0.931275	0.3541
$\Delta CAP_{i,t-1}$	0.376040	0.116256	3.234572	0.0017
$\Delta CAP_{i,t-2}$	-0.024993	0.122447	-0.204113	0.8387
$\Delta TRA_{i,t-1}$	0.927841	3.900536	0.237875	0.8126
$\Delta TRA_{i,t-2}$	0.018610	1.249684	0.014892	0.9882
$\Delta HUM_{i,t-1}$	-45.72809	232.6973	-0.196513	0.8447
$\Delta HUM_{i,t-2}$	6.527889	3.260853	2.001896	0.0481
$\Delta TER_{i,t-1}$	-6.550506	25.45540	-0.257434	0.7975
$\Delta TER_{i,t-2}$	1.633794	27.58243	0.059233	0.9529
$ECM_{i,t-3}$	-0.018929	0.007532	-2.513275	0.0138

从表6-13可以看出，误差修正项 $ECM_{i,t-3}$ 的符号为负且统计显著，符合反向修正机制原理，东部地区金融发展与区域经济增长的长期关系得到进一步验证，金融发展变量 $\Delta FIN_{i,t-1}$ 其系数为0.181642，且通过1%的显著性水平，表明东部地区金融发展是区域经济增长的短期原因关系成立。$\Delta LnGDP_{i,t-2}$、$\Delta CAP_{i,t-1}$、$\Delta HUM_{i,t-2}$ 系数都通过了10%的显著性水平，说明固定资产投资和人力资本投入在短期内能迅速推动东部地区经济增长。

6.2.6 基于东西部两个地理层级的实证结果分析

从以上东西部金融发展非均衡与区域经济增长的动态关系实证结果可知，西部十二个省份金融发展的非均衡对区域经济增长产生了差异性的作用，内蒙古、广西、贵州、四川的金融贡献程度分列西部前四位，青海和宁夏的金融贡献程度最低。第3章从金融自身总体、金融机构和金融市场方面对金融功能发挥的效率进行了统计分析，区域金融对区域经济的贡献程度则是金融贡献效率的另一个重要测度，四川作为金融资源总量最大和金融结构变迁领先的西部省份，在金融支持实体经济功能的发挥上却并不是西部最有效率的。

在东西部两大区域金融发展非均衡对区域经济增长的影响上，具有共性，也有明显的差异性。共性在于从长期来看，金融发展或者说金融支持能够促进区域经济的持续稳定增长。差异性在于，西部地区金融发展在长期中对区域经济增长的贡献程度要大于东部地区；而在短期内，西部地区金融发展与区域经济增长的关系不成立，东部地区金融支持能够迅速发挥其功能，促进地区经济增长。

上文分析了在短期内西部金融发展之所以没有显著的推动区域经济增长的原因，除了计量模型构建、实证过程与数据的限制外，从现实中与东部的对比来看，东部地区市场机制比西部更完善，金融市场化水平更高，金融资源总量也在金融总体中占据绝对主导。而金融结构的层次比西部更明确，外资金融机构与中小金融机构发展迅速，金融部门竞争程度高，金融市场发达，交易活跃，为资金需求主体提供了多层次、多样化的融资渠道和金融工具。从市场主体来看，东部地区企业的现代企业制度建设与国际接轨更紧密，中小企业更密集，而金融活动参与者普遍有较好的市场经济意识与金融素质，这为东部地区创造了良好的金融系统环境。从国家宏观调控来看，“一刀切”的政策主要针对东部的经济周期或者经济状况，一方面东部地区有多样化的金融工具与金融产品，使得现金交易比例低于西部，较低的现金漏损率提高了货币流通和周转的速度和效率，货币乘数效应更大。另一方面，东部地区发达的金融体系能迅速实现货币政策的传导目的，政策错位情况少，时间滞后相对西部不明显，再加上企业与个人对货币政策调控的敏感度高、反应快，因此在短期内国家的金融宏观调控政策及安排能迅速地对东部地区实体经济产生作用效果，金融支持在短期内明显地推动了东部区域经济增长。由于区域金融发展的非均衡性，不仅导致了区域经济的贡献效率差异，而且在动态影响关系上也表现出明显的差异性。

6.3 西部区域法律环境、金融发展与经济增长

6.3.1 引言

《中共中央关于全面推进依法治国若干重大问题的决定》（以下简称《决定》）在党的十八届四中全会上通过。《决定》指出在新的起点上全面推进依法治国，建设中国特色社会主义的法治体系和社会主义法治国家。市场与法治是现代文明的两大基石，而健全完善的法治体系是社会主义市场经济建设的基础，是全面深化改革的保障。

一直以来，法律制度完善、法治效率提升对金融发展的影响都是国内外理论界研究重点研究的问题，第4章已经从理论与实证的角度探讨了西部区域法律制度环境差异与区域金融发展非均衡的关系。金融发展对经济增长的作用已经得到大量证实，法律环境通过对金融发展的影响解释了经济增长的地区差异。Levin（1999）实证检验认为管制与法治影响金融中介发展并作用于经济增长。Acemoglu 和 Johnson（2005）则通过金融合约角度分析了法律与经济增长的关系。魏锋（2009）实证研究指出我国法制建设促进了金融发展与经济增长，但各地区有显著的差异性。

自从改革开放以来，我国低水平法治与高速经济增长同时并存，国外学者将其称为“中国之谜”（Allen，Qian and Qian，2005）。另一方面，我国各地区经济、社会、文化差异巨大，法律体系、金融发展与经济增长水平又有明显的不平衡性，因为各地区法律观念、司法水平，以及法律体系的具体阐释、实施、执行效力有很大区差别，Pistor（2000）对转轨经济研究认为执法比立法对金融发展与经济增长更有影响力。比如1998年的红光实业欺诈上市事件，2001年的“银广夏”财务虚假事件，由于上市公司的民事诉讼由该公司辖区内法院管理，各地区法律效率差异将会影响审理判决的结果。法与金融的理论

在解释我国宏观层面和各区域中观层面的现实状况时还存在很多不一致的结论，探讨西部区域法律环境、金融发展与经济增长的影响与关系，以及东西部省份非均衡性特点的具体表现，不仅对于推进各地区法治建设，营造良好的金融发展制度环境有关键作用，也对我国以区域金融协调发展缩小区域经济差距，促进经济结构调整转型有重大现实意义。

该部分通过构建计量模型实证的研究法律制度环境、金融发展与经济增长的关系。

6.3.2 计量模型的构建与数据说明

根据国内外经济学家的文献成果和我国东西部的制度环境与金融经济发展状况，参考 Levin（1999）、卢峰和姚洋（2004）、魏锋（2009）等模型来分析区域法律环境、金融发展与经济增长的关系。

$$LnGDP_{it} = \alpha_0 + \beta_1 LAW_{it} + \beta_2 FIN_{it} + \beta_3 LAWFIN_{it} + \sum_{j=1}^{p} \gamma_j CONTROL_{it} + \varepsilon_{it}$$

（式 6.16）

在式 6.16 中，LAW_{it} 为法律环境变量，FIN_{it} 为金融发展变量，$LAWFIN_{it}$ 为法律环境与金融发展的交叉项，即法律制度效率提高促进金融发展，进而推动区域经济增长；$CONTROL_{it}$ 为控制变量，模型中共包括 P 个相关变量。同样为克服内生性问题，采用工具变量法——二阶段最小二乘法（TSLS），变量下标 i 和 t 分别表示第 i 个省份的第 t 年度；交叉项 $LAWFIN_{it}$ 也有助于消除变量间内生性现象（Claessens and Laeven，2005），各变量可不用再取一阶滞后。α_0 为截距项，表示省级区域固定效应的差别；ε 为残差项。

经济增长指标（$LnGDP_{it}$）：GDP_{it} 表示西部十二个省、市、自治区，东部十个省、市的经济增长水平，时间跨度为 1998—2007 年，为了降低数据的波动性，消除数据可能存在的异方差，对名义 GDP 取自然对数，用 $LnGDP_{it}$ 表示。

解释变量：法律环境指标（LAW_{it}），同样以樊纲和王小鲁（2009）构建的法律环境指数数据，时间跨度定为 1998—2007 年；金融发展变量（FIN_{it}），以贷款/GDP 表示区域金融发展水平；交叉项（$LAWFIN_{it}$）以法律环境指数与金融发展数据乘积表示。

控制变量（$CONTROL_{it}$）：同样选取地方政府财政支出额/GDP，标示为 GOV_{it}，反映政府管制或干预对经济增长的影响；以各省进出口总额/GDP，标示为 TRA_{it} 表示东西部各省份的对外开放程度和宏观环境；以普通高等学校在校学生数/年底总人口（HUM_{it}）衡量人力资本投入对经济增长的影响。经过整理后的模型如下所示：

$$LnGDP_{it} = \alpha_i + \beta_i LAW_{it} + \lambda_1 FIN_{it} + \lambda_2 LAWFIN_{it} + \gamma_1 GOV_{it} + \gamma_2 TRA_{it} + \gamma_3 HUM_{it} + \varepsilon_{it} \quad (式6.17)$$

$$LnGDP_{it} = \alpha_i + \lambda_1 LAW_{it} + \beta_i FIN_{it} + \lambda_2 LAWFIN_{it} + \gamma_1 GOV_{it} + \gamma_2 TRA_{it} + \gamma_3 HUM_{it} + \varepsilon_{it} \quad (式6.18)$$

$$LnGDP_{it} = \alpha_i + \lambda_1 LAW_{it} + \lambda_2 FIN_{it} + \beta_i LAWFIN_{it} + \gamma_1 GOV_{it} + \gamma_2 TRA_{it} + \gamma_3 HUM_{it} + \varepsilon_{it} \quad (式6.19)$$

$$LnGDP_{it} = \alpha_0 + \lambda_1 LAW_{it} + \lambda_2 FIN_{it} + \lambda_3 LAWFIN_{it} + \gamma_1 GOV_{it} + \gamma_2 TRA_{it} + \gamma_3 HUM_{it} + \alpha_i + \alpha_t + \varepsilon_{it} \quad (式6.20)$$

式6.17、式6.18、式6.19是面板数据的变系数模型，用于度量西部十二个省份法律环境、金融发展、法律环境与金融发展互动效应分别对区域经济增长的贡献程度。

式6.20用于衡量东西部区域法律环境与金融发展的互动效应对区域经济增长的差异性影响，α_i 表示省际效应，a_t 表示年度效应。该部分对面板数据模型形式选择也以LM检验和LR检验看固定效应和随机效应面板数据模型是否比OLS模型更适用，如果判别结果更适用，则进一步用Hausman检验判定选择固定效应模型还是随机效应模型。

6.3.3 样本数据的来源

采用西部十二个省、市、自治区，东部十个省、市面板数据。时间序列为1998—2007年。法律环境数据采用樊纲、王小鲁等（2009）的《中国市场化指数——各地区市场化相对进程2009年报告》市场中介组织的发育和法律制度环境指数。各省份GDP、贷款数额、地方政府支出、进出口总额、普通高校在校学生数和年底总人口数都来自《新中国六十年统计资料汇编》，进出口总额按照当年美元对人民币平均汇价调整为人民币计价的进出口数值，各年人民币对美元的平均汇价数据来自中国人民银行网站。东西部面板数据的统计描述如表6-14和表6-15所示。可以看出，东部地区经济增长、法律环境、金融发展、法律环境与金融发展互动项、对外开放程度和人力资本的平均水平都要高于西部地区，只有政府支出平均水平低于西部，西部地方政府对各地区经济发展干预程度更大。

表 6-14 西部省份面板数据的统计描述

	LNGDP?	LAW?	FIN?	LAWFIN?	GOV?	TRA?	HUM?
平均值	7.258319	2.940417	1.048608	3.025304	0.234334	0.096267	0.006128
中位数	7.505280	2.830000	1.072526	2.835236	0.194083	0.091880	0.005293
最大值	9.259635	5.960000	1.496853	6.983314	0.850654	0.296036	0.020718
最小值	4.516339	0.000000	0.618562	0.000000	0.087300	0.035165	0.001163
标准差	1.048576	1.125555	0.211800	1.179569	0.148940	0.041740	0.003977
偏度	-0.701857	0.329824	-0.211322	0.703328	2.609845	1.864412	1.255129
峰度	2.811442	2.629965	2.021491	3.797780	9.695056	8.591949	4.719669
J-B 统计量	10.02982	2.860304	5.680532	13.07567	360.3447	225.8701	46.29326
观测值	120	120	120	120	120	120	120
横截面	12	12	12	12	12	12	12

表 6-15 东部省份面板数据的统计描述

	LNGDP?	LAW?	FIN?	LAWFIN?	GOV?	TRA?	HUM?
平均值	8.659805	6.304700	1.076165	7.310101	0.111334	0.729423	0.013259
中位数	8.838163	5.415000	0.971779	5.028313	0.098832	0.647023	0.010679
最大值	10.34446	16.61000	2.252235	25.34088	0.234697	1.765324	0.038696
最小值	6.091598	1.590000	0.556937	1.044257	0.056765	0.082269	0.001793
标准差	0.966906	3.074880	0.405260	5.340319	0.034845	0.486820	0.010210
偏度	-0.832258	0.940198	1.035767	1.197959	0.947919	0.490714	1.023301
峰度	3.372303	3.479717	3.420626	3.734670	3.529711	2.034978	2.969538
J-B 统计量	12.12177	15.69176	18.61742	26.16733	16.14499	7.893614	17.45629
观测值	100	100	100	100	100	100	100
横截面	10	10	10	10	10	10	10

6.3.4 实证结果与分析

1. 西部省份法律环境、金融发展对区域经济增长的差异性影响

根据整理后的变系数面板模型式 6.17、式 6.18、式 6.19，选择解释变量 LAW_{it} 的滞后项作为 TSLS 工具变量，其他解释变量与控制变量都采用其滞后项作为工具变量，并保证工具变量的个数多于原方程中解释变量系数的个数。经过实证得出的贡献程度见表 6-16。

表6－16　西部省份法律环境、金融发展对区域经济增长的贡献差异

西部十二个省、市、自治区	式6.17	式6.18	式6.19
	法律环境	金融发展	法律环境与金融发展互动效应
内蒙古	2.164598*** (11.71594)	6.739945*** (20.45458)	0.485648*** (5.142925)
广西	2.360460*** (12.93161)	7.604632*** (24.66492)	0.574337*** (5.141602)
重庆	2.212345*** (8.375151)	5.897778*** (28.41167)	0.398636*** (9.016430)
四川	2.246277*** (11.19082)	7.272732*** (26.53539)	0.581226*** (10.26896)
贵州	2.093403*** (9.402240)	6.147186*** (19.41271)	0.554270*** (7.906197)
云南	2.316897*** (9.903585)	6.708712*** (20.80726)	0.581972*** (10.37458)
西藏	1.349888*** (5.713905)	4.689371*** (3.785038)	0.199013 (0.878149)
陕西	2.246633*** (7.968010)	5.324312*** (28.16607)	0.607255*** (9.946676)
甘肃	2.193429*** (8.978304)	5.662911*** (23.51484)	0.558950*** (6.863931)
青海	1.336377*** (5.274757)	4.575039*** (13.50726)	0.236945** (2.524269)
宁夏	1.669241*** (5.641707)	4.404893*** (15.48135)	0.208687*** (3.331251)
新疆	2.186095*** (8.321418)	5.613244*** (18.45756)	0.392927*** (6.725434)

注：括号中数值为t统计量值；＊＊＊、＊＊表示变量统计值分别通过1%、5%的显著性水平。

表6－16显示了变系数的面板模型式6.17、式6.18、式6.19的回归结果，分别是西部各省份法律环境、金融发展、法律环境与金融发展互动项系数对区域经济增长的贡献程度。从法律制度环境对区域经济增长的贡献程度看，所有变量系数为正，且通过1%的显著性检验，广西、云南、陕西、四川分列前四位，西藏、青海为最后两位。从金融发展对区域经济增长贡献程度看，所有变量系数也都对区域经济增长有正效应，并通过1%的显著性检验，广西、

四川贡献度排在西部前两位，青海和宁夏为最末两位。法律制度环境与金融发展的互动效应中，西藏地区变量的系数统计不显著，其他变量均为正，并通过了5%的显著性检验，其中，陕西、云南、四川、广西的系数排在前四位，分别为0.607255、0.581972、0.581226和0.574337，青海和宁夏为最后两位，分别为0.236945和0.208687。第4章实证分析显示四川法律环境变量对区域金融发展的贡献程度并不高，但其联合效应对区域经济增长贡献程度却排在西部前列；而宁夏和青海法律环境变量对区域金融发展贡献度高，但联合效应对区域经济增长促进作用很小。可见，宁夏和青海法律环境指标对金融发展贡献程度很大，但其整体金融生态环境和市场经济体系发育滞后，对区域经济的推动作用会受到大幅削弱；而四川的整体经济金融体系相对西部其他省份更发达和成熟，为四川经济发展营造了良好的系统环境，这一结果也符合卢峰、姚洋（2004）的研究结论。除了西藏外，西部各省份法律制度环境改善、法治效率的提升促进了地区金融发展，并进而推动了区域经济增长，这个效果存在明显的区域非均衡性。

2. 东西部法律环境、金融发展对区域经济增长的差异性影响

面板数据模型式6.20中，TSLS工具变量的选取依据是以LAW_{it}的滞后变量作为工具变量，其他解释变量和控制变量都采用其滞后项作为工具变量。表6－17为回归方程结果，LM检验和LR检验表明固定效应和随机效应模型估计比OLS估计更合适。模型1指固定效应模型，模型2为随机效应模型；Hausman检验显示，西部地区P值为0.0035，接受为固定效应模型的假设；东部地区P值为0.0204，接受为固定效应模型的假设，因此，回归结果重点关注固定效应模型。从西部变量的系数来看，法律环境改善和金融发展都对区域经济增长产生正向影响，在固定效应模型中，法律制度环境与金融发展的交互效应对区域经济增长的贡献程度为0.168402，表明法律制度改善与法治效率的提升促进了西部地区金融发展，进而推动区域经济增长；其他控制变量不显著。在随机效应模型中，解释变量的系数也都显著为正，法律制度环境与金融发展的交互效应对西部经济增长的贡献程度为0.330581。从东部地区回归结果来看，固定效应模型和随机效应模型中，法律环境、金融发展、法律环境与金融发展互动效应都对东部区域经济增长产生显著的正向影响，$LAWFIN_{it}$的贡献程度在两个模型中分别为0.202311和0.606969，都比西部同一变量系数要大。说明东部地区法律环境改善，法治实施、执行效率的提高，中介组织发育和市场投资者、参与者权利保护程度对提高区域金融发展水平，并进而促进区域经济增长的效果要优于西部地区。

表6-17 东西部法律环境、金融发展对区域经济增长的贡献差异

解释变量	西部		东部	
	模型1（FE Model）	模型2（RE Model）	模型1（FE Model）	模型2（RE Model）
α	5.155485*** (11.33038)	5.397001*** (11.98286)	6.609075*** (20.42945)	6.977667*** (21.01375)
LAW_{it}	0.259646** (2.228393)	0.786872*** (4.745415)	0.278037*** (7.309481)	1.331627*** (11.18162)
FIN_{it}	0.957493** (2.505985)	0.826116** (2.168245)	0.888416** (2.398568)	0.614667* (1.822688)
$LAWFIN_{it}$	0.168402*** (3.762556)	0.330581*** (10.29311)	0.202311*** (7.565215)	0.606969*** (3.719752)
GOV_{it}	0.445957 (0.669261)	-0.484532 (-0.945603)	6.462737*** (3.491581)	4.267424** (2.518931)
TRA_{it}	2.291872 (1.514697)	2.502745*** (2.861406)	-0.413965 (-1.613601)	0.397798 (1.234236)
HUM_{it}	-19.62631 (-0.662463)	-28.09887 (-0.370379)	42.07587*** (7.398181)	11.11641 (1.038942)
R^2	0.984240	0.833593	0.985987	0.873197
Hausman Test	P-value：0.0035		P-value：0.0204	

注：括号中数值为t统计量值；***、**、*表示变量统计值分别通过1%、5%、10%的显著性水平。

第三代金融发展理论中，法与金融理论的观点在我国同样具有适用性。不同的是，转轨经济中我国各区域经济、社会系统发展的非均衡性使得法律制度、金融发展与区域经济增长的关系表现出明显的差异特征。从西部省份来看，在金融规模小、金融压抑严重的省份，单纯地进行法律制度完善，进行法治建设并不能高效地提升金融发展水平并促进区域经济增长，比如上述实证分析中的青海和宁夏；从东西部来看，经济体量大、市场化程度更高的东部地区，法律制度、金融发展对经济增长的效果与作用比西部更显著，这部分地解释了"良好的法治促进经济增长"这个命题。但是从我国宏观总体来看，众多学者研究指出的低水平法治与高速经济增长同时并存的"中国之谜"仍然存在，究其根源非常复杂，但仅就本书理论与实证分析结果来看，法律环境、法治建设作为正式制度中的重要环节，要使得其功能得以有效的发挥，还必须完善其他配套制度，优化金融生态环境，提高整个经济系统、社会系统的运行效率。

6.4 西部区域社会资本、金融发展与经济增长

6.4.1 引言

第4章中就社会资本对区域金融发展作用机制进行了理论与实证分析，而社会资本、金融发展与经济增长的关系则是在此基础上的进一步阐释，即在社会资本的视角下区域金融发展对区域经济增长的差异性影响。实际上，一个信任水平高的社会比一个缺乏信任的社会更有效率，比如货币交换比实物交换更有效率，而货币从金条银块的金属货币到铸币，再到纸币，再到电子化货币，成了互联网上的一串数字，在这里面渗透着科学技术更新换代对金融发展的推动，使得金融效率不断提高，金融运行成本不断降低；但是其效率的提高和金融运行的稳定则更加依赖信用水平。这种信用水平可以通过制度手段进行强制性的规定，比如产权的明晰，以及上述分析的法律环境改善和法治建设等。但是在正式制度难以触及的领域，非正式制度的影响及安排如信任、文化、声誉、规范、公民心的社会网络与社会关系则对正式制度起着重要的替代与弥补作用，特别是金融契约本质上就是一系列高信任项目集聚的契约（Guiso，2001），这其中社会资本作为决定信任程度，降低交易成本促进契约签订和执行的一个必要因素，是不可忽视的重要力量。

我国经济体制在渐进转轨的过程中，传统的社会结构与"关系社会特质"（费孝通，1948）并未完全瓦解，普遍存在着文化堕距，并嵌入新生的市场机制中，而这种差异又由于我国区域发展的非均衡性得以放大。并且社会资本具有公共产品的性质，其外部性难以完全内部化，在有的区域容易出现产出不足。一直以来，更多的研究集中在金融发展与经济增长的关系、社会资本与金融发展的关系或者社会资本与经济增长的关系，鲜有将三者纳入同一分析体系。实际上，非正式制度的社会资本作为正式制度的一种替代，与法律等正式制度存在着动态博弈与耦合。陈冬华、胡晓莉等（2013）的研究也表明法律制度作为一种重要的正式制度与宗教传统（非正式制度）在我国区域层面存

在一定的互补关系。①

中国转型时期总体法律制度的不完善和法治效率的低下使得非正式制度的社会资本成为重要的替代机制。探讨各区域社会资本差异通过其传导机制影响区域金融发展，并进而作用于区域经济增长，对于理解转型时期我国的经济发展、社会变迁、文化复兴有重要的意义。

该部分将通过实证检验定量的分析西部区域社会资本、金融发展与区域经济增长的关系。

6.4.2　计量模型的构建与数据说明

根据国内外学者的文献资料及研究成果，并依据西部区域经济社会发展的客观现实，参考 Guiso（2001）、杨小玲（2010）、马宏（2013）等模型来分析社会资本、金融发展与区域经济增长的关系。

$$LnGDP_{it} = \alpha_0 + \beta_1 SOCI_{it} + \beta_2 FIN_{it} + \beta_3 SOCIFIN_{it} + \sum_{j=1}^{p} \gamma_j CONTROL_{it} + \varepsilon_{it}$$

（式 6.21）

在式 6.21 中，$SOCI_{it}$ 为社会资本变量，$CONTROL_{it}$ 为控制变量，模型中共包括 P 个相关变量。为了克服内生性问题，采用工具变量法——二阶段最小二乘法（TSLS），交叉项 $SOCIFIN_{it}$ 也有助于消除变量间内生性现象（Claessens and Laeven，2005），各变量可不用再取一阶滞后。变量下标 i 和 t 分别表示第 i 个省份的第 t 年度；α_0 为截距项，表示省级区域固定效应差异；ε 为残差项。

经济增长指标（$LnGDP_{it}$）：GDP_{it} 表示西部十二个省、市、自治区，东部十个省、市的经济增长水平，时序样本为 1998—2012 年，为了降低数据的波动性，消除数据可能存在的异方差，对名义 GDP 取自然对数，以 $LnGDP_{it}$ 表示。

解释变量：社会资本指标（$SOCI_{it}$），同样以单位人均产值劳动争议受理率为替代指标，时间跨度定为 1998—2012 年；金融发展变量（FIN_{it}），以贷款/GDP 表示区域金融发展水平；交叉项（$SOCIFIN_{it}$）以社会资本与金融发展数据乘积表示。

控制变量（$CONTROL_{it}$）：选取地方政府财政支出额/GDP，标示为 GOV_{it}，反映政府干预行为对区域经济增长的影响；以各省进出口总额/GDP，标示为 TRA_{it} 来表示东西部各省份的对外开放程度和宏观环境；以普通高等学

① 陈冬华，胡晓莉，等. 宗教传统与公司治理［J］. 经济研究，2013（9）：71－84.

校在校学生数/年底总人口（HUM_{it}）衡量人力资本投入对经济增长的影响。经过整理后的模型如下所示：

$$LnGDP_{it} = \alpha_i + \beta_i SOCI_{it} + \lambda_1 FIN_{it} + \lambda_2 SOCIFIN_{it} + \gamma_1 GOV_{it} + \gamma_2 TRA_{it} + \gamma_3 HUM_{it} + \varepsilon_{it} \quad \text{（式 6.22）}$$

$$LnGDP_{it} = \alpha_i + \lambda_1 SOCI_{it} + \beta_i FIN_{it} + \lambda_2 SOCIFIN_{it} + \gamma_1 GOV_{it} + \gamma_2 TRA_{it} + \gamma_3 HUM_{it} + \varepsilon_{it} \quad \text{（式 6.23）}$$

$$LnGDP_{it} = \alpha_i + \lambda_1 SOCI_{it} + \lambda_2 FIN_{it} + \beta_i SOCIFIN_{it} + \gamma_1 GOV_{it} + \gamma_2 TRA_{it} + \gamma_3 HUM_{it} + \varepsilon_{it} \quad \text{（式 6.24）}$$

$$LnGDP_{it} = \alpha_0 + \lambda_1 SOCI_{it} + \lambda_2 FIN_{it} + \lambda_3 SOCIFIN_{it} + \gamma_1 GOV_{it} + \gamma_2 TRA_{it} + \gamma_3 HUM_{it} + \alpha_i + \alpha_t + \varepsilon_{it} \quad \text{（式 6.25）}$$

式 6.22、式 6.23、式 6.24 是面板数据的变系数模型，用于度量西部十二个省份社会资本、金融发展、社会资本与金融发展互动效应分别对区域经济增长的影响程度。

式 6.25 用于衡量东西部区域社会资本与金融发展的互动效应对区域经济增长的差异性影响，α_i 表示省际效应，a_t 表示年度效应。该部分对面板数据模型形式选择也以 LM 检验和 LR 检验看固定效应和随机效应面板数据模型是否比 OLS 模型更适用，如果判别结果更适用，则进一步用 Hausman 检验判定选择固定效应模型还是随机效应模型。

6.4.3 样本数据的来源

样本主要是西部十二个省、市、自治区，东部十个省、市的统计数据。时间序列为 1998—2012 年，为保证数据的一致性和可得性，选择 15 年时间序列。各个省份劳动争议案件数来自《中国劳动统计年鉴（1999—2013）》和《中国统计年鉴（1999—2013）》，西藏的社会资本指标有两年没有统计数据，采用移动平均法推算出两期数据。各地区 1998—2008 年财政支出，进出口总额，普通高校在校学生数和年底总人口数据来自《新中国六十年统计资料汇编》。2009—2012 年，各省份年底总人口数据来自于历年《中国人口和就业统计年鉴》，普通高校在校学生数来自于历年《中国区域经济统计年鉴》，2009—2012 年各省份 GDP、贷款数额、地方政府财政支出、进出口总额来自历年《中国金融年鉴》。进出口总额按照当年美元对人民币平均汇价调整为人民币计价的进出口数值，各年人民币对美元的平均汇价数据来自中国人民银行官方网站，其他数据来源于历年区域金融运行报告，各省份国民经济和社会发展统计公报。

东西部面板数据的统计描述如表6-18和表6-19所示。从社会资本指标数据来看，东部地区单位人均产值劳动争议受理率的平均值为0.750744，比西部平均值0.359138高，说明仅以该相对比值衡量的社会信任水平东部要比西部差；西部省份社会资本水平最大值是最小值的近83倍，各地区之间的社会信任状况差异性非常明显。社会资本与金融发展的互动项中，东部平均值为0.806906，西部为0.383656，单位人均产值劳动争议受理率东部平均比西部更高，说明社会资本通过提升信任水平、约束规范、扩大社会网络关系促进金融发展，其互动效果西部比东部更显著。

表6-18　西部省份面板数据的统计描述

	LNGDP?	FIN?	SOCI?	SOCIFIN?	GOV?	TRA?	HUM?
平均值	7.661185	1.058028	0.359138	0.383656	0.281371	0.101780	0.008544
中位数	7.728352	1.077796	0.244514	0.248888	0.222343	0.094051	0.007926
最大值	10.07953	1.496853	1.475626	1.605668	1.336640	0.367078	0.027345
最小值	4.516339	0.553094	0.017805	0.012022	0.087300	0.035165	0.001163
标准差	1.184645	0.232844	0.329020	0.364541	0.202317	0.052521	0.005408
偏度	-0.446218	-0.223369	1.249325	1.270524	2.886036	2.016347	0.929298
峰度	2.757067	2.142493	3.931611	3.893354	12.47848	8.789718	3.813981
J-B统计量	6.415946	7.011689	53.33366	54.41257	923.6878	373.3760	30.87707
观测值	180	180	180	180	180	180	180
横截面	12	12	12	12	12	12	12

表6-19　东部省份面板数据的统计描述

	LNGDP?	FIN?	SOCI?	SOCIFIN?	GOV?	TRA?	HUM?
平均值	9.027743	1.154429	0.750744	0.806906	0.126152	0.734303	0.015779
中位数	9.132368	1.088421	0.507421	0.527288	0.116580	0.618280	0.014899
最大值	10.95200	2.647689	4.011097	3.396175	0.321715	1.799257	0.039882
最小值	6.091598	0.556937	0.005449	0.009858	0.056765	0.082269	0.001793
标准差	1.078870	0.459093	0.705268	0.728634	0.048321	0.476873	0.009918
偏度	-0.608846	1.108199	1.655687	1.295081	1.569964	0.530132	0.623402
峰度	3.129563	3.774442	5.936700	4.208216	6.124790	2.104029	2.539937
J-B统计量	9.372257	34.45111	122.4337	51.05453	122.6467	12.04328	11.03862
观测值	150	150	150	150	150	150	150
横截面	10	10	10	10	10	10	10

6.4.4　实证结果与分析

1. 西部省份社会资本、金融发展对区域经济增长的差异性影响

根据整理后的式 6.22、式 6.23、式 6.24，采用变系数的面板数据模型，TSLS 工具变量的选择标准是以 $SOCI_{it}$ 的相应滞后项作为工具变量，其他控制变量也都采用滞后变量作为工具变量，并保证工具变量的个数多于原方程中解释变量系数的个数。模型回归结果见表 6－20。

表 6－20　西部省份社会资本、金融发展对区域经济增长的贡献差异

西部十二个省、市、自治区	式 6.22	式 6.23	式 6.24
	社会资本	金融发展	社会资本与金融发展互动效应
内蒙古	-1.725224** (-2.607562)	1.617276*** (4.377882)	-0.783790* (-1.835618)
广西	-0.903094*** (-3.738015)	1.954089*** (6.603136)	-1.389735** (-2.238813)
重庆	-1.141079*** (-13.08515)	0.978195*** (2.967676)	-0.925981*** (-4.511108)
四川	-2.270077*** (-8.730409)	2.321597*** (7.115545)	-2.263038*** (-13.56602)
贵州	-0.835681*** (-2.861836)	1.113092*** (3.623132)	0.284357 (0.296442)
云南	0.330928 (0.214816)	1.285210*** (3.484269)	-0.527301** (-2.248610)
西藏	-8.403643*** (-4.739843)	0.428488*** (3.951538)	-3.647518*** (-3.584253)
陕西	-0.617690** (-2.270960)	0.434389*** (5.799709)	-0.883706*** (-2.979054)
甘肃	-1.178586* (-1.664449)	0.534654* (1.951828)	-0.987863* (-1.782201)
青海	-2.099348* (-1.871738)	0.142987* (1.864961)	-0.808949*** (-7.131629)
宁夏	-3.223165 (-0.427124)	-0.297807 (-1.345538)	-0.361291 (-0.114041)
新疆	-1.674751** (-2.222034)	0.957535*** (3.331069)	-1.435195** (-2.548001)

注：括号中数值为 t 统计量值；＊＊＊、＊＊、＊表示变量统计值分别通过 1%、5%、10% 的显著性水平。

表6－20是根据式6.22、式6.23、式6.24得出的回归结果，表示西部省份社会资本、金融发展、社会资本与金融发展互动项对区域经济增长的贡献程度差异。从社会资本对经济增长的作用程度看，除了云南和宁夏变量系数不显著外，其余省份变量系数值都在10%的水平下显著并为负，排除数据序列的限制外，回归结果基本符合社会资本推动经济增长的原理。其中西藏、四川、青海、内蒙古的贡献程度分列前四位，陕西变量系数值最低。从地区金融发展对区域经济增长的影响程度看，大多数省份系数值都显著并且有正效应，其中四川和广西数值最高，青海最低。社会资本与金融发展的互动效应系数值表明贵州与宁夏的变量系数不显著，这可能也与模型和数据限制有关，其他省份变量系数值都显著为负，西藏、四川、新疆和广西系数值排在前四位，分别为－3.647518、－2.263038、－1.435195和－1.389735，内蒙古和云南为最后两位，系数值为－0.783790和－0.527301。社会资本以及社会资本与金融发展互动效应对区域经济增长的贡献程度一方面存在着明显的省域差异，另一方面实证结果反映了社会资本作为一种重要的非正式制度对法律制度的替代作用，比如像西藏、新疆、内蒙古、青海这些偏远的少数民族省份，法律体系相对落后，而社会信任水平就发挥了一定的正向作用，比如西部多样化的少数民族传统，多元宗教信仰中对当地居民道德约束的“正能量”。尽管社会资本并不是推动经济增长最核心的动力，其作用力度不及物质资本与人力资本，但是在中国这样一个地域差异巨大，关系型社会或者称之为“熟人社会”（费孝通，1948）特征显著的转型国家，社会资本在一定程度上能成为法律体系欠缺和法治建设滞后的有效替代机制。

2. 东西部社会资本、金融发展对区域经济增长的差异性影响

面板数据模型式6.25中，TSLS工具变量选取标准同样是以$SOCI_{it}$的滞后项作为工具变量，其他解释变量和控制变量也都采用滞后项作为工具变量，方程要满足识别的阶条件，即保证工具变量的个数至少要与方程中的原解释变量系数数目一样多。表6－21为回归方程输出结果，LM检验和LR检验均表明OLS估计没有固定效应和随机效应模型估计更合适。模型1为固定效应模型，模型2为随机效应模型。Hausman检验显示，西部地区P值为0，接受为固定效应模型的假设；东部地区P值为0.0010，接受为固定效应模型的假设，所以实证检验的结果应重点关注固定效应模型。从西部变量的系数值来看，社会资本、金融发展、社会资本与金融发展互动项都对区域经济增长有正向且显著的影响，贡献程度分别为0.464583、0.653781和0.585802，随机效应模型中社会资本的系数值显著；表明单位人均年产值劳动争议受理率下降代表的社会

信任水平提升、社会关系改善促进了西部金融规模扩大，金融交易成本下降，进而推动区域经济增长。从东部地区回归结果来看，固定效应模型中解释变量和控制变量系数都显著，社会资本、金融发展以及社会资本与金融发展的互动效应都对东部地区经济增长产生显著的正向影响，各贡献系数分别为0.400904、0.511711和0.302581，三个指标都低于西部相同指标数值，可见西部信任水平、社会关系、规范网络的改善与提升推动了区域金融发展，进而促进区域经济增长的效果要优于东部地区。

表6－21　东西部社会资本、金融发展对区域经济增长的贡献差异

解释变量	西部		东部	
	模型1（FE Model）	模型2（RE Model）	模型1（FE Model）	模型2（RE Model）
α	5.404541*** （24.17184）	5.748333*** （18.23064）	5.167708*** （11.04320）	7.540647*** （19.27100）
$SOCI_{it}$	－0.464583*** （－18.88254）	－0.672675*** （－3.330224）	－0.400904*** （－6.696988）	－0.643902** （－2.002077）
FIN_{it}	0.653781** （2.096353）	0.421165 （1.501784）	0.511711* （1.855593）	0.072685 （1.107881）
$SOCIFIN_{it}$	－0.585802*** （－14.65336）	－0.190625 （－0.289347）	－0.302581*** （－5.599708）	－0.049243 （－0.961778）
GOV_{it}	1.194698*** （4.710541）	0.891599*** （3.843628）	4.609234*** （4.021420）	0.873329 （0.948077）
TRA_{it}	－0.197711 （－0.418642）	－0.345418 （－0.560631）	0.701163*** （3.195823）	－0.166283* （－1.730351）
HUM_{it}	11.56823** （2.273584）	19.45108*** （4.103833）	67.19956*** （11.16696）	13.68344*** （5.838534）
R^2	0.975370	0.886792	0.941749	0.730298
Hausman Test	P－value：0.0000		P－value：0.0010	

注：括号中数值为t统计量值；＊＊＊、＊＊、＊表示变量统计值分别通过1%、5%、10%的显著性水平。

社会资本作为物质资本与人力资本后受到普遍重视的经济增长贡献要素，已经越来越成为转型国家或地区经济增长差异的重要解释因素。社会资本通过三个层面的激励机制作用于区域经济金融发展，在微观层面，Putnam（1993）注重家庭网络关系和个人规范；在中观层面，Coleman（1990）注重社会结果与群体关系；在宏观层面，North（1990）注重制度结构与制度关系，注重社会资本作为一种典型的非正式制度对经济发展的作用。通过上述基于两个地理层级的分析，可以看出社会资本在我国的区域分布存在着明显的非均衡性。在东西部之间，西部地区社会资本水平高于东部，且社会资本、社会资本与金融发展互动效应对区域经济增长的贡献程度要优于东部地区；这与法律制度对区域经济的影响效果正好相反，东部地区法律制度环境、法治效率对区域经济金融的贡献都要高于西部地区。在西部省份之间，社会资本水平较高的是那些法律制度环境不完善，法治建设滞后，经济金融水平与层次较低的地区，而在这些地区社会资本对区域经济金融贡献程度较高，尽管绝对水平并不如法律制度相对完善的省份。可见，社会资本在我国这样一个转型大国中对区域金融发展、区域经济增长有明显的正向效应，并且还是对地区法律体系不完善、法治效率低下的一种有效补偿与替代。

如果从文化的角度来看，社会资本本质上是一种文化驱动力，与宗教信仰和民族习俗一样，其产生、形成、自我强化与累积是一个长期的社会、历史变迁过程，其功能的发挥需要几代人的努力，一旦遭到侵蚀与破坏就难以短期内恢复。正因为如此，社会资本在不断自我强化的变迁进程中才越有利于未来的交易与合作实现，虽然社会资本不能完全替代法律、产权等正式制度，但高水平的信任度在无形的积累、运作和交换中降低了交易成本，发挥了经济效益，而信任水平或者信用程度则是金融，特别是现代金融得以存在与发展的基石。

自改革开放以来，中国的物质资本积累迅速，人力资本素质也在不断改善和提高，但社会变迁、文化转型却与经济体制转轨有不匹配的状况。人与人之间相互信任、互惠互利的传统美德，企业之间的社会责任与道德逐渐被极端功利主义、拜金主义所驱动，弄虚作假、坑蒙拐骗在个人、企业组织乃至行政机构中都有存在。社会主义市场经济必然是法治经济，我国东部地区经济的高度发达与相对健全的法律体系、领先的市场化进程关系密切，但激烈的市场竞争中，伦理规范愈发缺失，违背社会公德、破坏社会信任的事件层出不穷，社会资本萎缩严重。西部省份尽管普遍经济落后，法律制度完善程度、法治建设也落后于东部地区，但是在以多元宗教信仰、多样化民族传统融合与并存的西部文化体系中，“强不执弱，众不劫寡，富不侮贫，贵不傲贱”的观念，以及崇尚公平，提倡诚实守信、尊道贵德，注重群体关系与社会规范的价值体系深入人心。这些有利于培育良好社会资本的伦理观与道德观不仅不是现代市场经济发展的障碍，反而是法治市场经济的重要保障、补充与一定程度上的有效替代。精心维护我国的优秀社会资本，特别是西部地区多样化民族传统、多元宗教信仰交织并存的优秀文明，实际上也就是要对文化去芜存菁，就是在继承、发扬和复兴中华优秀传统文化。

第7章
总结与建议

本书的研究是一个复杂的系统工程，致力于将所探讨的西部区域金融发展非均衡问题在“抽离”出系统环境，采用金融专业学科进行精确解剖的同时，还“嵌入”一个较为完整的经济、社会、制度、历史、文化结构中去分析。这种“抽离”与“嵌入”联动的思维方式，类似于物理哲学中的隔离法与整体法，是基于唯物辩证法普遍联系的基本哲学观点，以及均衡与非均衡辩证统一的思想。在方法论上的体现就是坚持系统观的分析方法，运用发展与联系的思维方式分析问题，树立全局与局部考察相结合，整体与部分分析相结合的观念。这种哲学观与方法论支撑着全书的总体逻辑体系。

之所以深入探讨西部区域金融发展非均衡，实质上就是要认清客观现实，缕清存在问题，提出政策建议。下面将从总结与建议两个部分进行阐述，总结旨在对全书现实分析与问题研究进行简要梳理，理顺政策建议的逻辑思路，建议旨在提出针对性的战略选择与对策。

7.1 总　　结

7.1.1 全书逻辑体系的归纳总结

对全书逻辑体系的归纳是一种抽象的思考过程与深刻的思维活动，该部分阐述西部区域金融发展非均衡客观现实与存在问题，通过从一个思想过渡到另一个思想的逻辑体系来展现，如图7－1所示。

图7－1直观地展示了高度归纳的全书逻辑体系，虚线标示的方框内是西部区域金融发展非均衡的阐述，是将研究的问题“抽离”出系统单独进行分

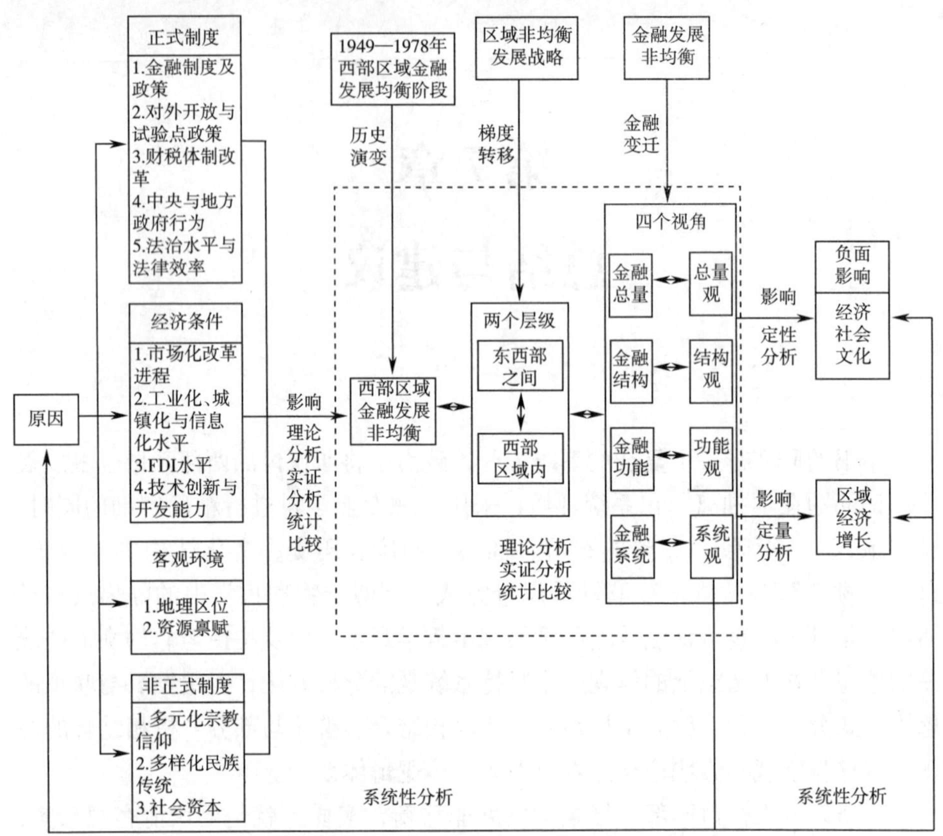

图 7-1 全书逻辑体系归纳

析。通过两个层面和四个视角展开，存在的问题也就相应地表现出来。虚线方框外就是探讨影响与导致西部区域金融发展非均衡的因素，以及由于西部区域金融发展非均衡而产生的效应，这是将研究的问题“嵌入”系统中，并基于普遍联系的哲学思维，采用系统性方法进行综合剖析。

因此，全书的研究也就主要集中在西部区域金融发展非均衡，即金融子系统自身出现的问题（包括金融总量、金融结构、金融功能）；影响西部区域金融发展非均衡的问题，有哪些客观的经济因素与非经济因素，以及由于西部区域金融发展非均衡导致的效应关系，即金融子系统对其他系统（经济、社会、文化等）的影响表现出的问题。

从经济系统、社会系统来看，非均衡及其外在表现的差异性或不平衡性是常态，正如诺贝尔化学奖得主 I. Prigogine（1969）在开放系统耗散结构理论中述及的：非平衡是有序之源。非平衡才能产生协同、关联、互动，实现金融的自组织与演变。我国西部区域金融发展的非均衡是一种客观存在，如果没有差异性就没有区域之间与区域内部的协同、竞争与合作，就不可能在我国这样一个资源稀缺的大国出现有重点、有范围、有选择的区域配置，就不可能实现经济腾飞和可持续的经济增长。过分强调区域均衡发展，比如1949—1978年我国实施的区域经济均衡发展战略，旨在国防安全的需要和追求区域生产力的均衡布局，采取了一系列的行政手段设置资源流动的制度性障碍，制约了区域经济发展，在强制性的促使区域发展趋同的同时，带来了整体经济的低效运行，导致国家贫困落后，以至于邓小平说再不改革开放中国就要被开除球籍。1978年后，我国区域经济发展战略的指导思想是区域非均衡发展，将稀缺资源配置到基础条件好的相对发达地区，以此带动国民经济增长，三十多年区域非均衡发展战略的确实现了我国经济总量的迅猛增长，目前已经是全球第二大经济体。

然而，伴随着区域经济非均衡发展，在金融总量扩大的同时，金融资源的空间分布失衡、区域金融结构不协调、区域金融效率低下，以及金融子系统与经济、社会、制度（正式制度与非正式制度）系统过度非均衡关系的负面效应越来越凸显。也就是说，一方面，东西部之间、西部省份之间的金融总量、结构、功能、系统自身已表现出失衡与不协调的态势，特别是当前我国区域金融发展仍处于渐进式市场化改革进程中的趋异时期，区域金融非均衡的时空态势会加速扩张。另一方面，金融发展本质上也是要为实体经济服务，区域金融发展的非均衡还表现为我国目前金融发展与实体经济的脱节与失衡，现代金融系统在一定程度上偏离了服务实体经济、其发展依赖于实体经济的本质，而这种现象又通过区域发展趋异加以不断放大。东部发达地区通过“虹吸效应”聚集了大量的金融资源，特别是通过金融机构、资本市场等各种渠道吸引了西部落后地区本来就稀缺的金融资源，使得东部金融规模迅速扩张，但大量的资金并未进入实体经济内，而是在虚拟经济体内部循环往复套利。东部的实体经济，特别是中小企业也并未获得可持续性的金融支持，这样金融服务的效率就不可能提升，甚至有的效率指标还低于西部。其他经济负面影响还比如地方“诸侯经济”，人为的市场分割、宏观调控弱化、贫富差距扩大和收入分配失衡、区域经济结构转型差异等。

区域金融发展的非均衡还引致了一系列的社会负面效应，我国西部是一个多样化少数民族分布聚居、多元宗教信仰并存的广袤区域，经济金融发展滞后，特别是在西部少数民族省区，贫富分化加剧会危害民族团结，破坏社会稳定。同时，西部地区土地面积在全国四大经济区域中最为广阔，自然资源也最丰富，但却存在着“资源诅咒”现象，产业结构低层次，处于中国产业链的最底层，再加上东部地区不断将“三高”产业向西转移，这些粗放型的高污染、高耗能、高排放企业逐渐破坏了脆弱的西部生态环境，“竭泽而渔”的方式使得经济发展不具有可持续性。

在文化层面，西部贫困落后的现状与历史上曾经是世界政治、经济、文化中心地带的辉煌不可同日而语。然而西部又是中华文明的重要发源地之一，孕育了中国传统文化，在传统社会向现代社会转型的过程中备受冲击。这其中最突出的就是由于西部的普遍贫困落后，西部传统的内陆文明被武断地加上了封闭、沉滞、保守的标签而受到摒弃；另一方面对西方政治制度、价值体系的盲目追捧，使得中国当前的社会出现了文化缺失与信仰真空，随之而来的是对金钱利益的疯狂追逐，功利主义、享乐主义、拜金主义盛行。更为严重的是，富者越富，穷者越穷，富裕的东部地区与贫困的西部地区，西部较发达的省份与落后的少数民族省份差距与日俱增，经济社会中的“马太效应”成为常态，富裕阶层与富裕地区利用自身权利与实力，倒逼制度供给、政策安排向有利于自身发展与财富积累的方向倾斜，通过金融方式聚集财富已经成为整个社会中最直接、最迅速的手段。富裕地区与富裕阶层同时向贫困地区、贫困阶层推及充满冲突与矛盾的价值观，西部的少数民族传统文化与多重宗教信仰遭受排斥，滋生了民族分裂主义与极端主义，这也是东西部省份之间区域金融发展非均衡对中国的社会变迁、文化发展最突出的负面效应。

实现共同富裕是社会主义的本质，实施西部大开发战略，促进区域经济社会协调发展是我们的长期目标，在众多方面表现出的区域过度非均衡发展态势必须予以控制。从国家的宏观层面上来看，非均衡是注重效率，公平最终也是为了效率，尽管从区域经济政策上，我国已明确提出要转变为协调与统筹发展，但是在区域发展趋异的阶段，要真正实现和达到统筹协调又将是一个长期的历史过程。在非均衡的区域发展过程中，非均衡与均衡是辩证统一的，对非均衡与均衡发展进行调和，进而寻求一种科学发展、可持续发展的对策，使其能实现公平、效率、协调、共享的区域发展状态，最终达到共同富裕。

7.1.2　全书研究观点与结论归纳

根据全书的逻辑架构与思路，该部分对西部区域金融发展非均衡问题的研究进行一个归纳总结。这主要有两个层面：第一个层面是金融本身的问题，就是在对基于两个地理层面，通过总量观、结构观、功能观视角的分析回顾；第二个层面又有两个部分，一方面是对影响西部区域金融发展非均衡原因的归纳，另一方面是由于西部区域金融发展非均衡产生的影响与效应总结。

1. 第一个层面

（1）金融发展的总量观。第3章中首先从理论、实证与统计比较分析了两个地理层面金融总量的非均衡状况。运用六个度量金融总量的指标。从金融业产值贡献度指标来看，东部高于西部，在西部省份内，重庆和四川最高，内蒙古最低。从金融相关率指标来看，东部高于西部，在西部省份内以基尼系数度量的非均衡程度从1978—2012年总体是先下降后上升的趋势；并且无论是东西部之间、西部省份之间，该指标衡量的差异程度在不断扩大，呈现过度非均衡的态势。从非金融机构部门融资总量指标来看，东部高于西部，西部省份内以变异系数衡量的非均衡程度最近几年在缓慢下降，但绝对差距仍然在扩大。从地区社会融资规模来看，东部高于西部，西部区域内四川最高，西藏最低。从金融业法人单位数来看，东部的绝对数和增长率都高于西部，西部区域内四川最多，西藏最少。从金融业从业人员数来看，东部高于西部，西部区域内四川最多，西藏最低，绝对差异巨大。西部省份的金融总量差异明显表现出四川一枝独秀，少数民族省区普遍金融发展水平低下的状况。

（2）金融发展的结构观。第3章中从行业结构、融资结构、金融市场结构、金融资产结构、金融开放结构这五个方面度量西部区域金融结构的非均衡状况。

①行业结构，涉及银行业、证券业和保险业指标。从银行业结构来看，银行业金融机构资产总额、收入比指标、银行业金融机构数以及银行业金融机构从业人员均显示东部数额高于西部，西部省份内四川最高，西藏最低，并且有很大数值差异。贷款占比指标表明，2003年后东部贷款占比变动高于西部，西部省份内重庆和四川处于高位波动，西藏位于低位波动。存贷差指标表明，20世纪90年代后东西部出现存差，且东部存差绝对数与西部差距越来越大，西部省份也在20世纪90年代后相继出现存差，其中四川的存差最高。从变动状况来看，以银行收入比、贷款占比、存贷差绝对差额等指标衡量的区域金融差距在不断拉大，呈现过度非均衡的发展态势。从证券业结构来看，2012年A股筹资额、国内债券筹资额、国内上市公司数、总部设在辖内证券公司数、基金公司数和期货公司数都是东部地区占据绝对优势；从西部省份来看，四川A股和债券筹资比重最高，国内上市公司数、证券公司数和期货公司数也是西部最多，而西藏和宁夏证券业资源占比很低，甚至还没有总部设在省域内的基金公司和期货公司。证券业资源的区域差异非常显著。从保险业结构来看，以保费收入、保险赔款支出、保险公司分支机构数、总部设在辖区内保险公司

数、保险机构从业人员数、保险密度六个指标衡量的2012年保险业发展状况东部都占据优势，保险深度西部略高于东部地区。在西部区域内，四川的保险业总体发展程度和贡献程度最高，大部分省份的保险业发展还比较滞后。

②融资结构，包括间接融资额、直接融资额和融资结构比指标。从间接融资额来看，东部非金融机构部门间接融资额与西部的绝对差距不断扩大；西部省份近几年以变异系数衡量的区域非均衡程度在小幅下降，但各省份的间接融资额也都是在扩大的。从直接融资额来看，东部非金融机构部门直接融资额远远领先于西部地区，西部省份中四川多数年份直接融资额最高，西藏历年的直接融资额都位于最后一位。从融资结构比指标来看，西部非金融机构部门间接融资额在融资总量中的比重比东部更高，因此东部非金融机构部门直接融资额在融资总量中的比重比西部更高；从西部省份来看，新疆的多数年份直接融资额在融资总量中的比例是最高的，四川尽管融资总量在西部位列第一，但是融资结构显示仍然以间接融资为主，直接融资数额和占比都偏低，而西藏的直接融资量甚至有多年为零，意味着间接融资支撑了西藏整个融资总量，融资结构失衡状况是非常突出的。

③金融市场结构，包括货币市场结构与资本市场结构。货币市场结构中选取三项指标进行衡量。从同业拆借规模指标来看，东西部在规模总量和流动方向上存在双重差异，东部融入融出资金都占据绝对规模优势，但西部地区是资金净融入，东部地区是资金净融出，短期资金的区域流向显示了资金从东向西的流动，具有自上而下的特征，主要是政府扶持西部地区的主导作用，并非市场本能。西部省份中四川融出资金最多，除青海是资金净融出外，其他省份均是资金净融入，其中内蒙古资金净融入最多。从质押式回购规模指标来看，东西部之间的规模总量和流动方向双重差异与同业拆借规模相同，西部省份内四川质押式回购融入和融出规模最高，西藏最低，并且大部分省份都是资金净融入的。从现券买卖指标来看，东西部之间的规模总量和流动方向存在的双重差异与同业拆借规模、质押式回购规模相同，西部省份中四川融入、融出资金规模最高，青海最低。大多数省份是资金净流入的，其中四川资金净流入在西部最多。

资本市场结构中，基于可搜集的数据，选取了2012年股票市价总值、股票成交金额、投资者股票（A股、B股）账户数、上市公司各层次市场募集资金、上市公司财务状况五个指标进行度量。从股票市价总值来看和股票成交金额来看，东部绝对数和比重都高于西部，在西部省份内，四川占比最高，宁夏最低。从投资者A股、B股账户数来看，A股新增开户数和期末账户数都是东部高于西部，西部省份内四川最高，西藏占比最低；B 股新增开户数和期末账户数四川最高，新增开户数青海和宁夏最低，期末账户数青海最低。从上市公司各层次市场募集资金指标来看，主板募集资金东部高于西部，西部省份内四川最多，西藏和广西当年没有募集资金。中小板募集资金东部高于西部，西部省份内四川最高，重庆、甘肃、青海、宁夏当年没有募集资金。创业板募集资金显示东部高于西部，西部省份内内蒙古最高，有八个省份当年没有募集资金。场内市场募集资金总体状况看，东部领先于西部，西部省份内四川总量最大，云南最低。与货币市场资金区域净流动的方向不同，资本市场的筹资规模和流动方向都明显地表现出金融资源向东部发达地区聚集的现象，资本市场强化了资金的趋利性和流动性，加剧了东西部金融发展差距。从上市公司财务状况指标来看，资产规模和营业收入都显示东部高于西部，西部省份内四川占比最大，西藏最小。利润总额东部高于西部，西部省份内四川最高，宁夏最低。平均净资产收益率东部指标高于西部，西部区域内贵州最高，云南最低。每股净资产指标表明东部高于西部，西部省份内贵州最高，西藏最低。

④金融资产结构。根据统计披露可搜集到的 2012 年省域层面数据，衡量货币结构中的存款结构差异状况，包括企事业单位存款、财政存款和城乡居民储蓄存款三个指标。企事业单位存款和城乡居民储蓄存款指标数据显示，东部绝对数额和比重都大于西部，在西部区域内，四川总量最大、占比最高，西藏总量最小、占比最低。财政存款指标数据显示，东部地区高于西部地区，西部省份内四川最高，宁夏最低。

⑤金融开放结构。根据可搜集到的省际层面数据和资料，选取 2012 年金融业中外资银行资产总额、机构个数和从业人员规模与比重指标，金融市场开放结构中的境外上市公司数（H 股）指标，以及融资开放结构中的发行 H 股筹资额指标来度量东西部和西部内部省份之间的金融开放程度与差异状况。外资银行资产总额和外资银行从业人员数指标显示，东部高于西部，西部省份内四川最高，有四个省份还没有外资银行进驻。外资银行机构个数东部占比高于西部，西部区域内重庆最多。境外上市公司数东部多于西部，西部省份中四川数量最多。当年发行 H 股筹资额东部高于西部，西部省份中当年只有内蒙古发行 H 股进行筹资。从金融机构总资产、总机构个数和从业人员总数的外资银行指标比重结构看，东部均高于西部，在西部省份内重庆的三项比重结构指标最高。

（3）金融发展的功能观。金融发展的功能观主要就是研究金融的功能是否得以充分发挥。金融效率作为金融功能演进的核心基础和本质属性，探讨区域金融功能的非均衡，最核心的就是衡量区域金融效率的非均衡特征与表现，以及金融非均衡对经济发展贡献效率的影响和作用差异。结合我国西部区域金融发展实情和可搜集到的省际层面数据资料，本书对区域金融效率非均衡的分析从金融总体效率、金融机构效率和金融市场效率三个方面进行测度。

①金融总体效率。共有三个指标，分别是金融系统资源配置效率、金融劳动产出效率和金融市场化率。金融系统资源配置效率显示历年东西部波动趋势基本一致，但东部指标略高于西部，西部省份内四川历年的指标数据处于高位变动。金融劳动产出效率显示多数年份东部高于西部，西部区域内，四川和重庆历年数据较高，西藏较低。以金融市场化率衡量历年数据东部都高于西部，西部省份重庆历年数据最高，西藏处于低位波动。

②金融机构效率。包括四个指标，金融机构动员储蓄能力、储蓄转化为投资效率、金融机构资金运用效率和金融机构不良贷款率。金融机构动员储蓄能力显示多数年份储蓄率指标数据西部高于东部，东部金融市场更发达，多元化的投资工具提供了更多的金融工具手段，西部区域内陕西历年变动处于高位，西藏变动处于低位。储蓄转化为投资效率显示历年西部数据略高于东部，但效率都呈现下降趋势，并且东西部之间效率差距在缩小；西部区域内各省份历年变动都呈下降态势，内蒙古和广西下降幅度较大。金融机构资金运用效率指标显示历年西部指标数据略高于东部，东部金融机构体系内资金积压的情况更严重；西部地区各省份效率都有下降趋势，内蒙古和广西下降幅度较大。金融机构不良贷款率显示，2011 年和 2012 年西部都高于东部，西部金融机构脆弱性更突出；西部省份内陕西最高，重庆最低，陕西金融机构脆弱性特征最明显。金融机构效率多项指标显示西部略优于东部，而西部省份并非金融总量占据优势的四川金融机构效率最高。

③金融市场效率。根据可搜集到的数据选取两个指标，度量市场融资效率和资本市场经营效率。市场融资效率指标数据显示，东西部都呈现上升趋势，大多数年份东部指标高于西部；西部区域内多数省份数据变动都处于低位，西藏有的年份市场融资为零，市场融资效率非常低，其结构失衡严重。资本市场经营效率以上市公司平均每股收益指标表示，2012 年西部指标数据略高于东部，差距不大；西部区域内贵州指标最高，云南最低，各省份数据显示资本市场经营效率普遍较低。

（4）金融发展的系统观。金融发展的系统观是将金融子系统“嵌入”经济、社会、制度、文化、历史等系统结构中，运用唯物辩证法普遍联系的哲学思维分析它们之间的关系、影响和作用，实质上就是第二个层面探讨与阐述的内容。

2. 第二个层面

第二个层面的系统性分析有两个部分：一是深入探讨影响西部区域金融发展非均衡的原因和机理，二是阐述西部区域金融发展非均衡的负面影响和量化效果。

（1）西部区域金融发展非均衡的形成机制与原因

第4章从五个方面分析影响西部区域金融发展非均衡的因素：制度因素、经济条件因素、客观环境因素、非正式制度因素以及不确定性冲击因素。这五个方面并非孤立存在，而是在影响西部区域金融发展非均衡的机制中也是具有普遍联系，甚至决定作用的因素。

①制度因素。首先从正式制度进行分析。一是金融制度及政策影响，包括信贷管理体制改革、金融机构体系改革、投融资体制改革以及金融调控政策四个方面。二是对外开放程度与试验点政策。三是财税体制改革，特别是财税政策对区域资金流动与配置的影响。四是中央政府与地方政府行为，中央政府行为涉及针对性的利率安排，针对性的金融机构准入标准，针对性的区域股票筹资政策；地方政府行为导致的区域金融发展非均衡主要是地方政府对金融发展的管制与干预。五是法律制度环境差异。运用面板数据的计量模型实证分析了法律制度环境对区域金融发展的差异性影响，东部发达地区比西部欠发达地区法律环境对区域金融发展有更高的贡献效应，西部省份陕西、甘肃、重庆等省份贡献效应较高，而少数民族省份如内蒙古等贡献效应较低。

②经济条件因素。一是区域市场化改革进程的差异。二是工业化、城镇化与信息化水平，分析了工业化、城镇化、信息化的互动关系与耦合关系，并阐明三者对区域金融发展的差异影响，最后通过面板数据模型实证分析了工业化、城镇化、信息化与东西部区域金融发展的关系，实证结论认为工业化、城镇化、信息化与东西部金融发展都有长期的稳定关系，对区域金融发展的作用是一个具有持续性的演进过程。三是外商直接投资（FDI）差异，外商直接投资会带来规模经济效应和技术外溢效应，进而影响区域金融发展。四是技术创新与开发能力，主要从极化效应、知识溢出效应、创新规模效应三个方面分析对区域金融发展的非均衡形成影响。

③客观环境因素。一是区位因素，基于金融地理学的理论与思想，从气候生存环境，交通运输成本，地缘政治与历史因素三个方面阐述了对区域金融发展非均衡形成的影响。二是资源禀赋因素，我国作为一个地理面积广袤，资源相对稀缺的国家，自然资源禀赋差异对区域金融发展非均衡有一定的影响，同

时，人力资本禀赋及配置效率是影响区域经济金融发展的重要因素。

④非正式制度因素。从多元化的宗教信仰、多样化的民族传统和社会资本三个方面进行阐述。一是多元化宗教信仰的影响，涉及经济伦理的思想，包括佛教信仰与金融发展，伊斯兰教信仰与金融发展，基督教信仰与金融发展，中国“三教文化”与金融发展。二是多样化的民族传统，主要分布指广泛分布在我国西部区域的少数民族传统、习俗、观念对区域金融发展非均衡的作用；同时指出重视多元化宗教信仰、多样化的民族文化传统是我国经济金融协调、和谐发展的必然选择。三是社会资本。社会资本通过社会网络、行为规范提升地区的信任水平，进而影响区域金融活动与运行，该部分运用面板数据模型实证检验了社会资本对区域金融发展的贡献差异，结果发现西部社会资本对区域金融发展的贡献程度高于东部，这与正式制度的法律制度环境作用形成互补，即东部地区法律制度环境优于西部，而西部社会资本水平以及社会资本对区域金融发展的贡献都要优于东部；在西部省份中，那些法治效率较低的省份，社会资本也普遍发挥了良好的替代效果，对推动区域金融发展的作用空间很大。

⑤不确定性冲击因素。不确定性对于区域金融的冲击影响通常是难以预料的，一般分为区域内不确定因素与区域外不确定因素。区域内的不确定性因素主要有地区暴乱、心理恐慌、气候自然灾害，区域外的不确定因素主要有国际金融危机、国际势力军事攻击、外资冲击等。

（2）西部区域金融发展非均衡的负面影响和量化影响

该部分涉及：一是第 5 章西部区域金融发展非均衡的负面影响分析（定性分析），二是第 6 章西部区域金融发展非均衡对区域经济增长的差异性贡献效应（定量分析）。

①西部区域金融发展非均衡的负面影响与效应。主要有三个方面：第一个方面是对经济的负面影响，一是资本区域流动效应，通过虹吸效应与马太效应扩大区域差距；二是地方保护主义导致的人为市场分割；三是对区域二元经济结构转换的弱化效应，西部城乡二元经济结构转换缺少必要的金融支持，落后于东部发达地区；四是削弱宏观调控效果，区域经济金融周期、波动差异与“一刀切”的宏观调控政策相矛盾，同时，货币政策传导效率降低，机制弱化。第二个方面是对社会的负面影响，首先是对我国各民族团结、社会稳定和国家安全有巨大的负面作用；其次是对落后地区自然生态环境的破坏，使得西部成为生态环境脆弱的地区。第三个方面是对文化及观念的负面影响，极端功利主义、享乐主义扰乱了社会主义市场经济正常秩序，拜金主义盛行，对文化艺术领域、教育领域和社会风气形成巨大的负面影响，企业社会责任缺失，个

人信仰真空，骇人听闻的道德沦丧事件层出不穷。东部发达地区工业文明与海洋文明对落后西部地区内陆文明的摒弃与冲击，富裕阶层与富裕地区利用自身权利与实力倒逼制度向有利于自身发展与财富积累的方向倾斜，并向整个社会推及富裕阶层、富裕地区的文化与价值观，排斥贫困阶层、贫穷地区的文化与价值观，造成中国的传统文化与核心价值观的内在撕裂。

②西部区域金融发展非均衡对区域经济增长差异性的贡献效应。通过实证检验，第一是西部省份区域经济增长的金融贡献程度有很大差异，四川作为金融资源总量最大和金融结构变迁领先的西部省份，在金融支持实体经济功能的发挥上却并不是西部最有效率的。在东西部两大地区的金融发展对区域经济增长的影响上具有共性，也有明显的差异性。共性在于长期来看，金融发展或者说金融支持能够促进区域经济的持续稳定增长。差异性在于，西部地区金融发展在长期中对区域经济增长的贡献程度要大于东部地区。而在短期内，西部地区金融发展促进区域经济增长的关系不成立，东部地区金融发展则能够迅速发挥促进地区经济增长的功能。

第二是西部区域法律制度环境、金融发展与经济增长的实证检验。实证结果表明除了西藏外，西部各省份法律制度环境的改善、法治效率的提升促进了地区金融深化，并进而推动了区域经济增长，这个效果存在明显的地区非均衡性。从东西部来看，东部地区法律制度、金融发展对经济增长的作用比西部更显著，这部分地解释了“良好的法治促进经济增长”这个命题。但是从我国宏观总体来看，低水平的法治与高速经济增长同时并存的“中国之谜”仍然存在，究其根源非常复杂，但仅就本书理论与实证分析的结论来看，法律环境和法治建设作为正式制度中的一个重要环节，要使其功能得以高效的发挥，还必须完善其他配套制度，优化金融生态环境，提高整个经济系统、社会系统的运行效率。

第三是西部区域社会资本、金融发展与经济增长的实证检验。在西部省份中，社会资本以及社会资本通过影响区域金融发展作用于区域经济增长的贡献程度一方面存在着明显的省域差异，另一方面实证结果反映了社会资本作为一种重要的非正式制度对法律制度的替代作用，比如像西藏、新疆、内蒙古、青海这些偏远的少数民族聚居省份，法律体系相对落后，而社会信任水平就发挥了一定的正向作用。在东西部之间，西部地区社会资本水平高于东部，且社会资本、社会资本与金融发展互动效应对区域经济增长的贡献程度要优于东部地区；这与法律制度对区域经济的影响效果相反，东部地区法律制度环境，法治效率提升与金融发展互动效应对区域经济的贡献程度都要高于西部地区。研究表明，在中国这样一个地域差异巨大、关系型社会或者称之为“熟人社会”（费孝通，1948）特征显著的转型国家，社会资本能成为法律体系欠缺和法治效率低下的有效替代机制，这也表明了弘扬西部优秀社会资本，加强非正式制度（文化）建设具有的重大历史意义与现实意义。

基于全书逻辑体系的总结，是对西部区域金融发展非均衡问题研究的一个系统梳理，旨在归纳理论分析、实证分析、统计比较得出的主要观点与结论，在此基础上，提出发展思路与针对性政策建议。

7.2 建　　议

7.2.1 顶层设计的协调机制

西部区域金融发展从非均衡向协调发展的转变，既要吸收东部发达地区改革开放后率先发展的成功经验，又要避免东部粗放式发展带来的沉痛教训，这就需要一种能统筹实现效率、公平、和谐、共享的区域发展战略，需要进行系统完善的顶层设计。

协调是对非均衡与均衡发展的调和，是非均衡与均衡的辩证统一。从指导思想来看，党的十八大后提出要深入实施区域发展总体战略，促进区域经济协调发展。从空间战略来看，继续深入推进西部大开发，加强各区域板块间的协调与互动，特别是与东部发达地区的合作关系，以此推动西部欠发达地区走向全面大开放，实现“后发赶超”。因此，西部区域金融发展的转变要切合总体指导思想和空间发展战略。从逻辑思路来看，第一个层面就是要实现西部区域金融子系统自身的协调发展；第二个层面是金融系统与经济、制度（正式制度与非正式制度）、社会等系统结构的协调发展。第一个层面的协调发展是旨在实现第二个层面的协调发展，任务是尽快缩小区域非均衡发展差距，目的是实现“后发赶超”，本质是达到共同富裕。而第二个层面旨在为第一个层面提供全面的宏观指引与完善的机制环境建设。在经济领域，要加快西部大开发，推动“向西开放”，加强区域合作交流，实现区域协调发展；在社会领域，要加快西部传统社会的现代化转型，集聚少数民族对国家的向心力，增强中华民族的整体凝聚力；在文化领域，要加快复兴西部优秀传统文化，不断丰富与充实社会主义核心价值观；在人类文明进程上，重视人与自然、社会、文化的和谐共生、协调发展，打造美丽西部，建设生态文明。

西部区域金融协调发展需要一个系统的顶层设计协调机制（见图7－2），一个科学高效的协调机制应该是注重公平与效率的调和，全面性与层次性的统一，耦合性与差异性的和谐。首先，西部区域金融发展政策应该是统一性与差异性并存，这是基于我国区域客观非均衡的地理区位、资源禀赋、社会结构、人文历史、经济条件、产业结构状况等因素；在保持区域金融发展与国家总体战略一致性的同时，实施差异性的制度供给与政策安排。其次，要坚持以推动市场化导向为基础的区域金融协调发展目标与政策。市场在资源配置中起决定性作用，区域金融发展的政策必须以市场为基础，要搭建政府与微观经济主体的高效沟通机制，及时对微观主体的利益与需求做出反馈与合理引导，尽可能地增进区域整体效率。对于市场中的分割、缺陷与失灵，政府要有所作为，通过政策安排与机制建设，培育西部区域性金融市场。区域金融政策要保持时空动态性，根据西部区域金融演进格局的变迁适时作出调整，对于西部与其他区域各个层面的金融协同与交流要适时予以调整。最后，要牢牢把握西部区域经

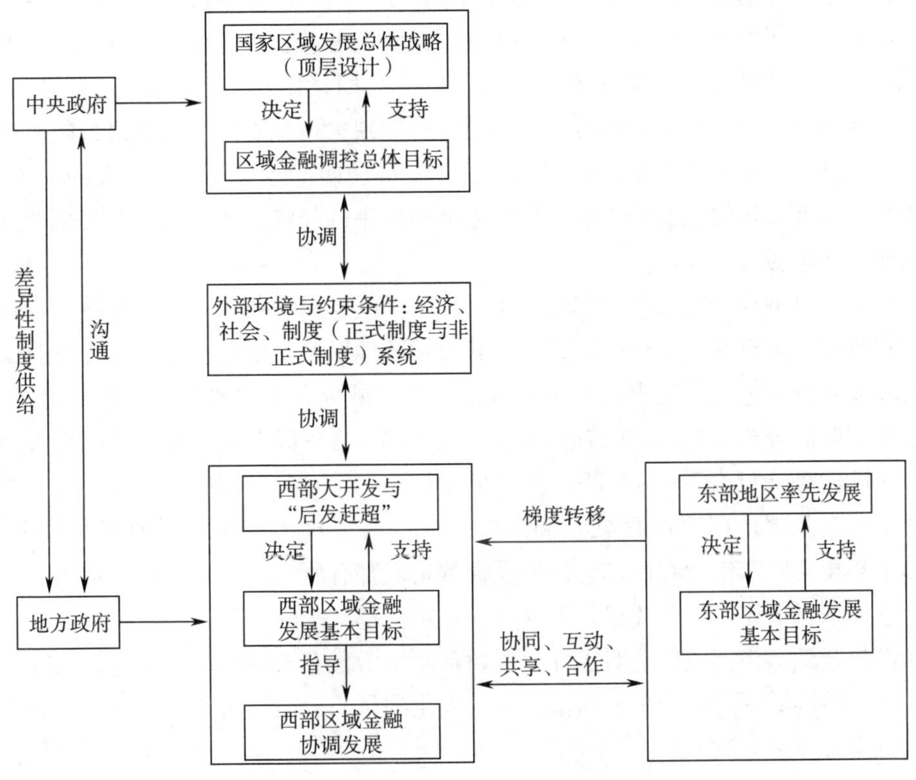

图7－2　西部区域金融协调发展机制

济、社会、制度、人文的历史沉淀与差异特质，推动金融系统与经济、社会、制度（正式制度与非正式制度）系统的协调发展，以金融为先导支持西部大开发，实现西部区域的“后发赶超”，重塑西部历史辉煌，推动西部优秀传统文化的复兴。

7.2.2 措施与政策建议

1. 西部区域金融协调发展的政策建议

（1）构建多元化的金融机构体系，优化西部银行业结构

利率市场化是我国金融变革的突破，其前提条件之一是金融机构的多层次与多元化发展，形成国有与非国有、全国性与地方性、大银行与中小银行、银行机构和非银行机构竞争并存的多元金融机构体系格局。西部区域一直以来在金融结构上存在失衡，金融市场化进程落后，国有商业银行在西部占据绝对主导，地方性金融机构和非国有金融机构发展严重滞后，多数省份还没有外资金融机构进驻。这种单一的金融机构状况阻碍了西部地区利率市场化改革，更重要的是压抑了西部民族企业、中小企业、民营企业的金融需求。并且，资金的低效配置又受到地方政府为攫取金融资源的长期管制与干预，金融脆弱性突出，而金融行业的竞争效率低下甚至竞争机制缺失也源于国有商业银行的市场垄断。从长期来看，中小企业和民营企业是推动西部经济发展和开发的主体，现有的西部金融组织结构无法支撑与服务市场中的经济主体，构建多元化的金融机构体系意义重大。

①国有商业银行在西部的优化布局。从20世纪90年代后，在商业银行转制过程中，国有商业银行撤销大量经营亏损的地区分支机构，使得国有商业银行在城乡分布上主要集中在大中型城市，在地域分布上主要集中在东部地区。上述章节的分析中指出，国有商业银行在西部金融资源总量和规模方面具有绝对垄断优势（见表7-1），2011年，除中国银行统计口径问题缺少数据外，农业银行在西部地区吸收存款余额最多，在行内占比23.3%，交通银行最少，与上年相比四家银行在西部地区各项存款余额都有所增加，西部地区各项存款余额在本行占比，除工商银行外其余三家银行都有小幅上升。国有商业银行在西部的金融结构上占据绝对主导，对西部经济增长有长期的显著影响。国有商业银行的区域调整符合企业追求利润最大化的目的，但与西部地区经济发展的金融支持匮乏形成矛盾。

表7-1 **2011年国有商业银行西部地区存款状况①**

国有商业银行	工商银行	农业银行	中国银行	建设银行	交通银行
西部地区各项存款余额（亿元）	21139.92	22381.87	—	18731.39	3168.43
本行占比（%）	14.61	23.3	—	18.75	9.65

尽管我国东西部国有商业银行都占据主导地位，但国有商业银行对东、西部地区形成的经济效应有极大差别。第一，西部经济贫困落后，决定了西部国有商业银行缺乏规模效应。规模型企业、上市公司数量远远少于经济发达的东部地区，单个国有商业银行难以发挥规模经济效应。第二，西部国有金融机构垄断了西部金融总量，但大量资金积压在银行体系内，市场上金融资源主要流向了数量稀少的国有企业和上市公司，大量的中小企业融资困难，金融风险集中在国有金融机构体系内。第三，在总分行制情况下，国有商业银行将西部大部分金融资源输送到东部发达地区，金融资本和优秀的人力资本大量东迁，西部只剩下低效能的金融机构。表现在竞争手段上，是简单、低层次的价格竞争；在金融创新上，无创新动力与能力；在与客户关系上，是对极少数优质客户的争夺和对大多数规模小、实力弱或资质不够企业的冷落。国有商业银行重点对传统国有大中型企业“输血”，且国有企业多集中在高污染、高耗能、高排放的传统型产业，形成对非国有经济的天然歧视，这种市场定位与西部经济发展特点强化了地区金融业发展的“路径依赖”，金融市场化程度低极大地压抑了西部地区金融效率的提升，直接影响地区经济效益的提高。

因此，一方面，国有商业银行应该在当地人民银行统筹指导下，根据西部各地区资金存量与流量现实状况进行合理规划，设置分支网点，而不是以行政式的区域层层设置营业网点。另一方面，国有商业银行要提升金融效率，就要改善治理结构，进行存量调整，混业经营尝试，大力推动金融产品与业务创新等。公司治理是金融机构永续发展的基石，要依靠产权改革，现代银行制度建设改善银行治理结构，以建立健全的组织治理架构，清晰的职责边界，明确的决策规则和程序，有效的激励和监督机制，信息披露和透明度，以及合理的社会责任为改革目标，提升金融机构效率。国有商业银行的资金投向在保证对西部地区重大项目建设支持的基础上，要大力支持科技含量高、发展潜力大、环境污染小的创新型企业，这些企业的发展符合我国经济结构调整和转型的战略方向。

① 根据各银行2011年年报整理而得。

②股份制商业银行在西部地区的发展定位。东部发达地区最早出现股份制商业银行，提供优质的区域金融服务是早期功能定位；而股份制银行逐渐制定跨区域布局与经营战略，突破地域限制其主要原因是资产规模迅速扩张与资本寻求新盈利点的欲望。20世纪90年代末西部大开发战略实施后，进驻西部既体现了股份制商业银行的获利意愿，也符合国家的期望，希望打破西部垄断、单一、集中的银行结构，提升竞争和金融市场化程度，实现帕累托效率改进。但是，股份制商业银行在西部的发展经营存在诸多问题。一是股份制商业银行总体上看，在西部网点分布过少，分行数占比偏低（见表7-2），截至2011年末，十二家股份制商业银行西部分行数占比最高的是浦发银行，有十个分行，占比27.03%；最低是广东发展银行，有一个分行，占比3.33%。并且各股份制商业银行西部分行多为一级分行，二级分行与东部发达地区相比数量很少，这意味着股份制商业银行在西部地区的分支机构主要集中在各个省会，非省会城市分布稀少。成都、重庆、西安和昆明成为股份制商业银行在西部最集中的地区，空间非均衡分布特征明显。二是同质竞争导致动员储蓄效率低下。股份制商业银行在西部基于“存款立行”、“存款优先”的理念与国有商业银行形成竞争，抢夺有限金融资源。国有商业银行在结构性重组过程中不断从县域大规模撤出，强化重点在西部城市的经营战略，与股份制商业银行在西部地区空间布局类同，股份制商业银行则主要在城市展开与国有商业银行的竞争。因此，股份制商业银行常会采用信贷管控放松、支付高额利息、票据循环贴现等手段大量揽储的同时又大量放贷，金融运行效率较差。三是信贷集中加剧了金融机构脆弱性，股份制商业银行的“追随型”策略就紧跟国有商业银行，信贷集中投放到西部地区大中型国有企业，这违背了规避风险和分散化投资的原则，西部地区国有企业普遍的低效运营与产业结构落后，又在“预算软约束”情况下形成倒逼机制，使得风险在股份制商业银行中累积。同时，股份制商业银行的金融工具差异化程度低，在西部地区业务结构单一，加剧了行业低水平竞争。

表7-2　2011年股份制商业银行在西部各省（直辖市、自治区）分行数①

银行名称	西部分行数（个）	分行总数（个）	分行数占比（%）
渤海银行	1	15	6.67
浙商银行	4	15	26.67

① 根据各银行2011年年报搜集整理而得。

续表

银行名称	西部分行数（个）	分行总数（个）	分行数占比（%）
恒丰银行	4	10	40.00
民生银行	4	32	12.50
兴业银行	7	37	18.91
浦发银行	10	37	27.03
招商银行	18	88	20.45
深圳发展银行	3	21	14.28
广东发展银行	1	30	3.33
华夏银行	10	52	19.23
光大银行	7	34	20.59
中信银行	17	54	31.48
总计	86	425	20.24

因此，股份制商业银行在西部的发展应该将追随型与特色型发展模式相结合。西部金融总量相比东部小，金融资源贫乏，留给股份制商业银行的发展空间有限，这就客观要求其树立差异性的、有竞争力的金融服务、金融产品、客户选择等发展策略，将目光与视野从争夺国有商业银行的金融资源份额转向发掘市场，做大蛋糕，在开拓进程中逐渐形成凸显自我特色与核心价值的服务，发现与培育客户群体，逐步确立在西部金融业中的地位。通过培育有利于组织结构、市场开拓、产品设计、企业文化积淀的创新氛围与环境，适时调整发展策略，并根据股份制银行普遍机制灵活的优势特点，可集中资源与人力专注于创新性的产品开发。

③外资银行进驻有利于推进西部金融开放与市场化进程。上述的各项统计指标均显示，西部地区外资银行数量、资产、人员明显少于东部发达地区，大多数金融发展水平落后的西部省份，尤其是少数民族聚居省份还未引入外资银行分支机构。外资银行落地西部，有利于西部省份利用外资支持区域经济发展。其盈利会产生良好的示范效应，吸引更多外商投资企业落户西部，在带来先进的金融技术和国际管理经验同时，引入国际市场竞争机制，提高西部银行业整体效率，加快西部地区金融国际化步伐。

从目前外资银行在西部地区分支机构设置来看，主要集中在几个经济发达省份的省会中心城市，与国有商业银行、股份制商业银行形成竞争态势。从长期来看，外资银行要在西部地区形成核心竞争力，应该更加注重西部农村地区的金融需求。西部“三农”基础薄弱，发展水平低，既是一个经济问题、社会问题，又是一个生态问题。中央提出西部要坚决实施退耕还林还草，发展生态农业、特色农业的战略，在这一战略的实施过程中，国家给予大量的政策倾斜。外资银行可支持广袤的西部有大量资金渴求的农牧业基础设施建设，支持农业现代化、科技化转型与成果。西部地区基础设施、大型项目建设是西部大开发的主要表现，基础设施建设领域的资金规模不足与资金使用效率是制约西部经济发展的瓶颈；而外资银行在信贷投放上更加注重经济效益，从东部经济业绩来看，项目平均投资效果系数、平均投资回收期和平均用汇创汇率等效益指标普遍比国内企业投资项目高，在此领域外资银行可大有作为。同时，西部地区要制定针对外资银行的优惠税收政策和相关法规，保证优惠政策措施的规范性与稳定性，在防范外资银行风险的同时，实施较为灵活的监管策略，搭建良性的竞争环境。

④推动西部区域地方性金融机构发展。地方性金融机构主要是指由地方政府、经济组织、居民个人投资组成的地方（区域性）商业银行、信用社、信托、租赁等各种金融组织的总称。对于欠发达的西部地区而言，建立多样性的地方金融机构十分必要。首先这是经济体内部非均衡状况所决定的，既有结构多元、规模差异的金融服务需求者，还有多种储蓄动机的资金供给者，这必然要求非均齐、多样化的金融机构与之相对应，形成地域空间与经济结构上的动态对应效应，获得信息优势、产权结构优势、低成本优势和经营适应性优势。其次，大银行支持大企业，中小银行支持中小企业。特别是在国有经济一统天下，大型商业银行占据绝对主导的西部地区，非国有经济规模小、比例低、内生能力低下是制约西部地区经济发展的主要症结，是国有商业银行垄断稀缺的金融资源，又是拒绝向中小企业、民族企业提供金融服务的必然结果。西部非国有经济的发展壮大要依靠非国有金融支持，西部大量的地方性中小企业要依靠西部地方性金融机构，特别是城市商业银行，城市、农村信用合作社提供针对性的金融服务。比如城市商业银行，是在城市信用社整顿规范基础上合并组建而成，在动员当地资金、优化金融资源配置、支持中小企业、促进各地区中心城市发展和维护社会稳定方面作出重要贡献。如表 7－3 所示，西部各省、市、区城市商业银行机构分布存在明显的空间非均衡状况，截至 2011 年底，四川是西部拥有城商行最多的省份，西藏仍未建立城市商业银行。西部省份大多数城市商业银行成立时间短，能够更快地建立现代企业制度，完善公司治理结构。最后是化解西部金融机构风险的客观要求。上文章节分析中的统计数据显示，西部金融机构不良贷款率高于东部地区，对于西部以间接融资为主导的融资结构，大量的风险集聚在国有金融机构体系内，企业在获取信贷规模超越

自身资产规模就开始向银行转嫁风险，并倒逼银行加大信贷投入。西部地区国有企业与国有金融机构的扭曲经济关系，以及西部国有企业以传统“三高”产业为主导致的变革刚性，使得银行脆弱性远高于东部地区，地方性金融机构多样化发展能分散大型商业银行风险。

表7－3　　2011年西部各省、市、区城市商业银行机构数①

省份	法人机构数（家）	所在城市
四川	13	成都、乐山、德阳、泸州、攀枝花、绵阳、南充、自贡、宜宾、凉山、遂宁、雅安、达州
新疆	4	乌鲁木齐、克拉玛依、库尔勒、奎屯
内蒙古	4	呼和浩特、包头、鄂尔多斯、乌海
贵州	4	贵阳、遵义、六盘水、安顺
云南	3	昆明、玉溪、曲靖
广西	3	南宁、柳州、桂林
陕西	2	西安、宝鸡、咸阳
宁夏	2	银川、石嘴山
重庆	2	重庆、万州
甘肃	2	兰州、平凉
青海	1	西宁
西藏	0	—
总计	40	—

促进西部地方性金融机构发展，一是中央银行通过利率、资金来源、业务创新等方面对西部现存的中小银行给予针对性指导与支持。二是要发挥城市商业银行的功能，实现西部省份中心城市发展的“集聚效应”与“扩散效应”，为打造各地区的经济增长极提供支持。三是大力发展地方性农村金融机构，比如村镇银行、贷款公司、农村资金互助社等新型农村金融机构，突出灵活机制，引进民间资本与外国资本入股，实现产权民营化与多样化。四是体现地方金融机构的地域专业优势，多样化的地方性金融机构要与国有商业银行竞争，必须要形成自我核心竞争力，提供专业化、异质性服务，比如集中于城市服务的表外业务，渐进式的推动社区银行发展，满足社区居民的金融需求。

⑤大力发挥政策性金融机构功能。政策性金融机构在西方通常被称为“开发性金融机构”或“政府专业性机构”，旨在协调配合国家区域政策执行

① 根据西部各省、市、区2012年统计年鉴整理而得。

与产业政策导向，不以盈利为目的，并在特定领域发挥金融功能的专业性金融机构。政策性金融机构具有特殊功能：一是其弥补功能。那些因存在外部性及投资期较长但对市场有长远和整体利益效应的项目，往往不可避免地存在金融资源配置的盲点，需要政策性金融加以填补。二是其诱导功能。对于在区域经济发展过程中那些处于成长初期、前景尚不明朗，但符合政府偏好的产业，由政策性金融机构先行投资，增加非政府投资的信心，有利于投资乘数效应形成。三是其政策性功能。通过利率水平、融资标准、贷款期限等倾斜性优惠安排，将资金投放于国家扶持的区域与产业，服务区域协调发展与产业结构调整。从西部大开发的资金性质来看，具有长期性、规模型、投资性、集中性、诱导性等特征。由于内源融资能力差，商业银行又以利润最大化为目标，需要大量资本注入的大型项目、基础设施建设普遍长期资金缺乏，而“铁公基”、调整产业结构等又是西部大开发的重点，这些巨大的融资任务都要依靠具有特殊功能的政策性金融机构来完成。

政策性金融机构的特殊功能与西部大开发长期资金需求相吻合。为此，一是要保障政策性银行自身资金来源。政策性银行可发行专项针对西部大开发的债券，用于大型项目、基础设施建设的长期信贷支持，也可以向发达国家或地区金融机构融资。二是更加注重西部地区技术研发与创新的专项资金支持，既符合国家“新四化”建设战略要求，又能够提升项目支援的成功率，降低金融机构脆弱性。三是考虑建立西部开发银行，重点解决西部区域性资金短缺问题。我国已进入第二轮西部大开发阶段，并且重建丝绸之路经济带，推动向西开放，大型基础设施建设仍是核心，其具有长期性与艰巨性。而专门针对国家实施区域政策、对外开放政策、产业调整政策的西部开发银行设立就非常必要，以此缓解东部发达地区长期以来“虹吸效应”下的西部资金贫乏状况，保证中央财政转移支持西部大开发的有效施行，改变区域发展非均衡态势。

此外，随着银行业对民间资本的逐步开放，未来民营银行将为实体经济发展提供差异化和高效的金融服务，这与我国多元化经济主体的客观要求相符。民营银行的出现将倒逼传统金融机构加快升级转型和市场化步伐，提升创新能力，并在同行业中发挥“鲶鱼效应”，在一定程度上填补传统银行易忽略的小微企业和个人差异化金融业务，有效缓解小微企业融资难、融资贵的问题，而金融服务薄弱与金融结构单一的西部地区也应加快发起与设立民营银行。

（2）建设西部资本市场，优化金融市场结构

《西部大开发“十二五”规划》对西部地区经济社会发展进行了科学合理的布局，提出了在新阶段西部发展的总体纲要。新一轮西部大开发既是崭新的

机遇，又面临更加激烈的竞争，其中最核心的还是资金问题，长期、巨额的资金需求与中央极为有限的转移支付形成了突出矛盾。党的十八届三中全会指出健全我国多层次资本市场体系，西部资本市场建设获得了崭新的发展机遇。资本市场作为经济发展中长期资金融通最重要的场所，对于西部地区经济结构调整、产业结构升级、新型城镇化建设、国有企业改革、资源优化配置具有重大意义。

西部地区建设资本市场具有显著的现实性与迫切性。一是缩小东西部地区金融发展差距的现实需要。我国目前还无严格意义上的区域资本市场，长期以来，西部地区稀缺的金融资源流向东部最主要的渠道之一就是通过东部地区的资本市场，上述章节中翔实数据的分析指出资本市场的筹资规模和流动方向都明显表现出金融资源向东部发达地区聚集的现象，资本市场强化了资金的趋利性和流动性，并且全国统一的资本市场在资源配置上倾向于东部发达地区，这都加剧了东西部金融发展非均衡性。二是由资金支持西部大开发的客观要求所决定的。资本作为西部经济发展的核心推动力，是城镇化、大型工程项目与基础设施建设、产业结构调整、环境治理与保护的前提，而西部资本市场的建立与完善，资本的支持力度极大地影响着西部大开发战略的实施进程与成效。三是发挥西部资本市场功能、优化资源配置的客观要求。西部地区资本市场建设滞后，硬环境建设远远落后于东部，而东部发达的资本市场是吸引西部本来就短缺的金融资源长期流向东部的重要渠道。加快西部资本市场建设，与改善投资环境，吸引资金集聚，优化资源配置，以及西部区域性金融中心建设相辅相成。四是为西部中小企业拓展融资渠道，改善金融结构失衡状况。我国西部地区法律体系不完善，而资本市场法律制度建设落后，高门槛的上市标准也自然排斥了大量西部的中小企业上市融资的诉求。建设区域性的西部资本市场，为西部中小企业、民族特色企业制定实际合理的上市标准，切实缓解它们的融资困境。同时也改善了西部地区金融结构严重失衡的状况，分散了金融机构集聚的风险，有利于维护区域金融稳定。五是与我国多层次资本市场的建设相吻合。发达的资本市场应该是高度开放性、多层次的资本市场，其对于改变实体经济资金短缺、虚拟经济资金泛滥的结构性矛盾，促进社会资金的高效流动与合理分配意义重大。加快建设西部资本市场，能克服资本市场单一区域层次的弊端，也能满足巨大发展差距地区经济发展的需求。

提高资本形成能力与效率是西部地区资本市场建设的关键，这客观上要求在充分考虑西部地区发展实情的基础上，既要规划与制定西部区域性资本市场建设的目标、战略和措施，又要符合国家宏观层面的发展战略要求。构建西部资本市场发展的总体战略框架如图7－3所示。

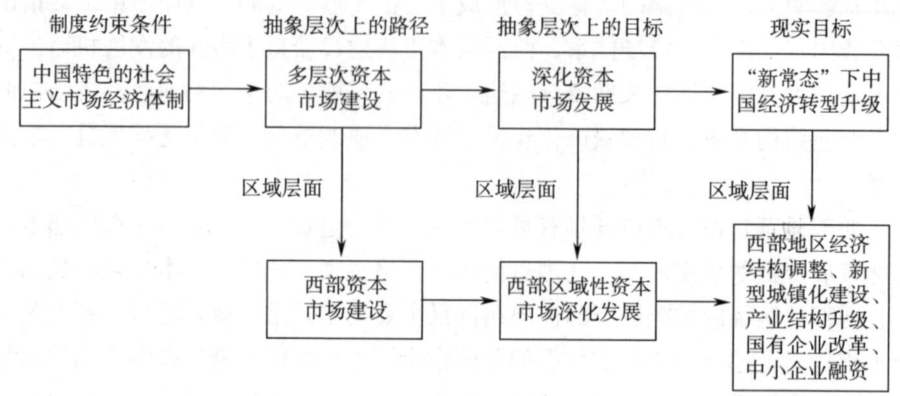

图7－3 西部资本市场发展战略

在此基础上，西部资本市场建设与深化发展应该注重几个方面。

①西部资本市场的建设要科学合理，符合我国市场经济的发展要求。一是政府应将维护市场公平作为主要职能。法律体系不健全、法治效率相对低下的西部地区，政府在初始阶段要主导与协调，弥补市场功能的缺陷，避免干预与管制市场，而是将改善市场软环境的制度建设放在首位。二是加快完善现代企业制度是西部上市公司的重任。西部地区众多上市公司是国有企业改制转型的产物，多集中在机械重工、矿产能源类，国有股、国有法人股比例大的问题导致现代企业制度建设不完善，而建立有效制衡、协调运转的法人治理结构刻不容缓。三是适度降低限制门槛，拓宽市场准入范围。积极引入国内外投资者，给予公平合理的政策与待遇。加强与其他地区资本市场的协同合作，适度扩大QDII、QFII、RQFII投资额度，提升资本市场的影响力。

②加强西部地区资本市场的多层次结构建设。根据国家产业结构调整、区域发展的政策要求，积极支持高新技术产业、生态旅游业、基础设施建设等行业通过资本市场并购重组，做大做强。以资本市场为抓手推动混合所有制发展，深化西部国企改革。通过支持治理结构完善、规范化运作上市公司利用西部资本市场发行债券、并购重组，优化西部区域融资结构。尽快建立和培育西部地区新三板及私募市场，尤其是区域性股权交易市场，截至2014年6月，我国正式成立的区域性股权交易市场达到30家，西部省份中云南和宁夏还尚未设立，区域性股权交易市场能为小微企业、少数民族特色企业提供股权转让和直接融资服务，对于激活民间资本，加强实体经济薄弱环节的支持，具有积极作用。

③规范西部民间资本运作与流动的关键在于融资机构的大力发展。发展区域性政策融资机构，引导资金重点投向西部农业现代化、科技创新、信息产业等特色产业与集群产业，提高西部金融机构与国家产业引导政策的契合度。支持与引导PE、VC、资产管理公司、小额信贷公司、第三方支付公司等融资机构的建立与健康发展，西部各地方政府应给予民间资本更多的政策优惠和发展空间，关注并积极引导民间资本的健康流向，促进更多中小民营企业上市。

④推动西部资本市场政策创新，培养复合型金融专业人才。国家应给予西部更多的倾斜性、差异化政策，如税收返还、财政资助、债券发行申请等，并在此基础上精简行政审批流程与手续，提高行政效率。可考虑与西部大开发对应的西部开发基金，用于对资本市场创新、融资补贴，各类优质金融机构进入西部、服务西部的奖励；并鼓励在西部地区建立证券、基金、期货、咨询等金融中介服务机构的培训基地，建立常态化金融人才培养机制，大力培养与国际接轨的高素质金融专业人才。

（3）培育西部区域性金融中心，发挥金融集聚与扩散功能

当区域经济高度发达与开放，资金不断聚散与融通，成为金融综合服务的枢纽，区域性金融中心就逐渐形成，而金融空间集聚则是金融中心形成的重要前提。上述分析指出从我国第一地势阶梯高原，向第二地势阶梯，再向第三地势阶梯平原与沿海金融资源依次增多，金融空间密度不断提升。广袤的西部地区主要位于第一地势阶梯与第二地势阶梯，金融资源又以历史文化悠久、地势平坦开阔的区域，以及以汉族为主体的四川省、陕西省、重庆市分布最多，少数民族聚居省区金融资源稀少。通过金融集聚功能的有效发挥，促进了集聚区域经济快速增长，在带来核心区域集聚效应，为金融中心形成奠定基础的同时，又通过扩散效应辐射周边地区，带动周边地区的经济金融发展。同时，区域性金融中心的形成与建立，又能进一步提升金融空间集聚与扩散效能，从而形成良性循环与互动的发展机制。

区域性金融中心是一个国家或地区金融体系的有机组成部分，也是该国或地区金融高度发展的产物；一般具有一些重要的特征，比如聚集了多元化的金融机构，包括银行、证券公司、保险公司等存款性与非存款性金融机构，以及与金融活动有关的支持性产业；金融设施先进，金融市场高度发达，金融信息化程度高，金融信息灵敏，是一个国家或地区的资金聚散地；早期形态通常是金融增长极与金融集聚区；以中心城市为依托；是区域性的金融体系枢纽。区域金融中心是金融发展空间分布非均衡条件下的必然结果，是金融资源受多重约束情况下在空间上转移与优化配置中相对集聚的地点。功能完备、层级分

明、协同发展的区域金融中心体系，对区域实体经济发展可形成有力支撑。

①建设西部区域金融中心的必要性。

纵观全球，经济实力强大的国家一般都有金融中心城市，其影响力范围不同；而信息技术的日新月异则为国际金融中心的建设提速，一个国家或地区建设并同时拥有功能互补的多层次金融中心成为主流趋势，这也符合金融中心的变迁与形成规律（见表7-4）。从金融中心的成长路径来看，经历了金融集聚点——地方性中心——区域性中心——全国性中心——区域国际性中心——全球金融中心这样一个发展过程，其对周边经济的辐射范围不断扩大。这些不同层级的金融中心在国际、国家、区域金融业中占据重要位置，对周边区域发挥着重要的金融支持与辐射作用。

表7-4　　部分发达国家多层次金融中心分布

国家	全球性国际	区域性国际	区域性国家
美国	纽约	芝加哥	旧金山
英国	伦敦	曼彻斯特	伯明翰
日本	东京	大阪	横滨
加拿大	—	多伦多	蒙特利尔
法国	—	巴黎	里昂
德国	—	法兰克福	杜塞尔多夫

我国作为世界上最大的发展中国家，人口众多、幅员辽阔，区域经济金融发展非均衡的矛盾突出。特别是东部发达地区通过金融集聚效应吸引了本身就资源稀缺的西部地区的资本，比如全国性的证券交易所都在东部，西部企业上市都要到东部地区，东部发达的资本市场就成为虹吸西部资金最重要的渠道。从金融总量、金融结构以及金融效率各个方面西部区域都落后于东部发达地区，而金融资源向东部的流动则更加剧了东西之间的区域差距。这种非均衡的金融资源空间分布与流动态势，客观上要求我国建设不同层次的金融中心。事实上，多层次金融中心建设在更广阔的范围、更深入的领域优化资源配置的同时，还有利于地区经济结构的调整、运行效率的提升、开放程度的推进，有利于增强区域综合竞争力。目前，我国已经初步形成了三个层级金融中心体系的局面，在第三层级中，广州、深圳、武汉、南京、成都、重庆、西安等一大批城市纷纷提出建设区域性金融中心。西部地区要加快建立机构多元、市场发达、信息通畅、设施先进、服务高效的区域性金融中心，通过金融中心集聚资本等生产要素的功能促进西部各中心城市发展，通过扩散效应辐射周边区域，

推动西部产业结构升级和发展方式转型，缩小区域发展差距。

②构建西部多层次的区域性金融中心。

区域性金融中心的形成是在充分考虑到空间地理条件下复杂的内外部因素、宏微观状况衡量后的综合选择，外部因素如自然区位与行政区位条件，物质、信息、信用基础设施环境等，内部因素主要是实体经济实力，产业发展与结构层次，对外开放程度，以及发达的金融体系，较宽松的政策安排与优惠措施，复合型金融专业人才等。宏微观状况是指除了区域金融中心建设的宏观背景、现实需求，各中心城市的具体实践进行定性评价外，还要从区域金融中心的总体发展潜力，竞争力水平进行定量测度，为区域金融中心的建设提供科学的评判依据。

目前国内关于西部金融中心建设指标体系较完整、定量测度较全面的是中国社会科学院研究成果《中国金融中心发展报告》，认为金融竞争力水平是金融中心选址建设的核心条件，而主要测度因素包括经济持续力、金融发展程度和基础设施支持力三个方面。该报告基于39个翔实的指标数据实证分析，对我国30个金融中心城市进行金融竞争力排序，其中西部中心城市金融竞争力综合得分排序如表7－5所示。

表7－5　西部中心城市金融竞争力综合得分及全国30个城市中排名①

指标/城市	综合得分	全国排序
重庆	0.033983	9
成都	0.033973	10
昆明	0.033272	12
西安	0.032087	17
乌鲁木齐	0.024733	28
南宁	0.024209	29
兰州	0.024164	30

从表7－5的数据可以看出，乌鲁木齐、南宁、兰州金融竞争力在全国30个城市中位列最后三位，而重庆、成都、昆明、西安在全国排名较为靠前，金融竞争力差异较小没有占据绝对竞争力优势的中心城市。这与上述章节分析的

① 中国社会科学院金融研究所．中国金融中心发展报告（2010—2011）［M］．北京：社会科学文献出版社，2011：264－266.

结论也基本相符，多项指标显示四川、重庆是西部区域金融发展水平最高的两个省市，成都与重庆也成为西南地区金融中心建设的直接竞争对手。西北六省区中，西安金融综合竞争力排序最高。从金融地理的角度来看，昆明尽管综合评分较高，排序位列重庆、成都之后，但是昆明地处中国西南边陲省份云南，难以对地域广袤的西部形成综合辐射。总体来看，由于地域面积广阔，金融总量、金融结构、金融功能的非均衡发展状况，以及金融系统与经济发展的匹配程度差异等原因，西部地区还没有具备绝对性优势的金融中心，这客观上要求西部地区应该建设多层次的区域性金融中心，以点带面，在地域辽阔的西部形成多层次的金融集聚与辐射城市。

根据西部各城市金融中心城市的目标定位，将其金融中心建设长期战略规划与影响范围总结如下。

基于以上分析，并从表7－5和表7－6综合因素来看，还没有一个金融中心城市能综合辐射与影响整个西部地区，因此西部地区应该构建多层次的区域性金融中心。

表7－6　　西部建设金融中心城市目标定位①

城市	地区	目标定位	辐射范围
重庆	西南	长江上游的区域性金融中心	西部地区
成都	西南	中国西部金融中心	西部地区
昆明	西南	泛亚金融中心 区域性人民币跨境结算中心	泛亚地区
西安	西北	中国西部的区域性金融中心 丝绸之路经济带区域性金融中心	西北地区
南宁	西南	北部湾区域性金融中心	北部湾地区
兰州	西北	西北区域性金融中心	西北地区
乌鲁木齐	西北	中亚区域性金融中心	中亚地区

第一个层次是成都、重庆和西安。成都位于我国沿江轴线上游，是长江流域综合开发的中心地区，其致力于首先建成西南金融中心，并以此为基础打造西部金融中心。重庆在中国西部大中城市中经济总量最大，金融机构布局和市场辐射优势明显，再加上三峡库区和西部唯一直辖市的特殊地位，得到了中央

① 根据《中国金融中心发展报告（2010—2011）》、西部各中心城市公开资料搜集整理而得。

政府更多倾斜和东部发达地区有力支持，打造长江上游区域金融中心符合重庆的战略地位与长期规划。西安是西北地区最大的商贸和旅游中心城市，其地区生产总值、工业总产值、固定资产投资、地方财政收入、外商直接投资等多项指标都居于西北首位，西安应建设成为辐射西北的金融中心，并在丝绸之路经济带中发挥桥头堡的核心作用。

第二个层次是昆明、乌鲁木齐、南宁和兰州。昆明金融综合竞争力在西部位列第三，但空间区位远离西部中心，难以发挥辐射优势，其因此定位为泛亚区域金融中心。乌鲁木齐是西北边疆自治区——新疆的首府，是新疆政治、经济、科技、文化的中心，其毗邻中亚，在欧亚大陆板块上占据着中心地理的位置，是我国向西开放，贯通中亚、连接欧洲的陆路交通枢纽，也具有宗教和民族的先天优势；其构建面向中亚的区域性金融中心，并能借助建设丝绸之路经济带，打造成重要的金融中心、交通枢纽中心、商贸物流中心、文化科技中心和医疗服务中心。南宁所属广西壮族自治区传统上划分为华南区域，但国家西部大开发将其纳入西部，因此划入西南地区，南宁作为广西的省会中心城市，其定位则是对中国—东盟自贸区有重要影响力，面向东南亚的区域性金融中心。兰州享有我国陆域版图几何中心的地理优势，是我国西北区域性中心城市，其定位在西北区域性金融中心，从金融综合竞争力水平来看，要建设成为西北区域性金融中心任重而道远。

③西部区域金融中心形成的模式选择。

在西方发展经济学理论中有著名的需求追随与供给领先金融理论，而一国家或地区金融发展通过需求带动或供给引导途径产生，在制度变迁过程中，金融中心的形成也就相应有自下而上的市场诱致（市场主导）模式与自上而下的政府主导模式，在实践中还有一种介于两者之间的混合过渡模式。

首先，自下而上的市场诱致模式，指金融集聚并逐渐形成金融中心是一个长期的历史过程，是空间分布变化、市场需求作用的客观结果（见图7-4）。而金融作为服务产业，其前提是在金融集聚区已经形成了开放性、专业化的市场，信息交换、传递、处理体系成熟，产业规模庞大、结构层次多样，人力资本水平较高。正所谓“罗马不是一天建成的”，这种模式是在一定的空间地域经过多年人口数量、产业规模、经济体量的扩大、集聚，结构的优化完善而缓慢形成的，比如英国的伦敦金融中心。

其次，自上而下的政府主导模式。政府对经济基础未达到自然形成集聚区的地域给予倾斜性的区域政策、产业政策等制度供给与政策安排，优化金融生态环境，引导金融资源的流入，再通过金融规模不断扩大、金融结构层次不断

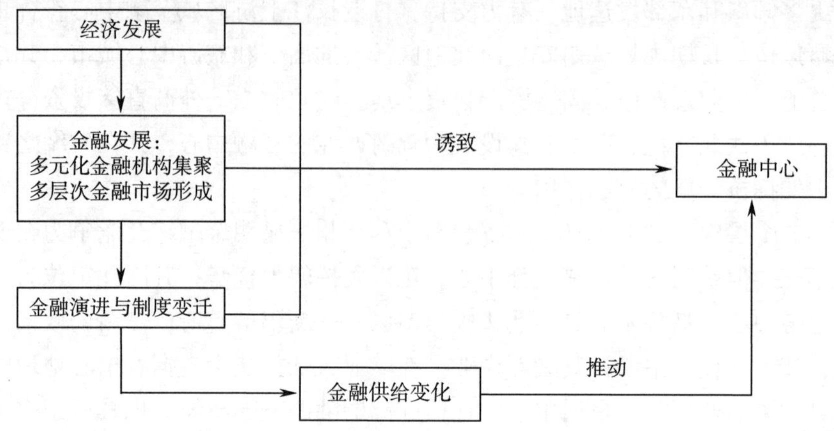

图7－4　自下而上的市场诱致模式

丰富、金融功能不断完善驱动区域经济发展和产业结构升级，并倒逼金融业提升服务效率与质量，在正向循环往复的互动过程中形成区域金融中心（见图7－5）。

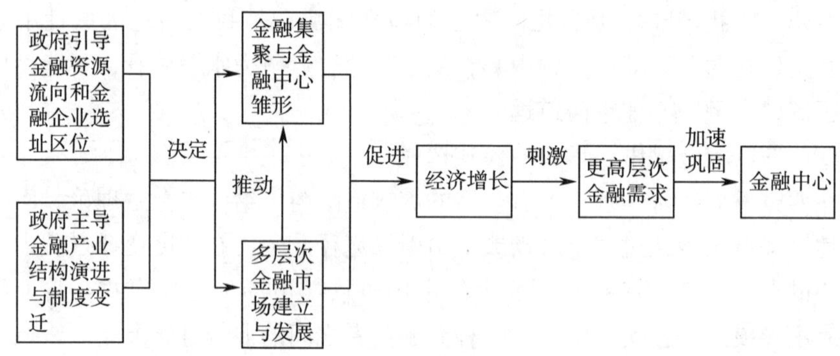

图7－5　自上而下的政府主导模式

第二次世界大战后的新兴工业化国家大多采用政府驱动型的自上而下模式，这些国家与英美发达国家相比在经济体量、金融深化水平等方面还有差距，迫切的要求政府总体规划与具体实施推动金融发展和产业集聚，以此迅速带动经济发展和对外开放，尽快融入金融全球化的竞争体系中。比如新加坡的金融产业集聚就是该模式的成功典范。

最后，混合过渡模式。市场诱致与政府主导的综合就是混合过渡模式，即金融体系的产生、变化、发展以及金融资源的空间集聚一方面源于区域客观经济条件与发展进程，另一方面受政府倾斜性政策安排的影响，两个方面因素形成合力共同推动与建设区域金融中心，比如香港。

混合过渡的金融中心形成模式在当今较为普遍，既能克服市场诱致模式需要一个长期自发历史演变的时间过程，又能很大程度上弥补了政府主导型模式在实践中容易产生的违背市场规律、低效的管制行为及一定的干预盲目性，能为有一定经济基础条件的城市迅速发展成为区域性金融中心提供模式指导。

图7－6显示了混合过渡的金融中心形成模式，在市场力量与政府推动的驱使下，其循环互动的演变路径初始是由政府倾斜性政策安排下的具体实施与区域经济一定的发展水平共同推动区域金融发展，主要表现在金融机构规模扩张与集聚，多层次金融市场循序建立，区域性金融增长极形成促进了区域经济增长，由此产生了对新质金融服务、金融效率提升的更高要求，促使区域性金融中心形成发展。

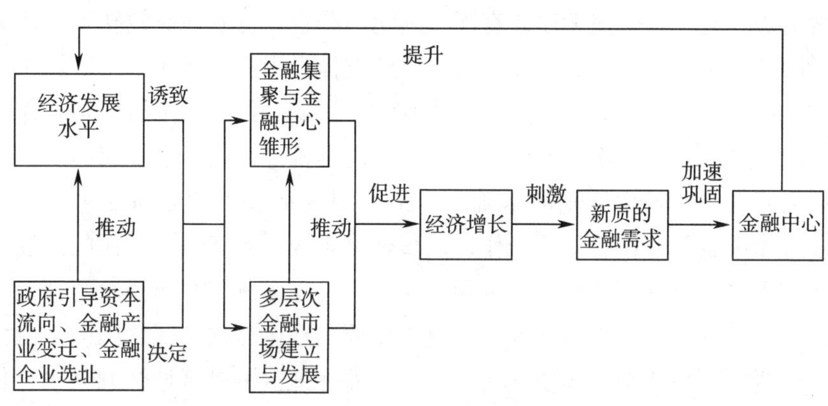

图7－6　混合过渡模式

当然，城市结构、人文特征、历史沉淀、自然气候、地缘政治等条件的异质性，还使得区域性金融中心建设既有一般规律性，还带有鲜明的区域特色。国内外学者对此做了大量的研究与探讨，而西部区域金融中心的建设发展也应该在遵循规律性前提下，还要按照自身的特色和独特竞争力选择适合的发展模式。

西部多层次区域金融中心的建设可主要遵照混合过渡模式，但是在政府推动或者市场推动的力度与顺序上根据各地发展实情应有所差别。第一个层面，对于昆明、乌鲁木齐、南宁和兰州，由于经济发展水平较为缓慢，地理区位过于偏远，金融体系尚不完善，金融功能没有得到高效的发挥。相应的地方政府应该在早期制定一系列的倾斜性优惠政策，加大基础设施硬件建设，完善相关法律体系，改善金融生态环境，吸引金融资源进驻城市，扩大金融规模，为金融集聚创造条件，奠定区域金融中心的功能地位。但这种扶植在早期要发挥主导作用，当经济整体环境得到改善后，要积极引入市场功能，充分发挥市场机制的作用。第二个层面，对于成都、重庆、西安这三个经济基础条件好，金融发展水平高，多样化的金融机构集聚，上市公司众多，地理位置条件优越，人文历史积淀深厚的西部中心城市，应双管齐下，采取政策支持，产业引导，金融生态环境优化与市场化进程、对外开放同时推进的战略，而西部区域性资本市场的建设也颇为重要。

（4）推动多层次区域金融合作

金融系统是具有整体性、层次性、开放性的自组织系统，构成金融系统空间层面上的区域金融子系统也具有自组织的特征，[①] 因而其运行与发展也是由系统内部所有要素共同参与来实现的。在自组织状况下，各个区域子系统及各种要素的协同与耦合会使无序向有序，封闭向开放，低效向高效转变，使原本分散、闭塞，甚至抵触的成分转变为有序的整体合力，形成比单个区域子系统功能结构更为完善的、更有效率的整体系统。因此，区域金融协同与合作是一个动态的概念，是一个逐渐改善的过程，目的是推进不同子系统层面的区域内和区域之间在坚持效率原则的基础上，最大限度地改善利益与受惠不均衡状况，在合作中竞争，在竞争中合作，区域金融系统在既竞争又合作的发展过程中，才有了多样化的金融发展，金融演化就具有了多种路径选择。西部区域金融要从非均衡发展转变为协调发展，就不仅要实现区域内地区之间的金融协同合作，还要实现与典型的异质地区——东部发达地区的跨区域金融联动，加强东西合作；以及借助重建“丝绸之路经济带”的历史机遇，推动向西开放。

①区域金融合作的实践。

国内外的区域金融合作有丰富的实践。在国际上，随着欧洲经济一体化而出现的欧洲区域货币一体化，非洲货币联盟，阿拉伯货币基金，北美金融合作，涉及区域货币、金融市场和金融监管协调合作等方面。

国内的区域金融合作实践主要有内地与香港金融合作，长三角地区金融合作，泛珠三角地区金融合作和环渤海地区金融合作。内地与香港的金融合作比较全面，涉及金融机构与金融市场为服务两地经贸往来的合作，大陆一行三会与香港金融业监管机构的协调合作，以及人民币业务的合作。2014 年 11 月沪港通的正式启动则开启了两地金融合作互利的新模式，极大地推进了内地金融

① 田霖．区域金融成长差异——金融地理学视角［M］．北京：经济科学出版社，2006：194－201.

深化与对外开放进程。

长三角地区金融合作：

2014年中央经济工作会议将打造长江经济带作为重大发展战略，涉及东中西部11个省市，覆盖区域内人口及生产总值均超过全国40%。而长江经济带是依托于我国长三角地区经济发展为基础的，长三角地区由上海市、江苏省8个城市和浙江省7个城市组成，地域相连，经济相融，文化相近，是我国经济最发达的地区之一。

随着长三角经济一体化程度不断提高，1997年第一次长三角经济协调会举办，为区域金融合作创造了有利条件。中国人民银行南京分行与上海分行早在2003年初就研究了长三角金融联动框架建设的可行性，促使区域金融合作机制在2004年建立。2006年上海市金融学会召开首届全国区域金融合作、金融市场创新与投资者保护研讨会，江浙沪社科界也建立了“长三角区域合作研究”的工作机制。但总体来看，早期的长三角区域金融合作还比较松散，没有形成一种正式的制度安排。2014年，泛长三角十市在南京签署《泛长三角区域城市金融创新合作联盟战略协议》，将共同推进区域金融市场开放合作、金融试点以及支付和征信系统创新；同年9月，长三角金融办主任圆桌会议机制在上海成立，旨在构建长三角金融合作的常态化交流平台，长三角区域金融交流协作进入新阶段。

长三角区域金融合作主要表现在以下几个方面：一是银行业合作。金融业务合作涉及银行异地贷款、私人业务、票据业务和银行间货币市场业务；四大国有银行探索建立区域性沟通协调机制，建设银行与农业银行要求区域内分支机构实现各项金融业务的区域联动，工商银行与中国银行就加强长三角经济圈金融合作专门进行课题研究。区域内浙江、江苏和上海“两省一市”地方政府建立了信用制度合作机制，银行同业公会也多次举办具有影响力的金融论坛。二是金融市场合作。上海高度发达的金融市场体系为区域内金融资源优化配置提供了平台，特别是长三角地区产业关联紧密、城市高度依存、资金频繁往来、文化积淀相近（长三角地区以吴越文化为主，包容、务实、开放、创新为其内涵特质），对上海金融市场的金融服务需求最为强烈。区域内证券、期货等中介机构互动交流明显，跨区域分支机构设置普遍，企业的产权交易、资本重组也实现了密切的合作等。区域金融合作业已成为长三角区域经济一体化的重要推动力。

泛珠三角地区金融合作：

泛珠三角区域包括跨越我国东中西部的9个省区和香港、澳门两个特别行政区（简称“9+2”）。2004年6月，“9+2”政府领导共同签署了《泛珠三角区域合作框架建议》，区域合作机制初步形成；2014年10月13日，“9+2”各方领导签署了《泛珠三角区域深化合作共同宣言（2015年—2025年）》，提出要争取泛珠区域合作纳入国家“十三五”规划纲要。在此基础上，2004年11月，泛珠三角区域金融合作平台以《备忘录》的签署为标志正式建立。2014年签署的《共同宣言》则对深化金融合作作出了具体规定，进一步发展各方金融体系的互动、互补及互利关系。泛珠三角区域金融合作主要表现在两个方面。一是以金融学会为主导的区域协调合作制度安排，包括金融学会会长联席会议制度，金融学会秘书长协调制度，金融信息交换与共享机制，区域经济金融形势分析协作机制，经济金融重大课题调研协作机制，联合组织金融学术活动等。二是积极推动金融机构参与区域合作。在合作机制正式构建后，各方共同推进城市间金融机构合作，促进银行跨区域经营；加强资本市场合作，逐步消除资金自由流动的体制障碍。2006年9个省区城市商业银行就有关跨地区金融机构业务签署了《泛珠三角区域城市商业银行战略合作备忘录》，2007年9个省区农村信用社就跨区域战略合作达成协议，并签署了《泛珠三角区域产权交易机制合作框架协议》，力图构建跨省区的区域产权交易共同市场体系。

环渤海地区金融合作：

环渤海经济圈是以京津冀为核心，山东半岛、辽东半岛为两翼的经济带，包括京、津、冀、鲁、辽三省两市，广义上还延伸到山西和内蒙古中部地区。2004年，随着“廊坊共识”、“北京倡议”的达成，以及环渤海合作机制会议的举办，环渤海区域经济一体化进入快速发展的阶段。区域金融合作方面，2005年，在中国人民银行天津分行、天津市金融学会倡导下建立了环渤海区域金融合作发展研讨机制；同年8月，中国建设银行总行召集区域内9家分行在天津召开环渤海区域分行业务联动座谈会，要求区域内分行加强跨区域金融合作；同年11月，由天津市金融学会主办的首届“环渤海区域金融合作发展研讨会”召开，为加强环渤海经济圈区域金融学会的沟通交流搭建了平台。2011年，环渤海区域金融合作联席会在天津成立，成为环渤海经济区域间推动金融信息共享、机构合作、互利共赢的重要机制。环渤海地区金融合作包括区域内人民银行分支机构之间、金融监管部门之间的交流协作，区域内金融机构的联动机制，逐步培育完善的金融市场，通过信贷项目、银团贷款等形式促进跨省融资活动，如京津冀区域票据交换系统。大力发展环渤海区域异地融资业务，股份制商业银行、中心城市的外资金融机构跨区域设置网点，进行业务经营。中国建设银行建立了环渤海区域服务联动机制，整合资源、集约经营，搭建区域信息共享、利益协调的服务平台。天津滨海新区开发成为金融改革先行先试的试验田，为京津冀乃至整个环渤海区域金融创新与合作创造了有利条件。

从我国目前区域金融合作的实践来看，取得了显著的成效，但仍然存在一些问题与不足。

首先，合作缺乏系统规划与统筹协调。尽管国内以长三角、泛珠三角、环渤海为代表的区域金融合作在实现优势互补方面发挥了积极的作用，但这些金融合作还停留在较浅的层面，特别是东西部之间，以及西部区域内的金融联动，注重短期目标，缺乏深层次的合作和长远系统的规划。区域金融合作主要以联席会议为主，金融论坛为辅，虽然形式多样，但在协调沟通机制、利益共享机制、处罚监管机制等方面还很薄弱，并且相关制度安排出自不同性质、不同层次的制定者，制度缺乏系统性和操作性。

其次，区域金融合作中政府与市场的关系尚待理顺。在区域金融合作中各地方政府很大程度上代替了市场，原因在于我国区域经济金融巨大的非均衡特性，各地方政府为追求短期经济增长目标，在地方财政有限的条件下，产生了对金融资源强烈的占有欲望，区域金融合作是竞争与协作并存，很多地方政府鼓励金融资源的流入，而不希望金融资源流出到其他地区。因此在横向合作制度框架不健全、约束不到位、缺乏统筹规划的情况下，金融合作区域内的各个地方政府考虑自身利益，设置众多行政壁垒与障碍，人为干预与限制金融资源自由流动，金融合作意愿不强，不利于区域金融的深入合作进展。

最后，区域金融合作形式与内容单一。金融发展空间层面的深入就是区域金融，而区域金融合作应该包括金融发展的各个方面，如金融资源流动、直接投资、产权交易、机构设置，证券、基金、信托、保险等业务。从目前的区域金融合作来看，尽管我国金融市场在形式上比较健全，多层次资本市场建设在加快推进，全国性的统一市场基本形成；但在金融功能上市场仍然是人为分割的，不仅货币市场、资本市场、信贷市场、外汇市场、保险市场之间存在诸多阻隔与障碍，各子市场内部也存在严重的市场分割问题，资金流通渠道不顺畅成为区域金融合作的掣肘。在金融合作的地域分布上，主要集中在东部发达地区，从长三角、泛珠三角、环渤海的区域金融合作来看，只有泛珠三角经济圈以及依托于长三角的长江经济带包括了我国东中西部的部分省份，东西部整体金融合作机制尚不健全，西部区域内金融联动与交流仍然贫乏。当前我国成规模的区域金融合作主要集中东部，在异地贷款、跨区域票据交换以及跨区域的金融机构设置方面合作较多，在企业产权交易、银团贷款、跨区域银证保综合发展、跨区域保险业务合作等形式很少。协同效应得以高效发挥的区域金融合作应该体现在区位、业务的多层次与多内容，而不仅仅局限于发达地区单一的金融业务。

此外，区域金融合作的基础设施条件不完善。征信体系建设尚未完成，征信系统数据年限时间较短，对市场主体信用记录的积累与管理存在局限，加大了金融服务的成本。跨地区支付结算渠道不够通畅，限制了支付清算系统运行的快捷性和安全性。金融信息网络建设滞后，特别是西部省份，制约了区域金融信息的共享与联动。

②促进西部区域金融合作的对策选择。

西部区域实现金融合作与联动是西部地区金融改革与金融开放的必然选择，一方面，东西部之间存在着巨大的金融差异，它们之间有互相依赖、互相补充、相辅相成的关系，特别是西部大开发客观上要求经济区域之间的优势互补，共同发展；另一方面，西部省份之间也存在着明显的金融发展非均衡性，金融发展水平高的地域在竞争和构建西部不同层次的金融中心。特别是我国“一带一路”中的重要一环——重建“丝绸之路经济带”战略提出实施，需要西部众多省份互利共荣、互联互通，不仅加速了西部区域经济一体化进程，推动了西部大开放，而且使其将成为世界上最长、最具发展潜力的经济大走廊，深刻影响了世界经济。这些都为西部省份的金融合作创造了条件。

第一，促进东西部之间区域金融的互动交流，加强“东西合作”。

首先，东西部之间应该在秉持“优势互补、稳步推进、整体长远”原则的基础上，制定系统的区域金融合作发展规划。2008 年国际金融危机带来了深刻的教训，全球经济进入了再平衡时期。国内的金融企业，特别是东部发达地区金融发展如果缺乏一个长远、系统的规划与协调、合作的观念，一旦发生金融不稳定，遭受金融冲击势必会波及和扩散到其他地区，影响全国整体金融稳定。东西部金融业的合作，并不是东部或者西部单方面的诉求，而是东西部金融自身发展非均衡到达一定阶段后，为弥补巨大差距的内在需要。东西部金融合作要以整体协调发展为主要目的，以互利共赢为基础，考虑到各地在区域分工中的相对优势与特色，鼓励东西部进行错位竞争，建立立体合作网络。在一个远景战略的指导下，规划好中期目标与切实可行的短期目标，规划的重点应该是逐步突破地域限制，打破金融资源跨区域流动的藩篱与障碍。

其次，设计合理的行为准则，形成完善的区际协调机制。系统长远的区域合作规划，必须要有制度化的保证，充分强调合作方的沟通与诉求，兼顾各方利益平衡，并设定惩罚机制。地方政府与地方金融监管部门是跨区域金融协调沟通的主要组织者与参与者，要建立地方政府间交流的常态化平台，组织金融监管部门、银行业、证券业、保险业金融机构和地方政府间的协商对话，将金融合作摆在东西部各地方政府合作框架的重要位置。各地方政府与金融监管部门应该在产业发展目标、人力资本政策、市场发展状况、自然资源使用、经济金融信息等方面搭建沟通机制，特别是东部在向西部地区进行产业结构梯度转移的过程中，发挥地方政府部门对金融促进产业结构升级的协调作用。可以通过区域金融服务办或区域金融联席会议制度的形式，进行具体事务的协调，制定金融纠纷、金融违约的解决程序与惩罚措施。合理行为规则的核心是利益均衡机制，只有建立东西部区域市场竞争规则，使得参与双方认识到长远合作目标并制定公平、合理的利益分配机制，才能调动双方的积极性，这就要求改变金融资源从欠发达的西部单向流动到发达的东部地区，并进而出现了马太效应与虹吸效应。要通过地区定位进行错位竞争，平衡好东部发达省份与西部贫困地区、少数民族省份，发达中心城市与中小城市，城市与农村之间的利益分配。通过统一的信息合作平台对破坏区域金融合作的地区进行适当惩罚，保证区域合作正向协同效应的发挥。

再次，建立促进东西部区域金融协调的组织机构体系。我国金融体系的变迁，既要通过中央银行体现国家宏观管理与调控的总体要求，又要体现国内各区域协调发展的目标。当前中国人民银行是单一中央银行制度中的一元式中央银行制（总分行制），对于我国这样一个金融市场化总体水平较低、金融秩序尚未健全的新兴市场经济体，选择总分行制能够保证各项宏观调控政策的顺利传导与实施，防范金融风险，维护宏观金融稳定。但在转轨经济时期，随着中央与地方的收权放权、博弈竞争关系日趋显著，在各地区经济社会发展差距日趋拉大的情况下，应该考虑宏观调控实施的区域差异和协同效应。随着渐进式转轨和市场化进程的加快，推进中央银行内部的组织体系改革，在保证总体金融稳定和对各分行有效监督的基础上，增强分行根据区域发展实情自主调控和组织本地金融活动的权利。商业银行的区域分支机构在总行的牵头指导下，成立区域银行联合组织，承担协调和整合区域金融业务，研究区域产业结构调整与发展动向，培育并大力支持跨行政区域的特色产业合作项目，鼓励股份制银行、外资银行进军西部，在西部省份设立分支机构。加快地方性金融控股集团的建设，适应金融业务综合经营和跨地域经营的趋势。

次之，构建东西部地域空间多层次的金融合作形式。东西部的金融合作是一个系统性、长远性的规划，由于两大经济区域空间范围广阔，自然地理条件复杂多变，东西部的金融合作就应该有明显的区位多层次性。上面指出在国家总体区域发展战略体系内，在中央有关金融部门与监管机构的协调指导下，东部与西部整体上应该建立起一整套远期、中期、近期目标明晰的金融合作发展规划，以国家层面的主导为第一个层次。在此基础上，建立多样化的金融合作空间形式。

第二个层次，加快横跨东中西部的区域金融一体化建设，如泛珠三角区域金融一体化建设。泛珠三角区域经济圈中有广东、福建两个东部省份，云南、贵州、四川、广西四个西部省份，以及江西、安徽、湖南三个中部省份和香港、澳门两个特别行政区，是东部省域与西部省域金融合作时间较长，联系较为紧密的空间形式。泛珠三角金融合作要摒弃不合时宜的金融管理模式，其中广东、福建分别与港澳毗邻，两岸金融开放、金融市场等方面合作更多，东部省份与西部省份从广东的单向金融辐射逐渐转变为双边合作，进而发展到三边及多边合作，制定利益共享的合作总体框架，推动泛珠三角金融政策一体化，给予地方更多自主权，并加强其中东西部省份沟通、交流与协商制度。泛珠三角经济圈连通发展差距巨大的东中西部，还有“一国两制”下的不同货币区域和金融制度特征，推进区域金融市场一体化，打破泛珠三角区域的市场封闭与地方保护就是区域金融一体化的重要环节。同时，在以长三角为依托建设长江经济带的基础上，促进长江经济带金融要素跨区域自由流动，健全跨越东中西部 11 个省市之间的合作协调与风险防范机制。

第三个层次，加大东西部国家级新区的金融合作与创新。国家级新区指其开发建设上升为国家战略，并由国务院统筹审批与规划其总体发展目标与定位，直接对相关特殊政策与权限进行批复，探索制度改革与创新的辖区。自从 1992 年国务院批复设立上海市浦东新区以来，截至 2014 年 12 月，全国共有 11 个国家级新区。从表 7 – 7 中可以看出，11 个国家级新区 5 个在东部省区，5 个在西部省区，1 个在东北地区，东西部成为国家级新区最密集的经济区域。尽管各个新区的定位及目标有所不同，但都担负着探索改革开放新路子与促进区域协调发展的重任，在政治、经济、文化、社会、生态文明五位一体建设中发挥引领与示范作用。因此，东西部应该借由国家级新区的金融互补、互助与互动，创新金融合作的模式，进而推进东西部省份之间经济合作。2014 年 12 月，上海浦东新区与贵州贵安新区签署了《浦东 · 贵安金融战略合作备忘录》，就金融整体规划、空间布局、金融机构跨区域经营、企业上市服务机制、金融人才交流、信息共享与沟通等方面达成合作共识，共同推进现代金融制度建设，提升金融创新能力，推进区域经济结构战略性调整，标志着我国东西部区域金融合作新模式的产生。加大东西部更多国家级新区的金融协同，特别是在互联网金融、产业链金融、跨境金融、股权融资等新兴金融业态方面的合作创新。

表7-7　　国家级新区空间分布①

批复设立时间（年）	新区名称	所属经济区域
1992	上海浦东新区	东部
2005	天津滨海新区	东部
2010	重庆两江新区	西部
2011	浙江舟山群岛新区	东部
2012	甘肃兰州新区	西部
2012	广州南沙新区	东部
2014	陕西西咸新区	西部
2014	贵州贵安新区	西部
2014	青岛西海岸新区	东部
2014	大连金普新区	东北
2014	四川天府新区	西部

最后，加强东西部之间的交流与学习。经过改革开放30多年的探索与实践，东部地区金融业在市场化竞争与对外开放进程中逐渐成长起来，在标准化工作、信用认证国际化、质量安全体系、金融信息化等方面处于领先地位，科学管理水平与技术开发能力都要比西部地区更加先进。通过多层次的区域金融合作，东部一些较为成熟的管理经验和技术可以直接为西部金融业所吸纳借鉴。在金融业人力资本方面，东部地区已经建立起较为系统的金融人才引进、培训、培养和考核机制，各大高校金融专业点也多于西部，有充足的高素质后备人才，通过东西部省份金融学会联席会议、高校间金融论坛等方式加强学术交流，西部地区的金融机构可以在区域金融相关合作的协议框架内，派出大量的金融管理人员与业务骨干到东部发达地区学习，提升西部地区金融人才的综合能力。

第二，促进西部区域金融联动与合作，推动“向西开放”。

西部作为我国四大经济区域中地理面积最广阔、省份最多的地区，各省份之间金融发展水平也存在显著的差异性，在促进区域内金融合作与互动互联的

① 根据中国政府网政府信息公开专栏文件整理而得。

基础上，应该借助重建“丝绸之路经济带”的历史机遇，推动西部区域内金融合作与面向陆地的向西开放。

重建“丝绸之路经济带”，在加强中国与中亚乃至未来拓展到欧洲经济圈的互联互通以及经贸、文化往来过程中，与我国城镇化建设，消化国内过剩产能，开辟内陆资源获取通道，国家地缘安全与战略纵深开拓，提升国际贸易主导权，振兴中华西部文明，实现西部大开放等举措高度吻合，为促进西部地区经济社会全面发展和缩小东西部差距提供了千载难逢的历史机遇。这里指的丝绸之路经济带以古代丝绸之路为基础，狭义的地理范围包括中国西部九省市区和中亚五国，分别是新疆、宁夏、陕西、甘肃、青海西北五省区，云南、四川、重庆、广西西南四省市区，以及哈萨克斯坦、乌兹别克斯坦、吉尔吉斯斯坦、塔吉克斯坦和土库曼斯坦中亚五国；广义的地理范围则横跨亚欧大陆，一直延伸到欧洲各国。古代的丝绸之路不仅是贸易之路，更促进了东西方文化与科技的交流。现在重建丝绸之路经济带，承载着友好交往、和平合作的历史使命，本质上是一条共享繁荣、和平合作的道路。丝绸之路经济带作为区域合作的一种创新模式，被注入更多内涵，比如以中国西部为轴心，向西跨国的经济合作模式；结合更先进的现代运输方式，如航空、电缆、电信、能源管道互联互通工程；在辐射范围上呈现多层次的网络形状；在内容上更加丰富，涵盖了政治、经济、金融、交通、人文等多个领域，而金融合作则是建设丝绸之路经济带的动力源泉、基础保障与重要纽带。向西开放将使我国对外开放呈现出“海陆同开，东西互济，南北共兴”的崭新格局。

从国内层面来看，丝绸之路经济带上的西部省份普遍金融发展水平较落后，各省份的“十三五发展规划”或省会中心城市的经济金融工作都重点提及要提升地区金融贡献度，加快金融市场化改革进程，这与重建丝绸之路经济带的战略构想在多个层面实现了高度融合，完全契合十八届三中全会《决定》的重要精神。从国际层面来看，丝绸之路经济带建设要实现“五通”，其中货币流通是最重要的一个方面。在历史上，无论是汉朝从实物货币发展为金属货币，还是盛唐的开元通宝铸币、元朝发行的纸币，作为商品交换媒介货币的出现，成为古丝绸之路沿线国家政治、经济、文化等各层面交流合作的重要载体，并通过货币媒介把这些国家紧密相连。当前通过加强区域金融合作，推动人民币区域化进而国际化，人民币应该在丝绸之路经济带建设和区域合作中发挥更重要的作用，这不仅有利于西部省份加快金融对外开放，降低跨境贸易、投资等交易成本，增强抵御金融风险的能力，而且有利于跨境交通、通讯设施建设与大型工程项目合作，为道路联通、贸易畅通、民心相通奠定了基础。

进一步加强丝绸之路经济带的区域金融合作要注重以下几个方面：

一是加快金融机构国际化建设步伐，特别是提升西部金融机构的开放度。西部省份金融机构借助向西开放背景下贸易往来频繁、企业投资增长的契机，提供多样、高效的金融服务；借助西部边境省份金融综合改革试验区的建设，推动跨境金融创新，实施金融开放“走出去”与“引进来”。支持银行办理跨境人民币结算、双向贷款、货币挂牌交易等业务；地方城市商业银行在国际业务方面具有结售汇路径短、收付汇速度快、直接参与银行间外汇市场的特点，丝绸之路经济带沿线省份的区域各类法人金融机构，尤其是经营状况良好、风控严密的城市商业银行要加快与境外各国银行的金融业务合作，在境外国家设立代表处或分支机构，通过发起丝绸之路经济带城商行合作组织的方式，各城市商业银行建立常态联系机制，在众多国际业务方面相互扶持，提高城市商业银行在丝绸之路经济带建设中的影响力。

二是借助构建多层次资本市场发展特色产业，带动丝绸之路经济带繁荣。西部省份根据自身特点发展特色产业，要发挥资本市场的引导作用，鼓励企业利用资本市场兼并重组，加快形成一大批实力雄厚、竞争力强、主业突出的集团，促进特色产业集群发展。借助股票注册制改革的有利时机，加大对优势产业、龙头企业的上市辅导培育力度，鼓励各地区有发展前景、高附加值、绿色环保的民营企业进军创业板。引导大量的小微企业利用场外交易市场发展壮大，一方面加快西部少数民族区域性股权交易市场的建设，支持中小企业的创业创新活动，另一方面鼓励风险投资、私募基金对中小企业进行股权投资，使得西部广大的中小企业真正成为丝绸之路经济带的市场主体。加快西部省区的特色农业与期货市场有效对接，使其锁定成本，规避风险。

三是发挥开发性金融的作用，建立多层次投融资渠道。丝绸之路经济带的建设是一个长期的历史过程，在城市基础设施、交通、能源、产业发展等领域需要大量资金，在推进城镇化和工业化进程中还需要全面持续的投入，因此投资拉动才能保证各个项目的融资需求。开发性金融把国家战略与市场化运作相结合，把政府协调组织与金融的融资与配置相结合，并通过倾斜性政策安排调动多种类商业性金融机构的参与积极性。通过与相关国家合作成立“丝绸之路经济带开发银行”，与已经成立的亚洲基础设施投资银行和丝路基金，共同作为丝绸之路经济带国家与区域投资建设的主融资渠道，加强西部与中亚国家的设施建设、能源开发与产业合作，拓展经贸关系，带动大量国内特色企业“走出去”，也为我国将大量储蓄转化为投资提供平台。

四是将西部多层次区域金融中心建设与丝绸之路经济带区域金融中心建设

相结合。上述分析指出，根据西部十二个省份综合金融发展水平，四川的成都、重庆与陕西西安位于第一层次，都具有打造西部金融中心的潜力，在西南尽管成渝定位有所区别，但地理区位相近使得成渝之争在所难免，再加上第二层次昆明与南宁的区域金融中心建设，使得西南中心城市金融竞争激烈。而西安则以建设西北地区金融中心为目标，兰州与乌鲁木齐的金融综合竞争力，也定位于第二层次的次区域金融中心。丝绸之路经济带的建设，内在的要求发挥西部多层次金融中心的经济金融实力与信息优势，辐射周边地区，成为连接中亚乃至欧洲的金融枢纽，并承担人民币区域化与国际化的重任。同时，丝绸之路经济带的建设，又极大地加快了西部多层次金融中心建设成型的步伐，为金融中心城市提供了前所未有的发展契机。

西安作为丝绸之路的起点，是古代中国对外开放的象征，是“世界四大文明古都”之一，是丝绸之路经济带中国段最大的城市，也是西部大开发的桥头堡。西安有优越的区位资源、良好的金融基础，人文历史沉淀深厚，经济基础条件较好，资源结构与产业结构在一定程度上能与西北其他地区、中亚国家形成互补。借助西安升级打造国际化大都市和国家级西咸新区的建设，西安有能力、有条件，也有强烈意愿发展成为丝绸之路经济带的区域性金融中心。为此，西安还应加大经济结构转型、推动金融产业集聚、引进和培养国际化金融人才、加强金融监管、转变地方政府职能等方面的力度。

新疆是我国西北边陲省份，一边沟通了中亚、南亚和西亚，一边连接着我国西部内陆。新疆正着力于发挥中心区位优势，力争形成丝绸之路经济带上的多层次核心区，从地理区位上看，也应该承担跨境人民币业务、货币流通集散的功能定位，在交通通讯、商贸物流、文化科技、医疗服务等方面加快建设步伐。可以将区域性多层次资本市场建设与乌鲁木齐打造区域性国际金融中心有机结合，考虑当条件具备时，在乌鲁木齐（东六时区）建立面向中亚的区域性证券交易所，形成与上海、深圳、香港的时间梯度与前后衔接。

加强成渝金融合作，发挥协同效应。2011 年成渝经济区获国务院批复成立，包括重庆和四川两省市，是西部综合实力最强、经济最发达的、内陆开放水平最高的经济区域。而成都与重庆作为两大中心城市，既是成渝经济区的经济金融核心，也是西部最具竞争力区域金融中心，对于推动西部金融产业集聚，引领西部金融协调发展具有不可替代的作用。推动成渝金融合作，关键就是要实现优势互补，共同促进西部金融中心建设，并以此推进成渝金融一体化，发挥协同效应。通过发挥成都与重庆的腹地比较优势，明确分工定位，走相互对接、富有竞争性、分层次的金融合作发展道路，提升管理决策、信息共享、清算结算等金融功能的效率，打造西部金融服务后台，拉动金融产业集聚和腹地经济发展。成渝地区在沟通协调、利益均衡、风险防控方面要确立长效合作机制，逐渐破除地域行政限制，整合两地交易市场、人才市场、资本市场的资源，推动产业合作与升级，形成与西安建立丝绸之路经济带金融中心的三角鼎足之局面、西北与西南互动之态势。

此外，要将丝绸之路经济带的建设与西部多元宗教信仰、多样化的民族传统相结合，比如伊斯兰金融、民族地区资本市场建设、构筑西部地区具有特色的金融业等。

（5）大力发展移动金融引领西部金融创新，提升金融效率

现代信息化在网络、现代通信、数据库技术的基础上，通过智能化生产工具为代表的新生产力，深刻改变了人类社会的发展进程。金融信息化是现代信息技术对金融渗透的必然体现，现代金融演进的过程也是信息化与金融融合程度不断加深的过程，而这个过程带来了各个领域的金融创新与变革。在金融业态方面，智能创新工具全面改造金融业，金融活动从实体形态、物理性空间逐渐向虚拟形态、信息性空间转变；在金融发展方面，信息技术的广泛应用拓展了金融理论的边界，丰富了金融实务的内容；在金融运行方面，信息技术提高了金融运作自动化程度，改变了金融组织结构与经营模式，提升了金融效率。

随着时代的发展进步，人类正逐渐步入移动信息化社会。移动互联网、智能移动技术与终端的发展日新月异，现代通信技术日臻成熟，为移动金融这一新兴领域奠定了基础。移动金融通常指运用现代化移动通信与互联网技术，为客户提供新型、多样性金融服务的形式，使人们的现实金融服务需求在很大程度上脱离物理空间、时间、地域的限制与约束，也可以总称为金融服务与移动互联网技术的结合。相对于传统金融体系，移动金融在资金配置、支付清算、风险控制、信息管理等金融功能的实现路径、模式和承载主体发生了变化；相对于传统实体物理网点与普通的网上服务，移动金融在信息获取、传输、共享的服务效率与灵活性提升方面具有明显优势。其业务主要包括移动银行（主要是手机银行）、移动证券、移动保险、移动商务、移动增值业务，以及移动支付（主要是手机支付）、移动资讯、账户管理、投融资理财等方面，具有实时、便捷、全面、私密等特点。

目前我国的移动金融又以手机银行为主要工具，利用移动互联网和智能终端为客户提供综合性、个性化金融服务，是移动金融最重要的表现形式。并且移动信息技术不断进步，变革日新月异，移动金融的内涵范畴不断拓展，服务内容更加宽泛。

因此，通过实现信息化与西部金融发展的高起点、高跨度对接，以移动信息技术引领金融制度创新、管理创新、组织创新与业务创新，发挥信息化、电子化、智能化、网络化的优势，优化金融结构，提升西部金融业效率。

①西部地区大力发展移动金融的必要性。

首先，大力发展移动金融与国家经济结构转型的战略目标完全契合。信息化对工业化、城镇化、农业现代化具有渗透、覆盖和拉动作用，逐渐成为“新四化”同步发展的关键。移动金融代表着信息化向金融渗透的发展方向，与我国加快金融信息化建设、全球货币电子化与服务移动化的大趋势向吻合，不仅推动金融业的转型与创新，而且为通过以信息消费拉动内需，在“新常态”背景下促进经济结构调整奠定了前提条件。

其次，大力发展移动金融是由西部复杂的金融地理与金融资源非均衡分布状况所决定的。我国东西部地区、城乡发展极不平衡，金融总量存在巨大差异，西部区域自然环境恶劣，地理状况复杂，气候条件多变，交通设施网络不及东部发达。东部地区在工业化和城镇化的进程都领先于西部，西部地区城乡二元结构形态更明显，小农经济特点更突出，贫困偏远的农村和人迹罕至的少数民族村寨大量散布在广袤的西部区域，第 3 章和第 4 章对此做了详细的理论分析与统计比较。从实体金融机构网点及人力配置情况来看，东西部之间、西部省份也表现出明显的非均衡分布。如表 7－8 和表 7－9 所示，2012 年西部地区每万平方公里银行业金融机构网点数为 81 个，东部为 872 个，为西部的近 11 倍；西部省份中，重庆因为地理面积相对较小和金融发展水平较高，每万平方公里银行业金融机构网点数最多，为 629 个，西藏最少，只有 5 个，内蒙古、甘肃、青海、新疆的金融机构网点覆盖程度也很低。2012 年西部地区每万平方公里银行业金融机构从业人员数 1183 人，东部高达 16340 人，为西部的近 14 倍；西部省份中，重庆该指标最高，为 7476 人，西藏最低，仅有 58 人，两个省份相差近 129 倍。银监会 2012 年的统计数据还表明，全国有 2945 个乡仍未设置银行业金融机构营业网点，有 708 个乡镇属于金融服务空白区域，西部边远山区和农村金融服务真空现象尤为严重。

与东部发达地区相比，西部实体金融机构网点与从业人员数极低的覆盖比重，难以满足多样化的金融需求。西部城镇化水平滞后，地处偏远的农村实体金融机构与人员更加稀缺，经常成为金融服务的空白点，这些地区又由于金融交易频率低，特别是支付结算基础设施落后，结算方式单一，非现金支付服务转账结算交易量少。金融机构设立分支网点的成本高昂，使得正规金融机构不愿意在此类地区新设网点，而且还可能收缩和撤销实体网点，这些都制约了西部偏远落后地区资金的有效配置，农村金融需求与实体金融资源供给失衡。

表7-8　　2012年西部银行业金融机构网点覆盖程度①

地区	银行业金融机构数（个）	地理面积（万平方公里）	每万平方公里银行业金融机构数
内蒙古	5231	118.30	44
广西	5663	23.60	240
重庆	5176	8.23	629
四川	13218	48.14	275
贵州	4400	17.60	250
云南	5266	38.33	137
西藏	636	122.80	5
陕西	6511	20.56	317
甘肃	4436	45.44	98
青海	1030	72.23	14
宁夏	1170	6.64	176
新疆	3284	166.00	20
西部	56021	687.87	81
东部	79830	91.58	872
全国	202128	963.41	210

表7-9　　2012年西部银行业金融机构从业人员覆盖程度②

地区	银行业金融机构从业人员数（人）	地理面积（万平方公里）	每万平方公里银行业金融机构从业人员数
内蒙古	94950	118.30	803
广西	84736	23.60	3591
重庆	61525	8.23	7476
四川	207560	48.14	4312
贵州	48180	17.60	2738
云南	70480	38.33	1839

① 根据2012年西部十二个省、市、区，东部十个省、市《区域金融运行报告》，《中国金融年鉴（2013）》，《中国统计年鉴（2013）》整理而得。

② 根据2012年西部十二个省、市、区，东部十个省、市《区域金融运行报告》，《中国金融年鉴（2013）》，《中国统计年鉴（2013）》整理而得。

续表

地区	银行业金融机构从业人员数（人）	地理面积（万平方公里）	每万平方公里银行业金融机构从业人员数
西藏	7125	122.80	58
陕西	87677	20.56	4264
甘肃	57484	45.44	1265
青海	15985	72.23	221
宁夏	20908	6.64	3149
新疆	56880	166.00	343
西部	813490	687.87	1183
东部	1496454	91.58	16340
全国	3378000	963.41	3506

破解西部边远地区、农村地区、少数民族聚居区金融发展严重滞后，基础金融服务空白的关键就是要大力发展以手机银行为主要工具的移动金融。2011年银监会《关于继续做好空白乡镇基础金融服务全覆盖工作的通知》，以及2013年12月周小川行长也专门指出了移动金融在此方面的重要作用。从国际现实情况来看，经济越发达的国家与地区，例如欧洲、美国和日本，移动金融的应用推广速度越慢；而在经济欠发达或者较贫困落后的国家与地区，比如非洲的肯尼亚、赞比亚、南非，东南亚的菲律宾和印度尼西亚，移动金融应用广泛，以手机银行为主要工具的移动金融普及率高。国内外的实践经验与成功事例表明，移动金融应该成为西部欠发达地区金融发展的一个重要趋势与方向。

再次，信息化基础设施的普及，信息化技术的更新与变革为西部地区移动金融发展提供了强大支撑。移动手机的高持有率，智能移动终端的技术更新，移动互联网产业的迅猛发展，3G网络、WIFI无线网络的覆盖和4G手机网络的推行等都是移动金融发展的重要保障。

以移动金融的主要工具手机银行和支付为例，手机终端整体普及率较高，当前发达国家手机普及率已超过100%，部分发展中国家也达到这一水准，而发展中国家平均手机普及率则高于50%。截至2012年底，我国移动手机用户达到10.8亿户，手机普及率已超过80%，而农村该指标已经超过90%，每个农村家庭已至少拥有一部手机，银行卡持有率已经低于手机持有率。西部地区移动手机普及率78.8部/百人，3G移动电话用户数为5225.5万户，较往年均有大幅增长。

从现代通讯基础设施建设来看，手机银行发展的通讯保障来自目前国内大部分偏远地区、农村都实现了三家移动运营商无线通讯网络覆盖。截至2012年底，全国光缆线路长度达到1479.33万公里，西部为406.91万公里，比上年均有大幅上升。到2011年底全国3G基站81.4万个，已能覆盖到所有县城及大多数乡镇，正向行政村拓展与辐射。中国电信光缆网对南方地域覆盖率高达70%，其中东部95%，西部接近一半，为47%。在农村，中国电信运营商网点覆盖率远高于银行网点，而天翼3G网络对我国乡镇覆盖率已达90%。

从移动互联网产业分布格局来看，[①] 我国移动互联网产业主要集中于东部长三角、珠三角、环渤海，以及西部成都、重庆、西安为核心的四大区域。东部地区的广东移动互联网产业产值高达1953亿元，环渤海区域是我国移动互联网的第二中心，在移动终端制造、移动互联网软件与服务等领域有很大优势，而西部地区则是中国移动互联网产业最具成长性与潜力的区域。

从手机银行的使用情况来看，根据艾瑞咨询统计数据显示，[②] 2012年手机银行业务规模达到9000亿元，2013年比2012年增加了15.7%，预计2015年将达到9万亿元。2012年，我国台式机电脑上网用户数低于手机上网用户数，而通过功能机交易量低于智能手机交易量。2013年我国网民使用电子银行服务分布情况中，44.6%的用户使用过手机银行业务，西部欠发达地区手机银行用户占比高于网上银行用户，西北地区手机银行用户占比13%，网上银行用户占比12.3%，西南地区手机银行用户占比3.5%，网上银行用户占比3.4%。未来西部地区的移动金融的广泛普及与应用不仅将引领西部互联网的金融发展方向，而且其移动金融产业链将成为我国移动金融发展的重要驱动力。

最后，通过大力发展西部地区移动金融提升了金融服务效率，推动了金融创新。与传统金融相比，移动金融最大优势在于大大降低了交易成本，打破了时空限制，从而能为西部地区偏远农村、山区、少数民族聚居区居民提供优质低价的金融服务，极大地提高了金融效率。比如，手机银行和支付在西部地区的广泛应用和普及具有经营管理成本、投入成本低、网络覆盖面广、信息传输与处理高速的特点，可以帮助商业银行，特别是西部欠发达地区多样化银行业金融机构主体解决网点铺设高成本和处理小额交易高成本的问题。根据世界银行扶贫协商小组的统计数据显示，手机银行及第三方中介的成本是建立物理银行分支机构网点的三十分之一，用手机银行替代传统银行服务使得银行运营成本降低50%左右。国外金融机构调查数据表明，由传统的物理网点金融从业

① 资料来源于赛迪顾问《2012—2013年中国移动互联网产业分析与预测》。
② 资料来源于艾瑞咨询《2012—2013年中国金融产品销售电商化用户调研报告》。

人员手机银行处理的每笔交易平均成本为1.07美元，每笔交易通过手机银行处理的平均成本为0.16美元；国内的相关数据则显示，柜台每笔交易处理的业务成本约为4元，而手机银行每笔交易的平均成本只有0.6元。手机银行提供金融服务的交易和费用低成本，以及手机便于随身携带、易于上手操作、传输时间损耗小等特点，使得西部欠发达地区居民，特别是低收入群体能够负担得起，克服了西部地广人稀、交通不便的地理空间限制，实现了包容性金融的目标。

发展移动金融有利于推动银行业金融机构创新。提高电子银行替代率，特别是中小银行、农村金融机构，在利率市场化背景下实现银行规模扩张，打造核心竞争力的战略要求。目前我国银行中电子银行替代率平均为44%，中小银行还低于30%，与国外先进银行80%的替代率相比还很滞后，有很大的提升空间。技术标准和客观需求环境为移动金融发展提供了坚实的基础，也为金融机构自身突破传统物理网点的局限，借助移动互联网技术，以更低成本规模化发展西部地区客户，进军新的蓝海市场，实现业务转型提供了契机。手机银行的应用通过拓宽了金融服务渠道，提升了西部地区金融服务的质量。西部贫困山区、偏远农村普遍经济发展落后，而金融服务层次低则主要由于该类地区金融交易不活跃、成本偏高造成，农村金融机构缺乏营销推广和业务拓展的动力，偏离了金融支持欠发达地区和“三农”的目标，加上金融产品结构单一、种类少，西部居民获取的金融服务种类与渠道是很有限的。并且正规金融机构的功能缺失，民间借贷的居民逐渐超过了正规金融机构借贷的比例，这在西部农村和山区尤为明显。移动金融则弥补了这类缺陷，金融机构推行手机银行业务的覆盖与推广，使得原来接触不到正规金融服务的居民通过手机银行随时办理存取款、汇兑、领取政府补贴、贷款偿还等金融业务，提升了金融机构在西部的服务质量。

目前，五家大型国有商业银行，全国性股份制商业银行都推出了以手机银行和支付为主要工具的移动金融业务，部分城市商业银行和农村商业银行也推出了手机银行业务，少数新型农村金融机构也开通了手机银行相关业务，区域性银行的移动金融业务发展则相对要滞后一些。尽管当前东部地区的移动金融业务开展还是要领先于西部，但西部是未来移动金融发展最具潜力、最有成长性的地区。同时，西部地区信息化技术和通讯基础设施虽然普及与推广时间晚于东部，但没有东部这么大的更新换代压力，通过移动金融业务实现金融创新的空间巨大。商业银行等金融机构将移动金融业务渠道逐渐代替柜面渠道，并借助于大数据和云计算，移动金融在有效挖掘、加工和整合数据的基础上，促进金融业分工水平的提高和竞争格局的变化，大幅改变商业银行的风险控制和管理水平；其金融服务更加贴近市场与客户，使得金融机构的业务、组织、管理向“智能、高效、便捷”的创新模式转变，践行了“零售银行”和“以客户为中心”的发展思想，实现了移动金融推动西部金融创新，提高金融效率，服务欠发达地区经济发展的目的。

②西部地区移动金融发展的建议。

第一，西部地区发展移动金融的模式选择。移动金融服务的运营模式是移动金融产业链的核心，国际上划分为银行机构主导和非银行机构主导，非银行机构又包括以移动运营商为主导和以第三方支付企业为主导的运营模式。总体上，西部地区要建立完善以银行为主导的移动金融产业链。以银行机构主导的运营模式，针对西部城镇、偏远山区、农村地区，以移动运营商和第三方支付的运营模式主要针对西部偏远山区和农村地区。

西部的城镇金融机构种类多，物理网点分布广泛，金融生态环境与基础设施较完善，以银行机构为主导的手机银行可成为移动金融的主要模式；西部偏远山区、农村地区、少数民族村寨在基于已有为数不多的农村金融机构网点基础上，主推手机银行与支付业务，利用这些地区高手机持有率的优势，向有银行账户的居民提供转账、支付、查询、存取款等一系列服务。金融机构已有的先进技术平台和支付结算系统，为手机银行业务提供强大支撑，拓展了金融服务渠道与边界；金融机构主导的手机银行业务还能降低西部山区、农村物理网点的运营成本，实现规模经济效益，且农户对农村金融机构开展的移动金融业务有较高的信任度，对其风险管理、安全条件也有较高的认同度。

在银行机构主导的移动金融模式基础上，移动运营商和第三方支付要结合自身优势积极拓展在西部山区、农村地区、少数民族村寨的手机银行业务，并实现与金融机构的分享与合作。

三大移动运营商通讯网络覆盖面广，已有的移动运营网点还能降低代理网络的新建成本，运用移动客户通讯产生的大数据共享于移动金融业务，最适用于金融基础设施落后，距离城镇遥远、交通成本高、地理环境复杂，正规金融难以覆盖的西部偏远山区与农村。在此项优势基础上提供手机银行业务，如小额存款和小额支付，有促进包容性金融的作用。

当前，互联网公司的移动金融主要目标集中在第三方支付上，新浪、腾讯、阿里、网易、百度等互联网巨头都相继推出了第三方支付平台，从我国移动支付的市场份额来看，2013 年有 28.8% 的移动手机网民使用过移动支付，使用支付宝等第三方支付的用户数在总用户数中的比重高达 85.9%，2014 年支付宝一项数据显示，西藏连续三年移动支付占比排名全国第一，越是金融物理网点与人才缺乏的偏远省份，移动支付越活跃，在很大程度上有此消彼长的关系。而且第三方支付用户群体庞大，移动端用户大多以青年为主，互联网公司有更加积极的金融业务与产品创新动力。

图7－7显示了西部地区移动金融产业链状况，其中，手机银行支付的资金账户管理为整个产业链的中心，相应的有银行、移动运营商、第三方支付企业三种模式。西部地区在建立以银行为主导，移动运营商和第三方支付重点针对偏远山区、农村、少数民族村寨的移动金融发展模式下，加强相互之间的深入合作，搭建信息共享平台，实现优势互补，提升西部地区金融服务效率。

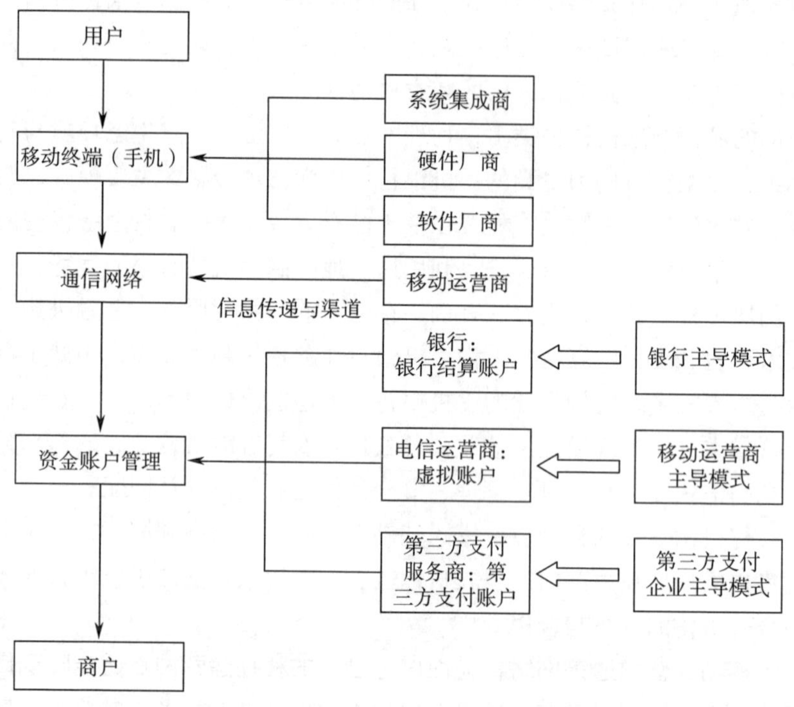

图7－7 西部地区移动金融产业链

第二，构建合理定价机制，发挥移动金融低成本优势。西部欠发达地区移动金融发挥其功能的重点是要有一个针对西部居民可负担的合理定价。银行机构与非银行机构在普及与推广移动金融的过程中要树立降低费用成本、追求长期效益的理念，逐步增强手机银行及支付相关业务在偏远山区、农村、少数民族村寨的成本竞争优势。移动产业链中的各个环节，硬件、软件供应商，移动运营商、银行金融机构、第三方支付和商户要给予西部欠发达地区一定的收费政策倾斜，比如给予这些地区用户一定的通信费用补贴；降低特约商户手续费标准；按照较低的特色银行卡服务业务标准对使用手机支付结算业务的西部偏远山区、农村、少数民族村寨居民收取费用。移动金融产业链各个环节都应立足长远，加强互动合作，其普及率、使用率的不断提升，会让手机银行及支付业务规模效应的功能发挥与成本降低相伴而行，使用户在享受到高质低价服务的同时，移动金融供应商也能实现盈利。

第三，加大宣传力度，提升用户感知与认同度。西部欠发达地区金融发展水平落后于东部发达地区很重要的一个因素在于越是经济落后的地区，现金的持有、支付、结算等金融活动占比越高，现代金融产品、工具、手段的接受程度越低。西部地区居民习惯于现金相关的支付结算业务，对于移动金融相关工具的接受与认同需要一个持续的引导和宣传过程。这其中政府应该扮演移动金融推动者的角色，运用相应官方媒介宣传推广手机银行和支付的基本知识。已有的金融机构网点也可通过其大堂经理、理财经理、客户经理和柜员对来到银行办理查询、转账、存取款等金融业务的客户，宣传手机银行和支付“安全、快捷、便利”的优势，可派网点职员予以演示并提供注册帮助，提高用户的感知度。移动运营商应借助西部偏远地区通讯基础设施建设、维护等日常工作，进村入户，宣传移动金融，并将手机银行技术与用户需求紧密结合起来，突出强调小额移动支付的安全与便利。对于西部广大农村、少数民族聚居区可借助农村信用体系建设和金融消费者权益保护活动，建立覆盖村镇、山区的移动金融业务义务宣传网络。在此基础上，加强对用户的金融安全教育，详细讲解手机银行等移动金融业务安全保障措施、用户安全操作注意事项，逐步消解西部居民对新兴金融工具的戒备心理和手机银行安全的忧虑，引导西部偏远地区居民，特别是少数民族村寨的农户改变旧有的消费习惯，接受先进便捷的金融服务媒介、工具与手段，提升移动金融的认知度。

第四，完善监管，加强移动金融风险防范。移动金融产业是现代科学技术高度发达的产物，相比传统的交易模式，其运行处理更加虚拟化与复杂化，产业链条中各个环节都有可能面临新的问题与风险，比如个人信息泄露、支付系统安全、资金亏损、恶意洗钱等风险，因此，高效完善的监管与风险防范是移动金融广泛普及与应用的保障。应该秉持审慎态度，采取相对稳健的措施监管手机银行，完善相关法律准则，特别是出台针对手机支付操作规范与技术标准的适用性法规。建立健全的、针对性的消费者金融保护部门，完善面向移动金融的消费者保护机制。加强信息安全管理，建立风险识别与评估体系，把防范风险与消费者权益保护放到与支付创新同等重要的位置。加强和完善手机银行综合安全保障机制，切实保障居民金融财产安全。建立动静结合、分类有别的监管体系。静态监管方面，要实现国家监管与地方监管的相互配合与补充，在人民银行监管部门制定的相关规章和政策范围内，西部地区要根据自身经济金融发展客观条件，有针对性地制定落地细则，在风险可控前提下，着力于培育良好的氛围，鼓励移动产业链中合规依法经营的机构与企业的健康发展。动态监管方面，对银行机构与非银行机构的支付企业提交的业务统计报表、重大事项报告、财务会计报告、交易纠纷案件等资料和数据，进行常态化的动态风险监测、业务预警和数据分析，并提供监管指导要求，将监管重心由市场准入转向日常经营，提高监管的有效性与持续性。

（6）实施差异化与统一性相协调的区域金融调控政策

第4章的详细分析指出金融宏观调控政策是缩小区域差距、实现东西部区域之间与西部区域内协调发展的重要手段；但是区域金融资源总量、金融结构、金融功能非均衡的实情与高度统一的金融宏观调控政策的并存，这种高度统一的金融调控政策表现在统一的货币政策、利率政策、存款准备金制度、货币购买力、行政性金融监管制度等方面。在这样一个区域发展差距巨大、“二元性结构”特征突出、市场体系分割严重的国家，集中统一的金融政策时常造成区域间的不同调控效应，存在显著的单一金融政策与多样化区域发展的不匹配，与差异性区域金融内生成长能力相冲突与矛盾的状况。第6章的动态实证检验表明东西部两大区域经济增长的金融贡献效率具有共性，也有明显的差异性。共性表现在长期中两大区域金融发展都能促进区域经济持续稳定增长，这意味着中央政府的货币政策、信贷政策等金融调控手段实现了推动区域经济增长目的。差异性体现在东西部金融贡献效率有很大不同，特别是在短期内，西部区域金融发展不能起到对区域经济增长的推动作用，而东部金融发展则能够迅速发挥促进区域经济增长的功能。统一的金融调控政策在具体实施过程中，由于政策传导机制、传导通畅程度、市场主体敏感程度、金融意识、市场环境等方面的区域非均衡状况，导致了区域金融效率的时滞和区域金融功能传递的阻滞。并且在大多数情况下，以发达地区为参照系的单一金融调控产生了不同的政策效果，这不仅会加剧区域非均衡发展，加剧两极分化，而且会支付更大的制度成本。因此，在顶层设计的制度框架内，在总量调控的基础上，针对东西部区域之间、西部区域内的非均衡发展现状，更加注重区域差别性、结构性的金融政策实施，将集中统一与适度差异、总量调控与结构调整有机结合。

①区域金融调控的运作原则。

西部经济区域是全国的一个经济子区域，西部省份是西部地区的经济子区域。我国的区域金融运行应该体现出一些基本发展特征：要与不同地区经济发展现实状况相适应；以国家总体经济利益为导向，体现整体利益与区域利益的协调；建立覆盖全国、统一完善的金融市场；在区域比较优势基础上实现专业化分工，促进资源配置效率的提升；发挥金融集聚与辐射功能，建设具有一定影响力的多层次区域金融中心；加强区域金融交流与合作。与过去行政式的高度集中统一与均衡运作模式相比，转轨经济条件下的金融调控与政策存在二元性的特征，即在集中统一的基础上，更多体现了市场经济的差异化原则，就是要处理好中央与地方、全局与局部、地方与地方之间的关系，发挥发达地区的辐射能力，带动欠发达地区进入良性循环的轨道，实现区域金融协调发展。

由于东西部之间、西部省份内的显著区域金融非均衡特征，在保证宏观经济整体稳定运行的统一调控基础上，差异化的区域金融调控方式应该成为运作的基本原则。图7－8显示了区域金融调控的政策与运作，中央层面的金融宏观调控既有集中统一的决策，又要根据不同地区的经济社会条件实施差异化政策。发达地区市场化进程较快，市场机制较健全，传导中介无论是金融机构还是金融市场的发展水平都很高，微观经济主体有较强的反应灵敏度，金融宏观调控应该以间接调控与干预为主，直接调控与干预为辅，更加强调间接调控的力度、作用与范围，避免硬性的直接调控过于猛烈、迅速而导致的金融不稳定。欠发达地区市场化程度较低，市场机制很不健全，金融机构与金融市场发展还相对落后，发育不足，微观经济主体的政策反应存在时滞，政策传导阻滞的成分较多，效率低于发达地区，此类区域应该加大间接调控的力度，保证调控目标的迅速实现，再根据市场发育程度有针对性的采用直接调控手段，防止政策效应外溢，避免过度金融管制。

②构建统一性与差异性协调的区域金融调控与政策体系。

区域金融调控与政策选择旨在探索保证宏观层面政策原则一致性前提下，适应东西部之间、西部省份经济金融发展非均衡现状，构建统一性金融政策与差异性金融政策相协调的金融政策调控体系，提高调控政策的有效性。在上述原则指导下，提出如下政策建议。

第一，实施差异性的货币政策。在中央层面统一的货币政策目标下，西部地区根据自身非均衡发展特点制定货币政策子目标，在人民银行可控范围内，应给予西部地区人民银行分支机构更多的自主调控权限和执行权限。

一是区域性的信贷政策。西部地区间接融资的比重比东部地区更高，融资结构单一，金融机构在货币政策传导、信贷投放中的地位更突出，为缓解西部资金短缺的局面，采用区域性的信贷政策非常必要。西部省份的央行分支机构

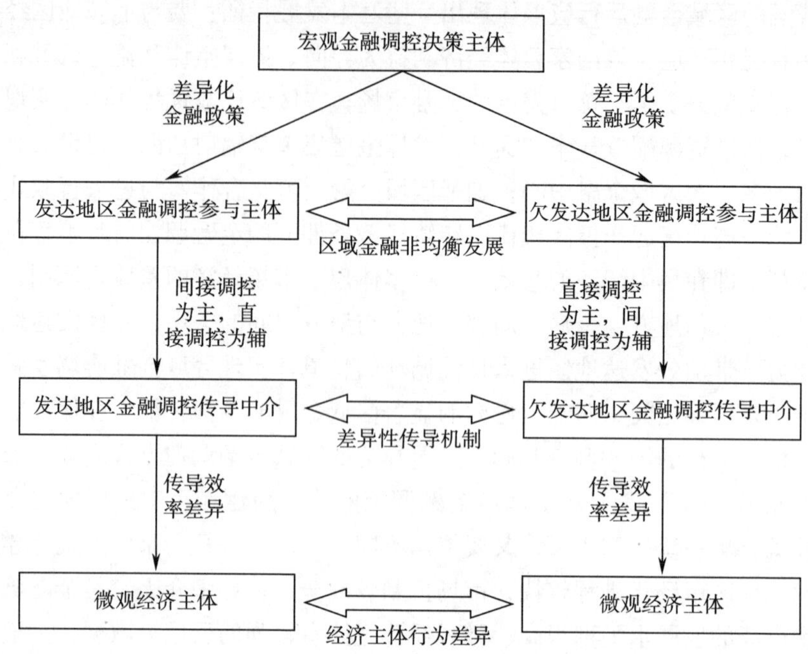

图7－8　区域金融调控政策与运作

有选择的改变贷存比例，适当延长贷款期限，调整支农再贷款资金投向，重点支持西部中小企业、“三农”、少数民族特色产业。

二是区域性利率政策。我国利率市场化渐行渐近，存款利率管制还未完全放开，利率市场化还未完全实现之前，管制利率与市场利率的二元性利率机制仍然存在。西部地区金融抑制还很严重，而东部地区市场化程度高，市场化进程领先于西部，从而利率双轨制由于区域差异而强化，东部“虹吸效应”的作用造成金融资源从西部大量流出。要改变金融资源“孔雀东南飞”的状况，西部地区就应该实施差别利率政策和利率分级管理，西部分行对利率浮动范围应有更大的自主权；考虑到西部中小企业的发展状况、承受能力与其盈利、效益水平的匹配，可灵活运用存贷款利率上下限对不同地区进行管理，采用适当降低贷款利率，实行限额比例管理等措施。在利率市场化改革的背景下，中央银行货币政策的调控方式正加快从数量型为主向价格型为主的转变，区域性利率政策未来将发挥更大的功能与作用。

三是区域性再贴现政策。西部地区金融市场发展相对滞后，存在一定的结构性缺陷，而再贴现能够引导信贷资金流向特定地区与产业，对资产结构具有调整的灵活性，提升资金配置的效率。西部地区人民银行分支机构通过人民银行总行的授权，创设贴现窗口调整贴现率控制商业银行投放资金规模，使得差异化货币政策效果得以充分发挥。

四是区域性准备金政策。长期以来，我国实行的是统一准备金政策，难以体现区域非均衡发展的客观要求。东部发达地区，金融市场化程度较高，融资渠道与融资工具多样化，资金配置效率高，金融机构对央行放松金融管制需求更强烈，超额储备可维持在低于西部的水平。西部地区则应适当降低法人金融机构的存款准备金率，吸引东部发达地区资金通过央行调节的渠道流入西部，西部人民银行分支机构再根据自身发展水平适当调整区域准备金率。

五是区域性公开市场业务政策。公开市场业务作为中央银行“三大法宝”之一，具有主动性、灵活性、温和性的特点，能够经常性、连续性的操作，在引导市场利率、配合财政政策实施方面有明显的效果。西部地区金融市场发育程度低，区域性的公开市场业务应该与金融市场建设相联系，不断提高资金市场的政策效率。

第二，西部欠发达地区差异性的金融监管政策。一是加大西部银行业金融机构不良资产的处置力度，西部金融机构不良贷款率偏高，融资结构的单一特点导致金融风险主要集中在商业银行，金融机构脆弱性突出。因此，各商业银行要结合西部经济金融发展状况，重点抓好西部银行分支机构不良资产核销、重组和拍卖工作，提升金融机构效率。二是放宽西部地区金融机构的市场准入条件，实行差异性的市场准入和监管政策，促进西部地区银行、证券、保险、信托等机构的增加，吸引东部地区股份制商业银行，外资银行在西部设立分支机构。三是放松对民营资本准入的限制，允许民营资本进入电信、金融、保险等垄断性领域，鼓励具有地域特点的民营银行设立；通过区域金融政策扶植西部中小金融机构的发展，引导其专注于服务西部地区中小企业、“三农”、少数民族特色产业，满足不同层次经济主体的金融需求。

第三，西部欠发达地区差异性的金融市场政策。第3章分析表明货币市场的资金流向主要是从东部地区流向西部地区，体现的是从上至下的行政性资金安排；而资本市场则是金融资源从西部流向东部的重要渠道，体现的是市场化机制下的资源流动。因此，在货币市场方面，西部地区在全国统一同业拆借市场基础上，建立地方性同业拆借市场，活跃金融票据交易，发展西部票据市场，与区域性公开市场业务相互促进。资本市场方面，在构建西部地区多层次资本市场的基础上，放宽企业上市条件，降低门槛，特别是大力发展少数民族地区区域股权交易市场，鼓励西部不同类型、不同成长阶段的企业都能通过资本市场获取资金，实现资金融通。

第四，加强区域性财政政策与区域性金融政策的协调配合。货币政策重在总量调整，财政政策重在结构调控，在我国步入经济“新常态”背景条件下，货币政策不断适应“新常态”要求，出现了一系列的结构性货币政策工具，比如SLF（常备借贷便利）、MLF（中期借贷便利）、SLO（短期流动性调节工具）、PSL（抵押补充贷款）、定向降低准备金率等，用于弥补货币政策结构性调控缺失的特点。尽管取得了良好的政策效果，但央行报告中也提及货币政策主要还是总量政策，其结构引导只能起辅助作用，结构调整应该更多地通过财政政策实现。并且对于区域金融发展非均衡的制度性调整因素，除了金融政策外，还应关注传统财政政策，因此，实行区域性的财政政策与货币政策协调配合对于宏观调控的有效施行至关重要。由于转移支付总规模小，对缩小区域差距效果有限，通过开征区域经济调节税，对以往西部地区支援东部发达地区率先发展的贡献给予回馈，既是对公平与效率的权衡，也是对非均衡发展战略的一种适度修正，有利于社会的和谐稳定。对西部地区银行业金融机构实施优惠的税收政策，在所得税、营业税等方面给予优惠，既能提高银行的盈利能力，也为商业银行针对性的对特色产业、“三农”、中小企业发放优惠贷款拓宽了空间。通过差异性的地方政府债券发行机制，缓解财权与事权不匹配导致的西部地方政府普遍资金短缺状况。由于货币政策的传导、发挥效用要基于市场效率，特别是传导中介的完善程度，而西部金融体系还很不健全，因此对于西部欠发达地区而言，发挥财政政策比货币政策更能体现政府促进公平的意图。市场机制下资源从西部欠发达地区流向东部发达地区与政府逆向直接与间接调控，引导资金从发达地区流入欠发达地区的矛盾要通过区域性财政政策与货币政策的协调配合才能较好地克服，才能既符合市场规律，反映区域非均衡发展实际状况，又能体现社会公平，有利于民族团结和社会稳定。

2. 西部区域金融系统与外部系统协调发展的政策建议

西部区域金融发展从非均衡向协调发展的转变必须要有一个系统、完善的顶层设计机制。由于历史发展阶段与制度条件不同，西部地区实现“后发赶超”不能仅仅照搬照套改革开放后东部地区率先发展采用的“摸着石头过河”，缺乏顶层设计、统揽全局战略规划的老路，而是要将顶层设计与“摸着石头过河”相结合，从上而下的系统谋划，贯穿中央宏观层面、区域中观层面，微观主体层面，涉及政治、经济、社会、文化、生态环境制度等方面的全方位改革。金融作为现代经济的核心，要充分发挥金融功能，实现金融推动西部经济社会发展的重任，就要有一个协调、和谐的外部环境系统，其核心就是制度。要有健全的法律制度体系，培育高效的法治体系（正式制度），大力弘扬优秀的社会资本与民族文化传统，建设先进的道德伦理体系（非正式制度）。

（1）健全西部地区法治体系，提升法治效率

党的十八届四中全会将全面推进依法治国提升到了新的战略高度。“法令行则国治，法令弛则国乱”，一个富强、民主、和谐、文明的中国，应该是法治的中国；一个公正、平等、自由的社会，应该是法治的社会；[①] 一个统一、公平、有效的市场经济，应该是法治的经济；一个现代化的国家治理体系，应该是法治化的制度建设。

尽管整体上我国仍然有低水平法治与高速经济增长同时并存的“中国之谜”现象，但这并不能否认“良好的法治促进经济金融发展”这一命题。本书的理论梳理与实证研究表明，西部欠发达地区法律制度环境不完善、法治效率低下与区域经济金融发展落后有显著的关系，东部发达地区法律制度与法治效率对区域经济金融发展有较高的贡献效率。当涉及到中观的区域层面时，法治体系完善程度与效率差异就能很好地解释区域金融发展非均衡的问题。第4章根据全面的指标体系实证分析了东西部法律制度环境与法治体系的非均衡状况，西部地区法律制度、法治水平还远远落后于东部发达地区。事实上，当前西部地区法律体系不健全、法治效率低下还表现在很多方面。比如主体法律意识还很薄弱，维权、护权、限权意识不强，平等观念与契约思想淡薄。在城乡二元经济结构矛盾突出的西部，传统的小农经济还占据着重要的地位；在偏远山区，贫穷农村和少数民族地区，人治传统、宗族式专制在一定程度上主导了社会秩序，法治缺乏成长的土壤环境。法治运作机制不健全，立法不规范、不科学、操作性差；执法人员整体素质较低，执法方式简单粗暴；司法体系受地方干预严重，司法独立性差，运作效率低下；法律监督机制不完善，内部监督松散，缺乏协作，外部监督渠道封闭，不便于施行；法治教育落后，法律专业人才极度匮乏等。

新制度经济学家诺斯认为，即使技术水平没有发生变化，通过制度变迁与创新也有可能真正推动经济增长。除了倾斜性政策扶持，基础设施建设，引进发达地区先进科技等短期手段外，地方法律完善、法治高效、司法公正的制度运行才是长期经济增长的动力。在市场经济条件下，现代金融交易的顺利进行依赖于法律来明确市场主体的产权关系和交易关系，金融市场的局限性与风险性还需要法治进行约束和引导。西部地区法治体系的缺损、法治建设的落后导

① 人民日报评论员：用法治中国凝聚复兴力量［N］. 人民日报，2014－10－21.

致了系统环境的失衡，还不能为西部金融发展提供一个长效的正式制度保障，影响了区域经济金融的协调发展。因此，西部区域金融系统与外部系统的协调发展首要的就是建立健全的西部区域法律制度体系，提升法治效率。

①优化西部区域法治环境，建立西部开发法治。

开展区域法治建设，是区域发展与开发的法治保证与客观要求，是全面推进依法治国方略中的崭新法治形态，也是为全面建成小康社会、构建和谐社会提供法治保障的必然选择。对西部而言，就是要在依法治国的历史进程中探寻和建立符合西部大开发实情与特点的法治体系，形成西部开发法治，优化区域法治发展环境。

一是建立完善的区域发展与开发的法律体系。要保证中央立法与地方立法相结合，基本法、综合法、地方法相适应。西部要实现的“后发赶超”不能走东部先开发、后治理的老路，而是应该在顶层设计的指导下，以法治先行为经济金融发展搭建良好系统环境。应该加快制定类似《西部地区开发法》、《西部地区协调发展法》，确立西部开发与发展的政策、目标、步骤、手段，权责关系、协作机制法治化。比如涉及环境保护的《西部地区生态建设与环境保护法》、《保护和利用水资源法》、《环境影响评价法》等，涉及科技人才引进的《高科技人才引进办法》、《科技创新奖励条例》等，涉及投资环境的《投资保护条例》、《固定资产投资法》等，涉及少数民族法制的《少数民族地区扶助法》、《民族文化发展保护法》等，将相关政策制度化与规范化。

二是协调西部省份之间、西部区域与其他经济区域，特别是与东部地区之间的法治协调与合作。区域经济金融合作需要区域立法、执法、司法层面的互动与交流，这是破解地方保护主义，扫清部门本位主义，形成统一市场的要求。应设立区域合作的立法协调机构、常态协作会议、联席会议、信息交流机制；推行地方政府之间的执法信息公开、磋商谈判协定；提高司法独立性，加强司法协助，推进司法改革。跨行政区域的法院是我国司法改革的重要举措，可考虑“大区法院”形式，打破地方行政干预导致的审判壁垒，提高区域司法运行效率。

②培育西部区域法律文化，提升民众法治素养。

法律文化是民众从事法律活动的思想与行为模式，具有制度性与意识性的特点。区域经济、社会、文化发展不平衡是区域法律文化产生、形成、发展的背景条件，区域发展制度保障的前提就是要承认我国存在统一政治环境与区域法律文化差异性的互补与冲突。其中最典型的就是西部地区，传统型的“人治”法律文化与现代型民主法治社会的法律文化二元性并存。建立西部区域完善的法治体系，就要重视西部区域法律文化的培植。一是树立科学、和谐的法治理念。传统的人治道统重视人的生物性，忽视人的权利本位与主体意识，这在西部偏远山区、农村和少数民族地区还普遍存在。因此，人的法治观念的转变是至关重要的第一步。西部地区民众要树立现代法治中公平、公正的人本法治思想。执法者应自觉地把自身定位为公仆，接受公众监督，自觉守法，依法行政。司法人员要转变审判作风，杜绝司法专横，树立检察官与法官自觉遵循司法公正的理念。二是加强法律意识的基础教育，提升民众整体法治素养。在二元性的法律文化中，无论是传统型法律文化还是现代型法律文化都是一个日积月累、潜移默化的历史过程，西部区域法律文化的培植就要重视基础性法律教育。通过全面普及九年制义务教育，着重对西部区域公民，特别是落后少数民族地区的民众从小讲传授法律知识，培养其知法、懂法、维法、守法的基本思想，随着社会主义市场经济向西部偏远地区的深入，将现代型民主法治的精神与理念带入，逐渐培育起良好的西部现代化法律文化氛围。

③开展西部地区法治金融建设。

党的十八届四中全会指出法治作为一种社会调整方式，政治、经济、文化等各领域的运行都要位于法律的调整之下。西部地区的法制建设除了为经济金融发展优化外部环境，提供制度保障外，还直接影响金融领域。开展西部地区法治金融建设就是落实全面推进依法治国指导区域金融发展的必然举措。一是要制定完善的金融法律法规。中央层面在加紧对《银监法》、《商业银行法》、《信托法》修订的同时，地方层面要根据新形势下的规章制度作出差异化调整，保证新规的尽快落实。西部地区存在广袤的农村、山区和少数民族村寨，农村金融还有一定的立法真空，移动金融发展的相关法律法规还不完善，这些都不利于农村金融的安全与稳定。二是提高西部地区金融执法效率。东部发达地区金融执法水平较高，而西部地区金融执行程序复杂、时间长、费用高，资产回收效果差，不良资产处置效率低。司法机关受到地方干预与管制更严重，金融要案、大案难以保证独立办理，秉公执法。因此，要通过深化行政管理体制改革，培养具有经济金融背景与法律专业知识复合型人才的司法队伍，地方法院加强对金融案件的审判力度和金融合同执行力度，将立法与执法相结合，才能提高地方金融执法效率，维护金融秩序的稳定。三是地方金融监管部门要提高监管公信力与透明度。依法行政、依法监管，强化监管部门职能，协调和解决西部地区尤为严重的市场失灵缺陷，“诸侯经济”导致的市场分割问题。严格履行金融法律法规赋予的监管职责，推进简政放权，规范行政审批，提高监管效率。强化对私有产权、投资者股权的保护观念，细化执法标准，考虑西部地区行业差异、城乡差异、民族差异、文化差异，有效化解地区金融矛盾纠纷。通过依法监管防范区域性金融风险，保障西部金融业稳定发展。

（2）弘扬西部地区优秀社会资本，推动西部优秀传统文化复兴

市场经济条件下传统意识形态的逐渐退出，精神信仰的空虚与物质主义的迅速膨胀，已经是公认的当代社会危机。金钱至上的价值体系渗透到社会各个领域，道德失范、诚信缺失、伦理滑坡的事件层出不穷，而且在经济发达地区更为严重。货币支配和控制着社会资源，并且越具有金融资源的地区、阶层，越通过其支配权进一步集聚和控制社会资源，造成更加分化严重的地区差距、阶层差距和贫富差距。并且，金融的本质应该是服务于实体经济，将资源分配到最有效率的部门，还有客观上最有需求的部门；但在现实经济金融运行中，最有资金渴求、客观上最有需求的西部落后地区，贫困阶层，“三农”，中小企业却难以得到金融支持。大量的资金流向发达地区、富裕阶层、国有企业，或者大量积压在虚拟经济内部“空转”，通过不断的杠杆化套取高额收益，整个社会反而出现结构性失衡的“钱荒”。这种经济金融结构的失衡有着深刻的文化失衡因素，那就是我们在率先发展东部地区，建设现代市场经济的过程中，以西方现代工业化为表征的，追求冲突、竞争、冒险、利益的海洋文明逐渐挤压内敛、含蓄、保守、倡导和谐的内陆文明，于是越来越多的声音认为东部发达地区更崇尚的海洋文明就是先进文化，而将西部贫困地区以传统的内陆文明为主导视为落后文化。这种武断的人类文明单一性认识论否定了人类文明的道路多样性，使得中华文化出现了内在的撕裂，割裂了文化的民族性与特殊性。而由于文化割裂出现的金钱万能价值体系下的社会，忽视公平，经济金融秩序在分配领域得不到保障，整个社会也并不能实现其高效率的良性运转。

西部地区是中华灿烂文明的发源地之一；西部优秀的多样化少数民族价值观念，是社会主义核心价值观的重要组成部分；西部优秀的民族文化精神，是中华民族精神的重要内涵；西部优秀传统文化的复兴，是顶层文化设计的重要内容。西部地区要在西部大开发的宏伟战略指引下实现“后发赶超”，除了引进西方先进的科学技术、管理经验、民主制度，承接东部发达地区产业结构梯度转移之外，还要大力弘扬西部地区优秀的社会资本，重塑社会主义市场经济建设中现代金融发展的伦理价值体系，实现西部内陆文明的现代化转型，促进多元民族文化的融合，将发扬优秀传统文化、吸纳人类先进文化和发展现实文化统一于西部文化复兴的历史进程中。事实上，西部文化从失衡走向和谐与西部经济金融发展从非均衡转变为协调是内在统一的。只有将西部优秀传统文化的传承、弘扬、复兴与西部经济金融协调发展的目标相结合，多元一体的中华

民族才会集聚强大的精神力量，不会迷失在现代化的浪潮与西方敌对势力价值观的冲击中。

①传承西部地区优秀社会资本，弘扬多元宗教信仰与多样民族传统中的优秀文化精神。

西部地区的社会资本建立在多元化宗教观念、多样化民族传统基础上，蕴含于广泛的少数民族社会结构中。有社会资本规范、信任、社会网络的一般特征，比如社会资本的规范方面，众多西部少数民族普遍有尊老爱幼、淳朴善良、不贪不滑、不偷不抢等向善精神的民俗乡规，很多苗族的村寨通过送礼的方式加强族群互惠关系；在信任方面，早期马帮将纺织品、食盐、农业生产工具等带入西南山区，云南的独龙族与怒族聚居区的村民就在路边放置很多小农经济的产品后离开，马帮到达后将自己的货物与自己认为等价的路边物品交换，这样的交易完全以信任为基础；在参与社会网络方面，西部少数民族地区的民间社会组织有重要地位，通过血缘、地缘、族缘三位一体形成的社会网络结构形成了对国家治理组织的有益补充。

宗教作为一种组织形式对塑造社会资本有促进的作用，① 而西部地区的社会资本刻上了浓厚的宗教、民族地域性烙印，使得多元化宗教信仰与多样化的民族传统充实了西部优秀文化的内涵，而西部优秀文化的价值就孕育在生生不息的中华民族精神之中。由于西部多为高原山地，自然环境多样，居住在这里的人民养成了朴素的生态保护、崇尚自然并与之和谐相处的价值观；由于气候条件复杂多变，生存环境艰苦，西部人民养成了自强不息、坚忍不拔、刚健豪放的精神与意气；由于地理阻隔、交通不便，西部人民保持着朴素谦和、勤劳善良、厚重质直的民风；由于历史上外敌入侵，西部各少数民族并肩战斗、相互支持，共同维护民族尊严，形成了团结互助、爱家爱国的浓郁集体主义价值观。在日益成熟的市场经济生活中，市场竞争激烈、瞬息万变，需要坚忍不拔、艰苦奋斗的精神；对外开放，融入世界，需要豪放宽广、大度粗犷的气魄；诚实守信的市场经济基本信条，就以西部人民善良谦和的人文品格、厚重质朴的历史沉淀为基础。

特别是西部地区“大杂居、小聚居”的少数民族，其优秀的多元传统文化与观念是现代市场经济在西部地区深入发展所不可或缺的伦理精神，是根治当今市场经济中道德沦丧的有力思想武器。例如，历史上云南白族最早的乡规

① 阮荣平，郑风天，等．信仰的力量：宗教有利于创业吗？［J］．经济研究，2014（3）：172－173.

民约碑《洗心泉诫》规定了49条不能做的违背道德之事，列举了16条做人的基本道德规范。[①] 云南傈僳族则把诚实作为家庭道德教育的核心内容。内蒙古的蒙古族广为流传的格言中讲“忠诚的心灵，胜于漂亮的脸蛋；生命和信任只能失去一次”。贵州黔东南苗族地区的“榔规”是苗族社会习俗的重要表现形式，通过议定下来的规范中明确提出不准为匪、不准偷盗、不准打架等。[②] 四川凉山彝族认为诚信应该是族群中每个个体的立人之本与处世原则。[③] 新疆维吾尔族鼓励人们在日常经济生活中要“当诚实人，做诚实事，得诚实名，让人们都称道你老实忠诚”。[④] 而早在松赞干布统治吐蕃期间，就制定了完善的藏族社会道德规范“十善法”。当金钱与道德、道义发生冲突时，很多的少数民族认为信誉重于金子，名誉胜于珍宝。蒙古族强调个人利益与公众利益相比，如枯草的影子比高耸的天空。[⑤] 维吾尔族著名的哲理诗篇中就指出“善德的秉性，不为自己，而专利与他人”。[⑥]

西部地区多元化的优秀宗教信仰是弥补当今市场经济建设过程中信仰缺失的重要精神武器。这些宗教信仰中有众多关于人与人、人与自然、人与其他社会组织之间关系的伦理规范与道德秩序，应该得到大力弘扬。[⑦] 佛教强调“信为道源功德母”，讲诚信、不妄言是最起码的修行标准。道教强调道戒严守与信仰虔诚，而“老君五戒”则是关于诚信的基本戒律。伊斯兰教《古兰经》要求信徒从事商业经贸活动要遵守公平交易，与人交往应选择诚实之人。基督教《圣经》要求信徒诚实守信，因为谎言来源于魔鬼。西南山区的少数民族多样化原始宗教信仰以族群、宗族伦理观念为主，强调集体主义，重义轻利，以内向型的重情感、礼仪、信任、和谐的社会关系为表现，这些观念是质朴无华，不掺杂任何复杂利益关系的精神信仰与道德规范。

我们在传承西部地区优秀社会资本，弘扬多元宗教信仰与多样民族传统中的优秀文化精神的历史进程，就是推动西部优秀传统文化向现代化转型的过程，就是增强中华民族整体凝聚力的过程，就是不断丰富与充实社会主义核心价值观的过程。而这些优秀文化传统是我们推动西部地区经济社会协调发展的

---

① 郑晓云．社会资本与农村发展：云南少数民族社会的实证研究［M］．北京：中国社会科学出版社，2009：49－51.

② 周相卿．黔东南雷山县三村苗族习惯法研究［M］．贵阳：贵州人民出版社，2006：45－46.

③ 苏克明，等．凉山彝族道德研究［M］．成都：四川大学出版社，1997：115－116.

④ 祝注先．中国少数民族诗歌史［M］．北京：中央民族大学出版社，1994：89－91.

⑤ 朋·乌恩．蒙古族传统美德［M］．呼和浩特：远方出版社，2002：165－166.

⑥ 优素甫·哈斯·哈吉甫．福乐智慧［M］．郝关中，等译．北京：民族出版社，1986：30－31.

⑦ 李利安．西部地区宗教的结构及发挥积极作用的领域［J］．中国宗教，2010（5）：48.

重要思想与精神力量。

②借助“丝绸之路经济带”建设的历史契机，促进跨文化的融合与交流。

共建“丝绸之路经济带”与“21世纪海上丝绸之路”战略构想是国家推动的战略性重大决策，对于加快向西开放，提升开放经济质量，打造对外开放的崭新格局，以及我国现代化建设意义深远。而无论是陆上丝绸之路还是海上丝绸之路，其存在的意义都不仅限于商贸的互通有无，更重要的是在贸易互换、科技沟通的基础上承载了东西方文明交流的重任，是东西方文化相互传播的世界桥梁。

历史上东起长安（今西安）、西达罗马的古丝绸之路很长一段在中国境内，也就是在历史上的中国西部；而重建丝绸之路经济带，中国境内也集中在西部地区。可以说，西部地区成为中华文明向西传播的起点与源头，也是内陆文明的核心地带。由于近代资本主义的全球掠夺与扩张，海洋文明的入侵，中国丝绸之路的文化传播衰落了，西部成为贫穷落后之地，内陆文明遭到了冲击甚至抛弃。经过三十多年的改革开放，中国已经集聚了一定的经济实力，正努力实现国富民强，亟待重塑历史辉煌。人类文明已经发展到了一个拐点，即以西方海洋文明为主导的世界体系到了不得不作出改变的时候，世界上越来越多的人们开始意识到发达国家应该与中国为代表的新兴市场国家携手创造人类的新文明。而凝聚优秀传统文化中的民族精神，重振西部内陆文明，就是中国树立大国意识的重要文化支撑。相较于海上丝绸之路而言，陆上丝绸之路的向西传播曾是中华文明对外交流的核心途径。而多元化的宗教思想，比如佛教、伊斯兰教、基督教则借由丝绸之路进入中国，多民族在西部地区交融并存，这些既丰富了西部内陆文化的内涵，又为当今借助重建丝绸之路经济带促进中华传统文明在全球的第二次传播，消解宗教极端主义与民族分裂主义，推动跨文化交流与融合，为世界多元文化的共同繁荣奠定了基础。

从具体实践来看，横跨欧亚大陆的高铁正逐渐成为丝绸之路经济带重建的技术支撑。通过基础设施建设，边贸口岸建设紧密联系包括中国、印度、俄罗斯在内的金砖国家，以及中亚五国等发展中国家，将会逐渐形成新兴国家战略合作平台，增强新兴经济体的实力，促进国际政治经济秩序的优化。要进一步加强中国与中亚国家的高层文化交流，建立常态的磋商与沟通制度，举办文化交流论坛。通过广泛拓展公共外交，增强政治伦理互信，为西部建设与开放营造和谐稳定的环境。

丝绸之路经济带重建的理念倡导与具体实践，在复兴西部优秀的传统内陆文化，为我国社会主义市场经济建设构建伦理价值观的同时，也为现代金融发展奠定了伦理基础。而通过区域金融协调发展促进欠发达的西部地区“后发赶超”，又为西部内陆文化的传播与对外交流奠定了物质基础，使其统一于西部经济、社会、文化协调发展的历史进程中。

③实现西部区域法律制度完善、法治建设（正式制度）与优秀文化传统（非正式制度）的良性互动和高效对接。

正式制度与非正式制度是一对哲学意义上的矛盾统一体。从历史上看，正式制度产生之前，人们之间的社会关系是由非正式制度来约束的，即使在现代社会，法治、产权等正式制度也只是整个社会约束与规范的小部分，以文化、宗教、民族传统等为主要表征的非正式制度才是社会关系与约束的主要部分。并且，尽管在不同的历史时期，正式制度与非正式制度的影响力存在强弱之分，部分替代之功效，但现代社会中无论法律体系多么完善，法制多么健全，都离不开非正式制度的约束，正式制度都不可能完全替代非正式制度。

实际上，法律制度、法治建设与多样化的民族文化传统有相互作用的关系。孟德斯鸠曾指出如果一个民族热爱生活，心胸豁达，性喜开朗，善于表达思想，就不应该用法律束缚其生活习俗，以免抑制民族性格与道德品格。他同时也强调法治建设反过来也会影响民族性格。[①] 萨维尼、黑格尔则认为民族精神对国家制度与法律存在重要影响，民族精神贯穿于政体、立法，甚至科学与艺术中，法律随之成长、壮大或消亡。[②③] 同时，正式制度的法治建设与非正式制度的民族传统、社会资本还存在着一定的替代与补充机制，大量已有的经典文献研究已明确指出。本书基于东西部法律环境、法治效率与区域金融发展，社会资本与区域金融发展的实证研究，以及法律制度、金融发展与经济增长，社会资本、金融发展与经济增长的实证检验发现，法律环境、法治效率正式制度与社会资本衡量的非正式制度对区域金融发展、区域经济增长的影响效应方面存在着明显的替代作用，越是在经济发达的地区，法律制度与法治效率正式制度对经济金融的影响效果越显著，越是在经济欠发达的地区，其效果越弱。然而，在我国这样一个区域差异巨大的转型经济体中，非正式制度起到了对法律体系不完善、法治效率低下的有效替代，成为西部欠发达地区经济金融发展的激励机制与重要动力。当然，全面推进依法治国，提升法治效率、完善

---

① 孟德斯鸠．论法的精神：上册［M］．张雁深，译．北京：商务印书馆，1961：9－36.

② 黑格尔．法哲学原理［M］．范扬，张企泰，译．北京：商务印书馆，1999：211－214.

③ 萨维尼．论立法与法学的当代使命［M］．许章润，译．北京：中国法制出版社，2001：51－62.

法律制度体系，与发扬优秀的社会资本、弘扬西部少数民族优秀文化传统、复兴西部文明应该双管齐下、齐头并进，而西部法律体系完善、法治建设的正式制度就与西部地区悠久历史文化沉淀的非正式制度相容，为实现西部区域金融协调发展提供长效的制度环境保障。

参考文献

[1] 艾洪德，徐明圣，等．我国区域金融发展与区域经济增长关系的实证分析［J］．财经问题研究，2004（7）：26－32.

[2] 安烨，刘力臻，等．中国区域金融非均衡发展的动因分析［J］．社会科学战线，2010（11）．

[3] 安然，齐波．塞缪尔·亨廷顿“文明冲突论”的文化保守主义倾向［J］．史学月刊，2010（4）：83－91.

[4] 北京市统计局，国家统计局北京调查总队．北京统计年鉴［M］．北京：中国统计出版社，历年．

[5] 贝多广．中国资金流动分析［M］．上海：上海三联出版社，上海人民出版社，1995.

[6] 白钦先．白钦先经济金融文集［M］．北京：中国金融出版社，1998.

[7] 白钦先．金融可持续发展研究导论［M］．北京：中国金融出版社，2001.

[8] 白钦先．金融结构、金融功能演进与金融发展理论的研究历程［J］．经济评论，2005（3）：39－45.

[9] 白钦先．试论经济学的民族性特征［J］．西南金融，2012（5）：4－8.

[10] 白钦先，谭庆华．论金融功能演进与金融发展［J］．金融研究，2006（7）：41－52.

[11] 白钦先，丁志杰．论金融可持续发展［J］．国际金融研究，1998（5）：28－32.

[12] 白钦先，谭炜．金融功能研究的回顾与总结［J］．财经理论与实践，2009（9）：2－4.

[13] 白钦先，宋陆军．一种新金融观：人文金融观［J］．区域金融研究，2013（3）：4－9.

[14] 白江．金融抑制、金融法治和经济增长［J］．学术月刊，2014（7）：69－78.

[15] 巴劲松．金融制度变迁、法治与金融发展——以我国银行制度为例的研究［D］．天津：南开大学博士学位论文，2009.

[16] 巴曙松. 转轨经济中的非均衡区域金融格局与中国金融运行 [J]. 改革与战略, 1998 (4): 21 - 27.

[17] 巴曙松, 刘孝红, 等. 转型时期中国金融体系中的地方治理与银行改革的互动研究 [J]. 金融研究, 2005 (5).

[18] 陈灵, 徐云松. 西部大开发中的金融支持与区域经济增长——基于西部地区省际面板数据的经验分析 [J]. 贵州大学学报 (社会科学版), 2011 (5).

[19] 陈灵, 徐云松. 金融支持与区域经济增长: 基于西部地区省际面板数据的经验分析 [J]. 商业研究, 2011 (9).

[20] 陈志武. 对儒家文化的金融学反思 [J]. 制度经济学研究, 2007 (2).

[21] 陈志武. 儒家文化、金融发展与家庭定位 [J]. 社会科学论坛, 2013 (7): 168 - 178.

[22] 陈抗, Arye L. Hillman, 等. 财政集权与地方政府行为变化——从援助之手到攫取之手 [J]. 经济学 (季刊), 2002 (1).

[23] 陈健. 社会资本结构分析 [J]. 经济研究, 2007 (11): 104 - 111.

[24] 陈冬华, 胡晓莉, 等. 宗教传统与公司治理 [J]. 经济研究, 2013 (9): 71 - 84.

[25] 陈国进, 王磊. 法治、金融发展与经济增长——基于我国省际数据的经验证据 [J]. 山西财经大学学报, 2009 (1): 15 - 20.

[26] 陈雨露, 马勇. 社会信用文化、金融体系结构与金融业组织形式 [J]. 经济研究, 2008 (3).

[27] 陈金明. 中国金融发展与经济发展研究 [D]. 北京: 中国社会科学院研究生院博士学位论文, 2002.

[28] 陈守亮, 杨东亮, 等. 区域金融发展与区域经济增长——基于中国数据的实证分析 [J]. 财贸经济, 2008 (2).

[29] 陈一稀. 互联网金融的概念、现状与发展建议 [J]. 金融发展评论, 2013 (12).

[30] 陈刚, 尹希果, 等. 中国的金融发展、分税制改革与经济增长 [J]. 金融研究, 2006 (2): 99 - 109.

[31] 陈占彪. 传统文化缺位与当代社会三重危机 [J]. 群言, 2013 (2): 22 - 27.

[32] 陈秀山, 张克云. 区域经济理论 [M]. 北京: 商务印书馆, 2004.

[33] 蔡昉, 都阳. 中国地区经济增长的趋同与差异——对西部开发战略的启

示［J］．经济研究，2000（10）：30－37.

［34］蔡昉，都阳．区域差距、趋同与西部开发［J］．中国工业经济，2001（2）：48－54.

［35］成春林，华桂宏．金融发展差异的多重因素：文献综述及其引申［J］．改革，2013（5）：59－67.

［36］成思危．中国非公有制经济年鉴［M］．北京：民主与建设出版社，历年．

［37］程书芹，王春艳．金融产业集聚研究综述［J］．金融理论与实践，2008（4）．

［38］曹玥兆．国外农村手机银行服务：启示与借鉴［J］．中国农村金融，2011（23）．

［39］崔巍．信任水平的提高会增加个人投资者的收益吗？——一项基于STZ方法的实验考察［J］．金融研究，2010（10）：187－197.

［40］崔莉萍．基于“一带一路”推动中华文明在欧亚大陆的再传播［J］．新闻大学，2014（5）：96－101.

［41］崔光庆，王景武．中国区域金融差异与政府行为：理论与经验解释［J］．金融研究，2006（6）：79－89.

［42］重庆市统计局，国家统计局重庆调查总队．重庆统计年鉴［M］．北京：中国统计出版社，历年．

［43］道格拉斯·诺斯．新制度经济学及其发展［J］．经济社会体制比较，2002（5）．

［44］道格拉斯·诺斯．制度、制度变迁与经济绩效［M］．上海：上海三联书店，2008.

［45］杜家廷．中国区域金融发展差异分析——基于空间面板数据模型的研究［J］．财经科学，2010（9）：33－41.

［46］杜欣．中国金融非均衡发展研究［D］．沈阳：辽宁大学博士学位论文，2007.

［47］董绳周．我国区域金融发展研究［D］．天津：天津大学博士学位论文，2007.

［48］董金玲．我国区域金融研究综述与展望［J］．经济学动态，2008（11）：73－76.

［49］窦尔翔．西部开发中的金融协调战略研究［D］．西安：西北大学博士学位论文，2004.

[50] 丁莉霞. 核心—边缘：甘南藏传佛教寺院经济研究 [D]. 北京：中央民族大学博士学位论文，2010.

[51] 丁瑞莲. 论金融发展的伦理规制 [J]. 哈尔滨工业大学学报（社会科学版），2004 (9)：99-102.

[52] 丁瑞莲. 中国传统金融伦理理念及其现代价值再造 [J]. 伦理学研究，2010 (6)：93-96.

[53] 党圣元. 弘扬中国优秀传统文化 实现中华民族伟大复兴 [J]. 中国文化研究，2014 (3)：30-35.

[54] 邓向荣，杨彩丽. 极化理论视角下我国金融发展的区域比较 [J]. 金融研究，2011 (3)：86-96.

[55] 冯涛，宋艳伟，等. 财政分权、地方政府行为与区域金融发展 [J]. 西安交通大学学报（社会科学版），2007 (5)：20-27.

[56] 冯增烈. 当前我国宗教与经济发展述评 [J]. 西北民族研究，1994 (1)：136-141.

[57] 付敏. 金融功能问题讨论综述 [J]. 经济理论与经济管理，2007 (9)：76-80.

[58] 付晓东. 中国区域经济理论研究的回顾与展望 [J]. 区域经济评论，2013 (2)：141-153.

[59] 范学俊. 金融体系与经济增长：来自中国的实证检验 [J]. 金融研究，2006 (3)：3-14.

[60] 范德胜. 经济转轨时期中国金融发展和经济增长 [D]. 北京：中国社会科学院研究生院博士学位论文，2003.

[61] 费孝通. 江村经济 [M]. 南京：江苏人民出版社，1986.

[62] 费孝通. 乡土中国 [M]. 北京：三联书店，1985.

[63] 费孝通. 中华民族的多元一体格局 [J]. 北京大学学报（哲学社会科学版），1989 (4)：1-19.

[64] 费孝通. 边区民族社会经济发展思考 [J]. 北京大学学报（哲学社会科学版），1993 (1)：10-18.

[65] 费孝通. 西部经济发展和各民族共荣 [J]. 科学经济社会，1986 (1)：4-6.

[66] 樊纲，王小鲁，等. 中国市场化指数——各地区市场化相对进程2009年报告 [M]. 北京：经济科学出版社，2009.

[67] 弗朗西斯·福山. 信任：社会美德与创造经济繁荣 [M]. 海南：海南

出版社，2001.
［68］福建省统计局，国家统计局福建调查总队．福建统计年鉴［M］．北京：中国统计出版社，历年．
［69］甘时勤．论西部大开发中的金融支持［D］．成都：四川大学博士学位论文，2004.
［70］高铁梅．计量经济分析方法与建模［M］．北京：清华大学出版社，2009.
［71］高燕．法治视角下的西部大开发［J］．西南民族学院学报（哲学社会科学版），2001（4）：94－98.
［72］高鹤楼．当前少数民族地区金融改革的思路［J］．金融研究，1995（2）：72－74.
［73］郭新明，杨岚，等．西部地区大开发十年来经济金融结构变迁研究——基于东、西部的一个比较分析［J］．当代经济科学，2011（2）：81－90.
［74］郭广银，王成斌．通过金融危机看东亚模式和儒家伦理［J］．道德与文明，1999（5）：14－18.
［75］郭熙保，孔凡保．宗教与经济增长：一项研究综述［J］．国外社会科学，2006（5）：37－41.
［76］郭娅．西部民族地区宗教信仰现状及对策建议［J］．民族学刊，2010（2）：52－57.
［77］管卫华，林振山，等．中国区域经济发展差异及其原因的多尺度分析［J］．经济研究，2006（7）：117－125.
［78］公丕祥．法治建设先导区域的概念与功能［J］．江海学刊，2014（5）：124－132.
［79］龚志祥，李光龙．现行金融体制对民族地区金融发展的影响［J］．中南民族大学学报（社会科学版），2003（3）：171－173.
［80］国家统计局国民经济综合统计司．新中国六十年统计资料汇编［M］．北京：中国统计出版社，2009.
［81］国家统计局国民经济综合统计司．中国区域经济统计年鉴［M］．北京：中国统计出版社，历年．
［82］国家统计局人口和就业统计司．中国人口和就业统计年鉴［M］．北京：中国统计出版社，历年．
［83］国家统计局人口和就业统计司．中国劳动统计年鉴［M］．北京：中国

统计出版社，历年.
[84] 国家统计局住户调查办公室. 中国住户调查年鉴［M］. 北京：中国统计出版社，历年.
[85] 国家统计局住户调查办公室. 中国农村贫困检测报告［M］. 北京：中国统计出版社，历年.
[86] 国家统计局社会科技和文化产业统计司. 中国社会统计年鉴［M］. 北京：中国统计出版社，历年.
[87] 国家统计局能源统计司. 中国能源统计年鉴［M］. 北京：中国统计出版社，历年.
[88] 国家统计局城市社会经济调查司. 中国城市统计年鉴［M］. 北京：中国统计出版社，历年.
[89] 国家统计局农村社会经济调查司. 中国农村统计年鉴［M］. 北京：中国统计出版社，历年.
[90] 国家统计局农村社会经济调查司. 中国西部农村统计资料［M］. 北京：中国统计出版社，历年.
[91] 国家统计局固定资产投资统计司. 中国固定资产投资统计年鉴［M］. 北京：中国投资杂志社，历年.
[92] 国家统计局，科学技术部. 中国科技统计年鉴［M］. 北京：中国统计出版社，历年.
[93] 国家统计局，环境保护部. 中国环境统计年鉴［M］. 北京：中国统计出版社，历年.
[94] 国家统计局，国家发展和改革委员会，等. 中国高新技术产业统计年鉴［M］. 北京：中国统计出版社，历年.
[95] 国家民族事务委员会经济发展司，国家统计局国民经济综合统计司. 中国民族统计年鉴［M］. 北京：民族出版社，历年.
[96] 贵州省统计局，国家统计局贵州调查总队. 贵州统计年鉴［M］. 北京：中国统计出版社，历年.
[97] 广西壮族自治区统计局. 广西统计年鉴［M］. 北京：中国统计出版社，历年.
[98] 广东省统计局，国家统计局广东调查总队. 广东统计年鉴［M］. 北京：中国统计出版社，历年.
[99] 甘肃发展年鉴编委会. 甘肃发展年鉴［M］. 北京：中国统计出版社，历年.

[100] 河北省人民政府．河北经济年鉴［M］．北京：中国统计出版社，历年．
[101] 海南省人民政府，国家统计局海南调查总队．海南统计年鉴［M］．北京：中国统计出版社，历年．
[102] 哈斯．金融发展视角下中国区域经济增长的非均衡分析［D］．上海：复旦大学博士学位论文，2006.
[103] 胡亮．金融深化与区域经济发展［D］．长春：吉林大学博士学位论文，2006.
[104] 胡秉之．西藏优秀传统文化在现代化中的作用［J］．中国藏学，1999（3）：131－143.
[105] 韩廷春．金融发展与经济增长——理论、实证与政策［M］．北京：清华大学出版社，2002.
[106] 韩廷春，夏金霞．中国金融发展与经济增长经验分析［J］．经济与管理研究，2005（4）：18－23.
[107] 何德旭，姚战琪．政策性金融与西部大开发［J］．金融研究，2005（6）：17－32.
[108] 何树红，武剑，等．西部大开发与西部金融生态的改善［J］．经济问题探索，2007（6）．
[109] 何轩．儒家传统经济伦理思想的现代检验——关于中庸理性与儒商精神的探索性实证研究［J］．上海财经大学学报，2010（3）：11－17.
[110] 何蓉．佛教寺院经济及其影响初探［J］．社会学研究，2007（4）：75－92.
[111] 何丽娜．我国货币政策区域效应非对称问题研究［D］．北京：中国矿业大学博士学位论文，2012.
[112] 贺强，徐云松．“钱荒”溯源［J］．价格理论与实践，2013（7）：26－29.
[113] 贺强，徐云松．利率市场化：金融变革的核心与突破［J］．价格理论与实践，2013（8）：22－24.
[114] 贺欣．我国经济案件数量近年意外下降的原因考察［J］．现代法学，2007（1）：3－16.
[115] 霍微，李德山．加快构建西部资本市场高地发展战略研究［J］．西南金融，2014（10）：26－28.
[116] 洪兴建．中国地区差距、极化与流动性［J］．经济研究，2010（12）：82－96.

[117] 华红梅. 区域金融失衡的政策性因素分析［J］. 经济问题探索，2007（11）：132－135.

[118] 黄蓓. 金融资源产出弹性的地区差异研究［J］. 经济问题，2010（8）.

[119] 黄姗姗，李伟平. 第三代金融发展理论研究综述［J］. 政治经济学评论，2008（1）.

[120] 黄顺力. 海洋文明、海洋观念与“重陆轻海”的传统意识［C］. 福建省炎黄文化研究会，等. 福建省首届海洋文化学术研讨会论文集，2007：10－17.

[121] 黄继忠. 区域内经济不平衡增长轮［M］. 北京：经济管理出版社，2001.

[122] 黑格尔. 法哲学原理［M］. 范扬，张企泰，译. 北京：商务印书馆，1999：211－214.

[123] 韩玲慧. 金融发展理论的发展脉络［J］. 经济学动态，2003（2）：55－60.

[124] 韩大海. 商业银行流动性过剩与区域金融资源配置失衡［J］. 金融论坛，2007（7）.

[125] 韩再平. 效能观点：透视中国金融前沿问题［M］. 北京：中国经济出版社，1995.

[126] 胡鞍钢. 地区与发展：西部开发新战略［M］. 北京：中国计划出版社，2001.

[127] 胡秉之. 西藏优秀传统文化在现代化中的作用［J］. 中国藏学，1999（3）：131－143.

[128] 贾小爱. 从金融发展与经济增长的关系看西部大开发实施的效果［J］. 统计与信息论坛，2007（9）.

[129] 贾春新. 金融深化：理论与中国的经验［J］. 中国社会科学，2000（3）：50－59.

[130] 焦媛媛，王琦. 区域金融体系理论研究综述［J］. 工业技术经济，2007（7）.

[131] 金红丹. 中国区域经济增长的金融贡献差异分析——基于我国东、中、西部面板数据的检验［J］. 金融理论与实践，2010（10）.

[132] 金雪军，田霖. 我国区域金融成长差异的态势：1978—2003［J］. 经济理论与经济管理，2004（8）.

[133] 金雪军，田霖．金融地理学研究述评［J］．经济学动态，2004（4）：73－77.

[134] 金学群．金融发展理论：一个文献综述［J］．国外社会科学，2004（1）.

[135] 金会庆．道家经济观研究［D］．合肥：安徽大学博士学位论文，2011.

[136] 江春，许立成．文化、金融发展与经济增长文献综述［J］．经济评论，2009（6）.

[137] 江春，许立成．产权、金融发展与中国金融发展之谜［J］．财经问题研究，2004（8）：39－44.

[138] 江春，许立成．法律制度、金融发展与经济转轨［J］．南大商学评论，2006（2）：141－154.

[139] 江春，许立成．制度安排、金融发展与社会公平［J］．金融研究，2007（6）：44－52.

[140] 江红英．邓小平区域非均衡发展战略的产生及实践［J］．西南交通大学学报（社会科学版），2004（3）：5－9.

[141] 江苏省统计局，国家统计局江苏调查总队．江苏统计年鉴［M］．北京：中国统计出版社，历年.

[142] 蒋巨峰．进一步完善和发展西部资本市场［J］．西南金融，2012（12）：7.

[143] 蒋霞．藏区农牧民金融服务研究现状［J］．西南金融，2011（5）：18－20.

[144] 蒋水冰．我国金融发展的影响因素研究［D］．上海：复旦大学博士学位论文，2010.

[145] 姜爱林．城镇化、工业化与信息化的互动关系研究［J］．经济纵横，2002（8）：32－37.

[146] 孔泾源．中国经济生活中的非正式制度安排［J］．经济研究，1992（7）：70－80.

[147] 凯恩斯．就业、利息和货币通论［M］．北京：商务印书馆，1983.

[148] 康芒斯．制度经济学（上）［M］．北京：商务印书馆，1983.

[149] 科尔曼．社会理论的基础［M］．北京：社会科学文献出版社，1990.

[150] 孔凡保．制度供给与金融系统的演变［J］．国际商务——对外经济贸易大学学报，2005（1）：36－39.

[151] 孔又专．略论宗教世俗化对其社会功能的影响［J］．宗教学研究，2004（1）：174－175.

[152] 寇爱林．金融危机中的佛教担当［J］．学理论，2009（12）：238－239.

[153] 刘生龙，胡鞍钢，等．西部大开发成效与中国区域经济收敛［J］．经济研究，2009（9）：94－105.

[154] 刘贵生．改革开放30年来西部地区经济金融发展与全国的对比分析［J］．金融研究，2008（7）：45－54.

[155] 刘欣荣．制约西藏经济发展的宗教思想分析［J］．西藏民族学院学报（哲学社会科学版），2007（1）：52－56.

[156] 刘天明．伊斯兰经典经济思想特点概论［J］．阿拉伯世界研究，2008（4）：24－30.

[157] 刘芬华．西部大开发的阶段性策略转换与金融支持［J］．财经问题，2006（1）.

[158] 刘海二．手机银行可以解决农村金融难题吗——互联网金融的一个应用［J］．财经科学，2014（7）：32－40.

[159] 刘海二．手机银行、技术推动与金融形态［D］．成都：西南财经大学博士学位论文，2013.

[160] 刘仁伍．区域金融结构和金融发展理论与实证研究［M］．北京：经济管理出版社，2003.

[161] 刘梅．金融发展理论与民族地区经济发展研究［J］．西南民族大学学报（人文社科版），2003（8）：15－19.

[162] 刘荣．金融的法律决定论［J］．湖北社会科学，2004（1）：86－87.

[163] 刘世庆，许英明．向西开放：中国新一轮西部大开发的重点与突破［J］．经济与管理评论，2013（3）：131－133.

[164] 刘伟．建国以来党的区域发展战略思想研究［D］．西安：陕西师范大学博士学位论文，2011.

[165] 刘若昕．我国区域经济差异的制度分析［D］．长春：吉林大学博士学位论文，2013.

[166] 栾成斌．川渝地区金融地理研究（1890—1949）［D］．重庆：西南大学博士学位论文，2014.

[167] 栾光旭．转型时期中国金融演进问题研究［D］．上海：复旦大学博士学位论文，2004.

[168] 罗昌瀚．非正式制度的演化博弈分析［D］．长春：吉林大学博士学位论文，2006.

[169] 罗浩．文化与经济增长：一个初步分析框架［J］．经济评论，2009（2）：113－121.

[170] 罗争鸣．道教经济研究的回顾与思考［J］．宗教学研究，2008（3）：1－3.

[171] 罗秉祥．市场经济的先天局限于宗教伦理的补足［J］．宗教学研究，2009（3）：151－154.

[172] 梁琪，滕建州．中国宏观经济和金融总量结构变化及因果关系研究［J］．经济研究，2006（1）：11－22.

[173] 梁滨，邓祖涛，等．区域空间研究：经济地理学与新经济地理学的分歧与交融［J］．经济地理，2014（2）．

[174] 梁莉．金融发展与经济增长关系研究综述［J］．经济学动态，2005（6）：62－65.

[175] 李正辉．金融竞争力研究综述与展望［J］．经济学动态，2008（5）．

[176] 李峰，王新霞．非正式制度对正式制度的替代功能研究——基于社会和谐度测量模型［J］．软科学，2011（4）：56－59.

[177] 李敬，冉光和，等．中国区域金融发展差异的解释——基于劳动分工理论与Sharpley值分解方法［J］．经济研究，2007（5）．

[178] 李敬，陈澍，等．中国区域经济增长的空间关联及其解释——基于网络分析方法［J］．经济研究，2014（11）：4－16.

[179] 李敬，冉光和，等．中国区域金融发展差异的度量与变动趋势分析［J］．当代财经，2008（3）：34－40.

[180] 李敬，徐鲲，等．区域金融发展的收敛机制与中国区域金融发展差异的变动［J］．中国软科学，2008（11）：96－105.

[181] 李明哲，裴俊生．试论我国少数民族地区的经济、社会发展战略问题［J］．经济研究，1982（12）：39－45.

[182] 李金滟，宋德勇．新经济地理学视角中的城市集聚理论述评［J］．经济学动态，2008（11）．

[183] 李广众，陈平．金融中介发展与经济增长：多变量VAR系统研究［J］．管理世界，2002（3）：52－59.

[184] 李亮．东西部金融二元结构的形成机理及化解对策［J］．改革与战略，2005（3）：73－76.

[185] 李利安. 西部地区宗教的结构及发挥积极作用的领域 [J]. 中国宗教, 2010 (5): 45-48.
[186] 李宝玉. 实极与虚极: 全球金融危机下的经济伦理沉思 [J]. 伦理学研究, 2009 (4): 36-39.
[187] 李猛. 中国区域非均衡发展的政治学分析 [J]. 政治学研究, 2011 (3): 111-126.
[188] 李小建. 金融地理学理论视角及中国金融地理研究 [J]. 经济地理, 2006 (5): 722-730.
[189] 李健. 论中国金融发展中的结构制约 [J]. 财贸经济, 2003 (8).
[190] 李健. 优化我国金融结构的理论思考 [J]. 中央财经大学学报, 2003 (9): 1-8.
[191] 李健, 贾玉革. 金融结构的评价标准与分析指标研究 [J]. 金融研究, 2005 (4): 57-67.
[192] 李扬, 王国刚, 等. 中国城市金融生态环境评价 [M]. 北京: 人民出版社, 2005.
[193] 李忠民, 等. 中国西部金融发展报告 (2012) [M]. 北京: 社会科学文献出版社, 2012.
[194] 李忠民, 等. 中国西部金融发展报告 (2013—2014) [M]. 北京: 社会科学文献出版社, 2014.
[195] 李仁贵. 西方区域发展理论的主要流派及其演进 [J]. 经济评论, 2005 (6).
[196] 李嘉晓, 秦宏. 区域金融生态环境: 理论阐析、优化价值与优化对策 [J]. 哈尔滨工业大学学报, 2007 (3).
[197] 李永富. 超越"体用"和"古今"——古今多元文化视野下的民族文化复兴 [J]. 中州学刊, 2013 (5): 87-91.
[198] 李晓林. 突发事件对我国金融市场的影响研究——基于我国股票市场与债券市场的实证 [D]. 成都: 电子科技大学, 2013.
[199] 李甫春. 中国少数民族地区商品经济研究 [M]. 北京: 民族出版社, 1986.
[200] 李新彬. 转型期中国金融制度区域化创新研究 [D]. 兰州: 兰州大学博士学位论文, 2007.
[201] 厉以宁. 非均衡的中国经济 [M]. 北京: 中国大百科全书出版社, 2009.

[202] 林勇，禄兴能．西部金融发展与经济增长关系的面板协整分析［J］．上海商学院学报，2010（1）．

[203] 林毅夫，姜烨．经济结构、银行业结构与经济发展——基于分省面板数据的实证分析［J］．金融研究，2006（1）．

[204] 林毅夫，孙希芳．信息、非正规金融与中小企业融资［J］．经济研究，2005（7）：35－44.

[205] 林毅夫．解读中国经济［M］．北京：北京大学出版社，2012：30－56.

[206] 林南．社会资本——关于社会结构与行动的理论［M］．上海：上海人民出版社，2005：184－207.

[207] 林永军．金融生态建设：一个基于系统论的分析［J］．金融研究，2005（8）．

[208] 林洁珍．从基督教伦理看自由经济主义及金融危机［J］．道德与文明，2011（3）：112－118.

[209] 陆文喜，李国平．中国区域金融发展的收敛性分析［J］．数量经济技术经济研究，2004（2）．

[210] 陆铭，李爽．社会资本、非正式制度与经济发展［J］．管理世界，2008（9）．

[211] 陆大道．中国区域发展的理论与实践［M］．北京：科学出版社，2003.

[212] 陆大道．中国工业布局的理论与实践［M］．北京：科学出版社，1990.

[213] 陆大道．东西部差距扩大的原因及西部地区发展之路［J］．中国软科学，1996（7）：38－40.

[214] 陆立军，白小虎，等．东西部联动与西部大开发［J］．中国软科学，2000（9）：76－80.

[215] 龙建明．历史的约束——影响西南地区彝族社会经济发展和商品经济发育的历史因素［J］．贵州民族研究，1988（3）：22－30.

[216] 黎和贵．区域金融生态环境差异与经济增长效率［J］．金融论坛，2007（3）．

[217] 吕大吉．概说宗教禁欲主义［J］．中国社会科学，1989（5）：159－174.

[218] 卢峰，姚洋．金融压抑下的法治、金融发展和经济增长［J］．中国社

会科学，2004（1）：42－55.
［219］卢颖．中国金融资源地区分布差异性研究［D］．沈阳：辽宁大学博士学位论文，2009.
［220］卢颖，白钦先．中国金融资源地区分布中政府权力影响［J］．广东金融学院学报，2009（7）：40－48.
［221］苗洁，吴海峰．我国区域经济研究的流派、进展及趋势［J］．区域经济评论，2013（1）.
［222］敏敬．伊斯兰银行的本质特征及在我国民族地区发展的建议［J］．西北民族研究，2014（1）：129－134.
［223］米军，黄轩雯，等．金融发展理论研究进展述评［J］．国外社会科学，2012（6）：94－100.
［224］梅世云．中国金融道德风险的伦理分析［J］．伦理学研究，2009（2）：44－51.
［225］马宏，汪洪波．社会资本对中国金融发展与收入分配关系的影响——基于中国东中西部地区面板数据的实证研究［J］．经济问题，2013（9）：108－115.
［226］马宏．社会资本、金融发展与经济增长——基于中国东中西部省际数据的实证检验比较［J］．经济评论，2013（5）：32－35.
［227］马丽娟．历史上云南回民的经济特征［J］．民族研究，2000（5）：89－96.
［228］马玉秀，祁学义．伊斯兰金融思想初探［J］．北方民族大学学报（哲学社会科学版），2009（4）：43－47.
［229］马克斯·韦伯．新教伦理与资本主义精神［M］．李修建，张云江，译．北京：中国社会科学出版社，2009.
［230］马克斯·韦伯．儒教与道教［M］．洪天富，译．南京：江苏人民出版社，2008：6－14.
［231］马克斯·韦伯．经济与社会［M］．林荣元，译．北京：商务印书馆，2004：23－25.
［232］马克斯·韦伯．经济，诸社会领域及权力［M］．李强，译．上海：三联书店，1998.
［233］马述忠，冯晗．东西部区域差距：变动趋势与影响因素——基于演化与分解的分析框架［M］．杭州：浙江大学出版社，2011.
［234］马长有．中国西部地区经济发展的金融支持研究［D］．成都：四川大

学博士学位论文，2005.

[235] 慕丽杰．中国区域金融非均衡发展研究［D］．沈阳：辽宁大学博士学位论文，2009.

[236] 孟德斯鸠．论法的精神（上册）［M］．张雁深，译．北京：商务印书馆，1961：9－36.

[237] 毛泽东．毛泽东著作选读（上册）［M］．北京：人民出版社，1986.

[238] 毛泽东．毛泽东著作选读（下册）［M］．北京：人民出版社，1986：721－724.

[239] 牛凯龙．转轨时期中国金融发展及其效率研究——基于金融发展与经济增长传导机制的分析［D］．天津：南开大学博士学位论文，2005.

[240] 牛瑞芳．中国农村手机银行发展问题研究［J］．新金融，2012（2）.

[241] 鲁钊阳．城乡金融发展非均衡化的形成机理及对策研究［D］．重庆：重庆大学博士学位论文，2012.

[242] 鲁钊阳．中国区域城乡金融非均衡发展水平的度量及变动趋势——基于区域层面城乡金融发展的视角［J］．经济问题探索，2013（4）.

[243] 宁夏回族自治区统计局，国家统计局宁夏调查总队．宁夏统计年鉴［M］．北京：中国统计出版社，历年．

[244] 内蒙古自治区统计局．内蒙古统计年鉴［M］．北京：中国统计出版社，历年．

[245] 皮天雷．法与金融：理论研究及中国的证据［D］．成都：西南财经大学博士学位论文，2008.

[246] 皮天雷，汪燕．转型经济中的法律与金融的发展［J］．财经科学，2007（7）：24－31.

[247] 皮天雷．社会资本、法治水平对金融发展的影响分析［J］．财经科学，2010（1）：1－8.

[248] 皮天雷．经济转型中的法治水平、政府行为与地区金融发展——来自中国的新证据［J］．经济评论，2010（1）：36－49.

[249] 彭宝玉，李小建．新经济背景下金融空间系统演化［J］．地理科学进展，2009（6）：970－976.

[250] 潘爱民，王洪卫．我国金融发展影响经济增长的路径分析［J］．上海财经大学学报，2006（5）.

[251] 潘娟．财政分权对地区经济不平衡增长的影响研究［D］．兰州：兰州大学博士学位论文，2010.

[252] 秦援晋．文化金融学初探［D］．沈阳：辽宁大学博士学位论文，2010.
[253] 青木昌彦．比较制度分析［M］．上海：上海远东出版社，2001.
[254] 青木昌彦．什么是制度？我们如何理解制度［J］．经济社会体制比较，2000（6）.
[255] 卿定文．金融伦理及其运行机制初论［J］．金融伦理及其运行机制初论，2009（1）：56－60.
[256] 青海省统计局，国家统计局青海调查总队．青海统计年鉴［M］．北京：中国统计出版社，历年.
[257] 冉光和，李敬，等．中国金融发展与经济增长关系的区域差异——基于东部和西部面板数据的检验和分析［J］．中国软科学，2006（2）.
[258] 冉茂盛．中国金融发展与经济增长作用机制研究［D］．重庆：重庆大学博士学位论文，2003.
[259] 阮航．论韦伯的经济伦理概念及其对中国经济伦理研究的影响［J］．伦理学研究，2011（3）：59－64.
[260] 阮荣平，郑风田，等．信仰的力量：宗教有利于创业吗？［J］．经济研究，2014（3）：171－184.
[261] 绒巴扎西．藏族寺院经济发生发展的内在缘由［J］．民族研究，1993（4）：34－40.
[262] 社科院经济研究所课题组．金融发展与经济增长：从动员性扩张向市场配置的转变［J］．金融研究，2007（4）.
[263] 沈坤荣，张成．金融发展与中国经济增长——基于跨地区动态数据的实证研究［J］．管理世界，2004（7）.
[264] 沈坤荣，付文林．中国的财政分权制度与地区经济增长［J］．管理世界，2005（1）：31－39.
[265] 沈军，白钦先．金融结构、金融功能与金融效率——一个基于系统科学的新视角［J］．财贸经济，2006（1）：23－28.
[266] 沈友军，吴伟军．金融结构的地区差异与货币政策范围因应［J］．改革，2009（8）：77－83.
[267] 邵帅．西部地区能源开发与经济增长——基于“资源诅咒”假说的实证分析［J］．经济研究，2008（4）：147－160.
[268] 邵明波．法治、金融发展与银行贷款长期化［J］．世界经济文汇，2010（2）：56－68.

[269] 邵明波．法律保护、投资者选择与金融发展［D］．上海：复旦大学博士学位论文，2010.

[270] 邵国华．金融系统协调论［D］．成都：四川大学博士学位论文，2006.

[271] 孙玲．区域金融差异内在形成机制和影响研究［D］．南京：南京师范大学博士学位论文，2012.

[272] 孙玲，陶士贵．中国区域金融差异对经济发展的影响——基于空间经济学 FC 模型的实证分析［J］．财经理论与实践，2012（4）：7 - 1.

[273] 孙小兰．西部走出资金困境的思考［J］．管理世界，2005（10）：153 - 154.

[274] 孙天琦．货币政策：统一性前提下部分内容的区域差别化研究［J］．金融研究，2004（5）：1 - 19.

[275] 孙力军，张立军．金融发展影响经济增长的三大间接渠道及其检验［J］．经济科学，2008（2）：28 - 37.

[276] 孙晶．中国区域金融发展论［D］．南京：南京师范大学博士学位论文，2013.

[277] 申俊华．基于多层次增长极的我国区域金融结构研究［D］．长沙：湖南大学博士学位论文，2007.

[278] 苏克明，等．凉山彝族道德研究［M］．成都：四川大学出版社，1997：115 - 116.

[279] 萨维尼．论立法与法学的当代使命［M］．许章润，译．北京：中国法制出版社，2001：51 - 62.

[280] 上海证券交易所．上海证券交易所统计年鉴［M］．上海：上海人民出版社，历年．

[281] 上海市统计局，国家统计局上海调查总队．上海统计年鉴［M］．北京：中国统计出版社，历年．

[282] 深圳证券交易所信息管理部．深圳证券交易所市场统计年鉴［M］．北京：中国金融出版社，历年．

[283] 四川省统计局，国家统计局四川调查总队．四川统计年鉴［M］．北京：中国统计出版社，历年．

[284] 陕西省统计局，国家统计局陕西调查总队．陕西统计年鉴［M］．北京：中国统计出版社，历年．

[285] 山东省统计局，国家统计局山东调查总队．山东统计年鉴［M］．北

京：中国统计出版社，历年.

[286] 谈儒勇. 金融发展理论与中国金融发展［M］. 北京：中国经济出版社，2000.

[287] 谈儒勇. 第二代金融发展理论和我国的金融政策［D］. 北京：中国人民大学博士学位论文，1999.

[288] 谈儒勇. 中国金融发展和经济增长关系的实证研究［J］. 经济研究，1999（10）：53－61.

[289] 谈儒勇. 金融发展与经济增长：文献综述及对中国的启示［J］. 当代财经，2004（12）：42－47.

[290] 谈儒勇. 法与金融：文献综述及研究展望［J］. 上海财经大学学报，2005（5）：74－81.

[291] 谈儒勇，吴兴奎. 我国各地金融发展差异的司法解释［J］. 财贸经济，2005（12）：14－17.

[292] 陶娅娜. 互联网金融发展研究［J］. 金融发展评论，2013（11）.

[293] 童馨乐，褚保金等. 社会资本对农户借贷行为影响的实证研究——基于八省 1003 个农户的调查数据［J］. 金融研究，2011（12）：177－191.

[294] 汤恩佳. 儒家思想是战胜金融海啸的武器［J］. 青岛科技大学学报（社会科学版），2009（3）：37－38.

[295] 汤凌霄，张春芳. 金融发展的非正式制度因素研究评述［J］. 经济学动态，2009（12）：135－140.

[296] 唐珍玉. 试论苗族传统文化对经济发展的影响［J］. 广西民族学院学报，1990（4）：25－28.

[297] 唐名辉，丁瑞莲. 中国儒家传统金融伦理思想初探［J］. 管子学刊，2007（2）：101－104.

[298] 唐绍欣，李昭妍. 非正式制度安排：佛教戒律和儒家礼制［J］. 江苏社会科学，2005（1）：32－35.

[299] 唐绍欣. 传统、习俗与非正式制度安排［J］. 江苏社会科学，2003（5）：46－50.

[300] 唐松. 中国金融资源配置与区域经济增长差异——基于东、中、西部空间溢出效应的实证研究［J］. 中国软科学，2014（8）：100－110.

[301] 唐旭. 货币资金流动与区域经济发展［D］. 北京：中国人民银行研究生部博士学位论文，1995：57－78.

[302] 田霖．区域金融成长差异——金融地理学视角［M］．北京：经济科学出版社，2006.

[303] 天津统计局，国家统计局天津调查总队．天津统计年鉴［M］．北京：中国统计出版社，历年．

[304] 王楠．金融发展对中国城市化进程影响的实证分析［D］．长春：吉林大学博士学位论文，2011.

[305] 王保庆．中国西部区域金融中心发展格局研究［D］．西安：陕西师范大学博士学位论文，2014.

[306] 王琦．当代金融活动中的儒教伦理探析［J］．浙江金融，2006（12）：20－22.

[307] 王勇．试论法律环境对经济发展的影响［J］．科学社会主义，2008（2）：117－120.

[308] 王伟，杨艺．国内外金融生态最新文献综述［J］．学术研究，2006（11）．

[309] 王维安．金融结构：理论与实证［J］．浙江大学学报（人文社会科学版），2000（1）：135－142.

[310] 王纪全，等．中国金融资源的地区分布及其对区域经济增长的影响［J］．金融研究，2007（6）：100－108.

[311] 王晋斌．金融控制、风险化解与经济增长［J］．经济研究，2000（4）：11－18.

[312] 王晋斌．金融控制政策下的金融发展与经济增长［J］．经济研究，2007（10）：101－109.

[313] 王永忠．金融发展、资本积累与内生增长：一个评述［J］．当代经济科学，2007（6）：11－18.

[314] 王认真，陈祖华，等．中国金融资源空间非均衡配置的经济影响［J］．广东金融学院学报，2012（5）：16－26.

[315] 王修华，黄明．金融资源空间分布规律——一个金融地理学的分析框架［J］．经济地理，2009（11）：1808－1811.

[316] 王路平．试论彝族传统的经济价值观［J］．西南民族学院学报，1992（4）：47－51.

[317] 王兆星．金融结构论［M］．北京：中国金融出版社，1994：7－55.

[318] 王广谦．经济发展中金融的贡献与效率［M］．北京：中国人民大学出版社，1997.

[319] 王广谦．中国金融发展中的结构问题分析［J］．金融研究，2002（5）．

[320] 王广谦．提高金融效率的理论思考［J］．中国社会科学，1996（4）：34 – 47.

[321] 王洛林，魏后凯．我国西部大开发的进展及效果评价［J］．财贸经济，2003（10）．

[322] 王小平，贾锐，等．西部地区信贷与经济增长相关性的个案研究［J］．金融研究，2003（1）：98 – 103.

[323] 王为强．实施西部大开发的基本思路及金融支持构想［J］．金融研究，2000（2）：117 – 120.

[324] 王景武．金融发展与经济增长：基于中国区域金融发展的实证分析［J］．财贸经济，2005（10）．

[325] 王睿，陈德敏．西部地区向西开放总体战略构想研究［J］．中国软科学，2013（4）：69 – 78.

[326] 王志强，孙刚．中国金融发展规模、结构、效率与经济增长关系的经验分析［J］．管理世界，2003（7）．

[327] 王小鲁，樊纲．中国地区差距的变动趋势和影响因素［J］．经济研究，2004（1）：33 – 44.

[328] 王修华，郭美娟．金融包容视角下农村手机银行发展探讨［J］．农业经济问题（月刊），2014（9）：61 – 68.

[329] 王作全，马旭东．试论我国西部区域特征对法制统一性之影响［J］．西南民族大学学报（人文社科版），2007（3）：111 – 115.

[330] 王蓉，岳玉珠．文化价值观念对中国金融制度变迁的影响［J］．辽宁大学学报（哲学社会科学版），2005（2）：128 – 131.

[331] 王俊荣．试论当代伊斯兰经济思想［J］．世界宗教研究，2000（2）：36 – 45.

[332] 王国伟．经济社会学视野中的金融行为研究［J］．学术研究，2011（10）：47 – 52.

[333] 王雷泉．佛教在市场经济转轨中的机遇与挑战——兼论当代中国宗教的若干理论问题［J］．佛学研究，1995（10）：1 – 9.

[334] 王明珂．论西南民族的族群特质［J］．中国人类学评论（第7辑），2008.

[335] 王毅．中国区域金融结构差异性分析［D］．沈阳：辽宁大学博士学位

论文，2011.
［336］王存河．宗教与西部少数民族现代化［D］．兰州：兰州大学博士学位论文，2008.
［337］王正伟．伊斯兰经济制度论纲［D］．北京：中央民族大学博士学位论文，2003.
［338］伍艳，黄煦凯．西藏经济发展中的金融抑制问题［C］．四川大学，中国藏学研究中心．西藏及其他藏区经济发展与社会变迁论文集，2006：383－390.
［339］伍艳．对西藏金融弱化的思考——西藏金融发展55年（1952—2006）［J］．西南民族大学学报，2009（1）：67－71.
［340］吴光芸．培育社会资本，促进民族和谐［J］．贵州民族研究，2007（1）：7－12.
［341］吴大华．营造西部大开发良好的法治环境［J］．中国法学，2004（1）：3－9.
［342］武志．金融发展与经济增长：来自中国的经验分析［J］．金融研究，2010（5）：58－68.
［343］武巍，刘卫东，等．西方金融地理学研究进展及其启示［J］．地理科学进展，2005（4）．
［344］武巍，刘卫东，等．中国地区银行业金融系统的区域差异［J］．地理学报，2007（12）：1235－1243.
［345］武力．中华人民共和国经济史［M］．北京：中国经济出版社，1999.
［346］汪祖杰，张轶峰．区域国金融生态环境质量评估指标体系研究［J］．金融研究，2006（5）．
［347］汪兴隆．货币资金配置失衡的考察及其调整——金融支持西部大开发的思考［J］．青海社会科学，2000（6）：60－64.
［348］文正邦．应开展区域法治研究——以西部开发法治研究为视角［J］．法学，2005（12）：83－90.
［349］文正邦．法治中国视阈下的区域法治研究论要［J］．东方法学，2014（5）：69－75.
［350］温美平．中国共产党金融思想研究［D］．上海：华东师范大学博士学位论文，2010.
［351］卫玲，戴江伟．丝绸之路经济带：超越地理空间的内涵识别及其当代解读［J］．兰州大学学报（社会科学版），2014（1）：31－39.

[352] 魏锋．法制建设、金融发展与经济增长——基于中国省际面板数据的实证研究［J］．重庆大学学报（社会科学版），2009（4）：23－30.
[353] 魏悦．三大宗教的信用思想［J］．江西财经大学学报，2004（1）：25－27.
[354] 魏后凯．外商直接投资对中国区域经济增长的影响［J］．经济研究，2002（4）.
[355] 魏后凯．关于加快西部开发的若干政策问题［J］．中国工业经济，2000（7）：45－50.
[356] 魏后凯．西部大开发与东中西部地区发展［M］．北京：经济管理出版社，2001.
[357] 魏后凯，等．中国区域协调发展研究［M］．北京：中国社会科学出版社，2012.
[358] 韦森．经济学与伦理学：探寻市场经济的伦理维度与道德基础［M］．上海：上海人民出版社，2002.
[359] 徐璋勇，陈颖．区域金融竞争力指标体系构建［J］．长安大学学报（社会科学版），2007（1）.
[360] 徐诺金．论我国金融生态问题［J］．金融研究，2005（2）.
[361] 徐小林．区域金融生态环境评价方法［J］．金融研究，2005（11）.
[362] 徐小跃．论中国传统宗教（上）［J］．江南大学学报（人文社会科学版），2012（5）.
[363] 徐小跃．论中国传统宗教（下）［J］．江南大学学报（人文社会科学版），2012（6）.
[364] 徐云松．货币超发：原因探析与实证检验［J］．经济与管理，2013（3）：30－35.
[365] 徐云松．族群、民族与金融发展——一个基于多元视角的文献综述［J］．金融理论与教学，2015（2）：51－57.
[366] 徐云松．区域经济理论：历史回顾与研究评述［J］．石家庄铁道大学学报（社会科学版），2014（3）：8－12.
[367] 徐珺．从凉山农户小额信贷看国家对西部民族地区农村的金融支持［J］．金融研究，2003（6）：121－127.
[368] 徐杰舜．论民族与族群［J］．民族研究，2002（1）：12－18.
[369] 徐放．我国保险业区域分异的特征与演进机理研究［D］．天津：南开大学博士学位论文，2012.

[370] 徐伟．法、金融和经济增长——中国的实证［D］．上海：复旦大学博士学位论文，2004.
[371] 胥嘉国．我国西部地区经济增长与金融发展关系的实证分析［J］．北京工商大学学报，2006（5）：39－43.
[372] 胥嘉国．我国区域金融发展的差距以及对经济增长影响的实证研究［J］．当代经济科学，2006（6）.
[373] 熊俊，陆军．国内和欧美手机银行业务发展的实践与创新［J］．金融论坛，2011（3）.
[374] 熊俊．基尼系数估算方法的比较研究［J］．财经问题研究，2003（1）：79－82.
[375] 熊彼特．经济发展理论（中译本）［M］．北京：商务印书馆，1990.
[376] 谢平，邹传伟，等．互联网金融模式研究［J］．金融研究，2012（12）.
[377] 谢清河．我国互联网金融发展问题研究［J］．经济研究参考，2013（49）.
[378] 谢亚轩．金融发展和经济增长实证研究方法综述［J］．南开经济研究，2003（1）：77－80.
[379] 谢丽霜．西部大开发中的金融支持与金融发展［D］．北京：中央民族大学博士学位论文，2003.
[380] 夏光辉．当代中国民族主义研究［D］．北京：中共中央党校博士学位论文，2010.
[381] 夏文斌，刘志尧．中国现代化视角下的向西开放［J］．北京大学学报（哲学社会科学版），2013（5）：14－20.
[382] 夏永祥．论我国东西部地区的均衡与非均衡发展选择［J］．经济科学，1992（2）：9－12.
[383] 夏锦文．区域法治发展的法理学思考——一个初步的研究框架［J］．南京师大学报（社会科学版），2014（1）：73－88.
[384] 肖云儒．多维交汇的西部文化与两极震荡的西部精神［J］．陕西师范大学学报（哲学社会科学版），1997（2）：27－38.
[385] 辛世俊．论宗教的经济功能［J］．青海社会科学，1995（4）：85－92.
[386] 薛东前，石宁，等．文化交流、传播与扩散的通道——以中国丝绸之路为例［J］．西北大学学报（自然科学版），2013（5）：781－786.
[387] 西藏自治区统计局，国家统计局西藏调查总队．西藏统计年鉴［M］．

北京：中国统计出版社，历年．

［388］新疆维吾尔自治区统计局．新疆统计年鉴［M］．北京：中国统计出版社，历年．

［389］英格尔斯．人的现代化［M］．四川：四川出版社，1986.

［390］约翰·G. 格利，爱德华·肖．金融理论中的货币［M］．上海：三联书店，1988.

［391］易纲．中国金融资产结构分析及政策建议［J］．经济研究，1996（12）：26－33.

［392］尹来盛，冯邦彦．金融集聚研究进展与展望［J］．人文地理，2012（1）：16－21.

［393］尹优平．中国区域金融协调发展研究［D］．成都：西南财经大学博士学位论文，2007.

［394］杨珍增．金融深化差异对贸易收支失衡的影响［J］．南开学报（哲学社会科学版），2010（3）．

［395］杨德权，梁艳．金融发展与经济增长：国外研究综述［J］．财经问题研究，2005（3）：15－19.

［396］杨小玲．社会资本视角下的中国金融发展与经济增长关系——基于1997—2008年省际面板数据研究［J］．产经评论，2010（2）：97－104.

［397］杨晓光，马超群．金融系统的复杂性［J］．系统工程，2003（9）：1－4.

［398］杨启辰，拜庆平．论回族经济发展的最佳取向、社会作用和发展趋势［J］．西北民族研究，2002（3）：170－175.

［399］杨莉．西部地区经济发展中的民族性特征研究——以云南省大理白族自治州为例［J］．经济问题探索，2006（9）：138－142.

［400］杨雪冬．社会资本：对一种新解释范式的探索［J］．马克思主义与现实，1999（3）：52－60.

［401］叶小文．突破二元结构的封闭——当代中国西部发展探微［J］．社会学研究，1989（5）：49－54.

［402］姚耀军，刘华华．金融非均衡发展及其经济后果的经验分析［J］．华中科技大学学报（社会科学版），2005（4）：75－82.

［403］姚丽，谷国锋，等．中国经济空间一体化与生态环境耦合格局及区域差异分析［J］．世界地理研究，2014（1）．

[404] 姚文捷．佛教经济学：始于元经济学的修正 [J]．西安财经学院学报，2011 (11)：37-42.

[405] 姚慧琴，徐璋勇，等．中国西部金融发展报告（2013）[M]．北京：社会科学文献出版社，2013.

[406] 庾力．中国手机银行发展：现状、问题及对策 [J]．西部金融，2012 (4).

[407] 殷剑锋．金融结构与经济增长 [M]．北京：人民出版社，2006.

[408] 殷颂葵，殷村毅．民族地区发展中的非正式制度影响分析 [J]．内蒙古师范大学学报（哲学社会科学版），2009 (7)：70-77.

[409] 余秀荣．国际金融中心历史变迁与功能演进研究 [M]．北京：中国金融出版社，2011.

[410] 余明桂，潘红波．政府干预、法治、金融发展与国有企业贷款 [J]．金融研究，2008 (9).

[411] 余仕麟．少数民族优秀传统文化与社会主义荣辱观 [J]．西南民族大学学报（人文社科版），2007 (11)：49-54.

[412] 余力．发展西部经济的金融战略 [J]．当代经济科学，1996 (3)：30-33.

[413] 俞立平．中国省际信息化与金融发展互动关系研究——基于PVAR模型的估计 [J]．中南大学学报，2012 (3)：110-115.

[414] 于则．我国货币政策的区域效应分析 [J]．管理世界，2006 (2)：18-22.

[415] 云鹤，胡剑锋，等．金融效率与经济增长 [J]．经济学（季刊），2012 (2)：595-612.

[416] 亚当·斯密．国民财富的性质和原因的研究：上卷（中译本）[M]．北京：商务印书馆，1972.

[417] 英格尔斯．人的现代化 [M]．四川：四川出版社，1986.

[418] 云南省统计局．云南统计年鉴 [M]．北京：中国统计出版社，历年．

[419] 张杰．中国金融制度的结构与变迁 [M]．太原：山西经济出版社，1998.

[420] 张杰．中国国有金融体制变迁分析 [M]．北京：经济科学出版社，1998.

[421] 张杰．中国金融发展的经济分析 [M]．北京：中国经济出版社，1995.

[422] 张杰．中国金融制度选择的经济学［M］．北京：中国人民大学出版社，2000.
[423] 张杰．金融成长的一般理论分析：概念、类型与过程［J］．当代经济科学，1993（5）．
[424] 张杰．经济的区域差异与金融成长［J］．金融与经济，1994（6）．
[425] 张杰．地方政府的介入与金融体制变异［J］．经济研究，1996（3）．
[426] 张杰．金融中介理论发展述评［J］．中国社会科学，2001（6）．
[427] 张杰．国家的意愿、能力与区域发展政策选择——兼论西部大开发的背景及其中的政治经济学［J］．经济研究，2001（3）：69－74.
[428] 张杰．家庭组织的制度结构与儒家伦理［J］．中国金融，2012（10）：96.
[429] 张凤超．金融地域运动：研究视角的创新［J］．经济地理，2003（5）．
[430] 张凤超．金融成长及其规律探讨［J］．当代经济研究，2003（10）．
[431] 张企元．区域差距与区域金融调控［J］．金融研究，2006（3）．
[432] 张维迎，柯荣柱．信任及其解释：来自中国的跨省调查分析［J］．经济研究，2002（10）．
[433] 张璟，沈坤荣．地方政府干预、区域金融发展与中国经济增长方式转型［J］．南开经济研究，2008（6）：122－141.
[434] 张琳，邱少华．新型工业化、信息化、城镇化和农业现代化协调发展评价研究［J］．山东社会科学，2014（4）：124－129.
[435] 张华志．家族企业和许烺光田野点的延伸性研究［J］．广西民族学院学报（哲学社会科学版），2004（1）．
[436] 张培刚．发展经济学教程［M］．北京：经济科学出版社，2001：163－170.
[437] 张军洲．中国区域金融分析［M］．北京：中国经济出版社，1995：66－78.
[438] 张立洲．论金融结构、金融监管与中国金融发展［J］．经济学动态，2002（7）：35－39.
[439] 张燕．西方区域经济理论综述［J］．当代财经，2003（12）．
[440] 张海庆．区域金融论［J］．金融研究，1990（2）：27－30.
[441] 张企元．区域差距与区域金融调控［J］．金融研究，2006（3）：156－165.

[442] 张海庆．区域金融论［J］．金融研究，1990（2）：27－30.
[443] 张世晓．金融资源配置与区域经济差异的关联度［J］．改革，2008（1）．
[444] 张桥贵．云南少数民族原始宗教的现代价值［J］．世界宗教研究，2003（3）：15－21.
[445] 张智峰，陈鑫．区域金融生态环境建设的理论基础研究［J］．江苏工业学院学报，2005（4）．
[446] 张睿亮．伊斯兰金融在中国的借鉴与发展［J］．阿拉伯世界研究，2012（1）：108－120.
[447] 张晓飞．藏族传统的经济伦理思想探析［J］．西北民族学院学报（哲学社会科学版），1997（2）：56－60.
[448] 张锦鹏，苏常青．少数民族经济发展进程中非正式制度约束分析［J］．中央民族大学学报（哲学社会科学版），2003（3）：15－19.
[449] 张俊生，曾亚敏．社会资本与区域金融发展——基于中国省际数据的实证研究［J］．财经研究，2005（4）：37－45.
[450] 张爽，陆铭，等．社会资本的作用随市场化进程的作用减弱还是增强——来自中国农村贫困的实证研究［J］．经济学（季刊），2007（2）：539－560.
[451] 张晓明，陈静．构建社会资本：破解农村信贷困境的一种新思路[J]．经济问题，2007（3）：99－100.
[452] 张在茂．财政分权与地方经济发展研究——中国转型期间和谐财政管理体制模式选择［D］．长春：吉林大学博士学位论文，2008.
[453] 张兴无．西南少数民族财富观念研究［D］．北京：中央民族大学博士学位论文，2009.
[454] 张雪梅．诸神的居所——西部中国的信仰社区［D］．成都：四川大学博士学位论文，2007.
[455] 张秋云．建国以来金融制度思想演进研究［D］．上海：复旦大学博士学位论文，2004.
[456] 张生忠．社会转型时期我国西部少数民族宗教问题研究［D］．西安：陕西师范大学博士学位论文，2012.
[457] 张进梅，陈冬红，等．中国西北发展报告（2014）［M］．北京：社会科学文献出版社，2013.
[458] 詹继生．金融竞争力探讨［J］．江西社会科学，2006（4）．

[459] 曾康霖．试论文化、宗教与金融事业发展［J］．征信，2014（7）：1－6.
[460] 曾康霖．二元金融与区域金融［M］．北京：中国金融出版社，2008.
[461] 郑晓云．社会资本与农村发展：云南少数民族社会的实证研究［M］．北京：中国社会科学出版社，2009：49－51.
[462] 郑长德．中国转型时期的金融发展与收入分配［M］．北京：中国财政经济出版社，2007.
[463] 郑长德，刘兴权．中国少数民族地区经济发展报告［M］．北京：中国经济出版社，历年．
[464] 郑长德，单德朋．族群多样性与经济增长——基于经济学视角的综述［J］．民族学刊，2011（3）．
[465] 郑志刚，邓贺斐．法律环境差异和区域金融发展——金融发展决定因素基于我国省级面板数据的考察［J］．管理世界，2010（6）：14－26.
[466] 郑志刚．金融发展的决定因素——一个文献综述［J］．管理世界，2007（3）：138－151.
[467] 郑风田，阮荣平，等．风险、社会保障与农村宗教信仰［J］．经济学（季刊），2010（3）：829－850.
[468] 郑宇．中国少数民族村寨经济的结构转型与社会约束［J］．民族研究，2011（5）：23－32.
[469] 郑良芳．开创法治金融建设的研究［J］．金融与经济，2014（11）：73－74.
[470] 赵伟，马瑞勇．中国区域金融发展的收敛性：成因及政策建议［J］．中国软科学，2006（2）．
[471] 赵志君．金融资产总量、结构与经济增长［J］．管理世界，2000（3）：126－149.
[472] 赵淼．论民族地区社会资本建设［J］．科学社会主义，2014（3）：119－123.
[473] 赵曦，成卓．西部少数民族地区社会资本建设研究［J］．中国软科学，2008（12）：90－95.
[474] 朱新天，詹静．关于区域经济与区域金融问题的探讨［J］．金融研究，1993（9）：48－51.
[475] 朱小平，任梦杰．金融中介发展与经济增长的协整研究［J］．财贸经济，2007（10）．

[476] 朱琳. 伊斯兰教经济思想与儒家经济思想比较研究 [J]. 贵州财经学院学报, 2010 (2): 12-16.
[477] 朱容. 论法治建设与区域经济发展 [J]. 经济体制改革, 2004 (4): 154-156.
[478] 朱琳. 回族经济思想研究的意义与构想 [J]. 贵州民族研究, 2008 (2): 143-147.
[479] 朱建芳. 区域金融发展差距: 理论与实证分析 [D]. 杭州: 浙江大学博士学位论文, 2006.
[480] 周立, 胡鞍钢. 中国金融发展的地区差距分析: 1978—1999 [J]. 清华大学学报 (哲学社会科学版), 2002 (2).
[481] 周立, 王子明. 中国各地区金融发展与经济增长实证分析: 1978—2000 [J]. 金融研究, 2002 (10).
[482] 周立. 中国各地区金融发展与经济增长 [M]. 北京: 清华大学出版社, 2004.
[483] 周立. 中国各地区金融发展与经济增长 (1978—2000) [M]. 北京: 清华大学出版社, 2004.
[484] 周恩来. 周恩来选集 (下卷) [M]. 北京: 人民出版社, 1980: 252-253.
[485] 周好文, 钟永红. 中国金融中介发展与地区经济增长: 多变量 VAR 系统分析 [J]. 金融研究, 2004 (6): 130-137.
[486] 周丽丽, 杨刚强, 等. 中国金融发展速度与经济增长可持续性——基于区域差异的视角 [J]. 中国软科学, 2014 (2): 58-69.
[487] 周毅, 李京文. 西方区域发展理论的主要流派及其演进 [J]. 经济学家, 2012 (3).
[488] 周炯, 韩占兵. 金融生态理论的演进与展望 [J]. 宁夏大学学报, 2010 (5).
[489] 周申, 张亮, 等. 地区金融扭曲差异对外资进入的影响 [J]. 财经科学, 2011 (12): 17-27.
[490] 周大鸣. 关于中国族群研究的若干问题 [J]. 广西民族大学学报 (哲学社会科学版), 2009 (2).
[491] 周黎安. 晋升博弈中政府官员的激励与合作——兼论我国地方保护主义和重复建设问题长期存在的原因 [J]. 经济研究, 2004 (6).
[492] 周孟亮. 我国区域金融差异下货币政策传导机制效应研究 [D]. 广

州：暨南大学博士学位论文，2006.

[493] 庄万禄．为什么从繁荣走向衰落［J］．西南民族大学学报（人文社会科学版），2009（4）：41－44.

[494] 翟强．伊斯兰金融的近期发展［J］．国际金融研究，2008（11）.

[495] 仲深，王春宇．地区金融发展水平综合评价及比较分析［J］．技术经济，2011（10）.

[496] 扎嘎．西藏农牧民传统观念变迁研究［J］．中国藏学，1997（1）：140－147.

[497] 中国经济增长与宏观稳定课题组．金融发展与经济增长：从动员性扩张向市场配置的转变［J］．经济研究，2007（4）：4－17.

[498] 中国人民银行银川中心支行课题组．区域经济增长的不平衡与金融资源分布之间的关系——以宁夏为例［J］．金融研究，2007（10）：178－190.

[499] 中国人民银行新疆分行金融研究所课题组．缩小东西部经济发展差距的对策［J］．金融研究，1993（12）：58－60.

[500] 中共中央马克思恩格斯列宁斯大林著作编译局．马克思恩格斯选集（第一卷、第二十卷）［M］．北京：人民出版社，1971.

[501] 中国人民银行．中国共产党领导下的金融发展史［M］．北京：中国金融出版社，2012.

[502] 中国人民银行．中国金融年鉴［M］．北京：中国金融年鉴杂志社有限公司，历年.

[503] 中国人民银行金融稳定分析小组．中国金融稳定报告［M］．北京：中国金融出版社，历年.

[504] 中国人民银行上海总部金融稳定分析小组．中国各地区金融稳定报告摘要［M］．北京：中国金融出版社，历年.

[505] 中国人民银行货币政策分析小组．中国区域金融运行报告［M］．北京：中国金融出版社，历年.

[506] 中国人民银行农村金融服务研究小组．中国农村金融服务报告［M］．北京：中国金融出版社，历年.

[507] 中国保险监督管理委员会．中国保险年鉴［M］．北京：中国保险年鉴社，历年.

[508] 中国证券监督管理委员会．中国证券期货统计年鉴［M］．上海：学林出版社，历年.

[509] 中国证券业年鉴编辑委员会．中国证券业年鉴［M］．北京：新华出版社，历年．

[510] 中华人民共和国国家统计局．中国第三产业统计年鉴［M］．北京：中国统计出版社，历年．

[511] 中华人民共和国国家统计局．中国大型工业企业年鉴［M］．北京：中国统计出版社，历年．

[512] 中华人民共和国财政部．中国财政年鉴［M］．北京：中国财政杂志社，历年．

[513] 中华人民共和国教育部．中国教育年鉴［M］．北京：人民教育出版社，历年．

[514] 中华人民共和国国土资源部．中国国土资源年鉴［M］．北京：地质出版社，历年．

[515] 中华人民住房和城乡建设部．中国城市建设统计年鉴［M］．北京：中国计划出版社，历年．

[516] 中华人民共和国文化部．中国文化年鉴［M］．北京：新华出版社，历年．

[517] 中华全国工商业联合会，中国民（私）营经济研究会，等．中国私营经济年鉴［M］．北京：中华工商联合出版社，历年．

[518] 中国经济年鉴社．中国经济年鉴［M］．北京：中国经济出版社，历年．

[519] 中国改革年鉴编纂委员会．中国改革年鉴［M］．北京：中国经济体制改革杂志社，历年．

[520] 中国法律年鉴编辑部．中国法律年鉴［M］．北京：中国法律年鉴社，历年．

[521] 中国企业年鉴编委会．中国企业年鉴［M］．北京：企业管理出版社，历年．

[522] 中国中小企业年鉴编委会．中国中小企业年鉴［M］．北京：企业管理出版社，历年．

[523] 中国乡镇企业及农产品加工业年鉴编辑部．中国乡镇企业及农产品加工业年鉴［M］．北京：中国农业出版社，历年．

[524] 中国交通年鉴编辑部．中国交通年鉴［M］．北京：人民交通出版社，历年．

[525] 中国社会科学院世界宗教研究所．中国宗教研究年鉴［M］．北京：中

国社会科学出版社，历年.

[526] 中国社会科学院金融研究所. 中国金融中心发展报告（2010—2011）[M]. 北京：社会科学文献出版社，2011.

[527] 中国证券登记结算公司. 中国证券登记结算统计年鉴 [M]. 北京：中国证券登记结算公司，历年.

[528] 浙江省统计局，国家统计局浙江调查总队. 浙江统计年鉴 [M]. 北京：中国统计出版社，历年.

[529] ARESTIS, P., DEMETRIADES, P. Financial Development and Economic Growth: Assessing the Evidence [J]. Economical Journal, 1997, 107 (442): 783 - 799.

[530] ANN, M. Interaction between Regional and Industrial Policies: Evidence from Four Countries [J]. Proceedings of the World Bank Annual Conference on Development Economics, 1994: 279 - 311.

[531] AL - YOUSIF Y K. Financial Development and Economic Growth - Another Look at the Evidence from Developing Countries [J]. Review of Financial Economics, 2002, (11): 131 - 150.

[532] ARESTIS, PHILIP; DEMETRIADES, PANICOS O. and LUINTEL, KUL B. Financial Development and Economic Growth: The Role of Stock Markets [J]. Journal of Money, Credit, and Banking, February 2001, 33 (1): 16 - 41.

[533] ARESTIS, P., DEMETRIADES, P. Financial Development and Economic Growth: Assessing the Evidence [J]. Economic Journal, 1997, 107: 783 - 799.

[534] ALLEN, FRANKLIN, ELENA CARLETTI. The Roles of Banks in Financial Systems [R]. Prepared for the Oxford Handbook of Banking Edited by Allen Berger, Phil Molyneux, and John Wilson, 2008.

[535] ALESSANDRA GUARIGLIA and SANDRA POCENT., Could Financial Distortions be No Impediment to Economic Growth after All? Evidence from China [J]. Journal of Comparative Economics, 2007.

[536] ALLEN, FRANKLIN, ANTHONY M. SANTOMERO. The Theory of Financial Intermediation [J]. Journal of Banking & Finance, 1998, 21: 1461 - 1485.

[537] AGHION P. HOWITT P. A Model of Growth Through Creative Destruction

[J] . Econometrica, Vol. 60 (2) , March 1992, 325 - 351.

[538] BARRO R, SALA - I - MARTIN X. Economic Growth [M] . New York: McGraw - Hill, Inc. 1995.

[539] BECK, THORSTEN, ROSS LEVINE. Stock Markets, Banks, and Growth: Panel Evidence [J] . Journal of Banking & Finance, 2004, 28: 423 - 442.

[540] BECK, THORSTEN, and LEVINE, ROSS. Industry Growth and Capital Allocation: Does Having a Market - or Bank - Based System Matter? [J] . Journal of Financial Economics, May 2002, 64 (2): 147 - 80.

[541] BECK, THORSTEN, ROSS LEVINE, and NORMAN LOAYZA. Finance and the Sources of Growth [J] . Journal of Financial Economics, 2000, 58: 261 - 300.

[542] BERNANKE, B. and A. Blinder, Credit, Money, and Aggregate Demand [J]. American Economic Review Papers and Proceedings, 1988 (78): 435 - 439.

[543] BERNANKE, BEN, MARK GERTHER, and SIMON GILCHRIST. The Financial Accelerator and the Flight to Quality [J] . Review of Economics and Statistics, 1996, 78 (1): 1 - 15.

[544] BENCIVENGA, VALERIE R. , BRUCE D. SMITH. Financial Intermediation and Endogenous Growth [J] . The Review of Economic Studies, 1991, 58 (2): 195 - 209.

[545] BOSE N. , COTHREN R. Equilibrium Loan Contracts and Endogenous Growth in the Presence of Asymmetric Information [J] . Journal of Monetary Economics, 1996 (38) : 363 - 376.

[546] CHRISTOPOULOS D. K. , TSIONAS E. G. Financial Development and Economical Growth: Evidence Grom Panel Unit Root and Co - integration Tests [J] . Journal of Development Economics, 2004 (73): 55 - 74.

[547] CE'SAR CALDERO'N, LIN LIU. The Direction of Causality Between Financial Development and Economic Growth [J] . Journal of Development Economics, 2003 (72): 321 - 334.

[548] DAVIS, E. P. International Financial Centers - An Industrial Analysis [J] . Bank of England Discussion Paper, 1990 (51): 1 - 23.

[549] DEMIRGÜ - KUNT, ASLI, VOJISLAV MAKSIMOVIC. Funding Growth in Bank - based and Market - based Financial Systems: Evidence from Firm -

level Data [J] . Journal of Financial Economics, 2002, 65: 337 - 363.

[550] DEVEREUX B. , SMITH G. International Risk Sharing and Economic Growth [J] . International Economic Review, 1994, 35 (3) : 535 -50.

[551] DIAMOND, D. W. Financial Intermediation and Delegated Monitoring [J] . Review of Economic Studies, 1984, 51 (3): 393 -414.

[552] DIMITRIS K. CHRISTOPOULOS, EFTHYMIOS G. TSIOMAS. Financial Development and Economic Growth: Evidence from Panel Unit Root and Co - integration Tests [J] . Journal of Development Economics, 2004, (73): 55 -74.

[553] DRU C. GLADNEY. Muslim Chinese: Ethnic Nationalism in the People's Republic [M] . Harvard University Press, 1991.

[554] ERGUNGOR, O. EMRE. Market - vs. Bank - based Financial Systems: Do Rights and Regulations Really Matter? [J] . Journal of Banking & Finance, 2004, 28: 2869 -2887.

[555] FELIX RIOJA. and NEVEN VALEV. Does One Size Fit All? A Reexamination of the Finance and Growth Relationship [J] . Journal of Development Economics, 2004, 74 (2) .

[556] FUENTE L. , MARIN M. Innovation, Bank Monitoring, and Endogenous Financial Development [J] . Journal of Monetary Economics, 1996 (38): 269 -301.

[557] GERTLER, MARK, ANDREW ROSE. Finance, Growth and Public Policy [R] . The World Bank Policy Research Working Papers 814, 1991.

[558] GOLDSMITH, RAYMOND. Financial Structure and Development [M] . New Haven: Yale University Press, 1969.

[559] GREENWOOD. J. , JOVANOVIC. B. Financial Development, Growth, and the Distribution of Income [J] . Journal of Political Economy, 1990 (98): 1076 -1107.

[560] GREENWOOD, JEREMY, BRUCE D. SMITH. Financial Markets in Development, and the Development of Financial Markets [J] . Journal of Economic Dynamics and Control, 1997, 21: 145 -181.

[561] GALBIS, V. Financial Intermediation and Economic Growth in Less Developed Countries: A Theoretical Approach [J] . Journal of Development Studies, 1977 (13): 58 -72.

[562] GUISO, LUIGI, PAOLA SAPIENZA, and LUIGI ZINGALES. Does Local Financial Development Matter? [J]. The Quarterly Journal of Economics, 2004, 119 (3): 929-969.

[563] GREENWOOD, J. and JOVANOVIC, B. Financial Development, Growth and the Distribution of Income [J]. Journal of Political Economy, 1990, 98 (S): 1076-1107.

[564] GREENWOOD, J. and SMITH., B. D. Financial Markets in Development and the Development of Financial Markets [J]. Journal of Economic Dynamics and Control, 1997, 21 (1): 145-181.

[565] HONOHAN, PATRICK. Financial Development, Growth and Poverty: How Close Are the Links? [R]. World Bank Policy Research Working Paper Series 3203, 2004.

[566] ISARD, W. Location and Space - Economy [M]. Cambridge MIT Press, 1956.

[567] ISARD, W. Methods of Regional Analysis: An Introduction to Regional Science [M]. Cambridge MIT Press, 1960.

[568] JAPPELI T., PAGANO M. Saving, Growth, and Liquidity Constraints [J]. Quarterly Journal of Economics, 1994, 109 (1): 83-109.

[569] KING, R. G., LEVINE, R. Finance and Growth: Schumpeter Might be Right [J]. Quarterly Journal of Economics, 1993 (108): 717-738.

[570] KING, R. C. and LEVINE, R. Finance Entrepreneurship and Growth: Theory and Evidence [J]. Journal of Monetary Economics, 1993b, 32 (3): 513-542.

[571] Li XM. China's Economic Growth: What do We Learn from Multiple - break Unit Root Test? [J]. Scottish Journal of Political Economy, 2005 (52): 261-281.

[572] LA PORTA, RAFAEL, FLORENCIO LOPEZ - DE - SILANES, ANDREI SHLEIFER, and ROBERT W. VISHNY. Legal Determinants of External Finance [J]. The Journal of Finance, Papers and Proceedingds Fifty - Seventh Annual Meeting, American Finance Association, New Orleans, Louisiana, January 4-6, 1997, 52 (3): 1131-1150.

[573] LA PORTA, R., F. LOPEZ - DE - SILANES, A. SHLEIFER, and R. W. VISHNY. Law and Finance [J]. Journal of Political Economy,

1998, 106: 1113 -1155.

[574] LA PORTA, R. , F. LOPEZ - DE - SILANES, A. SHLEIFER, and R. W. VISHNY. Investor Protection and Corporate Valuation [J] . Journal of Finance, 2002, 57: 1147 -1170.

[575] LEVINE, R. Financial Development and Economic Growth: Views and Agenda [J] . Journal of Economic Literature, 1997, 35 (2): 688 -726.

[576] LEVINE, ROSS. Bank - based or Market - based Financial Systems: Which is Better? [J] . Journal of Financial Intermediation, 2000, 11: 398 - 428.

[577] LEVINE, ROSS, ZERVOS S. Stock Markets, Banks and Economic Growth [J] . American Economic Review, 1998, 88 (3): 537 -558.

[578] LEVINE, R. , LOAYZA, N. and BECK, T. Financial Intermediation and Growth: Causality and Cause [J] . Journal of Monetary Economics, 2000 (46): 131 -37.

[579] LEVINE, ROSS, NORMAN LOAYZA, and THORSTEN BECK. Financial Intermediation and Growth: Causality and Causes [J] . Journal of Monetary Economics, 2004, 6: 31 -77.

[580] MCKINNON, R. I. Money and Capital in Economic Development [M] . Washington D. C. : Brookings Institution, 1973.

[581] MAXWELL, J. F. Money and Capital or Financial Deepening in Economic Development? [J] . Journal of Money Credit and banking, 1978, 10 (4) .

[582] MANKIW G. , ROMER D. , WEIL D. A Contribution to the Empirics of E-conomic Growth [J] . The Quarterly Journal of Economics, 1992, 107 (2): 407 -38.

[583] MCGAHEY, R. , MALLOY, M. and KAZANASS, K. JACOBS, M. P. What Makes a Financial Center? [J] . Financial Services, Financial Centers: Public Policy and the Competition for Markets, Firms and Jobs, 1990: 15 -76.

[584] MYRDAL G. Economic Theory and Underdeveloped Regions [M] . London: Duckworth, 1957.

[585] NICHOLAS APERGIS, IOANNIS, F. , CLAIRE, E. Financial Deepening and Economical Growth Linkages: A Panel Data Analysis [J] . Review of World Economics, 2007, 143 (1) .

[586] OBSTFELD M. Risk – taking, Global Diversification, and Growth [J] . The American Economic Review, 1994, 84 (5) : 1310 – 1329.

[587] PAGANO, MARCO. Financial Markets and Growth: An Overview [J] . European Economic Review, 1993 (37): 613 – 622.

[588] PATRICK, H. T. Financial Development and Economical Growth in Underdeveloped Countries [J] . Journal of Econometrics, 1966, 68 (1) .

[589] PHILIP ARESTIS and PANICOS DEMETRIADES. Financial Development and Economic Growth: Assessing the Evidence [J] . The Economic Journal, 1997, 783 – 799.

[590] PERROUX, F. Note Sur la Notion de PSle de Croissance. Translated by I. Livingstone, in I. Livingstone, ed. , Development Economics and Policy: Selected Readings [M] . London: George Allen& Unwin, 1955: 65 – 101.

[591] PETERSON, M. A. , RAGHURAM G. RAJAN. The Effect of Credit Market Competition on Firm – creditor Relationships [J] . Quarterly Journal of Economics, 1995, 110: 407 – 443.

[592] PAUL KRUGMAN. Increasing Returns and Economic Geography [J]. Journal of Political Economy, 1997, 99 (3) .

[593] PAUL KRUGMAN. Geography and Trade [M]. Leuven: Leuven University, 1991.

[594] PAUL KRUGMAN. Development, Geography and Economic Theory [M] . Cambridge: MIT Press, 1995.

[595] SHAW. E. S. Financial Deepening in Economic Development [M] . New York: Oxford University Press, 1973.

[596] R. LEVINE. The Legal Environment, Banks and Long – run Economic Growth [J] . Journal of Money, Credit and Banking, 1998, 30 (3), 596 – 613.

[597] RAGHURAM C. RAJAN and LUIGI ZINGALES. Financial Dependence and Growth [J] . American Economic Review, 1998, 88 (3): 559 – 586.

[598] RAJAN, RAGHURAM. G. and ZINGALES, LUIGI. Financial Dependence and Growth [J] . The American Economic Review, Vol. 88, No. 3, 559 – 586.

[599] RAJAN, RAGHURAM G. , LUIGI ZINGZLES. The Great Reversals: The

Politics of Financial Development in the Twentieth Century [J] . Journal of Financial Economics, 2003, 69: 5 -50.

[600] ROSS, STEPHEN A. Institutional Markets, Fianncial Marketing, and Financial Innovation [J] . Journal of Finance, 1989, 44 (3): 541 -556.

[601] ROMER P M. Increasing Returns and Long - run Growth [J] . Journal of Political Economy, 1986. 94 (5) : 1002 - 37.

[602] ROMER P M. Endogenous Technological Change [J] . Journal of Political Economy, 1990, 98 (5) .

[603] ROUBINI N, SALA - I - MARTIN X. A Growth Model of Lnflation, Tax Evasion, and Financial repression [J] . Journal of Monetary Economics, 1995, (35): 275 -301.

[604] SAINT - PAUL G. Technological Choice, Financial Markets and Economic Development [J] . European Economic Review, 1992, 763 - 781.

[605] STEVAN HARRELL. Ways of Being Ethnic in Southwest China [M] . Seattle: University of Washington Press, 2001.

[606] STEVAN HARREL. Re - Thinking "Nationality" and "Ethnic Group": A Response to Professor Li Shaoming [J] . Ethno - National Studies, 2002, (6) .

[607] U. WALZ. Transport Costs, Intermediater Goods and Localized Growth [J] . Regional Science and Urban Economic, 1996 (26) .

[608] VICENT GALBIS. Financial Intermediations and Economical Growing in Less Developed Countries: A Theoretical Approach [J] . Journal of Development Studies, 1977, 13 (2) .

[609] WEBER A. Theory of Location of Industries [M] . University of Chicago Press, 1929.

[610] WILLIAMSON, J. G. Regional Inequality and the Process of National Development: A Description of the Patterns [J] . Economic Development and Culttural Change, 1965, 13 (2): 560 -570.

[611] WURGLER, JEFFREY. Financial Markets and the Allocation of Capital [J] . Journal of Financial Economics, 2000, 58: 187 -214.

[612] YUNG Y, MYUNG HOON YI. Does Financial Development Cause Economic Growth? [J] . Journal of Policy Modeling, 2007.

后　记

本书是在我的博士论文基础上修改、完善而成的，这既是对该论题长期不懈的关注、学习、调研、探究形成的思想结晶，也是对本人在京城求学十年的一次成长汇报。正所谓“十年踪迹十年心”，历经中央财经大学本科、硕士、博士的锤炼，我体会到了做学问的艰辛与快乐，也感受到了“独立之精神，自由之思想”的力量，尽管我可能只是一根柔弱的“能思想的苇草”。

博士阶段师从中国著名的金融学家贺强教授是我的幸运。老师学养深厚，视野广阔，博学精进，一丝不苟，不断寻求创新与突破，剖析问题缜密、细致，常能迅速直指要点，引人深思。他和蔼慈祥，谦逊宽容，以独特的人格魅力感染着身边的人群。我生性愚钝，少识浅薄，老师循循善诱，多资鼓励。师恩难忘，点滴铭心。

感谢陈灵、刘桓这对学术伉俪，特别是我的硕士生导师陈灵教授，她时刻关注着我的学业进程，时刻关心着我的成长过程；除此之外，我的前途与归宿老师也常挂念于心。隆情厚谊，无以言表。

我要感谢我的父母。我生长在一个普通而又传统的知识分子家庭，家风严谨而淳朴，父母的坚守与付出，是我踏实进取、坚定执着的探知学术、追求真理的最大动力。

本书体量庞大，内容丰富，在漫长的写作过程中，我始终秉持这样一个理念，即期望完成的是一篇标准范式的金融学或者应用经济学学术论文，同时更是一部渗透与充盈着浓厚人文科学式思想与情怀的著作。这或许是源于我作为一名经济学研究者，对超逸于纯粹谋生意义上职业拘囿的关怀精神与责任意识始终不渝的探求与追寻。

是为后记。

徐云松

二〇一五年十二月三日于林城